MEYERS GROSSES KINDER LEXIKON

Ein Buch zum Nachschlagen,
Schmökern, Anschauen, Lesen und Vorlesen

Geschrieben und neu bearbeitet
von Achim Bröger
Illustriert von Günther Biste und Peter Freitag

MEYERS LEXIKONVERLAG
Mannheim · Leipzig · Wien · Zürich

Nicht jeden Tag schwimmt ein Wal vorbei

Wie dieses Lexikon entstanden ist

Dieses Lexikon ist für dich. Beim Ansehen und Lesen fällt dir sicher auf, dass es etwas anders ist als andere Lexika. Warum wir es so gemacht haben und wie es entstanden ist, möchte ich dir erzählen:
Ich schreibe Geschichten für Kinder und Jugendliche. Sehr gerne denke ich mir Bilderbücher aus und arbeite mit Zeichnern daran. Auch fürs Fernsehen, für den Rundfunk und für das Theater schreibe ich. Ein Lexikon wollte ich eigentlich nie schreiben. Warum ich es doch gemacht habe? Das kam so: Ich traf einen Mann, der in Meyers Jugendbuchverlag Bücher plant. Er sorgt mit Autoren, Zeichnern und vielen anderen dafür, dass aus Plänen auch interessante und schöne Bücher werden. Diesen Beruf nennt man übrigens Lektor. Wir unterhielten uns lange über ein Lexikon für Kinder. Er erzählte mir, dass mit vielen Kindern und Erwachsenen darüber gesprochen worden war, wie sie sich so ein Buch wünschen. Die meisten hatten gesagt, sie wollen Erzähl-Erklärungen und bunte Bilder. Erzähl-Erklärungen sind Lexikongeschichten, in denen nicht nur beschrieben wird, wie ein Ding funktioniert. Darin wird oft auch in einer kleinen Geschichte erzählt, wie jemand damit umgeht und davon spricht.

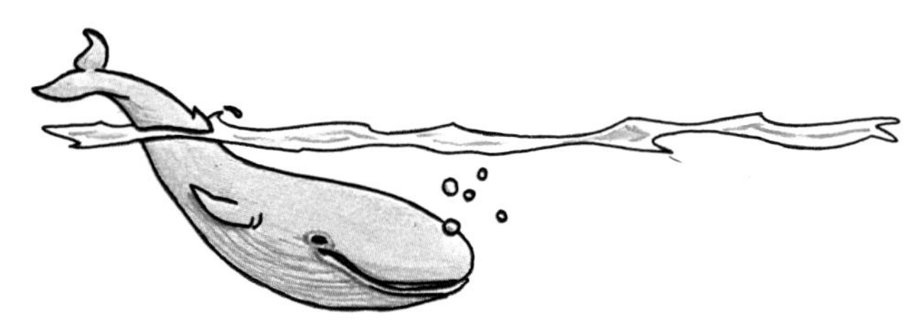

Mir gefiel diese Idee sehr gut. Aber solche Lexikongeschichten gab es bisher nicht. Ich schrieb ein paar zur Probe. Dann wurde ich gefragt, ob ich dieses Lexikon ganz schreiben wollte. Ich hatte Lust dazu.

Wir nahmen uns vor: Unsere Lexikongeschichten sollten gut zu verstehen sein, sollten informieren und Spaß machen. Schon begannen wir zu planen. Wir sprachen mit Kindern und auch mit Eltern und Lehrern, was in so einem Lexikon stehen sollte. Wir schauten uns andere Lexika, Schulbücher und Sprachbücher an. Dabei stellten wir fest, dass darin einiges fehlt. Begriffe wie „alt“, „Freund“, „fremd“ oder auch „Toilette“ wurden nur selten erklärt. Und wir finden auch die wichtig.

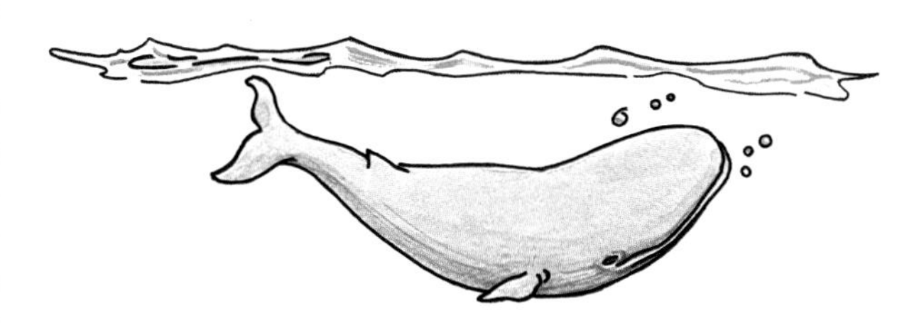

Immer wieder fragten wir uns, was Kinder wissen wollen und erfahren sollten. Und immer wieder probierte ich aus, wie man etwas am besten erklären kann. Oft überlegten wir: Ist das wichtiger oder das? Verwendet man dieses oder jenes Beispiel um etwas zu erklären? Wenn ein Begriff mehrere Bedeutungen hat, fragten wir uns, welche wir aufnehmen sollten. Ich habe schnell gemerkt, dass ich am liebsten dreimal so viel geschrieben hätte. Aber dann hieß es: Das passt nicht mehr auf die Seite. Oder es hieß: Das Buch wird zu dick und damit zu teuer. Auch aus solchen Gründen ist das Lexikon so geworden, wie es ist.
Unser Lexikon gibt es jetzt schon etliche Jahre. Oft wurde uns gesagt, dass es gut geworden ist. Trotzdem müssen wir immer wieder einiges ändern. Das kann daran liegen, dass neue Begriffe wichtig wurden und deswegen in dieses Buch aufgenommen werden. Oder es liegt daran, dass Begriffe heute anders erklärt werden müssen, weil sich zum Beispiel technisch etwas geändert hat.

Dieses Lexikon kann man vorlesen und selbst lesen, anschauen und anderen zeigen. Es soll zum Miteinandersprechen, zum Nachdenken, zum Fragen und zum „Sich-weiter-informieren-Wollen“ anregen.

„Woher weißt du das eigentlich alles, was du in diesem Lexikon erzählst?“, hat mich mal jemand gefragt. Einiges weiß ich sicher. Aber bestimmt nicht alles. Es schwimmt zum Beispiel nicht jeden Tag ein Wal an meinem Zimmer vorbei. Trotzdem steht in der Lexikongeschichte „Wal“ (Seite 288), wie lang dieses Säugetier ist. Selbst messen konnte ich einen Wal aber nicht. So musste ich mich darauf verlassen, was in anderen Büchern über Wale steht. (Übrigens steht da manchmal ganz Verschiedenes.)
Die Lexikongeschichten wurden vom Lektorat genau durchgesehen und überprüft. Auch am Sonntag haben wir uns oft angerufen, Annemarie Kordecki und ich, um Verbesserungen zu besprechen. Diese Gespräche haben lange gedauert. Unsere Kinder mussten mit uns und dieser Arbeit viel Geduld haben. Darum möchten wir ihnen dieses Buch besonders widmen: dem Christoph, dem Jonas und der Katharina.

Die fast tausend Bilder wurden von den Zeichnern Günther Biste und Peter Freitag gemalt. Sie haben jede Lexikongeschichte gelesen und sich überlegt, was für eine Abbildung dazu passt. Dann haben sie Skizzen entworfen und immer wieder verbessert. Auch mit ihnen haben wir viel geredet. So entstanden die Bilder, wie du sie jetzt im Lexikon anschauen kannst.
Auf Fotos haben wir verzichtet. Wir meinen nämlich, dass man mit gemalten Bildern das Wichtige an einer Sache deutlicher machen kann. Nicht alle Lexikongeschichten haben eine Abbildung. Wenn sie fehlt, waren wir der Meinung, dass die Geschichte genug erklärt. Manchmal wollten die Zeichner auch nichts malen, zum Beispiel zu „Liebe“ (Seite 148). Was dabei alles in einem Menschen geschieht, lässt sich nämlich auf so einem kleinen Bild nicht zeigen.

Auch mit den Lexikongeschichten, den Bildern und dem Überprüfen war das Buch, an dem wir über drei Jahre gearbeitet haben, noch nicht fertig. Es musste gedruckt werden. Schließlich kam in der Buchbinderei noch der Einband um die Blätter dazu. So haben viele Menschen mitgearbeitet, damit dieses Buch fertig wurde. Danach haben wir es dann immer wieder überarbeitet und verbessert.
Noch was: Unsere gemeinsame Arbeit an diesem Lexikon hat uns viel Spaß gemacht.
Sollten wir trotz aller Sorgfalt irgendwo einen Fehler gemacht haben, dann schreibe uns bitte. Wir freuen uns aber auch, wenn du uns schreibst, was dir an deinem Lexikon gefällt.
Hier unsere Anschrift:

Bibliographisches Institut
& F. A. Brockhaus AG
Lektorat Kinder- und Jugendbuch
Dudenstraße 6
68167 Mannheim

Bitte lies dir noch die Gebrauchsanleitung durch. Sie sagt dir, worauf du achten solltest, damit du dich in deinem Lexikon leicht zurechtfindest.
Wir wünschen uns, dass es dir Spaß macht, in deinem Lexikon nachzuschlagen, zu schmökern und dir die Bilder anzugucken. Wir meinen nämlich: **Nachschlagen kann Spaß machen.**

Dein
Achim Bröger

Wie du dieses Lexikon benutzen kannst

Wenn du die Seite 4 von deinem Lexikon aufschlägst, siehst du unten links ein Mädchen. Das ist Andrea. Sie hält den Buchstaben A und die Zahl 4 in der Hand.

Gegenüber auf Seite 5 steht Axel.

Oben auf beiden Seiten spielen Axel und Andrea miteinander.

Blätterst du weiter, findest du auf Seite 21 ein anderes Mädchen. Das ist Birgit. Sie hält den Buchstaben B. Oben auf der Seite spielt sie mit Bernd. Der hält den Buchstaben B auf Seite 22.

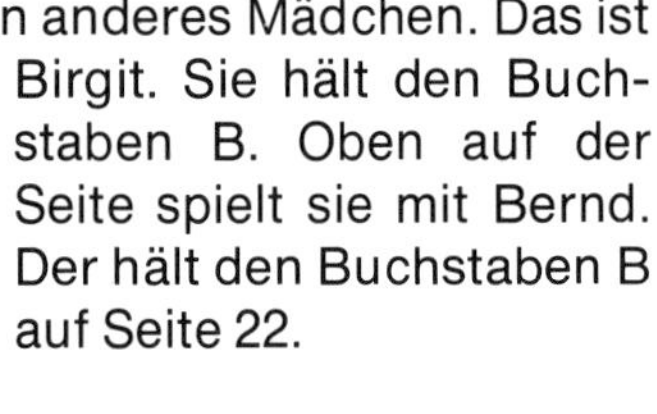

Andrea und Axel, Bernd und Birgit, Christa ... zu jedem Buchstaben im Alphabet gehören ein oder zwei Kinder. Der Anfangsbuchstabe des Kindernamens zeigt dir immer, bei welchem Buchstaben in deinem Lexikon du gerade nachschlägst.

Bei Christa findest du zum Beispiel alle C-Wörter von ‚Camping‘ bis ‚Cowboy‘. Die verschiedenen Kinder tauchen auch in den Lexikongeschichten und in den Bildern auf. Sie erleben alles Mögliche, entdecken etwas und fragen. Sie wollen dir das Nachschlagen und Lesen im Lexikon leichter machen.

Wo die Kinder oben auf den Seiten spielen, wird eine kleine Bildergeschichte erzählt. Darin versteckt sich manchmal ein Rätsel. Schau dir doch einmal ganz genau die Gegenstände an, die in Ellens Lokomotive transportiert werden. Merkst du was?

Manche Wörter, wie zum Beispiel ‚Tomate‘, haben in Österreich einen anderen Namen. Tomaten heißen dort ‚Paradeiser‘. Wenn ein Wort in Österreich oder in der Schweiz anders heißt als in der Bundesrepublik Deutschland, macht dich eine kleine Flagge darauf aufmerksam. Hinter ▭ steht das österreichische Wort, hinter ✚ steht das schweizerische Wort.

Oft wird in einer der Lexikongeschichten ein Wort erwähnt, das selbst eine Lexikongeschichte hat. Dann steht vor dem Wort ein Pfeil. ▸ bedeutet: Du findest zu diesem Wort eine eigene Geschichte, die dich ausführlicher informiert. Findest du die Geschichte nicht gleich, kannst du im Register am Schluss des Lexikons nachschlagen. Dort steht das Wort und dahinter eine Seitenzahl. Auf dieser Seite findest du dann die Geschichte.

Es kommt vor, dass ein Begriff noch eine andere Bezeichnung hat. So sagt man zum Beispiel zu ‚Fleischer' in Süddeutschland ‚Metzger', in Norddeutschland aber ‚Schlachter'. In diesen Fällen steht dann einer der beiden Begriffe in runden Klammern: Fleischer (Schlachter).

In den Geschichten tauchen manchmal Wörter aus anderen Sprachen auf. Diese Fremdwörter werden anders gesprochen als geschrieben. Auf ihre Aussprache macht dich eine Sprechblase aufmerksam. Man schreibt zum Beispiel Baby, spricht aber Bebi. Betont wird das Wort an der Stelle, an der du unter dem Buchstaben einen Punkt siehst, also Bẹbi.

Es gibt Wörter, die gleich geschrieben werden, aber unterschiedliche Bedeutungen haben. Das Wort ‚Bank' ist so eines. Du findest es auf Seite 23. Auf einer Parkbank kann man sitzen, bei anderen Banken bekommt man Zinsen für gespartes Geld.

Wörter mit zwei oder mehr Bedeutungen nennen wir ‚Teekessel'. Immer, wenn du den blauen Teekessel siehst, bedeutet das also: Das Wort hat verschiedene Bedeutungen. Im Artikel ‚Teekessel' auf Seite 261 findest du mehr darüber.

Einige Male wollen wir dir genau zeigen, wo im Körper ein bestimmter Körperteil liegt und wie er aussieht.
Dann findest du diesen Körperteil in einem Kästchen als Ausschnitt gezeichnet, so zum Beispiel die Lunge auf Seite 152.

Sieh dir mal die Karten mit den fünf Erdteilen Afrika (Seite 7), Amerika (Seite 10), Asien (Seite 16), Australien (Seite 19) und Europa (Seite 60) genau an. Du wirst feststellen, dass sie sich ähnlich sind. Um den Kontinent werden immer die für diesen Erdteil typischen Pflanzen, Tiere, Menschen und Gebäude dargestellt.

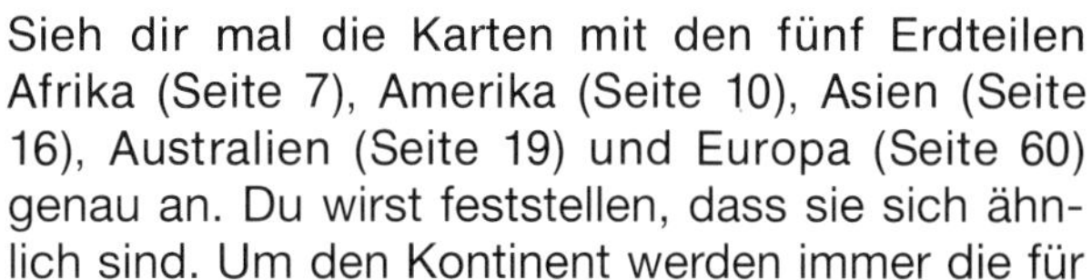

Auf Bodenschätze weisen der Förderturm und die Pumpe hin.

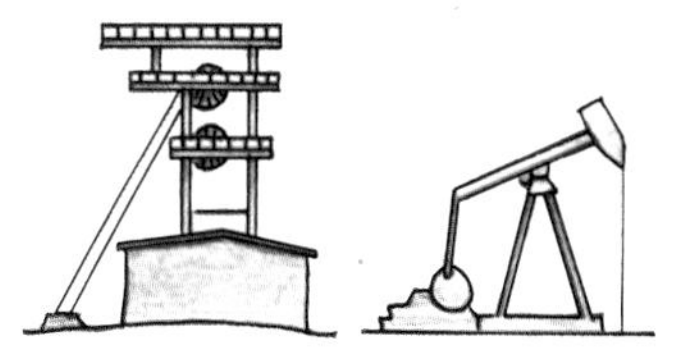

Ganz hinten ab Seite 310 ist das Verzeichnis aller Lexikongeschichten. Es heißt Register. Dort findest du auch andere Begriffe, die in den Lexikongeschichten auftauchen und so nebenbei erklärt werden. Stell dir vor, du weißt zum Beispiel nicht, was ‚Reklame' ist.
Dann siehst du im Register Seite 319, dass du unter ‚Werbung' auf Seite 293 nachschlagen musst. Im Register findest du auch alle die Begriffe, die in den Abbildungen zusätzlich erklärt sind, wie zum Beispiel die Congatrommel in der Abbildung zur Lexikongeschichte ‚Trommel'.

Aal Andrea zeigt ins Wasserbecken eines Fischgeschäfts und sagt: „Der ▸ Fisch da sieht wie eine Schlange aus.“ Ihre Mutter erklärt: „Das ist ein Aal.“ Diese Fische fassen sich glatt und glitschig an. Es gibt sie in Meeren und Flüssen. Wenn der Aal acht bis zehn Jahre gelebt hat, schwimmt er weit weg bis zur Sargassosee im Atlantischen Ozean. Warum nur dort Aale zur Welt kommen, weiß man nicht genau. Sie schlüpfen aus ▸ Eiern. Während sie wachsen, schwimmen sie durch Meere zu unseren Flüssen. Sind sie selbst wieder etwa zehn Jahre alt geworden, schwimmen sie dahin zurück, wo sie zur Welt gekommen sind, und legen dann ihre Eier ab.

Abenteuer Axel liest ein Abenteuerbuch. Vor Aufregung und Spannung ist sein Kopf rot. Gerade wird der Held von Männern verfolgt, die immer näher und näher kommen. Axel stellt sich das genau vor. Er hat das Gefühl dabei zu sein und selbst verfolgt zu werden. – Im Fernsehen werden Abenteuerfilme gezeigt. Im Radio und auf Schallplatten hört Axel Abenteuerliches. Manchmal denkt er sich Abenteuer aus. Aber am besten sind Abenteuer, die Axel selbst erlebt, zum Beispiel mit anderen Kindern auf einem Abenteuerspielplatz.
Hast du schon Abenteuer erlebt?

abschleppen Die Familie ist mit dem ▸ Auto unterwegs. „Der ▸ Motor klingt so komisch“, sagt Mutter. Da bleibt der Wagen auch schon stehen. Während die Eltern den Fehler suchen, fahren viele Autos vorbei. Endlich bremst ein Fahrer. Er steigt aus und fragt: „Kann ich Ihnen helfen?“ Sie befestigen ein Seil an seinem Auto und binden es an ihrem fest. Dann zieht er den Wagen zu einer Reparaturwerkstatt. „Prima, dass er so hilfsbereit war und uns abgeschleppt hat“, freut sich Vater später. „Wir hätten sonst den Abschleppdienst holen müssen. Das wäre teuer geworden.“

abschreiben Die Kinder schreiben eine Arbeit. Plötzlich hört Axel Heinz sagen: „Marianne schreibt bei mir ab!“ Die Lehrerin mahnt: „Lass das. Die Aufgaben schaffst du auch allein.“
Einige Schüler finden, dass Heinz gemein ist. Er kann Marianne ruhig ins Heft sehen lassen, denn damit hilft er ihr. Andere denken, dass Heinz Recht hat. Er hat mehr für die Arbeit gelernt als Marianne. Wenn sie bei ihm abschreibt, bekommt sie vielleicht die gleiche Note wie er.
Was meinst du dazu?

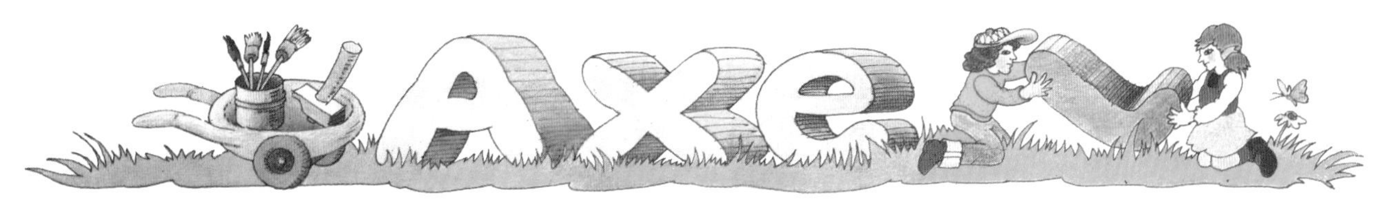

Acker Ein Bauer sitzt auf seinem ▸ Traktor, der einen Pflug über den Acker zieht. „So wird der Boden aufgerissen und gelockert“, erklärt Vater. „Und dann wächst das ▸ Getreide?“, fragt Andrea. „Vorher wird es gesät“, antwortet Vater.
Genug ernten kann der Bauer nur, wenn er ▸ Dünger in den Ackerboden bringt. Davon wachsen die ▸ Pflanzen besser. Schädlinge und ▸ Unkraut müssen vernichtet werden ohne die Natur mit Gift zu belasten. Später erntet der Bauer die reifen Pflanzen. Das können zum Beispiel verschiedene Getreidesorten oder Rüben sein. Landmaschinen wie der Pflug helfen bei der Arbeit auf dem Acker. Weißt du, was alles auf Äckern wächst?

Ader Überall unter der Haut gibt es dicke und dünne Adern. Besonders deutlich siehst du sie auf deinem Handrücken. Du kannst sie dir wie Leitungen vorstellen. Durch sie fließt das ▸ Blut, das dein ▸ Körper braucht. – Einmal hat sich Axel geschnitten. Da tropfte etwas Blut aus einer dünnen Ader. Schnell wurde ein Pflaster auf die kleine Wunde geklebt. – Auch in den Blättern von Pflanzen erkennst du Adern. Durch sie kommen Wasser und Nährstoffe in alle Teile des Blatts.

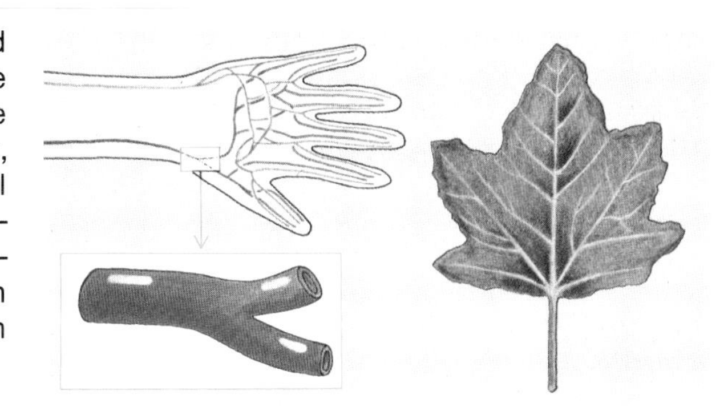

Adler Im ▸ Zoo stehen Andrea und Axel vor einem Adlerkäfig. Bei uns sieht man diesen großen ▸ Vogel mit seinen weiten Flügeln immer seltener durch die Luft segeln. Er wurde zu sehr gejagt. Früher gab es in ▸ Europa viele verschiedene Adlerarten. Dieser Greifvogel hat einen kräftigen krummen Schnabel, mit dem er sehr gut hacken kann. Mit seinen scharfen Fängen packt er fest zu. Die Adleraugen sind so scharf, dass sie auch aus großer Höhe Mäuse und Kaninchen im Gras erkennen.

Adoption „Herr und Frau Kruse haben ein Kind adoptiert“, sagt Mutter. „Christa heißt das Mädchen. Sie ist fünf Jahre alt. Christa hatte keine Eltern mehr. Die sind gestorben, als sie klein war. Sie war also eine ▸ Waise. Bisher lebte sie mit anderen Kindern zusammen in einem Kinderheim. Kruses freuen sich, dass sie durch die Adoption ein Kind bekommen haben. Und Christa freut sich, dass sie wieder Eltern hat. Sie heißt jetzt auch Kruse, genauso wie ihre Adoptiveltern.“

Advent Die Eltern haben den Adventskranz mit seinen vier ▸ Kerzen im Zimmer aufgehängt. Axel und Andrea wissen, dass jetzt bald ▸ Weihnachten gefeiert wird. An jedem der vier Adventssonntage zünden sie eine Kerze mehr an. In der Vorweihnachtszeit öffnen sie außerdem jeden Tag eine Tür ihres bunten Adventskalenders. Endlich brennen am vierten Advent die vier Kerzen am Adventskranz. Jetzt sind auch fast alle Kalendertüren geöffnet.

Affe Außer Axel und Andrea stehen noch viele andere Besucher vor dem Affenkäfig im ▸ Zoo. Es macht Spaß, diesen Tieren zuzusehen. „Die benehmen sich fast wie Menschen", sagt Axel. Affen können sehr gut klettern und hangeln. Dazu benutzen sie geschickt ihre Greifhände und Greiffüße, manche auch ihren Schwanz. Affen ernähren sich meistens von Blättern und Früchten. – Es gibt Affenarten, die so klein wie ▸ Eichhörnchen sind, aber auch welche, die größer und stärker als Menschen sind, wie Gorillas. Der ▸ Orang-Utan ist ein Menschenaffe mit langen Armen. Er wird bis zu anderthalb Meter groß. Auch Schimpansen sind Menschenaffen. Sie sind besonders gelehrig, daher sieht man sie häufig im ▸ Zirkus. – Affenhorden leben zum Beispiel in den Urwäldern ▸ Afrikas.

Afrika Axel sucht Afrika im ▸ Atlas. Er findet eine Seite mit allen Ländern der Erde. „Deutschland ist aber klein", wundert er sich. „▸ Europa ist schon größer", erklärt seine Mutter. „Das ist der Erdteil, in dem wir leben." Sie zeigt ihm, wo er den Erdteil Afrika findet. Mit dem Finger fährt sie von Deutschland nach Süden. Schon sind sie in Afrika. „Da gibt es ▸ Löwen und schwarze Menschen, die in Hütten wohnen", sagt Axel.

Obwohl der Erdteil Afrika größer ist als Europa, wohnen dort weniger Menschen als bei uns. Afrika besteht aus vielen verschiedenen Ländern. Ägypten, Algerien, Äthiopien, Nigeria und Somalia gehören zum Beispiel dazu. In diesen Ländern wohnen die Menschen nicht nur in Dörfern. Große und moderne Städte wurden gebaut. Aber auch Barackenstädte gibt es, in denen Armut herrscht. In Afrika ist es heißer und trockener als bei uns. Riesige ▸ Wüsten – groß wie das Land, in dem wir leben –, weite Grasgebiete und dichte ▸ Urwälder (das sind die tropischen Regenwälder) bedecken einen großen Teil Afrikas. Der längste Strom der Erde – der Nil – fließt durch Afrika. Wichtige Dinge kommen aus diesem Erdteil: ▸ Kakao, ▸ Bananen, ▸ Kaffee, ▸ Tee, ▸ Erdnüsse und andere Früchte. Diamanten und ▸ Gold findet man. In den Wäldern leben verschiedene Affenarten. Flusspferde und ▸ Krokodile sind in den Flüssen zu Hause. In den ▸ Savannen sieht man ▸ Giraffen, ▸ Zebras, ▸ Nashörner, ▸ Elefanten und andere Tiere.

Wegen der vielen Reichtümer Afrikas besetzten Europäer früher afrikanische Gebiete. Weiße regierten diese Kolonien und ließen die dunkelhäutigen Afrikaner für sich arbeiten. Dabei wurden die Europäer reich. Die Afrikaner blieben arm. Menschenhändler raubten Afrikaner und verkauften sie als ▸ Sklaven nach ▸ Amerika. Erst in den letzten Jahrzehnten machten sich viele afrikanische Staaten von den Weißen unabhängig.

Axe

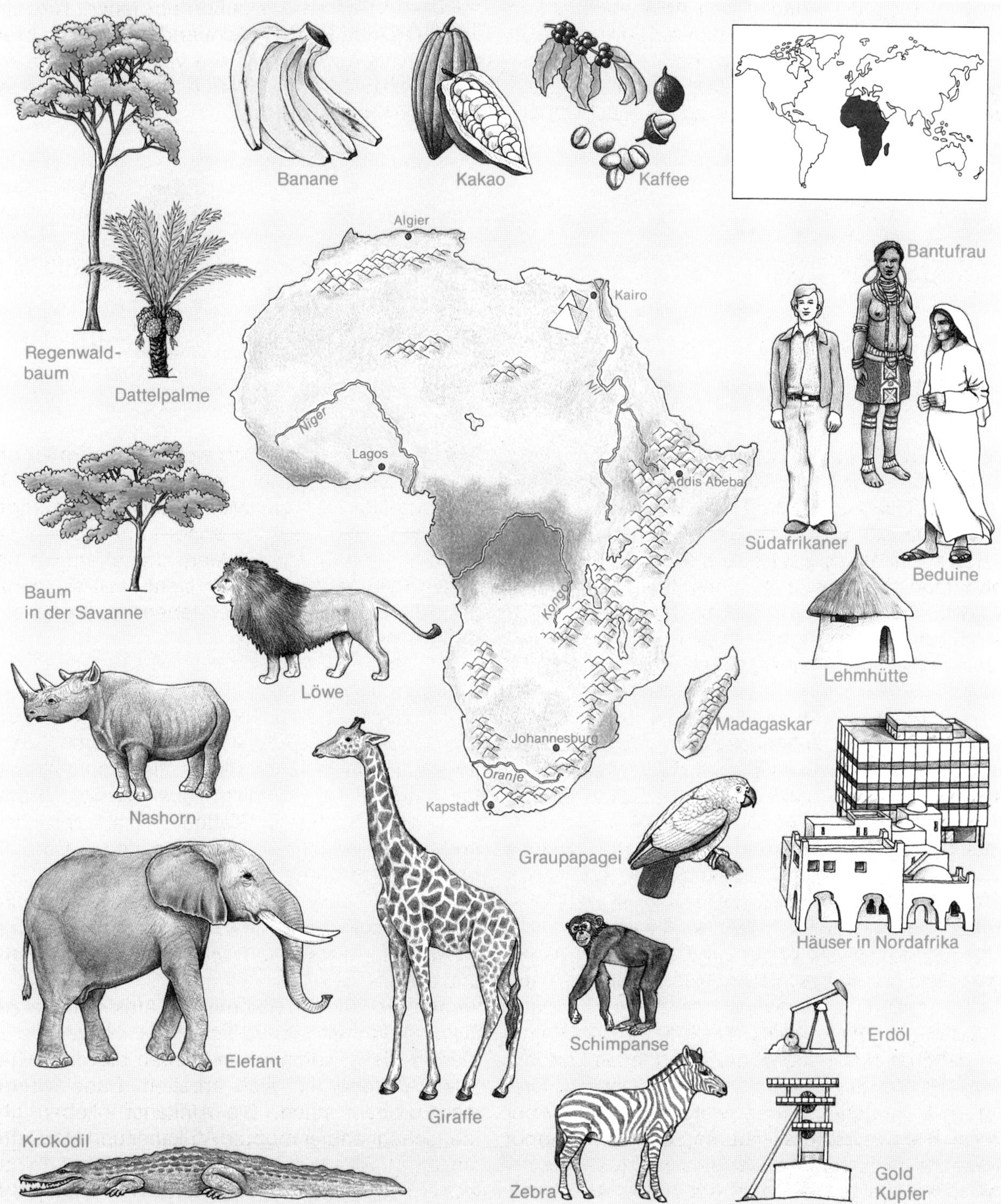
Regenwald-
baum
Dattelpalme
Banane
Kakao
Kaffee
Algier
Kairo
Nil
Niger
Lagos
Addis Abeba
Kongo
Madagaskar
Johannesburg
Oranje
Kapstadt
Bantufrau
Südafrikaner
Beduine
Baum
in der Savanne
Löwe
Lehmhütte
Nashorn
Graupapagei
Häuser in Nordafrika
Elefant
Giraffe
Schimpanse
Erdöl
Krokodil
Zebra
Gold
Kupfer

A
7

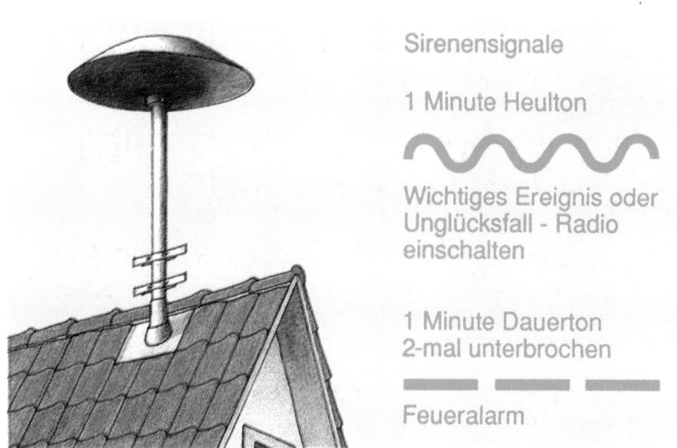

Alarm „Heute Mittag heulen die Sirenen auf den Dächern", sagt Vater. „Man probiert aus, ob diese Alarmanlagen noch funktionieren." Im ▸ Krieg wurde Alarm gegeben, wenn feindliche Flugzeuge mit ihren Bomben kamen. Der Alarm warnte vor der Gefahr. Heute warnen Alarmanlagen bei Feuer und Hochwasser und rufen um Hilfe. ▸ Banken sind mit Alarmanlagen ausgerüstet. Wird eine Bank überfallen und die Alarmanlage ausgelöst, kommt die ▸ Polizei.
Wenn jemand ohne Grund Alarm schlägt, nennt man das ‚blinden Alarm'.

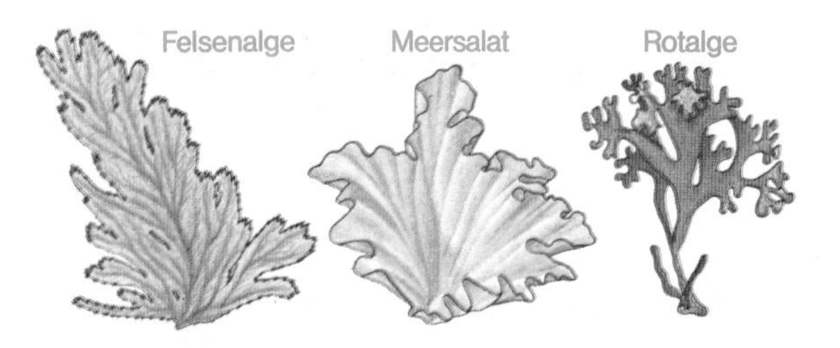

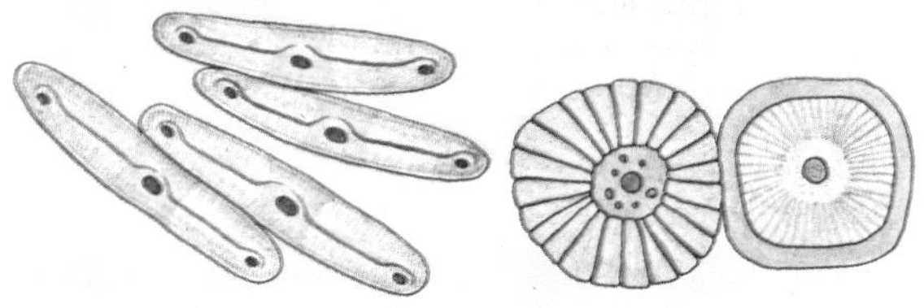
So sehen Kieselalgen unter dem Mikroskop aus

Algen Das Wasser im ▸ Aquarium wurde in den letzten Tagen immer grüner. „Das Grüne sind ganz kleine ▸ Pflanzen", erklärt Mutter. „Algen heißen sie." Diese winzigen Algen erkennt man nur unter dem ▸ Mikroskop. Im Meer leben viele Arten davon. Sie können andere Farben haben und größer sein. Algen sind die wichtigste Nahrung für viele Wassertiere. Einige Algenarten kann man essen. Aus anderen werden Grundstoffe für Nahrungsmittel hergestellt.

Alkohol Mutter und Vater trinken ▸ Wein. Sie sind lustig und etwas rot im Gesicht. „Das kommt vom Alkohol im Wein", sagt Vater. „Ich habe schon einen Schwips. Mit dem Auto oder dem Rad darf ich jetzt nicht mehr fahren." – ▸ Bier enthält Alkohol, Wein noch mehr. Am meisten Alkohol ist im Schnaps. Wenn die Eltern jetzt weiter trinken, werden sie betrunken. Betrunkene denken nicht mehr klar und schwanken beim Gehen. Wer oft Alkohol trinkt, braucht ihn bald immer. Er ist abhängig davon, also süchtig und damit krank. Für Kinder ist Alkohol besonders gefährlich.

allein Die Eltern sind mit Andrea weggegangen. Axel fühlt sich allein. Er hofft, dass sie bald wieder kommen. Dann überlegt er, was er tun könnte. Lesen, malen, fernsehen oder Kassetten hören fällt ihm ein. Wenn er so etwas tut, fühlt er sich bestimmt wohler. Da ruft sein Freund an und sagt: „Ich sitze in meinem Zimmer. Bei mir ist niemand zu Hause." Sie besprechen, dass Axel seinen Freund besuchen geht. Allein fühlt sich jetzt keiner mehr. – Was tust du, wenn du allein bist?

Allergie Andreas Freundin niest ständig und ihre ▸ Nase läuft. Außerdem jucken ihre ▸ Augen stark. „Ich habe wieder Heuschnupfen", klagt sie. Den bekommt sie immer, wenn sie bestimmte Gräserpollen mit der Luft einatmet. Ihr ▸ Körper reagiert nämlich allergisch, also überempfindlich, auf diese Pollen. Andere Menschen reagieren auf Katzenhaare, chemische Stoffe oder Staub überempfindlich. Durch eine Allergie kann man auch Hautausschlag bekommen oder an Atemnot leiden. Andreas Freundin lässt ihre Allergie von einer ▸ Ärztin behandeln.

Alphabet Für die sechsundzwanzig Buchstaben unserer Sprache gibt es eine Reihenfolge. Diese Reihenfolge nennt man Alphabet. Unseres beginnt mit A und endet mit Z. In Russland und in Griechenland zum Beispiel verwenden die Menschen Alphabete mit ganz anderen Buchstaben. – Stell dir vor, es gäbe kein Alphabet. Wie würdest du dann etwas in deinem ▸ Lexikon oder im Telefonbuch finden?

ABCDEFGHIJKLMNOPQRSTUVWXYZ
abcdefghijklmnopqrstuvwxyz

griechisch
ΑΒΓΔΕΖΗΘΙΚΛΜΝΞΟΠΡΣΤΥΦΧΨΩ
αβγδεζηθικλμνξοπρστυφχψως

kyrillisch (russisch)
АБВГДЕЖЗИЙКЛМНОПРСТУФХЦЧШ
абвгдеёжзийклмнопрстуфхцчшщъыьэюя

alt „Mit zwanzig ist man ziemlich alt“, sagt ein Sechsjähriger. Eine Zwanzigjährige meint: „Ich bin jung. Erst mit fünfzig Jahren wird man alt.“ Die fünfzigjährige Frau sagt: „Ich fühle mich jung. Wahrscheinlich ist man erst mit siebzig alt.“ Ein Siebzigjähriger sagt: „Eigentlich bin ich nicht alt. Ich gehe gerne spazieren, fahre Auto und schwimme.“ Sein Freund ist siebzig Jahre alt wie er. Der wirkt viel älter. Er geht langsam und sein ▸ Gedächtnis hat nachgelassen. Schade, dass ich nicht bei meinen Kindern wohne, sondern im Altersheim, denkt er. Ich wäre gerne bei ihnen.

Altar Andrea steht in einer ▸ Kirche vor dem Altar. Der Altar sieht aus wie ein Tisch. Ein hohes Kreuz steht darauf und links und rechts davon Kerzen. Die werden vor dem Gottesdienst angezündet. Auch eine Bibel liegt da. Aus ihr liest der ▸ Pfarrer vor. Dieser Altar sieht feierlich aus, obwohl er ganz einfach ist. In einer anderen Kirche hat Andrea einmal einen schön geschnitzten und bemalten Altar gesehen. Sie versuchte herauszufinden, welche biblischen Geschichten darauf dargestellt waren.

Ameise Auf dem Waldboden krabbeln Ameisen. Andrea beobachtet diese ▸ Insekten. Sie schleppen Pflanzenteile zu ihrem Bau. Im Ameisenhaufen gibt es viele Gänge und Nester. Vor dem Bau entdeckt Andrea eine richtige Straße, die sich die Tiere angelegt haben. Männchen, Königinnen und Arbeiterinnen leben im Ameisenstaat. Jedes Tier in diesem ▸ Staat tut ganz bestimmte Dinge. Die Arbeiterinnen bauen das ▸ Nest und sorgen für die Ernährung. Sie kümmern sich auch um die ▸ Eier, die von den Königinnen in die Nester gelegt werden. Aus den Eiern werden ▸ Larven, die sich verpuppen. Aus den ▸ Puppen schlüpfen dann die jungen Ameisen. Die Männchen sind nur für die ▸ Fortpflanzung wichtig. Fast überall auf der Erde gibt es Ameisen. Sie können winzig klein sein. Andere Ameisenarten werden mehrere Zentimeter groß.

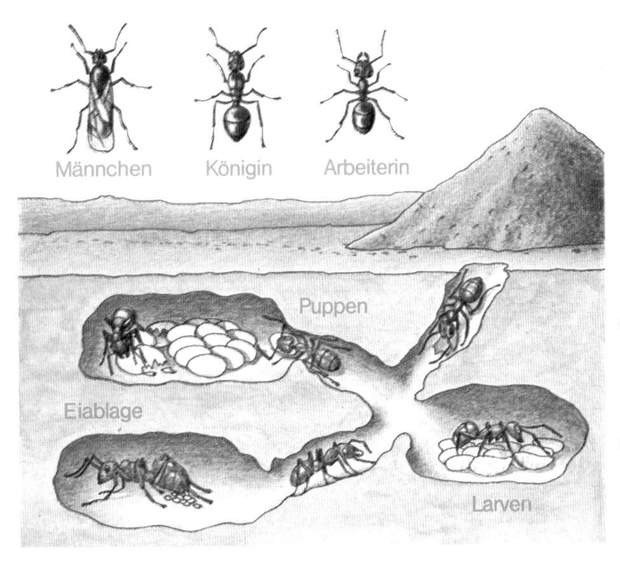

Andrea

Mais
Getreide
Baumwolle
Tabak
Kaffee
Regenwald-
baum
Kakteen
Tanne
Nordamerika
Seattle
Montreal
Mississippi
New York
Washington
Los
Angeles
Rio Grande
Weißer
Farbiger
Sioux-Indianer
Eskimo
Mittelamerika
Häuser in Nordamerika
Ara
Kondor
Kolibri
Tukan
Amazonas
Brasilia
Urwaldhütte
Paraná
Rio de Janeiro
Gürteltier
Santiago
de Chile
Buenos Aires
Erdöl
Eisbär
Ameisenbär
Südamerika
Kohle
Kupfer
Zinn

Amerika „Wenn ich an Amerika denke, fallen mir ▸ Cowboys, ▸ Indianer und Wolkenkratzer ein", sagt Axel. Im ▸ Atlas zeigt ihm seine Mutter, dass Amerika ein Doppelkontinent ist. Er liegt zwischen dem Atlantischen und dem Pazifischen Ozean. Amerika besteht aus Nord- und Südamerika. Verbunden werden diese Teile durch Mittelamerika. Die Vereinigten Staaten (USA), von denen man oft als Amerika spricht, sind nur ein Teil Nordamerikas. Kanada und Teile Mexikos gehören dazu. In Alaska und Grönland im Norden Amerikas fallen die ▸ Temperaturen sehr tief. Wesentlich wärmer wird es in den südlichen Gebieten, zum Beispiel in Mexiko. Hohe Gebirge ragen an der Westküste auf. Einer der längsten Flüsse der Erde – der Mississippi – fließt durch Nordamerika. – Vor über fünfhundert Jahren landete der Seefahrer Christoph Kolumbus in Amerika. Bis er kam, lebten dort nur Indianer und – ganz im Norden – Eskimos. Für die Indianer waren die riesigen Gebiete Nordamerikas die wichtigsten Jagdgebiete. Nach Kolumbus fuhren Europäer über den Ozean nach Amerika. Sie alle wollten dort leben, weil es den meisten in ihrer ▸ Heimat schlecht ging. Andere kamen als Abenteurer. Die Indianer Nordamerikas wehrten sich dagegen, dass ihnen ihr Land von den Neuangekommenen aus Europa weggenommen wurde. Sie kämpften gegen diese Siedler. Dabei wurden viele Indianer getötet. Sklavenhändler verkauften den weißen Siedlern dunkelhäutige Menschen, die man in ▸ Afrika gefangen hatte. Sie mussten als ▸ Sklaven für die Weißen arbeiten. Die dunkelhäutigen Menschen, die heute in Amerika leben, sind die Nachkommen dieser Sklaven. ▸ Fabriken wurden in Nordamerika gebaut, moderne ▸ Maschinen entwickelt. Vor allem in den Vereinigten Staaten entstanden große Städte wie zum Beispiel New York (Nju Jork).

An Nordamerika schließen sich Mittel- und Südamerika an. Dichte ▸ Urwälder und riesige Grasgebiete bedecken weite Teile davon. Der wasserreichste Strom der Erde – der Amazonas – fließt in Südamerika. Im Atlas kannst du sehen, dass es an der Westküste Berge gibt, die über 6000 m hoch sind. Einige seltene Tierarten leben in Mittel- und Südamerika, wie Ameisenbären, Gürteltiere, ▸ Jaguare, Kolibris und ▸ Papageien. Große Städte entstanden vor allem an der Küste des Atlantischen Ozeans. Brasilien und Argentinien heißen die größten Länder Südamerikas. Brasilien liefert viel ▸ Kaffee. In Argentinien gibt es riesige Weizenfelder und Viehherden. Auch Tabak, ▸ Kakao, ▸ Bananen und ▸ Erdöl kommen aus Mittel- und Südamerika. Noch heute leben dort Indianer in den dichten Urwäldern.

Nach der Landung von Kolumbus drangen europäische Eroberer in die damaligen Indianerreiche Mittel- und Südamerikas ein um deren Schätze zu rauben. Die Indianer hatten keine Gewehre wie die Europäer. In grausamen Kämpfen wurden sie von den mächtigen Weißen besiegt. Später ließen europäische Herrscher die Gebiete Süd- und Mittelamerikas besetzen und regierten sie. Man holte sich aus den Ländern, was man wollte. Auch in diese Gebiete wurden Sklaven verkauft. Einwanderer aus allen Erdteilen kamen. Heute sind die verschiedenen Länder Mittel- und Südamerikas von ihren früheren Besetzern unabhängig. Auffallend an vielen Staaten Mittel- und Südamerikas ist, dass dort viele sehr arme Menschen und wenige sehr reiche leben.

Ampel Axel will auf die andere Straßenseite, weil er dort Andrea sieht. Aber die Autos fahren dicht hintereinander an ihm vorbei. Deswegen geht er zu einer ▸ Kreuzung, wo der ▸ Verkehr durch Ampeln geregelt wird. Die Fußgängerampel zeigt rot. Axel muss warten. Dann springt die Ampel auf grün. Nun stehen die Autos und er überquert den Zebrastreifen. Schon springt die Ampel für die Autos von rot auf gelb. Jetzt zeigt sie grün. Das ist das Zeichen, dass sie wieder fahren dürfen.

Amsel „Die Amseln fressen mir alle ▸Kirschen weg“, stöhnt ein Gärtner. Diese Singvögel ernähren sich aber nicht nur von Früchten, sondern auch von ▸Schnecken und ▸Regenwürmern. Amseln gibt es bei uns fast überall, wo Menschen wohnen. Sie singen sehr schön, vor allem morgens und abends. Die Männchen erkennt man am schwarzen Gefieder und am gelben Schnabel. Die Weibchen sind graubraun gefiedert. Ihr Schnabel ist braun. Amselnester findet man in Bäumen, Sträuchern und auf dem Erdboden.

Ananas Mutter bringt eine Ananas mit. Andrea holt die große, ziemlich schwere ▸Frucht aus dem Korb. Rau fasst sie sich an. Sie ist schon lange unterwegs, denn sie kommt aus Thailand, den Philippinen, Indien, Hawaii oder Brasilien. Ananas wachsen nur dort, wo es wärmer ist als bei uns. Ihre Blätter sind hart und spitz. Mit einem Messer schneidet Mutter die schuppige Schale ab. Das gelbliche Fruchtfleisch ist saftig, riecht gut und schmeckt schön süß. „Ich mag so eine frische Ananas lieber als die aus der Büchse“, sagt Andrea. Zum Nachtisch wird sie eine dicke Scheibe davon essen. – Isst du auch gern Ananas?

angeln Am See steht ein Angler mit seiner biegsamen Angelrute. Die Kinder sehen ihm zu. Gerade bindet der Mann einen Haken an das Ende der Angelschnur. Ein Stück Brot wird auf den Haken gespießt. „Das ist der Köder“, erklärt der Angler. Auch Würmer verwendet man als Köder. Wenn ein ▸Fisch nach dem Köder schnappt, verschluckt er ihn mit dem Haken und der Fisch ist gefangen. Schwungvoll wirft der Mann die Schnur mit dem Köder aus. Ein Stück ▸Kork schwimmt auf dem Wasser. Die Angler nennen es ‚Schwimmer‘. Der Schwimmer ist an der Angelschnur befestigt. Wenn er sich stark bewegt, erkennt der Angler, dass ein Fisch angebissen hat.

Angst Axel liegt im Bett. Da raschelt etwas am Fenster. Er starrt dorthin. Plötzlich schwitzt er. In seinem Magen kribbelt und zieht es. Axel hat Angst. Dieses Gefühl lässt ihn nicht einschlafen. Schnell steht er auf und legt sich zu seiner Schwester ins Bett. Die fürchtet sich nicht, denn sie kennt das Geräusch. „Das ist der Zweig von dem Baum draußen. Wenn es windig ist, streicht er an der Fensterscheibe entlang“, sagt sie. Jetzt hat Axel keine Angst mehr.
Wovor hattest du schon einmal Angst? Und was hast du gegen deine Angst getan?

Anker Die Familie ist mit einem Segelboot unterwegs. Axel und Andrea wollen zu einer Insel. Vater lässt den Anker ins tiefe Wasser. Das schwere Metallstück versinkt. Jetzt sieht man nur noch die mit dem ▸ Boot verbundene Ankerkette. Das Boot ist verankert. Es kann nicht mehr weggetrieben werden, denn die Arme des Ankers graben sich in den Meeresgrund ein. So hält der Anker an der ▸ Kette das Boot fest. „Das große ▸ Schiff da draußen hat natürlich einen viel größeren und schwereren Anker", sagt Vater.

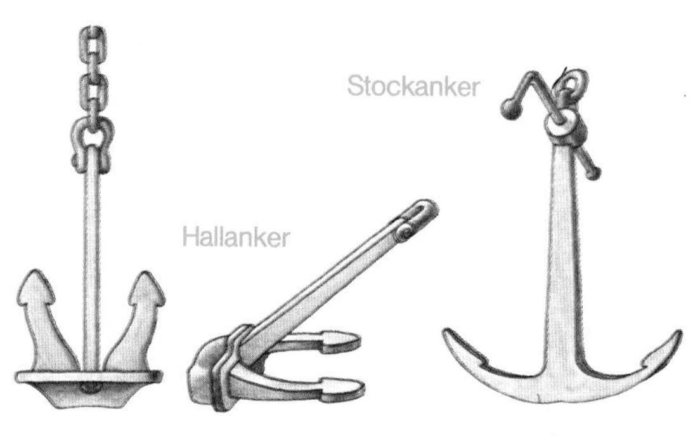

Antenne Ohne Antenne könnte man nicht fernsehen und keine Radioübertragung hören. „Wenn man Bilder und Töne mit einer Antenne empfängt, müssen sie doch irgendwo abgeschickt werden", sagt Axel. „Dafür gibt es Sendeantennen", erklärt seine Mutter. Bilder und Töne werden aber nicht sichtbar und hörbar durch die Luft geschickt, sondern vorher in elektrische Wellen verwandelt. Obwohl die unsichtbar sind und man sie nicht hört, gibt es sie. Sonst könnte man keine Bilder im ▸ Fernsehen sehen und keine Töne hören. Die Antennen auf dem Dach fangen diese Wellen auf und leiten sie ins Zimmer. Radios oder Fernseher verwandeln sie in Töne oder Bilder. – Welche Antennen empfangen keine Bilder?

Die Fühler der ▸ Insekten (die „Antennen").

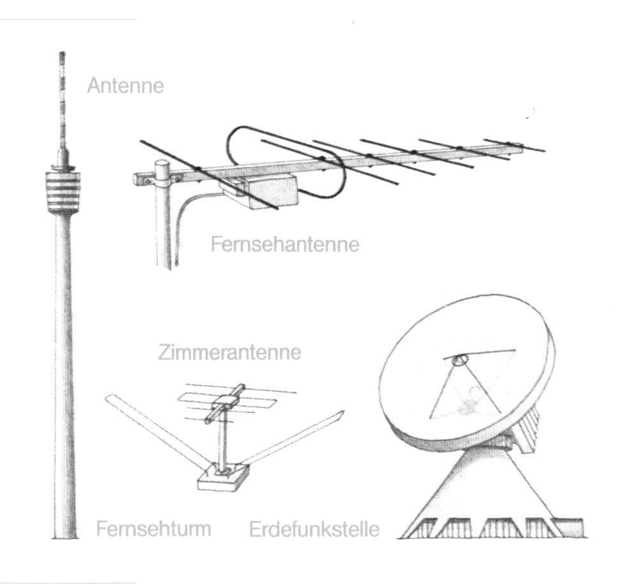

Apfel Im Obstgeschäft will Andrea Äpfel kaufen. „ Welche Sorte möchtest du denn?", fragt die Verkäuferin. In den Körben werden kleine und große Äpfel angeboten, rotbackige und grüne sieht Andrea. Die Früchte unterscheiden sich aber nicht nur in der Farbe und in der Größe, sondern auch im Geschmack. An den verschiedenen Apfelbäumen wachsen süßere und säuerliche Sorten. Jede Sorte hat einen anderen Namen. Einige reifen früher, andere später. Besonders gerne mag Andrea gebratene Äpfel. Aus Äpfeln macht ihre Mutter außerdem ▸ Kompott, Gelee (Schelę) und Apfelmus. Es gibt Äpfel, die keinem schmecken. Weißt du, welche das sein könnten?

Pferdeäpfel, Augäpfel.

Apfelsine (Orange (Orąngsche)) Axel schält eine Apfelsine und gibt seiner Schwester ein Stück davon. „Richtig süß und saftig schmeckt die", sagt Andrea. – Bei uns wachsen diese ▸ Früchte nicht, denn sie brauchen viel Sonne. In Ländern wie Spanien und Israel kann man sie von Bäumen und Sträuchern pflücken. „Orangensaft ist gesund", sagt Axels Mutter.

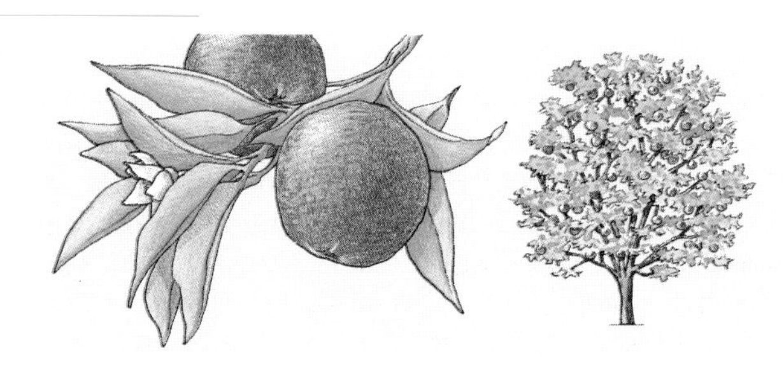

Apotheke Axel bekommt von seiner Mutter einen Zettel. Sie sagt: „Das ist ein Rezept. Der ▸Arzt hat darauf geschrieben, welche Tabletten ich brauche. Mit dem Rezept gehst du bitte zur Apotheke. Dort verkauft man dir die Tabletten nur, wenn du diesen Zettel abgibst." In der Apotheke sieht Axel Regale voller Arzneimittel. Er gibt der Apothekerin im weißen Kittel das Rezept und etwas Geld. Dafür bekommt er dann von ihr die Tabletten.

Aprikose (▬ Marille) „Hm, Aprikosen", sagt Andrea. Einige Körbe voll solcher ▸Früchte stehen beim Obsthändler. Ihre Mutter kauft ein Pfund. Diese Früchte wachsen auf Bäumen. Sie brauchen viel Wärme. Samtig fasst sich die ▸Haut an. Andrea beißt in das gelbe, gut schmeckende Fruchtfleisch. „Richtig saftig sind Aprikosen nicht", sagt sie und nimmt den großen ▸Kern heraus. Gerne isst Andrea Aprikosenmarmelade.

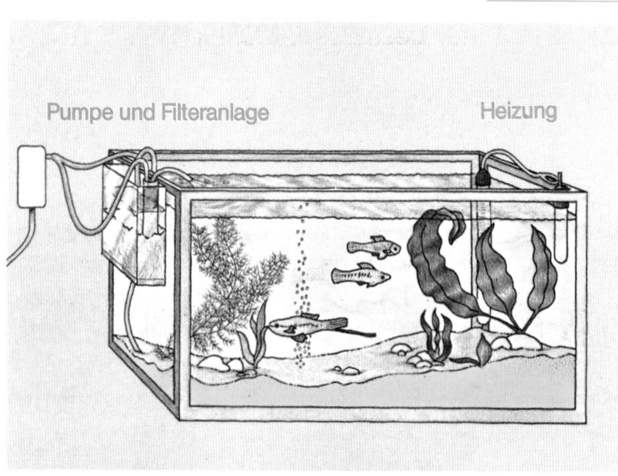

Aquarium Axels Freund hat ein Aquarium. Sie sitzen vor dem Glasbehälter. Die beiden bestaunen die verschiedenen bunten ▸Fische, die zwischen den Wasserpflanzen schwimmen. Dieses Aquarium ist mit Leitungswasser gefüllt, das durch eine ▸Heizung angewärmt wird. Es gibt auch Meerwasseraquarien. In ihrem salzigen Wasser leben andere Pflanzen und Fische als im Aquarium von Axels Freund. Er füttert seine Fische mit kleinen Würmern und Trockenfutter. In manchen Städten gibt es ganz große Aquarien. Man kann dort zum Beispiel seltene Fische, ▸Seepferdchen, ▸Krebse und eigenartige ▸Korallen beobachten.

Arbeit Andreas und Axels Vater geht morgens zur Arbeit ins ▸Büro. Dort verdient er ▸Geld. Abends kommt er wieder zurück. Mutter arbeitet zu Hause im Haushalt. Andreas Freundin beschwert sich: „Meine Eltern arbeiten beide von morgens bis abends in unserem Laden. Ich bin allein in der Wohnung." Axels Freund sagt: „Mein Vater arbeitet in der ▸Fabrik. Oft arbeitet er nachts. Oder er bleibt tagsüber länger in der Fabrik und macht Überstunden. Meine Mutter arbeitet halbtags. Mittags kommt sie nach Hause." Ein Junge erzählt: „Ich kenne eine Familie, da bleibt der Vater zu Hause. Er arbeitet im Haushalt und malt Bilder, die er verkauft. Seine Frau arbeitet als Lehrerin." Ein anderer Junge sagt: „Mein Vater arbeitet zur Zeit überhaupt nicht, obwohl er das eigentlich möchte. Er ist arbeitslos. Wir haben weniger Geld zum Leben als vorher. Mein Vater geht oft zum Arbeitsamt. Dort fragt er, ob es Arbeit für ihn gibt. Bisher hat man keine für ihn gefunden. Ohne Arbeit ist er unzufrieden." So wie diesem Mann geht es ziemlich vielen Menschen.

Architekt Wenn jemand ein ▸ Haus bauen möchte, bespricht er mit einem Architekten, wie er sich sein Haus vorstellt. Dann zeichnet der Architekt, wie es außen und innen werden könnte. Und er rechnet aus, was es kostet. Nach der Zeichnung, dem Bauplan, richten sich die ▸ Handwerker, die das Haus bauen. – Architekten planen und zeichnen auch ganze Stadtteile, zu denen Häuser, Gärten, Straßen, Spielplätze und ein Krankenhaus gehören können.

Ärger Axel ärgert sich über Andrea, weil sie ihm den Ball weggenommen hat. Er schimpft laut. Mutter reizt dieser Lärm. Er ist ihr unangenehm. Das macht sie ärgerlich und sie verlangt: „Gib ihm den Ball zurück!“ Andrea ist enttäuscht, dass ihre Mutter zu Axel hält. Darüber ärgert sie sich: „Immer hilfst du ihm!“, beschwert sie sich. Ihre Mutter ist unzufrieden, weil sie sich eingemischt hat. Jetzt ärgert sie sich über sich selbst. Eine halbe Stunde später vertragen sich alle wieder. Das ist ein viel besseres Gefühl als sich zu ärgern.
Was machst du, wenn du dich ärgerst?

Armut Bei uns leben zurzeit nicht sehr viele arme Menschen. Es gibt auch nicht sehr viele reiche. In manchen Ländern ist das anders. Dort gibt es sehr viele Menschen, die hungern und keine richtigen Wohnungen haben. Viele finden keine ▸ Arbeit. Es gibt kaum Schulen, in denen man etwas lernen könnte. Die Kinder haben kein Spielzeug und tragen abgerissene Kleider. Sie müssen betteln. In den gleichen Ländern leben aber Menschen, die sehr viel besitzen.

Arzt Andrea hat Husten. „Wir gehen zum Arzt“, sagt Mutter. ‚Dr. Lange, Kinderärztin. Sprechstunde 9–11 Uhr und 15–17 Uhr' steht auf einem Schild. Die Abkürzung Dr. heißt Doktor. Frau Doktor Lange hat ▸ Medizin studiert. Dabei hat sie gelernt, woher Krankheiten kommen und wie man sie heilt. Die Zeit, in der sie in ihrer Arztpraxis arbeitet, nennt man Sprechstunde. – Andrea und ihre Mutter sitzen im Wartezimmer. „Der nächste Patient bitte“, sagt die Arzthelferin im weißen Kittel. Die Ärztin unterhält sich mit Andrea. Dann untersucht sie Andrea und verschreibt danach ein Medikament. „Das wird dir bestimmt helfen“, sagt sie. „Die Ärztin ist richtig nett“, sagt Andrea später zu ihrer Mutter.

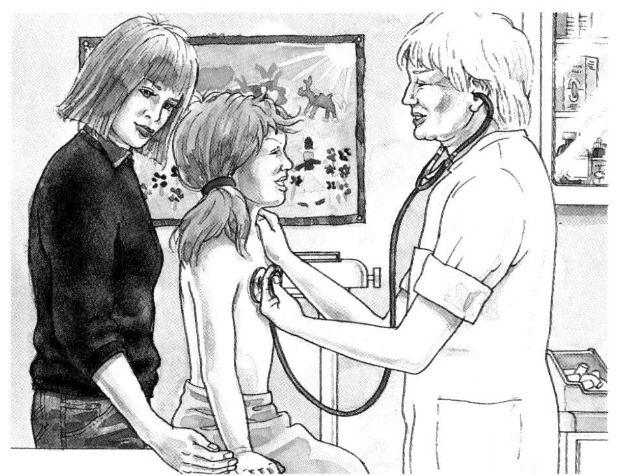

Andrea

Weizen
Reis
Zuckerrohr
Tee
Chinese
Inderin
Regenwaldbaum
Ural
Ob
Jenissei
Istanbul
Peking
Tokio
Türkin
Teheran
Tanne
Delhi
Mekong
japanisches Haus
Kobra
Kokospalme
Orang-Utan
Hausboot
Erdöl
Gold
Kohle
Tiger
Elefant
Rentier

Asien Andrea fährt mit ihrem Finger auf der Landkarte nach Osten bis nach Russland. „Hinter dem Uralgebirge beginnt der riesige Erdteil Asien", sagt ihre Mutter. Er ist ungefähr viermal so groß wie der Erdteil ▸ Europa, in dem wir leben. Mehr als die Hälfte aller Menschen wohnen in den Ländern Asiens. ▸ China gehört dazu, Indien und Japan. Der südwestliche Teil Asiens wird Vorderasien genannt. Dazu zählt man z. B. die Türkei, Israel, Iran, Irak und die Länder auf der arabischen Halbinsel. Einige dieser Staaten zählen durch ihre Ölvorkommen zu den reichsten der Erde. – Alle großen ▸ Religionen sind in Asien entstanden. Die Menschen Asiens haben verschiedene Hautfarben. Sie sprechen viele verschiedene Sprachen und benutzen verschiedene Schriften. – Andrea hat schon einmal chinesische Schriftzeichen gesehen. Wie winzige Bilder waren die. Sie kennt auch einige Märchen aus ‚Tausendundeiner Nacht'. Diese Geschichten kommen aus Arabien. – Tokio, die Hauptstadt Japans, und Peking, die Hauptstadt der Volksrepublik China, sind die bekanntesten der großen Städte. Obwohl sehr viele Menschen in Asien leben, gibt es unbewohnte Gebiete, wie die heißen ▸ Wüsten und die feuchtheißen ▸ Urwälder. Aber auch große kalte Gebiete findet man in Asien. Der höchste Berg der Erde wurde dort bestiegen. Es ist der Mount Everest (Maunt Ewrest) im Himalaja-Gebirge. Mächtige Flüsse durchziehen die Länder.
In Asien leben Tiere, die es bei uns nur im Zoo gibt: ▸ Elefanten, ▸ Tiger, Eisbären, Rentiere, ▸ Kamele, ▸ Affen und Pandas. – Asiatische Länder liefern ▸ Erdöl, ▸ Kohle, ▸ Gold, Kautschuk, Seide, ▸ Reis, ▸ Tee, ▸ Kaffee, ▸ Gewürze und Tabak. Trotzdem gehören einige Länder Asiens zu den ärmsten. In diesen armen Ländern gibt es nur wenige Fabriken, in denen die Menschen arbeiten können. Sie leben dort vor allem von der Landwirtschaft. In anderen Ländern dieses Erdteils, wie in Japan, wird in modernen Fabriken gearbeitet.

Atlas „Wo liegt das Land Somalia?", fragt Mutter, denn sie hat eben im Fernsehen davon gehört. Sie holt den Atlas aus dem Bücherschrank. In diesem Buch sind Karten der Erde und des Himmels. Man findet darin Erdteile, Länder, Städte, Meere, Flüsse, Berge und den Sternenhimmel. Im Inhaltsverzeichnis des Atlas sucht sie das Wort ‚Somalia'. Dahinter steht die Seitenzahl. Auf der Karte mit dieser Seitenzahl findet sie das Land Somalia. Es liegt in ▸ Afrika.
Findest du Somalia in eurem Atlas?

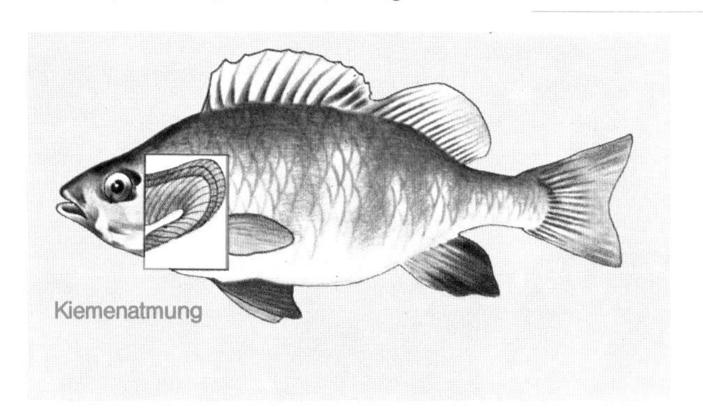

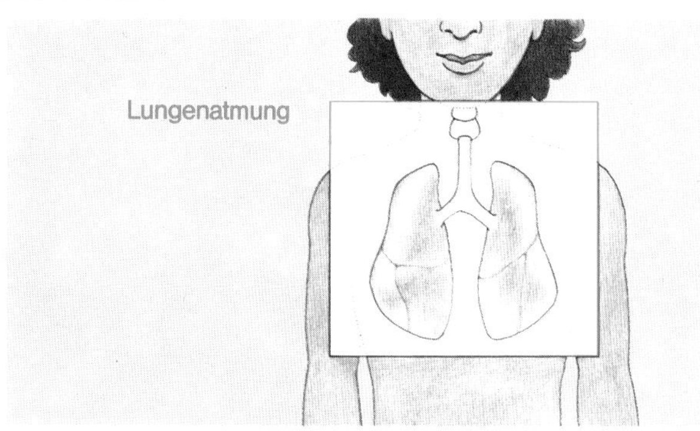

Atmung Axel taucht. Schwer atmend steigt er danach aus dem Wasser. Leider kann er nicht wie ein ▸ Fisch unter Wasser atmen. Fische holen sich den Sauerstoff, den sie zum Leben brauchen, durch ihre Kiemen aus dem Wasser. Menschen atmen den Sauerstoff mit der ▸ Luft ein. Beim Einatmen strömt Luft durch Nase, Kehlkopf und Luftröhre in die ▸ Lunge. Von da kommt der Sauerstoff ins ▸ Blut und wird im Körper verteilt. Beim Ausatmen stoßen wir die restliche Luft aus. – Wenn man rennt, muss die Lunge schwer arbeiten. Danach ist man außer Atem.

Aufzug Andrea steht mit ihrem Vater im Hausflur eines Hochhauses. „Wenn es hier keinen Fahrstuhl gäbe, müssten wir die Treppen zu Fuß hochgehen“, sagt sie. „Und hochschleppen müsste man auch alles.“ Im Fahrstuhl drücken sie auf den Knopf mit der ‚7‘. Lautlos und schnell wird der Aufzug vom ▸ Motor mit einem Drahtseil zum siebten Stockwerk hochgezogen. Beim Anfahren und Halten spürt Andrea einen Druck im Magen. – Es gibt auch andere Aufzüge, den Skilift zum Beispiel. – Mutter fragt Andrea: „In was für einem Aufzug kommst du denn daher?“ Weißt du, was sie damit meint?

Andreas Kleidung, die der Mutter nicht gefällt.

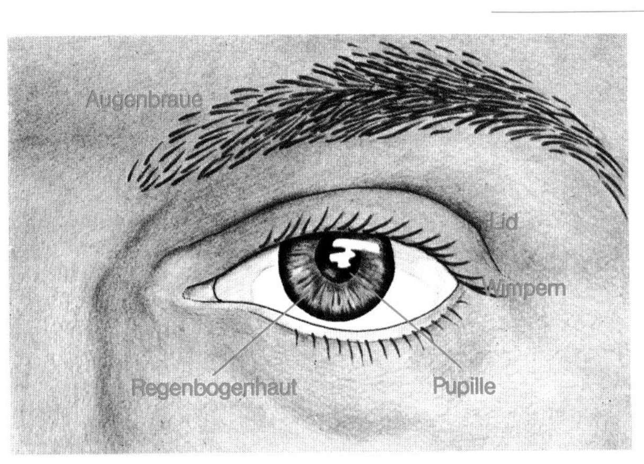

Auge „Mir ist etwas ins Auge geflogen, jetzt tränt es“, sagt Andrea. „Sei froh“, meint ihre Mutter. „Mit den ▸ Tränen spült das Auge heraus, was nicht hinein gehört.“ Auch die Augenbraue, das Lid mit den Wimpern und die Augenhöhle schützen das Auge. Im Spiegel sieht man den vorderen Teil des Augapfels. In der Mitte sitzt die Pupille, die das Licht einlässt. Um die Pupille erkennt man die farbige Regenbogenhaut. – Was für eine Augenfarbe hast du? – Mit welchen Augen kannst du nichts sehen?

Mit den Augen des Würfels.

Ausland „In den Ferien sind wir ins Ausland gefahren“, erzählt Andrea in der Schule. Die Familie war in Spanien. Nur wenige Menschen verstehen dort unsere Sprache. Das Essen schmeckt anders und die Menschen kleiden sich anders. Man fühlt sich fremd. Auf der Rückfahrt haben sie einen Spanier mitgenommen. Als sie über die ▸ Grenze gefahren sind, war er im Ausland. Jetzt hat er sich fremd gefühlt. Nun konnten sie ihm helfen, damit er sich zurechtfindet.

Ausstellung Mutter sagt: „In der Zeitung steht, dass in diesem Monat eine Bilderausstellung stattfindet.“ Die Wände der vielen Ausstellungsräume im ▸ Museum hängen voller Bilder. Außer dieser Gemäldeausstellung gibt es eine Ausstellung alter Kinderbücher. Auch eine Sammlung wertvoller Steine wird ausgestellt. Auf dem Messegelände stellt man Esswaren aus vielen Ländern aus. Davon darf man sogar probieren. Diese Ausstellung möchte Axel als Erste besuchen. – Warst du schon einmal in einer Ausstellung? Was hat dir dort am besten gefallen?

Australien Es gibt sechs Erdteile (Kontinente). Australien ist der kleinste davon. „Wie komme ich dorthin?", will Andrea wissen. Ihre Mutter antwortet: „Von uns musst du mit dem Flugzeug bis zur anderen Seite der Erdkugel fliegen. Wie eine Insel liegt dann Australien im Ozean unter dir." In diesem Erdteil ist es heißer und trockener als bei uns. Das Innere Australiens bedecken weite ▸ Wüsten und Grasgebiete. Nur wenige Menschen leben hier. Die meisten wohnen in den großen Städten an der Küste, wo es nicht so heiß wird. Dort arbeiten sie in ▸ Fabriken. Vor allem Weiße leben in Australien. Ihre Vorfahren kamen aus verschiedenen Ländern in diesen Erdteil, die meisten aus England, Wales (Wäls), Schottland und Irland. Allerdings kamen die wenigsten Menschen bis vor ungefähr 150 Jahren freiwillig nach Australien. Oft wurden Leute, die etwas angestellt hatten, zur Strafe in diesen Kontinent geschickt. Erst als man später ▸ Gold fand, folgten freiwillige Siedler. Ureinwohner gibt es heute nur noch wenige. Viele von ihnen müssen als Viehtreiber arbeiten. Auch ihre uralten Bräuche werden immer seltener, z. B. das Werfen des ▸ Bumerangs. Riesige Schafherden weiden in Australien. Sie liefern ▸ Wolle, die in andere Länder verkauft wird. Gold, ▸ Silber, Blei, Kupfer und ▸ Kohle werden in diesem Erdteil gewonnen. Hohe Eukalyptusbäume wachsen hier. Außerdem leben in Australien viele für uns ungewöhnliche Tiere, zum Beispiel ▸ Kängurus und Koalas, die man auch Beutelbären nennt. Das Schnabeltier und der ▸ Kakadu sind hier zu Hause. Die Kaninchen wurden aus ▸ Europa eingeschleppt. Sie vermehrten sich so schnell, dass sie sich zur gefürchteten Landplage entwickelten.

Zu Australien gehören viele Inseln. Die wichtigsten sind Tasmanien, Neuguinea und Neuseeland.

Ausweis Bei einer Verkehrskontrolle verlangt ein Polizeibeamter Vaters Ausweis (Identitätskarte) und seinen Führerschein (Führerausweis). Er sieht sich das Foto mit der Unterschrift und dem Stempel im Ausweis genau an. Außerdem stehen im Ausweis zum Beispiel der ▸ Name, der ▸ Geburtstag und der Geburtsort. „Daran erkennt er, wer ich bin", erklärt Vater Andrea. Der ▸ Beamte gibt die Papiere zurück und bedankt sich. – Mit sechzehn Jahren bekommt man so einen Personalausweis. Auch der Sportausweis, der Schülerausweis und der Reisepass sind Ausweise.

Auto „Setz dich bitte nach hinten. Da ist es sicherer für dich", sagt Andreas Mutter, als sie ins Auto steigen. Beide schnallen den Sicherheitsgurt um. Jetzt lenkt Mutter den Wagen durch die Straßen. „Ich bin froh, dass ich einen Führerschein (Führerausweis) habe", sagt sie. Ohne ihn dürfte sie nicht Auto fahren. Bis vor ungefähr hundert Jahren gab es keine Autos. Damals brauchte man lange um mit dem Pferdefuhrwerk von einer Stadt zur anderen zu kommen. In solche Wagen wurden auch die Lasten geladen, die man heute mit ▸ Lastkraftwagen (LKW) transportiert. Feuerwehr und Krankenwagen kamen früher nur langsam zum Ziel. Heute gibt es immer mehr Autos. Deshalb sind die Straßen häufig verstopft. Den Autos verdanken wir auch Abgase und Lärm. Deshalb benutzen viele Leute wieder öffentliche Verkehrsmittel wie Busse.

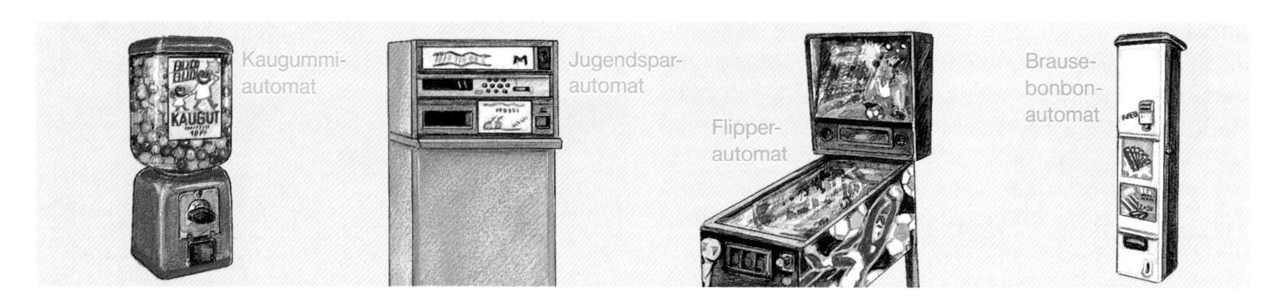

Automat Die Kinder sind mit ihren Eltern in einer Gaststätte. Ein Mann zieht Zigaretten aus einem Automaten. In der Ecke spielt jemand an einem Flipperautomaten. Mutter steckt eine Münze in die Musikbox und drückt auf eine Taste. Automatisch wird die gewünschte Schallplatte aufgelegt und abgespielt. Hier gibt es nur einfache Automaten. Kompliziertere Automaten waschen Autos, spülen Geschirr oder lösen Rechenaufgaben, wie das ▸ Computer tun. Andere Automaten erledigen automatisch Arbeiten, die früher von Menschen ausgeführt wurden. Viele Menschen haben deswegen ihren Arbeitsplatz verloren und mussten sich eine neue ▸ Arbeit suchen. Die fanden sie aber nicht automatisch.

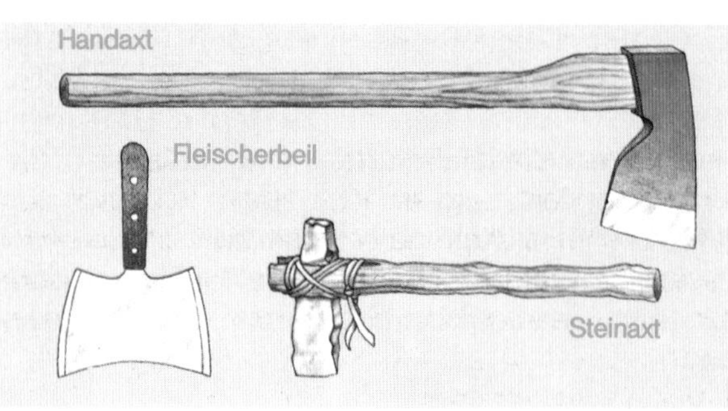

Axt Der Nachbar fällt einen Baum. Dazu benutzt er eine Axt. Andrea hebt das ziemlich schwere Werkzeug aus ▸ Stahl. Es hat einen Holzgriff. „Sei vorsichtig, die Schneide ist scharf", warnt Vater. Waldarbeiter und Zimmerleute benutzen Äxte. Der ▸ Fleischer spaltet Knochen mit einer kleinen Axt. Diese kleinen Äxte nennt man Beile. Früher wurden Äxte auch als Waffen verwendet. Solche Steinäxte der Urmenschen kannst du dir in einem ▸ Museum ansehen.

Bäcker Mutter bittet: „Birgit, geh zum Bäcker und hole sechs Brötchen (Semmeln)!“ Im Schaufenster der Bäckerei sieht Birgit viele Brotsorten. Es duftet nach frischen Brötchen. Kuchen, Torten und Plätzchen gibt es hier, denn dieser Bäcker ist außerdem Konditor (Zuckerbäcker) von Beruf. In der Backstube arbeiten der Bäckermeister, die Gesellen und die Auszubildenden. Maschinen helfen ihnen bei der Arbeit. Sie kneten, mischen und rühren den Teig. Im Backofen wird das ▸ Brot gebacken.

Bagger Auf einer Baustelle sehen Bernd und Birgit einen Bagger. Er hebt Schutt auf einen Lastwagen. Die beiden können sich kaum vorstellen, dass früher solche Schuttberge nur mit der Schaufel abgetragen wurden. Heute nehmen große Bagger Erde, Steine, Schlamm und ▸ Kohle auf und laden sie ab. Bernd sieht den Baggerführer im Führerhaus sitzen. Eben fährt der Bagger auf den Raupenketten ein Stück vorwärts. Andere Bagger fahren auf Schienen. Es gibt nicht nur Löffelbagger, sondern viele verschiedene, zum Beispiel Greifbagger und Bagger mit mehreren Schaufeln. Schwimmbagger werden im ▸ Hafen und auf Flüssen eingesetzt. Sie heben die Fahrrinnen für die Schiffe aus.

Bahnhof Mutter, Birgit und Bernd bringen Vater zum Bahnhof, denn er muss mit dem Zug wegfahren. In der großen Schalterhalle voller Menschen gehen sie an der Gepäckaufbewahrung und den Schließfächern vorbei. Dort werden Koffer und Taschen untergestellt. Im Wartesaal sitzen einige Reisende. Vater kauft sich an einem der Fahrkartenschalter die Fahrkarte. „Wir müssen zum Bahnsteig vier“, sagt er nach einem Blick auf den Fahrplan. Viele Züge halten hier und fahren dann weiter in entfernte Städte. Als die Familie auf dem Bahnsteig ankommt, fährt gerade ein Güterzug durch. „Der hält am Güterbahnhof“, sagt Mutter. Gleich darauf kommt Vaters Zug.

Wie Bakterien übertragen werden können

Bakterien „In der Luft um dich sind lauter kleine Lebewesen", sagt Vater. „Wo denn?", fragt Bernd. „Ich sehe nur etwas Großes und das bist du." Vater lacht und erklärt: „Diese Lebewesen sind so klein, dass du sie nur unter einem ▸Mikroskop erkennst. Sie heißen Bakterien." Bakterien leben in der Luft, im Erdboden und im Wasser. Sie sind für das Leben von Menschen, Tieren und Pflanzen wichtig. Bakterien sorgen dafür, dass die Erde fruchtbar ist. Für die Herstellung von Käse und Joghurt braucht man Bakterien. Sie helfen bei der Verdauung und bei vielen anderen Dingen. Allerdings gibt es auch gefährliche Bakterien, zum Beispiel die Bazillen. Sie können schuld daran sein, wenn du krank wirst.

Ballett „Wir gehen heute Abend ins ▸Theater", sagt Vater. „Dort wird ein Ballett aufgeführt." Die Eltern sehen gerne zu, wenn die Tänzer und Tänzerinnen Musik in Bewegungen umsetzen. Im ▸Fernsehen sahen Bernd und Birgit selbst eine Ballettgruppe. Die Männer und Frauen tanzten sogar auf den Fußspitzen. Sie drehten sich und sprangen zur Musik. Weil das so leicht aussah, versuchten die Kinder das auch. Aber sie schafften es nicht. Man muss lange üben und seinen Körper sehr gut beherrschen, bis man so gut tanzen kann wie dieses Ballett.

Ballon Bernd bekommt einen Reklameballon geschenkt. Er bläst ihn auf. Der Ballon ist etwas schwerer als Luft. Langsam sinkt er zu Boden. „Er steigt, wenn man ▸Gas hineinfüllt, das leichter als Luft ist", sagt Vater. Er hat einmal einen riesigen Ballon gesehen. So groß war der, dass man damit verreisen konnte. Eine ▸Gondel hing unter ihm, in der die Ballonfahrer standen. Lenken kann man so einen Ballon nicht. Der Wind treibt ihn. Wenn man Sand abwirft, wird er leichter und steigt. Wenn man etwas von dem leichten Gas ablässt, wird er schwerer und sinkt.

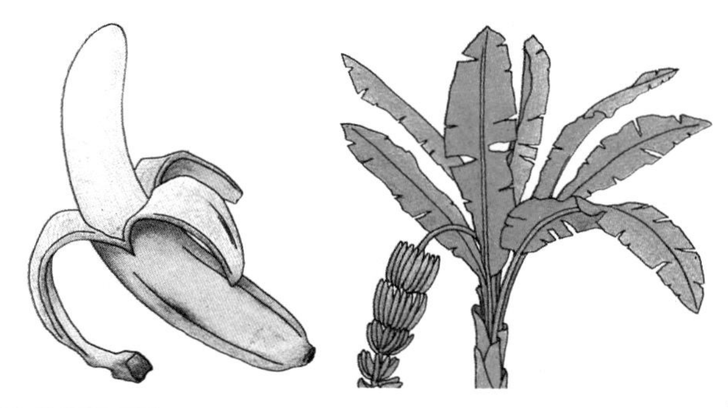

Banane „Bitte ein Pfund Bananen", verlangt Mutter im Obstgeschäft. Auf der Straße zieht Bernd die gelbe Schale ab und beißt in das weiche Fruchtfleisch. Bananen erntet man, wenn sie grün und hart sind. So schickt man sie aus den warmen Ländern zu uns. Die Früchte reifen in Schiffen oder in Lagerhäusern. In manchen Ländern verwendet man die großen Blätter der Pflanze zum Dachdecken. Für viele Menschen sind Bananen eines der wichtigsten Nahrungsmittel.

Bank Birgit hat manchmal Geld in ihre Sparbüchse gesteckt. Jetzt geht sie mit ihrer Mutter zur Bank. Der Angestellte schließt die Sparbüchse auf. „Achtzehn Mark hast du gespart", sagt er „Wenn du das Geld bei uns lässt, wird diese Summe in deinem Sparbuch eingetragen. Holst du das Geld später ab, bekommst du deine achtzehn Mark und noch etwas dazu. Das sind die Zinsen. Sie sollen eine Art Belohnung dafür sein, dass du uns dein Geld bringst." Birgit fällt ein: „Es gibt eine Bank, bei der ich keine Zinsen bekomme." Weißt du, was das für eine ist?

Die Bank im Park.

Bär „Der ist ja größer als ein Mensch", ruft Birgit. Sie sieht einen hoch aufgerichteten Eisbären im ▸Zoo. Dieses zottelige, schwere ▸Raubtier mit dem weißen Fell lebt in der kalten Arktis am Nordpol. Bären können gut schwimmen, geschickt klettern und schnell laufen. Außer Eisbären und Braunbären gibt es viele Arten in verschiedenen Größen und Farben, eine der kleinsten ist der Waschbär. In Nordamerika leben der große Grislibär und der Schwarzbär. Bären ernähren sich nicht nur von Fleisch. Gerne fressen sie auch Pflanzen und Honig.
Manchmal sagt man: „Der bindet dir doch einen Bären auf." Man meint damit: Er erzählt dir nicht die Wahrheit.

Barometer „Das Barometer fällt", sagt Mutter. „Stimmt nicht, es hängt fest an der Wand", meint Bernd. Man sagt nur so, dass das Barometer fällt. Es ‚fällt' aber nur sein Zeiger. Gestern stand es auf ‚Schön'. Der Luftdruck war hoch und das Wetter damit gut. Heute ist der Luftdruck gefallen. Der Zeiger reagiert darauf und ‚fällt' auf Regen. – Das Barometer hilft einem also das Wetter vorherzusagen.

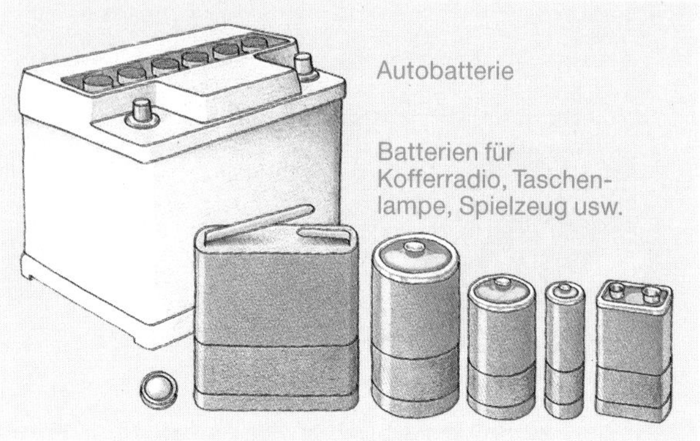

Batterie Birgits Taschenlampe leuchtet nicht mehr. „Bestimmt sind die Batterien verbraucht und liefern keinen elektrischen Strom", sagt Mutter. „Und ohne diese ▸Elektrizität gibt die Birne kein Licht." Birgit setzt zwei neue Batterien ein. Jetzt funktioniert die Lampe wieder. Man hört und sieht den elektrischen Strom nicht, den die Batterien liefern. Aber wenn die Glühlampe leuchtet wie jetzt, weiß man trotzdem, dass elektrischer Strom fließt. Batterien benutzt man auch für Kofferradios und Wecker. Winzige Batterien braucht man für Hörgeräte und große für Autos.

Bauch Birgit kann ihren Bauch dick machen. Dabei spannen sich die Bauchmuskeln unter der Haut und fassen sich hart an. „Dein Bauch ist jetzt fast so dick wie meiner war, als du da drin gewachsen bist", sagt ihre Mutter. Manchmal hat Birgit Bauchschmerzen. Zum Glück sind die bisher immer schnell vorbei gewesen. Ihrer Freundin tat der Bauch einmal so weh, dass die Eltern den ▸Arzt holten. Bei ihr waren die Bauchschmerzen ein Zeichen dafür, dass sie eine Blinddarmentzündung hatte.

Bauernhof Die Familie macht Ferien auf dem Bauernhof. Der Bauer geht mit ihnen am Wohnhaus vorbei zum Viehstall. „Hier stehen die Kühe", sagt er. „In den hohen Silos dahinter lagern wir das Futter für die Tiere." Jetzt gehen sie weiter zur Scheune, wo Heu und ▸Getreide untergebracht sind. „Und das ist unser Geräteschuppen für die Maschinen", erklärt der Mann. „Dort hinten beginnt das Ackerland. Die Weide und der Wald gehören auch zum ▸Betrieb." Auf diesem Bauernhof gibt es ▸Kühe, ▸Schweine und ▸Hühner. Er liefert ▸Milch, ▸Eier, ▸Fleisch, ▸Getreide und ▸Kartoffeln. In dem landwirtschaftlichen Betrieb daneben züchtet man nur Vieh.

Baum Die Kinder klettern einen Baumstamm hinauf. Durch die Zweige und Blätter der Baumkrone scheint die Sonne. Sie setzen sich auf einen dicken Ast und sehen über den Garten zum ▸ Wald hinüber. In diesem Garten wachsen vor allem Obstbäume und einige andere Laubbäume, zum Beispiel ▸ Birken und Buchen. Im Winter sehen diese Bäume kahl aus. Sie werfen ihr Laub ab. Die ▸ Kiefern, ▸ Fichten und ▸ Tannen in dem Nadelwald drüben bleiben das ganze Jahr grün. Die verschiedenen Bäume lassen sich an ihren Kronen und den Blättern unterscheiden. Es gibt Bäume, die bis tausend Jahre alt werden wie die ▸ Eiche. Wenn ein Baum gefällt wird, kann man sein Alter an den Jahresringen im Stamm zählen. Für jedes Jahr hat er einen Ring. – Kürzlich wollte man in der Stadt Bäume fällen um eine Straße zu verbreitern. Viele Menschen waren dagegen. Sie wissen, dass die Bäume an einer Straße dafür sorgen, dass die Luft weniger Staub enthält und die ▸ Temperatur im Sommer niedriger ist. Außerdem finden sie es schön, wenn Bäume in ihrer Nähe wachsen und sie etwas Grünes sehen.

Baumwolle Mutter hat sich eine Bluse gekauft. „Der Stoff ist aus Baumwolle“, sagt sie. „Wächst diese Wolle an Bäumen?“, will Bernd wissen. Seine Mutter schüttelt den Kopf: „Baumwolle wächst an Sträuchern.“ Die Sträucher werden auf großen Baumwollfeldern in Ländern angepflanzt, in denen es wärmer ist als bei uns, wie zum Beispiel in Südamerika. Die Blüten dieser Sträucher reifen zu walnussgroßen Kapseln. Wenn sie aufspringen, sieht man weiße Faserbüschel. Man erntet sie mit der Hand oder mit Maschinen. Aus den Faserbüscheln werden Fäden gesponnen. Diese Fäden verarbeitet man zu Stoffen.

Beamte Die Lehrerin unterhält sich mit den Kindern über ▸ Berufe. „Mein Vater ist Polizeibeamter“, erzählt ein Junge. „Ich bin auch Beamtin“, sagt die Lehrerin. Außer Polizeibeamten und Lehrern sind zum Beispiel Professoren und Richter Beamte. Arbeiter oder Angestellte werden von einem ▸ Betrieb eingestellt, Beamte dagegen vom ▸ Staat. Nach einer Probezeit ist man sein ganzes Leben Beamter. Für den Dienst wird den Beamten ein Gehalt bezahlt. Wenn sie zu alt zum Arbeiten sind, bekommen sie statt des Gehalts eine ▸ Pension.

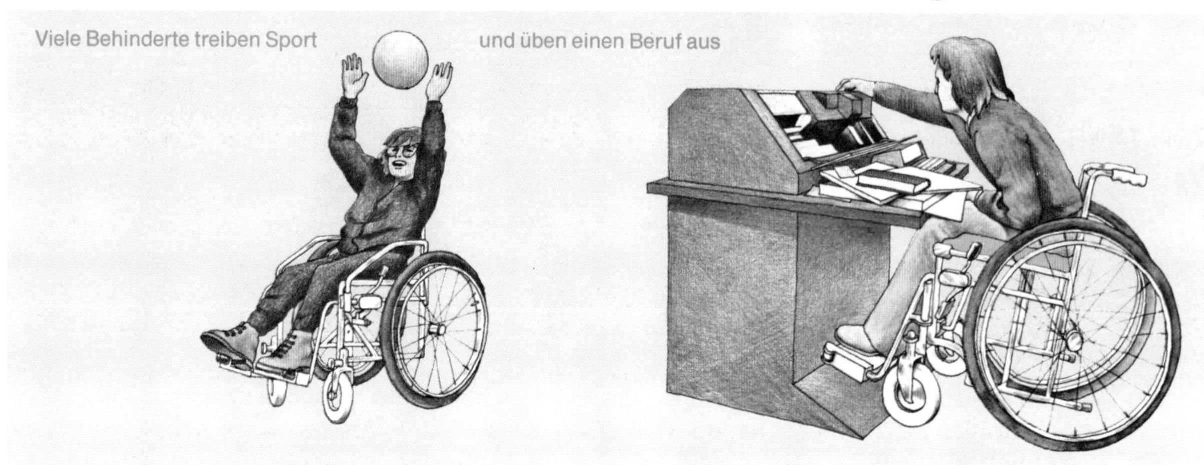

Viele Behinderte treiben Sport und üben einen Beruf aus

Behinderte In der Stadt sehen Bernd und seine Mutter eine gelähmte Frau im Rollstuhl. Vor einer Ladentreppe bleibt sie stehen. Ohne Hilfe kommt die Frau nicht in den Laden. „Es wäre oft gar nicht schwierig, Gebäude und ihre Einrichtungen so zu bauen, dass man es Behinderten leichter macht", sagt Mutter. „Sie haben es sowieso schwerer als Menschen ohne Behinderung." Es gibt körperlich Behinderte wie diese Frau und es gibt geistig behinderte Menschen. Die Behinderungen entstehen durch einen ▸Unfall oder Krankheit. Sie können auch seit der ▸Geburt vorhanden sein. – Sprich mal mit deinen Freunden, wie man Behinderten helfen kann.

Benehmen „Was ist das für ein Benehmen?", ruft ein wütender Nachbar, weil Birgit und Bernd im Kinderzimmer toben. Der Mann meint, dass sich die Kinder nicht richtig verhalten. Mutter sagt dazu: „Ich finde nicht, dass ihr euch schlecht benehmt. Aber wir müssen Rücksicht auf die ▸Nerven des Nachbarn und auf die dünnen Wände nehmen. Spielt bitte leiser." – Obwohl Mutter nicht streng ist, hat sie mit Bernd geschimpft: „Ich schleppe zwei Taschen und du knallst mir die Tür vor der Nase zu! Du benimmst dich unmöglich." Eine Stunde später hat Mutter sich über Bernds Verhalten gefreut. Er hat ihr freiwillig beim Aufräumen geholfen.

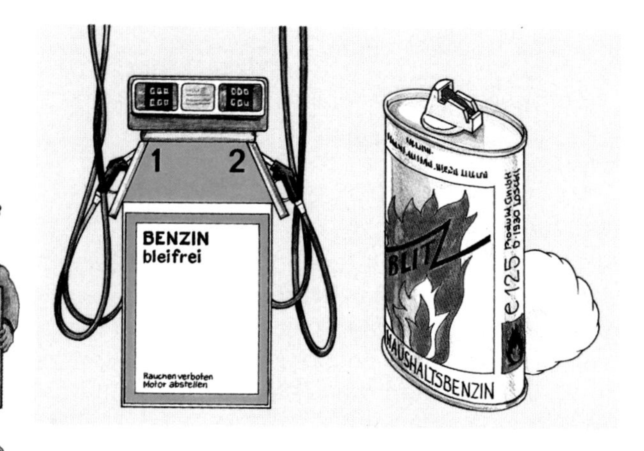

Benzin Der Tank ist fast leer. Mutter hält an der Tankstelle um ihn zu füllen. Hier darf man nicht rauchen. Ein Funke genügt um das Benzin zu entzünden. Und auf keinen Fall darf man diese wässrige Flüssigkeit trinken. Sie ist giftig. Mit Benzin werden ▸Motoren angetrieben. Man benutzt es auch als Waschbenzin zur Reinigung. – Benzin gewinnt man aus ▸Erdöl. Da dieser ▸Rohstoff wertvoll ist, überlegt man, ob man den Treibstoff Benzin teilweise oder ganz durch einen anderen ersetzen kann. – Die Abgase der Benzinmotoren sind schädlich für die Umwelt. Der Katalysator im Auspuff reinigt diese Abgase zum Teil von Schadstoffen. Auch bleifreies Benzin hilft die Umwelt zu schützen.

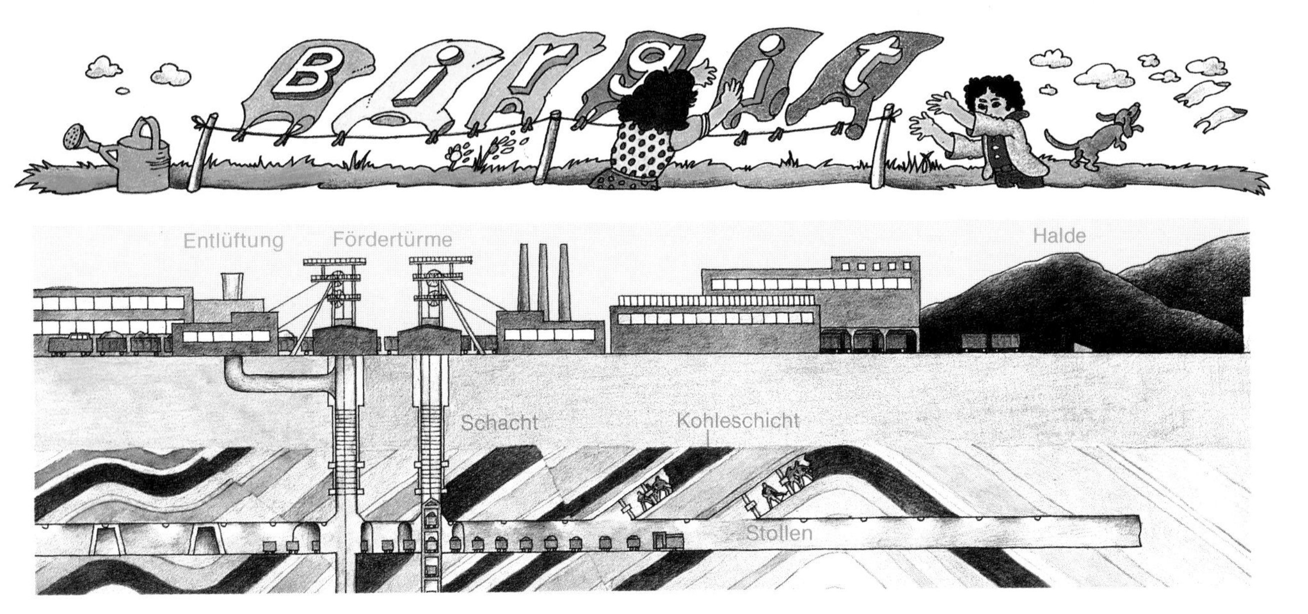

Bergwerk „Die ▸Kohlen auf dem Lastwagen dort kommen aus einem Bergwerk“, sagt Bernd zu Birgit. Der Vater seines Freundes arbeitet als Bergmann in so einer Anlage unter der Erde, die man auch Zeche nennen kann. Er hat ihm erzählt, wie man Kohle aus der Erde holt. Erst gräbt man einen tiefen Schacht bis zu den Kohlevorräten. Von dem Schacht aus werden Quergänge gegraben. Diese Gänge im Bergwerk nennt man Stollen. Sie müssen gut abgestützt werden. In den Stollen arbeiten die Bergleute ohne Tageslicht bei hohen ▸Temperaturen und viel Lärm. Sie brechen mit ihren Maschinen die Kohle aus der Erde. Durch den Schacht wird die Kohle in Förderkörben nach oben gebracht. Auch ▸Salz, Diamanten, ▸Gold und Erz holt man aus Bergwerken.

Bernhardiner Auf dem Schulweg sieht Birgit einen Bernhardiner. So einen kalbsgroßen ▸Hund mit langem, geflecktem Fell möchte sie auch haben. Aber ihre Mutter sagt dazu: „Der passt nicht in unsere Wohnung. Außerdem hätte ich Angst, dass dieses schwere Tier an mir hochspringt und mich umwirft.“ Früher brauchte man Bernhardiner um verirrte Wanderer zu suchen. Auch unter Schnee verschüttete Bergsteiger spürte man mit den Hunden auf. Heute benutzt man dafür vor allem ▸Hubschrauber und Sonden.

Bernstein An der Ostseeküste hat Bernd ein kleines Stück Bernstein gefunden. Gelb und fast durchsichtig liegt es in der Hand. Vater sagt: „Bernstein kann noch heller, aber auch fast braun sein.“ Manchmal ist in einem Bernsteinstück eine ▸Fliege eingeschlossen. Vor vielen Millionen Jahren fing sie sich in einem klebrigen Harztropfen. Der goldgelbe Tropfen wurde hart und zu Bernstein. Das ▸Harz kam aus einem Nadelbaum, der schon lange nicht mehr steht. Aber die Fliege im Bernstein blieb bis heute erhalten. Bernstein wird oft zu Schmuck verarbeitet.

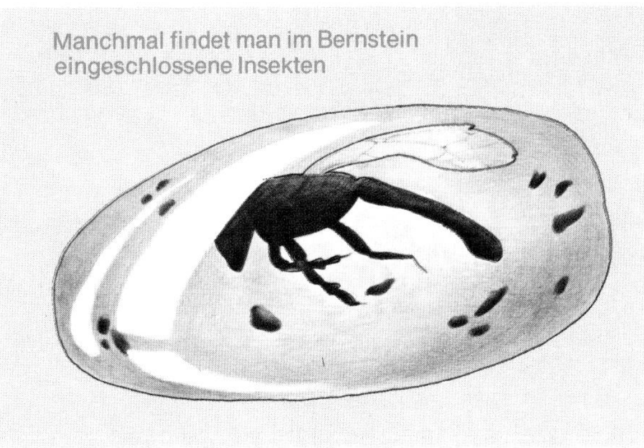
Manchmal findet man im Bernstein eingeschlossene Insekten

Beruf „Was suchst du dir später für einen Beruf aus?“, wird Bernd gefragt. „Ich möchte Lehrer, ▸Gärtner oder Millionär werden“, antwortet er. Millionär zu sein ist kein Beruf. Da hat man nur viel Geld. Gärtner und Lehrer sind Berufe, genauso wie Ärztin, ▸Maurer, ▸Bäcker, Hausfrau und Tischler (Schreiner). Mit seinem Beruf verdient man meistens das Geld, das man zum Leben braucht. Viele Berufe erlernt man während einer Lehrzeit im ▸Betrieb, andere studiert man an einer ▸Universität. – Birgit möchte gerne Pilotin werden. Eine Tante meint dazu: „So ein Männerberuf ist nichts für dich.“ Aber Birgit will später trotzdem probieren, ob das nicht doch der richtige Beruf für sie ist. – Hast du dir schon überlegt, was du später werden möchtest?

Beton Bernd und Birgit sehen den Arbeitern auf einer Baustelle zu. Mit einer Maschine mischen zwei Männer Sand, Zement, Kies und Wasser zu einem dicken Brei. Gießt man diesen Brei aus, wird er schnell zu steinhartem und sehr haltbarem Beton. Oft bringt auch der Betonlaster das Gemisch zur Baustelle. Beton verwendet man zum Beispiel für Kellerdecken. Um sie tragfähiger zu machen, werden Stäbe und Matten aus ▸Stahl mit dem Beton verarbeitet. Man benutzt diesen Stahlbeton auch für den Bau von Hochhäusern und ▸Brücken.

Betrieb „Ich arbeite in einer Druckerei. Wir drucken Bücher“, sagt Vaters Freund. „Mit einem Kollegen bediene ich die große Druckmaschine. Andere Mitarbeiter im Betrieb kaufen ▸Papier ein und bestellen ▸Farben. Unser Buchbinder bindet die bedruckten Seiten zusammen. Die Sekretärin im ▸Büro schreibt Briefe und Rechnungen. Auch ein Fahrer und ein Pförtner gehören zu unserem Betrieb. Aber eigentlich ist das gar nicht unser Betrieb. Er gehört Herrn Müller. Der bezahlt uns von dem ▸Geld, das mit den Büchern verdient wird. Auch Herr Müller lebt von dem Geld. Wenn genug Geld verdient wurde, kauft Herr Müller neue Maschinen. Wenn lange Zeit zu wenig verdient wurde, schließt man den Betrieb. Der Betrieb ist dann pleite und wir sind arbeitslos.“ – Weißt du, welcher Betrieb niemandem gehört?
Zum Beispiel der Betrieb, der auf dem Schulhof in der großen Pause herrscht. „Das ist ja ein Betrieb“, sagt man, wenn viel los ist.

bewusstlos Eine Frau liegt auf dem Gehsteig. Sie ist hingefallen. Bei dem Sturz hat sie sich am Kopf verletzt. Dadurch war sie gleich bewusstlos. Schnell wird ein Krankenwagen geholt. – Die Frau ist bewusstlos, weil ihr ▸ Gehirn durch die Erschütterung für kurze Zeit nicht mehr durchblutet wurde. Auch wenn jemand stark erschrickt, kann er ohnmächtig werden. Im ▸ Krankenhaus bekommt man vor einer größeren ▸ Operation eine Narkose. Danach verliert man sein Bewusstsein und spürt nichts von der Operation.

Biber Mit seinen kräftigen Zähnen nagt dieses plump aussehende Tier an Bäumen, bis sie umfallen. Der Biber benutzt sie als Baumaterial für seinen hohen Bau und für Dämme, die das Wasser stauen. Biber ernähren sich von Blättern, jungen Pflanzen und Baumrinde. Dieses Nagetier schwimmt sehr gut. Dabei helfen ihm die Schwimmhäute zwischen den Zehen seiner Hinterfüße. Als Steuer benutzt der Biber seinen platten Schwanz. Die weichen, braunen Biberpelze sind wertvoll, deswegen wird das Tier oft gejagt. Bei uns ist es fast ausgestorben. Im Norden ▸ Europas, ▸ Asiens und ▸ Amerikas sieht man an Flüssen und Seen noch häufiger die großen Burgen und Dämme des Bibers.

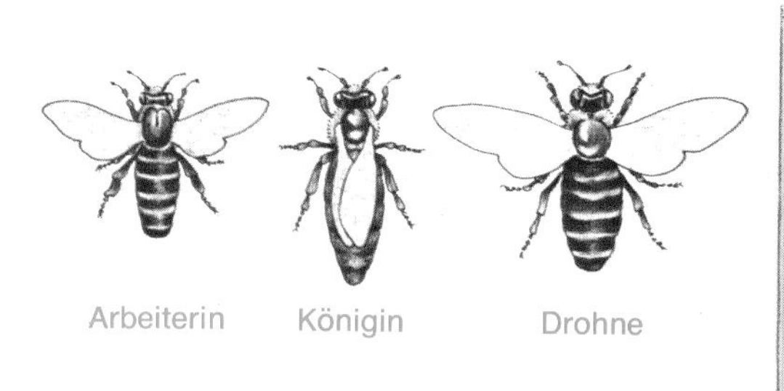

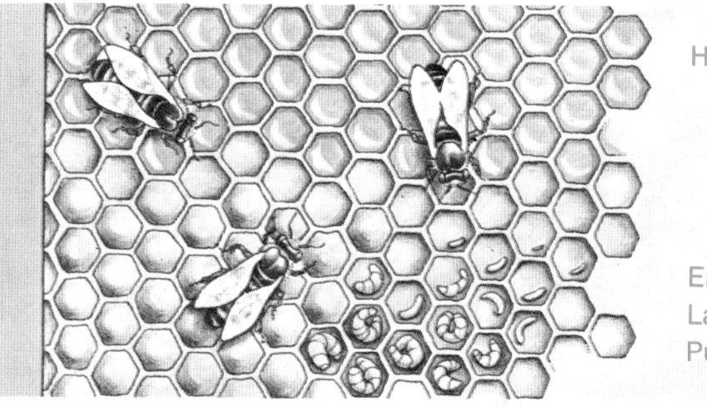

Biene Birgit und ihr Vater gehen spazieren. Sie sehen viele Bienen. „Hier ist bestimmt ein Bienenstock in der Nähe“, sagt Vater. In dem Stock hält der Imker ein Bienenvolk, das ihm Honig und ▸ Wachs liefert. Zu dem Volk gehört eine Königin. Sie legt alle Eier, aus denen die jungen Bienen schlüpfen. Außerdem leben im Bienenstock ungefähr hundert männliche und viele Tausend weibliche Bienen. Jedes dieser ▸ Insekten im Bienenstaat hat bestimmte Aufgaben. Die weiblichen Bienen nennt man Arbeiterinnen. Sie fliegen von Blüte zu Blüte und sammeln den Zuckersaft der Blüten. Diesen Nektar verwandeln sie in Honig. Als Vorratskammer für den Honig dienen ihnen die sechseckigen Wachswaben im Bienenstock, die sie sich selbst gebaut haben. Nur die Arbeitsbienen besitzen einen Stachel. Männliche Bienen (Drohnen) sind für die ▸ Fortpflanzung wichtig. Die Bienen haben eine eigene Zeichensprache. Wenn sie tanzen, teilen sie zum Beispiel mit, dass sie Nahrung entdeckt haben und wo man die findet.

Mutter hat Birgit heute gelobt. Sie hat gesagt: „Du warst wirklich bienenfleißig.“ Damit will sie ausdrücken, dass Birgit heute ganz besonders fleißig war.

Bier Mutter und Vater trinken Bier zum Abendessen. Hellbraun sieht es aus und es hat eine weiße Schaumkrone. Auch dunkles Bier trinken die Eltern gerne. Der Braumeister braut dieses nahrhafte Getränk in einer Brauerei. Er verwendet dazu Wasser, Hopfen, Malz und Hefe. Wenn man viel Bier trinkt, wird man betrunken. Das Getränk enthält nämlich ▸ Alkohol. – Die Kinder trinken gerne Malzbier. Dieses Bier enthält keinen Alkohol. Auch für Erwachsene gibt es alkoholfreies Bier.

Birke Vor dem Fenster wächst eine hohe Birke. Diesen schlanken ▸ Baum kann man wegen seiner weiß-schwarzen Rinde leicht von anderen unterscheiden. Birken tragen Kätzchen. Besonders schön sehen Birken im Frühjahr aus, wenn ihre Blätter hellgrün sind. Sie wachsen auf sandigem Boden und es gibt viele Arten. Ihr Holz eignet sich gut als Brennholz und für Möbel.

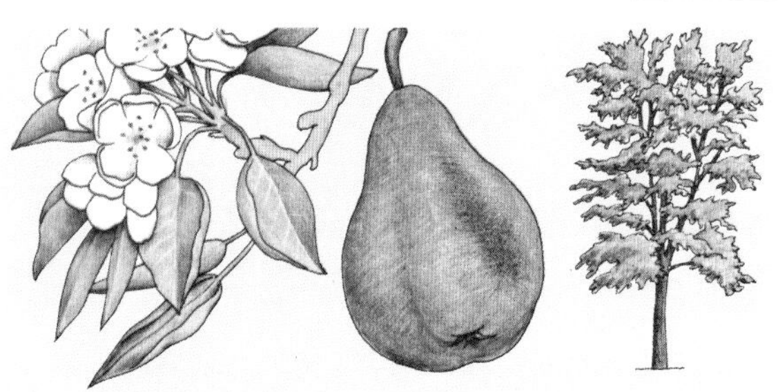

Birne Bernd pflückt eine Birne vom Baum. Die Frucht fühlt sich glatt an. Als er hineinbeißt, merkt er, wie saftig und gut die Birne schmeckt. Außerdem riecht dieses ▸ Obst sehr angenehm. Aus dem Holz des Birnbaums baut man Möbel. Es gibt viele verschiedene Birnensorten. Eine davon kannst du nicht essen. Fällt dir ein, welche das ist?

Die Glühbirne.

Blatt Noch hängen die Bäume und Sträucher voller grüner Blätter. Aber schon in einigen Wochen werden die Blätter sich verfärben, welken und abfallen, wie jedes Jahr im Herbst. Ein Baum mit Blättern würde im Winter verdursten, weil er viel mehr Wasser bräuchte als ohne Blätter. Aus dem gefrorenen Boden können die Wurzeln im Winter aber kein Wasser aufnehmen. Im nächsten Frühjahr wachsen die Blätter wieder. Das Blattgrün nimmt die Energie der Sonnenstrahlen auf und verwandelt sie mit Wasser und dem Kohlendioxid aus der Luft in Stärke, also in Nahrung für die Pflanze. ▸ Adern durchziehen das Blatt. Durch diese Adern werden Nährstoffe befördert. Auch zum Atmen dienen Blätter. Pflanzen brauchen nämlich Sauerstoff wie Menschen und Tiere. Außerdem verdunsten die Blätter Wasser. Wenn Bernd sich umsieht, entdeckt er die verschiedensten Blattformen. Auf dem Boden liegt ein Blatt, das an keinem Baum wächst. Was für ein Blatt kann das sein?

Ein Blatt Papier.

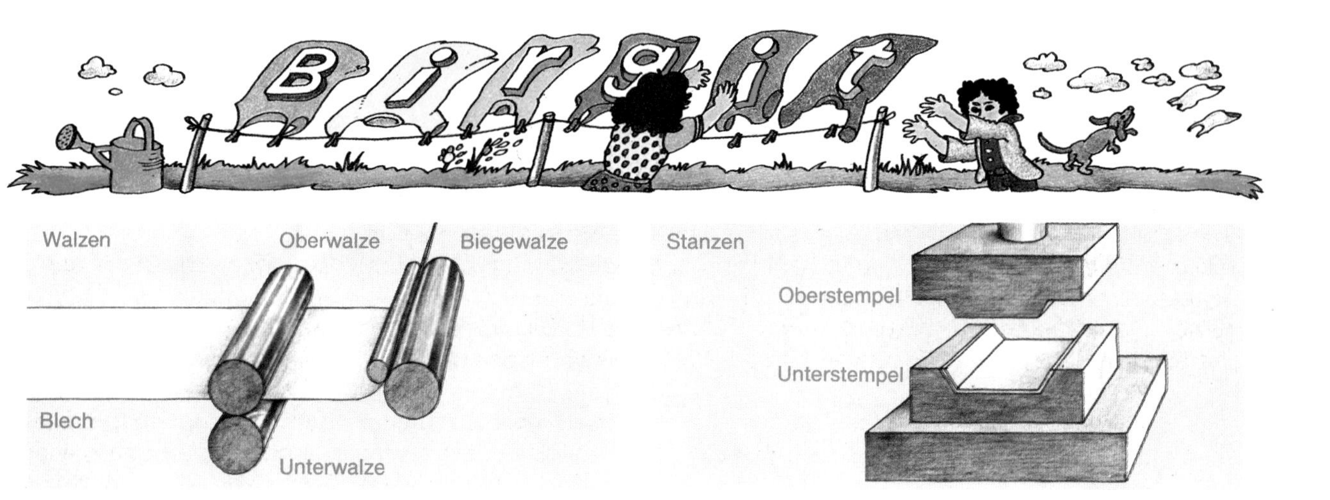

Blech „Gib mir bitte das Stück Blech“, sagt Vater zu Bernd. Er braucht es zum Basteln. Dieses Metallstück ist so dünn, dass Bernd es zwischen den Fingern biegen kann. Daneben liegt ein dickeres. Vater hat Eisen- und Kupferblech. Jedes ▸ Metall kann in der ▸ Fabrik zu Blech gewalzt werden. Viele Dinge sind aus Blech, zum Beispiel Dächer, Briefkästen und Musikinstrumente.

Bleistift Die ▸ Minen der Bleistifte werden schon lange nicht mehr aus dem weichen, giftigen ▸ Metall Blei hergestellt. Trotzdem heißen die Stifte noch Bleistifte. Heute bestehen die Minen aus einer Ton- und Graphitmischung. Birgits Bleistift ist stumpf. Sie spitzt ihn mit dem Anspitzer. Dann probiert sie den Stift auf einem Blatt Papier aus. Er schreibt ziemlich weich. Sie hat einen zweiten Bleistift, der wesentlich härter schreibt. Auf den Stiften sind die Härtegrade angegeben.

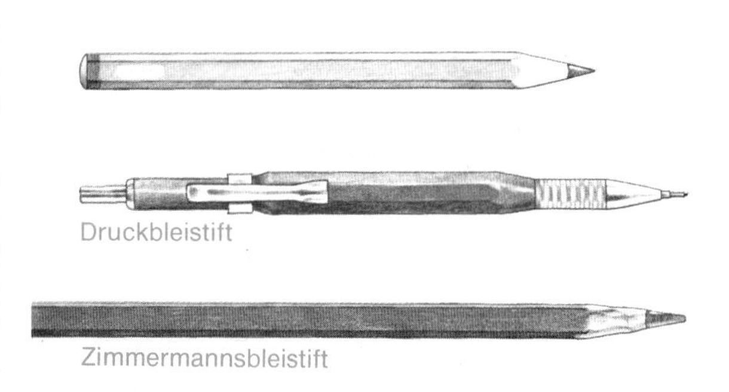

blind Auf dem Schulweg sieht Bernd oft einen blinden Mann. Er wird von einem Blindenhund geführt, der dafür ausgebildet ist. Auch ohne diesen ▸ Hund würde Bernd erkennen, dass der Mann nichts sehen kann. Er hat nämlich einen weißen Stock, mit dem er Hindernisse ertastet. – Manche Menschen werden blind geboren. Andere erblinden durch einen ▸ Unfall oder eine Krankheit. Damit Blinde lesen können, gibt es die Blindenschrift. Ihre Buchstaben bestehen aus erhöhten Punkten, die der Blinde mit den Fingerkuppen abtastet. Auch den Wert unserer Geldscheine können Blinde ertasten.

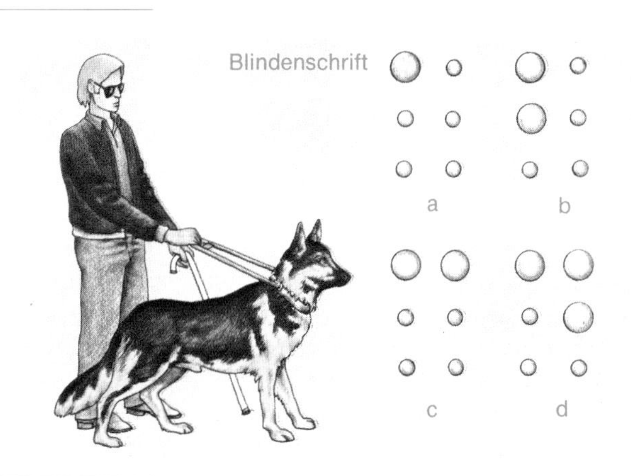

Blinddarm Birgits Freundin hat ziemlich Bauchschmerzen und ▸ Fieber. Der ▸ Arzt stellt eine Blinddarmentzündung fest. „Der Blinddarm muss noch heute im ▸ Krankenhaus herausgenommen werden“, sagt der Arzt. „Aber keine Angst, die ▸ Operation tut nicht weh. Du bekommst vorher eine Narkose, damit du schläfst und nichts spürst. In zehn Tagen bist du ohne Blinddarm wieder zu Hause. Übrigens wird dir nicht der ganze ▸ Darm herausgenommen, sondern nur ein kleines Stückchen vom untersten Ende. Dieses Stück brauchst du sowieso nicht.“

Blitz Heiß und schwül ist es. Die Wolken am Himmel werden dunkler. „Wir bekommen ein Gewitter", sagt Mutter. Jetzt blitzt es schon, dann donnert es. – Die dunklen Wolken sind elektrisch geladen. Diese ▸ Elektrizität zuckt als Blitz durch die Luft zur Erde. Dabei erhitzt der Blitz die Luft und sie dehnt sich plötzlich und explosionsartig aus. So entsteht der Donner. Damit der Blitz nicht in Häuser einschlägt und sie in Brand setzt, legt man Blitzableiter auf die Dächer. Diese Metallstangen leiten den Blitz in die Erde.

Blumen Auf einer Wiese und am Feldrand pflücken Birgit und ihr Vater einen ▸ Strauß bunter Blumen. Seltene Blumenarten sind geschützt. Die darf man nicht pflücken, damit sie nicht aussterben. Als die beiden weitergehen, kommen sie an Gärten voller blühender und duftender Blumen vorbei. Außer im Winter sieht man ihre Blüten draußen fast das ganze Jahr. Und wenn der Winter gerade vorbei ist, schieben sich schon die ersten Schneeglöckchen mit ihren weißen Blüten und den grünen Stängeln aus dem Boden. – Sogar im Winter gibt es Blumen. Die züchtet der Gärtner in beheizten Gewächshäusern. Auch im Blumenkasten auf dem Balkon und in Blumentöpfen blühen Blumen.
Wer kann am schnellsten zehn Blumenarten nennen oder aufschreiben?

Blut Komisch, denkt Birgit, vor einigen Tagen hat mein Finger geblutet. Heute blutet mein Knie. Ist denn überall im ▸ Körper Blut? Das Blut ist wirklich überall im Körper. Ohne Blut kann der Mensch nicht leben. Ständig wird es vom Herzen durch die ▸ Adern gepumpt. Es versorgt jeden Teil des Körpers mit Nährstoffen und Wärme. Wenn man sich verletzt, läuft das flüssige Blut nicht aus, weil es verkrustet. Man sagt dazu, es gerinnt. Fünf bis sechs Liter Blut sind im Körper eines erwachsenen Menschen. Durch größere Wunden gelangen manchmal ▸ Bakterien ins Blut. Sie können eine Blutvergiftung verursachen.

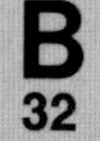

Bogen Aus einem biegsamen Stock basteln sich die Kinder einen Bogen. Dazu binden sie an beiden Enden ein Stück Schnur so fest, dass es den Stock krümmt. Jetzt sitzt die Schnur straff. Birgit hält einen dünnen, geraden Zweig mit dem Ende gegen die Schnur des Bogens. Dann spannt sie die Schnur und lässt den Pfeil los. Er fliegt ein ganzes Stück. – Als es noch keine Gewehre gab, waren Pfeil und Bogen die gefährlichste Waffe bei der ▸ Jagd und im ▸ Krieg.

Kennst du Bogen, mit denen man nicht schießen kann?

Papierbogen, Regenbogen, Torbogen.

Boje Auf dem See schwimmt etwas Weißes. Es ist größer als ein Fußball und rund. „Das sieht wie eine Boje aus", sagt Birgit. An Bojen werden ▸ Boote festgemacht. Damit Bojen nicht wegtreiben können, verankert man sie auf dem Grund des Sees. Es gibt sie in verschiedenen Größen, Farben und Formen. Man benutzt sie auch, um vor gefährlichen Stellen im Wasser zu warnen. Für die Seeleute sind sie so etwas wie Verkehrszeichen. Einige Bojen, wie die Heulboje, geben Töne von sich. Andere machen durch Leuchtzeichen auf sich aufmerksam.

Bombe In der Zeitung sieht Birgit Fotos von einem zerstörten Haus. Daneben ist das Bild einer Bombe. „Warum kann so eine kleine Bombe ein großes Haus zerstören?", fragt Birgit. „Bomben enthalten Sprengstoff", sagt ihr Vater. „Davon reichen kleine Mengen aus um ein Haus völlig zu zertrümmern." Wenn in einem ▸ Land ▸ Krieg herrscht, werden Bomben von Flugzeugen abgeworfen. Sie explodieren dann und zerstören das Ziel. Andere Bomben setzen alles in Brand. Atombomben können mit ihren gefährlichen Strahlen Millionen von Menschen töten und riesige Gebiete für lange Zeit unbewohnbar machen.

Boot Bernd und sein Onkel sitzen in einem Segelboot. Beide haben Schwimmwesten um. Das Segel am Mast wird vom Wind gebläht. Ein Motorboot überholt sie. Weiter draußen rudert ein Angler. Kinder sitzen in ihren Faltbooten und paddeln. Bernd setzt sich auf den vorderen Teil des spitz zulaufenden Boots. Das ist der Bug. Sein Onkel bleibt hinten im Heck und achtet auf das Segel. Während ihr Boot vom Wind getrieben wird, beobachtet Bernd vier Männer. Gleichmäßig rudern sie ihr schmales Rennboot. Sie üben für die nächste Wettfahrt (Regatta).

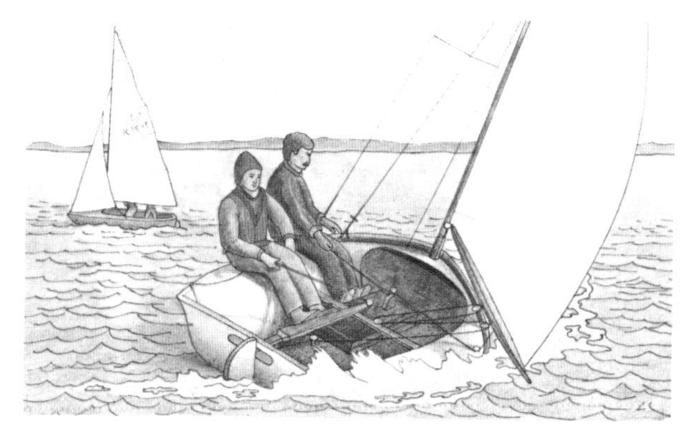

botanischer Garten Die Schulklasse geht auf den Wegen durch diese Anlage. Sie wird von Gärtnern gepflegt. Die Kinder kommen an seltenen Bäumen, Sträuchern und Blumen vorbei. Sie sehen unterschiedliche ▸Rosen und vergleichen sie miteinander. Dann besichtigen sie eines der großen beheizten Gewächshäuser. Hier wachsen zum Beispiel ▸Bananen und andere Pflanzen, die es sonst nur in Ländern gibt, in denen es wärmer ist als bei uns. An einem Teich mit Wasserpflanzen setzen sich die Kinder auf die Bänke. „Jetzt sehen wir uns noch den Steingarten an“, sagt die Lehrerin.
Gibt es bei dir in der Nähe auch einen botanischen Garten?

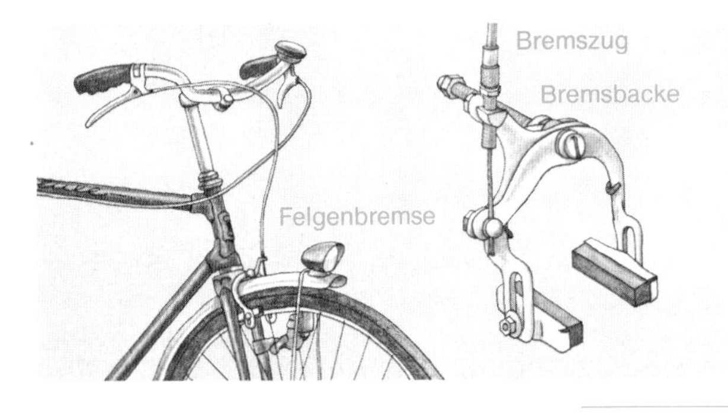

Bremse Wenn man bremst, drehen sich die Räder zuerst langsamer. Dann bleiben sie stehen. Im ▸Auto gibt es außer der Fußbremse eine Handbremse. Auch Fahr- und Motorräder muss man bremsen können. „Ich kenne fliegende Bremsen“, fällt Birgit ein. Das sind große, graue ▸Fliegen. Sie stechen Menschen und Tiere. Birgit sagt: „Es wäre gut, wenn diese Bremsen Bremsen hätten. Dann könnte man die Bremsen bremsen, ehe sie stechen.“

Manche essen gern Salat aus jungen Brennnesselblättern

Brennnessel Bernd geht am Feldrand. „Verflixt, Brennnesseln!“, schimpft er plötzlich. Er hat die ▸Pflanzen mit der nackten Haut berührt. Die Blätter und Stängel des weiß blühenden ▸Unkrauts tragen viele kleine Brennhaare. Wenn sie die Haut berühren, brechen die Spitzen der Haare ab. Die Haare dringen in die Haut ein und sondern eine scharfe Flüssigkeit ab. Diese Flüssigkeit sorgt dafür, dass Bernds Haut rot ist, brennt und juckt.

Brief Bernd schreibt einen Brief an seine Großeltern. Auf die Vorderseite des Umschlags schreibt er die Adresse der Großeltern und den Absender. Sein Vater wiegt den Brief mit der Briefwaage und sagt: „Der ist zu schwer. Er kostet mehr als normales Briefporto.“ Dann klebt er Briefmarken darauf. Bernd bringt den Brief zum Briefkasten. Auf einem Schild steht, wann der Kasten geleert wird. Briefe, die besonders schnell ankommen sollen, verschickt man als Eilbriefe.

Brille Birgit sieht kleine Buchstaben nicht gut. Sie geht mit ihrer Mutter zum Augenarzt. Der ▸Arzt stellt fest, dass Birgit weitsichtig ist und eine Brille braucht. Er schreibt auf, welche Gläser für ihre Augen richtig sind. Die ganze Familie begleitet sie zum Optiker. In seinem Geschäft kaufen sie die Brillengläser und ein passendes Brillengestell, das Birgit gefällt. Der Optiker setzt die Gläser ins Gestell. Mit ihrer neuen Brille sieht Birgit gut. – Kennst du eine Brille, die man nicht aufsetzt, auf die man sich aber setzt? Die Klobrille.

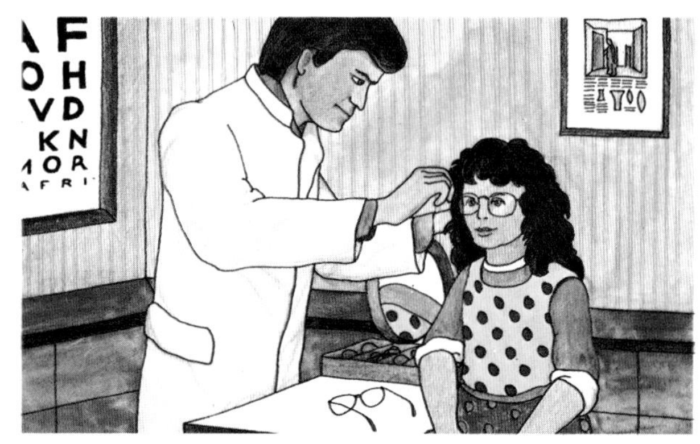

Brombeere Birgit und Bernd pflücken Brombeeren. Die finden sie an dornigen Sträuchern, die am Wegrand und im ▸Wald wachsen. Süß und saftig schmecken die reifen, schwarzen ▸Früchte. Auch schwarzrote gibt es. In Gärten sieht man manchmal gezüchtete Sorten, die keine Stacheln haben. Aus Brombeeren werden ▸Marmelade, Saft und Kompott gemacht. – Eine Brombeere besteht eigentlich aus vielen kleinen Früchten, die in einer Frucht vereint sind. Solche Früchte heißen Sammelfrüchte.

Kennst du die verschiedenen Brotsorten?

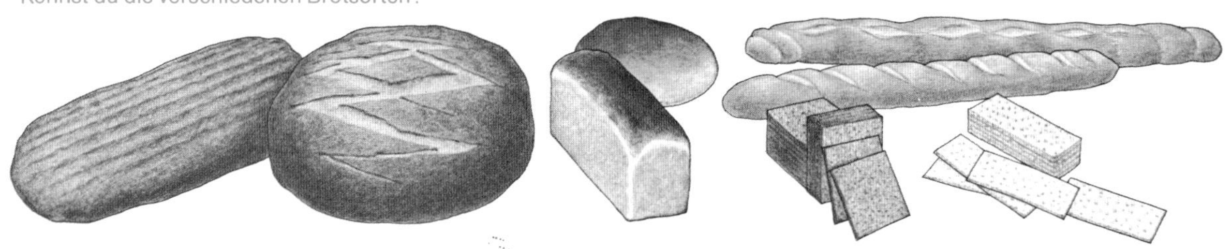

Brot In der Bäckerei kauft Mutter einen Laib Schwarzbrot. „Wollen wir mal wieder Knäckebrot essen?“, fragt Bernd. Außer diesen Sorten gibt es hier noch viele andere, zum Beispiel Weißbrot, Toastbrot Tost- und verschiedene Brötchen. Besonders gesund ist Vollkornbrot. Insgesamt kennt man bei uns mehr als zweihundert Brotsorten. Das meiste Brot im Laden backt dieser ▸Bäcker noch selbst. Dazu verwendet er ▸Mehl, Wasser, Salz und Sauerteig oder Hefe. Durch Mischen und Kneten der Zutaten entsteht der Teig. Die Hefe oder der Sauerteig sorgt dafür, dass der Teig „aufgeht“. Dadurch wird er lockerer und schmeckt besser. Bei hohen ▸Temperaturen backt der Bäcker das Brot dann im Backofen. – Als Bernd und seine Mutter aus der Bäckerei gehen, sagt sie: „Ich hätte Lust mal wieder selbst Brot zu backen.“ – Auch in Brotfabriken wird Brot gebacken. Dort benutzt man viel größere Backöfen als in dieser Bäckerei. – Brot ist eines der ältesten Nahrungsmittel der Menschen. Schon vor vielen Tausend Jahren wurden zerriebene Körner mit Wasser vermischt. Diesen Teig rösteten die Menschen danach auf heißen Steinen zu Fladen.

Brücke Die Kinder sehen über das Brückengeländer in den Fluss hinunter und links und rechts zu den Flussufern. Diese Brücke wurde aus ▸ Beton und ▸ Stahl gebaut. Sie hält so viel Gewicht aus, dass mehrere Lastwagen auf einmal darüber fahren können. Das hat man vorher genau berechnet. Weiter unten am Fluss gibt es eine kleine Holzbrücke. Sie ist eigentlich mehr ein Steg. Auf einem Foto hat Birgit eine kilometerlange Hängebrücke gesehen. – Früher schützten Ritter ihre ▸ Burgen dadurch, dass sie die Zugbrücken hochzogen. So kam niemand in die Burg. Am tollsten findet Bernd Brücken, die sich hochklappen oder drehen lassen, damit die Schiffe durchfahren können.

Welche Brücke kannst du selbst machen und welche Brücke haben manche im Mund?

Die Brücke im Sportunterricht; die Zahnbrücke.

Brunnen „Ich habe jetzt einen Brunnen im Garten“, sagt Vaters Freund. Erstmal bohrte er ein tiefes Loch in die Erde, bis er auf ▸ Wasser stieß. In dieses Loch steckte man ein Rohr. Unten im Rohr sammelt sich jetzt Wasser, das durch das Rohr in den Garten hochgepumpt wird. – Birgit hat kürzlich einen gemauerten Brunnen gesehen. Da sammelt sich das Wasser auf dem Boden des Brunnenschachts. „Dort ist eine ▸ Quelle“, hat Mutter gesagt. „Früher wurde das Wasser dieses Brunnens in Eimern hochbefördert. Heute benutzt man eine ▸ Pumpe.“ In der Stadt gibt es einen Springbrunnen. Sein Wasser kommt aus der Wasserleitung.

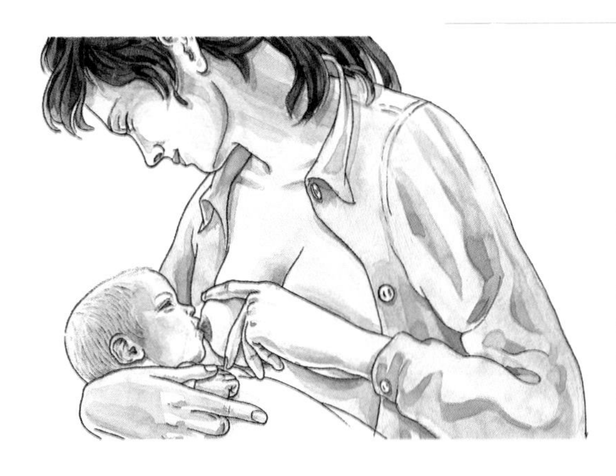

Brust „Sieht meine Brust später auch so aus wie deine?“, fragt Birgit ihre Mutter. „Bestimmt“, antwortet sie. „Der Busen wächst bei jedem Mädchen, wenn es erwachsen wird.“ Als Bernd und Birgit klein waren, haben sie aus der Brust ihrer Mutter getrunken. In der Brust war damals ▸ Milch. Damit wurden sie von ihrer Mutter gestillt. „Und wie sieht meine Brust aus, wenn ich erwachsen bin?“, will Bernd wissen. „Die verändert sich auch. Sie wird breiter und kräftiger“, erklärt Mutter. „Aber bei euch Männern entwickelt sich die Brust nicht so wie bei uns ▸ Frauen.“

Buch „Wo stehen die Kinderbücher?“, fragt Bernd in der Buchhandlung. Die Buchhändlerin zeigt ihm die Kinderbuchabteilung. Taschenbücher gibt es hier und Bücher mit festem Einband. Lustige, ernste, sachliche, gruselige, fantastische und abenteuerliche Bücher kann man sich ansehen und kaufen. „Auf dem Einband steht, wie das Buch heißt und welcher Autor es geschrieben hat“, erklärt die Frau. „Außerdem findest du den Verlagsnamen auf dem Einband. Im Verlag wird dafür gesorgt, dass aus den geschriebenen Seiten ein richtiges Buch wird.“ Bernd blättert ein Buch durch. Die Bilder gefallen ihm. Ein besonders interessantes Kapitel und das Inhaltsverzeichnis liest er. Dann kauft er sich das Buch von seinem Taschengeld. Ein anderes will er sich in der ▸Bücherei leihen.
Welche Bücher magst du am liebsten?

Bücherei Die Klasse besucht die Schulbücherei. Viele ▸Bücher stehen in den Regalen. „Ihr könnt euch aussuchen, welche ihr ausleihen wollt“, sagt die Lehrerin. Birgit war schon oft in einer großen Bücherei. Das ist die Stadtbibliothek. Sie geht dorthin, weil sie sich nicht alle Bücher kaufen kann, die sie lesen möchte. Der Bibliothekar zeigte ihr die Räume voller Bücher. Er erklärte ihr, wie man hier findet, was man sucht. In dieser Stadtbücherei kann man auch Spiele, Schallplatten, Zeitungen, Zeitschriften und Kassetten für eine bestimmte Zeit ausleihen.
Gibt es bei dir in der Nähe eine Bücherei?

Bucht Die Familie will den Urlaub an einer Bucht verbringen. „So eine Bucht sieht im ▸Atlas aus, als wäre dem ▸Meer eine Beule ins Land gewachsen“, stellt Bernd fest. Eine Bucht ist ein Teil des Meeres, der ins Land ragt. Die Urlaubsbucht der Familie hat einen schönen Strand. Man kann schwimmen und mit dem ▸Boot fahren. Auch einen ▸Hafen gibt es. Die Schiffe, die dort liegen, sind vor Wind und Wellen geschützt.

Bügeleisen (✚ Glätteisen) „Ich bin froh, dass man heute nicht mehr so viel bügeln muss wie früher“, sagt Mutter. „Viele Stoffe sind bügelfrei. Aber leider nicht alle“, seufzt sie und sieht auf den Wäscheberg. Zum Bügeln benutzt sie ein elektrisches Bügeleisen. Für jeden Stoff stellt sie eine bestimmte ▸Temperatur ein. – Beim Dampfbügeleisen kommt Wasserdampf aus dem Bügeleisen. Da muss man dann beim Bügeln kein feuchtes Tuch auf die Wollstoffe legen.

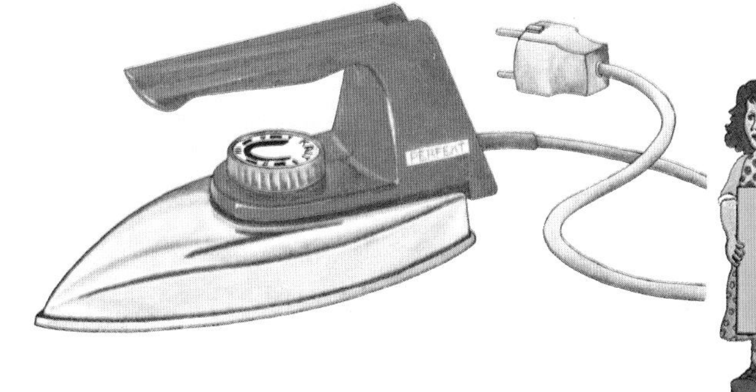

Bühne Bernd und Birgit waren im ▸Theater. Zu Hause erzählt Birgit: „Am Schluss durften wir vom Zuschauerraum auf die Bühne hinauf. Wir unterhielten uns mit den Schauspielern, die uns dort oben etwas vorgespielt hatten." In diesem Stück sah man als Bühnenbild einen Wald. „Das war so, als gäbe es den wirklich", sagt Bernd. Seine Mutter sagt: „Wir gehen nächste Woche auch ins Theater. Ich freue mich schon darauf." – In manchen Gegenden nennt man den Dachboden ‚Bühne'.

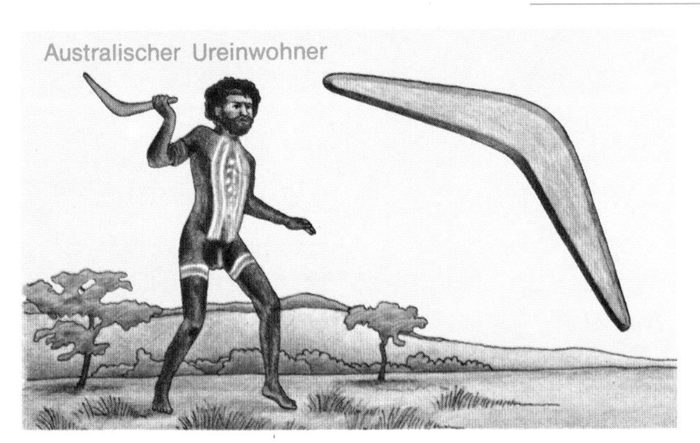
Australischer Ureinwohner

Bumerang Bernds Onkel bringt einen Bumerang mit. Er hält das glatte, gebogene Holzstück in der Hand. Es ist ungefähr fünfzig Zentimeter lang und sieht so ähnlich aus wie eine Sichel. Den Bumerang wirft man. Die Ureinwohner ▸Australiens, die Aborigines (Äbäridschinis), benutzen ihn wie früher, zum Beispiel als Spiel- und Sportgerät. Sie werfen den Bumerang so geschickt, dass er in weitem Bogen zu ihnen zurückfliegt. Für die ▸Jagd benutzten sie früher ein Wurfholz, das nicht zurückkehrte. – Draußen probiert Bernd den Bumerang aus. Erst mal fliegt er leider nur weg.

Bundeskanzler „Er will wieder Bundeskanzler werden", sagt Mutter von einem Mann auf einem Plakat. „Aber nicht nur er, sondern auch ein anderer Politiker aus einer anderen ▸Partei will das werden." Bernd fragt: „Warum wollen die beiden das? Ist das so toll, Bundeskanzler zu sein?" Seine Mutter sagt: „Der Bundeskanzler ist der ▸Chef unserer ▸Regierung. Er wird vom ▸Bundestag dazu gewählt und er bestimmt, welche ▸Politik gemacht wird." Natürlich kann der Bundeskanzler nicht alles selbst wissen und tun. Deswegen helfen ihm Minister und Berater bei seiner Regierungsarbeit.

Der österreichische Bundeskanzler hat etwa die gleichen Aufgaben wie der deutsche.

In der Schweiz ist der Bundeskanzler der Leiter der Bundeskanzlei, die unter anderem Wahlen und Abstimmungen organisiert. Die Regierung, die aus sieben Bundesräten besteht, hat keinen wirklichen Chef.

Bundespräsident Birgit sieht den Bundespräsidenten im Fernsehen. Sie möchte wissen: „Ist er eigentlich etwas Hohes?" Ihr Vater sagt: „Bei uns in der ▸Bundesrepublik ist der Bundespräsident das Staatsoberhaupt. Er hat also das höchste Amt im ▸Staat." Dafür wurde der Bundespräsident für fünf Jahre von der Bundesversammlung gewählt. Sie besteht aus den Mitgliedern des ▸Bundestags und Vertretern der Länder. Zur Arbeit des Bundespräsidenten gehört zum Beispiel, dass er mit Politikern aus anderen Ländern über Dinge spricht, die wichtig für unser Land sind. Außerdem muss er bestimmten ▸Gesetzen zustimmen. Wenn seine Unterschrift fehlt, gelten die Gesetze nicht. Birgit fragt noch: „Kann eigentlich nur ein Mann Bundespräsident werden?" Ihr Vater antwortet ihr: „Natürlich kann das auch eine Frau werden."

In Österreich wird der Bundespräsident alle sechs Jahre vom Volk gewählt.

In der Schweiz wird jedes Jahr ein anderes Mitglied der Regierung Bundespräsident.

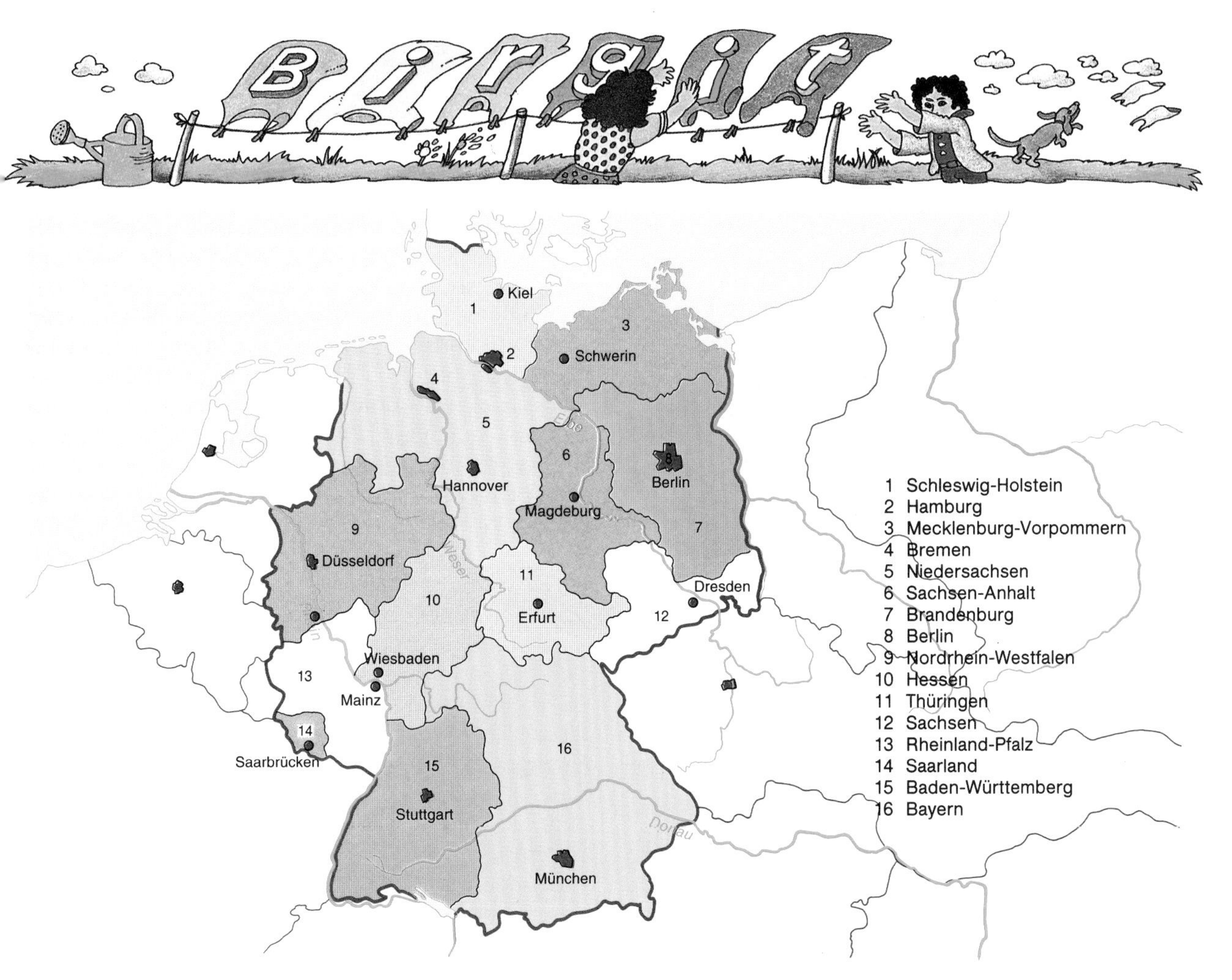

Bundesrepublik Deutschland Birgit wohnt in Braunschweig. Die Stadt Braunschweig gehört zum Bundesland Niedersachsen. Dieses Bundesland ist eines der sechzehn Bundesländer, aus denen unser Staat, die Bundesrepublik Deutschland, besteht. Die anderen Bundesländer sind: Baden-Württemberg, Bayern, Berlin, Brandenburg, Bremen, Hamburg, Hessen, Mecklenburg-Vorpommern, Nordrhein-Westfalen, Rheinland-Pfalz, Saarland, Sachsen, Sachsen-Anhalt, Schleswig-Holstein und Thüringen. Bis 1990 war Bonn die Hauptstadt. In diesem Jahr kam die ehemalige Deutsche Demokratische Republik zur Bundesrepublik Deutschland. Viele Menschen in der DDR hatten dafür demonstriert. Danach wurde Berlin zur Hauptstadt des vereinten Deutschland, so wie früher. Ungefähr 78 Millionen Menschen wohnen in unserem Land.

Bundestag Bernd und Birgit haben eine Nachrichtensendung eingeschaltet. Ein Mann spricht ins Mikrofon. Er sagt seine Meinung zu einem geplanten ▸Gesetz. Vor ihm sitzen viele andere Männer und Frauen in einem großen Raum. Einige klatschen, als der Mann mit der Rede aufhört. Andere sind gar nicht mit dem einverstanden, was sie gehört haben. „Diese Versammlung vieler Menschen ist der Bundestag", sagt Mutter. „Der Redner und seine Zuhörer sind die Bundestagsabgeordneten." Jetzt spricht eine Frau ins Mikrofon. Vater erklärt: „Sie kommt aus einer anderen ▸Partei als der Mann. Auch sie sagt ihre Meinung zu dem Gesetz." Die Bundestagsabgeordneten beraten über Gesetze, stimmen darüber ab und wählen den ▸Bundeskanzler. Diese Männer und Frauen werden für vier Jahre gewählt. Man wählt den Abgeordneten, der ungefähr das sagt, was man selbst sagen würde.

In Österreich und in der Schweiz hat der Nationalrat etwa die gleichen Aufgaben wie der Bundestag.

Burg Die Familie besichtigt eine Burgruine hoch oben auf einem Berg. „Im Mittelalter wohnten hier ▸ Ritter und Fürsten", sagt Vater. Wenn Feinde anrückten, flohen die Menschen aus den Dörfern in die Burg. Schnell wurde die Zugbrücke hochgezogen. Die Feinde standen vor dem Wassergraben, den hohen Mauern und Türmen. Sie wurden aus den Schießscharten beschossen. Während einer Belagerung lebten die Menschen in der Burg von ihren Vorräten. In den ▸ Brunnen gab es Wasser. Aus vielen Burgen führten unterirdische Gänge ins Freie. Durch sie floh man, wenn man die Burg nicht mehr verteidigen konnte. Auch Raubritter lebten in Burgen. Sie überfielen Kaufmannszüge.

Büro „Du arbeitest in einem Büro. Was tust du da eigentlich?", will Birgit von ihrem Onkel wissen. Er sagt: „Das Büro ist ein Raum in unserer Firma. Mein Kollege und ich sitzen in diesem Zimmer jeder an einem Schreibtisch. Wir prüfen, ob die Rechnungen bezahlt wurden und schreiben ▸ Briefe. Wir benutzen eine Schreibmaschine, das Diktiergerät, eine Rechenmaschine und einen ▸ Computer. Im Büro daneben sitzt der ▸ Chef mit seiner Sekretärin. Es gibt auch ein Zeichenbüro und ein Schreibbüro im ▸ Betrieb. In einem großen Raum, dem Großraumbüro, arbeiten viele Menschen an Schreibtischen."

Bussard „Da oben fliegt ein Bussard", sagt Bernds Freund. Bernd sieht den hoch über den Feldern kreisenden ▸ Vogel mit den breiten Flügeln und meint: „Das ist doch ein ▸ Adler." Sein Freund erklärt ihm: „Nein, Adler sind viel größer." Der Bussard ist ein Greifvogel. Er hat einen kurzen Schwanz, einen krummen Schnabel und scharfe Krallen. Bis zu siebzig Zentimeter kann er groß sein. Am häufigsten gibt es bei uns den Mäusebussard. Die Bauern sind froh darüber, dass er sich vor allem von ▸ Mäusen ernährt.

Butter Zwei Butterbrote hat Bernd schon gegessen. Gesalzene Butter mag er besonders gern. Dick streicht er sie auf die dritte Brotscheibe. „Weißt du, dass man ungefähr einen Liter ▸ Milch für die Butter braucht, die du dir auf drei Scheiben gestrichen hast?", fragt seine Mutter. Butter wird in der Molkerei aus der Sahne (dem Rahm) der Milch hergestellt. Man muss dieses ▸ Fett kühl lagern, damit es nicht verdirbt. Zum Backen, Braten und als Brotaufstrich benutzt man Butter.

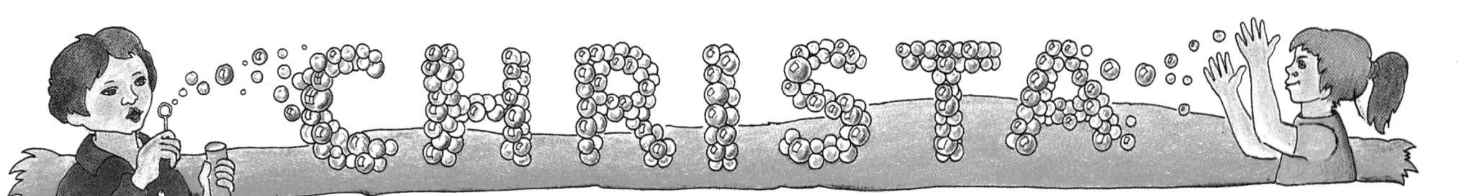

CD-Spieler Christa hat einen CD-Spieler zum Geburtstag geschenkt bekommen. Damit spielt sie ihre Compactdiscs (Kọmpäktdisks) ab. Auf diesen Platten sind ▶Musik oder Texte gespeichert. Sie sehen aus wie glänzende Scheiben. In ihren winzigen Vertiefungen sind Informationen enthalten. Statt einer Nadel wie beim Plattenspieler tastet ein dünner Lichtstrahl – der Laserstrahl (Lạser) – die gespeicherten Informationen ab. Sie werden dann durch die Lautsprecher als Musik oder gesprochene Sprache hörbar.

Chamäleon Manchmal möchte Christa ein Chamäleon sein. Diese Echse wechselt nämlich bei Gefahr die Farbe. Dadurch passt sich das Chamäleon dem Hintergrund an und wird fast unsichtbar. Auch bei Hunger, Durst oder wenn es sich aufregt, verändert das Tier die Farbe. Außerdem kann es mit jedem Auge in eine andere Richtung sehen. Sein Schwanz lässt sich aufwickeln. ▶Insekten fängt es mit seiner klebrigen Zunge, die weit vorschnellt. Diese erstaunlichen Tiere leben unter anderem in ▶Afrika und Südspanien.

Chaos „In deinem Zimmer herrscht ein fürchterliches Chaos", schimpft Christas Mutter. „Meinst du mit Chaos das Durcheinander?", fragt Christa. Ihre Mutter nickt. Später hört Christa in den Nachrichten, dass es nicht nur in ihrem Zimmer chaotisch aussieht. Auf der Autobahn herrscht nach einem Unfall ein Verkehrschaos. Auch wenn ein starker Sturm alles durcheinander wirbelt, kann es chaotisch aussehen. Christa kennt noch andere Wörter für Chaos. Das eine heißt Tohuwabohu und klingt ziemlich komisch. Das andere heißt Wirrwarr.

Chef (Scheff) Vater kommt gut gelaunt nach Hause. „Dich hat wohl dein Chef gelobt", meint Mutter. „Wieso schafft er es, dass du gute oder schlechte Laune hast?", fragt Christa. Ihr Vater sagt: „Der Chef ist mein Vorgesetzter. Er ist dafür verantwortlich, dass in unserer Firma alles klappt. Mit ihm besprechen wir, wie die Arbeit am besten verteilt und gemacht wird. Wenn ich in dieser Firma einmal aufhöre, schreibt er ein Zeugnis, in dem steht, wie ich arbeite. Auch ob ich mehr verdienen kann, hängt von meinem Chef ab. Heute hat er mich gelobt und das freut mich."

Chemie „Meine Mutter ist Chemikerin", sagt Christas Freund. Sie arbeitet im Labor. So heißt der Arbeitsraum, der voller Röhren, Gläser, Brenner und ▶Mikroskope steht. Im Labor untersuchen Chemiker zum Beispiel, woraus das Essen, die Luft oder das Wasser zusammengesetzt sind. Fast alles besteht nämlich aus verschiedenen Grundstoffen. Chemiker untersuchen aber nicht nur, woraus die Dinge zusammengesetzt sind. Auch wie man sie zerlegen kann, interessiert den Chemiker. Durch neue Zusammensetzungen erfanden Chemiker Dinge, die es in der Natur nicht gibt, zum Beispiel ▶Plastik. ▶Farben, ▶Gummi und ▶Dünger stellt man heute auch chemisch her. – Der Abfall aus chemischen Fabriken ist manchmal giftig. Durch ihn können Luft und Wasser verschmutzt werden.

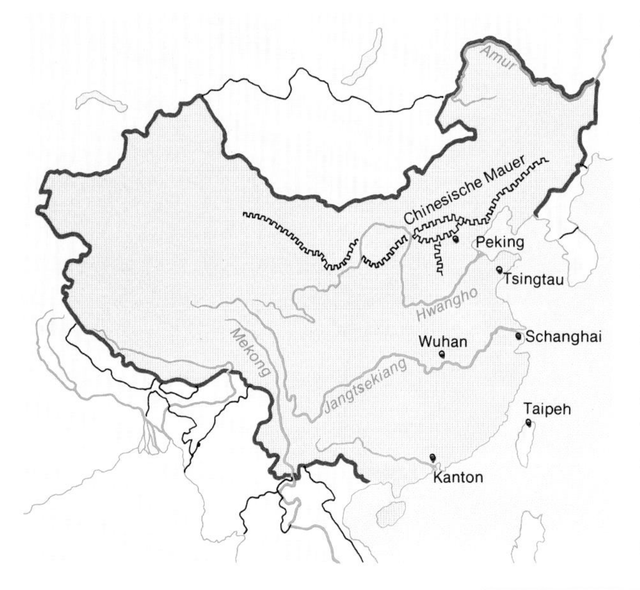

China Die Familie isst in einer chinesischen Gaststätte. „Der Koch stammt aus China", sagt Mutter. Die Haut des Mannes ist gelb, seine Haare sind schwarz. Seine Augen sehen anders aus als unsere. Am Nebentisch benutzt jemand Stäbchen zum Essen. „So essen die Menschen in China", sagt Vater. In diesem riesigen Land mit vielen Menschen ernährt man sich vor allem von Reis, Weizen, Schweinefleisch und Geflügel. Viele Dinge wurden in China erfunden, bevor man bei uns daran dachte, z.B. der ▸Kompass und das Schießpulver. Die chinesische Schrift besteht aus etwa fünfzigtausend Schriftzeichen, von denen im Alltag ‚nur' gut fünftausend gebraucht werden. Vor fast zweitausend Jahren bauten die Chinesen die längste Mauer der Erde. Diese Chinesische Mauer sollte das Land vor Feinden aus dem Norden schützen. Heute ist die Volksrepublik China ein mächtiges Land.

Christ „Er ist ein gläubiger Christ", sagt Vater von einem Mann. Die christliche Religion gibt es fast überall auf der Erde. Christen glauben, dass Jesus Christus als Sohn Gottes auf die Erde kam und hier lebte. Christus und seine Freunde sprachen mit den Menschen über ihren Glauben. Christus glaubte an die Liebe zu Gott und zu den Menschen. Er war sicher, dass Gott dem vergibt, der seine Tat bereut. Auch an ein Leben nach dem Tod glauben die Christen. Die Bibel ist ihr heiliges Buch.

Comics Christa steht am Zeitschriftenkiosk und blättert in Comicheften. Sie sieht sich die bunten Bilderstreifen an und liest die kurzen Texte in den Sprechblasen. Abenteuerliche und lustige Comics findet sie. Die Helden dieser Hefte sind Mickymaus, Asterix, die Peanuts [Pinats] und viele andere. Die Bildergeschichten von Max und Moritz mit ihren kurzen Texten waren etwas Ähnliches wie Comics. Wilhelm Busch hat sich diese Geschichten schon vor hundert Jahren ausgedacht. Auch heute lachen die Leute noch darüber.

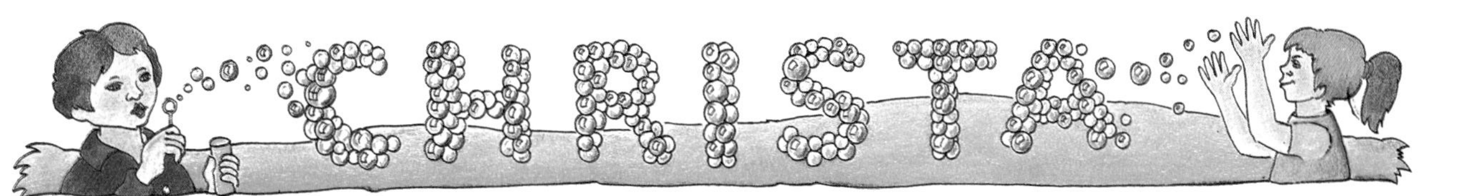

Computer Christa kauft ein. An der Kasse liest ein Computer den Strichcode der Ware und druckt die Preise aus. Später wartet Christa an einer ▸Ampel. Die steuert ein Computer. Zu Hause schreibt und zeichnet Christa mit ihrem PC. Auch Autorennen spielt sie an ihrem Computer. Andere Computer steuern ▸Flugzeuge und speichern Informationen. Viele Arbeiten sind ohne diese Rechenanlagen nicht mehr denkbar. Allerdings denken diese „Elektronengehirne" nicht. Bevor Computer arbeiten, müssen Menschen ein Programm schreiben. Sie können nur das, was sich Menschen für sie ausdenken.

Container (Kontẹner) „Draußen steht ein großer Metallkasten", sagt Christa. „Das ist ein Container für Altglas", erklärt ihr Vater. „In diesen Behälter werfen wir leere Flaschen, damit das Glas wieder verwertet wird." – Viele Dinge befördert man in Containern. Man kann die Großbehälter leicht stapeln und von einem Fahrzeug auf ein anderes laden. Container werden mit Lastwagen, Eisenbahnen und Flugzeugen verschickt. ▸Schiffe, mit denen nur Container transportiert werden, nennt man Containerschiffe.

Cowboy (Kauboi) Christas Freund Steffen verkleidet sich als Cowboy. „Wenn man das englische Wort Cowboy übersetzt, heißt es Kuhjunge", sagt er. Auf dem Kopf trägt der Cowboy einen weichen Cowboyhut mit breiter Krempe. Im Gürtel steckt die Pistole. Außerdem schwingt er ein Lasso. Das ist eine Leine mit Schlinge. Mit ihr fangen die Cowboys Rinder aus den großen Rinderherden, die sie auf den Weiden Nordamerikas bewachen. Früher ritten Cowboys bei ihrer Arbeit auf ▸Pferden. Heute benutzen sie Autos oder ▸Hubschrauber.

Dach An einer Baustelle sieht Dieter den Dachdeckern zu. Sie bedecken die Holzbalken des Dachstuhls mit Ziegeln, bis das Dach dicht ist. So hält es den Regen ab und schützt vor Kälte und Hitze. Außer mit Ziegeln deckt man Dächer mit Teerpappe, ▸ Blech, ▸ Stroh, ▸ Schiefer oder Schindeln aus Holz. In Ländern, in denen es wärmer ist als bei uns, benutzt man auch große Blätter dazu. Neben diesem Haus mit spitzem Dach sieht Dieter eines mit Flachdach. Auf dem Nachhauseweg entdeckt er, dass es viele verschiedene Dachformen gibt.
Welche Dachformen kennst du? Mal sie doch auf ein Blatt Papier!

Dackel „Ich wünsche mir einen ▸ Hund", sagt Dieter. Am liebsten wäre ihm ein Dackel. Er mag diese kleine, eigensinnige Hunderasse mit den krummen Beinen und den Schlappohren. Dackel spielen gerne. Man hält sie aber nicht nur als Haushunde, sondern auch als Jagdhunde. Mit ihren kurzen Beinen und dem niedrigen Körper können sie in Fuchsbauten kriechen und die ▸ Füchse hinausjagen. Dackel haben unterschiedliches Fell. Es gibt Langhaardackel, Kurzhaardackel und Rauhaardackel. Meistens sind Dackel braun oder schwarz.

Dampf Im Topf auf dem ▸ Herd kocht Wasser. Dampf steigt hoch. „Kochendes Wasser verwandelt sich in Dampf", sagt Dieters Mutter. Der Wasserdampf beschlägt die Fensterscheibe. „Jetzt kühlt er ab und verwandelt sich in Wasser zurück", behauptet Mutter. Dieter sieht, dass sie Recht hat. Wassertropfen rinnen nämlich die Fensterscheibe hinab und der Dampf ist verschwunden. Wenn Mutter einen Deckel auf den Topf legt, drückt der Dampf den Deckel hoch. Dampf hat also Kraft. Diese Kraft verwendet man für Dampfmaschinen, Dampflokomotiven und Dampfschiffe. Heute benutzt man statt Dampfkraft oft ▸ Elektrizität.

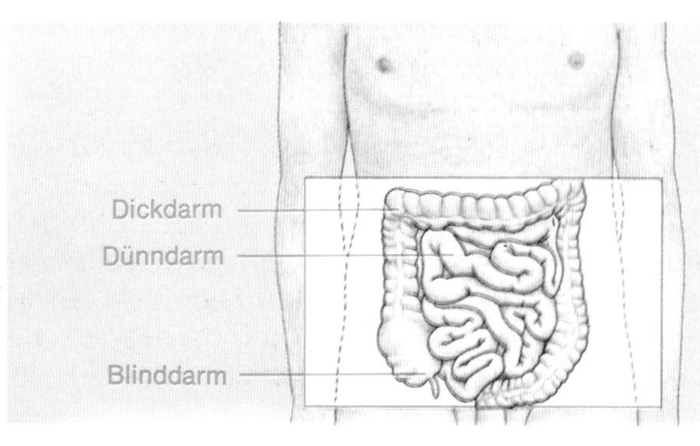

Darm Im Körper des Menschen kommt das Essen aus dem ▸ Magen in den Darm. Dort wird es endgültig verdaut. Der Speisebrei hat dabei einen weiten Weg durch den Darm vor sich. Diese gewundene Röhre ist beim Menschen nämlich ungefähr acht Meter lang. Bei der Wanderung durch den Darm werden dem Speisebrei Nährstoffe entzogen, die der Körper braucht. Was dann noch übrig bleibt, ist unverdaulich. Dieser Rest verschwindet ins Klo. – Wurstpelle besteht oft aus gereinigten Tierdärmen.

Datum „Wann bist du geboren?“, fragt Dieter seinen Vater. „Am 16. Mai 1952“, antwortet er. „Eigentlich ist das wichtig, dass man mit dem Datum die Zeit angeben kann“, überlegt Dieter. „So weiß man immer, an welchem Tag, in welchem Monat und welchem Jahr man lebt. Und man kann genau sagen, wann etwas passiert ist.“ Das Datum wird auf Briefe geschrieben. Im ▸ Kalender, auf manchen ▸ Uhren und der ersten Seite der ▸ Zeitung findet man es. – Stell dir vor, man möchte sich verabreden, und es gäbe kein Datum.

Delphin Dieter und sein Freund sehen den Delphinen zu, die im Wasserbecken des Zoos schwimmen. Diese Tiere gehören zur Familie der ▸ Wale.
Ein Delphin springt hoch aus dem Wasser. Er schnappt nach einem Fisch in der Hand des Tierpflegers. Delphine sind klug und verspielt und haben ständig Lust etwas Neues auszuprobieren. Im Meer begleiten die schnell schwimmenden, beweglichen Tiere in großen Rudeln die Schiffe. Man hat festgestellt, dass diese Tiere so etwas wie eine Sprache haben. Wenn ein Delphin verletzt ist, helfen ihm die anderen. Abwechselnd stützen sie den Verletzten von beiden Seiten. So bleibt das Tier an der Wasseroberfläche und kann weiteratmen. – Die Menschen haben dem Delphin eine Art zu schwimmen abgeguckt, den Delphinstil.

Demonstration Viele Menschen ziehen in langen Reihen durch die Straßen. „Das ist eine Demonstration“, sagt Mutter. Die Demonstranten tragen Plakate und Spruchbänder. Busse, Straßenbahnen und Autos können nicht weiterfahren.
Die Menschen in unserem Land haben das Recht, sich zu Demonstrationen zu versammeln und ihre Meinung zu sagen, auch wenn der Verkehr deswegen aufgehalten wird. Die Menschen auf dem Bild demonstrieren, weil sie Angst vor den Abfällen einer ▸ Fabrik haben, die gebaut wird. Sie befürchten, dass die Abfälle giftig sind und die Luft verschmutzen. Morgen werden die Leute demonstrieren, die wollen, dass diese Fabrik gebaut wird. Sie hoffen, dass in der neuen Fabrik viele Menschen ▸ Arbeit finden.

Dia Dieters Mutter hat im Urlaub fotografiert. Aus dem Film sind gerahmte Diapositive gemacht worden. „Nachher sehen wir uns die Dias an“, sagt Mutter. Dazu brauchen sie einen Diaprojektor und eine Leinwand. In einem dunklen Raum zeigt der Projektor das stark vergrößerte Dia auf der Leinwand. Wenn man keine Leinwand hat, kann man stattdessen auch eine weiße Wand oder weißen Stoff benutzen. „Die Farben von den Dias sehen toll aus“, sagt Dieter.

Diabetiker Dieters Freund ist Diabetiker. Der Junge hat eine Krankheit, die Diabetes heißt. Er erkrankte schon als kleines Kind daran. Auch Dieters Oma hat Diabetes. Sie bekam diese ziemlich häufige Krankheit, als sie älter wurde. Der Diabetes ist eine Erkrankung der Bauchspeicheldrüse, die Insulin herstellt. Dieses Insulin braucht der Körper um ▸ Zucker abzubauen. Wenn die Bauchspeicheldrüse nicht ausreichend davon produziert, erkrankt man an Diabetes. Dafür gibt es noch einen zweiten Ausdruck, nämlich „zuckerkrank“. Der Arzt kann zuckerkranken Patienten helfen. Dieters Freund muss nach einer ▸ Diät leben. Er darf zum Beispiel keinen Zucker und nur wenig tierisches Fett essen. Außerdem braucht er Bewegung. Bei vielen Diabetikern reicht das nicht aus. Sie nehmen Tabletten ein. Andere spritzen sich Insulin.

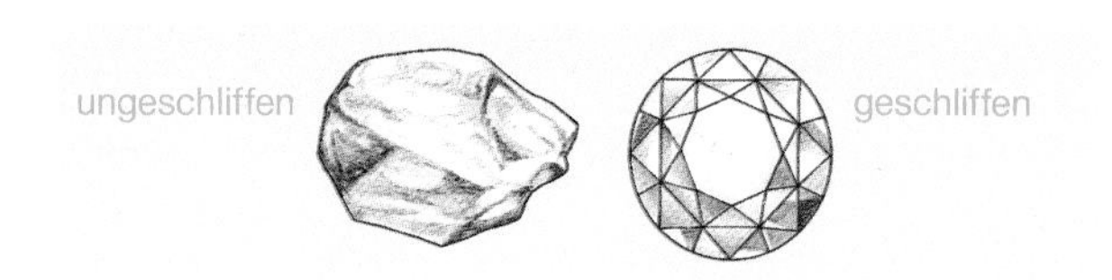

Diamant „Diamanten sind kostbar“, sagt Vater. Diese härtesten ▸ Edelsteine entstehen tief in der ▸ Erde durch Druck und Wärme. Die größten und klarsten verarbeitet man zu Schmuck. Den Rest braucht man zum Schleifen und Bohren.

Diät Dieters Tante liegt im Krankenhaus. Sie verträgt zurzeit kein ▸ Fett, deswegen kocht man ihr fettloses Diätessen. Manchmal bekommen dem ▸ Körper bestimmte Nahrungsstoffe nicht. Die Diätkost verschont den Körper davor. Dieters Vater stöhnt: „Ich bin zu dick.“ Weil er abnehmen will, beginnt er mit einer Diät. Dabei wird ihm vorgeschrieben, wieviel Gramm er von jedem Nahrungsmittel essen darf. Er vermeidet Süßigkeiten und fette Speisen.

---

diktieren „Wir schreiben ein Diktat“, sagt der Lehrer. Satz für Satz spricht er den Schülern einen Text vor. Sie schreiben in ihr Heft, was der Lehrer diktiert. – Im ▸ Büro diktiert der ▸ Chef seiner Sekretärin einen Brief. Manchmal spricht er den Text ins Mikrofon eines Diktiergeräts. Das Gerät nimmt seine Stimme auf dem Tonband auf. Später hört die Sekretärin den Text vom Diktiergerät ab. Dabei tippt sie ihn in die Schreibmaschine. – Ein Diktator diktiert den Menschen seinen Willen. Damit meint man: er zwingt ihnen seinen Willen auf. Das nennt man Diktatur.

Diskussion Im Rundfunk diskutieren Kinder über ein Buch. Jeder einzelne Diskussionsteilnehmer sagt seine Meinung. Dem einen gefällt das Buch. Er nennt seine Gründe dafür. Ein Mädchen widerspricht ihm. Bei vielen solchen Streitgesprächen passt ein Diskussionsleiter auf, dass sie nicht in Streit enden. Er achtet auch darauf, dass jeder Diskussionsteilnehmer zu Wort kommt. – Eine Diskussion zwischen Dieter und seinem Freund endete damit, dass Dieter sagte: „Du bist doof.“ Sein Freund meinte: „Bist du selbst.“ Dieses Streitgespräch klappte schlecht. Es war mehr Streit als Gespräch. Die beiden hörten einander nicht zu. Sie ließen nicht gelten, was der andere sagte.

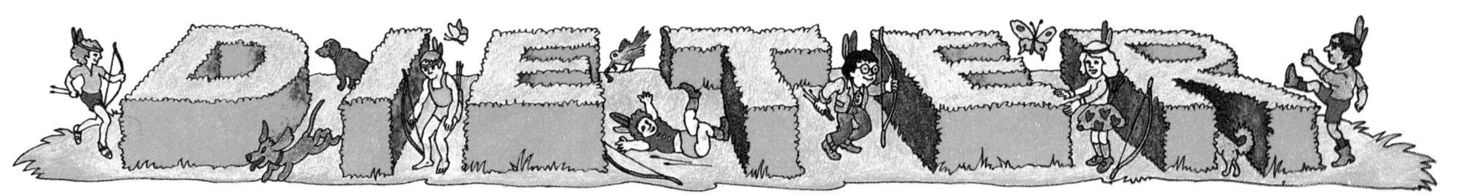

Distel Dieter sieht auf einem verwilderten Grundstück eine hoch gewachsene ▸ Pflanze. Ihm fallen die schönen violetten Blüten und die gezackten Blätter auf. „Aua“, ruft er, als er die stachelige Pflanze pflücken will. – Wenn man so eine Distel ausreißt, bleiben die langen Wurzeln dieses ▸ Unkrauts in der Erde stecken. Daraus wächst eine neue Pflanze. Disteln wachsen fast überall auf der Erde. Obwohl sie stachelig sind, fressen ▸ Esel sie gern.

Dorf „Wir fahren zu Vaters Kollegen“, sagt Mutter. Der Kollege wohnt mit seiner Familie in einem Dorf. Dieter stellt sich vor, dass das Dorf aus ▸ Bauernhöfen besteht. Tiere wird es dort geben, eine ▸ Kirche, einen ▸ Bäcker und eine Gaststätte. Aber solche Dörfer werden immer seltener. In dem Dorf, in das sie kommen, werden nur noch drei Bauernhöfe bewirtschaftet. Die meisten Dorfbewohner arbeiten in der Stadt und wohnen im Dorf. Viele Einfamilienhäuser mit Gärten gibt es hier. Ein Supermarkt versorgt die Menschen. Sogar eine kleine ▸ Fabrik sieht Dieter in dem Dorf.

Drache In einem Buch ist ein Drache abgebildet. „So ein Tier gibt es ja gar nicht“, sagt Dieter. Furcht erregend und Feuer speiend sieht es ihm entgegen. Dieses Untier mit seinen vielen Köpfen taucht in den Geschichten der meisten Völker auf. Die Menschen stellten sich den Drachen fast immer als etwas Böses vor. Es galt als Heldentat, gegen den fast unverletzbaren Drachen zu kämpfen und ihn zu besiegen. Siegfried schaffte das in der Siegfriedsage. – Es gibt auch einen Drachen, der kein Feuer speit. Er fliegt bei Wind an einer Schnur hoch in den Himmel. Was ist das für ein Drachen?

Der Papierdrachen.

Draht Dieter findet ein Stück Draht. Er biegt den dünnen Metallstab zwischen zwei Fingern. Draht kann dünn wie ein Haar sein. Wenn man mehrere dicke Drähte zusammendreht, wird daraus ein dickes Drahtseil. Draht stellt man aus verschiedenen ▸ Metallen her, zum Beispiel aus Kupfer oder Zinn. Dieter steht jetzt vor dem Maschendraht eines ▸ Zauns, der aus ▸ Eisen ist. Damit niemand hinüberklettert, wurde oben Stacheldraht verwendet. Seine Spitzen sehen gefährlich aus.
Dieters Lehrer hat gesagt: „Du bist heute auf Draht.“ Er meinte damit, dass Dieter gut aufgepasst und einen Fehler gleich erkannt hat.

Drogen Zu den Drogen gehören Rauschgifte wie Haschisch, Heroin und Morphium. Im Wort Rauschgift steckt die Erklärung für die Gefährlichkeit der Drogen. Es ist zusammengesetzt aus den Wörtern „Rausch“ und ▸ „Gift“. Wenn man Drogen einnimmt, bekommt man einen Rausch. Manche Menschen finden diesen Rausch so schön, dass sie ihn immer wieder haben wollen. Das sind vor allem solche Menschen, die sonst nicht viel Schönes erleben. Sie glauben, dass sie diesen Rausch brauchen. Man sagt: Sie sind süchtig. Weil Drogen giftig sind, werden sie krank davon. Trotzdem nehmen sie mehr und mehr. In jedem Jahr sterben viele Menschen am Drogenmissbrauch. Auch ▸ Alkohol ist eine Droge. Von ihm kann man einen Rausch bekommen und süchtig werden.

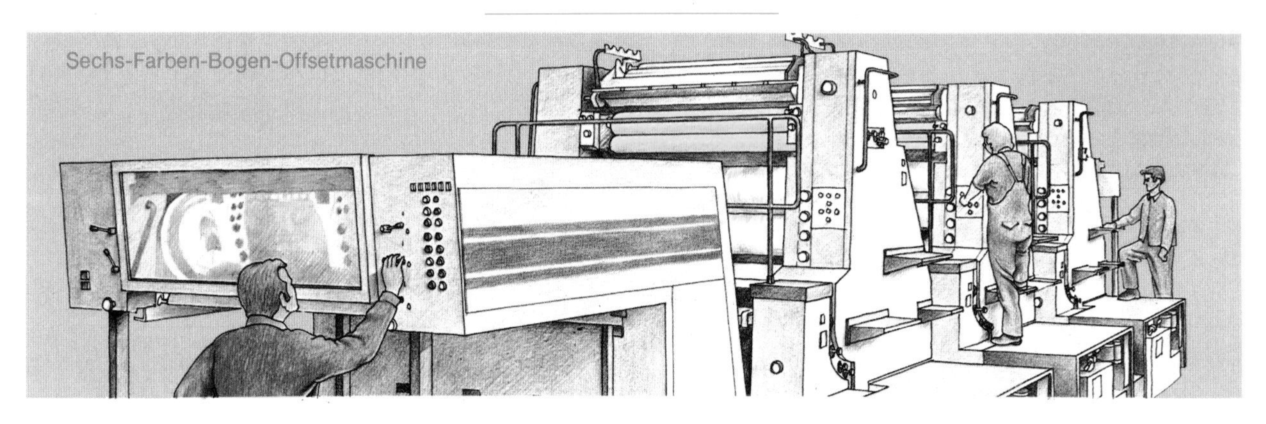
Sechs-Farben-Bogen-Offsetmaschine

Druck Mit seiner Stempeldruckerei druckt Dieter seine Adresse auf einen ▸ Brief. Will man viele Seiten bedrucken, geht man zu einer Druckerei. In Druckereien gibt es verschiedene Druckverfahren. Das älteste – der Buchdruck – wurde 1438 von Johannes Gutenberg erfunden. Dabei wird ein Rahmen mit erhöhten Buchstaben und Bildern in die Druckmaschine gesteckt. Die drückt einen Bogen ▸ Papier gegen die eingefärbten Buchstaben und Bilder. So entsteht ein Abdruck, ähnlich wie beim Stempeln. Die Maschine schiebt den bedruckten Bogen zur Seite und schiebt einen unbedruckten nach. Heute werden die meisten Bücher im Offsetdruck gedruckt. Dafür braucht man Druckplatten. Soll ein buntes Bild gedruckt werden, sind vier Druckplatten nötig. Je eine für Gelb, Rot, Blau und Schwarz. Aus diesen ▸ Farben werden alle anderen Farben gemischt. Die Druckplatten werden eingefärbt und das Papier wird nacheinander bedruckt. Eine chemische Behandlung der ebenen Platte sorgt dafür, dass nur die Teile Farbe annehmen, die drucken sollen. Beim Tiefdruck ätzt oder graviert man die Buchstaben oder Bilder in die Druckplatte. Nur diese vertieften Teile werden eingefärbt. Während des Druckens saugt das Papier die Farbe aus den tief liegenden Teilen. – Bevor das Drucken erfunden war, wurden die Bücher von Mönchen in Klöstern mit der Hand geschrieben. – Druck nennt man auch die Kraft, die auf eine Fläche einwirkt. – Ein Druck wird mit der rechten Hand gegeben. Welcher ist das?

Der Händedruck.

Dünger Mutter kauft Blumendünger. ▸ Pflanzen brauchen den Dünger zum Wachsen. Sie holen ihre Nahrung aus dem Boden. Wenn die nicht ausreicht, verkümmern die Pflanzen. Die Menschen geben daher dem Boden mit Dünger zusätzliche Nährstoffe. Man verwendet natürlichen Dünger wie Stallmist und Komposterde oder künstlichen, in chemischen Fabriken hergestellten Dünger. Dieser Kunstdünger enthält zum Beispiel Stickstoff, ▸ Eisen und ▸ Salze. Zuviel Dünger ist für den Boden schädlich. Er gelangt in das Grundwasser und richtet auch dort Schäden an. Außerdem nehmen die Pflanzen bei zu starker Düngung bestimmte Stoffe in zu großer Menge auf. Das kann für die Nahrung von Menschen und Tieren gefährlich werden.

Dunst Dieter fährt mit seinen Eltern auf eine Stadt zu. „Das sieht so dunstig aus“, sagt Mutter. Die feinen Wassertröpfchen in der Luft sind durch die Staub- und Rußteile aus den Schloten der Fabriken getrübt. Deswegen wirkt die Dunstwolke über der Stadt so grau. Die Luft ist dann besonders schlecht. In der Dunstglocke bleiben nämlich auch gesundheitsschädliche Abgase und Stoffe hängen. Solcher Dunst kann dick und undurchlässig sein wie ▸ Nebel, dann nennt man ihn Smog.

Durst Draußen ist es heiß. Dieter schwitzt vom Spielen. Sein Mund ist trocken. Er hat Durst und möchte etwas trinken. Durstig stürzt er einen Becher süße Limonade hinunter. Die schmeckt ihm, aber seinen Durst löscht sie nicht. Ein wenig kann er sich jetzt vorstellen, wie Durst in der heißen ▸ Wüste quält. Dort schwitzt man jeden Tag mehrere Liter Flüssigkeit aus. Die braucht der Körper wieder. Er bekommt sie durch das Trinken zurück. Trinkt man nichts, muss man verdursten.

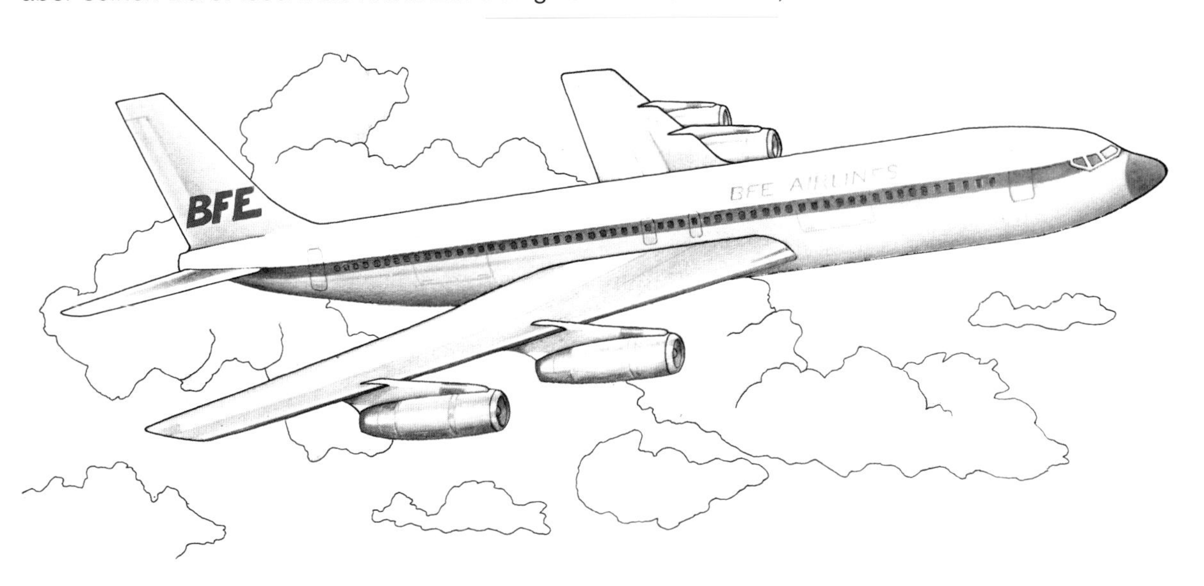

Düsenflugzeug Weit oben am Himmel sieht Dieter ein Düsenflugzeug. Diese ▸ Flugzeuge mit Düsenantrieb sind viel schneller als Propellerflugzeuge. Sie fliegen manchmal sogar schneller als der Schall. Das bedeutet, dass sie schneller fliegen als ein Wort vom Mund zum Ohr. Und das ist ungefähr zehnmal so schnell wie ein Auto auf der Autobahn. Der Düsenantrieb funktioniert durch Rückstoß. Du kannst dir das wie bei einem aufgeblasenen ▸ Ballon vorstellen. Wenn du die Öffnung zukneifst und dann plötzlich loslässt, saust der Ballon davon. Das tut er, weil er durch die nach hinten ausgestoßene Luft nach vorne getrieben wird. Mit viel mehr Kraft, aber im Prinzip genauso, werden auch Düsenflugzeuge angetrieben.

Dynamo Es ist dunkel. Dieter stellt den Dynamo am ▸ Fahrrad so, dass er das Vorderrad berührt. Wenn das Rad rollt, dreht sich das Antriebsrad des Dynamos. Im Dynamo dreht sich nun ein zu einer Spule gewickelter Draht zwischen den Polen eines Magneten. So entsteht Strom und Dieter fährt mit Licht. – In Kraftwerken arbeiten riesige Dynamomaschinen, die Generatoren.

Ebbe Die Familie ist ans ▸ Meer gefahren. Sie baden. Vater sagt: „Bei Ebbe ist das Wasser hier am Strand immer so flach. In einigen Stunden wird es steigen. Dann kommt es bis zu der Stelle, wo jetzt unsere Decke liegt.“ An fast allen ▸ Küsten beobachtet man, dass der Meeresspiegel bei Ebbe sechs Stunden lang sinkt. Bei Flut steigt er dann sechs Stunden lang. Diesen Wechsel nennt man Gezeiten. – Mutter sagt: „Auch in meinem Geldbeutel herrscht bald Ebbe, weil hier alles so teuer ist.“ Sie meint damit, dass ihr Geldbeutel gleich leer sein wird.

Echo Sie stehen in einem Tal zwischen Felswänden. „Pass mal auf“, sagt Großvater zu Ellen und ruft laut ihren Namen. Kurze Zeit später hört Ellen ihren Namen von der gegenüberliegenden Seite. Und dann nochmal von einer anderen Seite. Beim zweiten Mal klingt er leiser. „Das ist ein Echo“, sagt Großvater. Durch den Ruf entstehen Schallwellen. Diese Schallwellen werden als Echo von einem Felsen, einer Wand oder einem Berg zurückgeworfen.

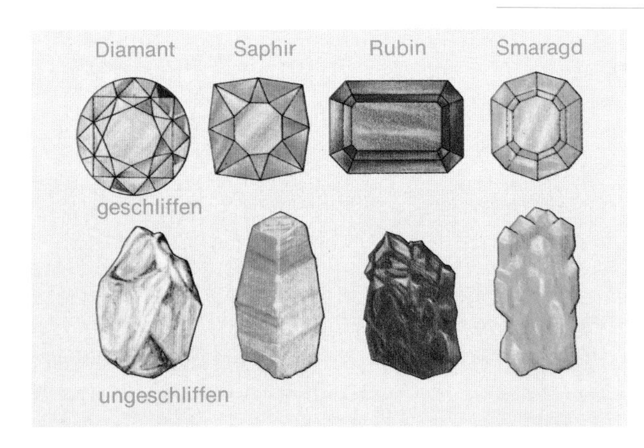

Edelstein Im Schaufenster eines Juwelierladens sieht Ellen Schmuckstücke. „Lauter Edelsteine, einer wertvoller als der andere“, sagt ihre Mutter. Sie zeigt auf einen wasserhellen, glänzenden Stein in einem Goldring. „Das ist ein Diamant“, sagt sie. Grüne Smaragde, blaue Saphire und rote Rubine zeigt sie Ellen. Diese Edelsteine sind so kostbar, weil man sie selten findet. Bevor sie der Juwelier verkauft, werden sie geschliffen, poliert und zu Schmuckstücken verarbeitet. Diamanten sind besonders hart, deswegen verwendet man weniger wertvolle Stücke auch zum Bohren und Schleifen.

Efeu Ellen geht an einer hohen Mauer vorbei, die über und über mit Efeu bewachsen ist. Wo eine Efeuranke an der Mauer aufliegt, bilden sich kleine Haftwurzeln. Mit diesen Wurzeln hält sich die ▸ Pflanze fest. Sie kann über ein ganzes Haus wachsen. Auch auf dem Waldboden wachsen Efeupflanzen. Die grünen Blätter des Efeustrauchs sehen blank aus. Sie fühlen sich ähnlich wie Leder an. Im Herbst hat die Pflanze gelbgrüne Blüten. Ihre schwarzen Beeren sind giftig. Efeu kann bis zu fünfhundert Jahre alt werden.

Ehe Ellen kommt mit ihrer Mutter am Rathaus vorbei. „Da drin ist das Standesamt, wo Vater und ich geheiratet haben“, sagt Mutter.
Viele gehen nach der Trauung im Standesamt zur ▸ Kirche. Dort heiraten sie kirchlich. Aber auch wenn man nicht in die Kirche geht, ist man verheiratet. Viele Paare leben auch unverheiratet zusammen wie in einer Ehe. Meistens nimmt einer der beiden Ehepartner den Namen des anderen an. Er kann dann seinen alten Namen dazusetzen. Es kann aber auch jeder seinen Namen behalten. Manche Ehepaare merken während ihrer Ehe, dass sie sich nicht vertragen. Sie können sich scheiden lassen. Nach der Scheidung leben Mann und Frau jeder für sich. Leider wissen ihre Kinder dann in manchen Fällen nicht, bei wem sie bleiben sollen.
Frag doch mal deine Eltern, wie es war, als sie geheiratet haben.

Ei Ellen findet ein Vogelei. Die Kalkschale ist leer. Eiweiß und Eidotter fehlen. ▸ Vögel schlüpfen aus Eiern, wenn sie ausgebrütet werden. Aber auch fast alle anderen Lebewesen entstehen aus Eiern. Sie können das, wenn sich das weibliche Ei mit einem männlichen Samen vereint hat. Dadurch wird es befruchtet und das neue Leben entwickelt sich. – Der Bandwurm legt viele Millionen Eier, davon überleben nur wenige. Der ▸ Pinguin legt eines. Das reicht, damit die Pinguine nicht aussterben. Die Eier der ▸ Ameise sind winzig klein. Das Ei vom Vogel ▸ Strauß wiegt drei Pfund. So ein Frühstücksei möchte ich mal essen, denkt Ellen. Ihr schmecken nämlich Eier zum Frühstück besonders gut.
Wenn sie sehr erstaunt ist, ruft sie: „Ach, du dickes Ei!“

Eiche Ellens Vater bringt eine Handvoll Eicheln mit. Das sind die Früchte der Eiche. Die Eiche ist ein großer ▸ Baum mit kräftigem Stamm, starken Ästen und dicker Rinde. Man erkennt die Eiche leicht an ihren Blättern.
Dieser Laubbaum kann fast tausend Jahre alt werden und hoch wie eine Kirche wachsen. Aus seinem harten, wertvollen Holz baut man Möbel. Die nussartigen Eicheln schmecken den ▸ Schweinen und dem ▸ Wild.
Kannst du aus Eicheln und Streichhölzern ein Männchen basteln?

Eichhörnchen Im Park beobachtet Ellen ein Eichhörnchen. Auch im Wald hat sie diese rotbraunen Nagetiere schon gesehen. Geschickt klettert es immer höher in den Baum und springt zum nächsten Baum. Seinen buschigen Schwanz benutzt es dabei als Steuer. Er ist fast so lang wie das ganze Eichhörnchen. Von unten sieht Ellen deutlich den weißen Bauch des Tiers. Es frisst Beeren, Baumsamen, Körner, ▸ Nüsse, Eicheln und Vogeleier. Sein ▸ Nest baut es in Astgabeln aus Zweigen, Gras und ▸ Moos. Eichhörnchen sind manchmal so zutraulich, dass sie aus der Hand fressen.

Zauneidechse

Eidechse Ellen sieht auf einem Sandweg eine Eidechse. Schnell huscht sie weg und verschwindet unter einem Stein. Diese flinken Tiere mit den kurzen Beinen und dem langen Schwanz fühlen sich bei Wärme besonders wohl. Je kühler es ist, desto unbeweglicher werden sie. Eidechsen ernähren sich von ▸ Insekten und anderen Kleintieren. Wenn man Eidechsen anfasst, kann ihr Schwanz abbrechen. Der Verfolger hat dann nur den Schwanz erwischt. Die Eidechse entkommt. Ihr Schwanz wächst aber wieder nach. – Es gibt viele verschiedene Eidechsenarten.

Eintrittskarte Als Ellen mit ihrer Mutter ins ▸ Kino geht, will Ellen an der Kasse vorbei in den Zuschauerraum. „Halt“, sagt Mutter. „Bevor wir hineindürfen, müssen wir Eintrittskarten kaufen.“ Der Kinobesitzer, der Filmvorführer, die Kassiererin und die Platzanweiser leben vom Geld, das durch den Verkauf der Eintrittskarten verdient wird. Ohne dieses Geld könnte aber auch der Film nicht gezeigt werden. Der Kinobesitzer leiht ihn sich nämlich für die Vorführung aus und das kostet etwas. Auch im ▸ Theater, auf dem Fußballplatz und im ▸ Zirkus muss man eine Eintrittskarte kaufen.

Eisbrecher

Eis In der Eisdiele verlangt Ellen Eis (Gefrorenes). Sie bekommt eine Waffeltüte, gefüllt mit eiskaltem Milch- und Fruchteis. – Im Winter gibt es Eis, das nur kalt ist und nach gar nichts schmeckt. Es ist das Eis, das Seen und Flüsse zu einer glatten Fläche macht, auf der man Schlittschuh laufen kann. Dieses Eis entsteht, wenn die ▸ Temperatur unter null Grad Celsius fällt. Dann gefriert das ▸ Wasser zu Eis. Eis ist leichter als Wasser, deswegen gehen Eisschollen nicht unter und schwimmen auf dem Wasser. Damit Schiffe auch in vereisten Flüssen und Meeren fahren können, brechen besonders ausgerüstete Schiffe – die Eisbrecher – Fahrrinnen ins Eis.

Eisengießerei

Eisen Ellen und ihr Vater heben eine Eisenplatte. „Ist die aber schwer“, stöhnt Ellen. Dieses schwere ▸ Metall wird als Erz gefunden. Im Hochofen schmilzt man das Eisen unter hoher ▸ Temperatur aus dem Erz. ▸ Bleche, ▸ Draht, Eisenstäbe und Schienen entstehen aus Eisen. Wenn dieses Metall längere Zeit an feuchter Luft liegt, überzieht es sich mit einer rotbraunen Schicht. Es rostet. Der ▸ Rost zerstört das Eisen. – Manchmal ist auch Mutter eisern. So nennt man das, wenn sie unnachgiebig auf etwas besteht.

Eisenbahn Ellen wartet an der ▸ Schranke. Gerade rattert die elektrische Lokomotive eines Zugs vorbei. Sie zieht viele Personen- und Güterwagen. Diese Bahn fährt auf Schienen aus ▸ Eisen, deswegen heißt sie Eisenbahn. Außer elektrischen Loks gibt es Dieselloks. Dampfloks sind heute kaum noch unterwegs. Die Reisezüge fahren unterschiedlich schnell. Der Eilzug hat es nicht so eilig wie der D-Zug oder die Intercity- (Intersịti) und Eurocityzüge (Eurosịti). Seit 1991 gibt es auf einigen Strecken Hochgeschwindigkeitszüge, die ICE. Die ersten Eisenbahnen verkehrten schon vor hundertfünfzig Jahren. Damit der ▸ Verkehr auf den Schienen reibungslos klappt, müssen viele Menschen arbeiten. Da gibt es Lokführer, andere steuern Weichen und ▸ Signale. Sie bedienen Schranken, verkaufen Fahrkarten, geben Auskünfte und kontrollieren Fahrkarten.

Eishockey (Eishoki) Ellen sieht mit ihren Eltern ein Eishockeyspiel. Zwei Mannschaften mit je sechs Männern spielen in einer großen Halle gegeneinander. Die dick gepolsterten Männer flitzen auf Schlittschuhen über das künstliche ▸ Eis. Gerade schlägt einer der Spieler seinen Schläger gegen den Puck. Diese Hartgummischeibe fliegt auf das kleine Tor. Der Torwart fängt sie im letzten Augenblick. So ein Spiel dauert drei mal zwanzig Minuten. Die Spieler werden oft ausgewechselt, weil dieser ▸ Sport sehr anstrengend ist.

Eiszeit An einem besonders kalten Tag sagt Mutter: „Das ist ja heute wie in der Eiszeit." Es gab mehrere Eiszeiten. Die letzte begann vor etwa eineinhalb Millionen Jahren und hörte vor ungefähr zehntausend Jahren auf. In dieser war es bei uns im Durchschnitt etwa zehn Grad kälter als heute. Riesige, dicke Eisfelder überzogen die Länder. Auch damals lebten schon Menschen. Es gab Tiere wie die riesigen ▸ Mammute. Sie waren dem Leben in der Kälte angepasst. Die kalten Zeiten wurden von wärmeren Zwischeneiszeiten unterbrochen. Manche Menschen meinen, dass wir auch heute in so einer Zwischeneiszeit leben.

Elefant Ein Elefant wiegt etwa so viel wie fünfzig ausgewachsene Männer. Es gibt afrikanische und indische Elefanten. Der indische Elefant ist niedriger und etwas plumper. Man erkennt ihn auch an seinen kleineren Ohren und den kürzeren Stoßzähnen. Ihren Rüssel benutzen Elefanten nicht nur zum Atmen und Riechen. Mit ihm pflücken sie Blätter und Zweige. Das Trinkwasser ziehen sie durch den Rüssel und spritzen es sich in den Mund. Mit dem Rüssel können sie auch laut trompeten. Gezähmte Elefanten dienen als Reit- und Arbeitstiere. Elefanten müssen geschützt werden, damit sie nicht aussterben. Sie werden nämlich wegen ihrer wertvollen Stoßzähne aus Elfenbein gejagt. – Vater hat gesagt: „Du benimmst dich wie ein Elefant im Porzellanladen." Kannst du dir vorstellen, was er damit meint?

Elektrizität „Der Strom ist ausgefallen", sagt Mutter. Die Familie sitzt im Dunkeln. Strom ist zwar unsichtbar, aber er bringt die Glühlampen zum Leuchten. Ohne Elektrizität funktionieren auch das ▸Radio, der Fernsehapparat, der Mixer und der ▸Kühlschrank nicht. – Strom wird in Kraftwerken erzeugt wie zum Beispiel einem Wasserkraftwerk an einem Stausee. Dort wird die Kraft des herabstürzenden Wassers durch riesige Turbinen in Elektrizität umgewandelt. Auch in Dampfkraftwerken und ▸Kernkraftwerken erzeugt man Elektrizität. In Hochspannungsleitungen und unterirdischen ▸Kabeln fließt der Strom zu Häusern und Fabriken. Er kann auch in einer ▸Batterie entstehen. – Stell dir vor, es gäbe keine Elektrizität. Was wäre da alles anders bei dir zu Hause?

Energie Unter Energie versteht man die Kraft, die für eine Arbeit benötigt wird. Man braucht viel Energie, wenn man etwas Schweres hebt. Man braucht nur wenig, wenn man etwas Leichtes hebt. Ohne die Energie des elektrischen Stroms würde keine Maschine laufen und keine Lampe brennen. ▸Kohle und ▸Erdöl lassen sich in Energie verwandeln, mit der man heizen kann. Der Vorrat an Kohle und Erdöl wird aber auf der Erde immer weniger. Atomenergie, die in ▸Kernkraftwerken erzeugt wird, könnte Ersatz dafür sein. Aber viele Menschen halten Atomkraftwerke und ihre Abfälle für zu gefährlich. Andere sind der Meinung, dass wir ohne sie nicht auskommen. Wissenschaftler suchen neue Energiequellen. Sie arbeiten daran, die Energie der ▸Sonne und des ▸Windes besser auszunutzen. Schon seit vielen Jahren wandeln Windkraftwerke die Kraft des Windes in Elektrizität um. Solarzellen nutzen das Sonnenlicht und erzeugen elektrischen Strom. Damit können dann Wohnungen beheizt werden.

entdecken Vor über fünfhundert Jahren wollte der Seefahrer Christoph Kolumbus mit seiner Mannschaft nach Indien segeln. Dabei entdeckte er ▸Amerika. Auch vor ihm waren schon Entdecker unterwegs. Sie fuhren in kleinen, zerbrechlichen Booten über die Meere. Ihre gefährlichen Reisen führten sie in unbekannte Länder. Immer wieder brachen Neugierige und Abenteurer zu solchen Reisen auf. Am Anfang dieses Jahrhunderts erreichte der erste Mensch den Nordpol. Auch er war ein Entdecker. – Manchmal entdeckt Ellen etwas. Sie freute sich besonders, als sie ein gutes Versteck im Wald entdeckte.

Ente Ellen steht am Teich. Auf dem Wasser schwimmen Enten. Sie paddeln mit den Füßen und kommen schnell vorwärts. Dabei helfen ihnen die Schwimmhäute zwischen den Zehen. Diese großen Schwimmvögel ernähren sich von Wasserpflanzen, ▸Insekten, ▸Würmern und ▸Fischen. „Die Enten mit den bunten Federn sind die Erpel", sagt ihre Freundin. So nennt man die Entenmänner. Die Weibchen sehen unauffäliger aus. Gerade watschelt eines der Tiere über den Weg. Ellen sieht, wie unbeholfen sich die Enten auf dem Land bewegen. – Auch eine falsche Meldung – zum Beispiel in der Zeitung – nennt man Ente.

Entführung In der Zeitung liest Ellen, dass ein bekannter Mann von bewaffneten Verbrechern entführt wurde. Die Entführer verlangen viel Geld dafür, dass sie ihren Gefangenen freilassen. Sie wollen ihm etwas antun, wenn sie das Lösegeld nicht bekommen. Den Menschen, der von solchen Verbrechern gefangen gehalten wird, nennt man Geisel. Auch Flugzeuge werden manchmal entführt. Die Menschen im Flugzeug sind dann die Geiseln der Flugzeugentführer. Entführung ist ein schweres ▸Verbrechen. Entführer werden hart bestraft, wenn man sie erwischt.

Entwicklungshilfe Ellen hört, dass ein reiches ▸Land einem armen Land Geld leiht. „Es ist ungerecht, dass es vielen Menschen gut geht, während über die Hälfte der Menschen in den Entwicklungsländern in Armut lebt", sagt ihre Mutter. Die Entwicklungsländer liegen in Südamerika, Asien und Afrika. Sie werden auch ‚Dritte Welt' genannt. Mit dem Geld der Entwicklungshilfe werden dort Nahrungsmittel und Medikamente bezahlt und Wohnungen, Fabriken, Krankenhäuser und Schulen gebaut. Von diesem Geld werden auch die Menschen bezahlt, die als Entwicklungshelfer arbeiten. Wichtig ist, so zu helfen, dass die Entwicklungsländer die Hilfe irgendwann nicht mehr brauchen. Wenn sie in ihrer Entwicklung weiter sind, können sie sich nämlich selbst helfen.

erben „Herr Lange hat ein Haus geerbt", sagt Mutter. Früher gehörte es seinem Onkel. Als der gestorben war, fand man sein Testament. Auf dieses Blatt Papier hatte der Onkel geschrieben: „Herr Lange soll das Haus nach meinem Tod bekommen." Außer dem Haus erbte Herr Lange Bücher, Schallplatten und etwas Geld. Auch das stand im Testament.

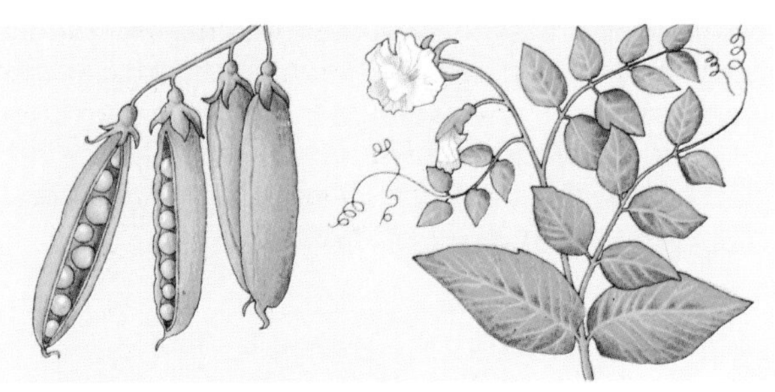

Erbse Mutter öffnet eine Dose Erbsen. Klein, grün und kugelrund sind sie. Auf der Dose sieht Ellen ein Bild der Hülse, in der immer mehrere Erbsen stecken. Jetzt versteht sie, warum man Erbsen Hülsenfrüchte nennt. Wenn sie reif sind, fallen die Erbsen aus der Hülse. Die ▸ Pflanze wird nur ein Jahr alt und muss immer wieder neu angebaut werden. Die Zuckererbse ist ein gesundes Nahrungsmittel für den Menschen.

Erdbeben „Schwere Erdbeben in Japan rissen den Erdboden auf", hört Ellen in den Nachrichten. Sie kann sich kaum vorstellen, dass der Boden aufreißt. Sie sieht von der ▸ Erde ja auch nur die äußerste Kruste. Diese Kruste schützt uns vor dem Erdinnern, in dem es kocht, brodelt und arbeitet. Starker Druck entsteht dort, Hohlräume stürzen ein. Die Kräfte im Erdinnern können so stark sein, dass der Erdboden sogar aufbricht. Meistens erschüttern sie die Erde aber nur. Jedes Jahr ereignen sich mehrere Tausend Erdbeben. Wir werden hier von den schweren Beben verschont. In Gegenden mit starken Erdbeben versucht man erdbebensichere Häuser zu bauen.

Erdbeere In einem Garten sieht Ellen die leuchtend roten Früchte der Erdbeere zwischen ihren grünen Blättern. Sie hat Lust sich so eine süße ▸ Frucht in den Mund zu stecken. Ihre Mutter macht ▸ Kuchen, ▸ Marmelade und ▸ Kompott aus den reifen Früchten. Die Walderdbeeren sind wesentlich kleiner als die Gartenerdbeeren. Walderdbeeren schmecken nicht so süß, dafür aber kräftiger.

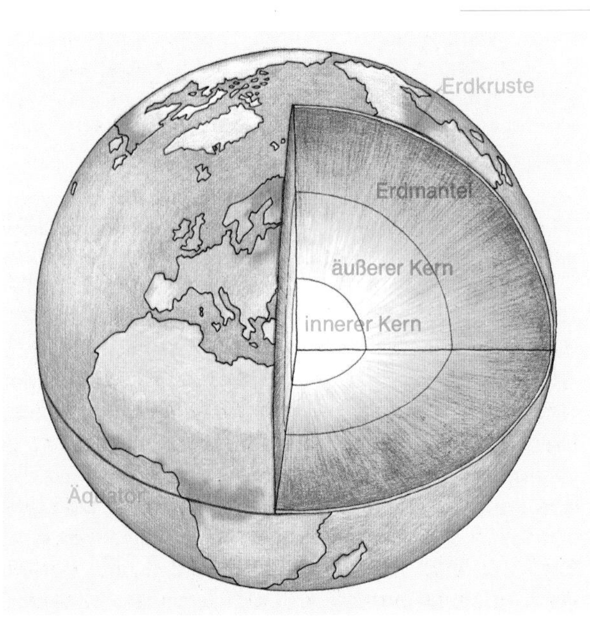

Erde Die Erde ist kein besonders großer Himmelskörper des Weltalls. Im Weltall kann man sich unsere Erde wie ein Staubkorn in einer riesigen Halle vorstellen. Einmal im Jahr bewegt sich die Erdkugel um die ▸ Sonne. Solche Wandelsterne nennt man ▸ Planeten. Außerdem dreht sich die Erde jeden Tag einmal um sich selbst. Pflanzen und Lebewesen können sich auf der Erde entwickeln, weil es hier weder zu kalt noch zu heiß wird. Davor schützt eine Lufthülle, die Atmosphäre, die Erde. – Unter der kilometerdicken Erdkruste liegt das glühende, flüssige Erdinnere. Der Boden, auf dem die Pflanzen wachsen, ist nur eine dünne Schicht. Über zwei Drittel der Erdoberfläche bestehen aus Wasser. Die Landmasse teilt man in sechs Erdteile (Kontinente) ein: ▸ Europa, ▸ Asien, ▸ Afrika, ▸ Amerika, ▸ Australien und Antarktis. – Es gibt auch Erde im Topf. Welche ist das?

Die Blumenerde.

Erdnüsse Ellens Vater bringt Erdnüsse mit. Er knackt die dünne Schale zwischen den Fingern. Dann isst er die Kerne, die in der Schale stecken. Sie schmecken ihm gut. Bei uns wachsen diese ▸ Nüsse nicht, weil es zu kalt ist. Sie kommen zum Beispiel aus Südamerika.
Wenn die Erdnusspflanze verblüht ist, senken sich die Stiele. Die jungen Früchte wachsen in die Erde. Dort reifen sie, darum heißen sie Erdnüsse. Aus dieser Nuss wird ▸ Öl gepresst. Man verwendet es als Speiseöl und für die Margarineherstellung. – Ellen streicht sich gerne Erdnussbutter auf das Brot. Es gibt süße und gesalzene Erdnussbutter.

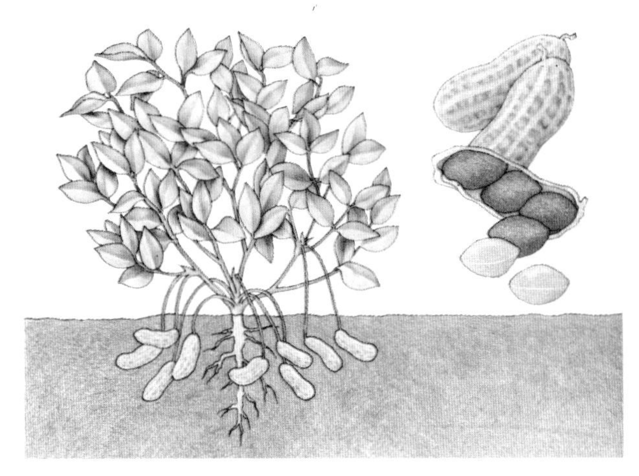

Erdöl Erdöl ist für die Menschen wichtig. Aus Erdöl kann man zum Beispiel ▸ Benzin, Kunststoffe und Heizöl machen. Das Erdöl ist tief in der Erde aus den Überresten von Pflanzen und Tieren entstanden. Hohe ▸ Temperaturen und starker Druck ließen Erdöl daraus werden. Um das Öl an die Erdoberfläche zu holen verwendet man Bohrtürme, deren Bohrer Tausende von Metern in die Erde bohren können. Man verankert sogar künstliche Inseln mit Bohrtürmen im Wasser und holt das Öl tief unten aus dem Meeresboden. Von großen Tankschiffen wird das Öl zum Hafen gebracht. Verunglückt so ein Tanker, fließt das Öl ins Meer und liegt wie ein schwarzer, schmutziger Teppich auf dem Wasser. Diese Ölpest tötet das Leben im Meer. Vom Hafen kommt das Öl, das früher auch Petroleum genannt wurde, durch endlos lange Röhren (Pipelines Paiplains) zu den Raffinerien, wo man es zum Beispiel zu Benzin verarbeitet. Da die Erdölvorräte immer knapper werden, wird das Erdöl ständig teurer. Daher sucht man nach Ersatz für Erdöl.

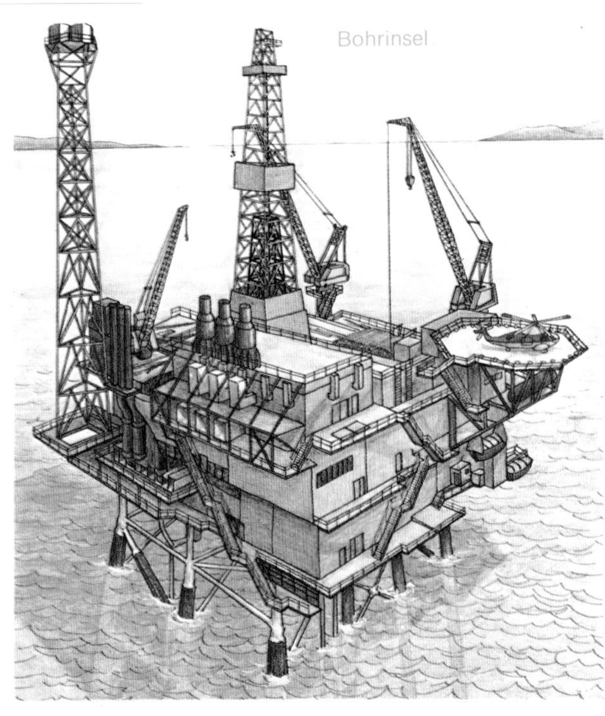
Bohrinsel

erfinden Als das ▸ Telefon zum vierten Mal klingelt, stöhnt Vater: „Wer diesen Apparat erfunden hat, müsste bestraft werden." Wenn Ellens Freundin anruft, freut sich Ellen über das Telefon. Dinge, die man heute jeden Tag benutzt, wie das Telefon, die Glühlampe oder das ▸ Fernsehen musste sich erstmal ein Erfinder ausdenken. Wenn jemand etwas erfunden hat, meldet er ein Patent an. Auf dieser ▸ Urkunde steht, dass er der Erfinder ist. Erfindungen brachten nicht nur Vorteile und Fortschritte für die Menschen, sondern auch Nachteile. Durch die Erfindung des Gewehrs zum Beispiel wurde es für die Menschen einfacher zu jagen, aber auch sich gegenseitig zu töten. Seit das Auto erfunden wurde, kommt man schneller voran. Es gibt dadurch aber auch viele Unfälle.
Stell dir vor, es wäre nichts erfunden worden. Wie würde es dann in deinem Zimmer aussehen?

Ernährung Zum Mittagessen gibt es bei Ellen ▸Kartoffeln, ▸Gemüse, ▸Fleisch, ▸Salat und etwas zu trinken. Von solchen flüssigen und festen Nahrungsmitteln ernähren wir uns. Ohne sie können Menschen nicht leben. Ihre Nährstoffe liefern Energie. Auch für das Wachstum und den Aufbau der Körperzellen sind die Nährstoffe wichtig. Ellens Eltern achten auf gesunde Ernährung. Sie enthält Eiweiß, ▸Fett, Kohlenhydrate, genug ▸Vitamine, Mineralsalze und Ballaststoffe. Zur gesunden Ernährung gehören ▸Obst, Gemüse und Salate. Ungesund sind zu viel tierische Fette und ▸Zucker.

Futterbohnenernte

Ernte Als Ellen mit ihrer Mutter an einem Feld vorbeifährt, sagt Mutter: „Das ▸Getreide ist reif. In den nächsten Tagen muss es geerntet werden." Außer den Getreidefeldern besitzt dieser Bauer Kartoffel- und Rübenäcker. Auch sie müssen abgeerntet werden. Im Garten erntet man Äpfel, Birnen, Pflaumen und andere ▸Früchte. Wenn die Ernte schlecht ausfällt, verdient der Bauer wenig. Manchmal wird die Ernte eines Jahres durch Unwetter vernichtet. Dadurch können für viele Menschen Hunger und Not entstehen.

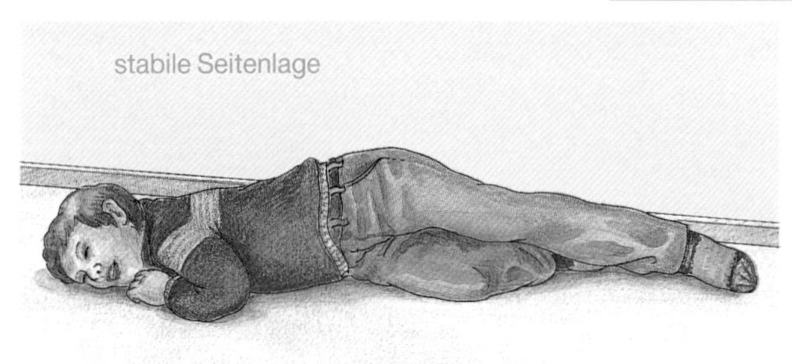
stabile Seitenlage

Erste Hilfe Im Kofferraum sieht Ellen einen Erste-Hilfe-Kasten. Vater sagt: „Den muss ich mitnehmen, damit ich bei einem ▸Unfall einem Verletzten helfen kann." In dem Kasten sind Verbände, ▸Pflaster, Salben und eine ▸Pinzette. Erste Hilfe kann einem Verunglückten das Leben retten. Sie muss geleistet werden, bis der ▸Arzt kommt. Damit man in so einem Notfall alles richtig macht, gibt es Erste-Hilfe-Kurse.

Erstkommunion Ellens Freundin ist neun Jahre und katholisch. Sie sagt: „Am Sonntag habe ich Erstkommunion." Festlich angezogen wird sie mit ihren Eltern zur ▸Kirche gehen. Gemeinsam mit anderen Kindern und Eltern besuchen sie die Messe. Dabei nehmen die Kinder zum ersten Mal an der Kommunion teil, also am Abendmahl. So heißt die Kommunion bei den Katholiken. Edith sagt: „Danach feiern wir zu Hause." – Seit der Taufe gehören die Kinder zur Gemeinschaft der Gläubigen. Durch die Erstkommunion werden sie enger in diese Gemeinschaft einbezogen.

Esel „Du Esel!", schimpft Ellen mit ihrer Freundin. Die ärgert sich aber nicht darüber. Sie sagt nämlich: „Esel sind doch ziemlich klug." Als Haustier wird dieses graue Tier mit den langen Ohren vor allem in südlichen Ländern – wie Italien – gehalten. Esel sind genügsam, klettern gut und schleppen schwere Lasten. Sie können aber auch sehr bockig sein. – Weißt du, wie man die umgeknickten Ecken von Büchern und Heften nennt?

Eselsohren

Eskimo In einem Film sieht Ellen die runde Schneehütte einer Eskimofamilie. Diese Iglus schützen vor der Kälte. Eskimos leben nämlich in den kältesten Gebieten der Erde, nicht weit vom Nordpol entfernt, im Norden ▸Amerikas und in Grönland. Heute wohnen viele Eskimos in Holzhäusern. Im Sommer wohnen diese Menschen mit der gelbbraunen Haut und den schwarzen Haaren auch in Zelten. – Jahrtausende zogen die Eskimos durch das Land. Ihre Lasten transportierten sie mit Hundeschlitten. Heute sind sie sesshaft. Sie gehen in Schulen und arbeiten in unterschiedlichen Berufen. Nur noch wenige Eskimos leben ausschließlich von der Jagd und vom Fischfang. Die Eskimos selbst nennen sich ‚Inuit', das heißt ‚Menschen'.

Essig Mutter gießt Essig in die Salatschüssel. ‚Weinessig' steht auf der Flasche, weil er aus ▸Wein gemacht wurde. Man verwendet die saure Flüssigkeit zum Würzen. Legt man Fleisch oder Fisch in Essig, bleiben diese Lebensmittel länger frisch. Vater hat Wein getrunken. Der schmeckte essigsauer. Wein verwandelt sich nämlich in Essig, wenn man ihn zu lange aufbewahrt. – Essigessenz ist besonders starker Essig. Man verdünnt sie mit Wasser.

Eule Ellen hat noch nie eine Eule gesehen. „Das ist kein Wunder", sagt ihr Vater. „Diese ▸Vögel verlassen nur nachts ihre Schlupfwinkel." Weil sie ein besonders weiches Gefieder haben, fliegen sie lautlos. Sie hören und sehen sehr gut. Deswegen können sie im Dunkeln jagen. Ihr Schnabel ist gekrümmt. Mit ihren spitzen, scharfen Fängen packen sie zum Beispiel Mäuse und verschlingen sie. Die unverdauten Reste würgen sie wieder heraus. Dieses Gewölle findet man manchmal im Wald. – Es gibt etwa 140 Arten von Eulenvögeln, darunter auch den ▸Uhu.

E L L E N

Kartoffel
Weizen
Wein
Zuckerrübe
Nadelbaum
Olive
Island
Laubbaum
Pinie
Moskau
Wolga
Ural
Berlin
Oder
Dnjepr
Brüssel
Bonn
Paris
Loire
Bern
Wien
Donau
Madrid
Tajo
Spanierin
Lappe
Schotte
Wohnhaus
in Mitteleuropa
Wohnhaus in Südeuropa
Rothirsch
Hase
Storch
Uhu
Holzkirche in Norwegen
Erdöl
Gämse
Igel
Fuchs
Kohle

Europa „Wir wohnen in der ▸ Bundesrepublik Deutschland", sagt Ellens Vater. Dieses Land gehört zu den vielen Ländern des Erdteils Europa. Das ist der zweitkleinste und am dichtesten bewohnte Kontinent. Im Osten stößt Europa am Uralgebirge in Russland an den Erdteil ▸ Asien. Im Westen wird Europa von Meeren begrenzt. Die europäischen Küsten sind von vielen Halbinseln und Inseln umgeben. Das ▸ Klima ist im Durchschnitt ziemlich mild, obwohl es im Süden heiß und im Norden kalt werden kann. Das höchste Gebirge dieses Kontinents sind die Alpen. Wolga heißt der längste Fluss, der zweitlängste Donau. An Bodenschätzen werden in Europa zum Beispiel ▸ Kohle, Eisenerz, ▸ Erdöl, Erdgas, Blei und Platin gewonnen. Die kalten nördlichen Teile Europas sind mit Moosen, Sträuchern und Flechten bewachsen. Dort lebt das Rentier. In den Wäldern Europas gibt es ▸ Hirsche, Elche, ▸ Rehe, Wildschweine, ▸ Bären, Dachse, ▸ Luchse, ▸ Füchse, ▸ Eichhörnchen, ▸ Hamster, ▸ Hasen und ▸ Mäuse. Vor allem in den wärmeren Gebieten am Mittelmeer leben ▸ Eidechsen. Steinböcke, Gämsen und ▸ Murmeltiere sind in den hohen Gebirgen zu Hause. Die dichte Besiedlung und die viele Industrie haben die Lebensräume der Tiere und Pflanzen immer kleiner werden lassen. Dadurch wurde Tieren und Pflanzen großer Schaden zugefügt.
Die Menschen Europas arbeiten vor allem in den zahlreichen Fabriken und in der Landwirtschaft. Über siebzig Sprachen werden in den einzelnen Ländern dieses Kontinents gesprochen. Viele Menschen in Europa möchten, dass sich die europäischen Länder enger zusammenschließen. Einige Länder haben das getan. Diesen Zusammenschluss nennt man Europäische Union (EU). Aus dieser EU könnten sich später die Vereinten Staaten von Europa entwickeln. Große Städte Europas sind: Berlin, Brüssel, Budapest, Kopenhagen, London, Madrid, Moskau, Paris, Prag, Rom, Warschau, Wien und Zürich.

Expedition In der Zeitung liest Ellen, dass einige Männer und Frauen zu einer Expedition aufgebrochen sind. Diese Gruppe will einen sehr hohen Berg besteigen. Sie ist mit Zelten, Decken, Proviant, Sauerstoffflaschen, Medikamenten und vielen anderen Dingen ausgerüstet. Mehrere Wochen lang wird sie unterwegs sein. – Expeditionen führen Menschen in unbekannte Länder, in ▸ Wüsten und Meere. Der ▸ Nordpol und der Südpol wurden zum Beispiel durch Expeditionen erforscht. Manchmal verunglücken Teilnehmer solcher abenteuerlichen Unternehmungen. Möchtest du einmal eine Expedition miterleben?

Explosion Onkel Erich arbeitet im Steinbruch. Ellen darf ihn dort besuchen. Die beiden beobachten aus sicherer Entfernung eine Explosion. Damit wird das Gestein in Brocken zerlegt und kann abtransportiert werden. Ein lauter Knall begleitet die Explosion und es entstehen Druckwellen. Die Kraft von Explosionen kann so stark sein, dass Steine zerbersten. – ▸ Benzin explodiert, wenn es mit Feuer in Berührung kommt. Deswegen dürfen an Tankstellen und in ▸ Garagen keine Streichhölzer angezündet werden.

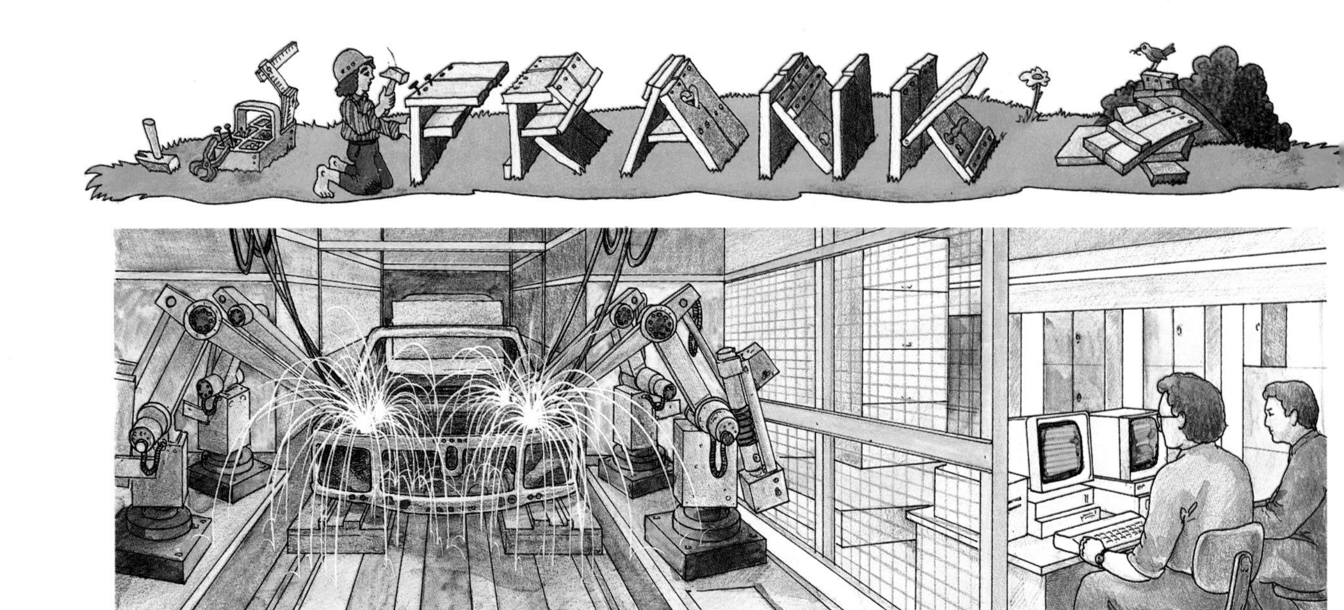

Fabrik Frank besichtigt mit seinen Eltern eine Autofabrik. Von außen sind ihm die großen Hallen und die hohen Schornsteine der Fabrik aufgefallen. Sie kommen durch viele einzelne Gebäude. Industrieroboter stehen da. Diese Maschinen ziehen zum Beispiel Schrauben an, sie schweißen und hämmern. Menschen bedienen Maschinen und arbeiten an Fließbändern. Täglich entstehen hier Hunderte von Autos. So viele könnte man in einer kleinen Werkstatt sicher nicht bauen. Menschen müssen in dieser Fabrik so arbeiten, dass sie möglichst schnell möglichst viele Autos produzieren. Auch Schuhe, Bleistifte, Papier und viele andere Dinge, die man in großen Mengen braucht, stellt man in Fabriken her.
Wie wäre das, wenn es keine Fabriken gäbe?

Fahne Frank und sein Vater sehen bei einem Fußballspiel zu. Neben ihnen schwenkt ein Zuschauer eine Vereinsfahne. Mit diesem farbigen Stück Stoff an einer Stange zeigt er, dass er den Verein unterstützt. Fahnen haben die verschiedensten Farben, Muster und Bilder. Auch die Flagge ist eine Fahne. Jeder ▸ Staat hat eine eigene. An Trauertagen hängen Flaggen auf halber Höhe des Fahnenmasts. Schiffe zeigen mit der Flagge, aus welchem Land sie kommen.
Es gibt auch eine Fahne ohne Tuch: die Alkoholfahne. So nennt man den Geruch eines Menschen, der viel ▸ Alkohol getrunken hat.

Fahrrad Zuerst war es schwierig für Frank, auf dem Fahrrad das ▸ Gleichgewicht zu halten. Jetzt schafft er das. Er tritt in die Pedale. Das Hinterrad wird durch die Fahrradkette angetrieben und sein Fahrrad fährt. Frank hätte gern eine Gangschaltung. Im richtigen Gang käme er leichter den Berg hinauf. Sein Fahrrad hat eine Klingel und zwei ▸ Bremsen. Damit man den Radfahrer in der Dunkelheit sieht und er selbst etwas sieht, hat das Rad vorne eine Lampe und einen weißen Strahler, hinten einen roten Rückstrahler und ein rotes Rücklicht. An den Pedalen und zwischen den Speichen ist es mit gelben Rückstrahlern ausgerüstet. Eine besondere Form des Fahrrads ist das Tandem. Auf ihm können zwei Menschen fahren, weil es zwei Sitze und Pedale für jeden Fahrer hat.

Falke Hoch über dem Feld fliegt ein Falke. Frank erkennt den Greifvogel an den langen, spitzen Flügeln und am schlanken Körper. Blitzschnell stützt sich der Falke hinunter auf das Feld. Bestimmt hat er dort unten Beute entdeckt. Vielleicht eine Maus, einen Hasen, einen Vogel oder ein großes ▸ Insekt. Von solchen Tieren ernährt er sich. Dieser ▸ Vogel mit dem gebogenen Schnabel nistet in verlassenen Nestern anderer Vögel, in Felsnischen oder auf dem Erdboden. Falken werden von Falknern für die ▸ Jagd ausgebildet. Sie fangen ▸ Wild und bringen es dem Jäger.

Fallschirm Frank steht mit seinen Eltern am Flugplatz. Fallschirmspringer führen Sprünge aus dem ▸ Flugzeug vor. Die Frauen und Männer schnallen sich den zusammengefalteten Fallschirm auf den Rücken. Hoch oben springt jemand aus dem Flugzeug. Er fällt ein Stück. Dann öffnet sich der große Schirm automatisch oder dadurch, dass man an einer Leine zieht. Sicher hängt der Springer in den Gurten, die mit dem Schirm verbunden sind. In dem großen, bunten Schirm aus Seide und Nylon (Neilon) fängt sich die Luft und bremst den Fall. Langsam sinkt der Schirm. Bevor ein Flugzeug verunglückt, kann der Absprung mit dem Fallschirm die letzte Rettung sein.

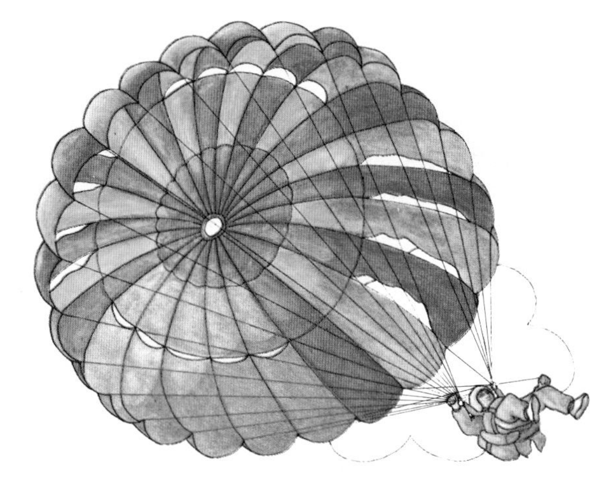

Familie „Wir sind eine Familie“, sagt Frank. Er meint damit seinen Vater, seine Mutter und sich. Seine Eltern und er sind miteinander verwandt und leben zusammen. Bei den Nachbarn gehören noch eine Schwester, die Großeltern und eine Tante zur Familie, weil sie alle gemeinsam in dem großen Haus leben. „Ich finde so eine große Familie schön, wenn man genug Platz hat und sich gut versteht“, meint Mutter. Vater sagt zu Frank: „Wahrscheinlich wirst du auch einmal heiraten, eine Familie gründen und Kinder haben.“ Frank kann sich das jetzt noch gar nicht so richtig vorstellen. „Dann werden meine Kinder deine Enkel oder Enkelinnen sein und du bist Großvater“, sagt er zu seinem Vater. Der lacht und meint: „Lass dir ruhig Zeit damit. Ich fühle mich noch viel zu jung dazu.“

Fantasie Frank liest ein Buch. In Gedanken malt er sich aus, was er da liest. Er sieht das genau vor sich. Dazu braucht er seine Fantasie, also seine Vorstellungskraft. Kürzlich wurde Frank in der Schule für eine Geschichte gelobt, die er erzählt hat. „Die ist richtig fantasievoll“, sagte seine Lehrerin. Frank hat sich für diese Geschichte wirklich eine Menge einfallen lassen. – Ohne Fantasie kann man sich nichts Neues ausdenken. – „Du fantasierst ja“, sagt ein Junge zu einem anderen. Er glaubt, daß der ihm etwas vorschwindelt. Auch so wird das Wort gebraucht. – Stell dir mal vor, wie das wäre, wenn die Menschen keine Fantasie hätten.

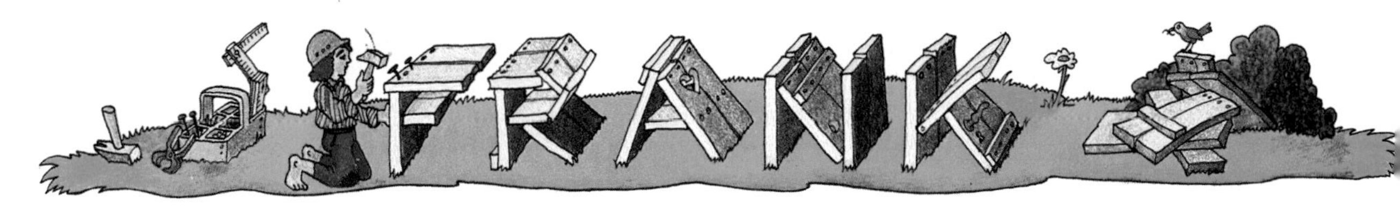

Farbe Frank sieht einen Regenbogen. Er zählt seine Farben auf: Rot, Orange Orangsch , Gelb, Grün, Hellblau, Dunkelblau und Violett. Das sind die sieben Farben, aus denen sich die weiße Farbe des ▸ Lichts zusammensetzt. Wenn es keine Farbe gäbe, würde alles ziemlich traurig aussehen. Zu Hause hat Frank Farbkreiden, einen Tuschkasten, Wachsmalstifte und Buntstifte. Farben gibt es in Dosen und Eimern. Zimmer und Häuser streicht man damit an. – In der Färberei werden Stoffe bunt gefärbt. – Manche Menschen können bestimmte Farben nicht sehen. Sie sind farbenblind. – Probier mal, aus welchen Farben im Tuschkasten du eine dritte mischen kannst.

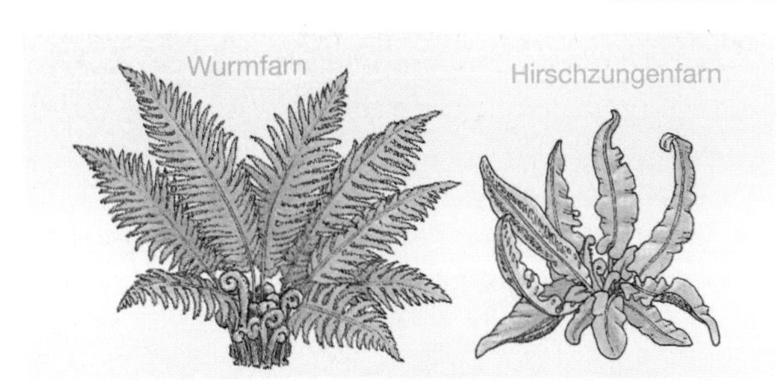

Farn An einer feuchten, schattigen Stelle im Wald sieht Frank ▸ Pflanzen mit großen Blättern. Das sind Farne. Als er vor einigen Wochen hier entlangging, waren die jungen Farnblätter eingerollt. Jetzt haben sie sich zu Wedeln entfaltet. Es gibt verschiedene Arten dieser blütenlosen Pflanze. Einige davon sind geschützt. In feuchten Urwäldern wachsen sie baumhoch. Farne waren die ersten Landpflanzen dieser Erde.

Fasan Frank und seine Mutter gehen am Waldrand spazieren. Plötzlich fliegt ein großer ▸ Vogel aus dem Gebüsch. „Ein Fasan!“, ruft Mutter. Die Fasanenhähne haben einen schönen langen Schwanz mit bunten Federn. Die Hennen sind braun und unauffällig. Fasane fliegen nicht besonders gut. Dafür laufen sie ziemlich schnell. Pflanzen, ▸ Insekten, Schnecken und Würmer sind die Nahrung der Fasane. Fasanenbraten schmeckt gut. Deswegen jagt man diese Vögel.

Fasching Es ist Februar. Am Tag vor Aschermittwoch feiert Frank mit anderen Kindern ein Faschingsfest. Er hat sich als ▸ Hexe verkleidet, sein Freund als Teufel. Aus ganz normalen Kindern wurden ▸ Cowboys und ▸ Indianer. In manchen Gegenden wälzen sich an diesem Tag Umzüge mit maskierten Menschen durch die Städte. Sie feiern diese närrische Zeit, die man auch Fasnacht, Fastnacht, Fasnet und Karneval nennt. Die Feste in den letzten Tagen und Wochen vor Aschermittwoch sind ein alter Brauch.

Fata Morgana Frank liest eine Geschichte von einem Mann, der eine glühend heiße ▸ Wüste durchquerte. „Plötzlich bemerkte er nahe vor sich ganz deutlich Bäume und einen See. Er sah das Bild, obwohl die Bäume und der See weit weg hinter einem Hügel waren und er sie eigentlich nicht sehen konnte.“ Solche Bilder nennt man Fata Morgana. Sie entstehen, weil die Luft in der Wüste wie ein Spiegel wirken kann. Sie täuscht oder spiegelt dem Menschen Bilder von Dingen vor, die weit entfernt sind. Auch auf dem Wasser kann es Luftspiegelungen geben.

faul „Mein Banknachbar macht keine Schularbeiten und lernt nichts", erzählt Frank. Der Junge ist zu faul dazu. Er kann sich nicht zum Arbeiten überwinden. Wenn er lange faul ist, muss er so viel nachholen, dass er es vielleicht nicht mehr schafft. Mutter sagt: „Manchmal ist es schön, faul zu sein. Dabei erholt man sich und hat danach wieder Lust zum Arbeiten." – Auch angestoßenes ▸ Obst kann faul werden. Man sollte es dann nicht mehr essen.

Faultier „Du Faultier", sagt Vater zu Frank, als er am Sonntag um elf Uhr noch im Bett liegt. Wenn Frank ein Faultier wäre, hinge er wie diese Tiere das ganze Leben lang mit dem Rücken nach unten an Ästen. Die sehr langsam kletternden Faultiere verlassen einen Baum nur um einen anderen zu besteigen. Auf dem Erdboden sind sie unbeholfen. Sie fressen vor allem Blätter. An ihren Armen und Beinen haben sie lange, sichelförmige Krallen zum Hängen und Klettern. Faultiere gibt es in den heißen Ländern Süd- und Mittelamerikas.

fechten In einem Film sieht Frank zwei Fechter. Einer der Sportler greift den anderen mit seiner Waffe an. Er trifft ihn mit dem Florett am Oberkörper und es steht eins zu null für ihn. Damit sich die beiden nicht verletzen, sind ihre Köpfe und Oberkörper geschützt. Außer mit dem Florett wird auch mit dem etwas schwereren Degen und dem etwas leichteren Säbel gefochten. Früher benutzten Soldaten diese ▸ Waffen im Krieg.

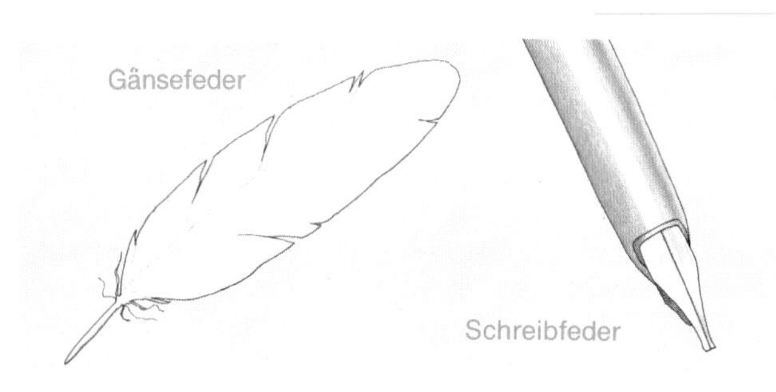

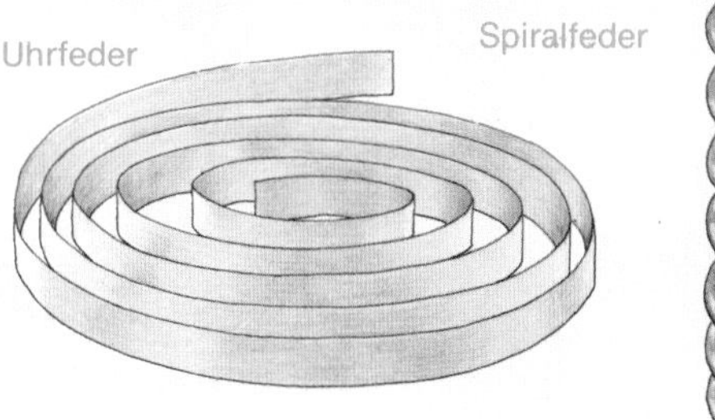

Spiralfeder

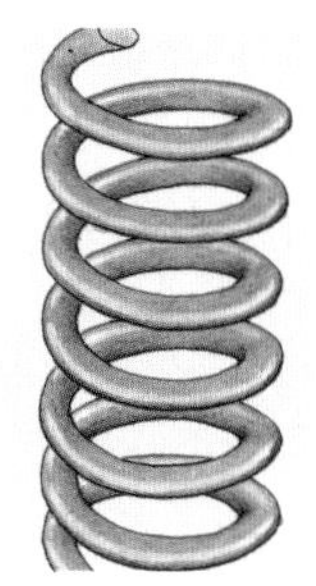

Feder Frank findet eine Feder. Leicht und weich liegt sie auf seiner Hand. Federn schützen die Körper der ▸ Vögel. Die kleinen, besonders weichen Daunenfedern unter den Deckfedern wärmen das Tier. Die größeren und festeren Federn schützen es vor Nässe und helfen beim Fliegen. Früher benutzte man zugespitzte große Gänsefedern zum Schreiben. Schreib- und Zeichenfedern werden auch heute noch verwendet. Aber sie sind aus ▸ Metall. Außerdem gibt es Uhrfedern und Spiralfedern. Federn in Fahrzeugen fangen Stöße ab. Man sagt: „Das Auto ist gut gefedert."

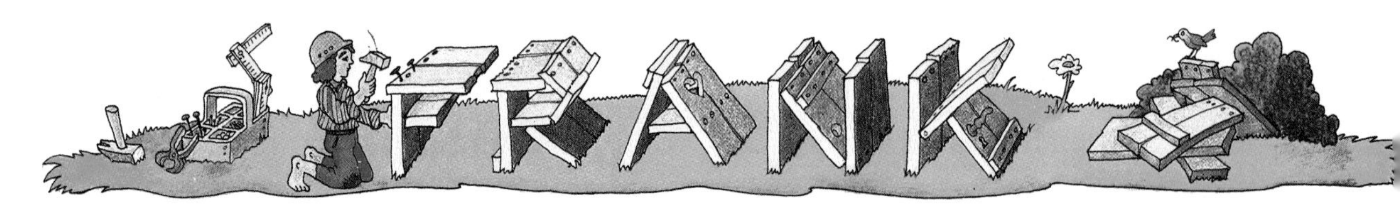

Federball Frank und seine Freundin spielen Federball. Die Schläger sind kleiner und leichter als Tennisschläger. Hin und her fliegt der Plastikball. Es gibt Federbälle, an denen richtige Federn sind. Frank hat so einen Ball bei einem Badmintonspiel (Bädmintn) gesehen. Wenn man Federball nach Regeln in einem Spielfeld spielt, heißt dieses Spiel nämlich Badminton. Zwei oder vier Spieler braucht man dazu. Der Federball wird mit dem Schläger über ein ▸ Netz ins andere Feld geschlagen. Bevor der Ball den Boden berührt, muss er zurückgeschlagen werden.

Fehler Frank schreibt einen Brief. „Da ist ein Fehler", macht seine Mutter ihn aufmerksam, als er „Fogel" schreibt. „Das kommt mal vor", tröstet sie. „Ich weiß auch nicht, wie alle Wörter geschrieben werden. Wenn ich unsicher bin, schlage ich in einem Wörterbuch der Rechtschreibung wie dem Duden nach, damit ich keinen Fehler mache." Nicht nur beim Schreiben und Rechnen passieren Fehler. Franks Mutter sagt: „Wir haben einen Fehler gemacht, als wir diesen Sessel kauften. Er ist zwar schön, aber ziemlich unpraktisch."

Feiertag „Morgen ist Feiertag", sagt Vater. Er freut sich darauf, denn an so einem Tag arbeitet er nicht. Trotzdem wird ihm das Gehalt bezahlt. Frank freut sich auch, weil er an Feiertagen nicht zur Schule muss. „Wir unternehmen etwas", schlägt Mutter vor. Wenn alle zusammen die Hausarbeit erledigen, können sie schon bald aufbrechen. ▸ Ostern, ▸ Pfingsten und ▸ Weihnachten sind Feiertage. Sie erinnern die Menschen an wichtige Ereignisse. Einige Feiertage werden nur in bestimmten Gegenden gefeiert.

feige Beim Abtrocknen lässt Frank aus Versehen eine Glasschale fallen und sie zerbricht. Er hat Angst, dass seine Mutter schimpft. Trotzdem überwindet er sich und sagt ihr, was ihm passiert ist. Er wäre sich feige vorgekommen, wenn er das nicht getan hätte. – Im Winter ging er mit anderen Kindern zum See. Das ▸ Eis war noch dünn. Einige wagten sich trotzdem darauf. Als er nicht mitkam, riefen sie: „Feigling!"
Findest du, dass Frank feige war?

Feile Frank feilt an den Fingernägeln. Sein Vater benutzt oft viel größere Feilen als so eine Fingernagelfeile. Mit diesen ▸ Werkzeugen glättet er zum Beispiel die scharfe Kante eines Metallstücks. Grobe und feine Feilen liegen im Werkzeugkasten. Alle wurden aus hartem ▸ Stahl gemacht. Ihre Oberfläche besteht aus vielen kleinen Schneiden. Die Schneiden heben Späne von dem Stück ab, an dem gefeilt wird. In Werkstätten und ▸ Fabriken benutzt man Maschinen zum Feilen. – Der Schlosser feilt den Schlüsselbart zurecht, bis er in das Schloss passt. – Frank überlegt, ob er nicht eine Fingernagelfeilmaschine erfinden könnte.

Feind „Sie benehmen sich wie Feinde", erzählt Vater von zwei Männern. Die beiden bedrohen und beschimpfen sich. Sie ärgern sich wegen jeder Kleinigkeit, die der andere macht. In allem sind sie Gegner. Aber nicht nur einzelne Menschen können miteinander verfeindet sein, sondern ganze ▸ Staaten. Die Politiker des einen Landes trauen dann den Politikern des anderen Landes nur Schlechtes zu. Sie bedrohen sich in den Zeitungen, im Fernsehen und im Rundfunk. Manchmal kämpfen deswegen die ▸ Soldaten der verfeindeten Staaten gegeneinander. Dann ist aus einer Feindschaft ein ▸ Krieg geworden. In so einem Krieg behauptet man, dass man sich nur verteidigt um sich vor seinen Feinden zu schützen.
Warst du auch schon einmal mit jemand verfeindet? Seid ihr heute immer noch Feinde?

Fell Viele Tierarten werden durch ein Fell geschützt. Im Winter sind die ▸ Haare des Fells bei den meisten Tieren dichter und dicker als im Sommer. Felle verarbeitet man zu ▸ Pelzen. Solche Pelze können kostbar sein. Weil die Menschen diese Pelze besitzen wollen, wurden und werden seltene Tiere so stark gejagt, dass sie fast ausgestorben sind.
„Du hast aber ein dickes Fell", sagt Mutter zu Vater. Natürlich hat Vater kein Fell wie zum Beispiel ▸ Rehe, ▸ Hasen und ▸ Bären. Mutter sagt das, weil sich Vater heute überhaupt nicht aufregt.

Fenster Frank sieht aus dem Fenster. Im Neubau drüben dringen Regen und Kälte durch die unverglaste Fensteröffnung ins Haus. „Mach doch das Fenster auf", sagt Mutter. „Du musst lüften." Frank öffnet einen Fensterflügel. Auf der anderen Straßenseite steht ein Mann vor dem riesigen Schaufenster des Supermarkts. Gut gefallen Frank die bunten Glasbilder in den Fenstern der Kirche bei ihm in der Nähe. – Früher wohnten die Menschen in fensterlosen Häusern. Licht und Luft kamen durch die Tür. Auch vor einigen Hundert Jahren gab es noch kaum verglaste Fenster. Damals war ▸ Glas kostbar. Die Öffnungen in der Hauswand wurden durch Fensterläden oder durch Pergament – das sind enthaarte Tierhäute – verschlossen.

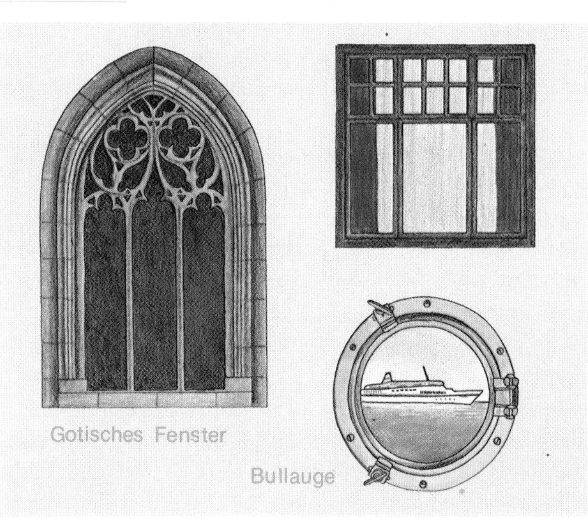
Gotisches Fenster

Bullauge

Ferien „Bald fangen die Ferien an", freut sich Frank. Er fährt mit seinen Eltern an die See. Sie wollen baden, Ausflüge unternehmen und sich interessante Dinge ansehen. Vater hat vier Wochen Urlaub in den Schulferien genommen. So eine Zeit, in der man sich von der ▸ Arbeit und dem Alltag erholt, braucht man. Der Nachbarjunge sagt: „Wir machen Ferien auf Balkonien." Er meint damit den Balkon ihrer Wohnung. Die Nachbarn fahren in diesem Jahr nicht weg, weil das zu teuer ist. Da bleibt während der Ferien mit dem Haushalt so viel zu tun wie immer. Aber wenn sich alle die Arbeit teilen, bleibt genug freie Zeit für jeden.

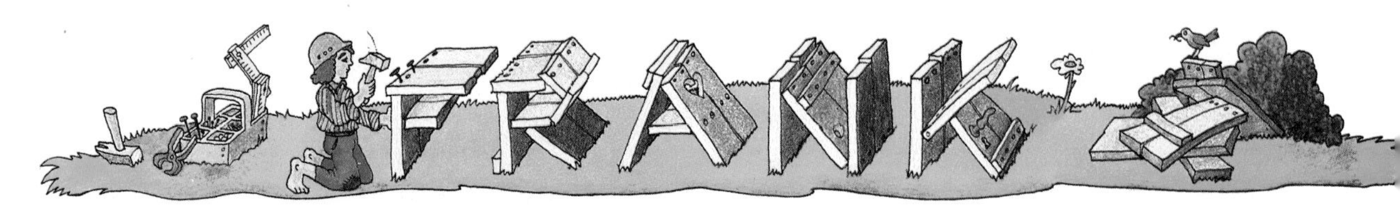

Fernglas Frank sieht aus dem Fenster den Bauarbeitern im gegenüberliegenden Haus zu. Dafür benutzt er ein Fernglas. Wenn er durchsieht, ist es so, als wären die Männer ganz nah bei ihm. Deswegen könnte das Fernglas eigentlich Nahglas heißen, denkt Frank. Auch Operngläser und Feldstecher braucht man um Dinge nah und groß zu sehen. Man darf solche optischen Geräte nicht fallen lassen, weil sonst ihre ▸Linsen kaputtgehen. Diese verschieden geformten ▸Gläser im Fernglas vergrößern, was man mit den beiden Augen durch das Fernglas betrachtet. Franks Freund hat ein kleines Fernrohr. Das Fernrohr hält man an ein Auge. Es gibt riesige Fernrohre. Man benutzt sie zum Beispiel um Sterne zu beobachten.

Fernsehen Was Frank gerade auf dem Bildschirm sieht, wurde in einem Studio mit Kameras, Scheinwerfern und Mikrofonen hergestellt. Die Mikrofone nehmen die Töne auf. Bevor die Bilder und Töne zu Frank gesendet werden, zerlegt die Fernsehkamera die Bilder in Punkte. Diese Bildpunkte verwandelt man in elektrische Signale, die mithilfe von Funkwellen unsichtbar und unhörbar durch die Luft gesendet werden. Auch die Töne werden so durch die Luft getragen. ▸Antennen fangen diese elektrischen Wellen auf und leiten sie zum Fernsehgerät. Dort werden die Signale wieder in Bildpunkte und Töne verwandelt. Aus den Bildpunkten setzen sich die Bilder zusammen. Jedes Bild besteht aus 625 Zeilen mit je 520 Bildpunkten. Pro Sekunde werden 25 Bilder gesendet. Franks Augen nehmen sie als fortlaufende Bewegung wahr. Besonders gute Bilder und viele Programme empfängt man mit dem Kabelfernsehen. Hier werden die Bildsignale über Kabel aus Glasfasern übertragen. Mit Satellitenantennen empfängt man Programme aus vielen Ländern.

Fest Frank wünscht sich: „Wir müssten mal wieder ein Fest feiern." Er freut sich, wenn viele Menschen zu Besuch kommen. Es ist dann ganz anders als im Alltag. Man sitzt zusammen, unterhält sich. Es wird gelacht. Man spielt, einige tanzen zur ▸Musik, man isst und trinkt. Frank gefällt diese Feststimmung. Besonders gerne mag Frank das Weihnachtsfest und seit Wochen freut er sich auf sein Geburtstagsfest. In der Schule feiert die Klasse am Rosenmontag ein Faschingsfest. Franks Eltern werden manchmal auch zu Festen eingeladen. Oft heißen solche Feste ‚Partys'.

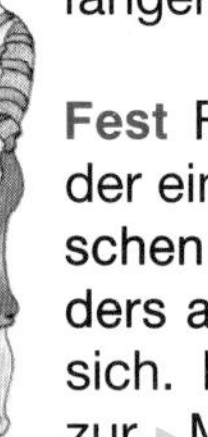

Fett Zum Frühstück isst Franks Vater Margarine auf dem Brot. Margarine enthält Pflanzenfette. Die gewinnt man dadurch, dass man zum Beispiel ▸Nüsse oder Sonnenblumenkerne auspresst. Außer Pflanzenfetten gibt es Tierfette. Frank streicht gerne ▸Butter auf sein Brot. Butter ist ein Fett, das aus Milch hergestellt wird. Fett erzeugt Wärme und Kraft im Körper. Man sollte nicht zu viel davon essen, weil man durch unverbrauchtes Fett dick wird. Fett kann fest sein wie Butter oder flüssig wie Öl. Manchmal lässt Mutter Speck in der Pfanne aus. „Mit Zwiebeln, Äpfeln und Gewürzen wird Schmalz daraus", sagt sie. Außer zum Kochen, Braten und als Brotaufstrich braucht man Fett für die Herstellung von ▸Seife, Hautcreme und Salbe.

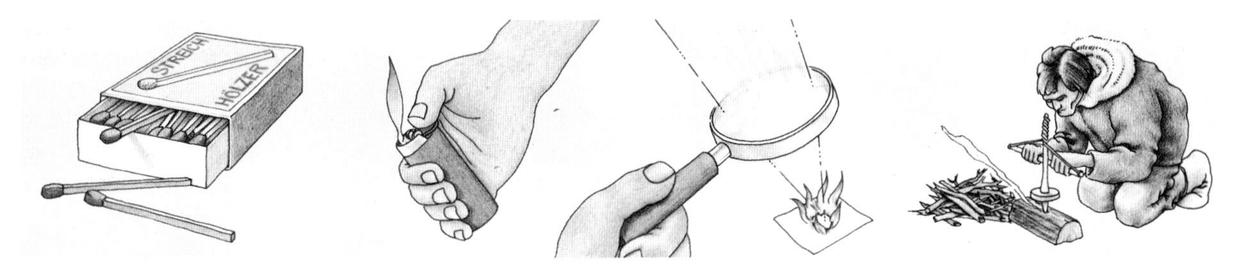

Feuer Frank und sein Vater schichten Holz übereinander. Mit einem ▸Streichholz zündet Vater Papier an. Die kleinen Flammen des brennenden Papiers lassen das Holz Feuer fangen. Frank pustet hinein. Dadurch bekommt das Feuer Sauerstoff, den es zum Brennen braucht. Als das Holz verbrannt ist, bleibt ein Häufchen Asche zurück. – Bevor es Streichhölzer gab, rieben die Menschen geduldig Hölzer aneinander, bis sie glommen und man Feuer damit machen konnte. Oder man schlug Steine gegeneinander und entfachte mit den entstehenden Funken Feuer. Man kann Feuer auch mit einem Brennglas (Vergrößerungsglas) machen, das man über einem Stück Papier in die Sonne hält. Zu allen Zeiten war Feuer für die Menschen wichtig. Sie konnten ihre Nahrung darauf zubereiten. Es gab Licht und Wärme. Aber es ist auch gefährlich. Immer wieder gehen Menschen unvorsichtig mit Feuer um. Dadurch entstehen Brände.
Stell dir vor, es gäbe kein Feuer. Was wäre da anders?

Feuerwehr „Das Wäldchen im Nachbarort brennt", berichtet aufgeregt Franks Freund. Vorhin sind die freiwillige Feuerwehr aus der kleinen Ortschaft und die Berufsfeuerwehr aus der Stadt mit Blaulicht und Sirene zur Brandstelle gefahren. Zur Ausrüstung der Feuerwehr gehören Löschfahrzeuge, Motorspritzen, ausschiebbare Leitern und Rettungsgeräte wie das Sprungtuch. Die uniformierten Feuerwehrmänner werden durch einen Anruf oder ein Signal aus einem Feuermelder alarmiert. Zum Löschen verwenden die Feuerwehrleute meistens Wasser. Manchmal erstickt man die Flammen mit Schaum. Auch bei ▸Unfällen, Überschwemmungen und ▸Katastrophen hilft die Feuerwehr. Sie kommt so schnell, dass man von einem, der schnell ist, sagt: „Der ist schnell wie die Feuerwehr."

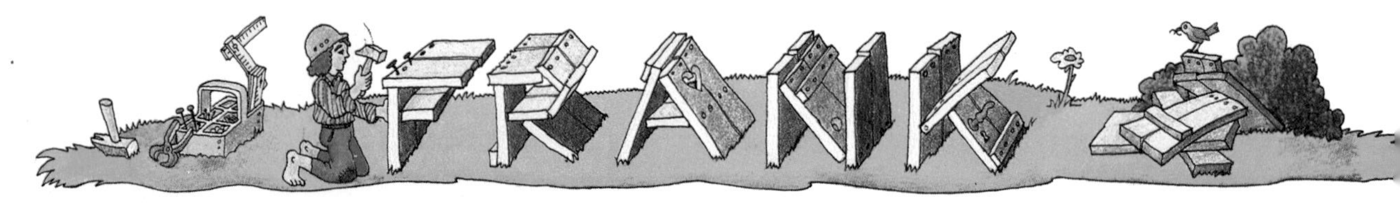

Feuerwerk Als der ▸ Jahrmarkt zu Ende ist, findet am Abend ein großes Feuerwerk statt. Frank und seine Mutter sehen zu, als die Feuerwerkskörper gezündet werden. Sie sind mit brennbarem Pulver gefüllt. Zischend, leuchtend und knallend steigt das Feuerwerk auf. Farbige Kugeln zerplatzen hoch oben vor dem dunklen Himmel. Es funkelt und knattert. Noch einmal krachen abgeschossene Feuerwerkskörper und blitzen hell. Staunend steht Frank da, bis seine Mutter sagt: „Komm, lass uns gehen. An Silvester machen wir unser eigenes kleines Feuerwerk."

Feuerzeug Vater bekommt ein Feuerzeug geschenkt. Er knipst es an und gibt einem Bekannten Feuer für die ▸ Zigarette. Feuerzeuge bestehen aus einem mit ▸ Benzin oder ▸ Gas gefüllten Behälter. Wenn man sie anknipst oder am Rädchen dreht, schlägt ein Feuerstein im Gerät Funken. Diese Funken entzünden den benzingetränkten Docht oder das ausströmende Gas. Bei vielen Feuerzeugen kann man die Höhe der Flamme einstellen. Vater sagt: „Ich bin gespannt, wann ich das Feuerzeug verliere." Zwei hat er nämlich schon verloren.

Fibel In der ersten Klasse bekommt Franks Freund sein erstes Lesebuch. Mit diesem Buch soll er das Lesen lernen. Man nennt es Fibel. Die beiden blättern die Fibel durch. Sie sehen Buchstaben, Buchstabengruppen, ganze Wörter, Sätze, kurze Geschichten und Gedichte. „Das wirst du bald alles lesen können", sagt Frank zu seinem Freund. Außer diesen Texten findet man in der Fibel viele bunte Bilder und Fotos, zu denen man sich etwas erzählen kann.

Fichte Sie kommen an einem Stand mit Weihnachtsbäumen vorbei. „Sieh mal, lauter ▸ Tannen", sagt Frank zu seiner Mutter. Sie verbessert ihn und erklärt: „Das sind Fichten." Man kann Fichten und Tannen leicht unterscheiden. Bei den Fichten hängen die Zapfen an den Ästen nach unten, während sie bei den Tannen aufrecht stehen. Die Fichtennadeln wachsen rund um die Zweige, während die Tannennadeln in zwei Reihen oben auf den Zweigen sitzen. Weil Fichten schnell wachsen, werden sie oft da angepflanzt, wo neuer Wald entstehen soll. Sie können hoch wie eine Kirche und dreihundert Jahre alt werden. Fichtenholz verwendet man für Möbel und zur Herstellung von ▸ Papier.

Fieber Frank fühlt sich krank. Seine Mutter legt ihre Hand auf seine Stirn. „Du hast Fieber“, stellt sie fest. Das Fieberthermometer zeigt fast 39 Grad. Wenn die Körpertemperatur über 37 Grad steigt, spricht man von Fieber. Damit wehrt sich der ▸ Körper gegen Krankheitserreger. Bei starkem Fieber schlägt das ▸ Herz schnell. Auch der Puls geht schneller. Als der ▸ Arzt zu Frank kommt, sagt er: „Du musst im Bett bleiben.“ Er verschreibt Tabletten und schlägt kalte Umschläge vor, die das Fieber senken sollen.

Film Frank und seine Eltern sehen sich im ▸ Kino einen Film an. Er wird vom Vorführgerät – dem Projektor – auf der Leinwand gezeigt. Frank und seine Eltern sehen laufende Bilder. Aber eigentlich sind das lauter einzelne Bilder. Die wurden von einer Filmkamera aufgenommen, in der ein Filmband lag. Unsere Augen können nicht mehr als zwanzig einzelne Bilder in der Sekunde getrennt sehen. Der Projektor zeigt aber mindestens vierundzwanzig. Dadurch täuschen uns die Augen die Bewegung der Bilder vor. Stummfilme gibt es schon seit etwa hundert Jahren, Tonfilme erst seit 1927. – Mutter möchte ein Foto von Frank haben. Sie fotografiert ihn. Franks Bild wird im Inneren der Kamera vom Film festgehalten. Im Fotolabor werden die unsichtbaren Bilder auf dem Film mit einer chemischen Flüssigkeit entwickelt. Dadurch wird sichtbar, was Mutter fotografiert hat, und man kann Papierbilder daraus herstellen.

Filter Frank und sein Vater kochen ▸ Kaffee. Zuerst füllt Frank Wasser in die Kaffeemaschine. Vater legt eine Filtertüte in den Filter. Dann kommt gemahlener Kaffee in die Filtertüte. Sie stellen den Apparat an. Nach kurzer Zeit wird der Kaffee vom heißen Wasser überbrüht. Der Filter hält den Kaffeesatz zurück. – Auch der Zigarettenfilter hält etwas zurück. Er filtert einige schädliche Stoffe aus den ▸ Zigaretten. Andere Filter holen Schmutz aus der Luft oder dem Wasser. So sorgen Filter in Fabrikschloten dafür, dass weniger Schmutz in die Umwelt kommt.

Filzstift Frank holt seine verschiedenfarbigen Filzstifte. Mit einigen kann er dicke, mit anderen dünne Striche machen. Ihm gefällt an den Filzstiften, dass sie weich malen und schreiben. Außerdem kann er über die Striche wischen ohne sie zu verwischen. Auch auf glattem Papier schreiben sie. Im Speicher des Filzstifts ist die Schreibflüssigkeit. Die Spitze des Stifts gibt die flüssige Farbe aus dem Speicher ans Papier ab. Dieses Schreib- und Zeichengerät heißt Filzstift, weil die Spitze aus hart gepresstem Filz besteht.

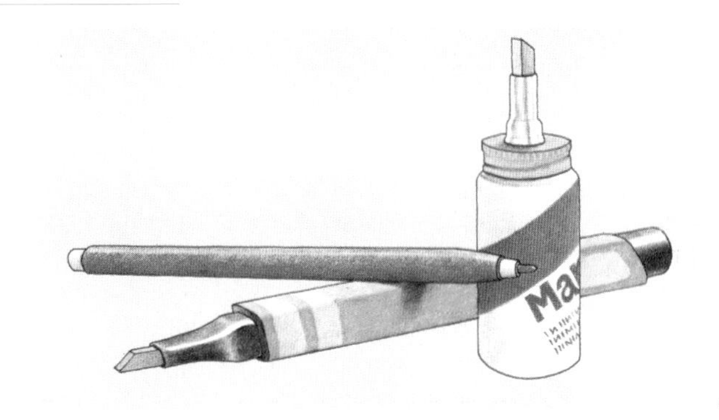

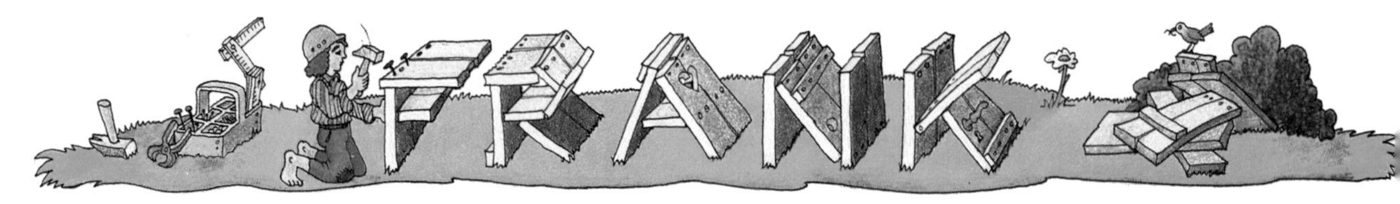

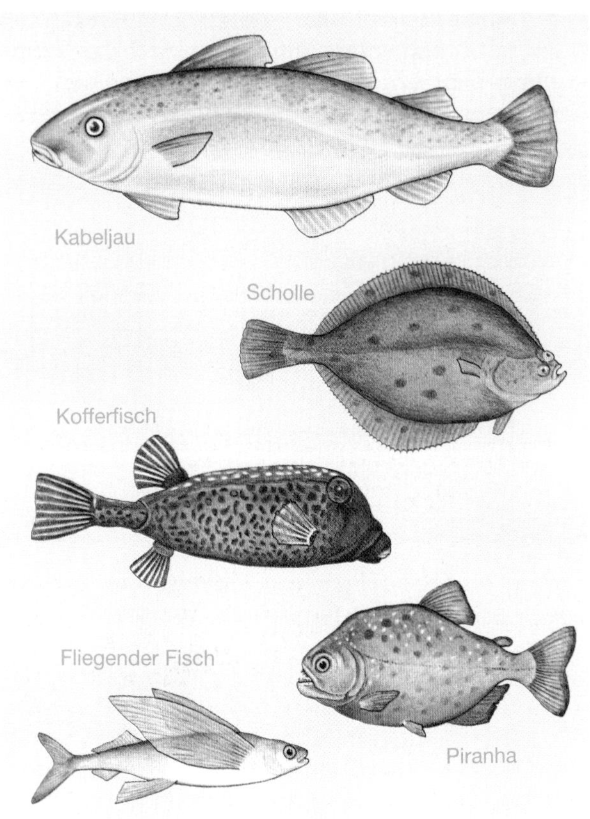

Fisch Fische leben in Bächen, Flüssen, Seen und Meeren. Wenn man diese schuppigen Wassertiere anfasst, glitschen sie aus der Hand. Ihre ▸Flossen brauchen sie um vorwärts zu kommen. Außerdem steuern sie damit und halten das ▸Gleichgewicht. Die meisten Fische haben eine Schwimmblase. Sie ist mit ▸Gas gefüllt. Mit ihr schweben die Fische im Wasser ohne sich zu bewegen. An der Luft ersticken sie. Den Sauerstoff, den sie zum Leben brauchen, holen sie sich durch die Kiemen aus dem Wasser. Viele Fische haben Gräten. Bei den meisten Fischen entwickeln sich die Jungen aus den Eiern, die von den Weibchen gelegt werden. Fischfleisch gilt als wertvolle Nahrung. Deswegen holt man große Mengen Fisch mit riesigen Netzen aus den Meeren. Seefische wie Kabeljau, ▸Hering und ▸Thunfisch sind bekannte Speisefische. Auch Raubfische wie der ▸Hai gehen manchmal ins Netz. Im Süßwasser der Flüsse und Seen angelt und züchtet man Raubfische wie die ▸Forelle und den ▸Hecht. Gut schmecken auch der ▸Karpfen und der ▸Aal. Vor allem aus den Meeren fischte man immer mehr Fische. Dadurch gibt es von vielen Arten immer weniger. Außerdem wird das Wasser oft verschmutzt und dadurch so sauerstoffarm, dass die Fische sterben.

Flasche Vater trägt Bierflaschen in den Keller. „Bring bitte auch die Limonadeflaschen nach unten“, sagt Mutter. Im Keller stehen viele von diesen Behältern, in denen man Flüssigkeiten aufbewahrt. Man verschließt sie mit Korken oder Schraubverschlüssen. Die meisten Flaschen sind aus ▸Glas. Es gibt auch welche aus Kunststoff, Ton, Steingut oder ▸Metall. – Vater rief bei einem Fußballspiel: „So eine Flasche!“ Er meinte damit einen Fußballspieler, der den Ball besonders hoch über das Tor schoss.

Flaschenpost Die Kinder legen einen Zettel in eine Flasche. Auf dem Zettel steht ihre Adresse und wann und wo sie die gut verschlossene Flaschenpost in den Fluss geworfen haben. „Hoffentlich schreibt uns der Finder. Dann wissen wir, wie weit unsere Flaschenpost geschwommen ist“, sagt Frank. Manchmal haben Schiffbrüchige, die auf eine einsame Insel verschlagen wurden, eine Flaschenpost ins ▸Meer geworfen und gehofft, dass die Strömung ihre Mitteilung an eine ▸Küste treibt. Dort könnte sie gefunden werden. Mit der Flaschenpost versuchte man auch zu erkunden, wie die Strömungen im Meer verlaufen.

Flaschenzug Vater will einen schweren ▸ Sack mit dem Flaschenzug hochziehen. Das Gerät besteht aus einem Rollenpaar, das durch ein Seil verbunden ist. Die obere Rolle wurde an der Decke des Raums festgemacht. Die untere hängt lose im Seil. An ihr ist ein Haken befestigt. Vater hängt den Sack an den Haken. Dann zieht er ihn am freien Ende des Seils hoch. Der Flaschenzug erleichtert das, weil Vater die Last mit der Schnur über die Rolle einen längeren Weg hochzieht. Dadurch braucht er weniger Kraft, als wenn er das Gewicht ohne Flaschenzug eine kurze Strecke hochhebt.

Fledermaus Frank hat noch nie eine Fledermaus gesehen. Das ist auch kein Wunder, denn tagsüber und während des Winterschlafs hängen sie kopfüber an ihren Zehen in Höhlen, alten Gemäuern oder Hausdächern. Wenn Frank schläft, sind sie unterwegs. Dann suchen sie ▸ Insekten, andere kleine Tiere oder Früchte, von denen sie sich ernähren. Diese flatternden ▸ Säugetiere benutzen ihre Flughäute zum Fliegen. Dabei stoßen die Fledermäuse hohe Töne aus. Wie ein ▸ Echo werden die Töne von Hindernissen zurückgeworfen. Weil Fledermäuse sehr gut hören, ‚hören' sie so jedes Hindernis und umfliegen es.

Fleisch Frank isst gerne Fleisch. So nennt man die weichen Muskelteile eines ▸ Körpers. Früher beschaffte man sich das Fleisch durch die ▸ Jagd. Heute werden die meisten Tiere, deren Fleisch wir essen, gezüchtet und im Schlachthof geschlachtet. Besonders gerne mag Frank Fleisch, das seine Mutter in heißem Fett brät. „So ein Schnitzel schmeckt lecker", sagt er. Frisches Fleisch verdirbt schnell. Tiefgefroren, geräuchert, getrocknet oder in Dosen ist es lange haltbar. Nur Fleisch von gesunden Tieren darf gegessen werden. Deswegen untersucht es der Fleischbeschauer und stempelt es, wenn alles in Ordnung ist. Fleisch enthält wichtige Nährstoffe.

Fleischer (🇦🇹 Fleischhacker, 🇨🇭 Metzger) Frank und seine Mutter gehen zum Fleischer (Schlachter). Im Schaufenster des Ladens sind verschiedene Wurst- und Fleischsorten ausgestellt. Ganze Schinken hängen da, Mett-, Leber-, Brat- und Bockwürste. Der Fleischer kauft das ▸ Fleisch im Schlachthof oder er schlachtet die Tiere selbst. Danach verarbeitet er das Fleisch. Was er nicht schnell verkauft, friert er ein, damit es länger frisch bleibt. – In manchen Gegenden nennt man die Fleischerei auch Schlachterei oder Metzgerei.

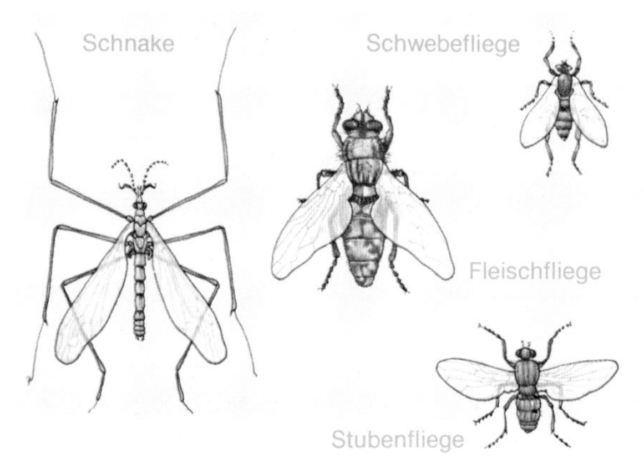

Fliege Frank beobachtet eine Stubenfliege. Er erkennt die großen Augen, die kurzen Fühler und die durchsichtigen Flügel des ▸Insekts. Ihre Nahrung nimmt die Fliege mit einer Art Rüssel auf. Es gibt viele verschiedene Fliegen. Frank möchte nicht, dass sich eine auf sein Brot setzt. Er weiß nämlich, dass sie sich auch gerne auf Schmutz und Abfällen niederlassen. Diese kleinen Tiere können deswegen gefährliche Krankheitserreger übertragen. Es gibt eine Fliege, die sitzt am Hals. Weißt du, welche das ist?

Eine Schleife aus Stoff, die man statt einer Krawatte trägt.

So groß ist ein Floh wirklich

Floh „Er hüpft wie ein Floh", hört Frank. Dieses kleine ▸Insekt hat lange Sprungbeine. Bis zu vierzig Zentimeter weit und zwanzig Zentimeter hoch springt der Menschenfloh, obwohl er nur drei Millimeter groß ist. Wenn ein erwachsener Mensch im Verhältnis so weit springen könnte, wären das ungefähr 200 Meter. Leider benutzt dieses flügellose Insekt mit der harten Haut seine Mundwerkzeuge zum Stechen und Saugen. Seine Stiche jucken und er saugt auch Menschen Blut aus. Es gibt viele Floharten. Sie leben im Sand, auf Blättern oder im Wasser. Flöhe sind seltener geworden, weil man sie mit Insektengift vernichtet.

Flohmarkt Am Freitag findet ein Flohmarkt statt. „Werden dort Flöhe verkauft?", will Frank wissen. Mutter lacht und sagt: „Aber nein, der Flohmarkt ist ein Markt, auf dem jeder alle möglichen Sachen ausstellen, verkaufen und kaufen kann." Die beiden beschließen, dass auch sie mitmachen. Frank möchte Spielzeug verkaufen, mit dem er nicht mehr spielt. Und er möchte sich welches kaufen, das er noch nicht hat. Seine Mutter sucht irgendetwas Hübsches. „Ich finde unter all den Dingen bestimmt was", meint sie.

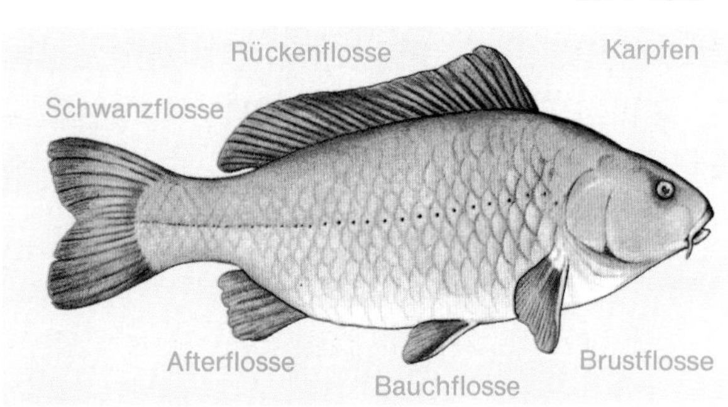

Flossen ▸Fische benutzen ihre Flossen zur Fortbewegung im Wasser wie wir unsere Beine auf dem Land. Die große Schwanzflosse treibt den Fisch voran. Die Brustflossen benutzt er als Bremse und Steuer. Die Bauchflossen, die Rückenflossen und die Afterflosse halten den Fisch im ▸Gleichgewicht. – Frank hat Gummiflossen zum Geburtstag bekommen. Wenn er sie über die Füße zieht, kommt er beim Schwimmen und Tauchen schneller vorwärts.

Flöte Frank bleibt mit seinem Vater vor einem Schaufenster voller Musikinstrumente stehen. Sie sehen die verschiedenen Flöten an. Metall- und Holzflöten in allen Größen sind ausgestellt. Langflöten wie die Blockflöte stehen da und Querflöten, die man seitlich anbläst. Alle haben eines gemeinsam: Man bläst Luft hinein. Wenn man ihre Grifflöcher bedient, kann man verschiedene Töne spielen. Flöten gehören zu den ältesten Musikinstrumenten.

Flucht In den Nachrichten hört Frank, dass Tausende von Menschen aus ihren Wohnungen fliehen. Sie ergreifen die Flucht, weil dort, wo sie leben, ▸ Krieg herrscht. Um schnell wegzukommen lassen sie fast alles zurück. Sie müssen danach erst einmal in Lagern leben. Außer vor dem Krieg fliehen Menschen vor Überschwemmungen, Erdbeben, anderen Naturkatastrophen und Hungersnöten. Oft flüchten sie auch aus ihrer ▸ Heimat, weil sie wegen ihrer ▸ Religion, ihrer politischen Meinung oder deswegen verfolgt und unterdrückt werden, weil sie zu einem bestimmten Volk gehören. Diese Flüchtlinge suchen in ihrer Not Schutz in einem anderen Land. Aus dem Land dürfen sie dann nicht in ihre Heimat zurückgeschickt werden, wenn sie dort um ihr Leben oder ihre Freiheit fürchten müssen. Viele dieser Menschen wissen, dass sie lange nicht mehr in die Heimat zurückkehren können. Deswegen bitten sie um Asyl. In dem Land, das ihnen Asyl gewährt, werden sie aufgenommen und geschützt. Dort sollten sie in ▸ Frieden leben können. – Bist du schon einmal vor einer Gefahr geflüchtet?

Flugblatt (Flugzettel) „Ist das ein Flugblatt?", fragt Frank. Er zeigt auf ein Blatt, das vom Baum fällt. Lächelnd schüttelt seine Mutter den Kopf und sagt: „Flugblätter werden verteilt, damit man die Nachrichten liest, die auf so einem Blatt stehen." Vor einer ▸ Wahl lassen zum Beispiel ▸ Parteien große Mengen Flugblätter drucken. Mit den Blättern machen sie auf sich aufmerksam. Geschäfte lassen Flugblätter verteilen um über Sonderangebote zu informieren.

Flügel Hoch über ihnen schwebt ein großer Greifvogel. Frank sieht seine ausgebreiteten Flügel. Diese geschlossene Fläche aus größeren und kleineren ▸ Federn lässt keine Luft durch. Sie trägt das Tier. Blitzschnell fliegt eine ▸ Schwalbe vorbei. Sie schlägt mit ihren schmalen Flügeln. Franks Freund findet eine große Feder. „Das ist eine Schwungfeder aus einem Flügel", sagt er. Auch ▸ Insekten haben natürliche Flügel. ▸ Flugzeuge sind mit künstlichen Flügeln ausgerüstet. Es gibt einen Flügel aus Holz, der Töne von sich gibt. Weißt du welcher?

Ein großes ▸ Klavier nennt man Flügel.

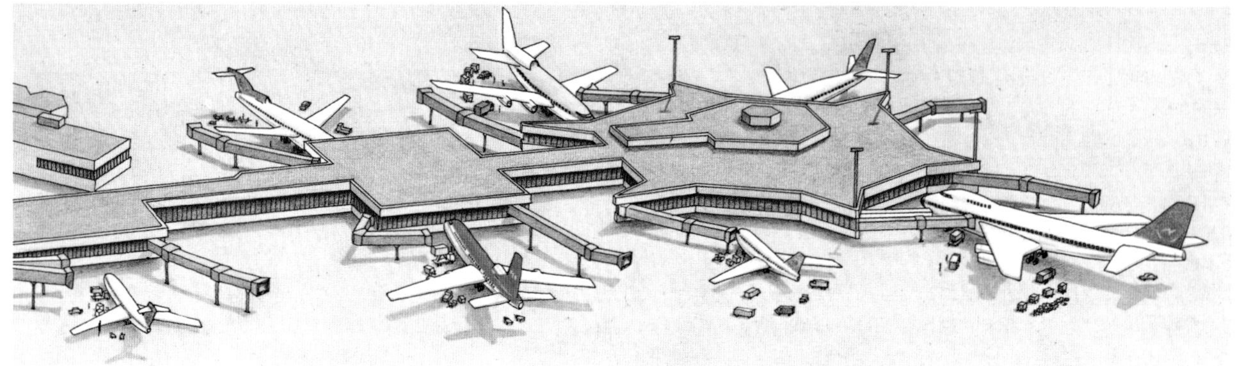

Flughafen Frank fährt mit seinen Eltern zum Flughafen. ▸ Flugzeuge aus vielen Ländern starten und landen hier. Alle Gebäude mit ihren technischen Einrichtungen und das weite Gelände gehören zum Flughafen. Im Abfertigungsgebäude werden die Flugkarten verkauft. Dort findet man auch die Gepäck-, Fracht- und Postschalter. Gaststätten, ▸ Hotels und Läden gibt es. „Der Turm dort ist der Kontrollturm", sagt Vater. In diesem Tower (Tauer) arbeiten die Fluglotsen. Sie sehen die anfliegenden Flugzeuge auf den Radarschirmen. Auch bei Dunkelheit leiten sie die Maschinen mit Funk sicher zur Landebahn. Auf der Betonfläche rollen die Flugzeuge bis zum Abfertigungsgebäude. Hier steigen die Fluggäste ein und aus, während die Maschinen für den Weiterflug aufgetankt werden. Dann rollen sie zur Start- und Landebahn. Frank stellt fest: „Auf diesem Flughafen ist alles viel größer als auf dem kleinen Flugplatz bei uns in der Nähe."

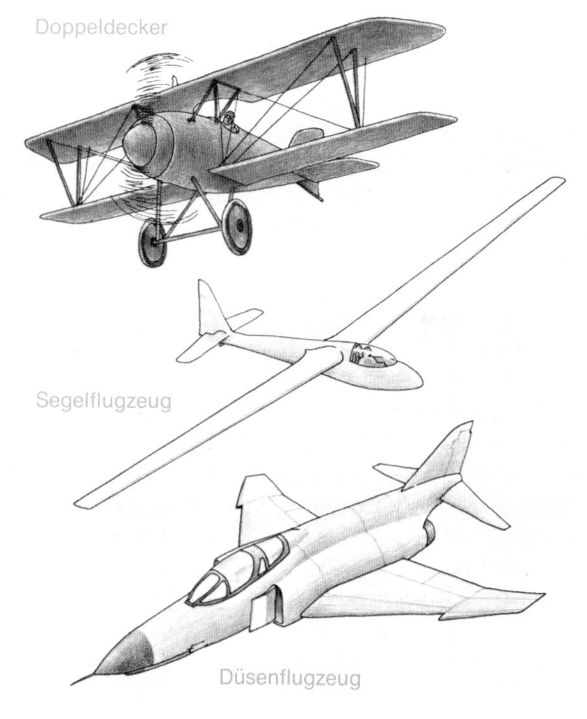

Flugzeug Ein ▸ Ballon fliegt, weil er leichter als Luft ist. Aber auch Flugzeuge fliegen, obwohl sie schwerer als Luft sind. Propellerflugzeuge und ▸ Düsenflugzeuge bleiben durch ihre Vorwärtsbewegung und die besondere Form der Flügel in der Luft. Beim Fliegen wird nämlich unter den Flügeln die Luft zusammengepresst. Dadurch entsteht Druck von unten gegen die Flügel. Gleichzeitig entsteht über den Flügeln ein Sog. So können sich die Flugzeuge in der Luft halten.

Vor etwa hundert Jahren wurde das erste Gleitflugzeug gebaut. Einige Jahre später konstruierte man das erste Motorflugzeug. Heute sind Flugzeuge wichtige Verkehrsmittel. Mit vielen Fluggästen überqueren die großen Jumbojets (Dschambodschets) in wenigen Stunden Länder und Meere. Stewardessen (Stjuardessen) und Stewards (Stjuards) sorgen dafür, dass sich die Gäste wohl fühlen. Piloten sitzen im Cockpit. Von dort steuern sie das Flugzeug und überwachen die vielen Instrumente. Außer Passagierflugzeugen (Passaschir) gibt es Frachtflugzeuge, Sportflugzeuge, Segelflugzeuge und Kriegsflugzeuge.

Fluss Frank steht an der Uferböschung des Flusses. Breit fließt er im Flussbett, das sich das ▸ Wasser gegraben hat. Kürzlich fuhr Frank mit seinen Eltern zur ▸ Quelle. Dort sprudelt das Wasser aus der Erdoberfläche. Als Bach fließt es weiter. Andere Bäche kommen dazu, ein Fluss wird daraus. Durch Nebenflüsse erhält er noch mehr Wasser. Breite und lange Flüsse nennt man Strom. Der Fluss, an dem Frank steht, mündet ins Meer. Schiffe fahren auf diesem Fluss. Sie transportieren Lasten und Menschen. Der längste Fluss der Erde heißt Nil. Er fließt in ▸ Afrika. Der Nil ist mehr als doppelt so lang wie die Donau, die einer der längsten Flüsse ▸ Europas ist.

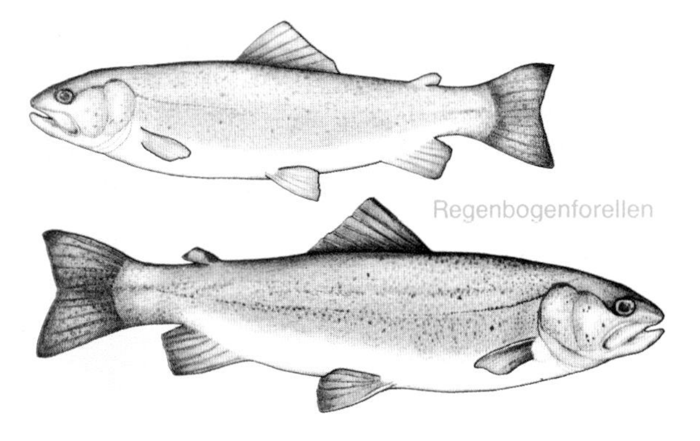
Regenbogenforellen

Forelle Als Frank mit seinen Eltern an einem klaren Bach spazieren geht, sagt seine Mutter: „Da, eine Forelle." Blitzschnell schwimmt der ▸ Fisch davon. Forellen sind Raubfische, die sich von kleinen Fischen und anderen Wassertieren ernähren. Außer Bachforellen gibt es See- und Meerforellen. Sie werden größer als die Bachforellen. Diese Speisefische züchtet man in künstlich angelegten Teichen. Forellen laichen wie die meisten Fische. Das bedeutet, dass sie Eier ablegen. Aus diesen Eiern entwickeln sich ihre Jungen.

Förster Frank fragt einen Förster: „Geht man als Förster den ganzen Tag nur mit seinem Hund im Wald spazieren?" Der Mann erklärt: „In meinem Revier kümmere ich mich um die Wege, Pflanzen und Tiere. Ich sorge dafür, dass man Schädlinge bekämpft. Der Förster entscheidet, welche Bäume gefällt und wo neue angepflanzt werden. Außerdem beobachte ich das ▸ Wild. Ich achte darauf, dass man nicht zu viele und die richtigen Tiere jagt." Der Förster arbeitet und wohnt in der Försterei.

Fortpflanzung „Ohne mich und meine Schwester würde es später unsere Familie nicht mehr geben", sagt Frank. Seine Mutter nickt und sagt: „Dadurch, dass ich euch geboren habe, hat sich unsere Familie fortgepflanzt."
Auch Pflanzen und Tiere pflanzen sich fort. Sie tun das auf verschiedene Arten. Bei den einfachsten kleinen Pflanzen und Tieren teilt sich ein Lebewesen in zwei. Andere Arten vermehren sich mit ihren Fortpflanzungsorganen. Bei vielen Pflanzen sind das die Blüten.
Beim Menschen gehören das Glied (der Penis) des Mannes und die Scheide (die Vagina) der Frau zu den Fortpflanzungsorganen. Man nennt sie ▸ Geschlechtsteile. Der Mann steckt sein steifes Glied in die Scheide der Frau. Wenn sie sich so lieb haben, fließt der Samen des Mannes in die Scheide der Frau. Im Bauch der Frau gibt es winzige Eizellen. Der Samen kann mit diesen Eizellen zusammenwachsen. Wenn die beiden das möchten, wächst daraus ein Kind.
Wenn du Fragen zu diesem Thema hast, dann besprich sie mit deinen Eltern.

Fotoapparat Frank fotografiert seinen Vater. Durch den Sucher des Fotoapparates sieht er ihn. „Jetzt stellst du am Apparat ein, wie weit du von mir entfernt bist," sagt Vater. Bei diesem älteren Apparat muss Frank auch einstellen, wie lange das Licht den ▸ Film durch das Objektiv in der Kamera belichten soll. Bei neueren Apparaten stellen sich die richtige Entfernung und die Belichtungszeit automatisch ein. Frank drückt den Auslöser und das Bild seines Vaters wird auf dem Film im Apparat festgehalten. So ein Bild auf dem Film heißt ‚Negativ'. Im Fotolabor wird daraus ein Foto entwickelt. Meistens macht Frank Farbbilder.

Fotokopie Vater sagt: „Von den Zeugnissen machen wir Fotokopien, damit wir sie doppelt haben." Zum Fotokopieren legt er ein Zeugnis in den Fotokopierautomaten. Dann stellt er ein, wie oft er das Zeugnis haben möchte, und drückt auf einen Knopf. Die Vorlage wird fotografiert und das Bild direkt auf ein Spezialpapier übertragen. Gleich darauf hat Vater statt des einen Zeugnisses zwei, die genau gleich aussehen. Es gibt verschiedene solcher Apparate. Alle benutzt man zum Vervielfältigen von Papieren.

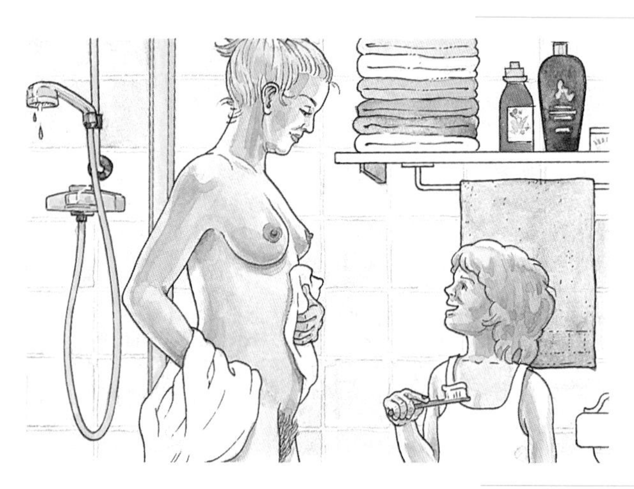

Frau Frank und seine Mutter sehen Fotos an. Er sagt: „Das warst du als Mädchen." Sie sagt: „Jetzt bin ich eine Frau, also ein erwachsener weiblicher Mensch." – „Ohne dich gäbe es mich nicht", sagt Frank. „Stimmt", sagt Mutter. „Der ▸ Mann befruchtet mit einer Samenzelle eine Eizelle der Frau. So zeugen sie ein Kind. Von der Frau wird das Kind geboren." – Frauen und Männer unterscheiden sich äußerlich durch die Geschlechtsteile. – Früher arbeiteten Frauen vor allem im Haushalt. Heute gehen viele Frauen arbeiten, auch wenn sie Kinder haben. Das schaffen sie nur, wenn ihre Männer die Hausarbeit mitmachen. Immer mehr Frauen arbeiten in ‚Männerberufen'.

frei Im Radio hört Frank von einem Land, in dem es zum ersten Mal freie ▸ Wahlen gibt. Seine Mutter sagt: „Stell dir vor, die Menschen dort konnten nie entscheiden, wer sie regiert. Sie waren gezwungen unter einer Regierung zu leben." In einer Demokratie wie unserer bestimmen die Menschen selbst, wer sie regieren soll. Zur Freiheit in einem Land gehört auch, dass die Menschen ihre Meinung sagen können. Sie suchen ihren Beruf selbst aus. Sie entscheiden, wo sie wohnen und wen sie heiraten. Außerdem gibt es Zeitungen, Zeitschriften, Bücher, Radio- und Fernsehsendungen, in denen Menschen ihre Meinung sagen dürfen. – Frank fällt ein: „In der Klasse wollte ich mit meinem Nachbarn reden. Das hat die Lehrerin verboten. Darf sie das? Ich bin doch frei." Seine Mutter sagt: „Freiheit hört da auf, wo sie die Freiheit und Rechte anderer verletzt. In dem Fall wäre durch dein Reden das Recht der anderen Kinder verletzt worden, die der Lehrerin zuhören wollten."

fremd In Franks Klasse sitzt eine neue Schülerin. Durch ihre dunkle Haut und ihre etwas andere Kleidung sieht sie fremd aus. Das Mädchen fühlt sich auch fremd. Man merkt das zum Beispiel daran, dass sie mit keinem spricht, obwohl sie etwas Deutsch kann. Die Lehrerin hat gesagt: „Wir erzählen dir von uns und du erzählst uns von dir. So lernen wir uns kennen. Außerdem helfen wir dir, damit du dich hier zurechtfindest. Dann bist du bald nicht mehr fremd."

Freund Franks Vater sagt: „Du spielst oft mit Werner. Bist du mit ihm befreundet?" Frank überlegt und meint: „Ich mag den Werner lieber als die meisten anderen Kinder. Wir treffen uns so oft es geht. Wir können prima spielen und reden. Er ist mein Freund." Vater sagt: „Meine beste Freundin kennst du. Mit ihr bin ich seit vielen Jahren verheiratet. Es ist deine Mutter."

Frieden „Im Libanon herrscht endlich Frieden", hört Frank in den Nachrichten. Die miteinander verfeindeten ▸ Parteien haben einen Waffenstillstand verabredet und ihre ▸ Soldaten kämpfen jetzt nicht mehr. Die Menschen hoffen, dass sie nach diesem ▸ Krieg in Ruhe und Sicherheit leben können. Allerdings gibt es auch in Friedenszeiten Meinungsverschiedenheiten. Die versucht man friedlich miteinander zu besprechen ohne gegeneinander zu kämpfen.
Schaffst du es immer, in Frieden mit allen zu leben?

Friedhof Die Familie besucht das Grab des Urgroßvaters auf dem Friedhof. Von jedem Grabstein kann man ablesen, wer in dem Grab beerdigt wurde. Die meisten Gräber werden von den Verwandten der Toten mit Blumen geschmückt. Auf einem liegen Kränze. „Hier wurde erst vor kurzem jemand begraben", sagt Mutter. – Es gibt verschiedene Arten der Beerdigung. Bei einer Feuerbestattung (Einäscherung) wird der Verstorbene im Krematorium verbrannt. Seine Asche legt man in eine Urne. Bei der Erdbestattung beerdigt man den Toten im Sarg.

Friseur (Frisọ̈r) Frank ist beim Friseur. Hier schneidet, wäscht und färbt man ▸ Haare. Zur Arbeit der Friseurin und des Friseurs gehört auch, dass sie Dauerwellen legen. Außerdem kann man Dinge kaufen, die man zur Haarpflege braucht. In diesem Geschäft gibt es einen Damen- und einen Herrensalon. Mit der Friseurmeisterin arbeiten hier Gesellen und Auszubildende.

Frosch Frank sieht Kaulquappen im Teich. Sie benutzen ihren Schwanz zum Rudern. „In einigen Wochen sind daraus Frösche geworden", sagt sein Freund. Frösche haben keinen Schwanz mehr, dafür entwickeln sich Beine. Die Kaulquappen atmen durch Kiemen wie die ▸ Fische. Als Frösche haben sie später eine ▸ Lunge zum Atmen. Frösche leben in der Nähe des Wassers im Gras, in Tümpeln und Teichen. Ihre Hinterbeine sind Sprungbeine, mit denen sie weite Sätze machen können. Das Froschweibchen legt Eier im Wasser ab. Diesen Laich befruchtet das Männchen. Aus dem Laich schlüpfen ▸ Larven, die Kaulquappen. Es gibt viele Froscharten. Eine quakt nicht, die kracht. Weißt du, was das für eine ist?

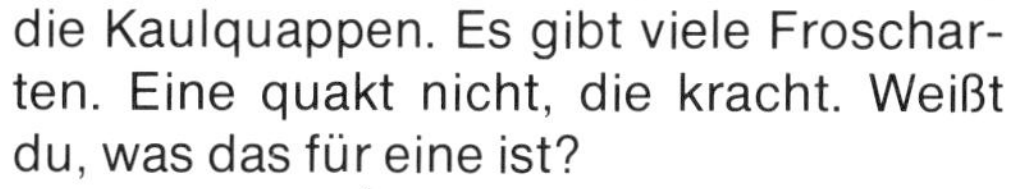

Der Knallfrosch, ein Feuerwerkskörper.

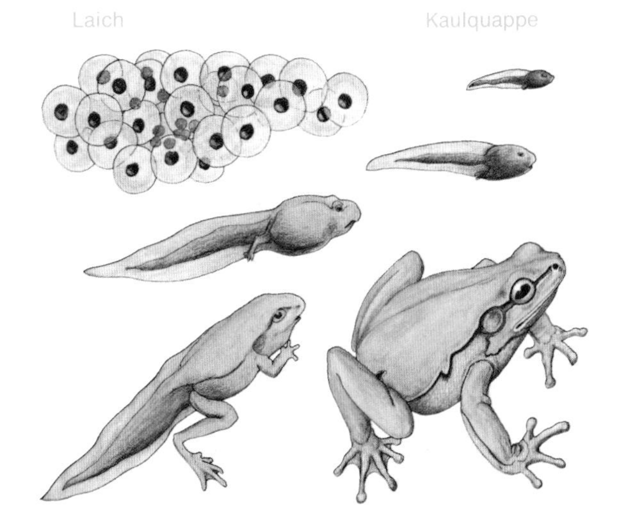

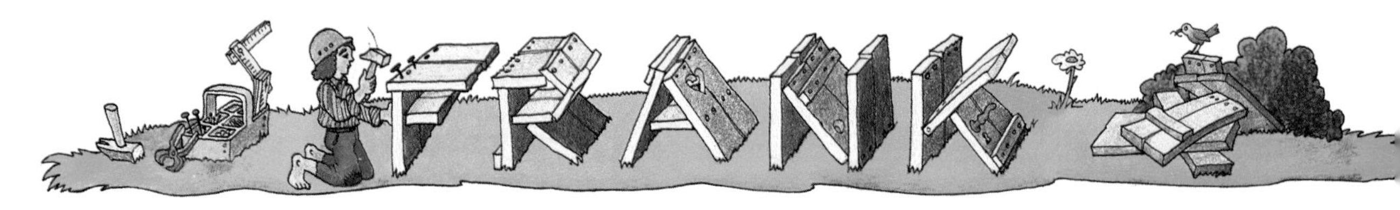

Frost „In der Nacht ist mit Frost zu rechnen“, hört Frank im Wetterbericht. Wenn die Lufttemperatur unter null Grad Celsius sinkt, herrscht Frost. Morgen früh wird eine Eisschicht die Pfützen überziehen. „Hoffentlich springt das Auto an“, meint Vater. Bei Frost mussten sie es manchmal morgens anschieben. Wenn Frank fröstelnd in die warme Wohnung kommt, ist es dort besonders gemütlich. Frost wird künstlich in der Tiefkühltruhe erzeugt um Lebensmittel länger frisch zu halten. Auch zwischen Menschen kann es frostig sein. Man sagt das, wenn sie unfreundlich miteinander umgehen.

Aufgeschnittene Blüte mit Fruchtknoten

Frucht „Der Apfelbaum blüht“, sagt Mutter. Wenn die Blüten bestäubt werden, entwickeln sich Früchte aus den Fruchtknoten. Sie sind die weiblichen Teile der Blüten. Die Früchte umschließen den Samen für neue ▸ Pflanzen. Im saftigen Fruchtfleisch von ▸ Äpfeln und ▸ Birnen stecken einige Samenkerne. Das Fruchtfleisch von ▸ Kirschen, ▸ Pflaumen und ▸ Pfirsichen umgibt einen harten Stein mit Samen. In ▸ Stachel- und ▸ Johannisbeeren sind viele Samenkerne. Früchte können feste Schalen haben wie die ▸ Nüsse. Essbare Früchte, die auf Bäumen und Sträuchern wachsen, nennt man ▸ Obst. Man kann ▸ Kompott, Gelee Schele, ▸ Marmelade, ▸ Saft und ▸ Wein daraus machen. – Wenn Frank etwas anstellt, sagt seine Mutter zu ihm: „Du Früchtchen!“

Fuchs „Das ist der Eingang zu einem Fuchsbau“, sagt Vater, als sie im Waldboden ein größeres Loch sehen. Füchse sind ▸ Raubtiere und mit dem ▸ Hund verwandt. Sie haben ein dichtes Fell und einen buschigen Schwanz. Füchse ernähren sich von Vögeln, Mäusen, Früchten, ▸ Insekten, Beeren und Hühnern. Wegen seines Fells wird der Fuchs gejagt. Man jagt ihn aber auch, weil er die Tollwut, eine für Menschen und Tiere sehr gefährliche Krankheit, übertragen kann. Füchse gelten als schlau. Deswegen sagt man von einem Menschen, der schlau ist: „Er ist ein schlauer Fuchs.“ – Welcher Fuchsschwanz ist aus ▸ Metall?

Eine kurze Handsäge, die man Fuchsschwanz nennt.

Füllfederhalter Frank soll einen Füllfederhalter bekommen. Im Schreibwarenladen probiert er verschiedene aus. Einer hat eine spitzere ▸ Feder, ein anderer eine breitere. Der eine schreibt weicher, der andere härter. „Möchtest du einen Füller, bei dem du die Tinte aus einem Glas nachfüllst?“, fragt der Verkäufer. „Du kannst dir auch einen Patronenfüller aussuchen. Wenn du die Tinte in der Patrone leer geschrieben hast, nimmst du sie aus dem Füller. Danach setzt du eine neue Patrone ein.“

Funksprechgerät Frank sieht einen Jungen am Ende der Straße. Der hält ein Gerät in der Hand und spricht hinein. Am anderen Ende der Straße steht ein Mädchen. Auch sie hat so ein Gerät. Sie hört, was der Junge ins Funksprechgerät spricht. Außerdem kann sie selbst mit ihm reden. Das Gerät ist nämlich mit einem Sender und einem Empfänger ausgerüstet. Im Unterschied zum ▸ Telefon sind die Geräte nicht durch Leitungen miteinander verbunden. Sie funktionieren also drahtlos. Walkie-Talkie (Woki-Toki) nennt man so ein kleines, handliches Funksprechgerät. Auch ▸ Polizei und ▸ Feuerwehr benutzen es.

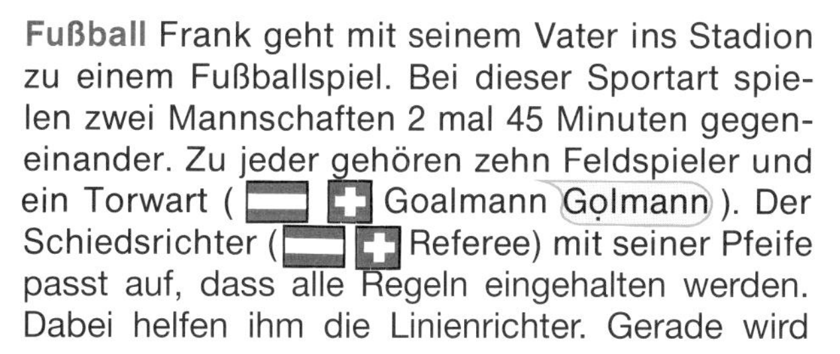

Fußball Frank geht mit seinem Vater ins Stadion zu einem Fußballspiel. Bei dieser Sportart spielen zwei Mannschaften 2 mal 45 Minuten gegeneinander. Zu jeder gehören zehn Feldspieler und ein Torwart (Goalmann (Golmann)). Der Schiedsrichter (Referee) mit seiner Pfeife passt auf, dass alle Regeln eingehalten werden. Dabei helfen ihm die Linienrichter. Gerade wird der Ball von einem Stürmer nach vorne geschossen. Der gegnerische Verteidiger stoppt ihn und gibt ihn zum Torwart zurück. Ein Tor (Goal) ist dann gefallen, wenn der Ball über die Torlinie gespielt wird. Es gewinnt die Mannschaft, die mehr Tore erzielt. Die vielen Zuschauer klatschen und schreien vor Begeisterung, wenn die Mannschaft, zu der sie halten, ein Tor schießt.

Fußgänger Viele Menschen sind in der Stadt zu Fuß unterwegs. Für diese Fußgänger wurden neben der Straße Bürgersteige gebaut. Am Zebrastreifen müssen die Autos anhalten, wenn Fußgänger die Straße überqueren. Die Innenstadt wurde zum Teil für Fahrzeuge gesperrt. Immer mehr solcher Fußgängerzonen richtet man jetzt in den Städten ein. Wenn ein Fußgänger an einer Landstraße entlanggeht, sollte er das auf der linken Straßenseite tun. Da erkennen ihn die entgegenkommenden Fahrer besser. Und er sieht, was auf ihn zukommt.

Futter „Hast du dem Hund das Futter gegeben?“, fragt Frank seine Mutter. „Er hat heute Fertigfutter aus der Dose gefressen“, sagt Mutter. „Morgen koche ich ihm etwas.“ Auch die Fische im Aquarium bekommen Futter. Die Kühe im Stall werden mit Gras und Rüben gefüttert. Der Bauer legt Hafer für das Reitpferd in die Futterkrippe. Im Winter füttert man die Vögel und das ▸ Wild, damit diese Tiere nicht verhungern. Manchmal futtert auch Frank ziemlich viel. Es gibt ein Futter, das niemandem schmeckt. Was könnte das sein?

Ein Futter aus Stoff, zum Beispiel das Futter auf der Innenseite des Mantels.

Gabelstapler „Stapelt ein Gabelstapler Gabeln?“, fragt Gunda ihren Großvater. „Nein“, sagt er lachend. „Das Fahrzeug heißt so, weil es eine große Gabel hat, mit der es Lasten hebt und aufeinander stapelt.“ Die Gabel lässt sich hinauf- und hinunterbewegen. Elektrisch angetriebene Gabelstapler fahren leise. Es gibt auch welche mit Diesel- und Benzinmotoren. Ein Fahrer bedient diesen Lastenheber. „Bei uns in der Firma werden im ▸ Lager Gabelstapler zum Stapeln schwerer Kisten benutzt“, sagt Großvater.

Gans Als Großvater mit Gunda an einem ▸ Bauernhof vorbeifährt, sieht sie Gänse. „Das sind Hausgänse“, sagt er. Diese weiß gefiederten Schwimmvögel werden gezüchtet, weil sie gebraten lecker schmecken. Außerdem verwendet man ihre ▸ Federn zum Füllen von Kissen und Bettdecken. Gänserich oder Ganter nennt man die männlichen Gänse. – Wenn es bei uns kalt wird, fliegen die schwarzgrauen oder graubraunen Wildgänse nach Süden in wärmere Länder. – Manchmal sagt Gundas ältere Schwester: „Dumme Gans.“ Damit meint sie keine Haus- oder Wildgans, sondern Gunda. Sie ärgert sich nämlich über Gunda.

Garage (Garạsche) „Ich bringe das ▸ Auto in die Garage“, sagt Großvater. In der Garage ist es vor Kälte, Regen und Diebstahl geschützter als auf der Straße. Großvaters Garage steht neben anderen Garagen auf einem Garagenhof. Die Eltern von Gundas Freundin haben ihre Garage im Keller des Einfamilienhauses. In den verschiedenen Stockwerken eines Parkhochhauses kann man viele Autos unterbringen. Auch Tiefgaragen gibt es. Das sind Einstellplätze für Autos unter der Erde, zum Beispiel im Keller eines Hochhauses. In Garagen darf man kein ▸ Streichholz anzünden, weil dort oft leicht brennbare Gegenstände lịegen. Auch ▸ Gase, die sich entzünden können, sammeln sich in Garagen.

Gardine (Vorhang) „Zieh bitte die Gardine zu“, sagt Großvater. „Das Licht blendet mich. Außerdem mag ich es nicht, wenn mir die Nachbarn in die Wohnung sehen.“ Gunda zieht den Vorhang aus leichtem Stoff vor das Fenster. Durch die Gardinen kann man sehen, was draußen geschieht. In der Wohnung wird man selbst kaum gesehen. Bei Gundas Mutter sind die Gardinen meistens weit offen. Manchmal überlegt sie, ob sie überhaupt Gardinen braucht. – Es gibt Gardinen aus ▸ Metall. Weißt du, was das für welche sind?

Schwedische Gardinen. Die vergitterten Fenster im Gefängnis.

Gärtner Gundas Freundin sagt: „Mein Vater ist Gärtner." Der Gärtner pflanzt ▸ Gemüse, ▸ Salat, ▸ Obst und viele ▸ Blumen in seiner Gärtnerei. Das alles verkauft er später. In den beheizten Treibhäusern der Gärtnerei gedeihen zum Beispiel Pflanzen aus anderen Ländern, die mehr Wärme brauchen, als es bei uns im Freien gibt. Außerdem blühen in den Gewächshäusern auch im Winter Blumen und es wachsen Setzlinge. Der Gärtner hat während seiner Ausbildung gelernt, welchen Boden, welchen ▸ Dünger und wieviel Wasser die Pflanzen nötig haben. Er weiß auch, wie man schöne Blumensträuße und Kränze bindet.

Gas Gundas Eltern haben einen modernen Gasherd. Wenn man das Gas andreht, strömt eine kleine Menge aus dem Brenner. Durch einen elektrischen Funken wird das Gas jetzt automatisch entzündet. Beim Verbrennen des Gases entsteht so viel Wärme, dass man damit kochen kann. Auch Wasser kann man mit Gas erwärmen und die Heizung betreiben. Dieses Gas nennt man Erdgas. Es entstand vor vielen Millionen Jahren und lagert tief in der Erde. Durch eine unterirdische Leitung kommt es direkt ins Haus. – Viele Gase sind unsichtbar wie die Luft, die ein Gemisch aus Gasen ist. Einige Gase schaden der Gesundheit, wenn man sie einatmet, zum Beispiel die Abgase der Autos. – Damit ▸ Ballons fliegen, füllt man sie mit Gas, das leichter ist als Luft.

Gastarbeiter In Gundas Klasse sind zwei türkische Jungen, ein Mädchen aus Italien und eines aus Spanien. Auch Kinder aus Kroatien und Griechenland gehen in Gundas Schule. Sie haben es schwerer als die anderen Kinder, denn Deutsch ist für sie eine Fremdsprache, die sie erst lernen müssen. Auch sonst ist manches fremd für sie. Gastarbeiterfamilien leben mit uns, weil es in ihrer Heimat weniger ▸ Arbeit gibt als hier. Stell dir vor, es gäbe bei uns viel zu wenig Arbeit und in anderen Ländern mehr. Wie wäre das dann?

Gasthaus Gunda freut sich, weil sie mit ihrem Großvater zum Essen in ein Gasthaus geht. Der Wirt, dem diese Gastwirtschaft gehört, begrüßt sie. Sie werden von einem Kellner (Ober) bedient und können sich aus der Speise- und Getränkekarte etwas aussuchen. Später bezahlt Großvater, was sie gegessen und getrunken haben. – Lokal, Restaurant (Restorang), Gasthof, Gaststätte, Wirtschaft, Wirtshaus, Krug, Café, Bar und Kneipe sind andere Namen für Gasthaus.

Gebirge Gunda fährt mit ihrem Großvater in die Alpen. Sie sind das höchste Gebirge ▸ Europas. „Auf vielen Bergen hier liegt auch im Sommer Schnee", sagt Großvater. Bei gutem Wetter werden die beiden Bergwanderungen bis zu den Gipfeln unternehmen. Bestimmt sehen sie Bergsteiger, die an den steilen Felswänden klettern. Schifahrer (Skifahrer) werden unterwegs sein. – Vor vielen Millionen Jahren entstanden die Gebirge. Starke Kräfte aus dem Erdinnern türmten sie auf. Wasser und Wind veränderten ihre Form. Auch auf dem Meeresboden gibt es hohe Gebirge. Die höchsten Berge der Welt liegen im Himalaja-Gebirge in ▸ Asien.

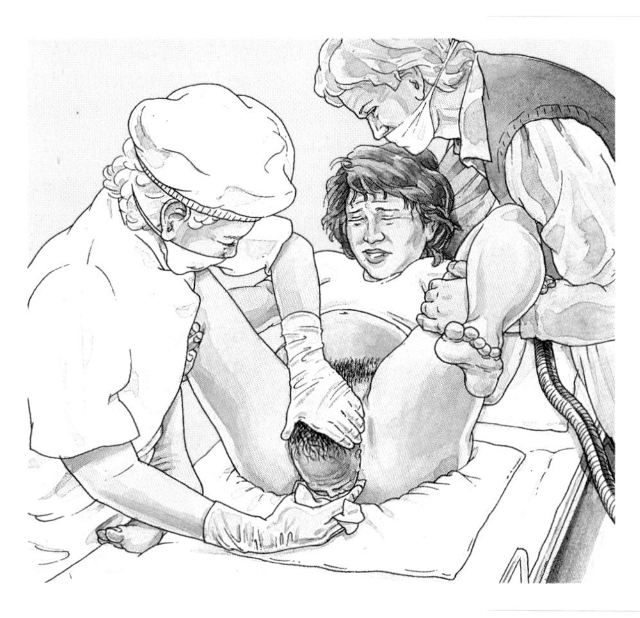

Geburt „Wie war das eigentlich, als ich geboren wurde?", fragt Gunda an ihrem 7. ▸ Geburtstag. Mutter erzählt: „Neun Monate bist du in mir gewachsen. Dann warst du groß genug und weit genug entwickelt um geboren zu werden. Schon einige Stunden vor der Geburt spürte ich, dass es bald so weit sein würde. Da begannen die Wehen. Das waren ziemlich heftige Bauchschmerzen. Wir fuhren dann ins ▸ Krankenhaus, Vater und ich. Die Entbindung – so nennt man die Geburt auch – hat bald begonnen. Zuerst bist du mit dem Kopf und den Schultern aus meiner Scheide gekommen. Eine Hebamme half dabei. Als du geboren warst, wurde die Nabelschnur durchgeschnitten, die uns verband. Wir freuten uns riesig, als wir unser Baby (Bẹbi) sahen. Und dieses Baby warst du." Hast du deine Eltern mal gefragt, wie das bei deiner Geburt war?

Geburtstag Gunda hat morgen Geburtstag. Sieben Jahre ist es dann her, dass sie geboren wurde. Und dieser Tag wird gefeiert. Sie hat viele Kinder eingeladen. Gunda ist sehr gespannt auf ihre Geburtstagsgeschenke. Alle werden ihr gratulieren. Mutter zündet die Kerzen der Geburtstagstorte an. Sie trinken Kakao, essen Kuchen und spielen miteinander. Gunda freut sich schon lange auf ihren Geburtstag. Es ist nur schade, dass sie danach ein ganzes ▸ Jahr auf den nächsten warten muss.

Gedächtnis „Du hast ein gutes Gedächtnis", lobt Mutter Gunda. „Ich hatte längst vergessen, wie die Familie heißt, die wir im Urlaub kennen lernten." Gunda wusste den Namen sofort. Ihrem ▸ Gehirn fällt es leicht, sich etwas zu merken und sich später daran zu erinnern. – Manchmal tauchen aus dem Gedächtnis Dinge auf, an die man schon lange nicht mehr dachte. Wenn Gunda etwas unbedingt behalten möchte, schreibt sie sich das auf oder macht sich als Gedächtnisstütze einen Knoten ins Taschentuch. Benutzt du auch manchmal eine Gedächtnisstütze?

Gedicht Gunda liest Vater ein Gedicht vor. Es heißt so:

Zum Trösten*
Ri-ra-rutsch:
der Flecken ist gleich futsch.
Der Flecken ist gleich abgehaun,
wenn wir nicht mehr auf ihn schaun.
Ri-ra-rutsch:
der Flecken ist gleich futsch.

* von Volker W. Degener (mit freundlicher Genehmigung des Arena Verlags)

Die Zeilen eines Gedichts nennt man Verse. Manchmal reimen sich solche Verse. Mehrere Verse sind eine Strophe. Die Wörter und Zeilen eines Gedichts kann der Dichter so auswählen, dass sie einen besonderen Klang bekommen. Dieser Klang malt dann mit aus und macht noch deutlicher, was in dem Gedicht gesagt wird. Schreib doch auch mal ein Gedicht, zum Beispiel einen neuen Abzählreim. Hast du Lust ihn an uns zu schicken?

Huhn

Gans

Ente

Truthahn

Geflügel In der Tiefkühltruhe des Supermarkts wird verschiedenes Geflügel angeboten. ▸Hühner, ▸Enten, ▸Gänse und Truthähne liegen da gut verpackt. Diese Vögel halten sich die Menschen als Haustiere um sie später zu essen. Das meiste Geflügel züchtet man in Geflügelfarmen. Besonders gerne mag Gunda die knusprige braune Haut und das zarte Fleisch von gebratenem Geflügel.

Gegenwart „Während wir jetzt miteinander sprechen, sind wir in der Gegenwart", fällt Gunda ein. „Stimmt", sagt Gundas Großvater. „Gegenwart nennt man die Zeit zwischen der Vergangenheit und der Zukunft." Aber auch die Zeit, in der wir leben, diese Wochen und Monate, nennt man so. Mit der Sprache kann man deutlich sagen, ob man die Gegenwart meint. Zum Beispiel mit dem Satz: ‚Ich lese das'. Er bedeutet, dass man das gerade – also in der Gegenwart – tut.

Geheimnis „Nicht so laut", sagt Gunda zu ihrer Freundin. Die beiden flüstern miteinander. Niemand soll erfahren, was sie da besprechen. Es ist geheim. Und weil sie möchten, dass es ein Geheimnis bleibt, wirst du nicht in dieses Geheimnis eingeweiht. Geheimnisse kann man mit einer Geheimschrift weitergeben. Diese Schrift soll nur der entziffern können, für den sie bestimmt ist. Hast du auch eine Geheimschrift?

Gehirn Wenn du die Seite umblätterst, tust du das nicht automatisch. Deine Hand bekommt aus dem Gehirn einen Befehl dazu. Wenn du jetzt darüber nachdenkst, was du liest, geschieht das im Gehirn. Auch was du riechst, schmeckst, siehst, hörst und ertastest, hat mit dem Gehirn zu tun. Diese Eindrücke werden im Gehirn gesammelt. Sie können vergessen oder behalten werden. Dafür sorgt das Gehirn. Es ist weich und empfindlich und liegt geschützt unter den Schädelknochen des Kopfs.

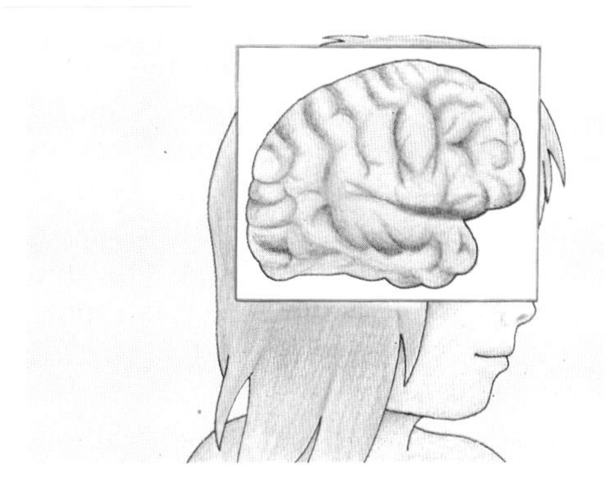

Geier Im ▸ Zoo sieht Gunda einen Geier. Diese großen Vögel ernähren sich vor allem von toten Tieren. Sie sind also Aasfresser. Der Geier bewegt seine breiten Flügel. Deutlich erkennt Gunda die starken Krallen und den gebogenen Geierschnabel. Am Hals wachsen ihm keine Federn. – Es gibt verschiedene Arten dieser Greifvögel, zum Beispiel Königsgeier und Rabengeier. Manche haben eine Flügelspannweite von über drei Metern. Sie leben in Ländern, in denen es heißer ist als bei uns.

Geige Gundas Freundin hat eine Geige geschenkt bekommen. Mit dem Geigenbogen streicht sie über die vier Saiten. Weil sie noch nicht spielen kann, quietscht das ziemlich. Danach zupft sie die Saiten mit den Fingern. Dieses Musikinstrument aus ▸ Holz wird oft von Musikern in Orchestern gespielt. Man nennt es auch Violine. Zum Bauen wertvoller Geigen verwendet der Geigenbauer besonders ausgesuchtes und altes Holz.

geizig „Frau Schulz schafft es einfach nicht, etwas zu verschenken oder mit jemandem zu teilen“, sagt Großvater. „Sie will immer noch mehr besitzen, obwohl sie genug hat. Sogar zu sich selbst ist sie geizig. Sie kauft sich nichts Schönes, weil sie nur daran denkt, was das kostet.“
Das ist keine Sparsamkeit, sondern Geiz. Frau Schulz ist ein richtiger Geizkragen.

Geld „Vor vielen Hundert Jahren gab es kein Geld“, sagt Großvater. „Da wurde nicht bezahlt, sondern getauscht. Das war unpraktisch. Man musste jemanden finden, der das haben wollte, was man zum Tauschen anbieten konnte.“ Heute werden Arbeit und Waren mit Geld bezahlt. Man unterscheidet Münzgeld und Papiergeld. Beides darf nur vom ▸ Staat hergestellt werden. Wenn man in ein anderes Land reist, tauscht man bei der ▸ Bank das Geld seines Landes um in andere Währung (so nennt man das Geld eines Landes).
Gunda sagt: „Dabei fällt mir ein, dass ich mein Taschengeld noch bekomme.“ – Bekommst du auch Taschengeld? Was machst du alles damit?

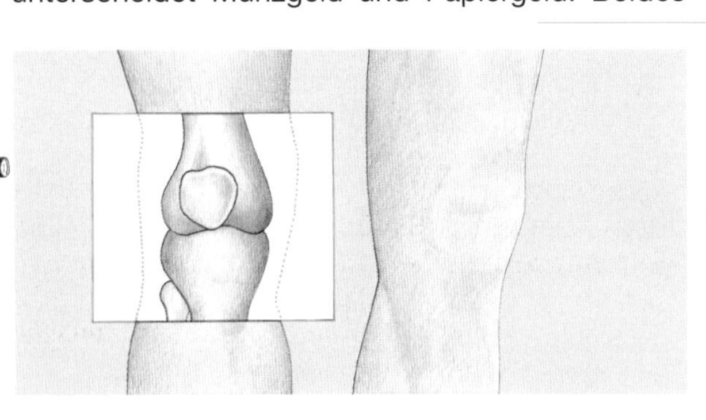

Gelenk „Du bist sehr gelenkig“, wird Gunda gelobt. Gelenke sind die beweglichen Verbindungen zwischen den steifen ▸ Knochen. Deine Kniegelenke benutzt du zum Beugen der Beine. Deine Schultergelenke sorgen dafür, dass sich die Arme nach allen Seiten bewegen lassen.
Auch das Scharnier einer Schranktür ist ein Gelenk. Es gibt ▸ Omnibusse und ▸ Straßenbahnen, deren Wagen nicht zusammengekoppelt, sondern durch Gelenke verbunden sind.

Gemüse Im Garten sieht Gunda Bohnen, Erbsen und Kohlköpfe. Sie kennt noch viele andere Gemüsesorten: Rüben, Kraut, Spinat, Zwiebeln, Spargel und Pilze. Nicht alle Gemüsesorten isst sie gern. Trotzdem kocht Mutter oft Gemüse. Sie sagt: „Es ist gesund, weil es viele wichtige ▸ Vitamine enthält." Auch im Winter gibt es frisches Gemüse. Es wird in beheizten Gewächshäusern angepflanzt.

Geräusch „Ich bin heute sehr geräuschempfindlich", sagt Mutter und schaltet das Radio ab. Trotzdem sind Geräusche zu hören: das Rumpeln der Waschmaschine, laute Stimmen aus der Nachbarwohnung. Gunda stören Geräusche nicht. Vater sagt: „Das Surren, Fauchen, Schnarren und Gestampfe der Maschinen in der Firma macht mich ganz nervös. Leider kann ich diese ständige Geräuschkulisse nicht abstellen. Ich bin froh, dass es zu Hause ruhiger ist."

Gericht Großvater sagt: „Die Polizei hat einen Mann festgenommen. Er soll ein gesuchter Einbrecher sein. Jetzt wird er vor Gericht gestellt und angeklagt." Das Gericht versucht unter Leitung eines Richters herauszubekommen, ob dieser Mann wirklich der Einbrecher ist und damit gegen ▸ Gesetze verstoßen hat. Der Staatsanwalt klagt ihn an. Der Rechtsanwalt nimmt den Angeklagten in Schutz. Er verteidigt ihn. Ein Zeuge sagt zum Beispiel: „Ich habe den Mann in der Nähe des Einbruchorts gesehen." Aber ein anderer Zeuge sagt: „Ich saß mit dem Angeklagten während der Tatzeit in einem Gasthaus. Er kann es nicht gewesen sein." Dann wird geprüft, was zur Anklage und zur Verteidigung gesagt wurde. Jetzt spricht der Richter das Urteil. – Es gibt Gerichte, die man kocht. Weißt du, was das für Gerichte sind?

Zubereitete Speisen.

Geruch „Was riecht denn hier?", fragt Gunda. Der Geruchssinn in ihrer Nase teilt ihr über das ▸ Gehirn mit, dass es stinkt. Gleich darauf schnüffelt sie in der Küche. Hier sagen die Riechzellen in ihrer Nase, dass es nach Kuchen duftet. Gunda selbst hat einen eigenen Geruch. Sie könnte ihn kaum vom Geruch anderer Menschen unterscheiden. Aber ein ▸ Hund erkennt sie daran sofort. Er kann sogar eine Spur riechen. Bei vielen Tieren ist der Geruchssinn stärker ausgeprägt als beim Menschen. Daher spüren Hunde Menschen auf, die unter ▸ Lawinen verschüttet sind.

Geschäft Gunda geht an den Läden einer Geschäftsstraße vorbei. Sie sieht die Auslagen eines Möbelgeschäfts, einer ▸ Apotheke, einer Buchhandlung und eines ▸ Kaufhauses. Dann kommt sie zu einem Supermarkt. Ihr Vater hat gesagt: „Der Besitzer dieses Geschäfts macht mit seinem Geschäft wirklich gute Geschäfte." Das heißt, dass er viel verdient. Er verdient sogar so viel, dass er in anderen Stadtteilen Filialen des Supermarkts eröffnen konnte. Auch in diesen Zweiggeschäften macht er gute Geschäfte.
In welches Geschäft gehst du am liebsten?

Geschichte Gundas Freundin erzählt: „Im Geschichtsunterricht haben wir uns heute darüber unterhalten, wie die Menschen hier früher gelebt haben." Wir können uns eine Vorstellung davon machen, weil bei Ausgrabungen alte Gegenstände gefunden wurden. Dadurch erfährt man, was die Menschen damals für Geräte besaßen. Durch alte Bauten weiß man, wie die Menschen früher wohnten. Auch Urkunden, Berichte und Bücher erzählen etwas aus der Geschichte. – Manchmal sagt Gundas Mutter zu Vater: „Du machst vielleicht Geschichten!" – Gunda hat eine lustige Geschichte gehört. Weißt du, was das Wort bedeutet, wenn man es so benutzt?

Etwas zum Lesen, Vorlesen oder Erzählen.

Geschirr „Deckt bitte den Tisch", sagt Mutter zu Vater und Gunda. Sie holen Teller, Tassen, Untertassen und Besteck aus dem Schrank. Da steht auch noch anderes Geschirr. Töpfe, Krüge und Schüsseln zum Beispiel. Mutter ist froh, dass sie zum Abwaschen des Geschirrs eine Geschirrspülmaschine hat. Ein Geschirr passt nicht in die Maschine. Es besteht aus Riemen, Schnallen und Haken. Weißt du welches?

Das Geschirr, mit dem ein Pferd vor den Wagen gespannt wird.

Geschlechtsteile Männer und Frauen sehen unterschiedlich aus. Wenn sie nackt sind, kannst du sie an ihren Geschlechtsteilen unterscheiden. Der Mann hat ein Glied (einen Penis). Außerdem siehst du den Hodensack mit den beiden Hoden. In ihnen bilden sich die Samenzellen. Zu den Geschlechtsteilen der Frau gehören die ▸ Brust und die Scheide (die Vagina). Die Scheide ist wie eine Röhre, die in den Bauch führt. An ihrem Ende im Bauch liegt die Gebärmutter. In ihr kann ein Kind wachsen, wenn die Samenzelle des Mannes die Eizelle der Frau befruchtet. Mehr darüber kannst du unter ▸ Fortpflanzung nachlesen.

Geschmack „Hm, lecker“, sagt Gunda, als sie Schokolade in den Mund nimmt. Ihre Lippen, die Zunge und der Gaumen empfinden über das ▸ Gehirn, dass das angenehm süß schmeckt. Mit ihrem Geschmackssinn unterscheidet sie das Süße von etwas Sauerem oder Bitterem. Süß schmeckt man auf der Zungenspitze, sauer an den Rändern der Zunge und bitter hinten an der Zungenwurzel. – Als sich die Nachbarin einen Rock kauft, sagt Mutter: „Die hat wirklich einen guten Geschmack.“ Sie meint damit, dass sich die Frau unter vielen verschiedenen Röcken einen besonders schönen ausgesucht hat.

Gesetz Gunda hört, dass jemand beim Stehlen erwischt wurde. „Er hat gegen das Gesetz verstoßen“, sagt Großvater. Gesetze regeln das Zusammenleben der vielen Menschen eines Landes. Die Gesetze werden in Gesetzbüchern aufgeschrieben. Sie sind Vorschriften, nach denen sich die Menschen richten sollen. In einem Gesetz steht zum Beispiel, dass niemand stehlen darf. Wenn man es trotzdem tut, verstößt man gegen dieses Gesetz und wird vom ▸ Gericht bestraft.

Gespenst In Geschichten hört Gunda von Gespenstern. Diese ausgedachten Geisterwesen tappen angeblich nachts durch alte Schlösser. Sie rasseln mit ▸ Ketten und erschrecken Menschen, die an sie glauben. Die rufen dann entsetzt: „Hier spukts!“ Der Spuk hört nach Mitternacht auf, weil dann die Geisterstunde vorbei ist. Gunda liest solche Geschichten gerne. Sie sind so schön gruselig.
Kürzlich hat Mutter zu Vater gesagt: „Du siehst ja Gespenster!“ Damit hat sie gemeint, dass er sich ohne Grund fürchtet.

Gesundheit „Vor allem wünschen wir dir gute Gesundheit“, sagt Mutter zu Großvater, als er Geburtstag hat. „Das wünsche ich mir auch“, meint er. Zurzeit fühlt er sich körperlich wohl. Er hat auch keinen Kummer, der ihn krank machen könnte. Großvater ist zufrieden mit seiner Gesundheit. Er tut aber auch etwas dafür, dass er gesund bleibt. Er ernährt sich vernünftig und bewegt sich oft an der frischen Luft.

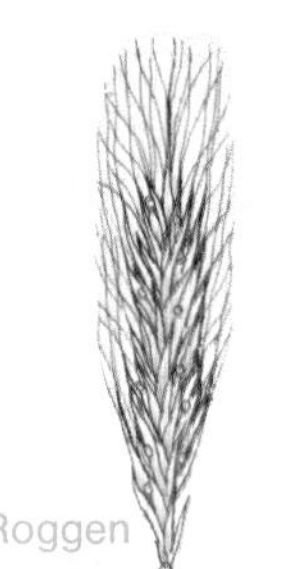
Roggen

Weizen

Gerste

Hafer

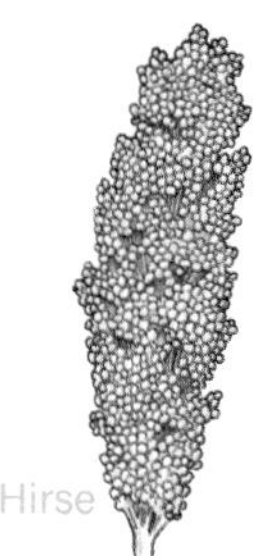
Hirse

Reis

Getreide „Das Getreide wird bald reif sein“, sagt Großvater. Er meint damit den Weizen, den Roggen, den Hafer und die Gerste. ▸ Reis und Hirse sind Getreidearten, die in anderen Ländern wachsen. Getreide wird auf Feldern angepflanzt. Aus den Getreidekörnern macht der Müller ▸ Mehl. Auch als Tierfutter braucht man es. Die Menschen züchteten das Getreide aus ▸ Gras.

Gewerkschaft im Radio hört Gunda, dass eine Gewerkschaft mehr Lohn und Gehalt fordert. Arbeiter und Angestellte schließen sich zu einer Art ▸ Verein zusammen, die man Gewerkschaft nennt. Mitglieder dieser Gewerkschaften fordern von den Arbeitgebern (den Besitzern der ▸ Betriebe) mehr Geld für die ▸ Arbeit des Einzelnen. Außerdem verhandeln sie zum Beispiel darüber, wie lange am Tag gearbeitet wird und wie lange der Urlaub dauert. Bevor es Gewerkschaften gab, wurde allein von den Arbeitgebern festgesetzt, wie viel sie dem Einzelnen für seine Arbeit bezahlen wollten. Die Arbeiter und Angestellten wurden damals viel schlechter bezahlt und dafür mussten sie auch noch viel länger arbeiten.

Gewissen Gunda hat ein schlechtes Gewissen. Sie hat ihrer Mutter gesagt, dass sie mit den Schularbeiten fertig ist. Aber in Wirklichkeit stimmt das nicht. Ihr Gewissen meint, dass das falsch war. Das Gewissen ist so etwas wie eine innere Stimme. Es sagt einem, ob das, was man denkt, sagt oder tut, richtig oder falsch, gut oder böse ist.
Unter Gundas letzte Arbeit schrieb ihre Lehrerin: ‚Das hast du gewissenhaft gemacht.' Sie meint damit, dass Gunda sorgfältig gearbeitet hat.

Gewitter Die Wolken werden immer dunkler, bis sie fast schwarz sind. „Gleich gibts ein Gewitter", sagt Großvater. Schon prasselt starker ▸ Regen gegen das Dach und die Fenster. „Das ist ja fast ein Wolkenbruch", meint Gunda. Jetzt zuckt ein ▸ Blitz am Himmel. Gleich darauf hören sie den Donner. Es dauert meistens nicht lange, bis ein Gewitter vorbei ist. Trotzdem können diese Unwetter so stark sein, dass sie eine Ernte vernichten. Damit der Blitz nicht in Häuser einschlägt, schützt man sie mit Blitzableitern.

Gewürz In Mutters Küchenregal stehen viele Behälter mit Gewürzen. Pfeffer, Nelken, Muskat, Zimt, Majoran, Curry (Köri) und Knoblauchsalz sieht Gunda. Diese Gewürze werden aus Pflanzen gewonnen. Man macht sie zum Beispiel aus getrockneten Blättern, Blüten, Wurzeln, Rindenstücken oder Samen. Auch frische Gewürze, die im Garten wachsen, wie Petersilie, Bohnenkraut, Dill und Schnittlauch, nimmt Mutter. Zu jedem Gericht passen bestimmte Gewürze. Schon kleine Mengen geben dem Essen ▸ Geschmack.

Gift Auf dem Etikett einer Flasche ist ein Totenkopf abgebildet. „Diese Flasche enthält Gift", warnt Großvater Gunda. Schon kleine Mengen der Flüssigkeit schaden dem Körper. Man vergiftet sich, wenn man sie trinkt. Bei größeren Mengen Gift kann die Wirkung tödlich sein. ▸ Gase und Dämpfe sind manchmal giftig. Einige Pflanzen enthalten Gift. Es gibt ▸ Schlangen mit Giftzähnen. Andere Tiere verteidigen sich mit Giftstacheln. Auch ▸ Zigaretten, ▸ Kaffee und ▸ Alkohol enthalten Giftstoffe. Wenn man sie regelmäßig in größeren Mengen zu sich nimmt sind sie gesundheitsschädlich. Bei einer Vergiftung muss man sofort zum ▸ Arzt.

Gips Gundas Mutter will ein Loch in der Wand zugipsen. Im Kaufhaus hat sie Gips gekauft. Sie mischt das weißliche Pulver mit Wasser und schmiert die Masse in das Loch. Bald ist der Gips trocken und hart und das Loch geschlossen. Aus der restlichen Masse formt Gunda eine Gipsfigur. – Unter einem starren Gipsverband wächst ein Knochenbruch wieder gut zusammen.

Giraffe Mit ihrem langen Hals überragt die Giraffe alle anderen Tiere im ▸ Zoo. Sie stammt aus der afrikanischen Savanne. Giraffen werden bis zu sechs Meter hoch. Allein der Hals nimmt drei Meter davon ein. Die schlanken Vorderbeine sind höher als die Hinterbeine. Auf dem Kopf tragen diese Tiere zwei fellbedeckte Stirnhöcker. Giraffen leben in Herden und ernähren sich vom Laub der Bäume.

Gitarre Gunda wünscht sich eine Gitarre. Sie hofft, dass sie es ziemlich schnell lernt, Lieder auf diesem Holzinstrument zu begleiten. Manche Gitarristen spielen so gut, dass sie nicht nur begleiten, sondern auch ▸ Konzerte auf ihrem Instrument geben. Die meisten Gitarren haben sechs Saiten. Der Spieler schlägt oder zupft sie. Oft benutzt man elektrisch verstärkte Gitarren. Sie klingen lauter und metallischer.

Glas Viele Gegenstände sind aus Glas. Zum Beispiel Spiegel, Vasen und Schüsseln. Der Glaser setzt es in ▸ Fenster ein. Geschliffenes und gefärbtes Glas wird für ▸ Brillen und ▸ Ferngläser benutzt. Autoscheiben macht man aus Sicherheitsglas. Wenn es zerspringt, entstehen keine scharfen Splitter.

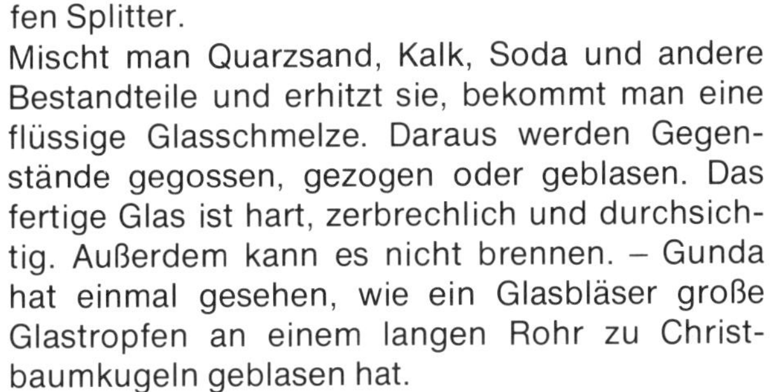

Mischt man Quarzsand, Kalk, Soda und andere Bestandteile und erhitzt sie, bekommt man eine flüssige Glasschmelze. Daraus werden Gegenstände gegossen, gezogen oder geblasen. Das fertige Glas ist hart, zerbrechlich und durchsichtig. Außerdem kann es nicht brennen. – Gunda hat einmal gesehen, wie ein Glasbläser große Glastropfen an einem langen Rohr zu Christbaumkugeln geblasen hat.

Glatteis Gundas Mutter sagt: „Sei vorsichtig, wir haben Glatteis." In der Nacht hat es geregnet. Danach fiel die ▸ Temperatur unter null Grad Celsius und das Wasser auf den Straßen und Gehsteigen gefror. Seit Stunden sind jetzt Streuwagen unterwegs um die Straßen befahrbar zu machen. Auf den vereisten Gehsteigen wird Sand gestreut, damit niemand ausrutscht und hinfällt. Die Fußgänger bewegen sich vorsichtig. Und die Autofahrer fahren langsam.

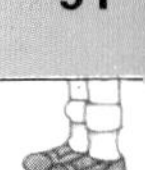

gleich Gundas Mutter erzählt: „Meine Kollegin bekommt für ihre Arbeit weniger Geld als mein Kollege für die gleiche Arbeit. Daran sieht man, dass Männer und Frauen bei uns nicht wirklich gleichberechtigt sind. Das steht zwar im Grundgesetz. Aber nicht alle halten sich daran." – Schon seit mehr als hundert Jahren kämpfen Frauen dafür, dass sie die gleichen Rechte bekommen. Seit sie das tun, hat sich einiges gebessert. Heute ist es zum Beispiel normal, dass eine Frau studiert. Früher war das nicht so. – Um Gleichberechtigung kämpfen auch die schwarzen Menschen in ▸Amerika und anderen Ländern. Sie wollen die gleichen Rechte wie die Weißen.

Gleichgewicht Als Gunda kleiner war, konnte sie auf dem Fahrrad nur schwer das Gleichgewicht halten. Immer wieder kippte sie zur einen oder anderen Seite. – Im ▸Zirkus bewunderte Gunda einen Artisten. Er balancierte (balangsierte) auf einem Seil und hielt das Gleichgewicht, obwohl er da oben tanzte und sprang. Mit beiden Händen trug er eine Balancestange (Balangsestange). Diese Stange half ihm im Gleichgewicht zu bleiben.

Gletscher Gletscher bestehen aus riesigen Eismengen. Im Winter werden sie im Hochgebirge immer dicker, weil Schnee auf das vorhandene Eis fällt und festfriert. Auch im Sommer ist es dort oben so kalt, dass die Gletscher nicht tauen. Bis zu hundert Meter dick werden sie. Sie ziehen sich wie riesige Eiszungen vom Berg hinunter ins wärmere Tal. Dort fangen sie an zu schmelzen. Als kalte Gletscherbäche fließen sie weiter. Wenn die Eismassen reißen, entstehen Gletscherspalten, die für Bergsteiger gefährlich sind. Die Gletscher schleppen Steine mit und lagern sie als Moränen ab.

Globus Gunda hat einen Globus. Sie dreht die Kugel, sodass die Länder und Meere vorbeiflitzen. Auf dem Globus findest du die Lage der Erdteile, Länder, großer Städte, der Meere, Seen, Flüsse und Gebirge unserer ▸Erde. Gunda sieht auf dem Globus mehr Blau als Braun und Grün. Das Blau bedeutet Wasser, und Braun und Grün bedeuten Berge und Land. Daran erkennt sie, dass es mehr Wasser als Land auf der Erde gibt.

Glocke Glocken gießt man aus Bronze (Brongse) oder ▸Stahl. Sie werden in den Glockenstuhl im Kirchturm gehängt. Dort bringt man die Glocke zum Pendeln. Dadurch schlägt der Klöppel aus ▸Metall gegen die Glockenwand und die Glocke läutet. Je größer sie ist, desto lauter klingt sie. – Auf dem Tisch steht eine Glocke, die nicht läutet, sondern riecht. Was ist das für eine?

Eine Käseglocke.

Gold Gundas Eltern tragen Eheringe aus Gold. Dieses gelblich glänzende Edelmetall ist wertvoll, weil man es selten findet. Goldwäscher sieben es aus Gebirgsflüssen. Auch in ▸ Bergwerken wird es ausgegraben. Das weiche ▸ Metall kann der Goldschmied gut zu Schmuck verarbeiten. ▸ Banken bieten Gold an, das zu kleinen Stükken geschmolzen wurde. Solche Stücke nennt man Barren. Früher gab es sehr viele Goldmünzen. Manche Dinge sehen golden aus. Ihre Farbe wirkt also wie Gold.

Goldfisch In ▸ Aquarien, Brunnen und kleinen Seen sieht Gunda manchmal Goldfische. Die sind natürlich nicht aus Gold. Sie sehen nur goldgelb aus. Aber auch rötliche, braune und gefleckte Arten dieser Zierfische gibt es. Bis zu sechzig Zentimeter können sie groß werden. Man züchtete die Goldfische in ▸ China aus einer Karpfenart. Am liebsten hätte Gunda auch ein Aquarium mit Goldfischen.

Gondel Gunda und ihre Eltern stehen in der Gondel einer Seilbahn. Diese Kabine hängt an einem starken Drahtseil. Tief unter ihnen liegt das Tal. Auch den Korb für den Ballonfahrer unter einem ▸ Ballon nennt man Gondel. Die flachen Boote in der italienischen Stadt Venedig heißen ebenfalls so. Der Gondoliere (Gondoljere) rudert sie im Stehen. Mutter wünscht sich: „Ich möchte mit einem Pferdewagen herumgondeln." Sie hat also Lust, langsam und gemütlich damit unterwegs zu sein.

Gott Manchmal betet Gunda. In ihren Gebeten bittet sie Gott um Hilfe für sich oder andere. Oder sie dankt Gott. Seit es Menschen gibt, glauben sie an etwas, das mächtiger ist als sie. Sie stellen sich Gott als etwas Heiliges und Allmächtiges vor. Die ▸ Christen, ▸ Juden und ▸ Moslems glauben an einen Gott. Die Hinduisten verehren mehrere. Auch die alten Römer und Griechen hatten mehrere Götter. Andere Völker beteten die ▸ Sonne als Gott an.

Gras Gunda liegt auf einer Wiese. Wo sie auch hinsieht, überall wachsen Gräser. Es gibt Tausende von Arten dieser Pflanze mit Halm und schmalen, langen Blättern. Die dünnen Halme sind meistens hohl und durch ▸ Knoten unterteilt. Aus den Körnern der Getreidegräser wird Mehl gemahlen, das man für ▸ Brot braucht. Süßgräser auf Wiesen und Weiden verwendet man als Viehfutter. Im Winter frisst das Vieh getrocknetes Gras (Heu). – Auch der Bambus ist eine Grasart. Sein verholzter Stängel kann dick und lang wie ein Baumstamm werden.

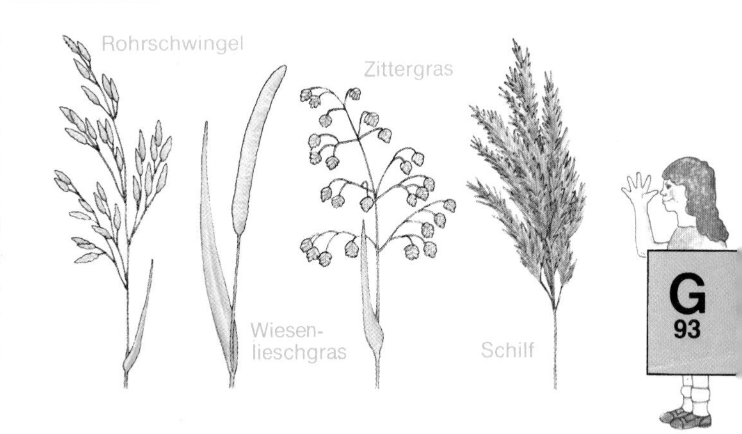

Grenze An vielen Grenzübergängen muss man Grenzbeamten den Personalausweis (✚ Identitätskarte) oder den Pass vorzeigen. Oft werden Grenzen zwischen Ländern bewacht, damit niemand heimlich von einem Land ins andere kann. Es ist dann auch schwierig, unerlaubt Waren von einem Land ins andere zu bringen. Trotzdem versuchen Schmuggler das immer wieder. Sie müssten sonst an der Grenze dafür bezahlen, dass sie ihre Ware in ein Land einführen. Dieses Bezahlen nennt man Zoll. Städte und Gemeinden haben ebenfalls Grenzen. – Mutter sagt manchmal: „Auch meine Geduld hat Grenzen.“ Sie möchte nicht, dass diese Grenzen überschritten werden.

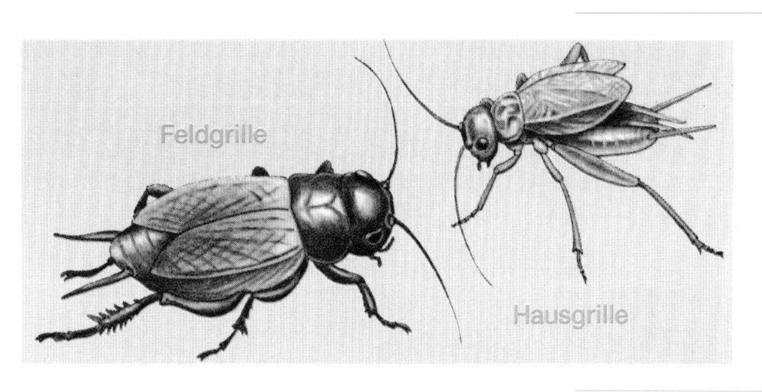

Grille An einem warmen Sommerabend hört Gunda hohe Töne im Gras. „Da zirpt eine Grille“, sagt ihr Vater. Das Geräusch entsteht dadurch, dass die Grillenmännchen ihre Flügeldecken reiben. Sie locken damit die Weibchen an. Grillen leben in Erdlöchern. Diese ▸ Insekten benutzen ihre Vorderbeine nicht nur zum Laufen, sie hören auch damit. In den Vorderbeinen sitzen nämlich die Gehörorgane. Es gibt verschiedene Grillenarten.

grillen „Wir grillen“, schlägt Mutter vor. Gunda stellt den Grill auf. Unter den Rost kommt Holzkohle und wird angezündet. Nun dauert es einige Zeit, bis die Kohle durchgeglüht ist. Vorher soll man das Fleisch nicht auf den Grill legen. Sonst entzündet sich das heraustropfende Fett. Es entstehen Flammen und das Fleisch wird mit schädlichen Stoffen belastet. Als die Kohle glüht, kommt das gewürzte Fleisch auf den Grill. Bald ist es durch die Hitze gar.

Grippe „Ich habe Grippe“, sagt Gundas Mutter. Ihr Kopf ist heiß vom ▸ Fieber. Sie hustet, ihr Hals schmerzt und ihre Glieder tun weh. Bestimmt hat sie sich angesteckt, denn zur Zeit sind viele Menschen an Grippe erkrankt. Diese Krankheit wird durch Niesen oder Husten übertragen. Sie kann sich über die ganze Erde ausbreiten. – Der Arzt verschreibt Mutter Medikamente. Sie muss sich für ein paar Tage ins Bett legen.

Gummi Gummistiefel und Autoreifen werden aus Gummi gemacht. Um den ziemlich weichen und dehnbaren Gummi herzustellen braucht man Kautschuk. Den bekommt man, wenn man die Rinde des Gummibaums anschneidet. Der Saft aus dem Baum tropft dann in Eimer. Damit Gummi entsteht, muss der Kautschuk mit Schwefel vermischt und erhitzt werden. Heute stellt man Kautschuck auch künstlich her.

Gurke Im Garten sieht Gunda Gurken. Diese Pflanze braucht viel Sonne und Feuchtigkeit. Die Gurken wachsen auf dem Boden liegend. „Ich koche ▸ Gemüse aus den Gurken“, sagt Großmutter, „außerdem mache ich Gurkensalat. Kleine Gurken lege ich in ▸ Essig ein. Man kann sie auch süßsauer zubereiten.“

Haare Wie jeder Mensch hat Heike am ganzen Körper feine Haare. Die meisten sind auf ihrem Kopf. „Das sieht aus, als würden mir Fäden aus dem Kopf wachsen“, meint sie. Manchmal schneidet der ▸ Friseur ihre Haare. „Sie wachsen wieder nach und zwar in zehn Tagen ungefähr drei Millimeter“, sagt er. Haare können schwarz, braun, blond oder rot sein. Das liegt an den Farbstoffen im Haar. Je älter die Menschen werden, desto weniger Farbstoffe haben die Haare. Sie werden allmählich grau. Betrübt sagt Vater: „Mir fallen Haare aus. Bald habe ich eine Glatze.“ Auch Tiere sind behaart. Ihr ▸ Fell wärmt ihren Körper.

Hafen Die Familie besichtigt den Hafen. Gerade läuft ein ▸ Schiff ein. „Es kommt von weit her“, sagt Mutter. Wenn das Schiff am Kai angelegt hat, werden die Waren mit Kränen ein- und ausgeladen und in Kühlhallen und ▸ Lagern abgestellt. Passagiere (Passaschịre) verlassen die Schiffe. Andere steigen zu. Hier nimmt man Öl für die Schiffsmotoren, Wasser und Verpflegung an Bord. – Der Hafen schützt die Schiffe bei Sturm vor hohen Wellen. – Im Schwimmdock werden Schiffe gebaut oder repariert. – Die wichtigsten Seehäfen der Bundesrepublik Deutschland heißen Hamburg, Wilhelmshaven, Bremen und Emden. Auch an Flüssen und Kanälen gibt es Hafenanlagen. Diese Häfen nennt man Binnenhäfen. Der größte Binnenhafen ▸ Europas ist in Duisburg.

Hagel Gleich gibts ▸ Regen, denkt Hannes. Aber dann prasseln mitten im Sommer Eiskörner vom dunklen Himmel. Es hagelt. In den feuchten, hohen Gewitterwolken gefriert das Wasser auch im Sommer zu Eiskörnern. Manchmal werden sie durch Aufwinde in den kalten Wolken gehalten. Dabei wachsen sie zu immer größeren Körnern und können beim Fallen nicht mehr zu Regentropfen werden wie sonst. Diese oft kurzen, heftigen Niederschläge richten häufig großen Schaden an.

Hahn Auf dem Hühnerhof sieht Hannes einen bunten Hahn. Mit lautem ‚Kikeriki‘ ruft das Tier seine Hennen zusammen. Auch die männlichen Tiere anderer Vogelarten nennt man Hähne. Gebratene Hähnchen essen Heike und Hannes sehr gern. Es gibt Hähne, die sie nicht essen. Sie stehen auf Kirchtürmen und sind aus ▸ Metall. Andere Hähne sperren etwas ab. Was sind das für Hähne?

Turmhähne und Wasserhähne.

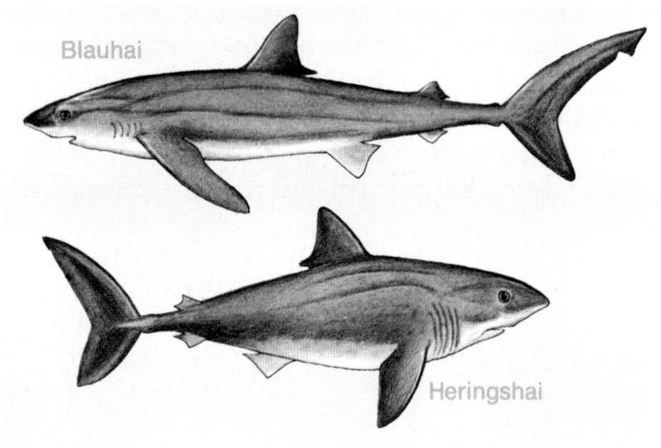

Hai In vielen Meeren lebt ein großer, gefürchteter Raubfisch, der Hai. Hannes hat in einem Film gesehen, wie die Rückenflosse dieses Fisches aus dem Wasser auftauchte. Da flüchteten die Menschen, so schnell sie konnten. Allerdings greifen die meisten Arten dieser blitzschnellen Fische den Menschen nicht an. Das tun nur der Blauhai und der Weißhai.
Der ▸ Kiefer des Hais ist mit Hunderten von gefährlichen, sehr spitzen und scharfen Zähnen besetzt. Die meisten Haie ernähren sich von kleinen Fischen. Die größten Arten werden bis zu fünfzehn Meter lang.

Hals Heike hat Halsschmerzen. Ihr tut das Schlucken weh. „Dein Rachen ist gerötet“, sagt Mutter und gibt ihr eine Halstablette. Später soll Heike gurgeln. „Hoffentlich sind deine ▸ Mandeln nicht entzündet“, meint Mutter. – Im Hals liegen die Luftröhre mit dem Kehlkopf, durch die Atemluft strömt, und die Speiseröhre, durch die Speisen vom Mund in den Magen kommen.
Manchmal sagt Mutter: „Das ewige Putzen hängt mir zum Hals raus.“ Sie meint damit, dass sie zu dieser Arbeit keine Lust hat.

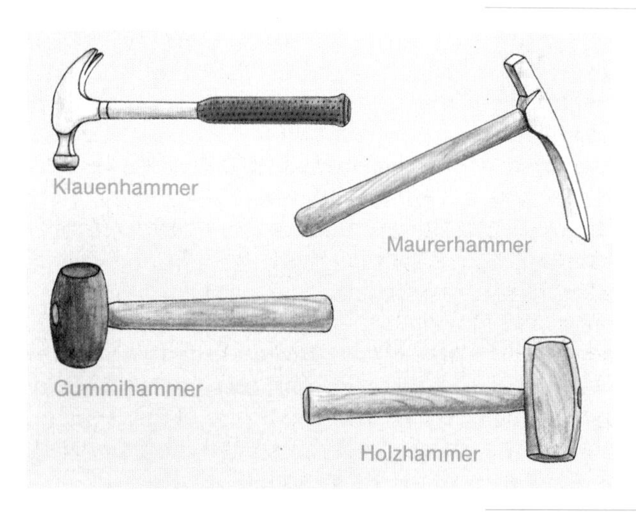

Hammer Mutter schlägt mit einem Hammer den Nagel in die Wand. Dieses Werkzeug braucht man in vielen Handwerksberufen. Hämmer unterscheiden sich in der Form des Hammerkopfs und in der Größe. Als Vater Pfosten für den Gartenzaun in die Erde schlug, benutzte er einen großen Vorschlaghammer. Wenn man ▸ Beton zertrümmern will, braucht man einen Presslufthammer. – Hammerwerfen ist eine Sportart. „Werfen die Sportler einen Hammer auf einen Nagel?“, fragt Heike ihren Vater. Lachend sagt der: „Der Hammer beim Hammerwerfen ist eine Metallkugel, die an einem Draht befestigt wurde. Der Hammerwerfer schleudert das Gerät möglichst weit.“

Hampelmann „Sitz endlich still. Du zappelst ja wie ein Hampelmann“, beschwert sich Mutter bei Hannes. „Stimmt nicht“, sagt er. „Hampelmänner sind aus Holz und bewegen nur ihre Arme und Beine. Damit sie das tun, muss man an einem Faden ziehen. Ich kann viel besser zappeln als ein Hampelmann, nämlich auch mit dem Kopf und mit dem Körper. Und du brauchst nicht an einer Schnur zu ziehen, damit ich hample. Ich schaffe das allein.“

Hamster „Der hat ja Hamsterbacken“, sagt Heike von einem Jungen mit dicken Backen. Der Hamster braucht seine Backen um Getreidekörner darin zu sammeln. Die Körner schafft er als Wintervorrat in seine Vorratshöhle unter dem Getreidefeld. Auch eine Wohnhöhle hat sich dieses Nagetier in seinem Bau angelegt. Die Höhlen sind durch Gänge verbunden. Bei Gefahr lässt sich das bis zu dreißig Zentimeter große Tier durch ein Fallloch in den Bau fallen. Der Goldhamster ist halb so groß. Er wird im Käfig als ▸ Haustier gehalten.
Wenn Menschen besonders viele Vorräte kaufen, sagt man: ‚Sie hamstern‘.

Hand „Guten Tag“, wünscht Heike und gibt dem Besuch die Hand. – Die Hände sind unsere wichtigsten Werkzeuge. Aber auch streicheln kann man damit. Menschen, die sich gerne mögen, gehen Hand in Hand. Das Handgelenk verbindet die Hand mit dem Arm. An jeder Hand hat man fünf Finger: den Daumen, Zeigefinger, Mittelfinger, Ringfinger und den kleinen Finger. Die Fingerspitzen braucht man zum Tasten. Wenn man die Hand ballt, gibt es eine Faust. Mit ihr kann man drohen. Die meisten Menschen arbeiten mehr mit der rechten als mit der linken Hand. Linkshänder sind mit der linken Hand geschickter.

Handball Die Familie sieht bei einem Handballspiel zu. Zwei Mannschaften spielen gegeneinander, zu jeder gehören sieben Spieler. „Der Ball ist leichter und kleiner als ein Fußball“, erklärt Mutter. Er wird mit der Hand geworfen. Sechs Meter vor dem Tor hat man eine Linie gezogen. Die Spieler dürfen diese Linie nicht übertreten, wenn sie auf das Tor werfen. Das Tor wird vom Torwart bewacht. Schiedsrichter achten darauf, dass die Regeln eingehalten werden. Handball spielt man heute nur noch selten im Freien, meistens in der Halle. Beim Feldhandballspiel gehören elf Spieler zu jeder Mannschaft. – Hast du schon einmal Handball gespielt?

Handel Heike kauft eine Tafel ▸ Schokolade. Der Süßwarenhändler stellt die Schokolade nicht selbst her. Dieser Einzelhändler kauft viele Tafeln vom Großhändler. Der Großhändler kauft sie von der ▸ Fabrik, wo man sie herstellt. Durch diesen Handel wird dafür gesorgt, dass die Ware von der Fabrik zu den Käufern kommt. Die Schokolade kostet dabei immer mehr, weil jeder – Fabrikant, Großhändler und Einzelhändler – daran verdienen muss. Auch mit Häusern und Grundstücken wird gehandelt, das heißt, sie werden gekauft und verkauft. – Handelsschiffe transportieren Waren. – Auf dem ▸ Flohmarkt gefällt Heike das Handeln am besten. Dabei versucht sie etwas so billig wie möglich zu bekommen.
Manchmal handelt Heike nicht richtig. Sie tut dann etwas, was nicht in Ordnung ist.

Handwerker „Wir holen einen ▸ Installateur“, sagt Mutter, als der Wasserhahn tropft. Mit den Händen bedient dieser Handwerker seine Werkzeuge und repariert so den Wasserhahn. Handwerker reparieren nicht nur. Der Schneider schneidert einen Anzug und der Schuster (Schuhmacher) fertigt einzelne Schuhpaare an. Er stellt aber nicht Tausende von Schuhen her wie die Arbeiter in einer Schuhfabrik. Auch ▸ Friseure, Automechaniker und Fotografen zum Beispiel sind Handwerker. Sie lernen ihren ▸ Beruf in einer Ausbildungszeit, die sie mit der Gesellenprüfung abschließen. Später können sie Meister werden und einen eigenen Handwerksbetrieb eröffnen.
Als der Wasserhahn repariert ist, sagt Mutter: „Der Mann versteht sein Handwerk.“ – Welche Handwerksberufe kennst du?

Harfe „Die Harfenspielerin schlägt ihre Harfe“, sagt Mutter. „Tut das weh?“, fragt Hannes. Mutter lacht und erklärt: „Die Harfe ist ein Musikinstrument. Wenn man ihre Saiten mit den Fingern zupft oder schlägt, gibt sie Töne von sich.“ Die Harfenspielerin bedient dazu auch die Pedale des Instruments. Die große Harfe hört man vor allem in Orchesterkonzerten. Harfen gibt es schon seit sehr langer Zeit.

Harke Als die Familie spazieren geht, sieht Heike einen Bauern. Mit seiner großen Harke harkt er das Heu zusammen. Im Keller zu Hause steht eine kleinere Harke. Sie wird vor allem benutzt um Gras oder Laub zusammenzuharken. In manchen Gegenden nennt man dieses Gerät mit Holzstiel Rechen. So eine Harke sieht ähnlich aus wie ein großer Kamm, fällt Heike auf.

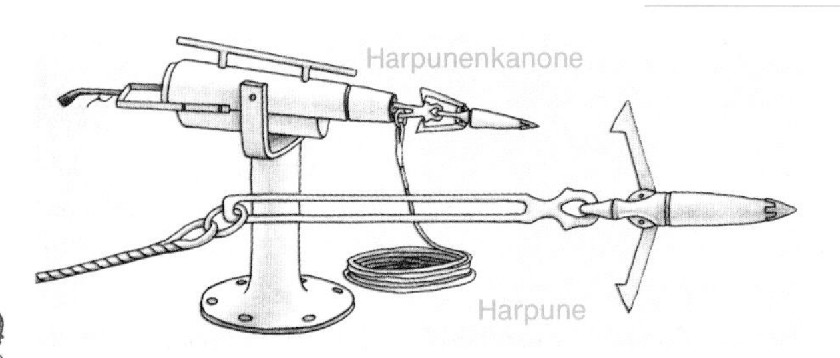

Harpune Harpunen werden für den Fischfang gebraucht. Eine lange Leine verbindet diesen Wurfspieß mit dem Werfer. Heute benutzt man auch Harpunen, die mit einer ▸ Kanone abgeschossen werden. An der Spitze von so einer Harpune kann eine Sprengladung angebracht sein. Sie explodiert, wenn die Harpune trifft. – Schlag doch mal unter dem Stichwort Wal nach.

Harz Heike schneidet ein Stück Rinde aus einem Nadelbaum. Die Schnittstelle fasst sich klebrig an. Ein zähflüssiger Saft – das Harz – tropft heraus. Weil man Harz zur Herstellung von ▸ Seifen, Lacken und Terpentinöl braucht, wird es abgezapft. Man kann Harz auch künstlich herstellen. Aus dem uralten, versteinerten Harz abgestorbener Bäume wird ▸ Bernstein. Welcher Harz ist bergig?

Der Harz, ein deutsches Mittelgebirge.

Hase „Der läuft wie ein Hase“, sagt Heike von ihrem Bruder. In Wirklichkeit rennt Hannes längst nicht so schnell wie dieses Tier. Wenn es Haken schlagend flieht, erreicht es bis zu achtzig Kilometer in der Stunde. Bei uns leben Feldhasen. Sie ernähren sich von Kräutern, Gräsern und Feldfrüchten. Das Männchen nennt man Rammler. Die Füße des Hasen nennt der Jäger Läufe und seine Ohren Löffel. Auch Wildkaninchen gibt es bei uns. Sie sind kleiner als Hasen und sie graben unter der Erde Baue. Von ihnen stammen die Hauskaninchen ab.

Haselnuss Mutter bringt eine Tüte Haselnüsse mit. Heike knackt gleich eine Nuss mit dem Nussknacker. Ihr schmecken die kleinen, braunen Kerne. Diese Nuss reift im Herbst am Haselbusch. Sie entwickelt sich aus der Blüte. Das kann sie aber nur, wenn die Blüte vorher mit Blütenstaub befruchtet wurde. Der Blütenstaub stammt von den Haselnusskätzchen. Im Frühling hängt der Strauch voll damit.

Haus In der Zeitung werden Häuser angeboten. Vater sagt: „Da ist eines für uns, ein Einfamilienhaus mit fünf Zimmern. Im Erdgeschoss dieses Gebäudes sind drei Zimmer und im Dachgeschoss zwei mit schrägen Wänden. Mansarden nennt man sie. Bad, Klo, Abstellräume, Keller und ein Garten gehören dazu.“ Als Vater aber den Preis liest, meint er: „Das ist doch nichts für uns.“ Eine große, wertvolle Villa mit zwei Stockwerken (Etagen (Etaschen)) wird auch verkauft. Billiger sind Reihenhäuser, man baut sie auf kleinere Grundstücke aneinander. Fertighäuser werden aus vorher angefertigten Teilen auf der Baustelle zusammengesetzt. Auch ein Geschäftshaus will jemand verkaufen. Ein anderer sucht Mieter für Wohnungen im Hochhaus.

Haustier Hannes wünscht sich ein Haustier. Über einen ▸ Hund, eine ▸ Katze, einen Goldhamster oder einen ▸ Kanarienvogel würde er sich freuen. Mutter meint: „Wenn du dich um dein Tier kümmerst, habe ich nichts dagegen.“ Vater sagt aus Spaß: „Wünsch dir doch ein nützlicheres Haustier, zum Beispiel eine ▸ Kuh oder ein ▸ Schaf.“ Auch ▸ Ziege, ▸ Schwein, ▸ Pferd, ▸ Esel, ▸ Truthahn, ▸ Taube, ▸ Huhn, ▸ Ente und ▸ Gans sind Haustiere. Sie liefern ▸ Milch, ▸ Eier, ▸ Fleisch, Häute, ▸ Federn und ▸ Wolle. Haustiere schleppen Lasten, halten Wache und helfen bei der ▸ Jagd. Hast du dir schon einmal überlegt, was wäre, wenn wir keine Haustiere hätten?

Haut Manchmal sagt Mutter wütend: „Ich möchte am liebsten aus der Haut fahren." Es wäre nicht gut, wenn sie das täte. Ohne diese Schutzhülle können die Menschen und viele Tiere nämlich nicht leben. Mit seiner Haut fühlt der Mensch Hitze, Kälte und Stöße und wird zugleich davor geschützt. Auch zum Atmen braucht der ▸ Körper die Haut. Er schwitzt durch die Haut, dadurch kühlt er ab und regelt seine Temperatur. Außerdem werden schädliche Stoffe ausgeschwitzt. Menschen haben verschiedene Hautfarben. Die Haut kann schwarz, weiß oder gelb sein. Der Grund dafür sind winzige Farbkörnchen in der Haut. Diese Pigmente bewirken auch, dass die Haut durch Sonnenbestrahlung braun wird.

Hecht In Seen und Flüssen schwimmt der Hecht. Meistens wartet dieser große schlanke Raubfisch in einem Versteck auf Beutefische. Blitzschnell stößt er dann vor, packt sie und verspeist sie. Dabei helfen ihm seine spitzen, nach rückwärts gebogenen Zähne. Er wird allerdings auch gern verspeist und zwar vom Menschen. Alte Hechte sind bis zu anderthalb Meter lang und fünfundzwanzig Kilogramm schwer. Das Weibchen legt viele Hunderttausend Eier. Wenn die Hechte ausschlüpfen, sind sie winzig. Während sie wachsen, frisst ein Hecht den anderen. So überleben nur die Stärksten.

Heckenrose Am Waldrand sieht Heike eine Heckenrose. Ihre Stacheln machen die hohe Hecke fast undurchdringlich. Die Früchte der Heckenrose leuchten rot. Man nennt sie Hagebutten. Wenn Heike die kleinen behaarten Hagebuttenkerne Hannes unter das Hemd schiebt, jucken sie ihn. Deswegen heißen sie Juckpulver. Mutter entkernt die Hagebutten und kocht Tee und Marmelade aus der Frucht. Die Blüten dieser Pflanze sind weiß bis rosa.

Heft Hannes kauft sich Hefte im Schreibwarenladen. Er verlangt: „Ein Rechenheft, zwei Schreibhefte und ein Heft ohne Linien zum Malen." Außerdem kauft er ein Comicheft. Hefte bestehen aus mehreren Seiten und einem Umschlag. Der Umschlag und die Seiten sind mit Faden oder Klammern zusammengeheftet. Eigentlich sieht so ein Heft aus wie ein dünnes ▸ Buch. Es gibt ein Heft, das du nicht umblättern kannst. Weißt du, welches?

Heft (Griff eines Messers).

Heide „Wir fahren in die Heide", sagen die Eltern. „Da blüht jetzt das Heidekraut." Außer Heidekraut (Erika) wachsen in der Heide vor allem Gräser und Sträucher, dazu Kiefern, Birken und die dunkelgrünen Wacholderbüsche. Das Vieh findet in dieser flachen und weiten Landschaft nur wenig zu fressen. Aber für eine genügsame Schafrasse – die Heidschnucken – reicht es. – Auch einen Menschen kann man Heide nennen. Weißt du, was man damit meint?

Heide (einer, der kein ▸ Christ ist).

Heidelbeere „Ihr habt bestimmt Heidelbeeren gegessen", sagt Vater, als er Heike und Hannes sieht. Ihre Lippen sind vom Saft dieser kleinen Beeren ganz blau. Heidelbeeren wachsen im Wald an niedrigen Sträuchern. Man kann Kuchen, Kompott oder Marmelade aus ihnen machen. Diese Wildfrucht wird auch Bickbeere, Blaubeere oder Schwarzbeere genannt.

Heilpflanze Hannes trinkt Kamillentee, weil er sich den Magen verdorben hat. Wenn sich seine Mutter aufregt, nimmt sie Baldriantropfen ein. Bei Husten lutscht man Eukalyptusbonbons. Diese Heilmittel werden alle aus Heilpflanzen hergestellt. Auch aus der ▸ Pfefferminze, der Lindenblüte und der Holunderblüte (Hollerblüte) macht man Heilmittel. Solche Heilpflanzen sind die ältesten und natürlichsten Arzneimittel. Bei manchen muss man vorsichtig sein. Winzige Mengen zum Beispiel der Tollkirsche und des Fingerhuts heilen, obwohl beide sehr giftig sind.

Heimat In Heikes Klasse geht ein Mädchen aus Bosnien. Sie spricht kaum deutsch und sie fühlt sich ▸ fremd. Ihre Heimat ist der Ort, aus dem sie stammt. Dort fühlt sie sich zu Hause. In der Heimat kennt man sich aus. Man spricht die gleiche Sprache, hat Verwandte, Bekannte und Freunde. Dieses Mädchen und seine Eltern sind wie viele andere aus ihrer Heimat geflohen, weil dort Krieg herrscht. Für Sadik aus Heikes Klasse ist wie für Heike die Heimat hier. Seine Eltern stammen aus der Türkei, aber er ist hier geboren und aufgewachsen.

Heizung „Es ist kalt, wir heizen", sagt Mutter. Die Heizung sorgt dafür, dass es warm wird. Als Brennstoffe verwendet man ▸ Holz, ▸ Kohle, ▸ Gas, Heizöl oder ▸ Elektrizität. Es gibt Wohnungen, bei denen in jedem Zimmer ein ▸ Ofen steht, der einzeln geheizt wird. Zentralheizungen sind praktischer. Man beheizt die Heizkörper meistens im Keller von einem Kessel aus. Darin wird Wasser erhitzt. Das warme Wasser steigt durch Rohre in die Heizkörper der Zimmer. Heizkraftwerke versorgen ganze Stadtteile mit Fernwärme.

Herd Hannes steht neben seiner Mutter am Herd. Auf der heißen Herdplatte brodelt ein Topf mit Suppe. „Diese Schnellkochplatte wird schneller heiß als die anderen Herdplatten", sagt Mutter. Im Backofen brät Fleisch. Mutter benutzt einen elektrischen Herd. Außerdem gibt es Gasherde. Früher hatte man Holz- und Kohleherde. Da dauerte das Kochen länger. – Manchmal sucht der ▸ Arzt einen Krankheitsherd. So nennt man die Stelle im ▸ Körper, von der eine Krankheit ausgeht.

Hering Auf dem Teller liegt ein Bismarckhering. Vater sieht ihn nachdenklich an und sagt: „Die Heringe in den Meeren werden immer weniger und damit immer teurer. Man hat zu viele dieser Fische gefangen." Heringe leben in riesigen Schwärmen. Die Fischer fangen sie mit großen Netzen und verkaufen sie frisch. Man kann den Hering auch um ein Stück ▸ Gurke wickeln und in ▸ Essig einlegen, dann heißt er Rollmops. Geräucherte Heringe sind Bücklinge. Gebraten und in Essig eingelegt heißt er Brathering. Einen Hering isst niemand. Weißt du welchen?

Hering (ein Metallpflock, an dem Zeltschnüre befestigt werden).

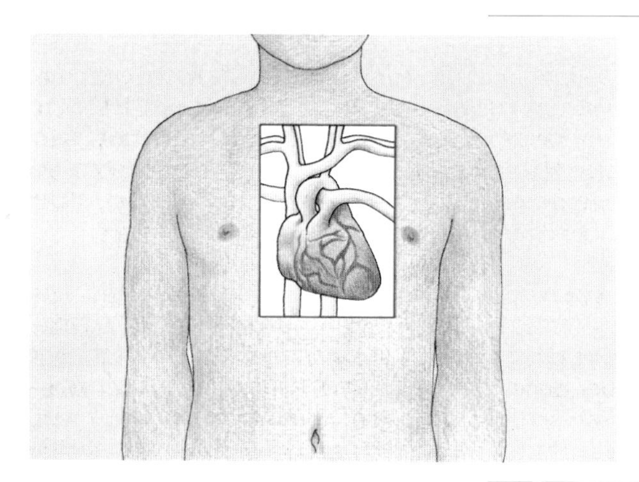

Herz Auf der linken Brustseite spürt Heike ihren Herzschlag. Wenn sie schnell läuft, klopft das Herz rasch. Beim Schlafen klopft es langsam. Der hohle, etwa faustgroße Herzmuskel arbeitet wie eine Pumpe. Das ganze Leben über pumpt er sauerstoffreiches ▸ Blut aus der Lunge in den ▸ Körper. Dann verbraucht der Körper den Sauerstoff. Das sauerstoffarme Blut fließt durch die ▸ Adern zum Herzen zurück und wird in die Lunge gepumpt. Die Atemluft versorgt es dort mit frischem Sauerstoff. So hält das Herz den Blutkreislauf in Gang. – Das Herz eines Erwachsenen schlägt pro Minute 60- bis 80-mal. Ein Kinderherz schlägt schneller und ein Säuglingsherz etwa 130-mal.

Heuschrecke Heike will auf der Wiese eine Heuschrecke fangen. Schnell hüpft das Tier mit seinen langen, kräftigen Hinterbeinen weg. Das Zirpen dieser ▸ Insekten entsteht, wenn sie ihre Hinterbeine an den Vorderflügeln reiben. Es gibt viele Arten. Sie ernähren sich von Pflanzen und kleinen Insekten. Gefährlich sind die Wanderheuschrecken, die zum Beispiel in ▸ Afrika vorkommen. Ihre riesigen Schwärme können große Gebiete bedecken. Sie fressen Bäume und Sträucher völlig kahl.
Heuschrecken nennt man auch Grashüpfer, Heuhüpfer oder Heupferde.

Hexe „Schade, dass du keine Hexe bist", sagt Hannes zu seiner Mutter. „Wenn du eine wärst, könntest du mir jetzt nämlich schnell meine Schularbeiten zaubern." Mutter will aber keine Hexe sein. „Die gelten als alte, böse Frauen. Und diese teuflischen Zauberinnen sollen auf Besen durch die Luft reiten. Das möchte ich nicht", sagt sie. Zum Glück hexen die Hexen nur in Hexengeschichten.

Himbeere Heike trinkt Himbeersirup, den sie mit Wasser verdünnt hat. Auch Himbeerbonbons und -marmelade schmecken ihr sehr gut. Himbeeren wachsen an stacheligen Sträuchern im Wald und im Garten. Die Beeren leuchten rot. Sie duften und schmecken süß. Gartenhimbeeren werden größer als die wild wachsenden. Aus den Früchten brennt man Schnaps, den Himbeergeist. So einen Geist mag Vater ab und zu ganz gerne.

Himmel Gestern war der Himmel mit dunklen Wolken verhangen. Heute ist er blau. Vögel fliegen hoch am Himmel. ▸ Flugzeuge sieht man. In einer Ebene wirkt der Himmel wie eine Halbkugel, die sich über die Erde wölbt. Für das Auge beginnt die Halbkugel, wo die Erde am ▸ Horizont aufhört und der Himmel anfängt. Man wird aber nie zur Stelle kommen, wo Himmel und Erde zusammenstoßen. Es wirkt eben nur so, als wäre der Himmel eine Halbkugel, an der nachts die Sterne stehen. – Viele Menschen glauben, dass der Himmel der Ort ist, wo sich Gott aufhält.

Himmelsrichtung Während des Tages scheint die ▸ Sonne immer aus einer anderen Richtung des Himmels. Morgens geht sie im Osten auf. Mittags steht sie im Süden. Abends geht sie im Westen unter. Wenn die Sonne im Norden steht, sieht man sie nicht. In diese vier Himmelsrichtungen – Norden, Osten, Süden, Westen – wurde der ▸ Horizont eingeteilt. Mit einem ▸ Kompass lässt sich die Himmelsrichtung leicht feststellen. – Im ▸ Atlas sieht sich Hannes die Europakarte an. Oben auf der Seite ist Norden, unten Süden, links liegt Westen und rechts Osten. Sieh mal im Atlas nach, welche Länder Europas von uns aus in welcher Himmelsrichtung liegen.

Hirsch Im Wald sehen Heike und Hannes ein Rudel Hirsche. Am Kopf tragen die männlichen Tiere Geweihe mit mehreren Spitzen. Gegen Ende des Winters werfen die Hirsche das Geweih ab. Schon im Frühling wächst es wieder. Im Herbst kämpfen die männlichen Tiere um die Hirschkühe. – Hirschfleisch schmeckt gut, deswegen werden diese Tiere gejagt. Ihre Haut verarbeitet man zu ▸ Leder. – Außer dem Rothirsch leben in ▸ Europa das ▸ Reh, der Elch und der Damhirsch. Das Ren ist eine Hirschart, bei der auch die weiblichen Tiere Geweihe tragen.

Hitze „Ist das eine Hitze“, stöhnt Mutter. Es ist wirklich viel wärmer als sonst. Die Sonne brennt. Hannes schwitzt und hat ▸ Durst. In manchen Gebieten der Erde herrscht so große Hitze, dass alles austrocknet. Dort wachsen keine Pflanzen. Menschen und Tiere haben es schwer zu überleben. Vor Hitze schützen sich die Menschen durch leichte und helle Kleidung. In die Häuser baut man Klimaanlagen, damit es kühler wird. Bei starker Hitze kann man einen Hitzschlag bekommen. Dann quälen einen Kopfschmerzen und Übelkeit. Manche Menschen werden davon ohnmächtig.

Hobby Vater sammelt Briefmarken. Er sagt: „Das ist mein Hobby.“ Auch Mutter hat ein Hobby. Sie malt gerne. Für viele Menschen gibt es so eine Freizeitbeschäftigung. Sie macht ihnen besonders viel Spaß und verschafft ihnen Abwechslung von ihrer ▸ Arbeit. Hobby ist ein englisches Wort. Es bedeutet eigentlich Liebhaberei. Man sagt auch Steckenpferd dazu. Es gibt viele Hobbys. Welche hast du?

Stabhochspringer

Hochsprung Hannes probiert auf dem Sportplatz das Hochspringen aus. Er legt die Sprunglatte zwischen den Ständern auf achtzig Zentimeter. Dann nimmt er Anlauf, springt ab ... und reißt die Latte. „Zwei Sprünge hast du noch“, sagt Heike, denn man kann jede Höhe dreimal versuchen. Es gibt Männer und Frauen, die über zwei Meter springen. Die Springer landen auf weichem Sand oder Schaumstoffmatten. Stabhochspringer unterstützen ihren Sprung mit einem langen Stab. So erreichen sie Höhen von über fünfeinhalb Metern.

Hockey (Họki) Hannes und Heike sehen bei einem Hockeyspiel zu. Zwei Mannschaften spielen auf einem Rasenplatz gegeneinander, der ungefähr so groß ist wie ein Fußballfeld. Zu jeder Mannschaft gehören elf Spieler. Mit dem Hockeyschläger, der aussieht wie ein Stock mit einem gebogenen Haken unten, schlagen sie den harten, kleinen Ball. Ein Spiel dauert 2 x 35 Minuten. Es gewinnt die Mannschaft, die die meisten Tore schießt.

Höhle Die Familie kommt im Gebirge an einer Felsenhöhle vorbei. „In solchen Höhlen lebten die Urmenschen“, sagt Mutter. Man weiß das, weil man darin Knochen gefunden hat. Außerdem zeigen Malereien an den Höhlenwänden, dass hier Menschen wohnten. Früher lebten in Höhlen zum Beispiel auch Höhlenlöwen, Höhlenbären und Riesenfaultiere. Heute schlafen Fledermäuse darin. Der blinde Grottenolm, Höhlenkrebse, -schnecken und -asseln leben in Höhlen. Auch in der Erde gibt es größere hohle Räume. Sie entstanden durch das Aufreißen der Erde oder wurden durch Wasser ausgewaschen. Die größten Höhlen sind über tausend Meter tief und mehrere Kilometer lang. In Tropfsteinhöhlen bildeten sich durch den ▸ Kalk des herabtropfenden Wassers verschieden geformte Gebilde. Wenn sie wie Eiszapfen von der Decke hängen, nennt man sie Stalaktiten. Ragen sie wie kleine Türme vom Boden auf, heißen sie Stalagmiten.

Holz Überall wachsen Bäume. Mehr als tausend Holzarten gibt es. Sie können härter oder weicher sein. Auch in der Färbung und der Maserung unterscheiden sie sich. Am wertvollsten sind die Edelhölzer des Regenwaldes. Ihre Stämme werden im Sägewerk zu ganz dünnen Brettern geschnitten. Dieses teure Holz – man nennt es Furnier – klebt man auf Möbel, die vorher aus billigerem Holz hergestellt wurden. Nadelbäume liefern weicheres Holz, das man zur Papierherstellung benutzt. Auch zum Bauen und Heizen wird Holz gebraucht. Edelhölzer werden oft wahllos und zu viel abgeholzt. Dadurch zerstört man die ▸ Urwälder. Manche Leute verzichten deshalb ganz auf Edelhölzer.

Horizont Am Horizont stoßen Himmel und Erde oder Himmel und Wasser zusammen. So sieht das jedenfalls aus. Wenn auf dem Meer ein Schiff am Horizont auftaucht, erkennt man den Mast und dann immer mehr vom Schiff. Das liegt daran, dass die Erde die Form einer Kugel hat. Der Mensch, der über das Meer sieht, überblickt nur einen Teil der Kugelform, den Teil bis zum Horizont. Je höher er steht, desto mehr sieht er und desto weiter entfernt ist der Horizont für ihn.

Horn Hannes sieht einen Stier. Er hat spitze Hörner. Auch viele andere Tiere tragen Hörner auf dem Kopf, zum Beispiel die Ziege, die Antilope und das ▸ Nashorn. Die Tiere verteidigen sich damit. Auch Menschen haben Horn auf dem Kopf, denn die ▸ Haare bestehen aus Horn. Außerdem sind Hufe, Krallen, Finger- und Zehennägel aus Horn. – Ein Horn wird zum Blasen benutzt. Weißt du, was das für eines ist?

Das Waldhorn (ein Musikinstrument).

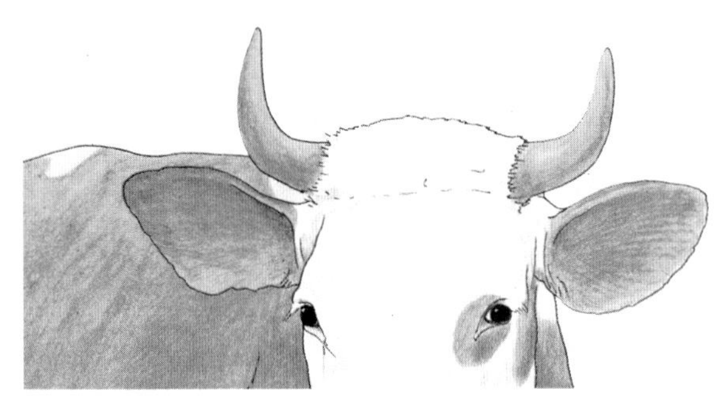

Hornisse Mutter erzählt, dass ein Kind von einer Hornisse gestochen wurde. „Der Stich ist gefährlich für Menschen und Tiere", sagt sie. Hornissen sind eine große Wespenart. Sie können bis zu vier Zentimeter lang werden. Ihre Nester bauen diese braungelben ▸ Insekten meistens in hohlen Bäumen, Mauerspalten oder im Dachgebälk. In so einem Nest leben manchmal 3000 bis 5000 Hornissen zusammen. Wie bei den ▸ Bienen gibt es darin Königinnen, Arbeiterinnen und Männchen.

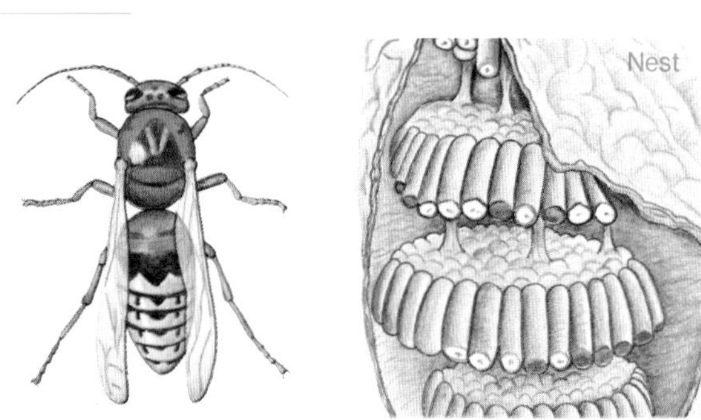

Hotel Vater war auf einer Geschäftsreise. Als er nach Hause zurückkommt, erzählt er: „Ich habe in einem Hotel übernachtet. Dort hatte ich ein Zimmer mit Dusche. Auch viele andere Menschen wohnten für kürzere Zeit in diesem Haus." Vater frühstückte im Hotel, aß zu Mittag und zu Abend. Für die Benutzung des Zimmers und das Essen bekam er eine Rechnung, die er bezahlen musste.

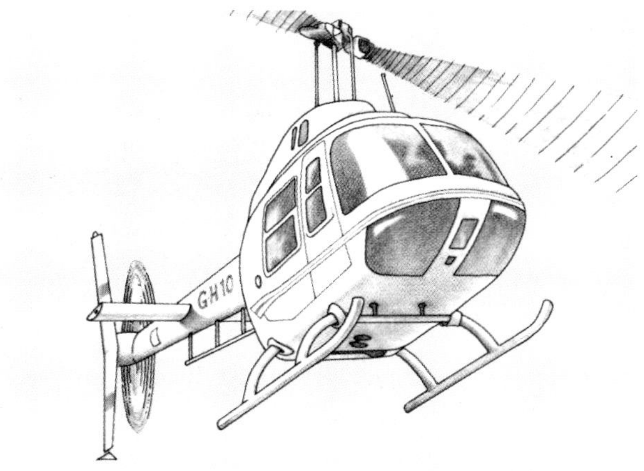

Hubschrauber Die Familie besucht eine Flugschau. Gerade startet ein Hubschrauber. Dieses kleine ▸Flugzeug, das man auch Helikopter nennt, hat keine Tragflächen wie andere Flugzeuge. Dafür ist es mit Drehflügeln (Rotoren) ausgerüstet. Hubschrauber starten und landen senkrecht, deswegen brauchen sie nur wenig Platz dazu. „Der kann ja sogar in der Luft stehen bleiben", staunt Heike. „Und jetzt fliegt er rückwärts", sagt Hannes. – ▸Polizei und ▸Militär benutzen diese besonders beweglichen Luftfahrzeuge. – Rettungshubschrauber landen direkt neben der Unfallstelle. Sie transportieren Verunglückte schnell ins Krankenhaus.

Hufeisen Auf dem weichen Boden sieht Heike den Abdruck eines Hufeisens. „Da ist ein Pferd gegangen", sagt sie. Das Hufeisen wurde dem Pferd vom Schmied angepasst und dann festgenagelt. Davon spürt das Tier nichts, denn diese Stelle ist aus unempfindlichem ▸Horn. Die U-förmigen Eisen schützen die Pferdehufe. Manche Menschen hängen sich ein Hufeisen an die Wand. Sie glauben, dass es Glück bringt.

Huhn Auf dem ▸Bauernhof gackern Hühner. Sie scharren und picken nach Körnern, ▸Käfern und ▸Schnecken. Schwerfällig flattert eines davon. Stolz kräht der ▸Hahn. Dieses männliche Tier ist bunter als die Hennen. „Sieh mal, die Küken", sagt Mutter und deutet auf die jungen Hühner. Erst vor kurzem schlüpften sie aus den Eiern, die man den Hennen zum Ausbrüten ließ. Bis zu dreihundert Eier legt eine Henne im Jahr. Auch wegen ihres Fleisches züchtet man Hühner. Die meisten hält man in Hühnerfarmen, wo sie auf engstem Raum leben. Zu den Hühnervögeln gehören auch Rebhühner, ▸Fasane und Wachteln.
Manchmal sagt Mutter zu Hannes: „Ich muss noch ein Hühnchen mit dir rupfen."

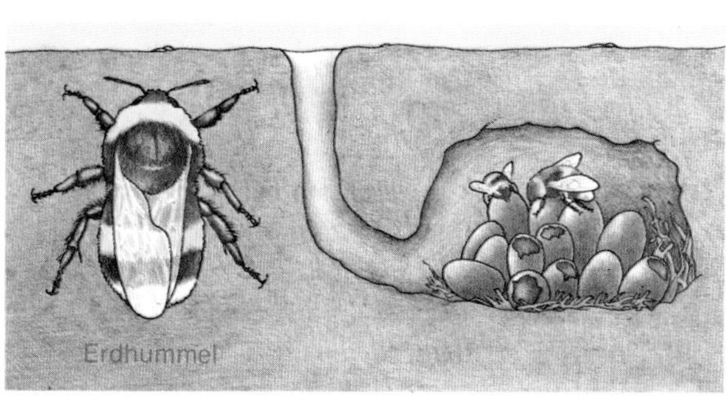
Erdhummel

Hummel „Ist das eine dicke ▸Biene", staunt Hannes. Er zeigt auf ein ▸Insekt mit Haaren, die wie Pelz aussehen. „Das ist eine Hummel", erklärt Heike. „Fass sie nicht an. Sie kann stechen." Die beiden beobachten, wie dieses Insekt seinen langen Saugrüssel benutzt um süßen Nektar aus Blüten zu holen. Viele Hummeln leben zusammen in einer Erdhöhle. – Manchmal sagt Vater zu Heike, wenn sie besonders lebhaft ist: „Du wilde Hummel."

Hund Heike und Hannes möchten einen Hund haben. Aber sie wissen noch nicht, welchen. Über 300 Rassen gibt es. Die kleinsten sind eine Handvoll Hund. ▸ Bernhardiner werden schwer wie ein Mann. Die beiden möchten einen Welpen, also ein junges Tier. Heike wäre ein Rüde – das Hundemännchen – am liebsten. Mutter sagt: „Wir nehmen einen Mischling aus dem Tierheim." Die Eltern von Mischlingen gehören verschiedenen Hunderassen an. – Die Haushunde stammen von ▸ Wölfen ab. Schon vor Tausenden von Jahren waren diese wachsamen Tiere mit ihrer feinen Nase ▸ Haustiere des Menschen. Jede Rasse ist für andere Aufgaben geeignet. Schäferhunde, Doggen, Pudel und Spitze sind zum Beispiel Wachhunde. Diensthunde braucht man als Polizei- und Blindenhunde. Man verwendet dazu vor allem Schäferhunde, Schnauzer und Boxer. Als Jagdhunde eignen sich Setter, Spaniels, Windhunde und ▸ Dackel. Bulldoggen, Pekinesen und Möpse werden als Haus- oder Spielhunde gehalten.

Hunger Heike hat großen Hunger und das Gefühl, dass sie unbedingt etwas essen möchte. Vor Hunger tut ihr der Magen weh. Hunger kann gefährlich werden, wenn der ▸ Körper tagelang keine Nahrung bekommt. Irgendwann ist dann das ▸ Fett des Körpers verbraucht und der Mensch verhungert. Einzelne Menschen kamen schon über achtzig Tage ohne Nahrung aus. Durch ▸ Kriege und ▸ Katastrophen entstehen Hungersnöte, unter denen die Menschen ganzer Länder leiden. In vielen Ländern ist der Hunger nichts Ungewöhnliches. In anderen Ländern dagegen haben die Menschen so viel zu essen, dass sie Nahrungsmittel wegwerfen.

Hütte Der Freund von Hannes zeigt auf ein kleines Holzhaus und sagt: „In dieser Hütte wohnen Bekannte." Hannes übernachtete mit seinen Eltern kürzlich in einer Wanderhütte. Skihütten sind das Ziel vieler Bergwanderungen. Wesentlich kleiner war die Laubhütte, die sich Hannes und Heike bauten. Der Platz reichte gerade, um sich hineinzukuscheln. Auch aus Stein oder Lehm werden Hütten gebaut. Nicht nur Menschen wohnen in Hütten. Der ▸ Hund der Nachbarn schläft in einer Hundehütte.

Hyäne Im ▸ Zoo stehen Heike und Hannes vor dem Käfig eines Tiers, das einem großen, struppigen ▸ Hund ähnlich sieht. ‚Hyäne' liest Hannes vom Schild am Käfig ab. Es gibt verschiedene Arten dieser Tiere. Heike fallen die großen Ohren, der kräftige Hals und die langen, dicken Rückenhaare auf. Hyänen sind Raubtiere. Sie leben in den Steppen und Wüsten ▸ Afrikas und ▸ Asiens. Nachts jagen sie in Rudeln. Oft fressen sie auch Tiere, die schon länger tot sind.

Idee Isabella weiß nicht, was sie tun soll. Da hat sie eine Idee. Sie will Olaf besuchen. Dieser Einfall kam ganz plötzlich. „Das ist eine gute Idee“, sagt ihre Mutter. Weniger gut fand Mutter Isabellas Idee heute Abend lange fernzusehen. „Die Idee kannst du dir aus dem Kopf schlagen“, sagt sie. „Das wird viel zu spät für dich.“

Igel Als die Familie abends spazieren geht, raschelt es in einem Busch. „Seht mal, ein Igel“, sagt Vater. Diese Tiere werden erst am Abend munter. Jetzt hat sich der Igel zu einem unbeweglichen Stachelball zusammengerollt. So ist er vor Angreifern geschützt. Igel ernähren sich von ▸ Insekten, Würmern und Schnecken. Im Winter versteckt sich das Tier im Laub und hält Winterschlaf. Während dieser Zeit lebt es von seinem ▸ Fett. Leider werden viele Igel auf den Straßen überfahren.

Iltis Isabella spielt mit ihrem Freund an der Hecke eines Bauernhofs. Plötzlich huscht ein Iltis davon. Iltisse haben einen ungefähr vierzig Zentimeter langen Körper und einen bis zu zwanzig Zentimeter langen Schwanz. Es gibt verschiedene Arten dieses kleinen ▸ Raubtiers. Tagsüber schläft es in Hecken und Steinhaufen. Nachts jagt es ▸ Mäuse, ▸ Ratten, ▸ Hasen, ▸ Schlangen und ▸ Frösche. Iltisse stehlen den Bauern Eier, Hühner und Tauben.

Impfung Vater sagt: „Heute habe ich mich gegen ▸ Grippe impfen lassen.“ Durch den Impfstoff – das Serum – ist er jetzt vor dieser ansteckenden Krankheit geschützt. Der ▸ Arzt hat den Impfstoff mit einer Spritzpistole unter die Haut gespritzt. Vater hat das kaum gespürt. Isabella wurde gegen Masern geimpft. Das tat überhaupt nicht weh. Bei der Impfung gegen ▸ Kinderlähmung schluckte sie den Impfstoff mit einem Stück Zucker. Man kann sich gegen viele ansteckende Krankheiten impfen lassen, damit der Körper Abwehrstoffe entwickelt. Auch zur Heilung von manchen Krankheiten impft der Arzt den Patienten.

Stell dir vor, es gäbe keinen Impfstoff. Was würde dann passieren?

imponieren „Der imponiert mir gar nicht“, sagt Mutter von einem Jungen. Dieser Junge prahlt damit, dass er der Stärkste in der Klasse ist. Auch Isabella bewundert ihn nicht. – Kürzlich erlebte sie, wie ein Mädchen von zwei größeren Jungen gehauen wurde. Da rannte ein anderes Mädchen hin und half dem einen. Das fand Isabella toll. Dieses mutige Mädchen imponierte ihr also. – Der ▸ Pfau schlägt ein Rad um dem Weibchen zu imponieren.

Nordamerikanische Indianer

Südamerikanische Indianer

Indianer Isabellas Freund verkleidet sich als Indianer. Er setzt den Kopfschmuck aus Federn auf und steckt ein Kriegsbeil in den Gürtel. „Das Beil heißt Tomahawk (Tomahak)“, sagt Vater. „Und du“, sagt er zu Isabella, „du bist jetzt eine Indianerfrau, also eine Squaw (Skwa), und wohnst in einem Wigwam. So wird das Wohnzelt der Rothäute genannt.“ Eigentlich ist es ein Irrtum, dass die Indianer Indianer heißen. Als Christoph Kolumbus vor ungefähr 500 Jahren ▸ Amerika entdeckte, wusste er gar nicht, dass er in Amerika war. Er nannte die Menschen dort Indianer, weil er dachte, er wäre in Indien. Da diese Menschen ihre gelblich braune Haut rot bemalten, nannten die Seeleute von Kolumbus sie Rothäute.
Die vielen Indianerstämme lebten über ganz Amerika verstreut. Die Mayas, Inkas und Azteken in Süd- und Mittelamerika kannten schon damals Straßen, Städte aus Stein, Staudämme und Bewässerungsanlagen. Sogar Post gab es. Aber die weißen Eroberer aus ▸ Europa besaßen Gewehre und waren gierig auf das Gold und das Land der Indianer. Außerdem wollten sie die Indianer unbedingt zu Christen machen. In grausamen Kämpfen unterwarfen sie die Stämme. Sie nahmen ihnen alles ab und töteten viele.
Vom Fischfang, der Jagd, als Sammler und Ackerbauern ernährten sich die Indianer Nordamerikas. Die Weißen aus Europa wollten sich ansiedeln, wo diese Indianer lebten. Und die Weißen nahmen ihnen ihren Reichtum – das Land – ab. In schweren Kämpfen trieb man die Stämme immer weiter zurück. Noch vor ungefähr hundert Jahren drangen die weißen Siedler in die letzten Gebiete der Indianer ein. Heute leben die restlichen Indianer meistens ärmlich in Gebieten (Reservaten), die man ihnen zugeteilt hat. Kein Weißer darf sich dort ansiedeln.

Insekten Isabella sieht eine ▸ Ameise. Eine ▸ Biene fliegt vorbei. ▸ Schmetterlinge flattern durch die Luft. All diese kleinen Tiere sind Insekten. Fast eine Million Arten gibt es. Die kleinsten erkennt man nur unter dem ▸ Mikroskop. Die größten können über zwanzig Zentimeter groß sein. Ihre harte Haut schützt die Insekten. Man nennt sie Kerbtiere, weil ihre Körper zwischen Kopf und Brust und zwischen Brust und Hinterleib eingekerbt sind. Insekten haben sechs Beine. Am Kopf sitzen zwei Fühler (Antennen). Und die meisten Insekten können fliegen. Diese Tiere verändern sich mehrmals während ihres Lebens. Sie schlüpfen zum Beispiel als Raupen aus Eiern. Die Raupen spinnen sich ein. Man sagt: Sie verpuppen sich. Aus den ▸ Puppen schlüpfen später fertige Insekten. Manchmal schimpft man: „So ein lästiges Insekt.“ Einige stechen nämlich oder saugen ▸ Blut aus. Außerdem übertragen sie Krankheiten. Welche Insekten kennst du?

Insel Als Isabella mit ihren Eltern über den See rudert, schlägt Mutter vor: „Auf der kleinen Insel machen wir Pause und setzen uns ins Gras. Später rudern wir dann weiter zur anderen Seite des Sees." Auch mitten im ▸ Meer gibt es solche Stücke Land. Oft wohnen Menschen auf Inseln. Wenn keine ▸ Brücke zum Festland gebaut wurde, kommt man nur mit dem Schiff oder Flugzeug hin. Der Erdteil ▸ Australien ist eine riesige Insel. Halbinseln – wie das Land Italien – sind auf einer Seite mit dem Festland verbunden.
Such doch mal Inseln im Atlas!

Installateur (Installatör) Vater stöhnt: „Die ▸ Heizung ist nicht in Ordnung. Wir brauchen den Installateur schon wieder." Erst vor kurzem reparierte dieser ▸ Handwerker mit seinen Werkzeugen ein Wasserrohr. Auch Gasleitungen, Anlagen für Abwässer und Lüftungen bringt er an und repariert sie. Außerdem montiert er ▸ Antennen und Blitzableiter. In manchen Gegenden nennt man den Installateur Flaschner, Klempner oder Spengler.

Instinkt „Woher wissen eigentlich die Zugvögel, dass sie im Herbst in wärmere Gegenden fliegen müssen?", fragt Isabella. Mutter erklärt: „Ihr Instinkt sagt ihnen das." Schon von klein auf wissen sie, dass sie dorthin fliegen werden, obwohl ihnen das niemand beigebracht hat. Außerdem waren sie nie in dem Land, in das sie fliegen. Trotzdem finden sie es. Für den Vogel ist dieser Flug lebensnotwendig, denn bei uns wird es für ihn im Winter zu kalt. Deswegen fliegt er los ohne darüber nachzudenken. – Auch Menschen haben Instinkte. Das Baby (Bebi) lernt nirgends, wie es Milch saugen muss. Instinktiv kann es das. Kennst du noch andere Instinkte?

international Isabella geht an der Litfaßsäule vorbei. ‚Internationales Jugendtreffen' steht auf einem Plakat. International wird das Treffen genannt, weil sich Jugendliche aus den verschiedensten Ländern daran beteiligen. Auch ein internationales Sportfest ist angekündigt. Sportler aus ▸ Amerika, der Sowjetunion, der ▸ Schweiz, Schweden und vielen anderen Ländern sind eingeladen bei dem Sportfest mitzumachen.

Interview (Interwju) Der Fernsehsprecher sagt: „Wir senden das Interview mit dem ▸ Bundeskanzler." Eine Reporterin stellt dem Bundeskanzler Fragen, die er beantwortet. Auch im Radio und in der Zeitung hört und liest man Interviews. Isabella findet, dass die Interviewer (Interwjuer) und die Interviewten (Interwjuten) immer sehr ernst und wichtig aussehen und sprechen. Sie hätte richtig Lust einmal einen zu kitzeln.

Jacht (Yacht) Jonas besichtigt mit seinen Eltern einen ▸ Hafen. Seine Mutter zeigt auf ein ziemlich großes Segelboot. Sie sagt: „Eine tolle Segeljacht ist das.“ Solche Boote werden für Wettfahrten (Regatten) und Fahrten auf Seen, Flüssen und an der Meeresküste benutzt. Mit besonders großen Segeljachten kann man sich sogar auf das offene Meer wagen. An Deck sieht Jonas eine Kabine, in der man sich aufhalten und schlafen kann.

Jagd Im ▸ Herbst sieht Jonas viele Jäger mit Gewehren und Jagdhunden. „Sie jagen vor allem ▸ Hasen, ▸ Fasane, Rebhühner, Rehe, ▸ Hirsche und Wildschweine“, sagt sein Vater. Früher war das erjagte ▸ Wild für die Ernährung der Menschen wichtig. Heute wird mit der Jagd vor allem erreicht, dass es nicht zu viel Wild gibt, denn das Wild frisst die jungen Pflanzen. Die Jäger sorgen mit der Jagd auch dafür, dass alte und kranke Tiere erlegt werden. Bei der Jagd muss man Vorschriften beachten. Tiere dürfen nicht in der Schonzeit gejagt werden. Wilderer beachten solche Vorschriften nicht. – Wenn ein Jäger erzählt: „Ich habe eine riesige Jagdwurst gejagt“, dann ist das Jägerlatein. So nennt man Geschichten, bei denen der Erzähler schwindelt.

Jaguar Im ▸ Zoo sieht Jonas einen Jaguar. Sonst lebt diese große Raubkatze in den feuchten Urwäldern Mittel- und Südamerikas. Bis zu zwei Meter wird der Jaguar lang. Gern hält sich das gefleckte Raubtier nahe beim Wasser auf. Es kann sehr gut schwimmen und klettern. Jaguare ernähren sich von ▸ Säugetieren, Vögeln, Schlangen und ▸ Fischen. Um Vieh zu erbeuten wagt sich der Jaguar sogar in die Nähe von Menschen.

Jahr „Ein Jahr vergeht langsam“, seufzt Jonas. Er ist gerade sieben Jahre alt geworden. Und er möchte schnell acht werden. Mutter ist da anderer Meinung: „Die Jahre vergehen viel zu schnell. Und je länger man lebt, desto schneller sind diese dreihundertfünfundsechzig Tage vorbei.“ Eigentlich besteht ein Jahr genau aus 365 Tagen, 5 Stunden, 48 Minuten und 46 Sekunden. In dieser Zeit kreist die ▸ Erde einmal um die ▸ Sonne. Wenn Jonas im ▸ Kalender blättert, findet er aber nur 365 Tage. Um den Zeitunterschied zwischen Kalender- und Sonnenjahr auszugleichen ist jedes vierte Jahr ein Schaltjahr. Es hat einen Tag mehr. Als 366. Tag schaltet man den 29. Februar ein. Möchtest du da Geburtstag haben? Wie viel Schaltjahre hast du schon erlebt?

Jahreszeiten „Endlich ist Frühling“, sagt Vater am 21. März zu Jonas. Er mag diese Jahreszeit zwischen Winter und Sommer. Die Tage werden jetzt länger und die Nächte kürzer. Erste Blumen blühen. Bald sehen die Bäume wieder grün aus. Der Sommer beginnt am 22. Juni. Die Sonne geht in dieser Jahreszeit früh auf. Mittags scheint sie heiß. Erst spät am Abend geht sie unter. Mit seinen Freunden ist Jonas beim Baden und sein Taschengeld reicht kaum für das ▸ Eis. Am 23. September beginnt der Herbst. Es wird kühler und die Tage sind kürzer. Langsam färbt sich das Laub der Bäume. Bauern fahren zur Ernte auf die Felder. Im Herbstwind steigen die ▸ Drachen hoch in den Himmel. Am 22. Dezember fängt der Winter an, diese kalte Zeit mit Weihnachten und Lichtern in den Wohnungen. Irgendwann stehen Schneemänner in den Vorgärten. So kalt wird es, dass man auf dem Eis der Seen Schlittschuh laufen kann. Abends schaltet man das Licht früh ein. Wenn es bei uns auf der nördlichen Erdhalbkugel kalt geworden ist, beginnt auf der südlichen die warme Zeit. Jetzt bekommt dieses Gebiet der Erde mehr Wärme und Licht von der Sonne als das, auf dem wir leben. Aber schon einige Monate später scheint bei uns die Sonne wieder länger und kräftiger. Dann beginnt unser Frühjahr.

Jahrmarkt „Komm, wir gehen zum Jahrmarkt“, sagt Jonas zu seiner Freundin. Bald hören sie Musik und laute Stimmen. Sie sehen ▸ Karussells, eine Achterbahn, Autoskooter (Autoskụter) und Bierzelte. Der Duft von Bratwürsten steigt ihnen in die Nasen. Jonas kauft sich Zuckerwatte und an einer Bude drei Lose.
In anderen Gegenden wird der Jahrmarkt auch Kirmes oder Messe genannt. Früher fand der Jahrmarkt einmal im Jahr statt. Man konnte dort alles Mögliche kaufen. Allmählich entwickelte sich daraus ein Volksfest. Schausteller fahren mit ihren Wohnwagen zu diesen Festen und bauen ihre Buden und Karussells auf.
Kannst du dir vorstellen, wie die Kinder von Schaustellern leben?

Jeans (Dschins) Mutter kauft neue Jeans für Jonas. „Diese Hosen ohne Bügelfalten sind zwar nicht die feinsten, dafür aber praktisch“, sagt sie. Meistens werden Jeans aus blauem, unempfindlichem Stoff gemacht. Daher nennt man sie ‚Blue-jeans‘ (Blụdschins). Das ist englisch und heißt ‚blaue Jeans‘. Aber auch andere Farben und Stoffe verwendet man. Jeans erkennt man an den gesteppten Nähten.

Johannisbeere (▭ Ribisel) „Die Johannisbeeren sind reif“, freut sich Jonas. Er pflückt eine dieser kleinen Trauben aus rot leuchtenden Früchten vom Strauch. Sie schmecken ein wenig säuerlich. Besonders gerne mag Jonas Johannisbeerkuchen mit Schlagsahne. Auch Johannisbeermarmelade kocht seine Mutter. Außer den roten gibt es schwarze und weiße Johannisbeeren. „Die schwarzen sind besonders gesund“, sagt Vater. „Sie enthalten viel ▸ Vitamin C. Und das schützt zum Beispiel vor Erkältungen.“

Jude Jonas sieht Bilder aus Israel. Diesen Staat gründeten die Juden 1949. Dort lebt etwa die Hälfte der Menschen jüdischen Glaubens. Jahwe ist ihr ▸ Gott und ihre Gotteshäuser heißen Synagogen. – Vor langer Zeit flüchteten die Juden aus ihrer Heimat Palästina in andere Länder. Wegen ihrer anderen Lebensweise wurden sie verfolgt. Besonders grausam waren die deutschen Nationalsozialisten. Sie ermordeten sechs Millionen Juden in Konzentrationslagern.

Judo Im Fernsehen sieht Jonas in einer Sportsendung zwei Judokämpferinnen. Sie tragen weiße Kampfanzüge mit Gürteln. Eine Frau wirft die andere gerade über die Schulter. Sie fällt auf den Boden, dass es klatscht. „Das tut ihr nicht weh“, sagt Jonas' Vater. Die Judokas – so nennt man die Judokämpfer – fallen auf Matten. Außerdem haben sie lange geübt richtig zu fallen. Beim Judo lernt man es, sich selbst ohne Waffen zu verteidigen. Diese Sportart kam aus Japan zu uns. – Jonas möchte auch gerne zum Judotraining gehen.

Jugendherberge Jonas will mit seinen Eltern eine Radtour (Rạdtur) unternehmen. „Wir übernachten in einer Jugendherberge“, sagt Mutter. Dort werden sie vor allem Jugendliche treffen, die mit dem Rad oder zu Fuß unterwegs sind. In der ▸ Bundesrepublik Deutschland gibt es etwa sechshundert solcher Herbergen. Auch in anderen Ländern kann man in Jugendherbergen billig übernachten und essen. Wenn man das vorhat, muss man sich einen internationalen Jugendherbergsausweis besorgen.

8 MGK

Kabel Das Telefonkabel wird repariert. Dabei sieht Karin, dass es aus vielen einzelnen ▸ Drähten besteht. Um ▸ Strom zu übertragen braucht man Kabel. Solche elektrischen Leitungen aus Metalldrähten sind von Schutzhüllen umgeben. Sogar auf dem Meeresboden werden Kabel verlegt. Man benutzt sie zum Beispiel als Telefonleitungen von einem Erdteil zum anderen. Die ‚Kabelleger', mit denen diese Kabel verlegt werden, sind besonders ausgerüstete Schiffe. Auch die starken Drahtseile, an denen Seilbahnen, Hängebrücken oder ▸ Aufzüge hängen, nennt man Kabel.

Käfer Im Gras, auf dem Sand, im Wasser und in der Luft krabbeln, schwimmen und fliegen Käfer. Leuchtkäfer hat Karin am Waldrand in der Dunkelheit gesehen. Besonders toll findet sie den Hirschkäfer. „Der hat ein richtiges Geweih", staunt sie. Über Kartoffelkäfer schimpft ihr Vater, denn die können eine Kartoffelernte verderben. So unterschiedlich Käfer sind, einiges haben die mehr als 250000 Arten gemeinsam. Sie werden durch einen harten Hautpanzer geschützt. Unter den festen Flügeldecken liegen zwei zarte, faltbare Hautflügel. Mit ihren sechs Beinen bewegen sich Käfer fort. Und die Fühler benutzen diese ▸ Insekten zum Tasten. Während ihrer Entwicklung verwandeln sie sich. Aus dem Ei schlüpft eine ▸ Larve. Wenn die gewachsen ist, verpuppt sie sich. Aus der ▸ Puppe wird dann der Käfer.

Kaffee „Ich konnte gestern nicht einschlafen, weil ich zu viel Kaffee getrunken hatte", sagt Karins Mutter. Kaffee enthält Koffein und das regt an. Wenn man sehr oft Kaffee trinkt, kann das Koffein für den Körper schädlich werden. – Kaffeesträucher und -bäume wachsen in warmen Gebieten, zum Beispiel in Brasilien und in anderen Ländern Südamerikas. Bis zu acht Meter wird der Baum hoch, an dem die Kaffeekirschen reifen. Ihre Samen sind die Kaffeebohnen. Bevor man sie zum Kaffeekochen verwendet, röstet und mahlt man sie. Das duftende Kaffeemehl übergießt Mutter mit kochendem Wasser. „Das riecht gut", sagt Karin. Mutter trinkt den Kaffee ohne Milch und Zucker. Karin mag den Geschmack überhaupt nicht, stellt sie fest, als sie einen Schluck versucht. – Vor ungefähr dreihundert Jahren brachten die Türken den Kaffee nach ▸ Europa. Bald danach gab es auch bei uns die ersten Kaffeehäuser (Cafés).

Käfig Karin bekommt eine weiße ▸ Maus in einem kleinen Käfig geschenkt. Im ▸ Zirkus hat sie einen Löwenkäfig gesehen. Die Gitterstäbe dieser Käfige für verschiedene Tiere sind unterschiedlich dick und stehen unterschiedlich weit auseinander. Karins schwache, kleine Maus würde nämlich aus dem Löwenkäfig entwischen, obwohl das der starke ▸ Löwe nicht schafft. Manche Tiere hält man in solchen umgitterten Räumen, zum Beispiel auch Vögel im Vogelbauer. Da können die Tiere nicht wegfliegen oder davonlaufen. Und gefährliche Tiere können niemandem gefährlich werden.

Kakadu In einer Tierhandlung sieht Karin einige große ▸ Vögel. „Das sind Kakadus", sagt Klaus. Diese Vögel mit dem seltsamen Namen gehören zu den ▸ Papageien. Ihr Gefieder ist weiß, rosarot oder schwarz. Kakadus leben in ▸ Australien und auf Inseln im Stillen Ozean. Sie ernähren sich von Samen, Früchten und ▸ Insekten. Auffallend ist ihr kräftiger, gebogener Schnabel. Erkennen kann man sie am Federschopf auf dem Kopf. Wenn sich ein Kakadu aufregt, breitet er den Schopf wie einen Fächer aus.
Kakadus werden auch als Haustiere gehalten. Mit der Zeit lernen sie es, einige Wörter nachzuplappern.

Kakao Karin macht sich eine Tasse Kakao. Dazu nimmt sie zwei Löffel Fertigkakao. Dann gießt sie heiße Milch darüber, rührt um und das leckere Getränk ist fertig.
Kakaobohnen kommen zum Beispiel aus ▸ Afrika und Südamerika. An Bäumen, die über zehn Meter hoch werden, wachsen längliche gelbe oder rote Früchte. Die Samen in ihrem Fruchtfleisch sind die Kakaobohnen. Sie werden geröstet, gemahlen und entölt. So entsteht Kakaopulver, das man auch für die Herstellung von ▸ Schokolade verwendet.

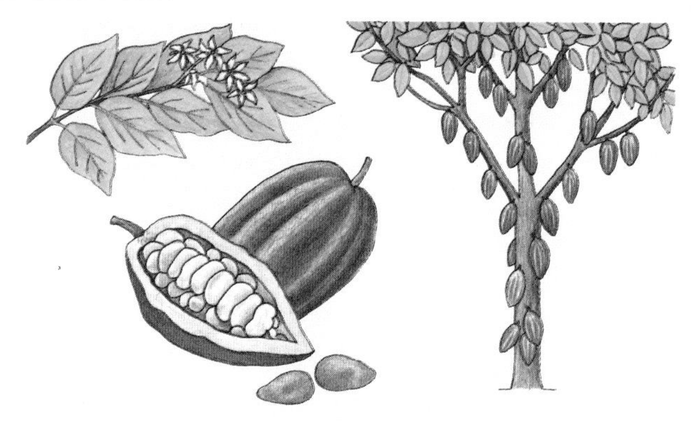

Kaktus Mutter hat einen Kaktus gekauft. „Ich freue mich auf seine schöne Blüte", sagt sie. „Leider blühen Kakteen nur kurz." Sie stellt die ▸ Pflanze im Blumentopf auf das Fensterbrett neben andere Kakteen. Einige sind kugelrund, die anderen lang und dürr.
Diese meist stachligen Pflanzen wachsen in heißen Wüsten, in Grasgebieten (Steppen) und Gebirgen. Es gibt Kakteen, die bis zu zwanzig Meter hoch werden. Kakteen können Wasser speichern und überstehen so lange Trockenzeiten. Die Früchte einiger Kakteen sind essbar.

Kalender Karin blättert im Kalender. Sie findet darin die Tage, Wochen und Monate eines ▸ Jahres. In ihrem Taschenkalender sind außerdem die Schulferientermine und Landkarten abgedruckt. An der Wohnzimmerwand hängt ein großer Abreißkalender mit farbigen Kunstdrucken.
Ihre Terminkalender benutzen Mutter und Vater um einzutragen, was sie wann erledigen wollen. – Es gibt einen Kalender, der nur an vierundzwanzig Tagen im Jahr gebraucht wird. Das ist der Adventskalender. Stell dir mal vor, wie man ohne Kalender leben würde.

Tierversteinerungen im Kalkstein

Kalk „Der Kalk rieselt von der Wand", beschwert sich Mutter. „Die Mauer muss neu gekalkt werden." Kalk ist ein weißes Material. Außer zum Anstreichen von Mauern wird es zusammen mit Zement, Sand und Wasser verwendet um Mörtel daraus zu machen. – Kalksteine baut man in Steinbrüchen ab. Wo es solche Steine gibt, war vor einigen Hunderttausend Jahren ein Meer. Die Steine bestehen nämlich aus den Ablagerungen des Meeres. Deswegen findet man darin manchmal versteinerte Muscheln und ihre Abdrücke. – Auch ▸ Knochen, Eierschalen, Finger- und Zehennägel enthalten Kalk.

Kälte Frierend und mit roten Wangen kommt Karin nach Hause. „Puh, ist das heute kalt", stöhnt sie. „Ein Glück, dass ich wenigstens einigermaßen warm angezogen bin." Das ▸ Thermometer zeigt acht Grad unter null. In der Gefriertruhe hat es sogar ungefähr 20 Grad unter null. Dort und im ▸ Kühlschrank stellt man Kälte künstlich her, damit die Lebensmittel länger frisch bleiben. „Zwanzig Grad unter null habe ich im Winter auch schon draußen erlebt", sagt Mutter. In der Nähe des Südpols misst man bis zu 90 Grad unter null. Wenn man große Kälte längere Zeit ohne wärmende Kleidung aushalten muss, kann man erfrieren.

Dromedar

Kamel

Kamel Im ▸ Zoo sieht Karin ein Kamel. „Das zweihöckrige Kamel nennt man auch Trampeltier. Das einhöckrige ist das Dromedar", sagt ihr Bruder. In ▸ Afrika und ▸ Asien schleppen diese genügsamen Reittiere schwere Lasten durch die Wüsten. Mit ihren breiten Füßen sinken sie nicht im Sand ein. Von den Fettpolstern ihrer Höcker zehren Kamele lange, wenn sie unterwegs wenig Futter finden. Außerdem trinken die Tiere für Tage auf Vorrat. – Manchmal findet Karin ihren Bruder blöd. Dann schimpft sie: „Du Kamel!"

Kamille Karin hat leichte Bauchschmerzen. Ihre Mutter kocht Kamillentee, den Karin später trinkt. „Der Tee wird dir helfen“, sagt sie.
Die Echte Kamille ist eine ▸ Heilpflanze. Man findet sie oft an Feldrändern. Daher heißt sie auch Feldkamille. Für den Tee verwendet man nur die getrockneten, würzig riechenden Blütenköpfe. Die Blütenblätter sind weiß. Nach dem Aufblühen hängen sie nach unten.
Außer dieser Echten Kamille gibt es etwa fünfzig andere Arten.

Kamm Als Karin morgens zur Schule gehen will, sagt ihre Mutter: „Du solltest dich mal wieder kämmen.“ Vor dem Spiegel glättet Karin ihre Haare mit dem Kamm. Zwei Zinken des Kamms sind abgebrochen. „Das kommt davon, wenn man sich zu oft kämmt“, meint Karin. – Der ▸ Friseur benutzt verschiedene Kämme. Bei einigen stehen die Zinken eng zusammen, bei anderen weiter auseinander. Es gibt zwei Kämme, die der Friseur nicht benutzt. Weißt du, was das für Kämme sind?

Kamm (Hautlappen, der bei Hühnern auf dem Kopf angewachsen ist).
Kamm (lang gestreckter oberer Teil des Gebirges).

Kanal Karin geht mit ihrem Bruder am Kanal entlang. Man sieht deutlich, dass er von Menschen künstlich angelegt wurde. Andere Gewässer sind nämlich nicht so schnurgerade wie Kanäle, die Flüsse, Seen und Meere miteinander verbinden. Durch den Bau von Kanälen verkürzt man die Wege und damit die Fahrzeiten der Schiffe. – In unterirdischen Kanälen fließen die Abwässer zur ▸ Kläranlage. Auch das Regenwasser wird in Kanäle geleitet.
Lass dir doch im Atlas Kanäle zeigen. Oder findest du selbst welche?

Kanarienvogel Karins Tante hat einen gelb gefiederten Kanarienvogel. Sie mag diesen kleinen Vogel in seinem Bauer, weil er zahm ist. Außerdem hört sie ihn gern singen. Gefüttert wird er mit Körnern. – Im Schaufenster einer Tierhandlung sah Karin Kanarienvögel, deren Gefieder die unterschiedlichsten Farben hatten. Auf den Kanarischen Inseln im Atlantik leben diese zutraulichen Vögel in Freiheit. Von dort brachten Seefahrer vor ein paar Hundert Jahren die ersten mit. Eine Kanarienvogelart, der Harzer Roller, kann besonders gut singen.
Findest du im Atlas, woher die Vögel kommen?

Känguru Im ▸ Zoo sieht Karin ein Känguru. „Große Kängurus springen über zwei Meter hoch und bis zu zwölf Meter weit. So weit springt kein Mensch", sagt Klaus. Die Hinterbeine des Kängurus sind sehr stark und länger als die Vorderbeine. An diesem Tier fällt der Beutel am Bauch besonders auf. In ihm wächst das junge, winzige Känguru. Auch wenn es schon größer ist, klettert es bei Gefahr einfach in den Beutel der Mutter. Kängurus haben einen kräftigen Stützschwanz und einen kleinen Kopf. Wild leben sie in ▸ Australien. Dort gibt es unterschiedliche Arten. Sie können hasengroß oder so groß wie ausgewachsene Menschen sein.

Kanone Im ▸ Museum sehen Karin und Klaus eine alte Kanone. Dieses große Geschütz steht auf Rädern. Daneben liegen die Kanonenkugeln. Sie wurden mit der Kanone gegen Feinde gefeuert, töteten Menschen und zerstörten Häuser und Burganlagen. – Auch heute benutzt man Kanonen. Meistens sind sie in einem Panzer, einem ▸ Schiff oder ▸ Flugzeug eingebaut. – Zum Glück gibt es auch friedliche Kanonen. Der Freund von Klaus ist so eine. Er gewinnt oft bei Sportfesten und man sagt von ihm: „Er ist eine Sportskanone."

Kapitän Karins Freund wurde zum Kapitän der Fußballmannschaft gewählt. Er ist also so etwas wie der Anführer dieser Mannschaft. Auch auf ▸ Schiffen und in ▸ Flugzeugen gibt es solche Anführer. Bevor sie Kapitän werden, müssen sie eine Prüfung ablegen.
Kapitäne sind verantwortlich dafür, dass Schiffe und Flugzeuge gut zu ihrem Ziel kommen. Der Kapitän eines Schiffes teilt die Arbeit seiner Mannschaft ein und beaufsichtigt sie. Flugkapitäne steuern ihr Flugzeug. – Karin überlegt sich, ob das später ein ▸ Beruf für sie wäre.

Karamellbonbons Karin freut sich, denn ihre Mutter macht Karamellbonbons. Sie nimmt Zucker und erhitzt ihn in der Bratpfanne. Dann kommen Butter und etwas Milch oder Sahne (Rahm) dazu. Wenn der Zucker geschmolzen ist wird daraus nach einiger Zeit eine glänzende, braune Masse. Die schmeckt süß und klebt an den Zähnen. Mutter sagt: „Bevor du sie isst, gebe ich die heiße Masse mit dem Löffel auf einen Teller. Da kühlt sie ab und wird hart." Diese selbst gemachten Karamellbonbons schmecken Karin besser als gekaufte.

Karawane Durch die ▸ Wüste zieht eine Karawane. Sie besteht aus einem langen Zug von ▸ Kamelen. Eines geht hinter dem anderen. Die Tiere schleppen Lasten für die Menschen, die diese Karawane begleiten. Vor solchen mühsamen Reisen schließt man sich gerne zu einer Karawane zusammen um sich im Notfall gegenseitig helfen zu können. Früher waren viele Karawanen reisender Kaufleute mit ihren Kamelen unterwegs. Heute benutzt man für Reisen durch die Wüste außer Kamelen auch Pferde oder Geländefahrzeuge.

Karotte Karins Mutter will ▸ Gemüse zum Fleisch und den Kartoffeln kochen. „Heute gibt es Karotten“, sagt sie. „Kann ich eine haben?“, fragt Klaus. Er knabbert die orangefarbenen (orạngsch) Wurzeln der Gemüsepflanze nämlich gerne roh. Auch der vitaminreiche Saft schmeckt ihm. Karotten pflanzt man im Garten und in Gärtnereien an. Es gibt verschiedene Sorten. Sie unterscheiden sich durch die Größe, die Form und den Geschmack. Man nennt die Karotte auch Möhre, Gelbe Rübe, Mohrrübe oder Wurzel.

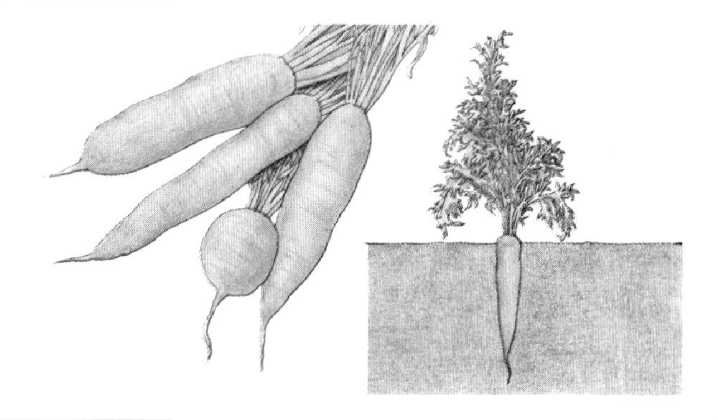

Karpfen Die Familie geht zu einem Teich. „Da werden Karpfen gezüchtet“, sagt Klaus. Diese ▸ Fische leben in trübem, schlammigem Gewässer. Dort finden sie genug ▸ Larven, Würmer, Wasserflöhe und Pflanzen, von denen sie sich ernähren. Karpfen können bis zu siebzig Zentimeter lang und zwanzig Kilogramm schwer werden. Wenn es ihnen im Winter zu kalt ist, halten sie tief unten im Wasser Winterschlaf. „Wollen wir einen kaufen?“, fragt Karin. Ihr schmeckt das zarte Karpfenfleisch nämlich gut.

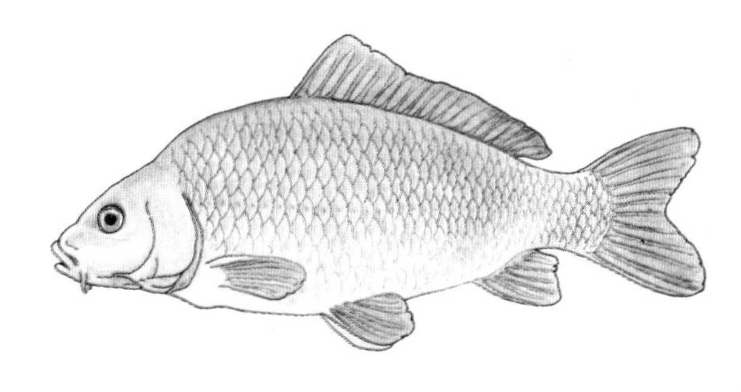

Kartoffeln (Erdäpfel) Aus Kartoffeln kann man leckere ▸ Gerichte zubereiten. Salzkartoffeln, ▸ Pommes frites und Kartoffelsalat mag Karin gerne. Noch lieber isst sie Bratkartoffeln. Manchmal kocht ihre Mutter Kartoffelbrei. Auf Kartoffelpuffer freut sich Klaus besonders. Ihr Teig besteht aus geriebenen rohen Kartoffeln. Er wird in der Pfanne gebraten. Auch die verschiedenen Kartoffelklöße schmecken gut. – Kartoffeln enthalten viele ▸ Vitamine. Noch vor zweihundert Jahren aßen unsere Vorfahren keine Kartoffeln. Damals wusste niemand, dass nur die Knollen genießbar sind, also Teile der Wurzel. Ungenießbar dagegen sind die giftigen, grünen Früchte. Im Frühjahr pflanzt man Kartoffeln in die Erde. Im Herbst werden sie mit Maschinen geerntet. Kartoffelkäfer können die Ernte vernichten, deswegen müssen sie bekämpft werden.

Karussell (Ringelspiel) Auf dem ▸ Jahrmarkt steht Karin vor dem runden Gestell eines Karussells. An den langen Ketten, die daran herunterhängen, sind Sitze befestigt. Immer schneller dreht sich dieses Kettenkarussell jetzt. Die Menschen auf den Sitzen werden durch die Luft geschleudert. Karin kauft eine Karte für die nächste Fahrt.

Ganz in der Nähe dreht sich ein anderes Karussell. Holzpferde, kleine Autos, Motorräder, ein Straßenbahnwagen und eine Feuerwehr laden dort zur Fahrt ein.

Käse „So viele Käsesorten", staunt Karin im Käsegeschäft. „Und alle schmecken verschieden", sagt ihr Vater. „Der eine Käse ist scharf und würzig, der andere mild." Die Käse können hart oder weich sein. Einige enthalten mehr, die anderen weniger ▸ Fett. „Hier ist ein Schimmelkäse", sagt Vater. Diesen ▸ Schimmel kann man essen. Käse wird in der Molkerei aus Kuh-, Schafs- oder Ziegenmilch hergestellt. Man braucht bestimmte ▸ Bakterien und ▸ Gewürze dazu. Die meisten Sorten reifen lange in Käsekellern. „Viele riechen stark", stellt Vater fest. „Fast wie meine Käsefüße", sagt Karin. „Von ihrem Geruch werde ich selber käsig im Gesicht. So ein Käse!"

Kasper (Kasperl) Karins Freund hat ein Kasperletheater (Kasperltheater, Kasperlitheater) aufgestellt. Die beiden wollen ein Stück spielen. Karin mag Kasperletheater, weil sie es lustig und spannend findet. Der Kasper ist die wichtigste Figur. Oft überlistet er die anderen und am liebsten die Bösen, also den Räuber, die Hexe, den Teufel, den Zauberer, das Krokodil und den Drachen. Auch Kaspers Freund Seppel, die Großmutter, der König, die Prinzessin und der Polizist gehören zu den Figuren. Man kann mit der Hand in die Kasperlefigur hineinschlüpfen und dann mit den Fingern Kopf und Arme der Figur bewegen.
Spielst du gern Kasperletheater?

Kassettenrekorder Karin will eine Musikkassette abspielen. Sie legt sie in den Kassettenrekorder und stellt ihn an. Jetzt hört sie die ▸Musik. Später benutzt sie dazu einen Walkman (Wokmän), also einen kleinen, tragbaren Kassettenrekorder mit Kopfhörer. – Mit unbespielten Kassetten nimmt Karin Radiosendungen auf. Außerdem spricht sie manchmal ins Mikrofon, das an das Gerät angeschlossen ist. Dabei nimmt die Kassette auf, was Karin erzählt. Wenn sie das abspielt, hört sie sich selbst. Später dreht sie die Kassette um. Sie läuft insgesamt 60 Minuten, andere laufen 90 oder 120 Minuten. Karins Kassettenrekorder kann an die Steckdose angeschlossen werden, aber er funktioniert auch mit ▸Batterien.

Kastanie Vor dem Haus steht ein hoher Kastanienbaum. Im Herbst haben Karin und Klaus eine Menge Kastanien darunter gefunden. „Das sind die Samen der Rosskastanie“, hat Mutter gesagt. Dunkelbraun und glänzend liegen sie da, wenn sie aus ihrer stachligen grünen Hülle platzen. Karin bastelt aus Kastanien und Streichhölzern Figuren. – Kastanienbäume blühen rötlich oder weiß. Ihre Blüten stehen in großen Blütenständen, die man ▸Kerzen nennt. – Einmal haben Karin und Klaus Kastanien gegessen. Die stammten von der Edelkastanie. Dieser Baum wächst zum Beispiel in Süddeutschland. Man nennt die Esskastanien auch Maronen (Maroni). „Geröstet schmecken sie sehr gut“, sagt Klaus.

Katalog Mutter blättert in einem Versandhauskatalog. Sie findet darin viele Dinge, die man bestellen kann, vom Teller über den ▸ Fotoapparat bis zum Tretroller. Neben dem Bild der Ware steht meistens der Preis und eine genaue Beschreibung. – In der ▸ Bücherei hat Karin auch schon in einem Katalog geblättert. Alle Bücher der Bücherei sind darin verzeichnet. Sie wurden nach dem ▸ Alphabet und nach Sachgebieten geordnet. – Außerdem gibt es Spielwaren-, Schallplatten-, Briefmarken- und viele andere Kataloge.

Katastrophe „Das ist ja eine Katastrophe", sagt Mutter, als sie von einer schweren Überschwemmung hört. Menschen wurden durch diese Naturkatastrophe verletzt und getötet. Viele haben ihre Wohnungen, ihre Häuser und alles andere verloren, was ihnen gehörte. Außerdem wurde die gesamte ▸ Ernte vernichtet. Auch ▸ Erdbeben und Stürme sind solche Naturkatastrophen. – Andere Katastrophen entstehen durch menschliche oder technische Fehler. Züge entgleisen, Flugzeuge stürzen ab, Häuser brennen. Wenn so etwas Schreckliches geschieht, muss man versuchen den Menschen in ihrer katastrophalen Lage zu helfen.

Katze Karin und Klaus wünschen sich eine Katze. Sie mögen diese anhänglichen, schnurrenden Tiere. Wenn sich eine Katze an Mäuse oder Vögel heranschleicht, merkt man, dass sie eigentlich ein ▸ Raubtier ist. Vorsichtig setzt sie ihre Pfoten mit den weichen Sohlen auf. Noch sind die Krallen eingezogen. Da springt sie und packt ihre Beute mit spitzen Krallen. Scharfe Zähne beißen zu. Katzen sehen auch im Dunkeln. Außerdem klettern und springen diese Tiere gut. Zum Tasten benutzen sie ihre Schnurrhaare. Die männliche Katze heißt Kater. – Vater hatte kürzlich einen Kater. So sagt man, wenn sich jemand nach einer langen Feier, bei der viel ▸ Alkohol getrunken und vielleicht auch geraucht wurde, nicht wohl fühlt.

Kaufhaus Klaus fährt im Kaufhaus mit der Rolltreppe von einer Etage (Etasche) in die nächste. In diesem Haus wird wirklich fast alles angeboten. Es gibt darin Lebensmittel, Möbel, Uhren, Schallplatten, Bücher, ▸ Geschirr, Elektroartikel, Sportartikel, Kleidung und sogar ein Reisebüro und vieles andere. Besonders billige Angebote preist man über Lautsprecher an. „Hier kaufe ich oft mehr, als ich eigentlich wollte", seufzt Mutter manchmal. – Man nennt Kaufhäuser auch Warenhäuser.

Kaugummi Karin verlangt am Süßwarenkiosk: „Bitte ein Päckchen Kaugummi.“ Sie wickelt einen Streifen Kaugummi aus dem Papier. Als sie ihn kaut, wird aus dem festen Stück eine gummiartige Masse. Die schmeckt süß und nach ▸ Pfefferminz. Aber schon nach kurzer Zeit schmeckt der Kaugummi nach gar nichts. Auch aus ▸ Automaten zieht man Kaugummis, zum Beispiel bunte Kaugummikugeln. Manchmal kauft Karin einen Kaugummi zum Aufblasen. Die Kaugummiblase vor ihrem Mund wird immer größer, bis sie schließlich platzt.

Kegel Vater und Mutter gehen zum Kegeln in eine Gaststätte. „Dort gibt es eine Kegelbahn, auf der die neun Kegel automatisch aufgestellt werden“, sagt Mutter. Mit der Kugel versucht man möglichst viele der Kegel zu treffen. Den Kegel in der Mitte nennt man ▸ König. Kegeln ist auch ein Wettkampfsport. In ▸ Amerika entwickelte man daraus das Bowling (Boling). Zu diesem Spiel benutzt man zehn Kegel.
Gegenstände können kegelförmig sein. Sie sind unten rund und laufen oben spitz zu.

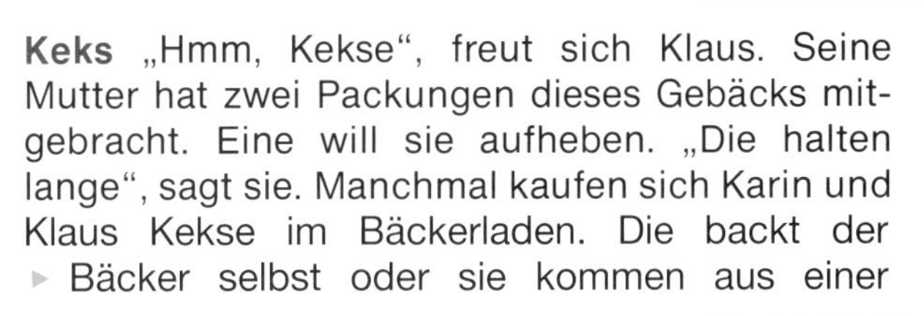

Keks „Hmm, Kekse“, freut sich Klaus. Seine Mutter hat zwei Packungen dieses Gebäcks mitgebracht. Eine will sie aufheben. „Die halten lange“, sagt sie. Manchmal kaufen sich Karin und Klaus Kekse im Bäckerladen. Die backt der ▸ Bäcker selbst oder sie kommen aus einer Backfabrik. In der Vorweihnachtszeit backt auch Mutter Kekse. Klaus und Karin helfen ihr dabei. Am liebsten mögen die beiden Kekse, die mit Marmelade gefüllt oder mit ▸ Schokolade überzogen sind.

Keller Mutter sagt zu Karin: „Geh mal bitte in den Keller und hol Kartoffeln.“ Es ist dunkel in diesem untersten Geschoss des großen Mietshauses. Karin knipst das Licht an. Früher war es ihr im Keller unheimlich. Heute hat sie hier fast keine Angst mehr. – Zu ihrer Wohnung gehört einer der vielen Kellerräume. Sie benutzen ihn als Abstell- und Vorratskammer. Viel mehr Platz ist in den verschiedenen Kellerräumen des Einfamilienhauses, in dem ihre Freundin wohnt. Da gibt es einen Heizungs- und einen Vorratskeller. In einem der Räume wird gewaschen und in einem anderen kann man spielen und toben ohne jemanden zu stören. Zum Glück ist dieser Keller nicht feucht.

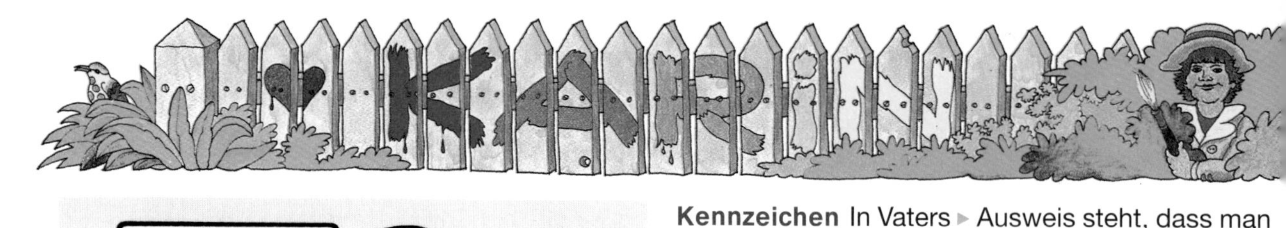

Kennzeichen In Vaters ► Ausweis steht, dass man als unveränderliches Kennzeichen eine Narbe auf seiner Stirn sieht. „So eine Narbe hat nicht jeder", sagt Klaus. „An diesem Kennzeichen kann man dich erkennen." – Das amtliche Kennzeichen des ► Autos ist das Nummernschild. Polizisten schreiben diese Nummer auf, wenn jemand zum Beispiel zu schnell fährt. Durch das Kennzeichen bekommen sie heraus, wem das Auto gehört. – Alle Waren im ► Kaufhaus sind mit Preisen gekennzeichnet. So weiß man, was sie kosten.

Kern Klaus isst einen ► Apfel, bis nur noch das Kerngehäuse mit den Kernen übrig bleibt. Diese Kerne sind die Samen des Kernobsts, zu dem außer Äpfeln ► Birnen und ► Quitten gehören. Die Apfelkerne schmecken nicht besonders gut. Aber die Kerne der ► Nuss sind lecker. – Auch die ► Erde hat einen Kern. So nennt man ihren innersten Teil.
Manchmal kommt einer beim Reden gar nicht zum Kern einer Sache. Er redet also um das herum, was er eigentlich sagen will oder soll.

Kernkraftwerk Die Erdöl-, Gas- und Kohlevorräte auf der Erde werden immer weniger. Aus diesen Vorräten gewinnt man ► Energie. Wir brauchen aber auch in Zukunft Energie, damit die Maschinen in den Fabriken laufen können. Außerdem wollen wir in warmen und hellen Räumen leben. Die Energie dafür – der Strom – kommt immer häufiger aus Kernkraftwerken. Dort nutzt man die starke Kraft der winzigen, unsichtbaren Atome um Strom zu erzeugen. Kernkraftwerke muss man besonders sichern. Ohne diesen Schutz könnten weite Gebiete mit gefährlichen Strahlen aus den Kernkraftwerken verseucht werden. Viele Menschen sind dagegen, dass man Kernkraftwerke baut. Sie haben Angst, dass die Kernkraftwerke nicht sicher genug sind. Außerdem befürchten sie, dass deren Abfälle so gelagert werden, dass sie mit ihren radioaktiven Strahlen Schäden anrichten. Andere Menschen sagen, dass die Kernkraftwerke sicher genug sind. Auch in der Lagerung der gefährlichen Abfälle sehen sie keine unlösbaren Schwierigkeiten.

Aus flüssigem Wachs kann man Kerzen gießen

Kerze Es ist Abend. Karin zündet den Docht einer Kerze an. Sie findet das Licht gemütlich. Außerdem riecht die Kerze gut. „Die ist aus Bienenwachs", sagt Mutter. Auch billigeres Material wie Talg oder Stearin benutzt man zur Herstellung von Kerzen. Der Docht besteht aus einem gedrehten Baumwollfaden. Kerzen brennen am Weihnachtsbaum, im Leuchter und in Lampions. Welche Kerzen brennen nicht?

Die Kerze (eine Turnübung). Die Zündkerze im ► Auto. Die Blüte der ► Kastanie.

Kessel Im ▸ Keller findet Mutter einen bauchigen Metallkessel. „Früher wurde darin Wäsche gewaschen“, sagt sie. Solche Behälter sind meistens aus ▸ Blech. – In einer ▸ Fabrik hat Karin einmal einen riesigen Kessel gesehen. In diesen Kesseln bringt man Wasser zum Sieden. So wird ▸ Dampf erzeugt, den man zum Heizen braucht. – Am Rand der Stadt stehen zwei große, kugelrunde Gaskessel. ▸ Bier wird in riesigen Kesseln aus Kupfer gebraut.

Ketchup (Kẹtschap) Auf dem Mittagstisch steht eine Flasche Ketchup. Karin und Klaus mögen diese Sauce (Sọse). Sie würzen damit Nudeln, ▸ Pommes frites und Reis. Auch über Fleisch gießen sie die Sauce. Sogar auf Butter- und Wurstbroten schmeckt ihnen Ketchup. Meist stellt man das etwas säuerliche Ketchup aus ▸ Tomaten und ▸ Gewürzen her. Es gibt außerdem Curryketchup (Kọriketschap) und andere Sorten. „Ich wundere mich, dass ihr nicht auch noch über eure Marmeladenbrote Ketchup gießt“, neckt Mutter die beiden.

Kette Die Gefangenen wurden in Ketten vorgeführt, liest Klaus in einem Buch. Der ▸ Anker eines Schiffs hängt an einer langen, schweren Kette. Ohne Fahrradkette fährt das ▸ Fahrrad von Klaus nicht. Wenn er es abstellt, kettet er es an einen Baum. Eine Kette hängt sich Mutter gerne um den Hals. Das Schmuckstück wurde aus ▸ Gold gemacht. Manchmal trägt Mutter auch eine Silberkette. Diese verschiedenen Metallketten haben alle eines gemeinsam: Sie bestehen aus mehreren Kettengliedern, die ineinander greifen.

Keuchhusten Karins Freundin hat Keuchhusten. „Hoffentlich hast du dich nicht schon angesteckt“, sagt Mutter zu Karin. In einer Woche werden sie das wissen, denn sieben Tage nach der Ansteckung beginnt diese Krankheit mit Husten und Schnupfen. Erst ungefähr eine Woche später fangen die starken Keuchhustenanfälle an, die oft lange dauern. Ist die Krankheit vorüber, bekommt man sie kein zweites Mal. Durch eine ▸ Impfung kann man sich vor dem Keuchhusten schützen.

Kiebitz Auf einer Wiese hört Karin einen ▸ Vogel. „Ki-witt, Ki-witt“, ruft der. „Ein Kiebitz“, sagt Mutter. Da fliegt der Vogel auf. Man erkennt ihn an seinem Federschopf und an den roten Beinen. Ungefähr dreißig Zentimeter ist er groß. Dieser schwarz-grün-weiße Zugvogel watet gerne über feuchte Wiesen. – Als Vater mit zwei Kollegen Skat spielt, sieht ihm ein vierter Mann zu. So einen Zuschauer nennt man ‚Kiebitz‘.

Kiefer Die ▸ Zähne wachsen aus den Kieferknochen. Diese ▸ Knochen bilden die Mundhöhle. Der Oberkiefer ist fest mit dem Schädel verbunden, der Unterkiefer beweglich. Wenn Klaus seinen ▸ Mund öffnet, klappt er den Unterkiefer ein Stück auf. Mit den Zähnen im Kiefer zerkleinern Menschen und Tiere ihre Nahrung. Raubtiere haben ein besonders scharfes und hartes Gebiss. – Es gibt eine Kiefer ohne Zähne, dafür hat sie lange ▸ Nadeln. Weißt du, was das für eine ist?

Kiefer (ein Nadelbaum, den man auch Föhre nennt).

Kilometer „Wir müssen noch sechzig Kilometer fahren, bis wir in Braunschweig sind", sagt Mutter. Diese Entfernung ist auf einem großen Schild am Autobahnrand angegeben. Der ▸ Tachometer im Auto zeigt, dass sie hundertundzwanzig Kilometer in der Stunde fahren. Sie werden bis nach Braunschweig also noch eine halbe Stunde brauchen. – Zu Fuß geht ein erwachsener Mensch in der Stunde ungefähr sechs Kilometer. Das sind sechstausend Meter, denn ein Kilometer besteht aus tausend Metern. Wenn man Kilometer abkürzt, schreibt man ‚km'.

Kind Karin und Klaus bekommen Besuch. Zwei dieser Kinder gehen noch nicht zur Schule. Die anderen sind Schulkinder. Kind nennt man alle Menschen vom Säuglingsalter bis zu dem Alter, wo sie sich mit etwa vierzehn Jahren als Jugendliche langsam zu Erwachsenen entwickeln. – Karins Oma spricht manchmal auch von ihren erwachsenen Töchtern und Söhnen als „meine Kinder". Für sie bleiben das ihre ‚Kinder', denn sie hat sie geboren. Oft können sich Karin und Klaus kaum vorstellen, dass auch ihre Eltern Kinder waren. Obwohl Mutter kürzlich aus Spaß zu Vater gesagt hat: „Sei nicht so kindisch." Da war er wieder mal richtig schön albern.

Kindergarten Bevor Karin zur Schule kam, ging sie in den Kindergarten. In den Räumen des Kindergartens und auf dem großen Spielplatz spielten viele Kinder. Karins Kindergärtnerin war überhaupt nicht streng. Außerdem hatte sie gute ▸ Ideen, was man allein oder gemeinsam tun könnte, wenn einem selbst nichts einfiel. Die Eltern einiger Kinder im Kindergarten waren beide berufstätig. Diese Kinder blieben bis zum späten Nachmittag. Karin wurde schon am Mittag abgeholt. Jetzt geht Karin mit zwei ihrer Kindergartenfreunde in die erste Klasse.

Kinderlähmung „Wir gehen heute zur Schluckimpfung“, sagt Mutter. Karin und Klaus schlucken dort ein Stück Zucker mit Impfstoff. Das schmeckt süß und schützt vor der Kinderlähmung. Diese gefährliche Krankheit, die auch Polio genannt wird, bekommen fast nur Kinder. Wer sich angesteckt hat, kann oft seine Arme und Beine überhaupt nicht mehr bewegen. In manchen Fällen ist auch die ▸ Atmung gelähmt. Dann braucht der Kranke ein Gerät zum Atmen, die eiserne ▸ Lunge. Wer Kinderlähmung hatte, bleibt manchmal behindert.

Kino Klaus und sein Freund gehen ins Kino. Sie wollen einen ▸ Film ansehen. An der Kasse kaufen sie Eintrittskarten. Dann suchen sie sich Plätze im Zuschauerraum. Schon geht das Licht aus und der Vorhang wird geöffnet. Jetzt spielt man den Film im Vorführraum ab und überträgt ihn auf die Leinwand. – Viele Menschen arbeiten daran, bis ein Film entstanden ist. Der Autor schreibt ein Drehbuch. Der Regisseur gestaltet den Film. Kameraleute nehmen auf, was Schauspieler spielen. Tontechniker sorgen für den richtigen Ton und Musiker für die passende ▸ Musik.

Kiosk Auf dem Schulweg kommt Karin an einem Kiosk vorbei. Hinter den Scheiben dieses kleinen Häuschens sind viele Dinge ausgestellt, zum Beispiel Süßigkeiten, Comichefte, Zeitungen, Zeitschriften, Zigaretten und Getränke. Auch ▸ Eis und Schulhefte kann Karin hier kaufen. Einige Straßen weiter hat man so einen Verkaufsstand im Erdgeschoss eines großen Wohnhauses eingerichtet. Es gibt Kioske, die nur Zeitschriften oder nur Blumen verkaufen. Oft sind Kioske auch dann geöffnet, wenn andere Läden schon geschlossen haben.

Kirche Klaus geht mit seinem Vater an einer Kirche vorbei. „Hier hat dich der Pfarrer getauft. Außerdem haben Mutter und ich in dieser Kirche geheiratet“, sagt er. Im hohen Kirchturm hängen die ▸ Glocken. Kerzen und ein Kreuz stehen auf dem verzierten ▸ Altar der Kirche. Die Decke des Gotteshauses ist mit Gemälden geschmückt. Feierlich und prächtig wirkt der Raum. Besonders große Kirchen können ein Dom oder eine Kathedrale sein. Kürzlich hat Klaus mit seinen Eltern eine Kapelle besichtigt. Das war eigentlich nur ein Kirchlein. – Kirche nennt man nicht nur das Gebäude, sondern auch alle Mitglieder einer christlichen Religionsgemeinschaft. Klaus ist zum Beispiel Mitglied der evangelischen Kirche. Ein Freund von ihm ist Mitglied der katholischen Kirche und ein zweiter Freund gehört keiner Kirche an. Mit vierzehn Jahren darf man selbst entscheiden, ob man einer Kirche angehören möchte und welche das sein soll.

Kirsche Karin und Klaus gehen im Frühling an weiß blühenden Bäumen vorbei. „Das sind Kirschbäume", sagt Klaus. Im Sommer werden die reifen, roten ▸ Früchte gepflückt. Mit den Kirschsteinen kann man prima weit spucken, fällt Karin ein. Außer den roten gibt es schwarzrote und gelbe Sorten. Am liebsten steckt sich Klaus gleich mehrere dieser leckeren, saftigen Früchte in den Mund. Die Sauerkirschen oder Weichseln schmecken säuerlich. Mutter kocht Marmelade oder Kompott aus Kirschen. Aufpassen muss man, dass man Kirschen nicht mit den schwarzen Tollkirschen verwechselt. Das sind keine besonders tollen Kirschen, sondern giftige. Sie wachsen im Wald.

Kitsch Karin sieht auf dem ▸ Jahrmarkt das gemalte Bild eines pausbäckigen Engels mit Heiligenschein. Ihre Mutter sagt: „Das Bild finde ich richtig kitschig. Der Maler hat keinen ▸ Geschmack. Oder er glaubt, dass es viele Menschen ohne Geschmack gibt, die das kaufen." So ein Bild ist für Karins Mutter keine ▸ Kunst, sondern Kitsch. Auch Bücher, Filme und Musikstücke können kitschig sein. Kürzlich haben Karins Eltern von einem Gartenzwerg gesagt: „Der ist aber kitschig." Karin hat er trotzdem gefallen. Für sie war er schön.

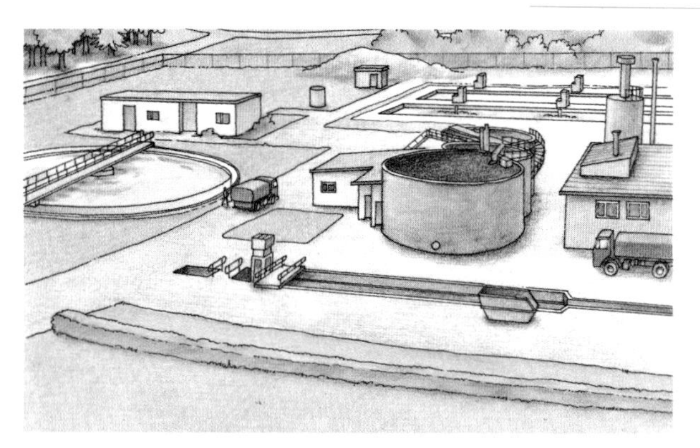

Kläranlage In den Becken der Kläranlagen werden schmutzige Abwässer gereinigt. Die stammen zum Beispiel aus Haushalten und Fabriken. Dieses Schmutzwasser fließt durch viele Leitungen, die so genannte Kanalisation, unter der Erde zur Kläranlage. Dort halten Rechen und ▸ Filter den groben Schmutz zurück. Die kleinen Schmutzteilchen lässt man in großen Becken zu Boden sinken. Sie verfaulen zu Schlamm. Schädliche Abfallstoffe werden chemisch beseitigt. Das in der Kläranlage gereinigte Wasser leitet man zurück in Flüsse und Meere.

Klavier Karins Onkel spielt Klavier. Schnell und sicher schlägt er die weißen und schwarzen Tasten an. Die Töne entstehen im Inneren des großen Holzgehäuses. Dort sind unterschiedlich lange Metallsaiten gespannt. Drückt der Spieler die Taste, schnellt ein Hämmerchen gegen eine Saite. So entsteht der Ton. – Ein anderes Wort für Klavier ist ‚Piano'. Sehr große Klaviere nennt man auch ▸ Flügel, weil ihre Form einem Vogelflügel ähnelt. Karin möchte gerne Klavierspielen lernen, aber sie hat leider kein Klavier.

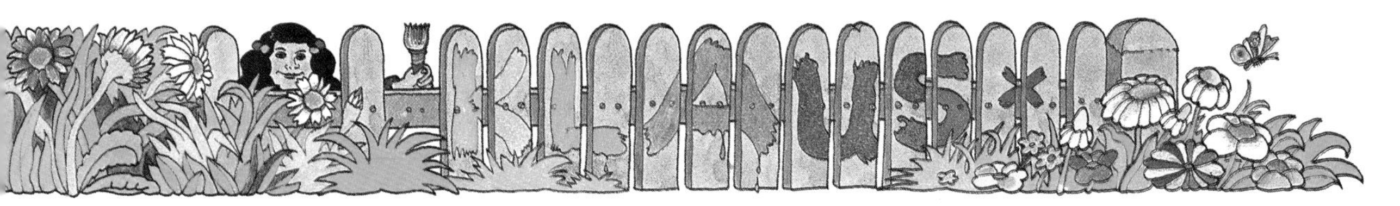

Klebstoff „Gib mir mal bitte den Klebstoff“, sagt Klaus zu seinem Vater. Mit dieser zähflüssigen Masse klebt er mehrere Papierbogen zusammen. Klebstoff verbindet sogar Metall- und Holzstücke. Er wird zum Beispiel aus ▸ Harz hergestellt. Auch Kleister, Leim und Kitt sind Klebstoffe, mit denen man etwas befestigt und verbindet.
Einmal hat Klaus seinem Freund eine geklebt. Dazu hat er keinen Klebstoff gebraucht. Weißt du, was er da getan hat?

Klee Auf der Wiese sucht Klaus vierblättrigen Klee. Aber so sehr er auch sucht, er findet nur Stängel mit drei Blättern. „Dann werde ich wohl kein Glück haben“, sagt er, denn es heißt, dass vierblättriger Klee Glück bringt.
Auch Kühe suchen Klee auf der Wiese. Sie fressen ihn gerne. Man pflanzt ihn deswegen als Futterklee. Der Blütenkopf des Klees besteht aus vielen kleinen Blättern. Sie können weiß, gelb, rosa, rot oder mehrfarbig sein. – Es gibt etwa 300 verschiedene Kleearten.

Klima Eine Bekannte kommt aus ▸ Afrika zurück und erzählt: „Das Klima ist dort ganz anders als bei uns.“ Damit meint sie, dass in Afrika zum Beispiel die Sonne häufiger scheint und es heißer ist als hier. Außerdem regnet es wesentlich seltener. – Vom Klima hängt ab, welche Tiere es gibt und welche Pflanzen wachsen. Außerdem beeinflusst das Klima die Kleidung der Menschen und ihre Art zu wohnen. Auf der Erde ist das Klima sehr unterschiedlich. Es gibt kaltes, gemäßigtes, warmes, heißes, feuchtes und trockenes Klima. – Im letzten Jahr sind Klaus, Karin und die Eltern in den ▸ Ferien auf eine ▸ Insel geflogen. Dort war es sehr heiß. Zum Glück gab es in ihrer Ferienwohnung eine Klimaanlage. Die haben sie so eingestellt, dass es in den Räumen angenehm kühl war.
Als Vater von einer Besprechung nach Hause kommt, sagt er: „Bei unserem Gespräch herrschte ein freundliches Klima.“ Weißt du, was er damit meint?

Kloster Karin und Klaus fahren mit ihren Eltern an einem Kloster vorbei. „In den Gebäuden wohnen die Mönche oder Nonnen ganz für sich“, sagt Mutter.
Diese frommen Menschen leben nach bestimmten Regeln zusammen. Wenn sie sich entschieden haben in so eine Gemeinschaft einzutreten, dürfen sie nicht heiraten. Außerdem versprechen sie arm zu bleiben und gehorsam zu sein. – Viele Nonnen arbeiten als Krankenschwestern. – In Klosterschulen geben Mönche oder Nonnen Unterricht.

Knoblauch Als Vater nach Hause kommt, fragt Klaus: „Wonach riechst du denn?“ Vater sagt: „Ich war essen und der ▸Koch hat das Essen mit Knoblauch gewürzt. Wahrscheinlich rieche ich noch morgen früh danach.“ Die Knoblauchpflanze wurde zuerst in ▸Asien angebaut. Sie wächst bis zu einem Meter hoch. Ihre Zwiebel besteht aus mehreren Teilen, den Knoblauchzehen. Man benutzt die Zehen für Salate, Fleisch und Saucen (Sosen). Wenn die ganze Familie Knoblauch isst, fällt einem der Geruch nicht auf.

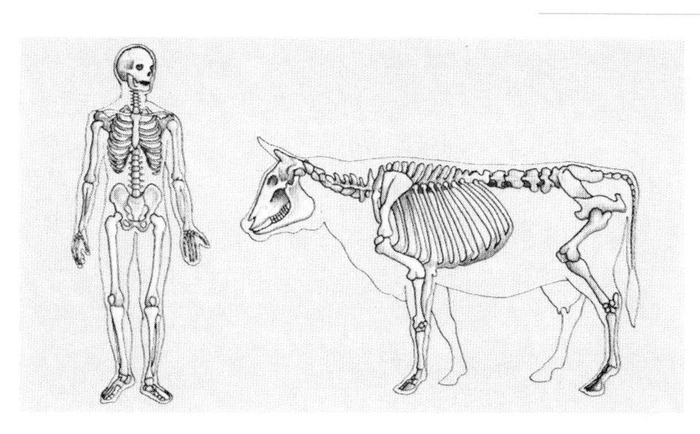

Knochen Obwohl Knochen hart sind, können sie brechen. Eine Freundin von Karin hat sich zum Beispiel beim Skifahren den Schienbeinknochen gebrochen. Zum Glück wächst er wieder zusammen. Viele kleine und große Knochen stützen den Körper. Alle Knochen des Körpers der Menschen und vieler Tiere bilden das Knochengerüst. Es wird auch Skelett genannt.
Mutter hat beim ▸Fleischer ein Pfund Suppenknochen gekauft. Damit kocht sie die Brühe für eine leckere Nudelsuppe.

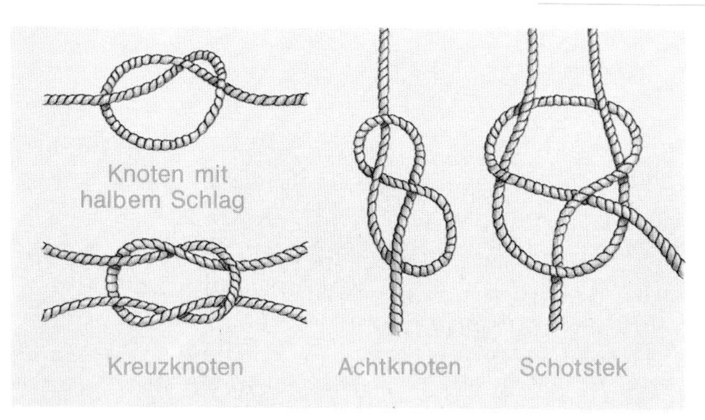

Knoten Klaus macht sich einen Knoten ins Taschentuch. Der soll ihn daran erinnern, dass er seiner Mutter unbedingt etwas erzählen muss. Vorhin hat er zwei kurze Schnüre zusammengeknotet, weil er eine lange brauchte. Besonders tolle Knoten knüpfen Matrosen, deswegen heißen diese Knoten Seemannsknoten. – Auch unter der ▸Haut kann sich ein Knoten bilden. So nennt man eine kleine Geschwulst. – Die Geschwindigkeit von Schiffen wird in Knoten angegeben. Ein Knoten ist eine Seemeile pro Stunde.

Kobold Mutter liest ein ▸Märchen vor. Ein listiger Zwerg ist die Hauptfigur. Dieser Kobold spielt den anderen Figuren aus dem Märchen eine Menge lustiger und manchmal auch böser Streiche.
Wenn man zu einem Kobold ‚Gnom’ sagt, weiß er, dass er gemeint ist. Diese Zwerge werden nämlich auch Gnome genannt.
Schau dir das Bild einmal ganz genau an. Wie viele Kobolde haben sich darin versteckt? Schreib uns doch die Zahl.

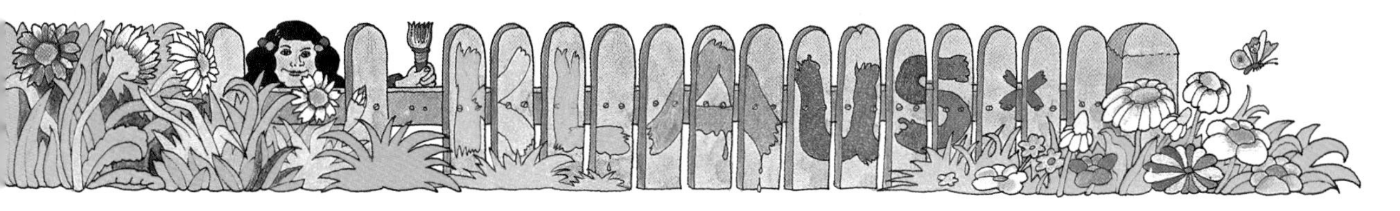

Koch Karin und Klaus gehen mit ihren Eltern in ein ▸ Gasthaus. Durch eine Tür sehen sie in die ▸ Küche, wo mehrere Köche arbeiten. „Das wäre ein ▸ Beruf für mich", sagt Klaus. „Als Koch würde ich ständig naschen." Diese Männer kochen das Essen für die vielen Gäste. Sie haben ihren Beruf erlernt. Man erkennt sie an der Kleidung und den hohen, weißen Mützen. Ihre Herde, Töpfe und Pfannen sind viel größer als in der Küche zu Hause. – Die Eltern von Karin und Klaus haben das Kochen nicht wie die Köche gelernt. Sie können es aber trotzdem beide ganz gut.

Kohl „Was gibt es denn heute zum Mittagessen?", fragt Karin. „Kartoffeln, Weißkohl (Weißkraut) und Schweinefleisch", sagt Mutter. Einige Kohlsorten mag Karin gerne, zum Beispiel Blumenkohl (Karfiol), Grünkohl und Rosenkohl (Sprossenkohl). Auch Wirsing und Rotkohl (Rotkraut, Blaukraut) sind Kohlsorten. Man baut Kohl auf Feldern und in Gärten an.
Wenn Karin sehr großen Hunger hat, ruft sie: „Hab ich einen Kohldampf!" – Sagt manchmal zu dir jemand: „Red doch keinen Kohl!"?

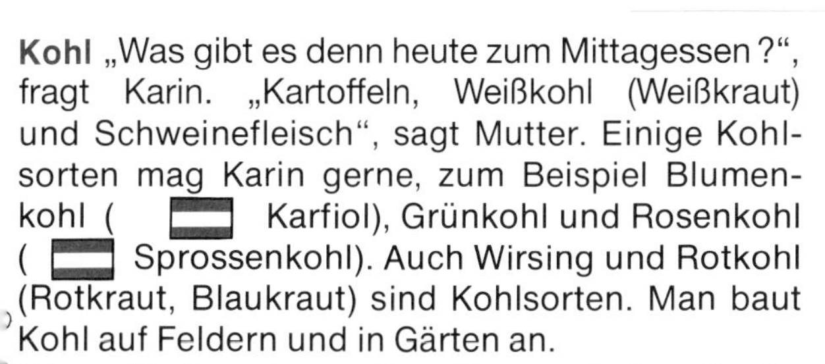

Kohle Bei Klaus zu Hause wird mit ▸ Öl geheizt. Bei seinem Freund benutzt man Kohle als Brennstoff für den ▸ Ofen. Schwarz oder dunkelgrau lagern die wie Steine aussehenden Kohlestücke im Keller.
Man kann sich nur schwer vorstellen, dass sie der Rest von Urwäldern sind, deren Bäume vor vielen Millionen Jahren abstarben. Durch Druck und Hitze verwandelten sich die Pflanzenteile unter der Erde zu Kohle. In ▸ Bergwerken holt man die Kohle aus der Erde. Steinkohle finden die Bergleute sehr tief unten zwischen den Gesteinsschichten. Die weniger wertvolle Braunkohle liegt nur einige Meter unter dem Erdboden. Sie wird mit riesigen Schaufelradbaggern abgebaut und meistens in Kraftwerken verheizt. – Als Klaus Durchfall hat und Kohletabletten schlucken muss, merkt er, dass man Kohle auch für Arzneimittel verwendet. – Mutter sagt manchmal zu Karin: „Deine Hände sehen ja kohlschwarz aus." Dann sind sie wirklich besonders schwarz.

Kokosnuss Vater bringt eine Kokosnuss mit nach Hause. „Die ist ja fast so groß wie mein Kopf", staunt Karin. Es dauert einige Zeit, bis sie die harte Nussschale mit einem Hammer geöffnet haben. Das weiße Innere dieser Frucht schmeckt Karin und Klaus sehr gut. Auch die süße Milch der Kokosnuss trinken sie gerne. Kokosnüsse erntet man von der Kokospalme, die es zum Beispiel in ▸ Afrika gibt. Bis zu dreißig Meter groß wird dieser Baum. Hoch oben wächst ein Büschel langer Blätter. Dort hängen auch die von braunen Fasern umhüllten Kokosnüsse. Die Fasern werden zu Matten und Seilen verarbeitet. – Aus Kokosnüssen macht man auch Kokosfett.

komisch Klaus lacht und freut sich über einen Komiker. „Der macht tolle Späße", begeistert er sich. Später sagt Mutter von einer Bekannten: „Die ist in letzter Zeit richtig komisch zu mir." Sie sagt das, weil sich die Frau seltsam benimmt und sie zum Beispiel kaum mehr ansieht. Darüber kann Mutter überhaupt nicht lachen. – Manchmal werden im ▸ Theater Komödien aufgeführt. Oft zeigen diese komischen Stücke die Schwächen und Fehler von Menschen und zwar so, dass die Zuschauer es lustig finden.

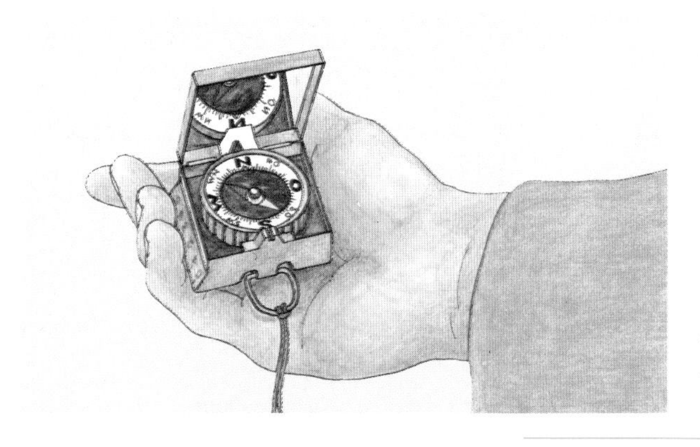

Kompass Mit dem Kompass stellt man die ▸ Himmelsrichtung fest. Die bewegliche Magnetnadel unter dem Kompassglas zeigt mit ihrer Spitze nämlich immer zum magnetischen Nordpol. So weiß man, wo Norden liegt. Dadurch lassen sich auch die anderen Himmelsrichtungen bestimmen. Seefahrer finden mit dem Kompass ihren Weg über die Meere. Wanderer benutzen einen Marschkompass. – Erfunden wurden die Kompasse in ▸ China. Italienische Seefahrer gaben diesem wichtigen Instrument vor etwa siebenhundert Jahren seine heutige Form.

kompliziert „Ist das kompliziert", stöhnt Karin, die vor ihren Rechenaufgaben sitzt. Die sind heute wirklich ziemlich schwierig. Aber als sie den Rechenweg verstanden hat, findet sie die Aufgaben nicht mehr kompliziert, sondern einfach. – Kürzlich brachte Mutter das Auto in die Werkstatt. Sie fragte den Meister: „Wie lange dauert die Reparatur?" Er antwortete: „Wir werden in zwei Stunden fertig sein, wenn alles ohne Komplikationen läuft." Damit meinte er, wenn es bei der Reparatur keine Schwierigkeiten gibt.

Kompott „Oh, Kompott", freut sich Karin, als ihre Mutter zum Nachtisch ein Glas öffnet. Karin und Klaus löffeln die leckeren eingemachten ▸ Kirschen und den Saft. Mutter hat das frische ▸ Obst im Sommer mit ▸ Zucker gekocht und in Gläsern eingeweckt. So ist es lange Zeit haltbar. Auch zu Pfannkuchen und anderen Süßspeisen mögen die Kinder und ihre Eltern Kompott. Neulich gab es Apfelkompott. Die Äpfel hatten sie vom Nachbarn geschenkt bekommen.

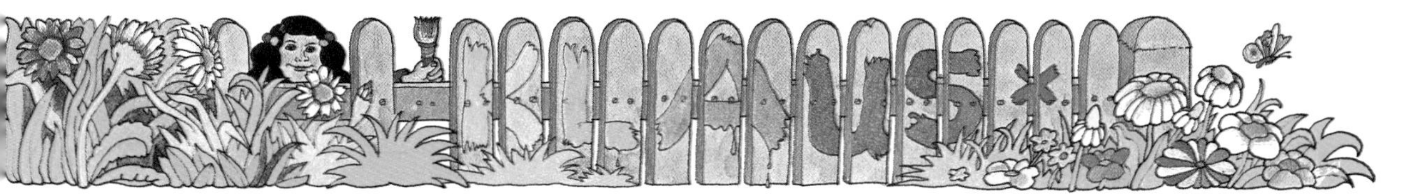

Konfirmation Der Nachbarjunge ist vierzehn Jahre alt und evangelisch. Er erzählt Klaus: „Am Sonntag werde ich konfirmiert.“ Zusammen mit seinen Eltern und vielleicht auch den Paten geht er dann zur ▸Kirche. Dort versammeln sich die festlich angezogenen Jugendlichen, die Erwachsenen und der Pfarrer zu einem gemeinsamen Gottesdienst. Bei dieser Feier werden die Jugendlichen in die kirchliche Gemeinschaft aufgenommen. Außerdem dürfen sie zum ersten Mal am Abendmahl teilnehmen. Auf diesen Tag haben sich die Konfirmanden in einem besonderen Unterricht vorbereitet. Nach dem Gottesdienst feiert die Familie zu Hause mit Freunden ein Fest. – Klaus ist auch eingeladen. Er freut sich schon darauf.

König In der Zeitung sieht Klaus ein Foto der englischen Königin. „Auch in einigen anderen europäischen Ländern regieren heute noch Könige“, sagt seine Mutter. Aber sie herrschen nirgends allein wie früher. Außer ihnen gibt es gewählte Abgeordnete und ▸Regierungen. In Deutschland verlor der letzte König 1918 seine Macht. Vorher krönte man viele deutsche Könige sogar zu Kaisern. Könige leben und regieren in Palästen. Bei feierlichen Anlässen tragen sie heute noch manchmal eine Krone. Ihre Töchter sind Prinzessinnen, ihre Söhne Prinzen. Die Staatsform, in der ein König regiert, nennt man Monarchie. Beim Schachspiel ist der König die wertvollste Figur. Es gibt auch Könige aus Holz und aus Papier. Weißt du, welche?

Der König beim Kegelspiel und das Spielkartenbild ‚König'.

Konzert „Wir gehen ins Konzert“, sagt Vater. Während dieser Veranstaltung spielen die Musiker des Orchesters auf ihren Instrumenten Musikstücke für das Publikum. Der Dirigent steht vor dem Orchester. Er gibt den Musikern mit der Hand oder dem Taktstock Zeichen für ihren Einsatz. – Karin hat in der Schule bei einem Flötenkonzert mitgespielt. Die Kinder bekamen für ihre Musik viel Beifall. Auf einem Plakat sieht Karin, dass an diesem Abend in der Stadt auch ein Jazzkonzert (Dschess) stattfindet.

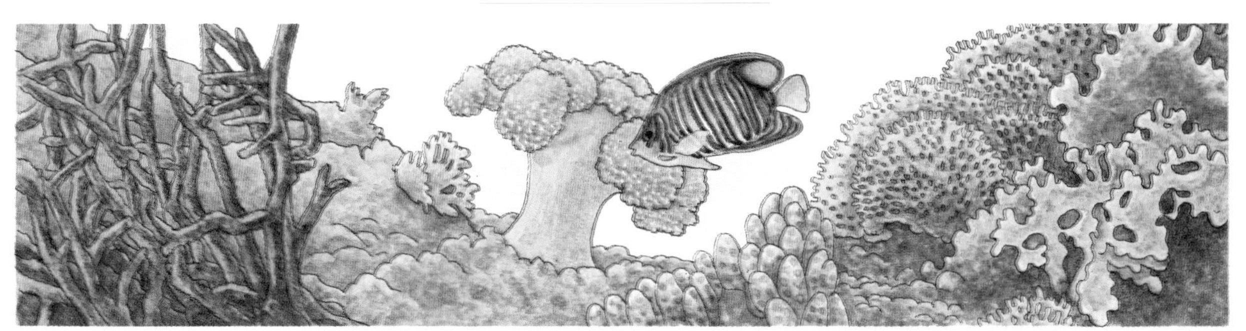

Koralle Mutter trägt eine Korallenkette um den Hals. „Dieser Schmuck wurde aus dem Kalkgerüst von Korallen gemacht“, sagt sie. – Taucher finden diese Tiere im warmen und nicht zu tiefen Meerwasser. Dort setzen sich die Korallen am Grund fest. Sie leben in großen, schönen Korallenstöcken zusammen, die wie Pflanzen aussehen. Die weißen bis dunkelroten Hohltiere sind miteinander verbunden. Sie wachsen und verästeln sich ständig.

Kork Vater öffnet eine Weinflasche mit dem Korkenzieher (Stoppelzieher). Langsam zieht er den Korken (Stoppel) aus dem Flaschenhals. Später lässt Karin den Korken schwimmen. Wenn sie ihn unter Wasser stupst, schnellt er sofort wieder hoch, denn Kork ist leicht. Deswegen kann der Korken gut schwimmen. Zwischen den Fingern lässt er sich ein Stückchen zusammendrücken. Kork macht man aus der Rinde der Korkeichen. Diese Bäume wachsen zum Beispiel in Südfrankreich und in Italien.

Körper Karin treibt gerne ▸ Sport. Das macht ihr Spaß. Ihre Mutter sagt: „Außerdem ist es sehr gut für die Gesundheit." Auch Bewegung an der frischen Luft und eine abwechslungsreiche Ernährung sind wichtig, damit der Körper gesund bleibt. – Körper nennt man bei Menschen und Tieren den Leib mit dem Kopf, dem Hals, dem Rumpf, den Armen und Beinen. Das Knochenskelett stützt den Körper. Der menschliche Körper hat eine ▸ Temperatur von knapp unter 37 Grad Celsius. Das Blut sorgt dafür, dass Sauerstoff und Nährstoffe im Körper verteilt werden. – Zur Körperpflege gehört, dass man sich regelmäßig wäscht. Die Zähne müssen geputzt und die Haare gekämmt werden. Außerdem braucht die Haut Creme, wenn sie trocken ist. – Manche Menschen sind körperbehindert. Ihr Körper kann durch einen Unfall oder eine Krankheit nicht alles leisten, was ein gesunder Körper leisten kann.

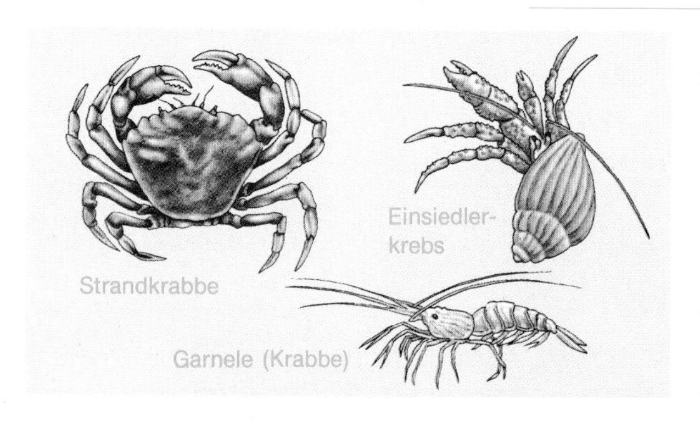

Krabben „Frische Krabben" steht am Schaufenster eines Fischgeschäfts. Mutter und Klaus kaufen ein halbes Pfund, denn sie essen Krabben gerne. Das Fleisch dieser kleinen ▸ Krebse schmeckt sehr zart.
Es gibt verschiedene Krabbenarten. Die meisten leben im Meer. Am Strand hat Klaus oft welche gesehen. Krabben haben zehn Beine. Die beiden vordersten sind Greifzangen (Scheren), mit denen sie zwicken können. Ihr Körper ist durch eine Art Panzer geschützt.

Krähe Auf einem abgeernteten Feld sieht Karin viele schwarze ▸ Vögel. Völlig schwarz sind diese Saatkrähen allerdings nicht. Ihr Gefieder schillert ein wenig violettblau. Die Krähen suchen hier nach Würmern, von denen sie sich ernähren. Außerdem fressen sie ▸ Insekten, ▸ Schnecken, ▸ Larven, Samen und Abfälle. Auch auf Weiden sieht man bei uns Saatkrähen. – Außer den Saatkrähen gibt es in Mitteleuropa noch zwei andere Krähenarten. Die eine ist die Rabenkrähe. Sie hat schwarze Federn und lebt in Wäldern. Das Gefieder der Nebelkrähe ist grau und schwarz.

Krampf Karin spielt Tischtennis. Plötzlich tut ihr die Wade sehr weh. „Das ist ein Krampf", sagt Mutter. „Stampf mit dem Fuß einmal ganz fest auf. Dadurch entkrampfen sich die ▸ Muskeln." Auch warme und feuchte Umschläge helfen gegen den starken Schmerz, der durch plötzliches Zusammenziehen der Muskeln entsteht. Einen Krampf bekommt man, wenn man sich überanstrengt. Beim Schwimmen ist das oft gefährlich, weil man wegen der starken Schmerzen nicht mehr weiterschwimmen kann. – Manchmal muss man sich krampfhaft gegen etwas wehren. Damit ist gemeint, dass sich einer mit aller Kraft und verbissen wehrt. – „So ein Krampf", sagt Vater, wenn ihm zum Beispiel ein Film überhaupt nicht gefällt.

Kran Klaus sieht mit Karin an der Baustelle einem Kran zu. Der Turmdrehkran mit seinem langen Ausleger hebt schwere Steinladungen und andere Lasten. Hoch oben sitzt der Kranführer in seiner Kabine. Auf Schienen kann er den Kran hin- und herfahren lassen. – Auch ▸ Schiffe und Güterwagen werden von Kränen beladen und entladen. Es gibt Kräne, die bis zu zweihundert und mehr Tonnen heben. Das ist so viel wie zweihundert Autos zusammen wiegen. Durch diese Last würde der Kran zu einer Seite umfallen. Deswegen beschwert man ihn mit einem Gegengewicht. Klaus kann sich nicht vorstellen, wie man hohe Häuser baute, bevor es Kräne gab.

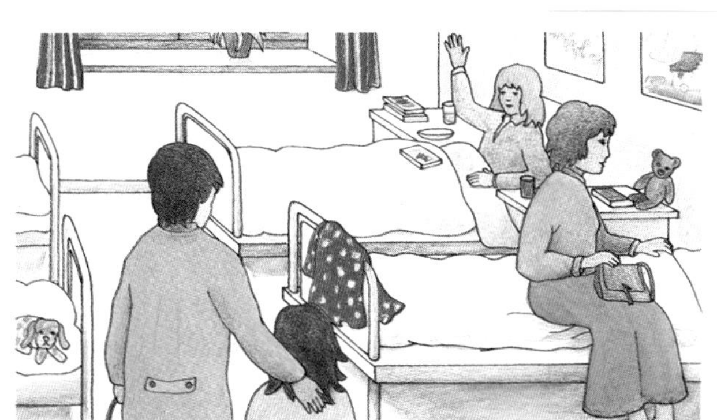

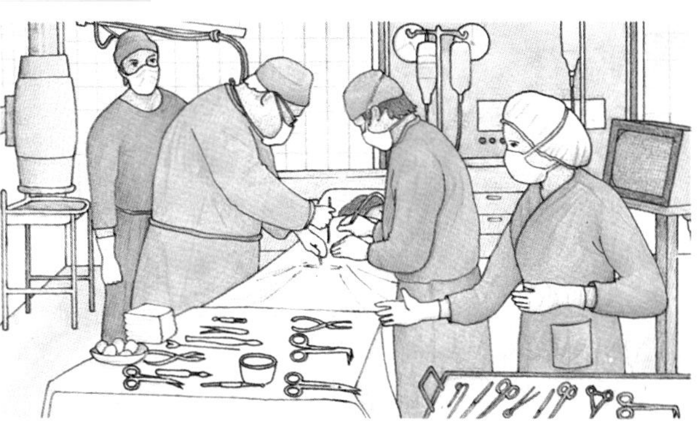

Krankenhaus (Spital) Karin und ihre Mutter besuchen Karins Freundin im Krankenhaus. Sie liegt dort, weil man ihr die ▸ Mandeln herausgenommen hat. Hier arbeiten ▸ Ärzte und es gibt viele medizinische Geräte. Die braucht man um Krankheiten zu heilen. Krankenschwestern und Krankenpfleger versorgen die Kranken mit ▸ Medizin, Essen und anderen Dingen. Karins Freundin liegt zusammen mit drei Kindern in einem Zimmer auf der Kinderstation. „Wenn kein Besuch hier ist, spielen wir und ich lese viel", erzählt die Freundin. „Und Quatsch machen wir auch", sagt ein Mädchen. Alle vier haben sich von ihren ▸ Operationen gut erholt.
Mutter lag vor längerer Zeit auf der Entbindungsstation in diesem Krankenhaus. „Da habe ich dich geboren", sagt sie zu Karin.
Es gibt auch Spezialkrankenhäuser (Kliniken), zum Beispiel Kinderkliniken, Augenkliniken, Nerven- und Hautkliniken.
Warst du schon einmal im Krankenhaus?

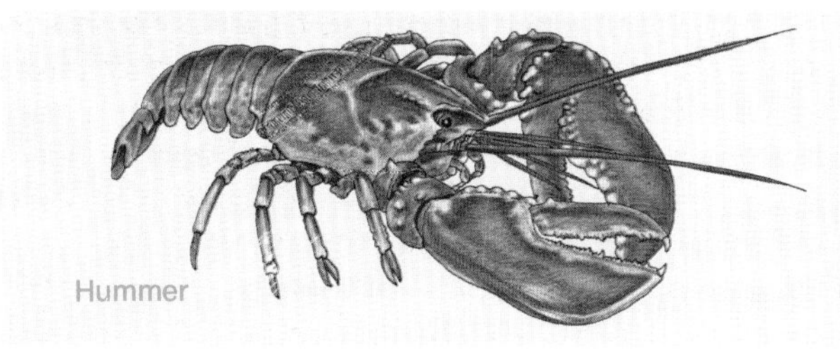
Hummer

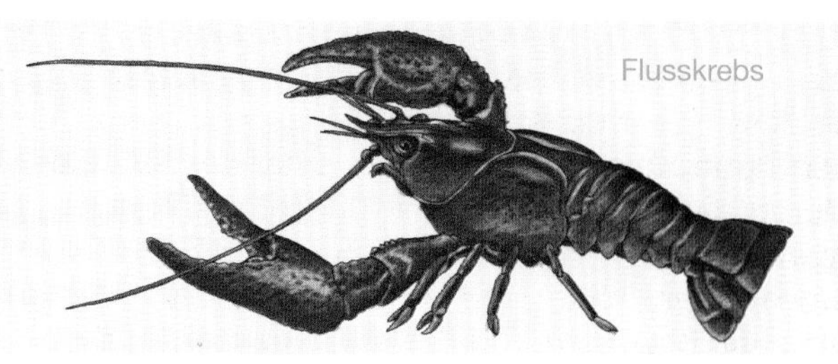
Flusskrebs

Krebs Am Strand findet Klaus einen Krebs. Ihm fallen die zehn Beine und der breite Schwanz des Tieres auf. „Vorsicht, der kann mit seinen ▸Scheren zwicken“, warnt Mutter. Die Scheren sind das vorderste Beinpaar. Aus dem Kopf wachsen dem Krebs zwei Paar Fühler, die so genannten ▸Antennen. Man nennt diese Tiere auch Krustentiere. Die Krebskörper sind nämlich durch eine Kruste – eine Art Panzer – geschützt. Außer im Salzwasser leben Krebse im Süßwasser der Flüsse und Teiche. Einige Arten sind kleiner als ein Millimeter. Andere werden bis zu fünfzig Zentimeter groß. Auch die gut schmeckenden Hummer, Langusten und ▸Krabben gehören zu den Krebsen.
Krebs ist außerdem der Name einer gefährlichen Krankheit. Einmal in jedem Jahr gehen Vater und Mutter zur Krebsvorsorgeuntersuchung. Dort wird geprüft, ob sie Krebs haben. Wenn man die bösartige Krebsgeschwulst frühzeitig genug entdeckt, kann man Krebs oft heilen.

Kreis „Setzt euch alle in einen Kreis“, sagt die Lehrerin zu den Kindern. Kreisrund sieht dieser Kreis jedoch nicht aus. – Mit dem Zirkel zeichnet Karin einen Kreis auf ein Blatt Papier. Das wird ein richtiger Kreis. Sein Mittelpunkt ist vom Rand überall gleich weit entfernt. Viele Dinge haben die Form eines Kreises, zum Beispiel Torten, ▸Uhren und einige Verkehrsschilder. – Der Landkreis hat allerdings keine runde Form. Ein Landkreis besteht aus mehreren ▸Dörfern und ▸Städten.

Kreuzotter Bei uns in ▸Europa gibt es fünf giftige Schlangenarten. Eine davon ist die Kreuzotter. Sie beißt Menschen nur, wenn man sie reizt. Wer von ihr gebissen wird, muss sofort zum ▸Arzt. Meistens versteckt sich das bis zu einem Meter lange Tier unter Steinen und im Gestrüpp. Die Kreuzotter ist grau, braun oder schwarz. Man erkennt sie an der Zickzacklinie auf ihrem Rücken. Kreuzottern ernähren sich von Mäusen. Im Winter liegen die ▸Schlangen starr in ihrem Versteck. Erst wenn es warm wird, bewegen sie sich.

Kreuzung Karin steht an einer Kreuzung. Hier treffen zwei Straßen aufeinander. Beim Überqueren der Kreuzung ist sie besonders vorsichtig. Oft regeln ▸Ampeln den ▸Verkehr an Kreuzungen. – Auch wenn Wege oder Bahnlinien aufeinander treffen, nennt man das Kreuzung. – Außerdem gibt es bei Tieren und Pflanzen Kreuzungen. Das bedeutet, dass aus zwei verschiedenen Rassen oder Arten eine neue gezüchtet wird. Kreuzt man zum Beispiel einen ▸Esel mit einem ▸Pferd, wird daraus der Maulesel. – Wie nennst du eine Kreuzung zwischen Elefant und Regenwurm? Mal sie doch mal. Fallen dir noch andere lustige Fantasie-Kreuzungen ein?

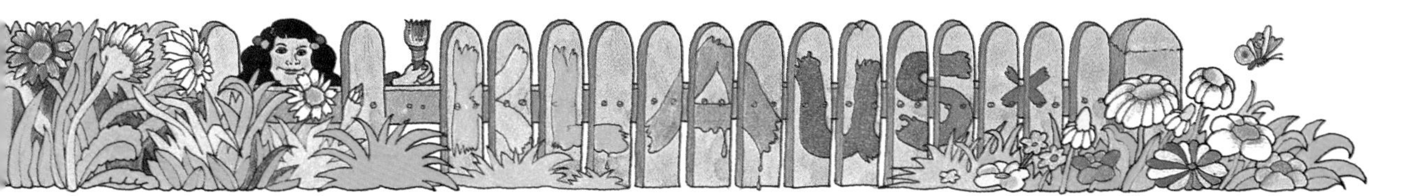

Krieg Wenn ▸ Staaten Streit haben, können sie zu ▸ Feinden werden. Manchmal entstehen aus solchen Feindschaften Kriege. ▸ Soldaten müssen dann mit ▸ Waffen gegeneinander kämpfen. Durch die Erfindung immer furchtbarerer Waffen wurden die Kriege immer furchtbarer. Am Ende eines Kriegs sind viele Menschen tot und Dörfer und Städte vernichtet. Überlebende verlieren alles und müssen oft fliehen. Kriegsgefangene sind jahrelang von ihren Angehörigen getrennt. – Im Zweiten Weltkrieg kämpften die meisten Staaten der Erde. Dieser Krieg begann 1939 und endete 1945. – Würden heute die mächtigsten Staaten mit ihren Waffen Krieg führen, könnte alles vernichtet werden. Viele Menschen hoffen, dass wenigstens diese Staaten deswegen keinen Krieg wagen. Sie sind froh, wenn ▸ Frieden herrscht.

Krimi Karin sieht einen Krimi im Fernsehen. In diesem ▸ Film geht es um ein ▸ Verbrechen. Karin regt sich sehr darüber auf. Einige Male kann sie gar nicht hinsehen, wenn der Kriminalkommissar wieder etwas Spannendes erlebt. Danach schläft sie schlecht ein, weil sie an den Film denken muss. Vater sagt manchmal: „Der Krimi ist mir zu brutal (grausam)." Dann schaltet er den Fernsehapparat ab. – Auch im Bücherschrank stehen Krimis. In diesen spannenden Büchern geht es wie in den Filmen um die Aufklärung von Verbrechen.

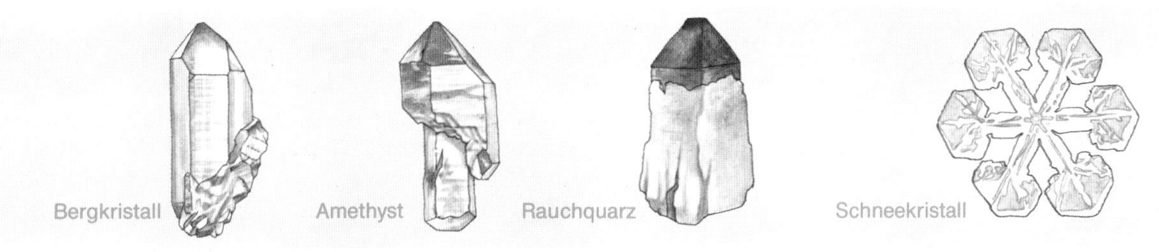

Kristall Aus flüssigen oder gasförmigen Stoffen können harte Kristalle entstehen. Mutter sagt: „Vor einer Woche war der Honig noch flüssig. Jetzt ist er kristallisiert." Klaus streicht den festen Honig auf die Brotscheibe. Die Zuckerkristalle des Honigs entstanden in wenigen Tagen. – Quarz kommt ebenso in Kristallform vor wie der glasklare Bergkristall. Diese Kristalle brauchen Millionen Jahre für ihre Entstehung. – Auch auf der Straße hat Klaus schon Kristalle gesehen. Sie fielen als Schneekristalle vom Himmel. Solche Kristalle bilden sich bei ▸ Temperaturen unter null Grad Celsius aus dem Wasserdampf der Luft. Sie sind wie kleine Sterne. – Mutter sagt manchmal: „Heute benutzen wir die Kristallgläser." Besonders schweres ▸ Glas nennt man Kristallglas. Es kann schön geschliffen werden.

Kritik Die Kinder spielten in der Schule ein Theaterstück und wurden dafür gelobt. Über diese Kritik freuten sie sich. Alles hatte so gut geklappt, weil die Kinder und ein Lehrer bei den Proben für das Theaterstück selbst sehr kritisch waren. Sie prüften und beurteilten ihre Leistungen also genau. – Kürzlich sagte Karins Mutter: „Deine Schrift sieht furchtbar aus." Diese Kritik passte Karin gar nicht. – Es gibt Berufskritiker. Sie kritisieren zum Beispiel Bücher und Filme.

Krokodil Im ▸ Zoo sieht Klaus ein Krokodil. Die Panzerechse reißt ihr riesiges Maul auf. Klaus staunt über die spitzen Zähne. Krokodile leben zum Beispiel in den Flüssen ▸ Afrikas. Sie schwimmen und tauchen sehr gut. Dabei hilft ihnen ihr kräftiger Ruderschwanz. Wie Baumstämme liegen die Tiere im Wasser und lauern. Nähert sich ein Beutetier, packen sie es mit den Zähnen. Auch für Menschen können die bis zu sechs Meter langen Tiere gefährlich werden. Auf dem Land sind Krokodile langsam. Man züchtet sie in Krokodilsfarmen oder jagt sie, weil man ihre Häute zu ▸ Leder für Taschen und Schuhe verarbeitet. – Klaus hat Krokodilstränen vergossen. So nennt man Tränen, die nicht echt sind. Nach einer Sage sollen Krokodile nämlich angeblich so ähnlich wie Kinder weinen. Damit wollen sie ihre Opfer anlocken.

Krokus Karin und ihre Mutter gehen spazieren. Es ist März. In den letzten Tagen schien die Sonne. In einem Garten sehen die beiden bunte ▸ Blumen. „Das sind Krokusse", sagt ihre Mutter. Sie gehören zu den ersten Frühlingsblumen. Weiß, gelb und violett blühen sie. Karin zählt an jeder Blüte sechs farbige Blütenblätter. Der Krokus hat grüne, schmale Blätter, die ähnlich wie ▸ Gras aussehen. Diese ▸ Pflanze entwickelt sich aus Blumenzwiebeln. Die steckt man im Herbst in die Erde.

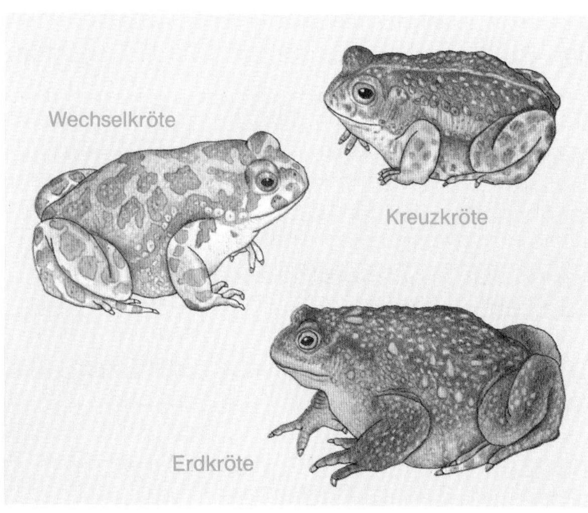

Kröte „Eine Kröte", ruft Karin. Sie zeigt auf ein plumpes Tier mit warziger Haut. Kröten sehen den ▸ Fröschen ähnlich. Die meisten jungen Kröten schlüpfen im Wasser als Kaulquappen aus Kröteneiern. Wie ▸ Fische atmen sie durch Kiemen. Sie haben einen Ruderschwanz und noch keine Beine. Aus den Kaulquappen entwickeln sich langsam Kröten. Die atmen dann durch die ▸ Lunge und bewegen sich auf ihren vier kurzen Beinen. Kröten leben an feuchten Stellen auf dem Land. Sie vertilgen Nacktschnecken und ▸ Insekten. Die meisten Krötenarten scheiden eine schwach giftige Flüssigkeit aus. – Obwohl Karin diesem Tier überhaupt nicht ähnlich sieht, sagt Mutter manchmal aus Spaß zu ihr: „Du freche Kröte."

Küche Als Karin und Klaus in die Küche kommen, riecht es da gut. Auf dem ▸ Herd stehen Töpfe. Die beiden heben die Deckel und sehen nach, was Mutter kocht. „Ihr könnt gleich mal den Tisch decken“, sagt sie. Diese Küche ist so groß, dass ein Esstisch und Stühle hineinpassen. Außer dem Herd stehen in der Küche ein ▸ Kühlschrank, eine Geschirrspülmaschine und eine Spüle. Auf den leicht abwaschbaren Arbeitsflächen bereitet Mutter das Essen vor. Alles wurde möglichst praktisch eingerichtet. Trotzdem sieht es gemütlich aus. In den verschiedenen Schränken hat Mutter ▸ Geschirr, Töpfe, Besteck und einige Haushaltsgeräte untergebracht, die die Arbeit in der Küche erleichtern. – Viel Spaß macht es, wenn alle beim Kochen helfen.

Kuchen Klaus sagt zu Karin: „Komm, wir backen einen Kuchen.“ Gleich darauf rühren die beiden Butter und Zucker schaumig. In diese Masse gibt Karin einige Eier. „Jetzt noch Mehl und Backpulver dazu“, sagt sie. Klaus schneidet eine Tafel Schokolade in kleine Stücke und rührt sie unter den Teig. Danach füllen sie den Teig in eine Backform. Im Backofen wird der Kuchen dann gebacken. Klaus kann es kaum abwarten, bis der Kuchen fertig ist. – In der Konditorei bäckt der Konditor leckere Kuchen und Torten.

Kuckuck „Kuckuck, Kuckuck“, hören Karin und Klaus im Wald. Gesehen haben sie den ▸ Vogel, der da ruft, noch nie. Der Kuckuck ist nämlich ziemlich scheu. Dieser Vogel mit dem schmalen Schnabel und dem langen Schwanz ernährt sich von Raupen und ▸ Insekten. Das Weibchen legt acht bis zwölf Eier und verteilt sie in die Nester anderer Vögel. Die merken das nicht und brüten auf dem fremden ▸ Ei und ihren eigenen Eiern. Wenn der junge Kuckuck dann ausschlüpft, braucht er viel Platz. Deswegen wirft er die anderen jungen Vögel einfach über den Nestrand. Die fremden Vogeleltern ziehen ihn als ihr Junges auf. Im Winter fliegt der Kuckuck in Länder, in denen es wärmer ist als bei uns. – Bei Karins Tante ruft ein hölzerner Kuckuck aus einer Wanduhr „Kuckuck“. Deshalb werden solche Uhren Kuckucksuhren genannt.

Kugelschreiber „Hast du meinen Kuli?", fragt Karin ihren Bruder. Der benutzt ihren Kugelschreiber gern, denn er lässt sich gut in der Hand halten. Außerdem schreibt er besonders leicht. Der Kugelschreiber heißt so, weil die Schreibspitze aus einer kleinen Kugel besteht. Beim Schreiben dreht sich die Kugel. Dabei nimmt sie ein wenig Farbe von der ▸Mine im Innern des Kugelschreibers. Da sich die Kugel weiterdreht, wird die Farbe dann auf das Papier übertragen. Kugelschreiberminen haben die verschiedensten Farben.

Kuh Im Urlaub sieht Karin abends auf der Dorfstraße Kühe. Ein Junge treibt sie von der ▸Weide in den Stall. Die großen Euter der Tiere sind prall und voller ▸Milch. „Gleich werden sie gemolken", sagt Klaus. Heute benutzen die Bauern Melkmaschinen. Früher wurde mit der Hand gemolken. Kuh ist der Name für das weibliche ▸Rind, wenn es das erste Junge bekommen hat. Dieses Junge nennt man Kalb. – In Indien gelten Kühe als heilig. – Auch die Muttertiere der ▸Elefanten, ▸Hirsche, ▸Nashörner und Flusspferde nennt man Kühe.

Kühlschrank „Hol bitte die Milch aus dem Kühlschrank", sagt Mutter. Karin öffnet die Tür des Schranks, der an den elektrischen Strom angeschlossen ist. Er steht voller Lebensmittel und Getränke. In diesem Gerät bleibt das alles lange frisch. Eine eingebaute Kältemaschine sorgt für niedrige ▸Temperaturen. Außerdem ist der Schrank so dicht, dass die ▸Kälte nicht hinaus- und die Wärme nicht hineinkann. – Im Eisfach des Kühlschranks, in der Tiefkühltruhe und dem Gefrierschrank werden noch tiefere Temperaturen erzeugt. Wenn Mutter da ein Stück Fleisch herausnimmt, ist es steinhart gefroren. – Kannst du dir vorstellen, wie Dinge frisch gehalten wurden, bevor es Kühlschränke gab?

Kunst Die Familie besucht eine Kunstausstellung. Dort hängen Bilder, die von verschiedenen Künstlern gemalt wurden. „Ich möchte auch die Begabung haben mir so etwas auszudenken und zu malen", wünscht sich Vater. Außer Malern sind zum Beispiel Bildhauer, Grafiker, Musiker und Schriftsteller Künstler. Durch ihre Arbeit können Kunstwerke entstehen. Auch Schauspieler, Tänzer und Sänger sind Künstler. Sie schauspielern, tanzen und singen so gut, dass es eine Kunst ist.

Wassertreten im Kurbad

Kur „Meinem Kollegen geht es gar nicht gut", sagt Vater. „Er muss zur Kur." In Kurorten sorgen das gesunde ▸Klima, die Ruhe und Kurärzte dafür, dass sich die Kurgäste erholen. Die Gäste bekommen zum Beispiel Heilbäder. Manche baden in heißem Schlamm oder in Moorwasser. Sie trinken Wasser aus Heilquellen und unternehmen erholsame Spaziergänge. Als Vater an sich hinuntersieht, sagt er: „Für mich wäre eine Abmagerungskur gut." Dazu muss er nicht in einen Kurort fahren. Es reicht, wenn er weniger isst und trinkt und mehr zu Fuß geht.

Kürbis „Der Kürbis wird ja größer als ein Fußball", bestaunt Karin eine ▸ Frucht im Garten. Aus dieser Frucht, die aus einem winzigen ▸ Kern entsteht, macht man ▸ Gemüse und ▸ Kompott. Auch als Viehfutter verwendet man sie. Kürbisse brauchen Wärme. Ihre Früchte können grün, weiß oder gelb sein. Der Riesenkürbis ist so schwer, dass ihn zwei starke Männer nur mit Mühe heben. – Klaus höhlte einmal einen Kürbis aus. Er schnitt dazu noch Öffnungen für den Mund, die Augen und die Nase hinein. So wurde aus der Kugel ein Gesicht. Dann stellte er eine brennende Kerze in den hohlen Kürbis. Im dunklen Zimmer wirkte der wie ein leuchtender Geisterkopf.

Kurve Klaus fährt mit seinem ▸ Fahrrad auf einer sehr engen Straße. Als er um eine Kurve biegt, kommt ihm plötzlich ein ▸ Auto entgegen. Beide können gerade noch ausweichen. Klaus hat schon einige Male gemerkt, dass er an solchen schwer überschaubaren Straßenbiegungen besonders vorsichtig fahren muss. Verkehrsschilder warnen vor gefährlichen Kurven. – Auf dem Hinterhof umkurvt Klaus mit seinem Fahrrad die Wäschestangen. Er umfährt sie also in Kurven.

Küste Die Familie fährt im Auto auf der Küstenstraße. Ganz allmählich geht das ▸ Land hier ins ▸ Meer über. An anderen Stellen fällt die Küste steil und felsig ab. Draußen im Meer ragen Klippen aus dem Wasser. Durch Brandung, Wind und Strömungen wird die Küste verändert. Jetzt fahren sie an einem Deich vorbei. Diese Wälle baute man, um das Land vor Hochwasser zu schützen. Die Kinder freuen sich auf Wattwanderungen. Bei ▸ Ebbe werden sie über den trockenen Meeresboden aus Sand und Schlick gehen. Später überspült ihn die Flut wieder. Sie sind gespannt, was das Wasser von weit her als Strandgut mitgebracht hat.

Kutsche Karin und einige andere Kinder sitzen auf dem Kutschwagen. Er wird von zwei ▸ Pferden gezogen. Mit den ▸ Zügeln lenkt der Kutscher die Tiere vom Kutschbock aus. Bevor es ▸ Autos und Züge gab, fuhren Reisende immer in Kutschen. Auch Lasten transportierte man damit. Postkutschen sorgten dafür, dass die ▸ Post ankam. – Obwohl Vater keine Kutsche benutzt, sagt er am Sonntag: „Jetzt kutschieren wir gemütlich los." Er meint, dass sie mit dem Auto langsam durch die Gegend fahren wollen.

Labyrinth Lutz und seine Mutter suchen in einem großen Gebäude ein bestimmtes Zimmer. Überall gehen Türen von den langen, gleich aussehenden Fluren ab. Die beiden finden sich überhaupt nicht zurecht. „Das ist hier wie in einem Labyrinth", beschwert sich Mutter. Labyrinth nennt man ein Gebäude oder einen Irrgarten mit verwirrend vielen Gängen. Wer im Labyrinth ist, findet nur schwer den Ausgang oder zurück zum Eingang. – Labyrinthe gab es schon in den Sagen der alten Griechen. Auch auf dem ▸ Jahrmarkt werden manchmal Labyrinthe aufgebaut.

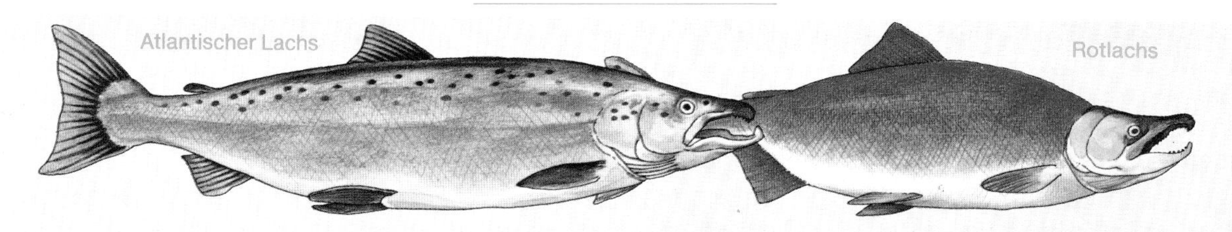

Lachs Vor hundert Jahren gab es Lachse im Rhein so häufig, dass viele Menschen keinen Lachs (Salm) essen wollten. Heute ist er selten und gilt als wertvoller Speisefisch. Die Verschmutzung der Gewässer hat den Lachs aus den meisten Flüssen vertrieben. Deshalb werden Lachse in den nördlichen Meeren gezüchtet. – Diese Raubfische ernähren sich von kleinen ▸ Fischen und ▸ Krebsen. Geboren werden Lachse im Quellgebiet eines Flusses. Ein Jahr später schwimmen sie flussabwärts ins Meer. Sie leben dort zwei bis drei Jahre. Danach schwimmen sie in Schwärmen wieder in den Fluss zurück, aus dem sie kamen. Dabei überwinden sie Hindernisse wie zum Beispiel Stromschnellen. Sie überspringen sogar Wasserfälle um zu dem Platz zu kommen, wo sie geboren wurden. Nur dort legen Lachse ihre Eier (ihren Laich) ab. Nach dieser Anstrengung sterben die meisten. Forscher sagen, dass die Lachse ihren Weg zurück in den Heimatfluss riechen.

Lager Der Freund von Lutz verbringt die Ferien in einem Ferienlager. Das Lager besteht aus vielen Zelten. Im Lager liegt der Junge auf einem Lager. Dieses Lager besteht aus einer Matratze und einem Schlafsack. Auch einen Schlafplatz nennt man also Lager. In dem Lager, wo der Junge auf einem Lager schläft, gibt es noch ein drittes Lager. Es wird gebraucht um Essen aufzubewahren. Der Raum für Vorräte wird nämlich ebenfalls so genannt. Die meisten Firmen haben Lager, in denen man Dinge stapelt, die nicht sofort benutzt werden. Man sagt: „Sie lagern dort." – Der Junge ist also zur Zeit in einem Lager mit einem Lager. Und er liegt dort auf einem Lager.

Laie Die Eltern von Lutz tapezieren zum ersten Mal ein Zimmer. „Ich weiß nicht, ob wir Laien das schaffen“, sagt Vater. Das Gegenteil vom Laien – der Fachmann also – ist in diesem Fall der ▸ Maler oder Tapezierer. Er hat das Tapezieren gelernt. Die Eltern probieren es einfach aus. So bringen sie es sich selbst bei. „Es sieht gar nicht laienhaft aus“, werden sie später gelobt. – Mutter war einmal Laienschauspielerin. Sie spielte in einem Theaterstück mit, obwohl sie nicht als Schauspielerin ausgebildet ist.

Lakritze Im Süßwarenladen kauft Lutz Lakritze. Es gibt hier Figuren, Bonbons, aufgerollte Bänder und Stangen aus Lakritze. Lutz mag den Geschmack. Damit man Lakritze herstellen kann, braucht man den Saft der Wurzel des Süßholzstrauchs. Dieser Strauch wächst im Süden ▸ Europas und in ▸ Asien. Man vermischt den Saft unter anderem mit Zucker, Mehl und Stärkesirup. So entsteht die schwarze Masse, die Lutz gerade lutscht. – Lakritze wird auch als Heilmittel gegen Magenbeschwerden und Husten benutzt.

Lama Im ▸ Zoo stehen Lutz und seine Eltern vor dem Lamagehege. „Geh nicht so nah ran“, warnt Vater. „Die Tiere spucken, wenn sie sich aufregen.“ Lutz sieht hier gelbbraune Lamas. Es gibt außerdem fast schwarze und weiße. Das weiche Fell kann auch gescheckt oder gefleckt sein. Die Tiere sind etwa so groß wie ▸ Hirsche. Obwohl Lamas keine Höcker haben, gehören sie zur Familie der ▸ Kamele. Sie leben in den Bergen Südamerikas. Dort sind sie wichtige ▸ Haustiere. Sie schleppen Lasten und dienen als Reittiere. Lamas geben Milch. Sie liefern Wolle und Fleisch. Aus der wild lebenden Art, dem Guanako, züchtete man das Haustier.

Land Der Seemann verlässt das Schiff und betritt das Land. Endlich hat er wieder festen Boden unter den Füßen. Er fährt dann zu seinen Eltern auf das Land hinaus. Sie wohnen dort zwischen Feldern und Wiesen in einem ▸ Dorf. Diese ländliche Gegend aus Äckern, Wiesen und Dörfern liegt in Schleswig-Holstein. Schleswig-Holstein ist ein Bundesland der ▸ Bundesrepublik Deutschland. Du merkst, dass das Wort Land mehrere Bedeutungen hat.

Landschaft Die Familie fährt in die Berge. Sie halten und sehen sich die Gegend an. „Eine schöne Gebirgslandschaft“, schwärmt Mutter. Berge, Felsen und Täler liegen vor ihnen. Durch Stadtlandschaften und Industrielandschaften fahren sie einige Tage später nach Hause. – Es gibt auch Fluss- und Wüstenlandschaften. – Landschaft nennt man ein Gebiet der Erdoberfläche, das ein bestimmtes Aussehen hat. – In letzter Zeit versucht man Landschaften zu erhalten. Dafür hat man ▸ Gesetze erlassen. Sie verbieten zum Beispiel, dass in Landschaftsschutzgebieten Autobahnen gebaut werden.

Langeweile Lutz hat Langeweile. Er sitzt in seinem Zimmer und es passiert nichts. Es fällt ihm auch nicht ein, was er unternehmen könnte. „Lies doch, spiel was, hör Radio, sieh fern oder ruf jemanden an“, schlägt seine Mutter vor. Da geht Lutz zu seiner Freundin. Die langweilt sich genauso wie er. Als sie dann miteinander spielen, ist die Langeweile wie weggeblasen. – Manchmal sagt Mutter: „Sei doch nicht so langweilig.“ Damit meint sie, dass sich Lutz beeilen soll. – Was unternimmst du, wenn du dich langweilst?

Lärm „Dieser Lärm macht mich ganz krank“, klagt Mutter. Man versteht sie kaum. Seit zwei Tagen dröhnen Presslufthämmer auf der Straße. Wenn man längere Zeit laute Geräusche hören muss, kann man davon krank werden. Besonders in den großen Städten belästigt der Verkehrslärm die Menschen. – An den lärmenden Maschinen der ▸ Fabriken arbeiten die Menschen oft mit Ohrenschützern. – Ein Freund von Lutz wohnt in der Nähe des Flugplatzes. „Wenn die Flugzeuge starten und landen, fallen wir von dem Krach fast aus den Betten“, schimpft sein Vater. – Manchmal sagt Mutter: „Lärm bitte nicht so, sonst beschweren sich die Nachbarn.“

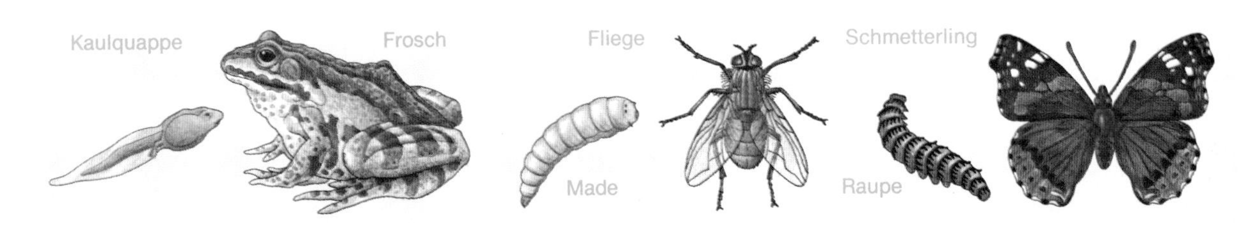

Larve Aus der Kaulquappe wird ein ▸ Frosch, aus der Made eine ▸ Fliege und aus der Raupe ein ▸ Schmetterling. Diese Kaulquappen, Maden und Raupen nennt man Larven. Sie entschlüpfen Eiern. Larven leben anders und sehen anders aus als die ausgewachsenen Tiere. So kann zum Beispiel die Larve des Schmetterlings, die Raupe nicht fliegen. Der Schmetterling kann es aber.

Lastkraftwagen „Guck mal, ein riesiger Laster“, sagt Lutz zu seiner Mutter. Er zeigt auf einen Lastkraftwagen. Damit man diesen großen LKW fahren darf, braucht man einen besonderen Führerschein (✚ Führerausweis). Lutz sieht den Fahrer im Führerhaus hinter dem Steuerrad. Der Mann hat den schwer beladenen Wagen mit Anhänger schon weite Strecken durch viele Länder gesteuert. Bei solchen langen Fahrten lösen sich zwei Fahrer ab. Während der eine fährt, ruht sich der andere in der Schlafkabine des Führerhauses aus. – Omnibusse sind Lastkraftwagen für den Transport von Menschen. Auch die meisten Feuerwehrautos gehören zu den Lastkraftwagen.

Laterne Es ist Herbst und wird früh dunkel. Lutz trifft sich mit einigen anderen Kindern. Sie tragen Stöcke, an denen bunt bemalte Laternen aus Papier hängen. In diesen Lampions brennen ▸ Kerzen. – Die hohen Laternen am Straßenrand beleuchten bei Dunkelheit den Bürgersteig und die Straße. „Früher schaltete man die Laternen einzeln ein und aus", erzählt der Vater von Lutz. „Heute werden sie alle auf einmal vom Elektrizitätswerk ein- und ausgeschaltet." – Laternen an Baustellen machen bei Dunkelheit darauf aufmerksam, dass hier eine Gefahr droht.

Läufer Die Familie geht spazieren. Läufer kommen ihnen entgegen. Gemütlich traben Männer, Frauen und Kinder. „Solche Läufe sind gut für die Gesundheit", sagt Mutter. Diese Läufer laufen nicht um die Wette wie die, denen Lutz im Stadion zugesehen hat. Damit sie Halt auf der Bahn haben, tragen sie Laufschuhe mit Nägeln (Spikes Spaiks).

Lutz stolpert über einen Läufer, der auf dem Boden liegt. Weißt du, was das für einer ist?

Ein langer, schmaler Teppich.

Laune Lutz lacht und freut sich. „Mensch, hast du gute Laune", freut sich seine Mutter mit ihm. Ihre Stimmung ist genauso gut. Sie erwartet nämlich Besuch, den sie mag. Gleich darauf kommt Vater schlecht gelaunt nach Hause. Ihm wurde die Stimmung durch einen Kollegen verdorben. „Der Mann ist so launisch", beklagt er sich. „Eben unterhält man sich noch freundlich mit ihm. Im nächsten Augenblick sieht er einen griesgrämig an. Der kann einem mit seinen wechselnden Launen die beste Laune verderben."

Laus In seinem Garten behandelt ein Mann die Pflanzen gegen Blattläuse. Die kleinen ▸ Insekten saugen den Saft der Pflanzen und gelten deswegen als schädlich. Vor anderen Läusen sind auch Menschen und Tiere nicht sicher, weil ihr ▸ Blut diesen Quälgeistern schmeckt.
Lutz hat gehört, dass einer in seiner Klasse Kopfläuse hatte. Der Junge wurde dagegen behandelt und die Läuse waren bald verschwunden. Der Stich dieser flügellosen Insekten juckt sehr stark. Es gibt viele Arten von Läusen, gefährliche übertragen Krankheiten. Läuse vermehren sich sehr schnell.
Wenn Lutz schlechte ▸ Laune hat, fragt Mutter: „Ist dir eine Laus über die Leber gelaufen?"

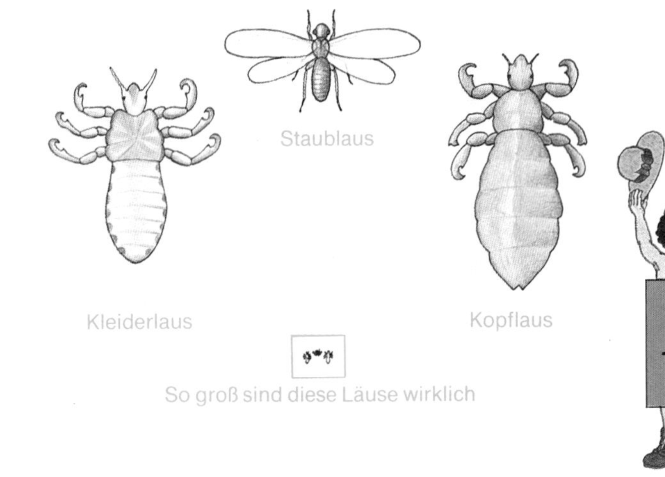

So groß sind diese Läuse wirklich

Lawine Lutz sieht einen Film über ein Lawinenunglück im ▸ Gebirge. Durch Erschütterungen lösten sich an einem steilen Hang große Mengen Neuschnee vom darunter liegenden harten Altschnee. Sie rutschten und stürzten ins Tal. Dabei rissen sie immer mehr Schnee mit. Größer und größer wurde die Lawine. Ihre Kraft knickte Bäume und zerstörte Häuser. Skifahrer wurden unter den Schneemassen begraben.
Bei der Suche nach den Verunglückten helfen Lawinensuchhunde und Sonden werden eingesetzt. Durch Wälle kann man Gebäude vor Lawinen schützen. An besonders lawinengefährdeten Stellen baut man ▸ Tunnels über die Straße. Außer Schneelawinen gibt es Eis-, Stein- und Staublawinen.

Lebensmittel Im Supermarkt sagt Mutter zu Lutz: „Jetzt gehen wir in die Lebensmittelabteilung." Dort findet man alles, was man zum Essen und Trinken braucht. Es gibt pflanzliche und tierische Lebensmittel, die roh oder schon zubereitet sind. Dazu gehören Nahrungsmittel, die wichtige Nährstoffe enthalten. Manche Lebensmittel aber werden hauptsächlich wegen ihres Geschmacks gekauft, zum Beispiel Kaffee, Gewürze und Tabak. Mutter sagt: „Ich suche immer möglichst frische Lebensmittel aus."

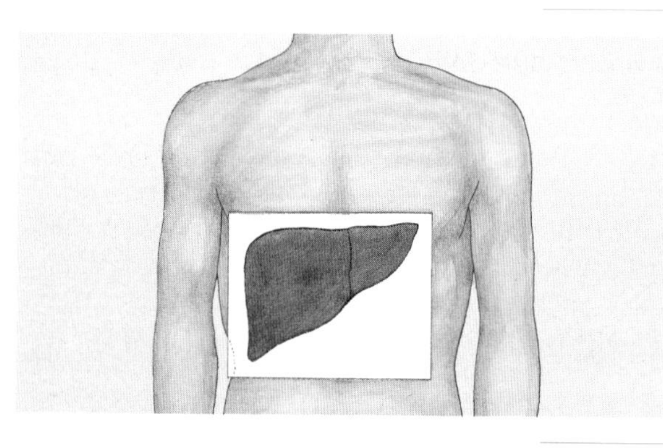

Leber Rechts unter den Rippen des menschlichen ▸ Körpers liegt die Leber. Dieses Organ ist für die Verdauung wichtig. Außerdem reinigt die Leber das ▸ Blut. Sie sorgt auch dafür, dass das Blut gerinnt. – Als Lutz krank war, musste er Lebertran schlucken. „Da sind ▸ Vitamine drin. Der Lebertran macht dich kräftig", sagte seine Mutter. Dieser Tran wird aus Fischleber hergestellt. Leberwurst schmeckt Lutz viel besser. Der ▸ Fleischer nimmt dazu gekochte Leber, Fleisch, Speck und ▸ Gewürze.

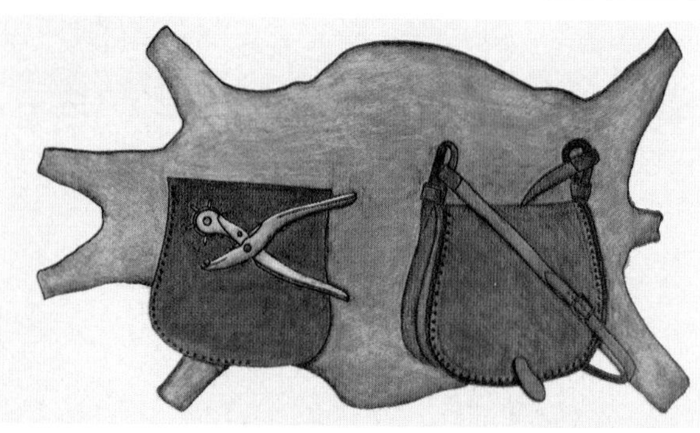

Leder Lutz trägt eine Lederhose. „Um Leder herzustellen braucht man Tierhäute", sagt sein Vater. In der Gerberei säubert man die Tierhäute vom Fleisch und von den Haaren. Dort werden sie auch geschmeidig und haltbar gemacht, eingefärbt und eingefettet. – Man verwendet zum Beispiel die Haut von Rindern und Kälbern. Für wertvolle Lederwaren nimmt man auch Schlangen- und Krokodilhaut. Aus Reh- und Hirschhaut entsteht Wildleder. – Weißt du, was man alles aus Leder macht?

Lehm Als der Großvater von Lutz im Garten gräbt, sagt er: „Hier ist die Erde lehmig." Bräunlich gelb sieht der Lehmboden in dem Loch aus. Das Graben strengt Großvater ziemlich an, denn der Lehmboden ist schwer. Er besteht aus ▸ Ton und Sand. – Früher wohnte man in Hütten aus Lehm. Solche Lehmhäuser werden heute noch in Ländern gebaut, in denen es wärmer ist als bei uns. Auch Ziegel macht man aus Lehm. Sie werden im Ofen gebrannt und bekommen dabei ihre rote Farbe.

leihen Lutz sagt zu seinem Banknachbarn: „Leih mir bitte dein ▸ Lineal. Ich habe meines zu Hause gelassen." Der gibt es ihm, bis er es selbst wieder braucht. Bücher leiht sich Lutz oft in der ▸ Bücherei. Er darf sie dann einige Zeit behalten. Seine eigenen Bücher und Comichefte verleiht Lutz an Freunde, die sie gerne lesen möchten. – Die Eltern von Lutz wollten sich ein Auto kaufen. Sie hatten aber nicht genug Geld. Die ▸ Bank hat ihnen das Geld geliehen. Jetzt bezahlen sie es nach und nach (in Raten) zurück. – Statt ‚leihen' sagt man auch ‚borgen'.

Leiter Lutz will ▸ Kirschen pflücken. So sehr er sich auch streckt, sie hängen zu hoch. Deswegen holt er zusammen mit seinem Vater eine Leiter. Sie lehnen sie an den Baum. Lutz steigt hinauf. Die langen Stangen der Leiter links und rechts sind durch Sprossen verbunden. – Leitern können aus ▸ Holz oder ▸ Metall sein. Fensterputzer und Dachdecker benutzen besonders hohe Leitern. An welchem Leiter kann man nicht hinaufsteigen?

Am Schul-, Chor- und Abteilungsleiter zum Beispiel.

Leopard Im ▸ Zoo sieht Lutz Leoparden in ihren ▸ Käfigen. Das Fell der großen Raubkatzen ist gelblich mit dunklen Flecken. Bis zu anderthalb Meter werden diese Tiere groß. Sie leben in ▸ Afrika und Südasien. Leoparden klettern sehr gut. Sie schleichen sich an ▸ Affen und ▸ Vögel an um sie zu erbeuten. Aus ihren Verstecken in Bäumen überfallen sie ▸ Wildschweine und Antilopen. Leoparden jagen vor allem nachts. Man nennt sie auch Panther.

Lerche Lutz und seine Eltern gehen spazieren. Plötzlich hören sie den lauten Gesang eines ▸ Vogels. „Das klingt schön", sagt Lutz. „Da singt eine Lerche", erklärt ihm seine Mutter. Sie zeigt auf einen unauffälligen braunen Singvogel über dem Feld. Während die Lerche singt, schraubt sie sich steil nach oben in die Luft. Nur die Männchen singen. Ihre Nester bauen die Lerchen auf dem Boden. Es gibt viele Arten in fast allen Teilen der Erde.

Leuchtturm Im Urlaub sieht Lutz an der ► Küste einen Turm. „Das ist ein Leuchtturm“, sagt sein Vater. Solche Türme stehen an Land oder im flachen Wasser. Jeder Leuchtturm hat ein Leuchtfeuer. Nachts erkennen die Seeleute das helle Blinklicht des Leuchtfeuers schon aus weiter Entfernung. Es ist für sie wie ein Wegweiser. Da jeder Leuchtturm sein eigenes Blinksignal hat, wissen die Seeleute genau, wo sie gerade sind. Früher wurden alle Leuchttürme durch Leuchtturmwärter bedient. Heute arbeiten die Türme meist automatisch.

Lexikon Bei den Eltern von Lutz steht ein Lexikon im Bücherschrank. Es besteht aus fünfundzwanzig Bänden. „In diesen Büchern findet man, was man wissen möchte“, sagt Mutter. Damit man das schnell nachschlagen kann, wurden die Stichwörter nach dem ► Alphabet geordnet. Beim Blättern sieht Lutz außer Texten auch viele Bilder und Karten. – Für Kinder gibt es besondere Lexika. Eines liegt gerade vor dir. Schreib uns doch mal, wie es dir gefällt. Unsere Adresse:

Bibliographisches Institut & F. A. Brockhaus AG
Lektorat Kinder- und Jugendbuch
Dudenstraße 6, 68167 Mannheim

Libelle Lutz sitzt am Rand eines Teichs. Er beobachtet eine Libelle. Ihre durchsichtigen Flügel schillern im Licht. Lutz fällt der dünne Hinterleib auf. Das große Raubinsekt fliegt ein Stück vorwärts. Plötzlich bleibt es in der Luft stehen. Dann fliegt es sogar rückwärts. Außerhalb Europas gibt es Libellen, die fünfzehn Zentimeter groß werden können. Sie sehen sehr gut. Libellen ernähren sich von ► Würmern, ► Fliegen, ► Käfern und ► Schmetterlingen. Ihre Larven leben im Wasser.

Licht Als Lutz in ein dunkles Zimmer kommt, knipst er das Licht an. Jetzt leuchtet die Lampe. Lutz sieht alle Gegenstände im Zimmer. Er kann sie sehen, weil sich das Licht der Lampe geradlinig nach allen Seiten ausbreitet und auf die verschiedenen Gegenstände fällt. Der Lampenstoff lässt das Licht durch. Andere Dinge im Zimmer lassen kein Licht durch. Sie sind undurchsichtig. Außer künstlichen Lichtquellen wie der Lampe gibt es natürliche Lichtquellen wie die ► Sonne. Von diesen Lichtquellen breitet sich das Licht mit ungefähr 300 000 Kilometern in der Sekunde aus. Ein Lichtstrahl rast also in einer Sekunde von der Erde fast bis zum ► Mond. Trotzdem braucht das Licht mancher weit entfernter Sterne im Weltall viele tausend Jahre, bis es zu uns kommt. – Gestern hat Lutz seinen Freund hinters Licht geführt. Er hat ihn also hereingelegt.

Liebe Lutz ist sicher, dass sich seine Eltern lieb haben. Er merkt das zum Beispiel daran, wie sie miteinander reden. Das kann sehr liebevoll klingen. Manchmal nehmen sie sich zärtlich in die Arme. Die beiden sind gerne zusammen. Auch ihn haben seine Eltern lieb. Das spürt er ganz genau. Schade, dass auch Leute, die sich lieben, manchmal miteinander zanken, denkt Lutz.

Liliputaner Lutz sieht einen sehr kleinen Erwachsenen. „Diese Menschen nennt man Liliputaner“, sagt seine Mutter. Weil alles für Größere eingerichtet ist, zum Beispiel Möbel, Waschbecken und Türklinken, haben es Liliputaner ziemlich schwer. Auch im ▸ Zirkus sieht man solche kleinwüchsigen Menschen manchmal. Sie arbeiten dort als Artisten. – Die Bezeichnung Liliputaner stammt aus einem Buch. Es heißt ‚Gullivers Reisen‘. In diesem Buch von Jonathan Swift gibt es ein Land der Zwerge, das er Liliput nannte.

Linde Es ist Juni. Als Lutz mit seinem Vater durch die Stadt geht, atmet der die Luft tief ein. Dann sagt Vater: „Hm, blühende Lindenbäume.“ Nicht nur Vater, sondern auch die ▸ Bienen mögen den Duft. Er lockt sie zu den Blüten. Die größten dieser Laubbäume sind so dick, dass zwei Männer sie nicht umfassen können. Bis zu vierzig Meter werden sie hoch und manchmal über tausend Jahre alt. Ihr weiches ▸ Holz verwendet man gerne zum Schnitzen. – Wenn Lutz erkältet ist, kocht Mutter Lindenblütentee für ihn.

Lineal Lutz nimmt einen Bleistift und will eine gerade Linie ziehen. Er versucht es ohne Lineal mit freier Hand. Das klappt nicht. Da holt er sein Lineal und zieht die Linie daran entlang. So geht es ganz einfach. Sein Lineal ist aus ▸ Plastik. Es gibt auch welche aus ▸ Holz oder ▸ Metall. Mit der Zentimeter- und Millimetereinteilung auf dem Lineal misst er die Länge der Linie.

Linse „Nicht fallen lassen“, warnt Vater, als Lutz ein ▸ Mikroskop zum Tisch trägt. Er hat Angst um die empfindlichen Linsen in diesem Gerät. Linsen sind geschliffene, lichtdurchlässige, runde Gläser. Sie sammeln Licht oder sie zerstreuen es. Ohne Linsen funktionieren auch andere optische Geräte nicht, zum Beispiel die ▸ Lupe, das ▸ Fernglas oder der ▸ Fotoapparat. – Die Linsen unserer ▸ Augen sorgen dafür, dass wir sehen können. – Manchmal linst Lutz über einen Zaun. Das bedeutet, dass er neugierig über den Zaun sieht. – Gestern gab es Linsen in der Suppe. Weißt du, was das für Linsen sind?

Linsen sind getrocknete, braune Samen einer Hülsenfrucht.

Liter Mutter sagt zu Lutz: „Bring mir bitte einen Liter Milch mit.“ Gestern hat sie dreißig Liter Benzin getankt. Vater bestellte vor einigen Tagen dreitausend Liter Heizöl. Der Liter ist ein Maß für Flüssigkeiten. Man kürzt dieses Maß mit ‚l‘ ab. – In der Küche steht ein Litermaß aus Plastik. Wenn für einen Kuchenteig zum Beispiel 1/4 (ein Viertel) l Milch gebraucht wird, benutzt Mutter dieses Litermaß. Sie misst damit die Menge der Flüssigkeit genau ab.

Litfaßsäule Lutz geht an einer dicken Säule vorbei. Sie ist mit vielen Plakaten beklebt. Auf den Plakaten wird zum Beispiel für Konzerte, Zigaretten, Waschmittel, Kleidung, Parteien und Urlaubsziele geworben. Damit man sie beachtet, stehen diese Säulen dort, wo viele Menschen unterwegs sind. Lutz hat schon einige Male zugesehen, wie ein Mann die Plakate anklebte. Diese Säulen nennt man Litfaßsäulen. Die erste wurde nämlich vor über hundert Jahren in Berlin von einem Herrn Litfaß aufgestellt.

Lohn „Ich bekomme eine Lohnerhöhung“, freut sich der Vater von Lutz. Der ▸ Betrieb, in dem er arbeitet, bezahlt ihm jetzt für jede Stunde Arbeit sechzig Pfennig mehr als bisher. Lohnerhöhungen werden zwischen den ▸ Gewerkschaften und den Arbeitgebern (zum Beispiel den Fabrikbesitzern) besprochen und abgemacht. Diese Abmachung nennt man Tarif. Einige von Vaters Kollegen bekommen keinen Stundenlohn, sondern Akkordlohn. Der Betrieb bezahlt diese Arbeiter also für jedes Stück, das sie bearbeiten. „Die müssen sich abhetzen um genug zu verdienen“, sagt Vater. „Das ist sehr anstrengend.“ – Den Verdienst von Angestellten und ▸ Beamten nennt man Gehalt.

Los An der Losbude auf dem ▸ Jahrmarkt kauft Lutz ein Los. Als er das Papier öffnet, liest er ▸ ‚Niete‘. Er hat also nichts gewonnen. Auf dem Los seines Vaters steht eine Nummer. Er gewinnt eine Tafel Schokolade. – Am Geburtstag von Lutz machten die Kinder ein Wettspiel. Drei Kinder lagen am Schluss genau gleichauf. „Den Hauptgewinn verlosen wir zwischen den dreien“, schlug Mutter vor. „Wer beim Losen das kürzeste Streichholz zieht, hat gewonnen.“ – Neulich waren die Eltern auf einem Fest. Dort wurden bei einer Tombola wertvolle Preise verlost. Mutter gewann eine Ledertasche. „Von der ist aber schon der Griff los“, sagte sie. Dieses ‚los‘ heißt, dass sich der Griff gelöst hat. – In einem Buch hat Lutz gelesen, dass jemand ein schreckliches Los hatte. Das bedeutet, dass er besonders viel Unglück erleben musste.

löten Das Radio funktioniert nicht. Der Mechaniker öffnet es und stellt fest: „Ein ▸ Draht hat sich gelöst.“ Der Draht muss an ein Metallstück gelötet werden. Zum Löten benutzt der Mann den Lötkolben. Dieses Gerät wird erhitzt. Wenn es heiß genug ist, schmilzt man damit das Lötzinn, bis es flüssig wird. Die Tropfen dieses ▸ Metalls verkleben das Ende des Drahts mit dem Metallstück. Das abgekühlte Lötzinn verbindet die beiden Teile fest und haltbar.

Löwe Im ▸ Zoo bestaunt Lutz die Löwen. In Freiheit leben diese großen Wildkatzen in den Savannen und Steppen ▸ Afrikas und Vorderindiens. Den männlichen Löwen erkennt Lutz an der langen Mähne am Kopf. Das Fell der Tiere ist gelblich braun. Wegen dieser Tarnfarbe sieht man sie in ihrer Umgebung kaum. Löwen jagen ihre Beutetiere – zum Beispiel ▸ Zebras – in Rudeln und meistens nachts. Lutz sieht die scharfen Zähne und gewaltigen Pranken der ▸ Raubtiere. Mit einem Prankenhieb reißen sie ihr Opfer. Als ein Löwe brüllt, erschrickt Lutz, so laut klingt das. Löwen sind stark. In Geschichten werden sie manchmal ‚Könige des Tierreichs' genannt.

Löwenzahn Die Wiese leuchtet gelb, denn überall wächst hier Löwenzahn. Dieses ▸ Unkraut ist schwer zu beseitigen. Lutz merkt das, als er eine der Pflanzen ausreißen will. In der Hand hält er nur ihre schmalen, gezackten Blätter und ein paar Stängel. Sie scheiden einen milchigen Saft aus. Die Pflanzenwurzel steckt noch tief im Boden. – Man nennt den Löwenzahn auch Kuhblume oder Pusteblume. Wenn man in den kugeligen Fruchtstand pustet, reißt der Luftzug die weißgrauen Samen aus. Wie an einem ▸ Fallschirm schweben sie davon. Sturm kann sie Tausende von Kilometern weit tragen.

Luchs Lutz steht vor einem großen Käfig im ▸ Zoo. Er beobachtet eine rötlich braune Wildkatze. Die hohen Beine des Luchses und der kleine Kopf dieses ▸ Raubtiers fallen ihm besonders auf. An den spitzen Ohren wachsen Haarpinsel. Luchse leben zum Beispiel in den Wäldern Nordamerikas, im nördlichen Russland und in Skandinavien. Bei uns gab es sie früher auch. Vor allem wegen ihres kostbaren Fells hat man sie gejagt, bis sie ausgerottet waren. Luchse können gut klettern. Ihre Beutetiere sind ▸ Hasen, ▸ Fasane und ▸ Rehe. Die jagen sie nachts.
Als Lutz in der Schule ganz besonders gut aufpasst, lobt ihn der Lehrer: „Du passt ja heute auf wie ein Luchs."

Luft Die Lufthülle um unsere ▸ Erde ist ungefähr hundert Kilometer hoch. Diese Hülle schützt die Erde vor der Kälte des Weltalls und zu starker Sonnenbestrahlung. Sie schützt aber auch davor, dass der Erde zu viel Wärme verloren geht. Ohne Luft können Menschen, Tiere und Pflanzen nicht leben. Luft besteht aus ▸ Gasen, vor allem aus Stickstoff und Sauerstoff, der für unsere ▸ Atmung wichtig ist. – Das ▸ Barometer zeigt den Luftdruck an. – Wenn Lutz besonders frech ist, herrscht zu Hause dicke Luft. Da weiß er, dass gleich etwas passiert.

lügen Lutz liest gerne Lügengeschichten. Er weiß, dass sie nicht stimmen und erfunden sind. Gerade deswegen machen sie ihm Spaß. Es ärgert Lutz aber, wenn er wirklich angelogen wird wie vor einigen Tagen. Da nahm ihm einer den Radiergummi weg. Lutz sah das. Der Junge log trotzdem und sagte: „Ich war es nicht." Sagt jemand oft die Unwahrheit, hat man den Eindruck, dass er ein Lügner ist. – Manchmal hat Lutz Angst vor Strafe. Dann kommt es vor, dass er eine Notlüge oder Ausrede erfindet, damit er nicht bestraft wird. Er hat auch schon geschwindelt oder geflunkert, also in einer nicht so wichtigen Sache die Unwahrheit gesagt.

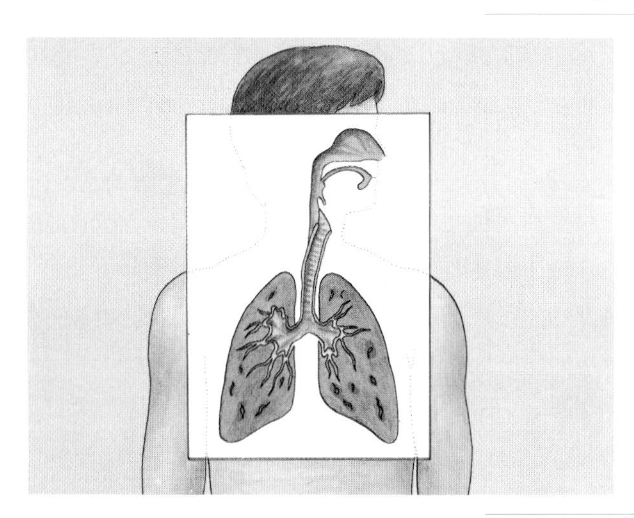

Lunge Die Lunge liegt geschützt unter den Rippen des menschlichen ▸ Körpers. Wenn man einatmet, strömt die ▸ Luft durch den ▸ Mund und die ▸ Nase in die Luftröhre und von dort in die Lunge. Die Lungenbläschen entnehmen der Atemluft den Sauerstoff und geben ihn ans ▸ Blut weiter. Mit dem Blut kommt der lebensnotwendige Sauerstoff in alle Teile des Körpers. Beim Ausatmen presst die Lunge verbrauchte Luft nach außen. – Der Vater von Lutz bekam nach einer ▸ Grippe eine Lungenentzündung. Er klagte über hohes Fieber, Schüttelfrost und Schmerzen in der Brust. ▸ Bakterien hatten einen Teil seiner Lunge entzündet. Lungenentzündung ist eine gefährliche Krankheit.

Uhrmacherin

Lupe Lutz und seine Eltern sammeln Briefmarken. Die winzige Schrift und die kaum sichtbaren Wasserzeichen der Marken betrachten sie mit einer Lupe. Durch die ▸ Linse dieser Lupe wirkt alles viel größer. – Menschen, die sehr schlecht sehen, benutzen solche Vergrößerungsgläser manchmal zum Lesen. – Der Juwelier betrachtet Schmuck mit der Lupe. So sieht er, wie wertvoll der Schmuck ist. Wenn er an einem Diamanten keinen Fehler findet, sagt er: „Der ist lupenrein."

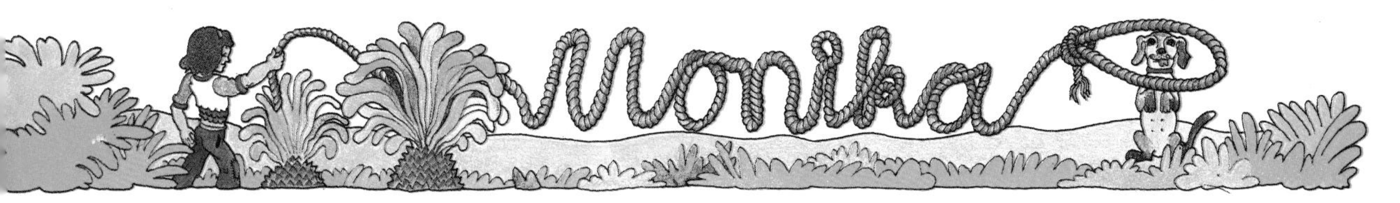

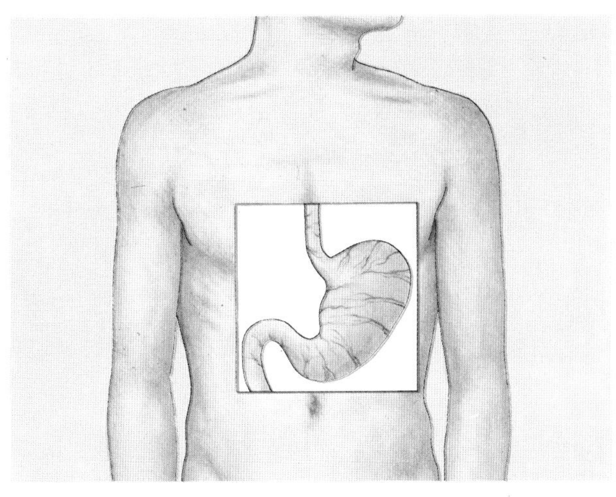

Magen Das zerkaute Essen rutscht durch die Speiseröhre in den Magen. Wie ein kleiner Sack liegt er im ▸ Bauch. Durch gleichmäßige Bewegung sorgt der Magen dafür, dass die zerkaute Nahrung mit Magensaft zu Brei vermischt wird. Den Brei schiebt er zum Magenausgang weiter. Danach kommt der Speisebrei in den ▸ Darm.
Fette Nahrungsmittel wie zum Beispiel Ölsardinen sind schwer verdaulich. Sie liegen ungefähr sechs Stunden im Magen. Fleischbrühe belastet den Magen nur ein bis zwei Stunden. – Kürzlich hat Monika zu fett gegessen. Ihr war schlecht und sie musste sich übergeben. So schützt sich der Magen davor, dass er falsches oder zu viel Essen aufnimmt.

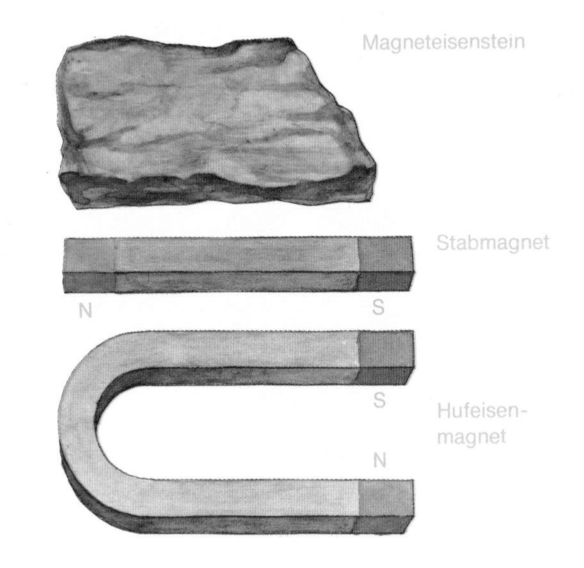

Magnet Monika hat einen Magneten. Hält sie ein Stück ▸ Eisen in seine Nähe, wird das magnetisch angezogen. Als sie einen ▸ Nagel längere Zeit am Magneten hängen ließ, war der Nagel magnetisch. Magneten geben nämlich etwas von ihrer Magnetkraft ab. Einmal hielt Monika zwei Magnete aneinander. Sie staunte, denn die zogen sich nicht an. Im Gegenteil, sie stießen sich ab. Das liegt daran, dass jeder Magnet zwei Pole hat. Monika versuchte, die beiden gleichen Pole der Magneten zusammenzubringen. Das klappte nicht, denn nur die ungleichen Pole der Magnete ziehen sich an. – Auch der ▸ Nord- und Südpol der Erde sind magnetisch. – Auf einem Schrottplatz sah Monika einmal einen Kran mit einem großen Magneten. Damit wurde das Alteisen hoch gehoben. – Kannst du an zwei Magneten feststellen, welches die gleichen Pole sind?

Mähdrescher Auf dem Feld sieht Monika eine große Maschine. „Das ist ein Mähdrescher“, sagt Mutter. Diese Erntemaschine erleichtert dem Bauern die Arbeit. Während der Fahrt schneidet (mäht) sie das reife ▸ Getreide und schlägt (drischt) die Körner aus den Ähren. Die Körner werden in Säcken gesammelt. Das leere Stroh wird zusammengebunden und abgeworfen. – Früher schnitten die Bauern das Getreide mit der Sense. Es wurde mit der Hand gebündelt, zum ▸ Bauernhof gebracht und dann gedroschen. Heute erledigt das der Mähdrescher auf dem Feld.

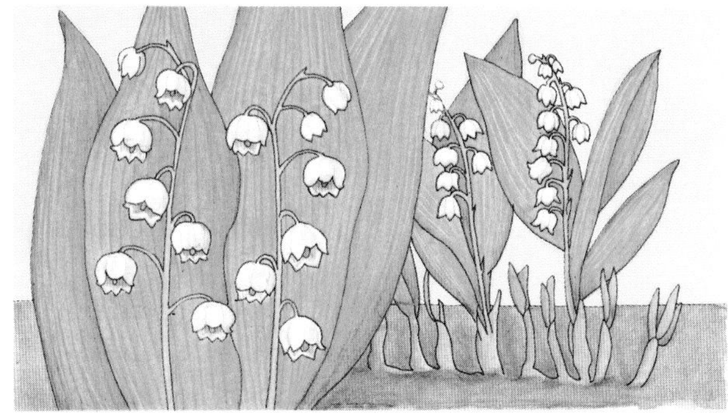

Maiglöckchen Als Monika und die Eltern im Mai auf einem Waldweg spazieren gehen, sagt Mutter: „Schau mal, lauter Maiglöckchenblätter.“ Jetzt sind die Blätter noch spitz und zusammengerollt. Bald entfalten sie sich. Dann sieht man die Stängel, an denen die duftenden weißen Blüten wachsen. Die sind wie Glöckchen. Diese ▸ Blume steht unter Naturschutz. Man darf sie pflücken, dabei aber die Wurzeln nicht beschädigen. Nach dem Pflücken sollte man sich die Hände waschen, denn Maiglöckchen sind schwach giftig.

Maikäfer Auf dem Blatt einer ▸ Eiche hockt ein brauner ▸ Käfer. „Ein Maikäfer“, sagt Monikas Vater. „Maikäfer sind heute selten. Als ich jung war, gab es so viele, dass sie als Landplage galten.“ Weil sie für die Pflanzen schädlich waren, bekämpfte man sie mit chemischen Insektenmitteln. Es sind nur wenige übrig geblieben. Diese großen Käfer sieht man im Mai auf Laubbäumen. – Wenn man die Erde umgräbt, findet man manchmal einen Engerling. So heißt die ▸ Larve des Maikäfers. Engerlinge schlüpfen aus Eiern. Die legt das Maikäferweibchen Ende Mai in die Erde. Vier Jahre leben die Engerlinge unter der Erde. Dort graben sie sich von einer Wurzel zur nächsten und fressen und wachsen und fressen. Damit hören sie erst auf, wenn sie sich verpuppen. Aus der ▸ Puppe schlüpft später der Maikäfer. Im Frühjahr gräbt er sich an die Erdoberfläche. Er ist genauso gefräßig wie der Engerling. Allerdings frisst er keine Wurzeln, sondern Blätter.

Mais (Kukuruz) Auf einem Acker wachsen Maispflanzen. Monika sieht die Kolben an den hohen Stängeln dieser Getreideart. In den Kolben reifen die Körner. Bis kurz vor der Reife werden sie von Deckblättern umschlossen. – Aus Maiskörnern gewinnt man Mehl. Auch als Viehfutter verwendet man sie. Gut schmecken Monika gekochte Maiskolben. – Aus einer bestimmten Maissorte kann man Popcorn (Puffmais) machen. Dazu erhitzt man etwas Öl in einem Topf. Dann bedeckt man den Topfboden mit den Maiskörnern. Nach kurzer Zeit platzen sie auf und hüpfen hoch. Dieses Popcorn schmeckt gesalzen oder gezuckert ganz prima.

Maler Bei Monika zu Hause arbeitet ein Maler. Er streicht und tapeziert Wände. Außerdem lackiert er Türen und Fenster. Als Handwerkszeug benutzt er vor allem verschiedene Pinsel, Rollen und ▸ Farben. Drei Jahre lernt man den Malerberuf, bis man die Gesellenprüfung ablegt. Danach kann man Meister werden. Dieser Maler nimmt ein Gemälde von der Zimmerwand, weil er sie anstreichen will. Vater sagt: „Das Bild hat ein Bekannter gemalt. Er ist Maler.“ Vaters Bekannter studierte seinen ▸ Beruf an der Kunsthochschule. Er benutzt verschiedene Pinsel und Farben. Damit bemalt er eine Leinwand, die auf einer Staffelei steht. „Seine Bilder werden in Gemäldegalerien ausgestellt“, sagt Vater. „Er ist ein ziemlich bekannter Künstler.“

Mammut „In der ▸ Eiszeit lebten riesige Tiere mit dichtem ▸ Fell“, erzählt Monikas Mutter. „Mammuts waren das.“ Sie sahen ähnlich aus wie ▸ Elefanten. Aber sie wurden fast doppelt so groß. Bis zu sechs Meter lang wuchsen ihre Stoßzähne. Die zotteligen Riesentiere sind schon längst ausgestorben. Man findet aber auch heute noch Mammutknochen. Im sibirischen Eis wurden sogar vollständig erhaltene Mammuts gefunden. – Trotz ihrer einfachen Waffen jagten die Menschen damals das Tier. Sie fingen es zum Beispiel in Fallgruben. Wenn sie ein Mammut erlegen konnten, hatten sie genug Fleisch und Felle für lange Zeit.

Mandel Es ist Frühjahr. Monika sieht einen rosa blühenden Mandelbaum im Garten. Früchte tragen diese Bäume nur in Ländern, in denen es wärmer ist als bei uns, zum Beispiel in Südfrankreich. Die Frucht kann süß oder bitter schmecken. Sie wird von einer harten Schale umschlossen. – Manchmal benutzt Mutter geriebene Mandeln für den Kuchen. – Außerdem gibt es Mandeln, die im ▸ Hals sitzen. Sie wehren Krankheitserreger ab. Wenn diese Mandeln vereitert sind, kann man sie herausoperieren. Bei Monikas Freund wurde das gemacht. Er fand die ▸ Operation nicht schlimm.

Mann Wenn ein Junge erwachsen ist, nennt man ihn Mann. Viele junge Männer heiraten dann und werden dadurch Ehemänner. – „Ohne Papa gäbe es mich nicht“, sagt Monika zu ihrer Mutter. Mutter nickt und sagt: „Der Mann befruchtet mit einer Samenzelle eine Eizelle der ▸Frau. So zeugen sie ein Kind. Von der Frau wird das Kind geboren. Dann ist aus dem Mann ein Vater geworden.“ – Männer und Frauen unterscheiden sich äußerlich durch die ▸Geschlechtsteile. – In der Urzeit der Menschheit waren die Männer meistens Jäger, Fischer oder Bauern. Die Frauen arbeiteten zu Hause und kümmerten sich um die Kinder. Heute gehen viele Frauen arbeiten. Immer mehr Frauen arbeiten jetzt in Berufen, die früher nur von Männern ausgeübt wurden. – In manchen Familien bleibt der Mann zu Hause. Er ist dann Hausmann.

Marathonlauf Der Sportreporter sagt: „Jetzt fällt der Startschuss zum Marathonlauf.“ Die Läufer werden über 42 Kilometer um die Wette rennen. Dieser Langstreckenlauf wurde nach dem Ort Marathon in Griechenland benannt. Dort kämpften 490 vor Christi Geburt die Perser gegen die Griechen. Die Griechen hatten die Schlacht gewonnen. Weil es damals noch kein Telefon gab, wurde ein griechischer Soldat losgeschickt. Er musste die Siegesnachricht nach Athen bringen. Als er 42 Kilometer bis Athen gerannt war, soll er vor Anstrengung tot umgefallen sein.

Märchen Monika liest und hört gerne Märchen. An Märchen gefällt ihr, dass da Dinge passieren, die in Wirklichkeit nicht passieren. Trotzdem kann man sie sich gut vorstellen. Geister, Feen ▸Hexen, ▸Riesen und ▸Zwerge kommen vor. Tiere sprechen. Es wird gezaubert und andere wunderbare Dinge ereignen sich. Eine der bekanntesten Märchensammlungen stammt von den Brüdern Grimm. Bevor Märchen in Büchern gesammelt wurden, erzählen sich die Menschen diese ▸Geschichten aus dem Gedächtnis weiter. – Welche Märchen kennst du?

Marienkäfer Auf Monikas Hand krabbelt ein Marienkäfer. Seine roten Flügel haben schwarze Punkte. „Der sieht aus wie eine kleine Halbkugel mit Beinen“, sagt Monika. Marienkäfer ernähren sich von Blattläusen. Die Blattläuse befallen Pflanzen und können für sie sehr schädlich werden. Bis zu fünfzig solcher Läuse frisst ein Marienkäfer jeden Tag. Man nennt das ▸Insekt auch Glückskäfer oder Herrgottskäfer.

Marine Monika und ihre Eltern besichtigen den ▸Hafen. Dort sehen sie ein riesiges Passagierschiff (Passaschir-). Es gehört wie die Frachter und Tanker zur Handelsmarine. Die Handelsmarine sorgt dafür, dass Menschen und Waren auf den Meeren transportiert werden. Zur Kriegsmarine gehören zum Beispiel Flugzeugträger, ▸Unterseeboote und andere mit Waffen ausgerüstete ▸Schiffe.

Marionette Monika besucht ein Marionettentheater. Dort bewegen Puppenspieler die an Fäden oder feinen Drähten aufgehängten ▸ Puppen. Es sieht aus, als könnten diese Marionetten laufen, ihre Arme bewegen und nicken. „Die wirken wie kleine Menschen“, sagt Monika. Mit solchen Puppen spielte man schon vor über zweitausend Jahren ▸ Theater. – Einen Menschen, der nur nach den Anweisungen anderer handelt, nennt man Marionette. Es ist so, als würde er durch unsichtbare Fäden gelenkt und als hätte er keinen eigenen Willen.

Markise Die Familie sitzt auf dem Balkon. „Mensch, ist das heiß“, stöhnt Vater. Er rollt die bunte Markise mit einer Kurbel aus. So schützt sie wie ein schräges Dach vor der ▸ Sonne. Ihr fester Stoff ist meistens wasserundurchlässig. Auch an Fenstern und Terrassen werden oft Markisen angebracht. – Große Markisen schützen die Auslagen in den Schaufenstern vor der Sonne.

Markt Monika und ihr Vater gehen zum Markt. Die Marktfrauen verkaufen an ihren Ständen Obst, Gemüse, Fleisch, Eier, Geflügel, Töpfe, Eimer, Geschirr, Kleidung und vieles andere. „Das sind aber nicht alles Marktfrauen. Da verkaufen auch Marktmänner“, fällt Monika auf. Einige dieser Markthändler rufen laut aus, was es bei ihnen Besonderes gibt. Monika und ihr Vater gehen von einem Stand zum anderen. Sie sehen Waren an und vergleichen Preise. – Früher war der Marktplatz Mittelpunkt einer ▸ Stadt. Nicht jede Stadt durfte Markt abhalten. Sie musste vom Fürsten oder ▸ König erst das Marktrecht erhalten, bevor ihr das erlaubt war. Heute sind die Märkte oft in Markthallen untergebracht. – Monika war auch schon mal auf einem Viehmarkt. Dort wurden lebende Tiere verkauft.

Marmelade Monika und ihre Mutter wollen Marmelade kochen. „Kirsch- und Pfirsichmarmelade“, schlägt Monika vor. Dazu brauchen die beiden ▸ Früchte und ▸ Zucker. Zuerst werden die Früchte gewaschen, entsteint und zerkleinert. Dann kochen sie das Obst und den Zucker, bis das alles flüssig ist. Heiß füllen sie die Marmelade in Gläser. Während sie abkühlt, wird sie fest. Mutter verschließt die Gläser mit Einmachhaut oder Deckeln, damit die Marmelade lange Zeit haltbar bleibt. – Auf manchen Gläsern steht ‚Konfitüre‘. So wird Marmelade genannt, in der man ganze Obststücke findet.

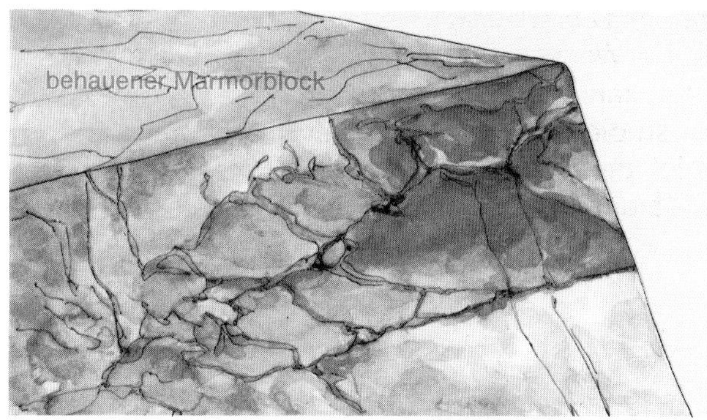

Marmor Auf dem ▸ Friedhof steht Monika mit ihrem Vater vor einem Grabstein aus rötlichem Marmor. Der harte Stein wurde poliert. Deswegen erkennt man seine dünnen Linien ganz deutlich. „Die sehen wie ▸ Adern aus“, sagt Vater. „Irgendwie wirkt der Stein kühl und vornehm.“ Außer diesem rötlichen Marmor gibt es weißen, schwarzen, gelben, braunen und grünen. Er wird für Fußbodenplatten und Wände benutzt. Auch Bildhauer bearbeiten ihn. In Italien, Griechenland und in Deutschland gibt es Marmorsteinbrüche.

Marzipan Im Schaufenster einer Konditorei ist Marzipan ausgestellt. Monika sieht Schweinchen, kleine Brote, Kartoffeln und verzierte Früchte aus Marzipan. Der Konditor (Zuckerbäcker) braucht für diese Süßigkeiten ▸ Zucker, geriebene ▸ Mandeln und meistens Rosenwasser. Monika mag den süßen Marzipangeschmack gerne.

Maschine Dieses Buch wurde von einer Maschine gedruckt. Maschinen leisten heute viele Arbeiten, die früher Menschen ausführten. Ohne Maschinen könnte man in ▸ Fabriken Dinge nicht so schnell, so billig und in so großen Mengen herstellen. – Auch bei Monika zu Hause erleichtern Maschinen die Arbeit. Da steht eine Geschirrspülmaschine. Die Eltern benutzen eine Schreibmaschine. Mutter sitzt manchmal an der ▸ Nähmaschine. Oft werden diese Maschinen durch einen ▸ Motor angetrieben. – „So eine tolle Maschine“, sagt Monika, als sie ein ▸ Motorrad sieht. „Eine Schularbeitenmaschine wäre mir allerdings viel lieber.“

Als Mutter verreiste, sagte sie: „Ich muss mich beeilen. Meine Maschine fliegt um elf Uhr.“ Weißt du, was das für eine Maschine ist?

Das ▸ Flugzeug.

Masern Monikas Freund hat Masern. „Oje!“, sagt Mutter. „Die Masern sind eine ansteckende Krankheit. Wahrscheinlich bekommst du sie jetzt auch.“ Meistens erkranken Kinder an Masern. Sie können allerdings durch eine ▸ Impfung davor geschützt werden. Bei Erwachsenen ist die Krankheit selten. Wer einmal Masern hatte, bekommt sie nicht wieder. Man ist also immun dagegen. Masern beginnen wie eine Erkältung mit Husten und ▸ Fieber. Am zweiten oder dritten Tag sieht man rote Flecken auf der Haut. An diesen Flecken erkennt man Masern. Zuerst hat man sie im Gesicht, dann am Körper. Man soll in keinem Fall an den Flecken kratzen. Mit Masern muss man einige Tage das Bett hüten.

Mathematik Schon bevor Monika zur Schule kam, rechnete sie ein bisschen. Sie zählte zum Beispiel, wie viele Äpfel auf dem Tisch lagen. Als sie dann zur Schule ging, lernte sie im Mathematikunterricht viele Zahlen. Sie lernte auch mit diesen Zahlen umzugehen. Bald konnte sie addieren (zusammenzählen), subtrahieren (abziehen), multiplizieren (malnehmen) und dividieren (teilen). – Wer sich besonders für Mathematik interessiert, kann diese Wissenschaft an einer ▸ Universität studieren. – Mathematiker berechnen zum Beispiel den Weg eines Satelliten im Weltall. Auch andere Wissenschaftler, Forscher und Techniker kämen ohne die Mathematik nicht aus.

Maulwurf (Schermaus) Auf einem Rasen sehen Monika und ihr Vater eine Menge Maulwurfshügel. „Die Biester machen meinen Rasen kaputt", schimpft der Gartenbesitzer. Monikas Vater sagt: „Aber die Tiere sind auch nützliche Insektenvertilger."
Unter der Erde graben Maulwürfe viele Gänge. Dazu benutzen sie ihre Grabpfoten wie Schaufeln. Beim Graben stoßen die Tiere immer wieder auf Würmer und ▸ Larven. Davon ernähren sie sich. Maulwürfe bauen runde Nester zum Wohnen und für ihre Vorräte. Sie sehen sehr schlecht. Dafür hören und riechen sie umso besser. Das Fell der Tiere ist schwarz und samtig. Über der Erde lassen sich Maulwürfe fast nie blicken.

Maurer Monika geht an einer Baustelle vorbei. Da arbeiten gerade Maurer. Die Männer streichen mit ihren Kellen Mörtel auf die Mauersteine. Dann setzen sie die Steine neben- und übereinander. Mörtel sorgt dafür, dass die Steine fest aneinander bleiben. Mit dem Lot (Senkblei) prüfen die Maurer, ob die Mauern senkrecht sind. Die Ausbildungszeit für diesen Handwerksberuf dauert drei Jahre. Sie wird mit der Gesellenprüfung abgeschlossen. Später kann der Maurer eine Meisterprüfung ablegen.

Maus Im Keller raschelt es. Da huscht eine Hausmaus davon. Mucksmäuschenstill sind Mäuse gar nicht, stellt Monika fest. Sie sieht das graue Tier mit dem langen Schwanz gerade noch. Mäuse gelten als schädlich. Sie übertragen Krankheiten. Außerdem fressen sie uns Käse, Fleisch und Brot weg. Sie nagen sich sogar durch Wände. Diese Nager vermehren sich sehr schnell. – Draußen im Freien sieht man braune Feldmäuse. Die haben einen kurzen Schwanz. Weiße Mäuse werden aus Hausmäusen gezüchtet.

Medizin „Du musst deine Medizin nehmen“, sagt Mutter. Monika hat ▸ Fieber und Halsschmerzen. Die Tabletten sollen ihr Fieber senken und der Saft die Halsschmerzen lindern. Solche Heilmittel, Medikamente oder Arzneien werden oft vom ▸ Arzt auf einem Rezept verschrieben. Man kauft die Medizin mit dem Rezept in der ▸ Apotheke. Es gibt aber auch Medizin, die man ohne Rezept kaufen kann. – Der Arzt hat an der ▸ Universität Medizin studiert. Er hat also gelernt, wie man Krankheiten erkennt, behandelt, heilt und verhindert. – Der Medizinmann bei den Naturvölkern, zum Beispiel den Ureinwohnern ▸ Australiens, studiert nicht. Er gilt als Zauberer, der böse Geister abwehrt. So versucht er Krankheiten zu heilen.

Meer Es sind Ferien. Monika will in der Nordsee baden. Weil der Wind heute weht, sehen die Wellen ziemlich hoch aus. Mutter sagt: „Die ▸ Ebbe ist vorbei und die Flut beginnt. Ich glaube, das Wasser steigt schon.“ Monika schluckt etwas von dem salzigen Wasser und spuckt. – Als Monika zu Hause den ▸ Globus dreht, sieht sie viel Blau. Fast dreiviertel der Erdoberfläche bestehen nämlich aus Meerwasser. Die drei großen Weltmeere heißen Ozeane. Es gibt den Stillen Ozean (Pazifik), den Atlantischen Ozean (Atlantik) und den Indischen Ozean. Bis über elftausend Meter müsste man zu den tiefsten Meeresstellen hinuntertauchen. Hohe Gebirge ragen vom Meeresboden auf. – Durch Abwässer, Abfälle und Ölkatastrophen verschmutzt das Wasser. Dadurch werden die Lebensbedingungen der Meerestiere immer schlechter.

Meerrettich (Kren) Heute gibt es Rindfleisch und Meerrettichsauce -sose zum Mittagessen. Für Monikas Geschmack ist die Sauce ziemlich scharf. Ihre Eltern mögen sie gerne. Das ▸ Gewürz Meerrettich wird aus der weißen Wurzel der Meerrettichpflanze gewonnen. Die ▸ Pflanze hat große Blätter und weiße Blüten. – Es gibt auch Meerrettichsenf.

Meerschweinchen „Leben Meerschweinchen im Meer?“, fragt Monika. „Nein“, antwortet ihre Mutter, „außerdem sind sie keine Schweinchen.“ Diese Nagetiere stammen aus Südamerika. Dort leben sie auch in Freiheit. Weil sie zahm und sauber sind, hält man sie gerne als Haustiere. Meerschweinchen haben kurze Beine und keinen Schwanz. In der Tierhandlung sieht Monika weiße, gelbe und schwarz gefleckte Meerschweinchen. Wegen ihres langen Fells gefallen Monika Rosettenmeerschweinchen besonders gut.

Mehl Monika und ihre Eltern wollen ▸ Kuchen backen. „Wir haben kein Mehl“, fällt Mutter ein. Sie gehen zum Lebensmittelhändler und kaufen welches, denn ohne Mehl können sie nicht backen. Auch der ▸ Bäcker braucht das in der Mühle vom Müller staubfein gemahlene ▸ Getreide. Er benutzt Weizen- und Roggenmehl. Damit backt er zum Beispiel ▸ Brot und Kuchen. Zu Hause pustet Monika ins Mehl. Danach sieht sie völlig mehlig aus. – Wenn jemand Holz sägt, entsteht dabei feiner Staub. Den nennt man Sägemehl.

Meile Monika liest, dass ein Autofahrer hundert Meilen in der Stunde gefahren ist. Das sind mehr als hundert ▸ Kilometer. Dieses Längenmaß ‚Meile‘ wird zum Beispiel in ▸ Amerika und England gebraucht. Eine Meile ist 1524 Meter lang. Die Seemeile misst 1852 Meter. – Während einer Wanderung zeigt Mutter zu einem Berg und sagt: „Bis dahin müssen wir noch gehen.“ Vater stöhnt: „Das ist ja meilenweit.“ Er meint damit, dass sie noch sehr weit zu gehen haben.

Meise Draußen hat es gefroren. Monika streut Sonnenblumenkerne vor das Fenster. Ein kleiner, bunter Vogel frisst von dem Futter. „Das ist eine Meise“, sagt Mutter. Bei uns in Mitteleuropa gibt es mehrere Meisenarten, zum Beispiel die Blaumeisen, die Kohlmeisen und die Haubenmeisen. Sie nisten in Höhlen oder bauen Nester. Mit ihren langen Krallen halten sich die lebhaften Vögel fast überall fest. Monika hat gesehen, dass sie sogar kopfüber an einem Futterring hängen und dabei fressen können. In der warmen Jahreszeit vertilgen Meisen viele schädliche ▸ Insekten.
„Du hast eine Meise“, sagt Monika im Spaß zu ihrer Freundin. Sie meint damit, dass ihre Freundin spinnt.

Melone Auf dem ▸ Markt sehen Monika und ihr Vater Melonen. „Willst du lieber eine von den grünen Wassermelonen oder von den gelben Honigmelonen“, fragt Vater. Die Honigmelonen sind kleiner. Sie schmecken süßer. Monika mag das Fleisch dieser saftigen und kugligen ▸ Früchte. Melonen baut man zum Beispiel in Nordafrika und im Süden ▸ Europas an. Diese Kürbisgewächse brauchen viel Wärme. – Es gibt eine Melone aus Stoff, die man lieber nicht essen sollte. Weißt du, was das für eine ist?

Melone (ein steifer Hut).

Menschenfresser „Haben Menschenfresser wirklich Menschen gegessen?“, fragt Monika. „Ja“, sagt ihre Mutter. „Sogar bis in die letzten Jahre sollen einige Eingeborenenstämme im tiefsten Inneren Brasiliens Menschenfleisch verspeist haben.“ Sie glauben nämlich, dass im Fleisch der Toten Kräfte sind, die sie besonders stark machen. – Man nennt die Menschenfresser auch Kannibalen.

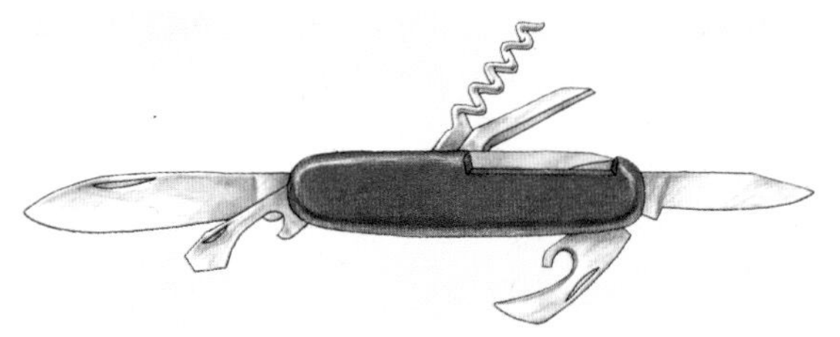

Messer Im Schubfach liegen unterschiedliche Messer. Obstmesser sieht Monika, Küchenmesser, Frühstücksmesser und Messer, die zum Essbesteck gehören. Vater benutzt ein großes Messer mit besonders scharfer Klinge um Brot zu schneiden. Monika bekam ein Taschenmesser geschenkt. Sie hat sich damit einen Stock geschnitzt. Die zwei Klingen kann man einklappen.

Messing Monika findet einen golden glänzenden Knopf. Der ist aber nicht aus ▸ Gold, sondern aus Messing. Auch Schmuck und Rohre macht man aus Messing, das man manchmal wirklich mit Gold verwechseln kann. Es gibt auch hellgelbes und rotgelbes Messing. Messing entsteht, wenn man die ▸ Metalle Kupfer und Zink zusammenschmilzt.

Metall Monika holt einen Topf. Ihr fällt auf, wie leicht der ist. Kein Wunder, der Topf wurde aus Aluminium hergestellt. Dieses Metall gehört zu den Leichtmetallen. Ein gleich großer Eisentopf wiegt viel mehr. ▸ Eisen ist ein Schwermetall wie Blei. Am Finger trägt Mutter einen Goldring. ▸ Gold und ▸ Silber gehören zu den wertvollen Edelmetallen. Es gibt noch viele andere Metalle, zum Beispiel Kupfer, Platin, Zinn und Zink. All diese Metalle sind fest. Nur ein einziges ist flüssig, das ▸ Quecksilber. Metalle findet man fast nie rein in der Natur. Sie werden aus metallhaltigem Gestein (Erz) herausgeschmolzen. Damit man Metalle in eine bestimmte Form bringen kann, müssen sie heiß gemacht werden. Wenn man zwei Metalle zusammenschmilzt, bekommt man eine Legierung. ▸ Messing entsteht zum Beispiel so. – Weißt du, was alles aus Metall hergestellt wird?

Meteor Über den Himmel bewegt sich ein schneller Lichtfleck. „Eine Sternschnuppe", ruft Monika. Sie könnte auch Meteor dazu sagen. Die Lichterscheinung wird von Meteoriten verursacht. – Diese sind wahrscheinlich Überreste von Kometen oder Planeten. Viele der Brocken rasen durch das Weltall. Kommen sie in die Lufthülle der Erde, verdampfen sie. Nur die größten stürzen auf die Erde. Dabei können Meteoritenkrater entstehen. Menschen ist durch Meteorite noch nichts passiert.

Meter Monika übt Weitsprung. Mit dem Metermaß misst sie ihren weitesten Sprung. 2,90 Meter hat sie geschafft. „Das ist ganz schön weit", findet sie. Noch toller klingt die Weite, wenn sie überlegt, dass ein Meter aus hundert Zentimetern oder tausend Millimetern besteht. Sie springt also 290 Zentimeter oder 2900 Millimeter. – Das Längenmaß Meter wird in vielen Ländern benutzt. Abgekürzt schreibt man Meter ‚m'. Ein ‚m' ist der tausendste Teil eines ▸ Kilometers.

Meuterei Monika liest ein spannendes Buch über eine Schiffsreise. Die Matrosen des Schiffs werden von ihrem betrunkenen ▸ Kapitän ungerecht behandelt. Außerdem macht der Kapitän Fehler, die für alle gefährlich sind. „Wir meutern", schlagen einige Matrosen deswegen vor. Sie beschließen nicht mehr das zu tun, was der Kapitän befiehlt. Schließlich bedrohen sie ihn und sperren ihn ein. – Monika soll einkaufen. Sie will nicht und meutert: „Ich möchte spielen."

Mikroskop Zum Geburtstag bekommt Monikas Freund ein Mikroskop geschenkt. Durch dieses optische Gerät kann er sehr kleine Dinge vielfach vergrößert sehen. Im Mikroskop sind mehrere ▸ Linsen eingebaut. Die wirken wie Vergrößerungsgläser. Ohne starke Mikroskope hätten Wissenschaftler zum Beispiel noch nie die winzigen ▸ Bakterien gesehen. Dann wäre es nicht möglich, diese Krankheitserreger zu erforschen und zu bekämpfen. – Es gibt Elektronenmikroskope, die Dinge mehrere Hunderttausend Mal vergrößern.

Milch Monika ist durstig. Sie gießt Milch in ihre Tasse und trinkt. – Milch braucht man für viele Nahrungsmittel, wie ▸ Butter, Rahm (Sahne), ▸ Käse, Sauermilch, Quark, Joghurt, Buttermilch und Kondensmilch (Büchsenmilch). – Monika hat schon einige Male zugesehen, wie ▸ Kühe gemolken werden. Früher machte man das mit der Hand. Die Milch spritzte aus dem Euter in den Eimer. Heute werden Kühe meistens mit Melkmaschinen gemolken. – Nicht nur in den Milchdrüsen der Kühe, sondern auch in denen anderer weiblicher ▸ Säugetiere bildet sich Milch. Von dieser Milch werden die Jungtiere nach der Geburt ernährt. – Als Säugling saugte Monika Milch aus der ▸ Brust ihrer Mutter.

Milchstraße Monika geht im Dunkeln mit den Eltern spazieren. Ihre Mutter zeigt zum Sternenhimmel hinauf. Dort sehen sie ein langes, milchig leuchtendes Band. Es besteht aus lauter besonders weit entfernten ▸ Sternen. Diesen Teil des Sternenhimmels nennen wir Milchstraße. Zum eigentlichen Milchstraßensystem gehören unser Planet Erde, alle Sterne, die wir sehen und noch viel mehr. Unser Milchstraßensystem, auch Galaxie genannt, ist nur eines von vielen.

Militär Jeeps (Dschiebs) und Panzer voller uniformierter ▸ Soldaten kommen Monika und ihrer Mutter entgegen. „Das Militär ist unterwegs", sagt Mutter. – Zum Militär eines Landes gehören Soldaten, ▸ Waffen, Fahrzeuge und Kasernen. Mutter hofft, dass die jungen Männer mit ihren Waffen nie in den ▸ Krieg ziehen müssen.

Mine Die Bleistiftmine ist abgebrochen. Damit Monika wieder schreiben kann, spitzt sie dieses dünne Graphitstäbchen in ihrem ▸ Bleistift an. In den Buntstiften stecken verschiedenfarbige Minen. Kugelschreiberminen bestehen aus Metallröhrchen, die mit Farbpaste gefüllt wurden. – Gerne hätte Monika eine Gold- oder Silbermine. In solchen ▸ Bergwerken wird nämlich ▸ Gold oder ▸ Silber gefördert. – Es gibt auch Minen, die explodieren können. Weißt du, was das für Minen sind?

Gefährliche Sprengkörper nennt man Minen.

Mist Auf einem ▸ Bauernhof sieht Monika zu, wie der Bauer einen Pferdestall ausmistet. Er sticht die Mistgabel in das mit Kot vermischte Stroh und holt es aus dem Stall. Dieser Mist kommt auf den dampfenden Misthaufen. Der Kuh- oder Pferdemist ist natürlicher ▸ Dünger. Er wird gebraucht um den Boden fruchtbar zu machen. Besonders wohl fühlen sich die Mistkäfer im Mist. Diese dunkelblauen oder dunkelgrünen ▸ Insekten sind ziemlich groß.
Manchmal schimpft Monika, wenn etwas schief geht: „So ein Mist."

Mittelalter Monika und ihr Vater gehen an einer alten ▸ Kirche vorbei. Vater sagt: „Sie wurde im Mittelalter gebaut." Das Mittelalter begann etwa um 500 nach Christi, als das Altertum zu Ende war. Man sagt, dass mit der Entdeckung ▸ Amerikas das Mittelalter ungefähr tausend Jahre später aufhörte. Die Zeit danach nennt man Neuzeit. Im Mittelalter herrschten Kaiser, Könige und Fürsten über das Volk, wie sie wollten. ▸ Ritter kämpften für diese Adligen. Auch die Kirche war mächtig. Viele ▸ Städte gründete man im Mittelalter. ▸ Burgen und Kirchen baute man. Die Kaufleute in den Städten wurden reich. Vor allem am Ende des Mittelalters erfanden Menschen wichtige Dinge: Johannes Gutenberg zum Beispiel die Buchdruckerkunst. Ohne sie würde es dieses Buch nicht geben.

Mode im Mittelalter — im 17. Jahrhundert — im Rokoko (18. Jahrhundert) — Anfang des 20. Jahrhunderts

Mode Mutter sagt: „Die Nachbarin ist immer nach der neuesten Mode gekleidet. Ich verstehe nicht, dass die dafür so viel Geld ausgeben mag." Weil die Mode schnell wechselt, kauft diese Frau sich oft neue Kleidung. – Mutter nimmt ein altes Kleid aus dem Schrank und sagt: „Heute ist es nicht mehr modern. Vor zehn Jahren war dieses altmodische Stück sehr modern. Vielleicht wird es das bald wieder."
Modeschöpfer denken sich die Kleidungsstücke aus. Sie suchen Stoffe dafür und bestimmen Modefarben. Auf Modeschauen zeigen sie dann ihre neuesten Modelle.
Nicht nur bei der Kleidung ändert sich die Meinung vieler Menschen darüber, was ihnen gefällt. Es gibt auch Möbel, die gerade in Mode sind, außerdem Musik, Bilder, Filme, Frisuren, Bücher, Tapeten und vieles andere.

Mohn Am Feldrand sieht Monika leuchtend rote Blumen. „Das ist Klatschmohn", sagt ihr Freund. Als Zierpflanze wächst Mohn im Garten von Monikas Tante. Die Blüten können unterschiedliche Farben haben. Mohnsamen streut der ▸ Bäcker über Brötchen (Semmeln). Dann heißen sie Mohnbrötchen (Mohnsemmeln). – Aus dem Milchsaft einer bestimmten Mohnart gewinnt man Opium. Für Ärzte ist das Opium ein wichtiges Heilmittel. Es wird aber auch als gefährliche ▸ Droge verwendet.

Monat „Im nächsten Monat habe ich Geburtstag“, sagt Monika. Die Monate sind unterschiedlich lang. Januar, März, Mai, Juli, August, Oktober und Dezember haben 31 Tage. Die Monate April, Juni, September und November sind 30 Tage lang. Der Februar hat meistens 28 Tage. Alle vier Jahre gibt es ein Schaltjahr, dann besteht der Februar aus 29 Tagen. Die zwölf Monate zusammen sind ein Jahr. Manchmal sagt man: „In einem Monat fahre ich in Urlaub.“ Das heißt, dass bis zur Reise noch etwa 30 Tage vergehen.

Mond Monika sagt: „Der Mond scheint heute hell.“ Eigentlich scheint er gar nicht selbst. Er wird von der ▸Sonne bestrahlt und gibt ihr Licht nur weiter. Monde sind Himmelskörper, die sich um ▸Planeten bewegen. Unser Mond ist über 300000 Kilometer von der ▸Erde entfernt. Ein sehr schnelles Flugzeug würde für diese Entfernung ungefähr dreizehn Tage brauchen. Astronauten können mit ▸Raketen zum Mond fliegen. Steinig und staubig ist es dort oben. Durch die geringe Anziehungskraft des Mondes sind die Astronauten viel leichter als auf der Erde. – Der Mond kreist um die Erde und gemeinsam mit der Erde um die Sonne. Für eine Umkreisung der Erde braucht er 28 Tage. Alle 28 Tage sehen wir den Vollmond, in den nächsten Tagen den abnehmenden Mond. Nach 14 Tagen ist Neumond. Dann nimmt der Mond zu. 14 Tage später sehen wir wieder den Vollmond am Himmel. – Manchmal erlebt man eine Mondfinsternis. Der Mond ist dann dunkel, weil die Erde zwischen der Sonne und ihm steht. Dann wird der Mond nicht mehr von der Sonne beschienen und kann kein Licht abgeben.

Moor Monika und ihr Freund kommen an einer sumpfigen Wiese vorbei. Der Junge sagt: „Da hinten beginnt das Moor.“ Die beiden gehen nicht bis dorthin. An manchen Stellen kann man nämlich im Moorboden versinken, wenn man die sicheren Wege nicht kennt. Monika sieht Pflanzen, die auf dem Moorboden gut wachsen, zum Beispiel ▸Gras, ▸Moos, ▸Schilf, Heidekraut, ▸Birken und ▸Weiden. Im Moor versickert fast kein Wasser. Es fließt auch nicht ab, deswegen ist der Boden überall nass. Er besteht aus abgestorbenen Pflanzenteilen, dem Torf. Getrockneten Torf kauft man als ▸Dünger für die Erde. Moorwasser hat heilende Wirkung.

Moos Im Wald setzen sich Monika und ihre Eltern an einer schattigen Stelle ins Moos. „Das ist weich wie ein Polster“, sagt Monika. Als sie das Moos genauer ansieht, bemerkt sie, dass es aus vielen kleinen grünen Pflanzen besteht. Moos speichert den Regen. Bei Trockenheit gibt es dieses Wasser an den Waldboden ab. Auch auf Baumstämmen, Steinen und Wiesen wachsen die verschiedenen Arten der blütenlosen ▸Pflanze. Man findet Moos in den kältesten und in den wärmsten Gebieten der Erde.

Moslem In Monikas Klasse gehen zwei türkische Kinder. Sie sind Moslems. Man kann auch Muslime sagen. Ihre ▸ Religion, der Islam, wurde im siebten Jahrhundert vom Propheten Mohammed gegründet. Er hat in einem Buch, dem Koran, die Regeln dieser Religion aufgeschrieben. Der Gott der Moslems ist Allah. Ihre Gotteshäuser heißen Moscheen. Strenggläubige Moslems beten und fasten oft. Sie essen kein Schweinefleisch und trinken keinen Alkohol. Frauen aus strenggläubigen Familien verhüllen sich mit einem Schleier.

Instandsetzung eines Pkw-Motors

Motor Das ▸ Auto bleibt stehen. „Hoffentlich ist der Motor nicht kaputt“, sagt Vater. – Motoren brauchen Treibstoff wie ▸ Benzin oder Dieselöl. Dieser Treibstoff wird im Motor verbrannt. Die dabei entstehende ▸ Energie setzt das Auto in Bewegung. Auch ▸ Elektrizität und ▸ Gas benutzt man um Motoren anzutreiben. ▸ Schiffe, ▸ Flugzeuge, Rasenmäher und viele andere Dinge haben einen Motor.

Motorrad An Monika und ihrer Mutter fegt ein Motorrad vorbei. „Ich möchte mal als Beifahrerin hinten draufsitzen“, wünscht sich Monika. Die schwere ▸ Maschine kann über zweihundert Kilometer in der Stunde fahren. Es gibt aber auch wesentlich leichtere und damit langsamere Motorräder als dieses. Aus so einem zweirädrigen Fahrzeug wird ein dreirädriges, wenn man einen Beiwagen anmontiert. Der Motorradfahrer muss einen Sturzhelm tragen und er braucht einen Führerschein (✚ Führerausweis). – Motorroller sind ähnlich wie Motorräder. Allerdings haben sie kleinere Räder. Zum Schutz für den Fahrer sind sie vorne mit ▸ Metall verkleidet.

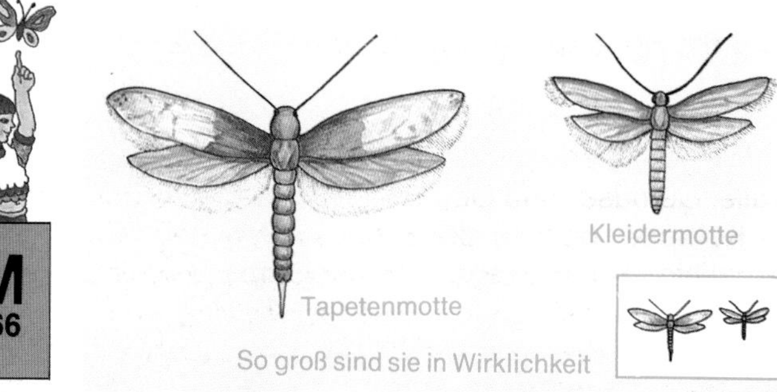

So groß sind sie in Wirklichkeit

Motte Mutter holt einen Wollmantel aus dem Schrank. „Da waren die Motten drin“, sagt sie, als sie einige Löcher im Stoff entdeckt. Monika kennt Motten als kleine Nachtschmetterlinge, die immer ans Licht fliegen. Die Weibchen der Kleidermotte legen ihre Eier in Wollstoffe und ▸ Pelze. Aus den Eiern schlüpfen Raupen. Die ernähren sich von der ▸ Wolle oder dem Pelz. So entstehen Mottenlöcher. Mit Mottenkugeln und Mottenpulver kann man Motten vertreiben.

Monika

Möwe Monika fährt über die Ostsee. Möwen begleiten das Schiff. Schon weit vor der Küste sah sie die ersten dieser ▸ Vögel mit den langen, spitzen Flügeln. Als Monika ein Stück Brot in die Luft wirft, schnappt es eine Möwe im Flug. „Der Schnabel sieht aus wie ein Haken“, fällt Monika auf. Von der Wasseroberfläche holen sich die Möwen Fische und Abfälle. Schwimmen können sie gut, aber sie tauchen nicht. Den Namen einer Möwenart findet Monika lustig. Sie heißt Lachmöwe. Warum wohl?

Weil ihr Schrei wie Lachen klingt.

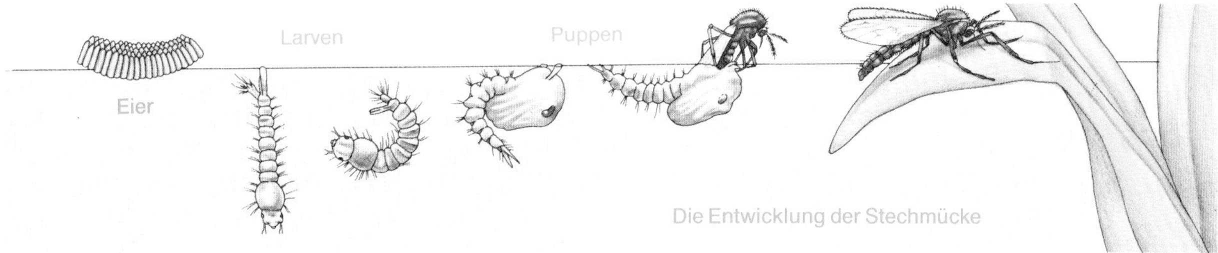

Die Entwicklung der Stechmücke

Mücke Plötzlich spürt Monika ein Kribbeln auf der Haut. Das ist eine Mücke. Dann spürt sie einen Stich. Sie schlägt nach der Mücke. Aber die ist schon weggeflogen. Vorher hat sie Monika mit ihrem Rüssel gestochen und ▸ Blut aus der Haut gesaugt. Das war ein Stechmückenweibchen. Die Männchen stechen nämlich nicht. Es gibt sehr viele Arten dieser kleinen ▸ Insekten. Ihre dünnen Beine, die zwei durchsichtigen Flügel und langen Fühler fallen besonders auf. Mücken übertragen Krankheiten. Häufiger als bei uns tun sie das in Ländern, in denen es wärmer ist als hier. Dort nennt man die Stechmücken Moskitos. Um nachts schlafen zu können schützen sich die Menschen mit Moskitonetzen. Die Maschen der ▸ Netze sind so eng, dass keine Mücke durchpasst.

Wenn Monika maßlos übertreibt, sagt ihre Mutter: „Du machst mal wieder aus einer Mücke einen Elefanten.“

müde Den ganzen Tag hat Monika draußen mit ihrer Freundin gespielt. Als sie abends nach Hause kommt, merkt sie, dass das anstrengend war. Sie fühlt sich müde. „Ich geh bald ins Bett“, sagt sie gähnend. Sie ist froh, dass sie keine Schularbeiten mehr machen muss. Dafür wäre sie zu schlapp. Wenn sie sich so müde fühlt wie jetzt, kann sie sich nicht mehr richtig konzentrieren. Es fällt ihr überhaupt alles viel schwerer. Nur das Einschlafen fällt ihr leichter als sonst.

Müll (🇨🇭 Kehricht) „Wirf bitte den Abfall in den Müll“, sagt Mutter zu Monika. Im Mülleimer sammelt man Abfall aus dem Haushalt. Wenn der Mülleimer voll ist, wird der Inhalt in die Mülltonne gekippt. Die Müllabfuhr holt den Müll mit dem Müllauto. Sie bringt ihn zum Müllplatz oder zur Müllverbrennungsanlage. Bestimmten Müll kann man wiederverwenden. Dazu muß er getrennt gesammelt werden. Glas, Papier und Karton kommen in eigene Behälter, genau wie Kunststoffe und Metalle. Gemüse- und Obstreste sammelt man auf dem Kompost oder in der Biotonne. Wichtig ist, dass wenig Müll entsteht. Man kann zum Beispiel Pfandflaschen statt Wegwerfflaschen kaufen. Und wer zum Einkaufen eine Tasche mitnimmt, braucht keine Plastiktüten.

Mumps Monika hat Mumps. „Bestimmt hast du dann auch Fieber“, sagt Vater. Monikas Backe ist bis zum Ohr angeschwollen. Die Schwellung tut etwas weh. Diese ansteckende Krankheit bekommen vor allem Kinder. Wenn man einmal Mumps hatte, erkrankt man nicht wieder daran. Man ist also immun dagegen. Der Mumps wird auch Ziegenpeter genannt.

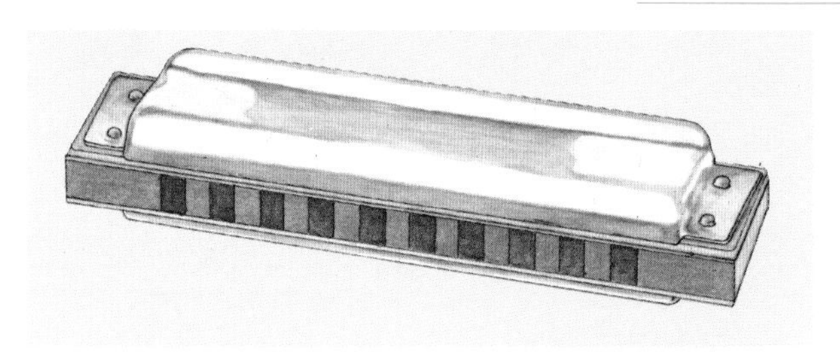

Mundharmonika Monika bekommt eine Mundharmonika geschenkt. Sie bläst in die kleinen Öffnungen des Musikinstruments. Dieser Luftstrom bringt die dünnen Metallzungen in den Luftkanälen zum Schwingen. Dadurch klingt die Mundharmonika. Jetzt probiert Monika unterschiedliche Töne. Sie lernt es ziemlich schnell, eine Melodie zu spielen.

Murmeltier „Du schläfst ja wie ein Murmeltier“, sagt Mutter zu Monika. Die kommt heute nicht aus dem Bett. Im Winter sind Murmeltiere noch viel größere Langschläfer als Monika. Fast ein halbes Jahr verschlafen sie. Diese Nagetiere leben zum Beispiel in den Alpen. Wenn man eines sieht, sind die anderen nicht weit weg. Man begegnet den katzengroßen, scheuen Tieren allerdings nur selten. Kommt jemand in ihre Nähe, murmeln sie nicht. Sie pfeifen laut. So warnen sie sich gegenseitig. Blitzschnell verschwinden sie in ihren ▸ Höhlen. Ist die Gefahr vorüber, sitzen sie bald darauf wieder vor ihrem Bau. Meistens halten sie dann etwas Essbares zwischen den Pfoten und nagen daran.

Muschel Am Strand tritt Vater auf eine harte Muschelschale. „Au!“, ruft er und sagt dann: „Und so was nennt sich Weichtier.“ Die weiche Muschel wird durch zwei gewölbte, harte Schalen geschützt. Mit den ▸ Muskeln öffnet und schließt die Muschel ihre Schalen. Muscheln leben im Wasser. Sie saugen es ein. Gleichzeitig saugen sie winzige Tierchen ein, von denen sie sich ernähren. Zur Fortbewegung benutzen Muscheln ihren Fußmuskel. Monika hat Muscheln unter Wasser und im Sand gefunden. Es gibt winzige Muscheln. Riesenmuscheln werden bis zu vier Zentner schwer. Gekochte Miesmuscheln schmecken Monika. – In der Südsee wird nach Perlmuscheln getaucht. Man findet darin ▸ Perlen. – Welche Muschel hat keine Schalen?

Die Ohrmuschel.

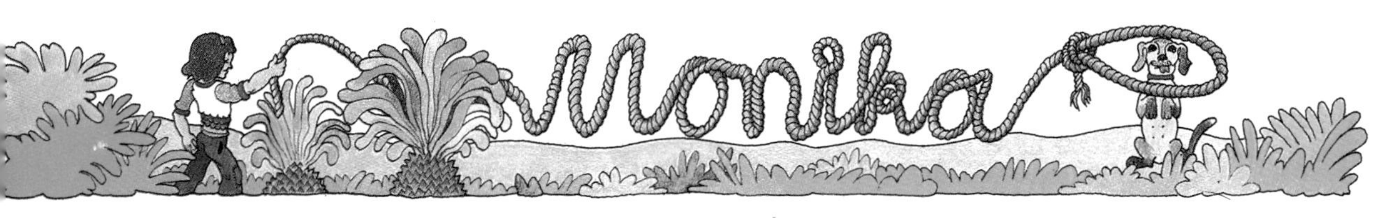

Museum „Wir gehen ins Museum", schlägt Vater vor. Besonders gerne besucht Monika das Schifffahrtsmuseum. Auch im Verkehrsmuseum war sie schon. Da werden zum Beispiel die ersten ▸ Autos, ▸ Eisenbahnen und ▸ Flugzeuge gezeigt. Außerdem erfährt man, wie diese Fortbewegungsmittel immer weiter verbessert wurden. In einem anderen Museum stellt man alte Gemälde und andere Kunstgegenstände aus. „Ich möchte mal ins Heimatmuseum", sagt Mutter. Dort interessieren sie die ▸ Urkunden, Bilder und Gebrauchsgegenstände aus der Geschichte der Stadt. Durch diese Dinge erfährt man, wie die Menschen hier früher lebten und arbeiteten. – Warst du schon einmal in einem Museum?

Musik Monika hört Musik im Radio. Weil die fröhlich klingt, lacht sie und freut sich. Sie merkt kaum, dass sie die Melodie mitsummt und den Rhythmus klatscht. Am liebsten würde sie zu dieser Musik im Zimmer herumtanzen. Später hört sie dann ernster klingende Musik. – Komponisten erfinden Musikstücke. Sie schreiben die Töne in Notenschrift auf. Musiker mit ihren Instrumenten spielen die Musik. Viele Musikstücke werden auch gesungen. Monikas Mutter hört gerne Opern- und Operettenmusik. Ihr Vater mag Jazz-Dschäss und Schlagermusik lieber. Beide freuen sich, dass Monika musikalisch ist. Es fällt ihr leicht, richtige und falsche Töne zu unterscheiden. Sie kann auch gut singen.

Muskel Monika will ihre Schultasche heben. Ihr ▸ Gehirn gibt den Muskeln dazu einen Befehl. Die Muskeln ziehen sich zusammen und Monika kann ihre Schultasche heben. Nach dieser Bewegung erschlaffen die Muskeln wieder. Ohne Muskeln könnte man nichts tragen und sich nicht bewegen. Wenn man sich zu wenig bewegt, bleiben die Muskeln schwach. – Muskeln bestehen aus Fleischfasern. Die gesamten Muskeln eines Körpers nennt man Muskulatur.
Als Mutter nach längerer Zeit wieder einmal Handball spielt, stöhnt sie am nächsten Tag: „Hab ich einen Muskelkater." Ihre Muskeln sind so eine Anstrengung nicht mehr gewöhnt. Sie tun weh.

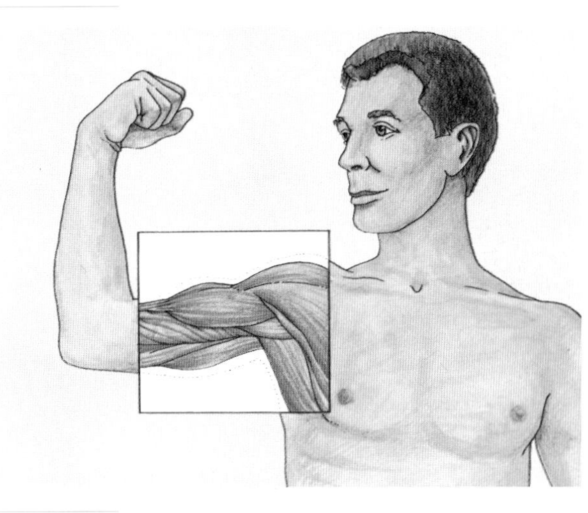

mutig Einmal sieht Monika, dass ein Junge von zwei anderen verhauen wird. Da überwindet sie ihre ▸ Angst und hilft dem einen. „Das war mutig", lobt ihre Mutter sie. Manchmal fühlt sich Monika aber auch richtig mutlos. Dann wagt sie nicht etwas Schwieriges zu unternehmen. Monika bestaunt den Mut von Bergsteigern und Entdeckern. Die lassen sich auf die gefährlichsten ▸ Abenteuer ein. „Was manche da tun, ist nicht mehr mutig. Das ist schon leichtsinnig", meint Vater, als er mit Monika darüber spricht.

Nabel Norbert zeigt auf seinen Nabel und fragt: „Warum hat man eigentlich diese Kuhle im ▸ Bauch?" Seine Mutter sagt: „Als ich dich geboren habe, waren wir beide noch mit einer Nabelschnur verbunden. Durch sie kamen vor der ▸ Geburt Nährstoffe und Sauerstoff von meinem ▸ Körper in deinen. Das hast du alles gebraucht um in meinem Bauch zu wachsen. Nach der Geburt ist die Nabelschnur überflüssig. Sie wird vom Arzt abgebunden und abgeschnitten. An der Stelle – dem Nabel – hat man dich also von mir abgenabelt."

Nachbar In der Schule sitzt Norbert neben Anja. Sie ist seine Banknachbarin. Er versteht sich gut mit ihr. Die beiden sind auch zu Hause Nachbarn, denn die Familien wohnen nebeneinander. „Mit diesen Nachbarn haben wir Glück gehabt", sagt Mutter. Man hilft sich gegenseitig. Die Kinder spielen gerne miteinander. – Leider wohnt in der Nachbarschaft auch eine Familie, mit der man nur schwer auskommt. Die sind sehr empfindlich und beschweren sich wegen jeder Kleinigkeit.

Nacht „Gute Nacht", wünschen Mutter und Vater. Norbert kuschelt sich ins Bett. Bald ist es ganz ruhig in der Wohnung, Wenn Norbert aus dem Fenster sieht, merkt er, dass es nachts nicht völlig dunkel wird. Der ▸ Mond und die ▸ Sterne geben ein wenig Licht. Nachts schlafen die meisten Menschen. Aber einige sind hellwach. In manchen ▸ Fabriken wird zwischen Abend und Morgen gearbeitet. ▸ Ärzte haben Nachtdienst. Straßenbahn-, Omnibus- und Taxifahrer sind unterwegs. Auch die Tiere schlafen nicht alle. ▸ Eulen und ▸ Fledermäuse jagen zum Beispiel nachts. Norbert fällt auf, dass die Nächte zur Zeit lange dauern. Es ist nämlich Winter. Da geht die ▸ Sonne früher unter und später auf als im Sommer.

Nachtigall Aus einem dichten Gebüsch hört Norbert den Gesang eines ▸ Vogels. „Der klingt aber toll", staunt er. Dieser Singvogel im Gebüsch ist eine Nachtigall. Nur die Männchen singen so schön. Besonders oft hört man sie am Abend. Aber auch in der Nacht singen sie. Die Vögel bauen ihr Nest auf dem Boden unter dem Gebüsch, in dem sie leben. Sie ernähren sich von ▸ Insekten. Nachtigallen sehen klein und unscheinbar aus.

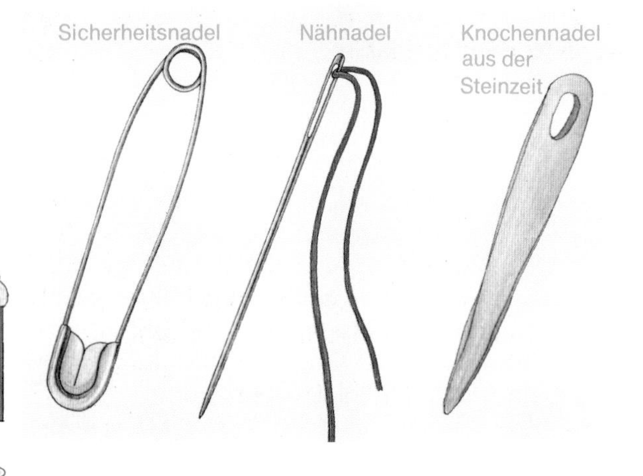

Nadel Norbert nimmt Nadel und Faden aus dem Nähkasten. Er zieht den Faden durch das schmale Nadelöhr. Außer solchen dünnen Nähnadeln benutzt Mutter die dickeren Strick- und Häkelnadeln. Auch Sicherheitsnadeln und Stecknadeln braucht sie. Die meisten sind aus ▸ Metall. Spitz sind sie außerdem, merkt Norbert, als er sich sticht. Im ▸ Museum hat er die Nadeln der Urmenschen gesehen. Die wurden aus Fischgräten und dünnen Knochen gemacht. Damals kannte man noch kein Metall. – Es gibt Nadeln, die auf Bäumen wachsen. Weißt du, welche das sind?

Die Blätter der Nadelbäume, zum Beispiel die Tannennadeln.

Nagel Norbert will mit dem Hammer einen kleinen Nagel in die Wand schlagen. Aber er trifft den flachen Kopf des Nagels nicht. Dafür schlägt er sich auf den Fingernagel. Der wird jetzt blau. – Die spitzen Nägel in der Handwerkskiste sind meistens aus ▸Metall. Es gibt aber auch Holznägel. Mit Nägeln befestigt man etwas oder man hängt etwas daran auf. Der Zimmermann nagelt Balken zusammen. Er braucht große und dicke Nägel. – Die Fuß- und Zehennägel bestehen aus ▸Horn. Man kann sie kurz schneiden und feilen. Dazu benutzt man eine Nagelschere und eine Nagelfeile. Diese Nägel wachsen aber immer wieder nach. – Wenn Norbert genau das Richtige sagt, trifft er den Nagel auf den Kopf.

Nähmaschine Mutter näht sich mit der elektrischen Nähmaschine einen Rock. „So rasch und gleichmäßig wie mit der ▸Maschine kann ich den mit der Hand nicht nähen", sagt sie. Für den kräftigen Stoff braucht Mutter eine dicke Nähmaschinennadel. Für dünnere Stoffe gibt es feinere ▸Nadeln. Früher hatte Mutter eine andere Nähmaschine. Die wurde nicht durch einen Elektromotor angetrieben, sondern durch ein Pedal. Mutter musste das Pedal ständig treten.

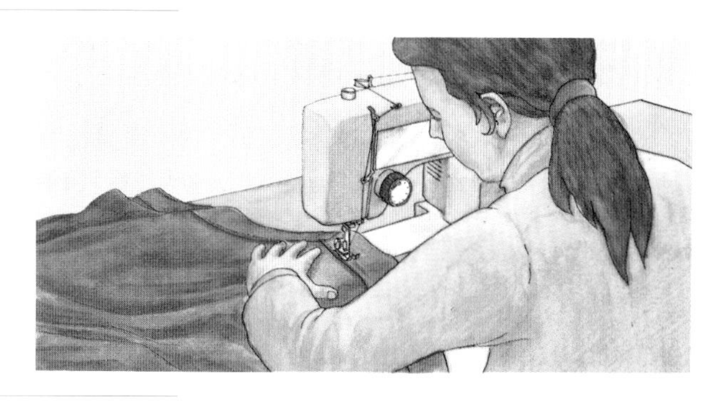

Name Norbert ist mit seinem Vornamen zufrieden. „Wir haben lange überlegt, wie wir dich nennen sollen", erzählt Mutter. Den Familiennamen ‚Neumann' tragen Vaters Vorfahren seit vielen Generationen. Seine Urgroßeltern und deren Großeltern hießen also nicht anders. Mutter hieß bis zu ihrer Hochzeit ‚Kosel'. Als sie Vater heiratete, nahm die Frau noch automatisch den Familiennamen des Mannes an. Heute können Frauen ihren Familiennamen behalten. Oder der Mann kann den Familiennamen der Frau annehmen. – Wie alle Lebewesen und Dinge haben auch ▸Pflanzen Namen. Sonst könnte man sie nicht unterscheiden. Es hieße nur ‚das Ding da'.

Nase Norbert schnuppert und sagt: „Hm, riecht das gut." Mutter bäckt. Seine Nase verrät ihm das mit ihren Riechzellen, ohne dass er den Kuchen sieht. Zum Glück hat Norbert keinen Schnupfen. Dann riecht er nämlich fast nichts. – Wie ein ▸Filter halten Härchen in der Nase die Schmutzteile der Atemluft zurück. Außerdem wird die Luft in der Nase angewärmt und angefeuchtet. – Manchmal wünscht Norbert sich, so gut riechen zu können wie ein ▸Hund. Der nimmt mit der Nase sogar eine Spur auf. Auch bei vielen anderen Tieren funktioniert das Riechen besser als beim Menschen. – „Sei nicht so naseweis", sagt Vater, wenn Norbert vorlaut ist.

Nashorn Im ▸Zoo sieht Norbert ein großes und plumpes Tier. Mit seinem ▸Horn auf der ▸Nase muss es einfach Nashorn heißen. Hat es ein Horn, stammt es aus Indien. Hat es zwei Hörner, stammt es aus ▸Afrika. Das afrikanische Nashorn ist größer als das indische. Bis zu vierzig Zentner schwer und vier Meter lang werden die Dickhäuter. Ärgert man sie, stoßen sie mit ihren Hörnern zu. Sonst benehmen sich diese Pflanzenfresser freundlich. Nashörner leben in ▸Savannen und ▸Steppen. Man nennt sie auch ‚Rhinozeros'.

Natur „Schön ist das hier“, freut sich Norbert auf einem Spaziergang. Überall wachsen ▸ Bäume, Sträucher und ▸ Blumen. Die Luft um ihn, das ▸ Wasser im Bach, die Tiere, die ▸ Pflanzen, das alles gehört zur Natur. Die Menschen haben den natürlichen Zustand dieser schönen Gegend nicht verändert. Eines ist hier vom anderen abhängig. Gäbe es zum Beispiel kein Wasser mehr, könnten die Pflanzen und Tiere nicht leben. – Manche Gebiete werden zu Naturschutzgebieten erklärt. Dort schützt man selten gewordene Pflanzen und Tiere vor dem Aussterben. Und die Menschen schützen so die Umwelt, in der sie selbst leben. – Nicht nur die nächste Umgebung, sondern auch die ▸ Erde und das Weltall gehören zur Natur. – Manchmal sagt Mutter von jemandem: „Der ist natürlich.“ Sie meint damit, dass er sich nicht gekünstelt benimmt.

Naturwissenschaften Norberts Mutter interessiert sich für Naturwissenschaften. Sie möchte also wissen, was in der ▸ Natur vorgeht. Naturwissenschaftliche Fächer haben die Schüler im Unterricht. Dazu gehört die Biologie. So nennt man die Lehre von den Lebewesen. Im Biologieunterricht erfährt man zum Beispiel, was die Lebewesen gemeinsam haben und was sie unterscheidet. Man lernt, wie sie geboren werden, aufwachsen und sich ernähren. Wie sie sich entwickeln, woraus sie bestehen und wie sie reagieren, lernen die Schüler ebenfalls im Biologieunterricht. – Auch ▸ Chemie, Physik und ▸ Medizin sind Naturwissenschaften. Man kann sie an der ▸ Universität studieren.

Nebel „Das ist heute aber neblig“, sagt Norbert. Er sieht draußen eigentlich nur, dass er nichts sieht. Der Nebel macht die Gegend fast unsichtbar. Nebel entsteht zum Beispiel dadurch, dass sich feuchte Luft dicht über der Erde abkühlt. Der Wasserdampf in der Luft wird dabei zu fein in der Luft verteilten Wassertropfen. Und diese Wassertropfen sind der Nebel. Über Städten kann er durch Ruß, Staub und Abgase verschmutzt sein. Solche unsaubere Nebelluft schadet der Gesundheit. – Für den Verkehr ist Nebel gefährlich. Autofahrer schalten ihre Nebelscheinwerfer ein, damit sie besser sehen können. Seeleute auf Schiffen geben mit Nebelhörnern Signale. – Was wird eigentlich aus Nebel, wenn du das Wort rückwärts liest?

Nelke Norbert pflückt einen bunten Strauß Nelken im Garten. Diese ▸ Blumen wachsen hier in unterschiedlichen Farben. „Gut und stark riechen die", sagt Mutter. Der Gärtner züchtet Nelken in Treibhäusern. Auf Wiesen und an Wegrändern sieht man manchmal wild wachsende Nelken. Sie haben schmale Blätter. Manchmal benutzt Mutter Nelken als ▸ Gewürz. Die stammen nicht aus dem Garten. Gewürznelken sind die getrockneten Blüten eines Baums, der in Indonesien wächst. Sieh doch mal im Atlas nach, wo das ist.

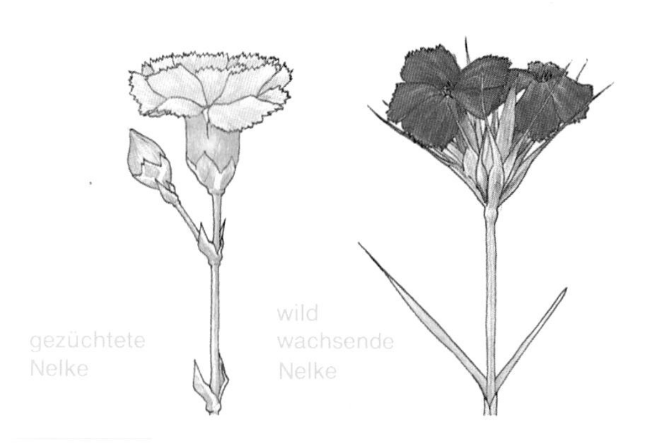

Nerven Vater sagt zu Norbert: „Du bist vielleicht eine Nervensäge." Daran merkt Norbert, dass Vater heute leicht reizbar ist. Seine Nerven reagieren dann sehr stark und schnell auf Geräusche und alles andere, was ihn stört. – Die Nerven sind wie Leitungsbahnen im ▸ Körper. Wenn Norbert zum Beispiel eine heiße Pfanne berührt, wird der Schmerz von den Nervenenden am Finger aufgenommen. Die Nerven leiten den Schmerz an das ▸ Gehirn weiter. Das Gehirn befiehlt dann dem Finger über die Nerven: „Lass die Pfanne sofort los!" Die ▸ Muskeln reagieren, wenn die Nerven den Befehl dazu geben. Blitzschnell geht das alles und ohne dass Norbert überhaupt darüber nachdenkt. – Auch das ▸ Herz und die ▸ Verdauung werden von den Nerven gesteuert. Wenn einer keine Nerven hätte, würde er zum Beispiel nichts spüren, nichts sehen und sich nicht bewegen können. – „Das war gut für meine Nerven", sagt Vater, wenn er lange geschlafen hat oder spazieren gegangen ist.

Nest „Da, ein Vogelnest", sagt Norbert. Er hat das leere Nest in den Zweigen eines Gebüschs gefunden. Nester gibt es außerdem auf Bäumen, am Erdboden und in Erdhöhlen. So wie sich die Menschen Häuser bauen, bauen sich die Vögel und andere Tiere Nester. Als Baumaterial benutzen Vögel Blätter, Zweige, Lehm, Sand und ihren Speichel. Innen polstern sie das Nest meistens schön weich mit Federn. Wenn es fertig ist, legt das Weibchen Eier hinein und brütet sie aus. Geschützt hocken später die Jungen im Nest und lassen sich von den Eltern füttern. Auch ▸ Eichhörnchen und ▸ Wespen haben Nester. ▸ Affen bauen sich Schlafnester auf Bäumen. – Das große Adlernest nennt man Horst.

Netz In einem Film sieht Norbert Fischer, die ihre Netze auswerfen. Diese Netze wurden aus kräftigem Garn hergestellt. Wenn die Maschen der Netze sehr eng sind, fängt man auch junge und kleine ▸ Fische. Sind die Maschen weit geknüpft, können die kleinen Fische entkommen und groß werden. – Mutters Einkaufsnetz wurde aus Kunststoff gemacht. – Von hoch oben wirken die Straßen einer Stadt wie ein Netz. Man spricht deswegen vom ‚Straßennetz' einer Stadt. Auch auf dem Stadtplan sehen die Straßen wie ein Netz aus.

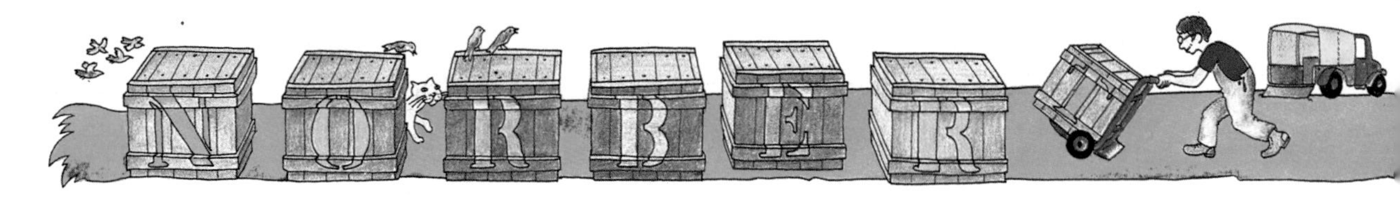

neugierig „Sei nicht so neugierig", sagt Mutter. Norbert fragt nämlich schon wieder: „Was schenkt ihr mir zum ▸Geburtstag?" Er möchte das zu gerne wissen. – Neugierde ist wichtig. Die Entdecker waren zum Beispiel neugierig, wie die ▸Erde aussieht. Ihre Neugierde ließ sie nicht zur Ruhe kommen. Also segelten sie los und entdeckten neue Länder. – Auch viele Forscher sind neugierige Leute. Sie möchten etwas Neues erfahren. Ohne diese Neugierde würden sie nicht immer weiter forschen.

Niederschlag Im Wetterbericht hört Norbert, dass es Niederschläge geben wird. „Schlägt da irgendein Boxer einen anderen nieder?", fragt er. Sein Vater lacht und erklärt ihm: „Mit Niederschlägen sind ▸Regen, ▸Hagel und ▸Schnee gemeint." Wie hoch die Niederschläge waren, misst der Regenmesser. Wenn es sehr viele Niederschläge gibt, ist Norbert niedergeschlagen. Dann kann er nämlich nicht draußen spielen. Dieses ‚niedergeschlagen' bedeutet, dass er sich etwas unglücklich und ratlos fühlt.

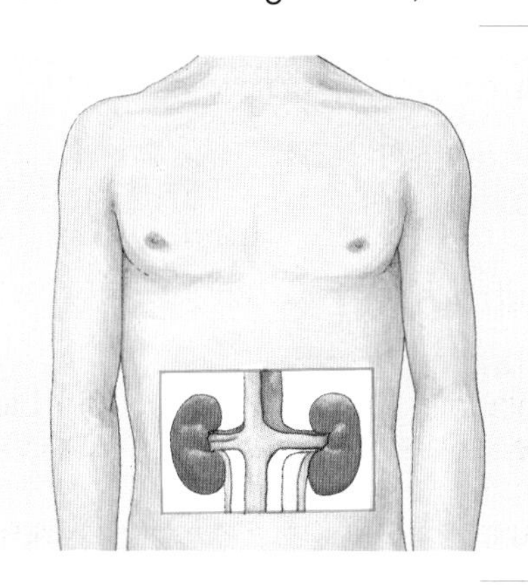

Niere Norbert hat viel getrunken. Jetzt muss er zur ▸Toilette. Was da in die Toilette fließt, ist Urin. Er entsteht in den Nieren und kommt über den Harnleiter in die Blase. Wenn die Blase gefüllt ist, spürt man das. Dann geht man zur Toilette. – Etwa dreihundertmal fließt das ▸Blut jeden Tag durch die zwei Nieren. Sie filtern giftige Rückstände aus dem Blut. Würden diese faustgroßen Organe nicht arbeiten, wäre das Blut nach einiger Zeit vergiftet. – Von einem Gegenstand kann man sagen: „Er ist nierenförmig." Dann hat er die Form einer Niere.

Niete An einer Jahrmarktbude zieht Norbert ein ▸Los. ‚Niete' steht darauf. Er hat also nichts gewonnen. Als er eine zweite und dritte Niete zieht, schimpft er: „Schade, dass ich so eine Niete im Loseziehen bin." Niete sagt man nämlich auch zu einem, der etwas nicht schafft. – Norberts ▸Jeans haben auffallende Nieten. Sie halten den Stoff der Hose zusammen. Darum nennt man Jeans manchmal ‚Nietenhosen'. Man benutzt so einen Metallzapfen mit breitem Ende auch um zwei Metallstücke zu verbinden.

Nilpferd „So ein Nilpferd sieht wirklich nicht aus wie ein ▸Pferd", sagt Norbert. Sein Vater und er stehen im ▸Zoo vor dem Nilpferdgehege. Das schwerfällig wirkende Tier mit den kurzen Beinen liegt auf dem Land und sonnt sich. Meistens ist es allerdings im Wasser, denn es schwimmt und taucht sehr gut. Man nennt diesen dicken Pflanzenfresser auch Flusspferd. Nilpferde leben außer im Nil in vielen Flüssen ▸Afrikas. Ein ausgewachsenes Nilpferd ist ungefähr so schwer wie dreißig dicke Männer. „Freundlich wirkt sein Gebiss nicht gerade", stellt Norbert fest, als er die kräftigen Hauer und Schneidezähne sieht.

Nixe Norbert und sein Vater lesen ein ▸ Märchen. Darin kommt eine wunderschöne Nixe mit langen, dunklen Haaren vor. Dieser weibliche Wassergeist taucht auch in ▸ Sagen aus den Wellen auf. Norbert überlegt, ob es praktisch ist, mit so einem Fischschwanz zu leben. Die Nixen haben nämlich einen weiblichen Oberkörper und einen schuppigen Fischschwanz. Man nennt sie auch Seejungfrauen. Eine männliche Nixe ist ein Nix. Zu ihm kannst du außerdem ‚Wassermann' sagen.

Nomaden Vater erzählt von Bekannten: „Die führen ein Nomadenleben. Mal wohnen sie hier, mal dort." Richtige Nomaden haben keinen festen Wohnsitz. Sie sind Hirten, die mit ihren Herden von einem Weideplatz zum anderen ziehen. In ▸ Afrika leben die Beduinen als Nomaden. Im nördlichsten ▸ Europa wandern die Lappen mit ihren Rentierherden umher. – Norbert stellt sich das Nomadenleben toll vor. Vielleicht hätte er einige Tausend Jahre früher leben sollen. Damals waren unsere Vorfahren auch hier als Nomaden unterwegs.

Nordpol Norbert sucht den Nordpol auf dem ▸ Globus. Diese nördlichste Stelle der ▸ Erde liegt mitten im Nordpolargebiet. Man nennt das Gebiet auch Arktis. Dort bedecken dicke Eismassen Teile des Meers. Außerdem treiben große Eisberge im Wasser. Das Gebiet gehört zu den kältesten der Erde. Noch tiefere ▸ Temperaturen hat man auf der Erde gegenüber am Südpol gemessen. Da kann es 90 Grad Celsius unter Null kalt werden. Das Südpolargebiet – die Antarktis – ist Festland. Es wird von einer bis zu 2500 Meter dicken Eisdecke überzogen.

In beiden Polargebieten gibt es Forschungsstationen. Die Forscher beobachten dort zum Beispiel das Wetter. Außerdem sucht man nach Bodenschätzen.

Als erster Mensch erreichte der Amerikaner Peary 1909 den Nordpol. 1911 kam der Norweger Amundsen als Erster zum Südpol. – Findest du die beiden Pole im Atlas oder auf dem Globus?

normal Eine ältere Frau geht barfuß und bunt gekleidet durch die Stadt. „Die ist ja nicht normal", schimpft jemand. Norberts Mutter sagt: „Das kann doch nun wirklich niemanden stören und ihr macht es Spaß. Warum soll sie eigentlich nicht mal was anderes tun, als die meisten anderen?" – Norbert fällt auf, dass ein Mensch etwas normal finden kann. Ein anderer findet dasselbe aber gar nicht normal. Für seinen Vater ist es am Sonntag normal, um acht Uhr aufzustehen. Die Nachbarin meint: „Am Sonntag ist es bei uns normal, bis zehn Uhr zu schlafen." – Kürzlich sagte Mutter: „Der Mixer läuft wieder normal." Vorher lief er längere Zeit ungleichmäßig.

Note Im Musikunterricht lernt Norbert die Notenschrift. Mit ihren Schriftzeichen schreibt man die Höhen und Tiefen der Töne auf. Wer Noten lesen kann, weiß, welchen Ton er singen oder mit einem Instrument spielen soll. Der Musiklehrer hat Norbert für das Notenlesen die Note ‚befriedigend' gegeben. Solche Zeugnisnoten bewerten die Leistung eines Schülers.

Notruf Mutter klebt einen Zettel an die Wand über das ▸Telefon. Auf dem Zettel steht die Notrufnummer. Im Notfall kann man mit dieser kurzen Telefonnummer die ▸Polizei, die ▸Feuerwehr oder den ▸Arzt anrufen. Sie kommen dann blitzschnell. – Auch über die Notrufsäule erreicht man rasch die Polizei. – Wenn ▸Schiffe in Gefahr sind, wird als Notruf SOS gefunkt.

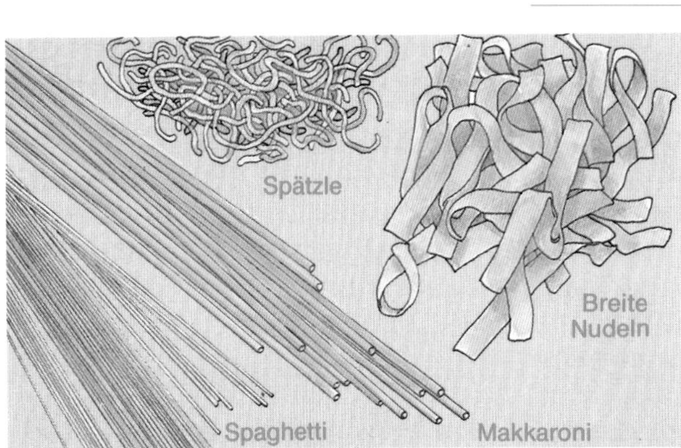

Nudeln „Hm, Nudeln“, freut sich Norbert. Am liebsten mag er Spaghetti. Auch andere Nudelformen wie Makkaroni, Faden-, Bandnudeln und Spätzle isst er gerne. Manchmal macht seine Mutter Nudeln selbst aus Nudelteig. Aber meistens kauft sie diese Teigwaren fertig im Lebensmittelladen.

Wenn Mutter die Nudeln ins kochende Wasser legt, denkt Norbert immer, dass es zu wenig sind. Beim Kochen quellen sie dann auf. Später merkt Norbert, dass die Portion doch für seinen Nudelappetit und den der ganzen Familie reicht.

Nuss Es ist Sommer. Die Nüsse am Walnussbaum sehen noch grün und unreif aus. Wenn sie im Herbst reif sind, werden sie gepflückt. Ihre harte braune Schale wird mit dem Nussknacker geöffnet um die leckeren Kerne herauszuholen. Sie sind die Samen der Pflanze. – Von Haselnusssträuchern pflückt Norbert die kleinen Haselnüsse. Auch Paranüsse, ▸Erdnüsse und ▸Kokosnüsse schmecken ihm. Die wachsen in Ländern, in denen es wärmer ist als bei uns. – Manchmal hat Norbert bei seinen Schularbeiten eine harte Nuss zu knacken. Das heißt, dass er dann eine besonders schwierige Aufgabe lösen muss.

obdachlos Bei einer Flutkatastrophe wurden viele Menschen obdachlos. Sie haben ihre Wohnungen oder Häuser verloren, also ihr Obdach. – Manchmal sieht man in den Städten obdachlose Menschen. Sie leben ohne festen Wohnsitz, viele ziehen herum. Für sie gibt es Herbergen, in denen sie übernachten und essen können.

Obst Olli ist auf dem ▸ Markt. Kernobst wie ▸ Äpfel und ▸ Birnen liegt da in großen Körben. ▸ Erdbeeren und ▸ Himbeeren werden in kleinen Schalen angeboten. Gut schmecken Olli ▸ Kirschen. Und mit den Steinen dieser ▸ Frucht kann sie prima weitspucken. Zum Steinobst gehören auch die ▸ Pflaumen und ▸ Pfirsiche. Aus anderen Ländern kommen ▸ Ananas, ▸ Bananen, ▸ Apfelsinen und ▸ Zitronen hierher, die ▸ Südfrüchte also. Die verschiedenen essbaren Früchte erntet man von Bäumen und Sträuchern. Das Obst enthält ▸ Vitamine und ist gesund. Man kann es roh essen oder zu ▸ Kompott und ▸ Marmelade verarbeiten. Aus Obst lässt sich auch ▸ Saft pressen und ▸ Wein und Schnaps machen.

Ofen Opa erzählt: „Früher stand bei uns in der Wohnung ein Kohleofen. Später hatten wir einen Ölofen zum Heizen." Solche Öfen gibt es hier nur noch selten. Das Heizen ist bequemer geworden. Früher benutzte man Öfen außer zum Heizen auch zum Kochen, Backen und Braten. Gemütlich und schön findet Olli die großen Kachelöfen. – Hochöfen sind bis zu dreißig Meter hoch. In ihnen wird ▸ Eisen aus Eisenerz geschmolzen.

Ohr „Spitzt mal die Ohren", sagt die Lehrerin. Sie möchte, dass die Schüler besonders gut zuhören. Was sie jetzt sagt, fängt Ollis Ohrmuschel als Schall aus der Luft auf. Die Schallwellen dringen durch den Gehörgang zum Trommelfell. Dieses feine Häutchen wird von den Schallwellen zum Schwingen gebracht. Das Trommelfell leitet die Schwingungen weiter. Sie reizen die Gehörnerven. Die ▸ Nerven geben die Hörreize ans ▸ Gehirn. Dort wird unterschieden, was da für Geräusche ankommen. Das alles geschieht blitzschnell. Und so hört und versteht Olli ihre Lehrerin. – Manchmal ist ▸ Lärm ohrenbetäubend laut. Solcher Lärm kann das Gehör schädigen. Deswegen tragen Arbeiter an lauten Maschinen Ohrenschützer.

Öl Für den Salat braucht Mutter Speiseöl. Ohne Schmieröl würde ihr Auto nicht fahren. Die verschiedenen Öle sind fette Flüssigkeiten. Speiseöl presst man aus Früchten, zum Beispiel ▸ Oliven und Sonnenblumenkernen. Es wird zum Kochen und Braten benutzt. Schmieröl macht man aus ▸ Erdöl. Erdöl wird auch gebraucht um ▸ Benzin und Heizöl herzustellen. Öl schwimmt auf Wasser, denn es ist leichter als Wasser. Außerdem brennt es sehr gut. – Manchmal verunglücken Öltanker. Dann laufen riesige Ölmengen ins Meer. Diese ▸ Katastrophe nennt man Ölpest. Das Öl verklebt die Federn der Wasservögel. Sie können sich nicht mehr bewegen und kommen um.

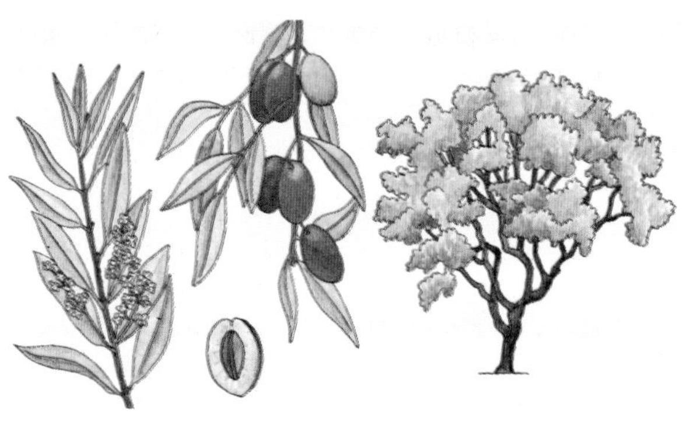

Olive Auf Olafs Pizza liegen Oliven. „Sei vorsichtig, wenn du hineinbeißt“, warnt Mutter. In den Oliven steckt nämlich ein harter Stein. Diese grünen oder dunkelblauen Früchte des Ölbaums enthalten ▸ Öl. Deswegen werden sie ausgepresst. So bekommt man das Olivenöl. Man braucht es für Salate. Ölbäume wachsen in Ländern, in denen es wärmer ist als bei uns, zum Beispiel in Südfrankreich, in Italien und Spanien. Sie können über zehn Meter hoch und über tausend Jahre alt werden.

Olympiade Alle vier Jahre treffen sich die besten Sportler und Sportlerinnen aus vielen Ländern zu einer Olympiade. Bis vor einigen Jahren durften keine Berufssportler (Profis) mitmachen, jetzt sind aber einige dabei. Vor Beginn der Wettkämpfe wird im Olympiastadion das olympische Feuer entzündet. Staffelläufer bringen es mit einer Fackel aus dem griechischen Dorf Olympia dorthin. Während der Sommerolympiade stehen Sportarten wie Leichtathletik, ▸ Schwimmen, Rudern, Turnen, ▸ Fechten, ▸ Fußball und viele andere im Mittelpunkt. Bei der Winterolympiade sieht man zum Beispiel: ▸ Skifahren, Skispringen, Eiskunstlaufen und Bobfahren. Der Gewinner eines Wettkampfs bekommt eine Goldmedaille (-medallie), der Zweite eine Silbermedaille und der Dritte eine Bronzemedaille (Brongse). Die Olympischen Sommerspiele, wie wir sie heute kennen, gibt es seit 1896. Die ersten Winterspiele wurden 1924 ausgetragen. Aber schon vor 2000 Jahren trafen sich Sportler in Griechenland zu Olympiaden. Mit diesen Wettkämpfen ehrten die Griechen ihre Götter. Die Sieger bekamen keine Medaillen, sondern Öl(baum)zweige.

Omnibus „Da kommt der Schulbus“, sagt Olaf zu Olli. Diese Omnibusse bringen Schüler aus verschiedenen Orten zur Schule und wieder nach Hause. – In der Stadt sind viele Omnibusse unterwegs. Sie fahren von einer Haltestelle zur anderen. Menschen steigen ein und aus. Dann steuert der Omnibusfahrer den Bus weiter durch den ▸ Verkehr. Oft verkauft er auch noch die Fahrkarten. – Reisebusse bringen die Fahrgäste über weite Strecken an ihr Reiseziel. Manche dieser Busse haben sogar eine ▸ Toilette. Doppelstöckige Omnibusse nennt man ‚Doppeldecker‘. Omnibus ist ein lateinisches Wort. Es bedeutet eigentlich ‚für alle‘.

Oper „Wir gehen heute Abend in die Oper“, sagt Mutter. Sie meint damit das Haus, in dem Opern aufgeführt werden. Olaf war auch schon dort. Auf der Bühne standen Sängerinnen und Sänger. Sie sangen und spielten die Handlung des Stücks dem Publikum vor. Die Orchestermusiker mit ihren Instrumenten machten die ▸ Musik dazu. Ein Chor sang. – Opernmusik wird von Komponisten erfunden und aufgeschrieben. – Vater mag Operetten gern. Die Handlung und die Musik einer Operette sind meistens lustiger als die einer Oper. Moderne Operetten nennt man auch Musicals.

Operation Der Freund von Olaf liegt im ▸ Krankenhaus. Schon vor einigen Tagen wurde ihm der ▸ Blinddarm herausoperiert. Er zeigt die Narbe des Schnitts an seinem Bauch. Damit er während der Operation keine Schmerzen hatte, bekam er vom ▸ Arzt eine Narkose. Der Junge atmete Lachgas durch eine Maske ein. Dadurch schlief er sehr schnell. „Ich hab die Operation überhaupt nicht gespürt", sagt er. Vorhin war der Chirurg bei ihm, der ihn operiert hat. Dieser Arzt meint, dass Olafs Freund in ein paar Tagen aus dem Krankenhaus entlassen wird.

Orang-Utan Olaf steht vor einem Käfig im Zoo. Er beobachtet den Orang-Utan. Jetzt weiß er, warum man diese ▸ Affen Menschenaffen nennt. Sie sehen den Menschen wirklich ähnlich. Olaf fallen die langen Arme des kräftigen Tiers auf. Mit denen kann es sich prima von einem Ast zum anderen schwingen. Zottelig und lang ist das rotbraune Fell des Orang-Utans. Seine Zähne sehen gefährlich aus. Das männliche Tier wird bis zu anderthalb Meter groß. Die Weibchen sind etwas kleiner. Orang-Utans halten sich in Bäumen auf. Da bauen sie auch ihre Schlafnester. Sie ernähren sich von Pflanzen. Die Tiere leben in den Urwäldern Borneos und Sumatras. – Sieh doch mal im Atlas nach, ob du die Inseln Borneo und Sumatra findest.

Orchidee Im Blumengeschäft sehen Olli und ihr Vater eine ▸ Pflanze mit fantastischen Blüten. „Sie sieht nicht nur schön aus, sie riecht auch toll", stellt Olli fest. Nicht ganz billig ist diese ▸ Blume außerdem, merken die beiden, als sie den Preis der Orchidee erfahren. Viele Orchideen kommen von weit her. Die meisten Arten wachsen in tropischen Wäldern. Sie werden aber auch in Treibhäusern gezüchtet. Einige Arten wachsen bei uns im Freien, zum Beispiel der Frauenschuh. Er steht unter Naturschutz.

Orgel Als Olaf mit Großvater in eine ▸ Kirche geht, sieht er eine große Orgel. Am meisten fallen ihm die verschieden hohen und dicken Pfeifen des Instruments auf. „Das sind Orgelpfeifen", sagt Großvater. Ein Organist spielt die Orgel. Er bedient Pedale und Tasten. Dadurch werden Ventile geöffnet, durch die Luft in die Pfeifen strömt. Dieser Luftstrom erzeugt die Töne, die voller klingen als die eines ▸ Klaviers. Olaf würde sich am liebsten an die Orgel setzen und ausprobieren, ob er einige Töne spielen kann.

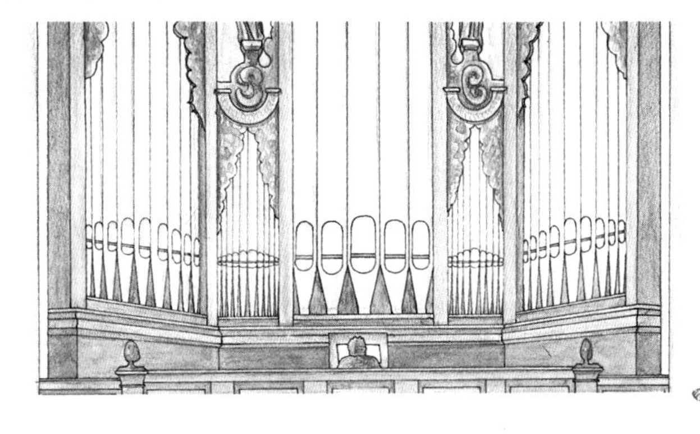

Orient Im Fernsehen sieht Olli, dass ein orientalischer Politiker unser Land besucht. Auch die drei Weisen aus dem Morgenland waren Orientalen. Morgenland und Orient sind zwei Namen für das Gleiche. Sie bezeichnen die Länder im Osten, wo wir morgens die Sonne aufgehen sehen. Zum Orient oder Morgenland rechnet man das vordere und mittlere ▸ Asien. Darin liegen zum Beispiel die Länder Israel, Jordanien, der Iran und die Türkei. Auch Länder in Nordafrika, die von der islamischen Religion beeinflusst werden, zählt man zum Orient, z. B. Ägypten. – Aus Ländern des Orients stammen unter anderem die schönen handgeknüpften Teppiche, die Orientteppiche.

Ostern „Bald ist Ostern", freut sich Olaf. Draußen wird es jetzt wärmer, denn der Frühling hat begonnen. Am Ostersonntag verstecken die Eltern hart gekochte und gefärbte Ostereier. Sie verstecken außerdem Schokoladeneier, Schokoladehasen und andere kleine Geschenke für Olaf. In einigen Gegenden wird an Ostern Eierwerfen veranstaltet. Zu den Osterbräuchen gehört auch das Osterfeuer. Ostern ist das älteste christliche Fest. Mit diesem Fest wird die Auferstehung Christi gefeiert. Die Woche vor Ostern nennt man Karwoche.

Österreich Olli und ihre Eltern werden in den Ferien nach Österreich fahren. Mutter möchte dort eine Dampferfahrt auf der Donau mitmachen. Dieser Nachbarstaat der ▸ Bundesrepublik Deutschland und der ▸ Schweiz ist überwiegend bergig. Der höchste Berg Österreichs heißt Großglockner (3 797 Meter). Siebeneinhalb Millionen Menschen leben in dem Alpenland. Sie sprechen Deutsch. „Wir sehen uns auch Wien an", schlägt Vater vor. Wien ist die Hauptstadt Österreichs und außerdem die wichtigste und größte Stadt des Landes. Olli freut sich auf das Baden in einem der österreichischen Seen und auf Bergwanderungen. – Im Winter kommen die Skifahrer gerne nach Österreich. Außer dem Fremdenverkehr ist die Landwirtschaft wichtig für Österreich. Textil- und Metallwaren aus Österreich werden in viele Länder verkauft.

Overall Vater repariert das Auto. „Ich müsste mir mal einen Overall kaufen", sagt er, als er einen Ölfleck an seiner Hose entdeckt. Solche Anzüge zieht man zur Arbeit über die andere Kleidung. Es schadet nichts, wenn Overalls schmutzig werden. Außerdem gehen sie nicht so leicht kaputt. Auch für Olaf wäre ein Overall manchmal genau das Richtige. Eigentlich bedeuten die englischen Wörter over all ‚über alles'. Kannst du dir denken, warum?

Palette Petras Tante arbeitet als Malerin. Die Farben für ihre Bilder mischt sie auf einer kleinen Holzscheibe. „Das ist meine Palette“, sagt sie. Den Daumen steckt sie durch das Loch in der Palette und hält sie so fest.
Auf großen Holzpaletten stapelt man schwere Waren, zum Beispiel riesige Buchpakete. ▸Gabelstapler heben diese Paletten mühelos hoch und verladen sie.

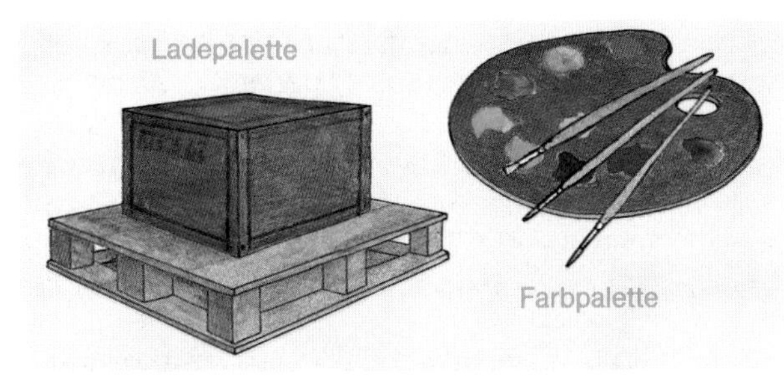

Pampelmuse „Bitte drei Pampelmusen“, verlangt Mutter am Obststand. Die Pampelmuse sieht aus wie eine große, gelbe ▸Apfelsine. Sie ist ein wenig bitter und sauer, aber mit etwas Zucker isst Petra sie gern. Manchmal kauft Mutter Pampelmusensaft. Die vitaminreichen Pampelmusen wachsen in Ländern, in denen es wärmer ist als bei uns. Dort pflückt man sie von großen Bäumen.

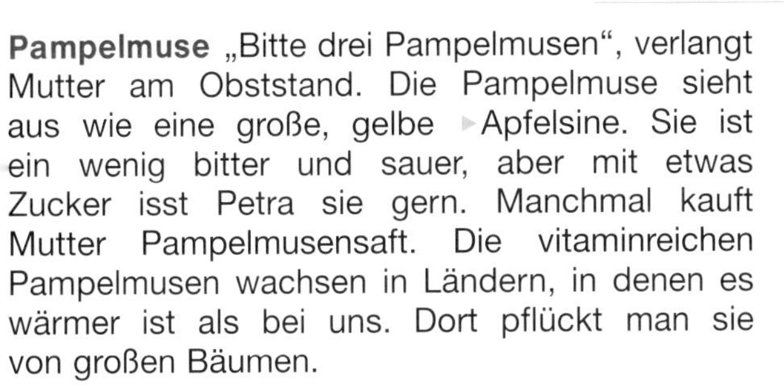

Panik Petra liest in der Zeitung, dass es in einem Kino gebrannt hat. Die Kinobesucher bekamen durch diese plötzliche Gefahr große ▸Angst. Sie gerieten in Panik. Jeder wollte raus und rannte zu den verstopften Ausgängen. Es wurde rücksichtslos gedrängelt und gestoßen. Zum Glück konnte der Brand schnell gelöscht werden.

Panne Petra und ihre Eltern sind mit dem Auto unterwegs. Auf einmal gibt der ▸Motor des Wagens unregelmäßige Geräusche von sich. Vater bremst und fährt an den rechten Straßenrand. „Eine Motorpanne“, sagt er. „Die hat uns gerade noch gefehlt.“ Mutter stellt weit genug hinter dem Auto ein Warndreieck auf. Jetzt bemerken die anderen Fahrer den stehenden Wagen rechtzeitig. Einer hält und fragt, ob er helfen kann. „Rufen Sie doch bitte den Pannendienst an. Er soll so schnell wie möglich kommen“, sagt Vater. – Weil sie kein Flickzeug mithatte, musste Petra ihr Rad nach einer Fahrradpanne schieben. – Wenn etwas schief geht, sagt Mutter: „So eine kleine Panne können wir uns schon mal leisten.“

Panzer Petra hört das Rattern schon von weitem. Dann sieht sie die bewaffneten Kettenfahrzeuge auf der Straße. „Da kommen Panzer“, sagt sie zu ihrem Freund. Im ▸Krieg sind die ▸Soldaten hinter so einer Metallpanzerung sicherer, als sie es ohne diesen Schutz wären. – Lange bevor es Panzerfahrzeuge gab, trugen die ▸Ritter Panzer. Ihre Panzer waren Rüstungen.
Viele ▸Insekten schützt ein leichter Panzer. Auch Petras ▸Schildkröte ist ein gepanzertes Tier. Ihr Knochenpanzer schützt sie vor Feinden.

Papagei Petras Freundin wiederholt ständig, was Petra sagt. „Bist du ein Papagei?“, fragt Petra. Die großen, bunten Vögel plappern nämlich Töne und Wörter nach. Manche Papageien können sogar ganze Sätze sprechen. – Der Papageienschnabel sieht aus wie ein Haken. Den brauchen die Papageien zum Fressen und Hacken. Sie ziehen sich damit auch an den Ästen der Urwaldbäume hoch und halten sich fest. Es gibt über 300 Papageienarten, zum Beispiel den Graupapagei, den ▸ Kakadu und den Ara aus Südamerika.

Papier „Wo liegt denn das Papier zum Malen?“, fragt Petra ihre Mutter. „Ich finde nur Briefpapier, Packpapier und Zeitungspapier.“ – In ▸ Fabriken stellt man die verschiedenen Papiersorten aus Holzfasern, Lumpen und Altpapier her. Das alles wird gemahlen und gereinigt. Mit Wasser und Leim entsteht daraus ein Brei. Riesige Papiermaschinen machen aus dem Brei ein langes Papierband. Wenn es getrocknet ist, kann man das Papier zusammenrollen oder in Bogen zerschneiden.
Bevor es Papier gab, wurde auf Pergament geschrieben, also auf getrocknete Tierhaut. – Stell dir vor, es gäbe auch heute kein Papier. Was könntest du dann alles nicht tun?

Pappel Hinter dem Haus stehen Pappeln. Diese hohen, schmalen Laubbäume wachsen schnell. Man pflanzt sie oft als schnurgerade Alleen. Im Wald hat Petra Zitterpappeln gesehen. Sie werden auch Espen genannt. Ihre Blätter bewegen sich, obwohl kaum Wind zu spüren ist. Von einem Menschen, der vor Angst zittert, sagt man: „Er zittert wie Espenlaub.“
Pappelholz ist weich. Es wird zur Herstellung von ▸ Papier verwendet. Auch ▸ Streichhölzer macht man daraus.

Paprika Mutter streut Paprika ins Essen. Im Gewürzschrank stehen scharfer und milder Paprika. Das rote ▸ Gewürz wird aus den Früchten der Paprikapflanze gemacht. Die meisten dieser ▸ Pflanzen wachsen in Ländern, in denen es wärmer ist als bei uns. An sonnigen Stellen wachsen sie aber auch hier.
Manchmal kocht Mutter Paprikagemüse oder sie bereitet Paprikasalat. Dazu braucht sie Paprikaschoten. Diese Früchte der Paprikapflanze sind grün, gelb oder rot. Bevor Mutter die Paprikaschoten verwendet, entfernt sie die Samenkörner aus dem Inneren. Sie sind nämlich ziemlich scharf.

Papst Mutter erinnert sich daran, wie ein neuer Papst gewählt wurde. Das bisherige Oberhaupt der katholischen Kirche war gestorben. Hohe Kirchenführer aus aller Welt, die Kardinäle, versammelten sich zur Wahl des neuen Papstes im Vatikan. Dieser Kirchenstaat liegt in Rom, der Hauptstadt Italiens. Dort wohnt und arbeitet der Papst. Er gilt für die katholischen Gläubigen als Stellvertreter von Jesus Christus auf der Erde.

Paradies Vater und Mutter fühlen sich hier im Urlaub wie im Paradies. Die Menschen sind freundlich. Die Ruhe tut ihnen gut. Und die Landschaft gefällt ihnen. Für Petra ist das leider gar nicht immer paradiesisch. Manchmal findet sie es sogar ein wenig langweilig. – Viele Menschen hoffen auf ein glückliches Leben nach dem Tod. Sie glauben an das Paradies.

Park Petra spielt mit ihren Freunden im Park. Sie rennen über den Rasen. Hinter Büschen und Bäumen verstecken sie sich. Menschen sitzen hier auf Bänken. Viele duftende und schön aussehende Blumen wachsen im Park. Auch einen künstlichen See hat man angelegt. Dort schwimmen Enten und Schwäne. Petra möchte hier mal ein Picknick machen. – Parks sind wichtig für die miefigen Großstädte. Die Menschen können sich darin erholen. Außerdem sorgen die Pflanzen im Park für Sauerstoff. Darum nennt man so eine Anlage auch ‚grüne Lunge'.

parken „Ich suche schon mal einen Parkplatz", sagt Mutter. „Weiter in der Innenstadt werden wir wohl kaum mehr einen finden." Plötzlich ruft Petra: „Da ist was frei!" Leider steht an der Stelle ein Parkverbotsschild. Sie dürfen das Auto dort also nicht abstellen. Schließlich finden die beiden doch noch einen freien Platz für ihr Auto. Allerdings muss Mutter hier ein paar Münzen in die Parkuhr werfen, damit sie den Wagen eine bestimmte Zeit parken darf. Außerdem hätten sie wahrscheinlich auch im Parkhaus einen freien Parkplatz gefunden.

Partei Im Radio hört Petra von Frauen und Männern, die eine Partei gründen. Sie tun das, weil einer allein schwer durchsetzen kann, was er will. Wenn aber viele in einer Partei das Gleiche wollen, erreichen sie das leichter.
Jede dieser Gemeinschaften hat ▸ Ideen, mit welcher ▸ Politik ein Land regiert werden soll. Da andere Parteien andere Ideen haben, sind Parteien oft Gegner. Natürlich möchte jede Partei ihre Vorstellungen durchsetzen. Deswegen will sie von möglichst vielen Menschen gewählt werden. Es regiert nämlich die Partei, die bei der ▸ Wahl die meisten Wählerstimmen bekommt. So sorgen die Wähler dafür, dass eine Partei regiert und dabei ihre Ideen durchsetzt.
„Kann ich später auch eine Partei gründen?", fragt Petra. Ihre Mutter sagt: „Das kannst du. Allerdings musst du Parteifreunde finden, die deine Partei unterstützen."

Pass Petra und ihre Eltern wollen in den Urlaub fahren. „Wir müssen über einen Gebirgspass", sagt Mutter. Sie zeigt Petra den Pass im Atlas. Durch diese niedrigste Stelle zwischen den Bergen des ▸ Gebirges wurde die Straße gebaut. Sie hat viele enge Haarnadelkurven. Hinter dem Pass beginnt das ▸ Ausland. Deswegen sagen die Zollbeamten dort: „Bitte den Pass." Weißt du, was das für ein Pass ist?

Der Reisepass (ein ▸ Ausweis).

Pate „Hans und Karin kommen zu meinem Geburtstag", freut sich Petra. Die beiden sind Petras Patenonkel (🇨🇭 Götti) und Patentante (🇨🇭 Gotte). Sie waren bei Petras Taufe dabei. „Deine Patenschaft haben sie damals übernommen, weil wir uns besonders mögen", sagt Mutter. Paten helfen, wenn ein Kind in Not gerät. Petras Eltern haben die Patenschaft für ein Kind in einem besonders armen Land übernommen. Sie kümmern sich durch Pakete, Briefe und monatliche Geldspenden um das Kind. Ohne diese Patenschaft hätte das Kind zum Beispiel nicht genug zu essen. Außerdem könnte es nicht zur Schule gehen.

Pauke Die Pauke ist nicht gerade das leiseste Musikinstrument. Gerade deswegen möchte Petra manchmal mit dem Schlägel auf das Paukenfell schlagen. Das dröhnt mächtig. Dieses Paukenfell besteht aus Tierhaut. Man kann es mit Schrauben mehr oder weniger fest spannen. Dadurch verändert man den Klang der Pauke. Sie hat die Form einer Halbkugel. – „Der haut aber auf die Pauke", sagt Vater von einem, der sehr laut feiert.

Pause Es klingelt. Die Schulstunde ist zu Ende. „Pause!", rufen die Kinder. Petra ist froh, dass der Unterricht jetzt nicht gleich weitergeht. Das Stillsitzen fällt ihr nämlich schwer. Sie nimmt ihr Pausenbrot und den Kakao und rennt hinaus. Früher hatte sie oft Angst auf dem Pausenhof, weil sich viele Kinder hauen und stoßen. Auch heute gefällt ihr das da draußen manchmal nicht. Einmal hat Petra einen prima Pausenhof gesehen. Sein Rasen wurde zum Spielen benutzt. Man hatte Tischtennisplatten aufgestellt. Es gab Murmelbahnen, Sandkisten, Klettertürme, Sprossenwände, einen Kriechtunnel, eine Torwand und Sitzecken. Die Beete mit Pflanzen wurden von Schülern und Lehrern gemeinsam gepflegt. – Auch die Eltern unterbrechen ihre Arbeit, damit sie Pause haben. – Es gibt Pausen aus Papier. Weißt du, was das für Pausen sind?

Texte und Bilder, die mit Pauspapier vervielfältigt werden, nennt man Pausen.

Pech Beim Gartenfest zündet Petra eine Pechfackel an. „Sei vorsichtig, dass kein Pech auf deinen Anorak tropft", sagt Mutter. Pech ist eine schwarze, klebrige Masse. Es entsteht, wenn man ▸ Erdöl und ▸ Teer verarbeitet. Pech wird zum Beispiel zur Herstellung von Teerpappe verwendet. Tropft wirklich etwas Pech auf Petras Anorak, hat sie Pech gehabt. So nennt man das, wenn einem ein Missgeschick passiert. Manchen passiert das oft. Die nennt man Pechvögel. – Etwas besonders Schwarzes ist pechschwarz oder sogar kohlpechrabenschwarz.

Pelikan Im ▸Zoo sieht Petra einen großen, plumpen ▸Vogel. Watschelnd und langsam bewegt er sich an Land auf seinen Ruderfüßen vorwärts. „Wenn einer solche Füße hat, kann er bestimmt sehr gut schwimmen", sagt Mutter. Pelikane fliegen auch gut. Den dehnbaren Hautsack unter seinem Schnabel braucht dieser Schwimmvogel zum Fischen. Im flachen Wasser scheuchen meist mehrere Pelikane die ▸Fische vor sich her. Dann schöpfen sie die Beute mit ihrem Hautsack aus dem Wasser. Jetzt klappen sie den Schnabel zu und der Fisch kann nicht mehr entkommen. – Pelikane leben zum Beispiel in ▸Afrika.

Pelz Petra und ihre Mutter stehen vor einem Schaufenster mit Pelzwaren. Da hängen zum Beispiel Mäntel und Jacken aus Biber-, Lamm- und Seehundfell. „Warm sind sie", sagt Mutter. „Aber für den Mantel aus Seehundfell müssen einige ▸Seehunde sterben. So einen Mantel möchte ich nicht." Kürschner verarbeiten die Felle der Pelztiere zu Pelzwaren. Viele Pelztiere sind selten geworden. Einige – zum Beispiel den Silberfuchs und den Nerz – züchtet man deswegen in Pelztierfarmen. Manche Pelztiere stehen unter Schutz, damit sie nicht ausgerottet werden. Man darf sie also nicht – oder nur in einer vorgeschriebenen Menge – jagen.

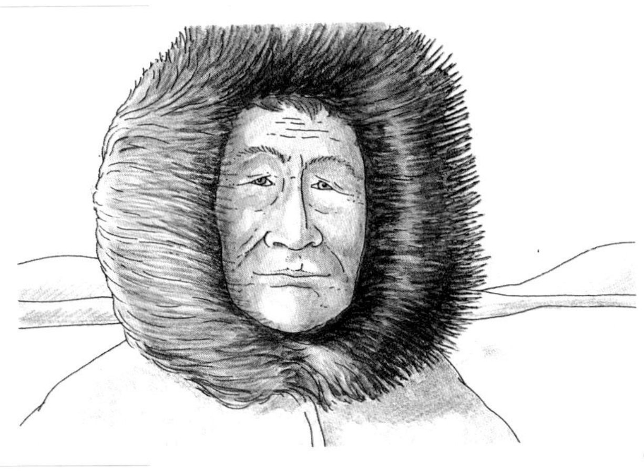

Pension Petras Großvater hat als ▸Beamter gearbeitet. Jetzt ist er alt genug um damit aufzuhören. Er wird pensioniert. Beamte bekommen dann statt ihres Gehalts eine Pension. Großvater freut sich über die Pensionierung. „Endlich habe ich Zeit für die Dinge, die ich schon immer mal tun wollte", sagt er. Er ist sicher, dass ihm das nicht langweilig wird. Als Erstes will er mit Freunden wegfahren. Ihr Reiseziel ist eine Pension am Meer. Auch ein Haus, in dem man isst und übernachtet, nennt man nämlich Pension.

Perle Die Perlen von Mutters Perlenkette sind klein, hell und kugelrund. „Sie glänzen schön", fällt Petra auf. Die wertvollen Perlen wachsen in ▸Muscheln. Aber vorher muss ein Fremdkörper in die Muscheln gekommen sein, zum Beispiel ein Steinchen. Eine Haut überzieht den Fremdkörper. Er wird rund und glänzend und so ganz langsam zu einer Perle. Die Perlenfischer der Südsee tauchen tief um Perlmuscheln hochzuholen. Auch wenn Menschen winzige Steinchen in Muscheln einlegen, bilden sich Perlen. Seit man das weiß, züchtet man Perlen.

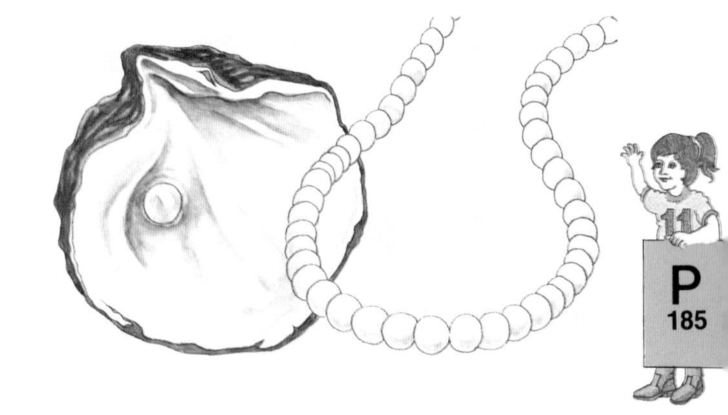

Petersilie Mutter kauft ein Bund Petersilie. Mit den fein geschnittenen Blättern dieser ▸ Pflanze würzt sie Suppen, Fleisch, Soßen, Gemüse und Kartoffeln. Auch die Petersilienwurzel verwendet sie zum Würzen. Das gelbgrün oder rötlich blühende Küchenkraut wächst in Gärten und in Blumentöpfen auf dem Fensterbrett.

petzen „Frau Maier! Die Marianne hat keine Schularbeiten!“, ruft Kurt in der Mathematikstunde. „Du willst dich wohl mit deiner Petzerei beliebt machen?“, fragt Petra wütend. Aber Kurt ist dadurch bei der Lehrerin gar nicht beliebter geworden. Ein Junge sagt zu Kurt: „Ich erzähl deinem Vater, dass du petzt.“ Petra meint: „Dann petzt du ja selbst.“ Als sich Petra gegen ein älteres Mädchen nicht mehr anders wehren kann, droht sie: „Ich sag deiner Lehrerin, dass du mich ständig haust und schubst.“ Würdest du das an Petras Stelle auch tun?

Pfadfinder Die Freundin von Petra geht zu ihrer Pfadfindergruppe. Heute bereiten sie ein Treffen mit Pfadfindern aus anderen Ländern vor. Sie werden zusammen in einem Zeltlager wohnen. Dort kochen sie und kümmern sich auch sonst selbst um alles. Abends sitzen sie zusammen, erzählen und singen miteinander. Sie wandern, spielen und treiben Sport. Petras Freundin fühlt sich wohl unter all den Jugendlichen. Besonders gerne mag sie, dass Pfadfinder kameradschaftlich und hilfsbereit sind. Die internationale Pfadfinderbewegung gibt es schon seit fast neunzig Jahren. Sie hat mehrere Millionen Mitglieder.

Pfand Petra kauft eine Flasche Limonade. „Die Flasche kostet dreißig Pfennig Pfand“, sagt die Verkäuferin. Petra wird die leere Pfandflasche in den Laden zurückbringen. Dann bekommt sie die dreißig Pfennig Pfand wieder. – Außer solchen Pfandflaschen gibt es Einwegflaschen. Für die bezahlt man kein Pfand. Wenn sie leer sind, werden sie weggeworfen.

Pfarrer Petra trifft Herrn Brinkmann und Herrn Schulz. Die beiden unterhalten sich miteinander. Herr Brinkmann ist der Pfarrer für die evangelische Gemeinde, Herr Schulz der Pfarrer für die katholische Gemeinde. Während des Gottesdiensts in seiner Kirche trägt der evangelische Pfarrer einen schwarzen Talar, sein katholischer Kollege ein farbiges, verziertes Messgewand. Der Pfarrer ist auch für Taufen, Hochzeiten und Beerdigungen zuständig. Er besucht Mitglieder seiner Gemeinde, die in Not geraten oder krank sind. Und er versucht ihnen zu helfen. Wer Pfarrer werden möchte, muss Theologie studieren.

Pfau Pfauen sieht Petra in einem ▸ Park und im ▸ Zoo. Der prächtige Pfauenhahn hat lange, farbig schillernde Schwanzfedern. Die Weibchen sind viel unscheinbarer. Besonders toll findet Petra, dass der männliche Pfau seine Schwanzfedern hoch stellen kann. „Das nennt man Pfauenrad", erklärt Vater. So schön der männliche Vogel ist, seine Stimme klingt hässlich. Frei leben Pfauen immer zu mehreren. Es gibt sie in ▸ Afrika und Indien. – Mutter sagt von einem besonders eitlen Mann: „Der ist eitel wie ein Pfau."

Pfeffer Petra und ihr Vater braten Fleisch. „Gib mir mal den Pfeffer", bittet Vater. „Den schwarzen oder den weißen?", fragt Petra. Der Vater möchte das Fleisch mit schwarzem Pfeffer würzen. Wenn man es zu sehr pfeffert, kann man ein Essen verderben. Das ▸ Gewürz brennt dann nämlich sehr scharf im Mund. Es wird aus den kleinen, roten Früchten des Pfefferstrauchs gemacht, der zum Beispiel in einigen Ländern ▸ Asiens wächst. – Von hohen Preisen sagt man: „Sie sind wirklich gepfeffert."

Pfefferminze Mutter kauft Pfefferminztee. „Eigentlich können wir uns den im Garten selbst suchen", sagt sie. „Da wächst nämlich die Pfefferminze." Man lässt ihre Blätter trocknen. Dann gießt man heißes Wasser darauf. Einige Minuten später ist der Tee fertig. Aus dieser ▸ Heilpflanze wird auch Pfefferminzöl gewonnen, in dem Menthol enthalten ist. Menthol verwendet man für Zahnpasta, Mundwasser und Süßigkeiten. „Das schmeckt alles irgendwie frisch, nach Pfefferminze eben", sagt Petra.

Pfeife Petra hat sich eine Trillerpfeife gekauft. Die setzt sie an die Lippen und bläst Luft hinein. Der Pfeifenton klingt so gellend, dass Mutter die Ohren zuhält. – Auch der Schiedsrichter (Referee) benutzt eine Pfeife. Auf der pfeift er, wenn ein Spieler gegen die Regeln verstößt. Vor Ärger veranstalten die Zuschauer dann manchmal ein Pfeifkonzert. Sie pfeifen auf den Fingern. – Eine Kirchenorgel hat große Orgelpfeifen. – Vater steckt sich eine Pfeife an. Ob er damit pfeifen kann?

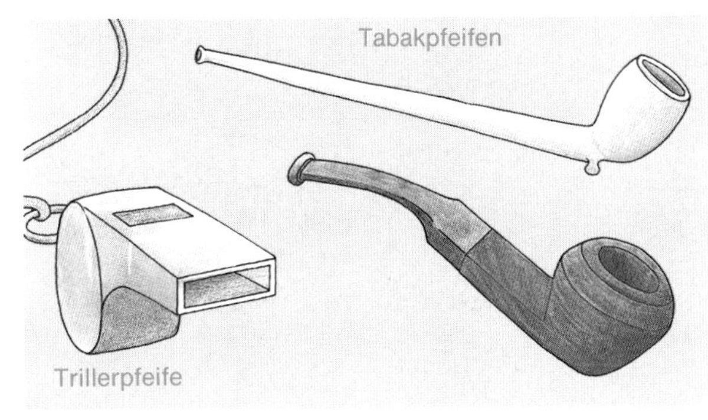

Pferd Petra wünscht sich ein Pferd. Sie möchte im Sattel sitzen, die Zügel in den Händen halten und losreiten. Es müsste gar kein großes Pferd sein. Ein Pony würde reichen. Am besten gefallen ihr ▸ Schimmel, also die weißen Pferde. Rappen sind schwarz und Füchse rotbraun. Hell- oder dunkelbraune Pferde heißen Braune.
Auf einer ▸ Weide in der Nähe tollen Fohlen herum. Diese jungen Pferde wurden erst vor kurzem von den Stuten – den weiblichen Pferden – geboren. Ein Hengst – so nennt man die männlichen Pferde – steht auf einer Nachbarweide. Pferde fressen Gras, Heu und Hafer. Heute werden sie hauptsächlich zum Reiten benutzt. Früher spannte man diese Huftiere vor den Wagen. Außerdem schleppten sie Lasten. Reiter legten mit ihnen große Entfernungen zurück.
Petra kann sich nur schwer vorstellen, dass die Vorfahren der Pferde kaum größer als Hunde waren. In vielen Millionen Jahren entwickelten sie sich zu immer größeren Tieren. Unsere heutigen Pferde züchtete man aus wild lebenden. Heute sind Wildpferde fast ausgestorben. „Mit dem kann man Pferde stehlen“, sagt Petra von einem Jungen, der alles mitmacht. – Manchmal grätscht Petra in der Turnhalle über ein Pferd aus Holz und Leder. Weißt du, was das für eines ist?

Das Pferd (Seitpferd, ein Turngerät).

Pfingsten Das Pfingstfest wird von den ▸ Christen fünfzig Tage nach ▸ Ostern gefeiert. Es erinnert daran, dass Jesus Christus am Kreuz gestorben ist und trotzdem durch seine Gedanken und Taten weiterlebt. Es war für seine Jünger, als wären sie noch mit ihm zusammen. Begeistert sprachen sie an Pfingsten von ihrem Glauben. Dadurch überzeugten sie viele andere Menschen. Das Pfingstfest erinnert auch daran, dass durch die Begeisterung der Jünger immer mehr Menschen Christen wurden. So entstand die christliche Kirche.

Pfirsich Petra nimmt einen Pfirsich. Seine Haut ist samtig. Saftig und süß schmeckt die kugelrunde, gelbrote Frucht. „Der harte Kern sieht faltig aus“, fällt Petra auf. Pfirsiche brauchen mildes ▸ Klima. An geschützten Stellen wachsen auch bei uns Pfirsichbäume mit ihren schönen rosaroten Blüten und tragen Früchte. Nektarinen sind Pfirsiche mit glatter Schale. – Besonders gern isst Petra Pfirsichkompott. – Petras Mutter kauft manchmal Pfirsiche in Dosen. Die kommen zum Beispiel aus Griechenland.

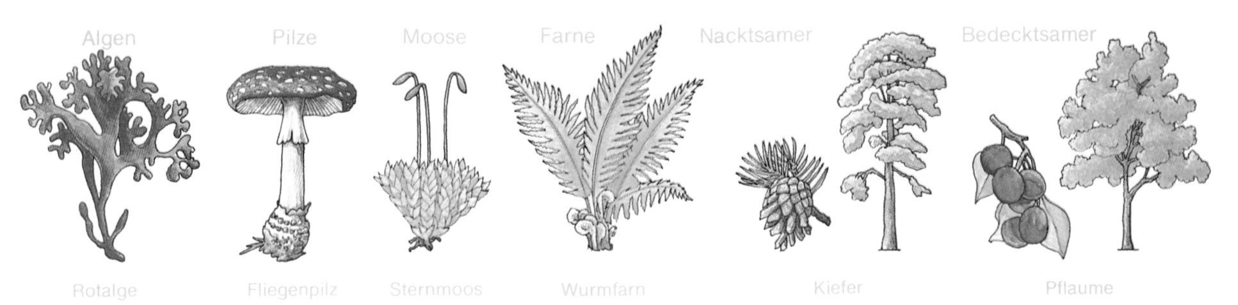

Pflanzen Pflanzen wachsen auf dem Land und im Wasser. In Wäldern und Gärten wachsen sie, auf Feldern, in Zimmern, in Flüssen, Seen und Meeren. Viele Pflanzen sind nützlich, andere gelten als ▸ Unkraut. Manche sehen sehr schön aus. Kürzlich warnte Mutter Petra: „Fass diese Pflanze nicht an. Sie ist giftig." Staunend stand Petra einmal vor einem riesigen Baum. Eine größere Pflanze hatte sie noch nie gesehen. Winzige Pflanzen sind so klein, dass man sie mit bloßem Auge gar nicht erkennen kann. Sehr wichtig sind Pflanzen für die Luft auf der Erde. Ohne Pflanzen gäbe es nämlich nicht genug Sauerstoff. – Menschen und Tiere brauchen Pflanzen als Nahrung. Aber auch Pflanzen brauchen Nahrung. Deswegen entziehen sie mit ihren Wurzeln dem Erdboden Nährstoffe und Wasser. Sie benötigen außerdem Kohlendioxid aus der Luft und Sonnenlicht. Ohne Sonnenlicht entwickeln Pflanzen kein Blattgrün (Chlorophyll). Das Blattgrün nimmt die Sonnenkraft auf und verwandelt sie mit Wasser und Kohlendioxid in Stärke. Mit dieser Nahrung wachsen Pflanzen, blühen, tragen Früchte, bilden Samen und pflanzen sich fort. Pflanzenschutzmittel braucht man um die Pflanzen vor Krankheiten und schädlichen ▸ Insekten zu schützen. Schädlinge können eine ganze ▸ Ernte vernichten. Manche chemischen Pflanzenschutzmittel richten selbst Schaden an, vor allem, wenn zuviel davon gespritzt wird. Deshalb bekämpfen einige Landwirte Schädlinge nur mit natürlichen Mitteln. – Pflanzen müssen geschützt werden, denn sie sind für das Leben auf der Erde notwendig.

Pflaster „Aua!", ruft Petra. Sie hat sich in den Finger geschnitten. Der blutet jetzt. Vater holt schnell ein Stück Pflaster. Dann zieht er die Schicht von der Unterseite, die das Pflaster bisher sauber gehalten hat. Jetzt klebt er es auf die Haut. Das luftdurchlässige Pflaster mit dem Mullstück darunter bedeckt Petras blutende ▸ Wunde. Dreck kann nicht mehr eindringen. – Es gibt ein Pflaster, auf dem Petra geht. Weißt du, was das für eines ist?

Pflaster (Steine, mit denen man Straßen und Plätze belegt).

Pflaume Mutter kauft Pflaumen. Zu Hause isst Petra eine der blauen, ziemlich runden ▸ Früchte. Sie fassen sich glatt an. Ihr Fruchtfleisch schmeckt saftig und süß. Petra holt den Stein heraus. – Auf dem Markt gibt es verschiedene Sorten dieser Früchte. Da werden längliche blaue Zwetschen (▭ Zwetschke; ✚ Zwetschge) angeboten, große gelbe Eierpflaumen und kleine gelbe Mirabellen.

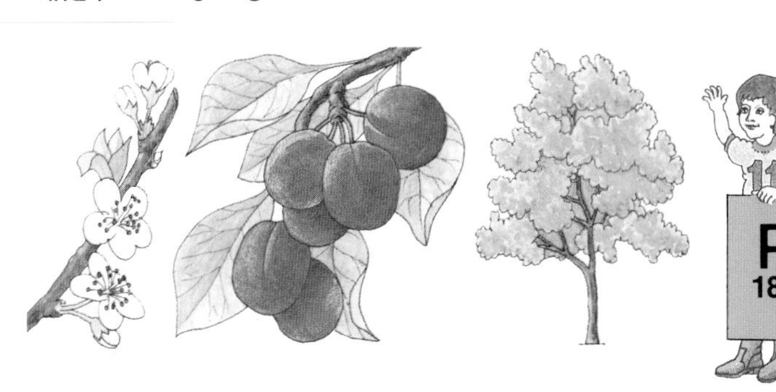

Philosophie Mutter sagt: „Gestern haben wir mit den Nachbarn über Gott und die Welt philosophiert.“ Sie haben also über Dinge nachgedacht und gesprochen, die für sie wichtig sind. Eigentlich bedeutet das griechische Wort ‚Philosophie‘ ‚Liebe zur Weisheit‘. Man kann diese Wissenschaft an der Universität studieren. Zur Arbeit eines Philosophen gehört es zum Beispiel, über das Leben nachzudenken. Auch danach, was die Wahrheit ist, forscht dieser Wissenschaftler. Weil sein Beruf daraus besteht, genau nachzudenken, könnte man ihn ‚Denker‘ nennen.

Physik „Mein Lieblingsfach war Physik“, sagt Petras Mutter. In diesem Fach lernte sie viel über Dinge, die in der Natur geschehen. Dazu gehören zum Beispiel das Licht, der Schall, die Wärme und die Elektrizität. Auch über das riesige Weltall und das winzige Atom wurde im Physikunterricht gesprochen. Besonders interessant fand Petras Mutter physikalische Experimente. – Petra hat Sachunterricht, wozu man auch Sachkunde sagt. Obwohl das Fach Sachunterricht heißt, gehören viele Dinge, die dort besprochen werden, zur Physik. Petra lernt zum Beispiel, dass Wasser bei Kälte gefriert und warum das so ist. Jetzt weiß sie auch, warum manche Dinge schwimmen und andere nicht.

Pickel Mutter sieht in den Spiegel und sagt: „Ich habe einen Pickel im Gesicht.“ Petra bemerkt den kleinen eitrigen Hügel auf der Haut jetzt auch. „Gestern war die Stelle schon ein wenig rot und entzündet“, fällt Mutter ein. So ein Pickel ist nicht schlimm. In der ▸ Pubertät bekommen viele Mädchen und Jungen Pickel. Gegen die kann der Arzt mit Medikamenten helfen. – Es gibt einen Pickel, den man in der Hand trägt. Weißt du, was das für einer ist?

Pickel (Eine spitze Hacke. Bergsteiger brauchen sie zum Klettern.)

Pilze Nach einigen regnerischen warmen Herbsttagen schlägt Vater vor: „Wir sammeln Pilze. Bei so einem Wetter wachsen sie gut.“ Auf dem Waldboden sieht Petra später einen schönen roten Pilz mit weißen Punkten. „Ein Fliegenpilz“, ruft sie. Diesen Giftpilz darf man auf keinen Fall essen. Noch gefährlicher ist der Knollenblätterpilz. Jedes Jahr sterben Menschen, weil sie ihn mit dem essbaren Champignon (Schạmpinjong) verwechseln. Nur wer Pilze unterscheiden kann, sollte sie sammeln. Pilzberatungsstellen helfen einem, wenn man doch einmal unsicher ist, was für einen Pilz man gefunden hat. „Da wachsen Pfifferlinge“, sagt Vater. Er zeigt auf einen kleinen gelben Pilz, der sehr würzig schmeckt. Sie sehen die braunen Kappen der Maronen und Steinpilze. Versteckt im Gras einer Wiese finden sie Champignons. „Reiß die Pilze nicht aus der Erde“, sagt Mutter. „Dreh den Stiel heraus. Du machst sonst das Pilzgeflecht kaputt.“ Dieses Geflecht wächst unter der Erde. Die Pilze sind so etwas wie die Frucht des Geflechts. Auch an Bäumen wachsen Pilze, stellt Petra fest. Winzige essbare Pilze findet sie auf dem Schimmelkäse.

Pinguin „Die sehen aus, als hätten sie einen Frack an", sagt Petra. Sie zeigt auf die lustig watschelnden Pinguine im Zoo. Fliegen können diese verspielten ▸ Vögel mit ihren Stummelflügeln nicht. Dafür schwimmen und tauchen sie umso besser. Beim Schwimmen benutzen sie die Flügel als Ruder. Pinguine ernähren sich vor allem von Fischen. Damit es den Vögeln im Wasser nicht zu kalt wird, sind sie mit einer Fettschicht geschützt. Erst als Petra genau hinsieht, bemerkt sie, dass Pinguine kurze Federn haben. Die wirken fast wie Fell. Pinguine leben vor allem an der Antarktis-Küste. Es gibt verschiedene Pinguinarten. Der Kaiserpinguin ist mit über einem Meter der größte.

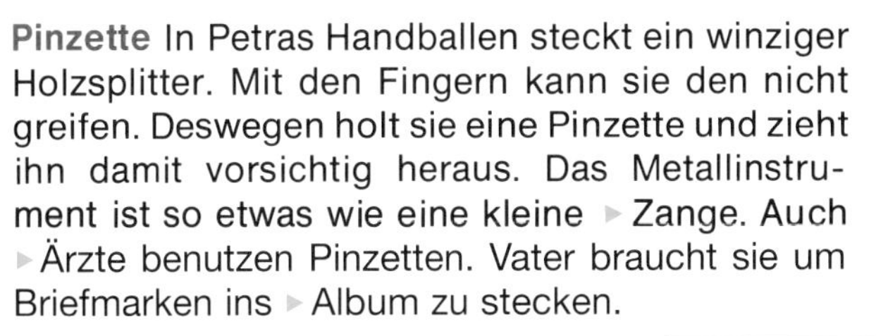

Pinzette In Petras Handballen steckt ein winziger Holzsplitter. Mit den Fingern kann sie den nicht greifen. Deswegen holt sie eine Pinzette und zieht ihn damit vorsichtig heraus. Das Metallinstrument ist so etwas wie eine kleine ▸ Zange. Auch ▸ Ärzte benutzen Pinzetten. Vater braucht sie um Briefmarken ins ▸ Album zu stecken.

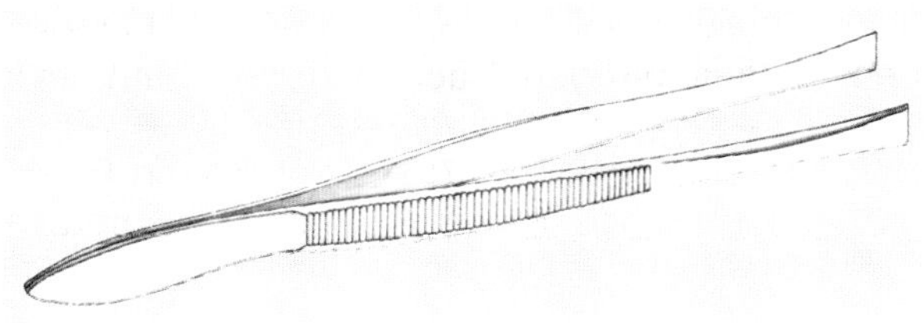

Planet Die ▸ Erde ist ein Planet. So nennt man Himmelskörper im Weltall, die sich mit anderen um eine Sonne drehen. Von ihr bekommen sie das Licht. Es gibt auch Planeten, die einen Stern umkreisen. Weil sich die Planeten bewegen, heißen sie auch Wandelsterne. Fixsterne dagegen scheinen fest an einem Ort zu stehen. Aber auch sie bewegen sich, nur wesentlich langsamer. Merkur, Venus, Mars, Jupiter, Saturn, Uranus, Neptun und Pluto sind die anderen Planeten unseres Sonnensystems. Sie werden von einem oder mehreren Monden umkreist. Der größte Planet ist der Jupiter.

Plastik Im Laden bittet Petra um eine Plastiktüte. Weil es regnet, hat sie einen Plastikmantel an. Später wirft sie Abfall in den Plastikmülleimer. Dann setzt sie sich auf einen Plastikstuhl und füllt Saft in einen Plastikbecher. – Viele Gegenstände werden heute aus Kunststoff gemacht, also aus Plastik. Man benutzt Plastik, weil das natürliche Material, wie zum Beispiel ▸ Holz, zu teuer ist oder sich nicht eignet. Plastik lässt sich außerdem leicht formen. Um es herzustellen braucht man vor allem ▸ Erdöl. Mit Plastiktüten soll man sparsam umgehen. – In einer Kunstausstellung sieht Petra eine Holzplastik. Auch das, was der Bildhauer formt, nennt man nämlich Plastik. Diese Plastiken sind aus Stein, Holz oder ▸ Metall.

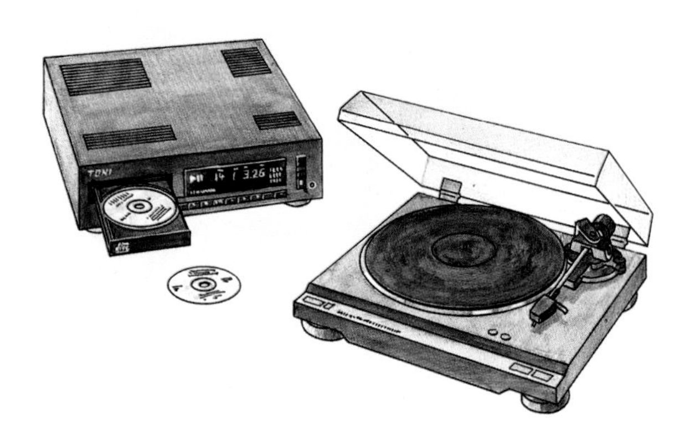

Plattenspieler Petra legt eine Schallplatte auf und stellt den Plattenspieler an. Gleichmäßig dreht sich der Plattenteller mit der Platte. Ein Elektromotor treibt ihn an. Nachdem Petra den Tonarm auf die Platte gesetzt hat, tastet seine Nadel (sein Saphir) die Schallplatte ab. Aus dem Lautsprecher hört Petra die Töne, die in den Plattenrillen gespeichert wurden. – Opa sagt heute noch ‚Grammophon' zum Plattenspieler. So nannte man ihn früher. Petras Onkel hat einen CD-Spieler. Mit ihm spielt er Compactdiscs ab. Sie sind viel kleiner als Schallplatten. Statt einer Nadel tastet ein Lichtstrahl (Laserstrahl) im CD-Spieler die silbern glänzende Scheibe ab. Der Klang ist besser als beim Plattenspieler.

pleite Vater sieht in seinen Geldbeutel und stellt fest: „Ich bin pleite." Er dreht den Geldbeutel um. Trotzdem fällt nichts heraus. Zum Glück hat er noch Geld auf der ▸ Bank. – Auch wenn ein Geschäft Pleite geht, ist kein Geld mehr da. Die Ware, der Lohn für die Mitarbeiter und die Miete können nicht bezahlt werden. Das Geschäft muss schließen. – Mutter sagt: „Ich habe mich so auf das Fest gefreut. Aber es war eine Pleite." Sie meint damit, dass sie von dem Fest enttäuscht war. Auch das kann man mit dem Wort ‚pleite' ausdrücken.

Politik Im Fernsehen spricht eine Politikerin. Sie sagt: „Ich will mit meiner Politik dafür sorgen, dass die Menschen gerne in unserem Land leben. Sie sollen sich hier gerecht behandelt und gut aufgehoben fühlen." Mutter meint: „Das wäre eine gute Politik." Diese Politikerin ist Mitglied einer der politischen ▸ Parteien. Die Frau möchte von vielen Menschen gewählt werden, damit sie und ihre Partei die ▸ Regierung übernehmen können. Zur Arbeit der Politiker gehört es, ▸ Gesetze zu beraten. Sie bestimmen, wie der ▸ Staat das Geld einnimmt, das er braucht. Außerdem müssen sie wissen, wofür der Staat das Geld ausgibt. Politiker entscheiden auch, wie ihr Land mit anderen Ländern auskommen soll.

Polizei Auf der Kreuzung regelt ein Polizist den ▸ Verkehr. Polizeibeamte in Hubschraubern beobachten die Autobahn. An Petra fährt ein Polizeiwagen mit Blaulicht und Sirene vorbei. Wahrscheinlich ist er zu einem ▸ Unfall gerufen worden. – Die Polizei sorgt nicht nur dafür, dass man Verkehrsregeln und ▸ Gesetze einhält. Sie macht auch Vorschläge, wie ▸ Verbrechen verhindert werden. – Beamte der Kriminalpolizei tragen keine Uniformen. Verkehrspolizisten, Schutzpolizisten (Schupos), Bahnpolizisten und Wasserschutzpolizisten sind uniformiert. – Früher gab es bei der Polizei fast nur Männer. Das hat sich geändert. Heute arbeiten auch viele Frauen als Polizeibeamtinnen.

Pommes frites Pomfrit „Heute gibts Pommes frites“, sagt Mutter. „Ich habe die rohen Kartoffeln dafür schon geschält. Jetzt muss ich sie nur noch schneiden.“ Petra holt die Friteuse Fritöse . In ihrem heißen Fett werden die Kartoffelstäbchen gebacken. Als sie goldgelb sind, schüttet Mutter sie aus dem Sieb in eine Schüssel und streut Salz darüber. Knusprig liegen die Pommes frites auf Petras Teller. Sie mag sie gerne mit Majonäse oder ▸ Ketschup. Auch als Beilage zu Fleisch isst man Pommes frites.

Porzellan Beim Abtrocknen fällt Petra ein Porzellanteller aus der Hand. Er zerbricht. Porzellan ist zwar sehr hart, aber leider ist das weiße Material auch ziemlich zerbrechlich. Außer Porzellangeschirr macht man Porzellanvasen und Porzellanfiguren. – Seit mehr als tausend Jahren weiß man in ▸ China schon, wie Porzellan hergestellt wird. Bei uns weiß man das erst seit etwa 250 Jahren. Vor allem wird dafür eine weiße Tonerde, das Kaolin, gebraucht. Das nasse Kaolin lässt sich sehr gut formen. Die geformten Gegenstände werden bei hoher ▸ Temperatur im Brennofen gebrannt. Danach taucht man sie in eine Flüssigkeit. Diesen Vorgang nennt man ‚glasieren‘. Durch die Glasur entsteht der Glanz auf dem Porzellan. Damit die Glasurschicht hart und undurchlässig wird, brennt man die glasierten Gegenstände noch einmal im Brennofen.

Post „Wir bringen einen Brief zur Post“, sagt Vater. Wenig später stehen Petra und ihr Vater vor dem Gebäude des Postamts. Im Schalterraum kann man Pakete, Päckchen, Postkarten und ▸ Briefe aufgeben und Briefmarken kaufen. Auch ▸ Telegramme werden von hier verschickt. Gerade erkundigt sich jemand, wie viel Porto er für seinen Brief bezahlen muss. Der Postbeamte legt den Brief auf die ▸ Waage und sagt: „Der Brief wiegt über 20 Gramm. Er kostet mehr als normales Porto.“ Mit Postautos, der ▸ Eisenbahn, ▸ Flugzeugen und ▸ Schiffen werden die Briefe transportiert. Auch ein Fax kann man von der Post abschicken. Mit dem Faxgerät kommt die Kopie eines Briefes dann in einigen Minuten zum Faxgerät des Empfängers. – Wie bei einer ▸ Bank lässt sich auf der Post Geld einzahlen und abheben. – Postbusse fahren von einem Ort zum anderen.

prahlen Ein Junge erzählt, wie toll er schwimmen kann. „Viel besser als alle meine Freunde“, sagt er. „Und ich springe sogar vom 10-Meter-Sprungturm.“ Petra hat ihn kürzlich im ▸ Schwimmbad gesehen. Deswegen weiß sie, dass er gar nicht besonders gut schwimmt. Außerdem wagt er es kaum, vom 1-Meter-Brett zu springen. Der Junge prahlt also mit Leistungen, die er in Wirklichkeit nicht schafft. „Warum gibt dieser Prahlhans nur so an?“, überlegt Petra.

Praline Vor einem Süßwarenladen sagt Petras Vater: „Ich habe Lust auf Pralinen." Im Laden gibt es verschiedene Sorten davon. Ihre Schokoladenhülle ist mit ▸ Marzipan, Creme, Schnaps, Früchten, Nougat oder Nüssen gefüllt. Die beiden kaufen Nusspralinen. „Prima schmecken die", sagt Petra. Sie steckt schon das zweite der leckeren kleinen Stücke in den Mund. Mancher Konditor (Zuckerbäcker) stellt selbst Pralinen her. Aber die meisten kommen aus Schokoladefabriken.

Präsident Petras Onkel wurde zum Präsidenten eines Fußballvereins gewählt. „Er ist da jetzt so etwas wie ein Vereinsanführer", sagt Mutter. Im Fernsehen sieht Petra in der Tagesschau mehrere Präsidenten. Der eine ist als Bundespräsident das Oberhaupt seines Landes. Er trifft sich mit den Präsidenten anderer Länder. Danach sieht Petra einen Bankpräsidenten. – Auch große Firmen können von einem Präsidenten geleitet werden. – Das Wort ‚Präsident' kommt aus dem Lateinischen und bedeutet ‚Vorsitzender'.

Preis Petra macht bei einem Wettspiel mit und bekommt den zweiten Preis. Ein Mädchen regt sich auf, weil sie nichts gewonnen hat. „Die muss um jeden Preis gewinnen", ärgert sich Petra. Diesem Mädchen fällt es wirklich besonders schwer, zu verlieren. Erst vor kurzem hat sich Petras Freund an einem Preisausschreiben beteiligt. Als Preis bekam er eine Schallplatte. – Viele Preise muss man bezahlen. Weißt du welche?

Die Preise, die die Waren im Laden kosten.

Presse Petra holt die ▸ Zeitung und eine ▸ Zeitschrift aus dem Briefkasten. Die Zeitung kommt jeden Tag, die Zeitschrift jede Woche. Beide gehören zur Presse. Die Presse berichtet über Neuigkeiten. Das kann sie aber nur richtig, wenn die Journalisten (Schurnalisten) und Fotografen für die Zeitungen und Zeitschriften das schreiben und fotografieren dürfen, was sie für wichtig halten. Es muss ihnen also erlaubt sein ihre freie Meinung und jede wichtige Nachricht zu veröffentlichen. Solche Pressefreiheit gibt es nicht in allen Ländern. – Auch Kinder- und Jugendzeitschriften zählen zur Presse. – Welche Presse ist keine Zeitung?

Die Zitronenpresse zum Beispiel.

---

privat Petra steht in einer Gaststätte vor einer Tür. ‚Privat' liest sie auf dem Türschild. Das ist also kein Zimmer für die Gäste, sondern das Zimmer der Wirtsleute. – Mutters Freundin sagte einmal von jemandem: „Unmöglich, wie lang er seine Haare wachsen lässt." Mutter meinte: „Das geht uns wirklich nichts an. Es ist seine Privatsache. In mein Privatleben lasse ich mir ja auch nicht dreinreden." – Vater beklagt sich manchmal über einen Kollegen: „Privat mag der ganz nett sein, aber im ▸ Betrieb ist er unheimlich stur."

Problem Es kommt vor, dass Petra in der Schule etwas nicht schafft. Oder sie streitet mit jemandem. Dann weiß sie manchmal nicht, was sie tun soll. Es hat ihr schon geholfen, mit anderen über diese Probleme zu sprechen. – Kürzlich sagte Mutter: „▸ Kernkraftwerke halte ich zur Zeit für problematisch." Sie sagte das, weil sie daran zweifelt, dass sie ungefährlich sind.
Mit wem sprichst du, wenn du Schwierigkeiten hast?

Protest „Heute essen wir keinen Nachtisch“, sagt Mutter. Petra protestiert. Da gibt Mutter nach. Also hat Petra diesmal durch ihren Protest erreicht, was sie wollte.
In der Stadt sollen Bäume im Park gefällt werden. Viele Menschen protestieren dagegen mit ▸Demonstrationen und Plakaten. Sie schreiben Leserbriefe an Zeitungen. Überall ist zu hören und zu sehen, dass sie mit dem Fällen der Bäume nicht einverstanden sind. „Hoffentlich nützen diese Proteste etwas“, sagt Vater.

Prüfung Petras großer Bruder hat die Gesellenprüfung gemacht. „Hast du sie bestanden?“, fragt Petra. Ihr Bruder weiß das noch nicht. Er bekommt das Ergebnis seiner Prüfung erst in einigen Tagen. In dieser Prüfung sollte er zeigen, dass er in der Ausbildungszeit gelernt hat, was man in seinem ▸Beruf können muss. – Mutter bestand die Führerscheinprüfung. Bei der Prüfung führte sie vor, dass sie Auto fahren kann. Vorher beantwortete sie in einer schriftlichen Prüfung Fragen zu Verkehrsregeln. – Vater lässt den Automotor überprüfen. Er lässt ihn also vom Mechaniker genau untersuchen. – Examen ist ein anderes Wort für Prüfung.

Pubertät Petras großer Bruder ist anders geworden. Seine Mutter sagt: „Er ist in der Pubertät.“ In dieser Zeit entwickeln sich die Mädchen und Jungen vom ▸Kind zum Erwachsenen. Die Pubertät beginnt bei den Mädchen ungefähr mit zehn Jahren und hört mit etwa fünfzehn auf. Bei den Jungen beginnt sie mit ungefähr elf Jahren und hört mit etwa sechzehn auf. In der Pubertät verändern sich die Heranwachsenden äußerlich und innerlich. Bei den Mädchen entwickeln sich die Brüste und sie bekommen die erste Regelblutung. Die Jungen kommen in den Stimmbruch. Ihre Stimme wird tiefer. Außerdem haben sie den ersten Samenerguss. Bald werden sich die Jungen auch rasieren. Lästig für viele Mädchen und Jungen in dieser Zeit ist, dass sie ▸Pickel bekommen. Petra merkt, dass sich ihr Bruder auch innerlich verändert. Er ist empfindlich und reizbar. Es ist oft schwierig, mit ihm auszukommen.

Pudel Die Nachbarn haben einen weißen Pudel. Auch schwarze, graue und braune Pudel gibt es. Diese ▸Hunde mit den lockigen Haaren werden oft geschoren. Auf dem Kopf tragen sie meistens ein Haarbüschel, das aussieht wie eine Mütze. Sie lernen leicht, deswegen bringt man ihnen Kunststücke bei. – „Du stehst da wie ein begossener Pudel“, sagt Petras Freund, weil Petra gerade sehr kleinlaut wirkt. Ihr Freund fühlt sich pudelwohl, also besonders wohl.

Pulver In der elektrischen Kaffeemühle werden die Kaffeebohnen zu feinem Pulver gemahlen. Mutter benutzt auch noch andere Dinge, die man zu Pulver gemahlen oder zerrieben hat. Da stehen zum Beispiel ▸Mehl und Puderzucker. Pulver ist fein und leicht. Das merkt Petra, als sie hineinpustet. Ihr Gesicht ist sofort über und über mit Pulver bestäubt.
Es gibt Pulver, das explodieren kann. Weißt du, welches das ist?

Schießpulver.

Pumpe „Gib mir mal die Fahrradpumpe“, bittet Vater. Petra gibt ihm diese Luftpumpe. Mit ihr presst Vater Luft durch das Ventil in den Fahrradschlauch, bis der prall ist. – Motorpumpen braucht man zum Ansaugen und Weiterleiten von Flüssigkeiten und ▸ Gasen. Als der Keller voll Wasser gelaufen war, pumpte ihn so eine elektrische Pumpe leer. Auch das Wasser im ▸ Brunnen des Nachbarn saugt eine Pumpe nach oben. Den Schwengel dieser Pumpe bedient man mit der Hand.

Puppe Petra und ihr Freund spielen mit einer Puppe. Das ist fast so, als hätten sie einen kleinen Menschen zum Spielen. Die beiden ziehen ihre Kunststoffpuppe aus und an und legen sie in den Puppenwagen. „Früher gab es Porzellanpuppen“, sagt Mutter. – Vor einigen Tagen kam ein Puppenspieler in die Schule. Er stülpte die Kasperlepuppe über die Hand und bewegte sie mit den Fingern. Auch ▸ Marionetten führte er vor. Diese Puppen bewegte er mit feinen Drähten. – Wenn eine Raupe aus dem Schmetterlingsei geschlüpft ist, verwandelt sie sich später in eine Puppe. In der Puppe entwickelt sich der ▸ Schmetterling.

Puzzle (Passl) Geduldig sortiert Petra die 1500 Teile ihres schwierigsten Puzzlespiels nach Farben und Formen. Stück für Stück wird sie die vielen unregelmäßigen Kartonteile zu einem farbigen Bild zusammenlegen. Dabei richtet sie sich nach einer Vorlage. Andere Puzzles bestehen aus 250, 500, 750 oder 1000 Teilen. Als Petra kleiner war, spielte sie mit einem Holzpuzzle. Das hatte nur zwölf Teile. – Das englische Wort ‚Puzzle' bedeutet ‚Geduldspiel'.

Pyramide Petra sieht in einem Buch die Abbildung ägyptischer Pyramiden. Diese Königsgräber sehen aus, als hätte jemand vier riesige Dreiecke mit den Spitzen nach oben schräg aneinander gelegt. Die Pyramiden baute man vor über dreitausend Jahren fast ohne technische Geräte. Einige waren mehr als hundert Meter hoch. Zum Bauen wurden große Felsblöcke verwendet. Im Innern der Pyramiden liegen in den Grabkammern die einbalsamierten Körper der Könige, die Mumien. Wertvolle Schätze konnte man früher dort bewundern. Aus den meisten der Gräber wurden diese Schätze geraubt. – Pyramide nennt man auch eine geometrische Figur.

Quadrat „Das ist ein Quadrat“, sagt der Freund von Quax. „Ne, ein Viereck“, meint Quax. Sie haben beide recht. Ein Quadrat ist ein ‚besonderes‘ Viereck. Du erkennst Quadrate an den vier gleich langen Seiten und den vier rechten Winkeln. Schneidest du vom Quadrat einen kleinen Streifen ab – also ein schmales Viereck –, ist es kein Quadrat mehr. Es wird so zum Rechteck mit zwei langen und zwei kurzen Seiten. Viereck kannst du es immer noch nennen. – Schaffst du es, das Quadrat so durchzuschneiden, dass du zwei genau gleiche Dreiecke bekommst?
„Wir brauchen für dein Zimmer fünfzehn Quadratmeter Teppichboden“, sagt Mutter. Ein Quadratmeter ist einen ▸ Meter breit und einen Meter lang.

Qualität „Beste Qualität“, liest Quax auf einem Schild. Es hängt an einem Kleiderstoff im Schaufenster. Dieser Stoff ist also besonders gut. „Leider kostet er ziemlich viel“, sagt Mutter. Auch Autos, Möbel und andere Dinge können von guter, mittelmäßiger oder schlechter Qualität sein.

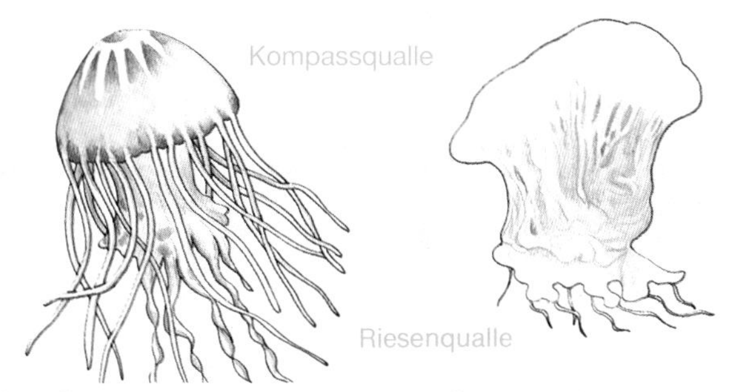

Qualle Im Meerwasser sieht Quax weiche, wabbelige Tiere. Fast durchsichtig schweben sie an ihm vorbei. „Wie Schirme mit Fransen sehen sie aus“, sagt Quax. „Das sind Quallen“, erklärt sein Freund. Es gibt Arten, die brennen und tun weh, wenn man sie berührt. Die Tiere haben kein Blut und keine Knochen. Quallen pumpen Wasser aus ihrem Körper. Durch diese Bewegung entsteht ein Rückstoß, der sie langsam vorantreibt. Manchmal werden sie an den Strand gespült. Da vertrocknen sie dann.

Quartett Vier Musiker spielen auf ihren Instrumenten ein Quartett. So nennt man ein Musikstück für vier Musiker. So nennt man aber auch eine Gruppe, zu der vier Musiker gehören. Nach diesem Quartett, das von einem Quartett gespielt wurde, holt einer der Männer Quartettkarten aus der Tasche. Er sagt: „Jetzt spielen wir Quartett.“ Das ist ein Spiel, bei dem vier Karten zusammengehören. Bekommt ein Spieler alle vier Karten, sagt man: „Er hat ein Quartett.“

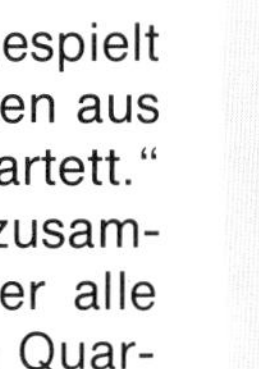

Quatsch „Der hat heute vielleicht einen Quatsch erzählt“, sagt Mutter von einem Bekannten. Sie meint damit, dass sein Gerede ziemlich dumm und überflüssig war. „Zum Glück ist er nicht immer so ein Quatschkopf“, sagt sie. – „Komm lass uns Quatsch machen“, wünscht sich Quax von seinem Vater. Den beiden gefällt es manchmal, so etwas Unsinniges und Lustiges anzustellen. Quax denkt: Erwachsene machen nur selten richtig Quatsch. Leider sind sie dazu meistens zu ernst.

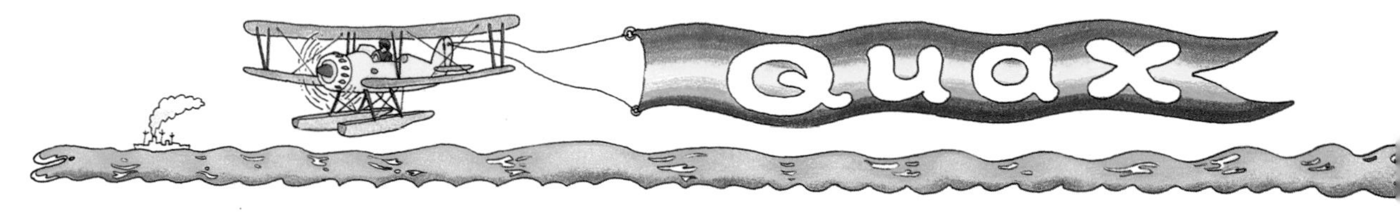

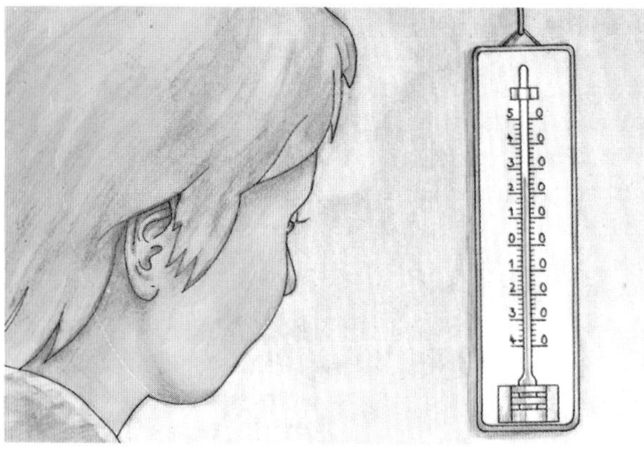

Quecksilber Quax sieht auf das ▸ Thermometer. Der silbrige Quecksilberstreifen im Röhrchen des Thermometers zeigt 20 Grad. Quecksilber ist ein flüssiges ▸ Metall. Es dehnt sich, wenn es wärmer wird. Steigt die Zimmertemperatur, dehnt sich also der Quecksilberstreifen im Thermometer und steigt auch. Fällt die ▸ Temperatur auf 39 Grad unter Null, wird Quecksilber hart.
Quecksilber findet man sehr selten. Das Metall selbst ist nicht giftig. Seine Dämpfe dagegen sind sehr giftig. Wenn man sie einatmet, kann das lebensgefährlich werden. Deswegen muss man mit Quecksilber besonders vorsichtig umgehen.

Quelle Großvater und Quax gehen im Wald spazieren. An einer Stelle quillt Wasser aus dem Boden. „Das ist die Quelle vom Bach, der hinter dem Nachbarhaus vorbeifließt", sagt Großvater. Quax sagt: „Da wird also der Bach geboren." Das Grundwasser sprudelt gerade an dieser Stelle aus dem Boden, weil die Bodenschicht hier kein Wasser nach unten durchlässt. Das Wasser kann deswegen nicht in der Erde versickern. – Manche Orte sind wegen ihrer Heilquellen berühmt. Das Wasser solcher Quellen hilft gegen Krankheiten. – Vater sagt: „Du musst eine heimliche Geldquelle haben." Er weiß nämlich nicht, woher Quax immer Geld bekommt. Großvater ist diese Geldquelle. Der gibt Quax manchmal ein paar Mark.

Quitte Quax und sein Vater kaufen Quitten. „Die sehen quittegelb aus", sagt Vater. Die ▸ Früchte haben eine ähnliche Form wie ▸ Birnen. Quax stellt fest: „Quitten riechen gut." Leider schmecken sie roh gar nicht. Aus Quitten kocht man Kompott, Mus oder Gelee (Schele). Manchmal isst Quax Quittenbrot (Quittenspeck). Diese Süßigkeit schmeckt ihm. Quitten wachsen an Bäumen. Sie gehören zum Kernobst. Außer Quittenbäumen gibt es auch Quittensträucher. Solche Ziersträucher sieht man zum Beispiel in Parks.

Quiz (Kwiss) Im Fernsehen sieht Quax ein Quiz. Die Teilnehmer an diesem Spiel sollen die Fragen des Quizmasters richtig beantworten. Es gewinnt der, dem die meisten richtigen Antworten einfallen. Für seine Geburtstagsfeier hat sich Quax selbst ein Quiz ausgedacht. Da ist er der Quizmaster. Die anderen Kinder beantworten seine Fragen.

Rabe Auf einem Ast hockt ein großer schwarzer ▸ Vogel. „Seine Federn glänzen fast wie ▸ Metall“, sagt Roberto. „Das ist ein Kolkrabe“, erklärt Vater. Von diesen größten Rabenvögeln gibt es bei uns nicht mehr viele. Öfter und meist in Schwärmen sieht man die Saatkrähen. Auch sie gehören zu den Rabenvögeln wie die Dohlen, Eichelhäher und Elstern. Raben ahmen gern andere Stimmen nach. Roberto kann es kaum glauben, dass die krächzenden Raben zu den Singvögeln gezählt werden. Als Allesfresser fressen sie wirklich fast alles, was ihnen vor den Schnabel kommt. – Robertos Gesicht war kürzlich rußverschmiert. Sein Vater sagte: „Dein Gesicht ist ja rabenschwarz.“

Rad Überall sieht Roberto Räder. Außer ihrer kreisrunden Form haben Räder gemeinsam, dass sie sich um eine Achse drehen. Die Erfindung des Rads gehört zu den tollsten Erfindungen, die Menschen gemacht haben. Wenn es keine Räder gäbe, könnten nämlich viele Sachen nur schwer vorwärts bewegt werden. Mühsam müsste man sie über den Boden ziehen. Die ersten Räder waren einfache Holzscheiben. Später wurden Holzräder mit Speichen gebaut. Postkutschen rollten auf solchen Rädern. Damit sie länger hielten, hatte man Eisenreifen um sie gelegt. Dann erfand man Reifen aus ▸ Gummi. – Das Rad des ▸ Fahrrads hat Speichen zwischen Felge und Nabe. Die Kette umschließt die beiden ▸ Zahnräder. Ohne Zahnräder würde auch die Gangschaltung nicht funktionieren.
Stell dir mal vor, es gäbe keine Räder. Was wäre dann alles anders?

Radarantenne

Radarschirm

Radar Mit einer Radaranlage kann man weit entfernte Dinge sichtbar machen. Auch was die Dunkelheit oder der Nebel verbergen, zeigt so eine Anlage. ▸ Schiffe benutzen Radar. Es warnt sie zum Beispiel bei Nebel vor Hindernissen. Eine große, drehbare ▸ Antenne auf dem Schiff sendet die Radarsignale durch den Nebel. Prallen diese Funksignale gegen ein Hindernis, werden sie zum Schiff zurückgeworfen. Die Antenne empfängt die Signale wieder aus der Luft. Das Radargerät misst automatisch die Zeit, die zwischen Aussenden und Wiederempfangen der Signale vergangen ist. Daraus berechnet es die Entfernung des Hindernisses. Auf dem Bildschirm der Radaranlage werden die Signale sichtbar. Sie verraten die ungefähre Form von einem Hindernis.
Auch ▸ Flugzeuge rüstet man mit Radar aus.

radikal „Das ist ein radikaler Politiker“, sagt Mutter von einem Mann. Er hat nur ein Ziel. Er will alles ändern. Dabei nimmt er auf niemanden Rücksicht. In Gesprächen lässt er keine Meinung gelten, außer seiner eigenen. Radikale ▸ Parteien und Gruppen in verschiedenen Ländern wollen die politischen oder religiösen Verhältnisse grundsätzlich ändern. Um ihre Ziele zu erreichen wenden viele dieser Gruppen und Parteien auch Gewalt an.

Radio Mutter schaltet das Radio ein. Sie findet Musik, die ihr gefällt. Während Mutter sie hört, wird die Musik fast gleichzeitig im weit entfernten Sender von einer Schallplatte oder einem Tonband abgespielt. Dort im Sender verwandelt man die Töne in lautlose, sehr schnelle elektrische Wellen. Diese Wellen strahlt der Sender mit der Sendeantenne aus. Die ▸ Antenne auf dem Hausdach empfängt die lautlosen Wellen und leitet sie zum Radioapparat. Der Apparat verwandelt sie in Musik oder Sprache, die jetzt aus dem Lautsprecher klingt. – Roberto hat ein Kofferradio. Das schließt er nicht an den elektrischen Strom an. Es funktioniert mit ▸ Batterien.

Rakete An Silvester schießen Roberto und seine Eltern Raketen in die Luft. Die Feuerwerkskörper zerplatzen hoch oben vor dem dunklen Himmel. Als leuchtend bunte Sterne fallen sie zur Erde zurück. – Riesige Raketen tragen Raumschiffe mit Astronauten ins Weltall. Bis über hundert Meter hoch sind solche Raketen. Im Unterschied zu ▸ Flugzeugen brauchen sie keine Luft zum Fliegen. Raketen können deswegen auch in den luftleeren Weltraum gesteuert werden. Als Antrieb benutzen sie dabei ihren Rückstoß. Der Rückstoß entsteht, weil die Rakete im Inneren Gase erzeugt und die heißen Gase als Feuerstrahl nach unten ausgestoßen werden. Die Kraft dieses Rückstoßes treibt die Rakete voran. Das ausströmende Gas schiebt die Rakete also vorwärts.

Rathaus „Das ist das Rathaus“, sagt Vater. Er geht mit Roberto an einem großen Gebäude vorbei. „Von hier aus wird unsere Stadt regiert“, erzählt er. Auf dem Standesamt im Rathaus heiraten die Brautpaare. Auch andere Ämter hat man darin untergebracht. In vielen Orten ist das Rathaus eines der prächtigsten Gebäude. Der Bürgermeister arbeitet dort. In den Sitzungssälen beraten die Stadt- oder Gemeinderäte. Außerdem werden die Gäste der Stadt im Rathaus empfangen.

Rätsel Robertos Vater löst gerne Kreuzworträtsel. Oft beantwortet er alle Fragen so eines Rätsels. „Mir ist rätselhaft, wie du das schaffst", sagt Roberto, denn er kann sich das nicht erklären. Bei ihm klappt das Kreuzworträtseln gar nicht gut. „Wenn man das öfter macht, fällt es einem leicht", sagt Vater. Roberto kennt Silbenrätsel, Bilderrätsel und viele andere Rätsel. Bei all diesen Rätselspielen soll auf eine Frage eine richtige Antwort gefunden werden. – Kannst du das Bilderrätsel da rechts lösen? Denk dir doch auch mal ein Rätsel aus.

Wie viel Unterschiede zwischen beiden Bildern findest du?
(Es sind 10)

Ratte „Eine Ratte!", ruft Mutter entsetzt, als sie mit Roberto in den Keller geht. Diese Nagetiere halten sich meistens dort auf, wo die Menschen ihre Vorräte lagern. Roberto sieht das graue Tier gerade noch weghuschen. Es ist größer als eine ▸ Maus. Ratten fressen nicht nur Vorräte, sie übertragen auch gefährliche Krankheiten. Überall auf der Erde werden sie deswegen bekämpft. – Eine Rattenart züchtet man allerdings, die Bisamratte nämlich. Ihr Fell ist wertvoll.
Roberto liest manchmal so viel, dass seine Mutter sagt: „Du Leseratte."

Raubtier Man sieht den ▸ Katzen und ▸ Hunden an, dass sie eigentlich Raubtiere sind. Vor allem am Gebiss erkennt man das. Die langen, scharfen Eckzähne stehen weit vor. Damit reißen Raubtiere ihre Beute. Oft sind das schwache oder kranke Tiere. Viele Raubtiere haben scharfe, spitze Krallen. – Würden sich Raubtiere von Pflanzen ernähren wie andere Tiere, gäbe es für sie alle zu wenig Pflanzen. Die Pflanzen fressenden Tiere haben also nur genug Nahrung, weil sich die Raubtiere nicht von Pflanzen ernähren. Raubtiere sind zum Beispiel ▸ Jaguare, ▸ Leoparden, ▸ Luchse, Marder, ▸ Tiger und ▸ Wölfe. – Raubvögel greifen ihre Beute mit den Krallen. Man nennt diese großen ▸ Vögel deswegen auch Greifvögel. Sie rauben eigentlich nicht, sondern holen sich nur die Nahrung, die sie zum Leben brauchen. ▸ Adler, ▸ Bussarde und ▸ Geier gehören zu den Greifvögeln. – Raubfische wie zum Beispiel ▸ Forellen, ▸ Haie und ▸ Hechte ernähren sich von anderen ▸ Fischen.

Raumfahrt Die Menschen haben schon immer vom Fliegen geträumt. Als sie das mit ▸Flugzeugen konnten, träumten sie davon, in den Weltraum zu kommen. Das gelang, als man mehrstufige Raketen entwickelte. Sie erreichen die nötige Geschwindigkeit um die Erdanziehung zu überwinden. 1957 brachte die Sowjetunion mit einer ▸Rakete den ersten Satelliten – den Sputnik – in seine Umlaufbahn um die ▸Erde. Damit begann die Raumfahrt. Bald folgten amerikanische ▸Satelliten. Mit Versuchstieren wurde der bemannte Raumflug vorbereitet. Der erste Mensch im Weltall war der sowjetische Kosmonaut Jurij Gagarin am 12. April 1961. Die Amerikaner Aldrin und Armstrong trennten sich am 20. Juli 1969 mit einer Mondlandefähre in der Nähe des ▸Mondes von ihrer Raumkapsel. Sie flogen als Erste zum Mond, landeten und stiegen aus. Später bauten die Amerikaner den ‚Spaceshuttle'. Im Gegensatz zur Mehrstufenrakete wird er immer wieder verwendet. – Heute fliegen viele Satelliten im Weltall. Sie beobachten zum Beispiel das ▸Wetter und übertragen Fernsehbilder und Telefongespräche. Bemannte Raumstationen werden von ‚Weltraumfrachtern' mit Lebensmitteln, Wasser, Sauerstoff und Kleidung versorgt. Satelliten und Raumsonden erforschen ▸Planeten und das Sonnensystem.

Rechnung Mutter sagt: „Wir haben die Rechnung für die Heizungsreparatur bekommen." Auf dem Blatt Papier steht, wie viel Geld der Handwerker verlangt, der die Heizung repariert hat. Mutter rechnet alles nach. Dann sagt sie: „Die Rechnung stimmt. Morgen bezahle ich." Auch in einer Gaststätte bekommt man eine Rechnung. So weiß man, was man bezahlen muss. – Kürzlich machte jemand Roberto einen Strich durch die Rechnung. Ihm wurde also ein Plan verdorben.

Regen Roberto und sein Großvater sehen dunkle Wolken. „Gleich regnets", sagt Großvater. Schon prasseln dicke Tropfen auf die Erde. Opa spannt den Schirm auf. – Damit es regnen kann, muss sich die Feuchtigkeit der warmen Luft abkühlen. Dabei bilden sich kleine, schwebende Wassertropfen. Unzählige davon sehen wir als Wolke. Wenn es noch kühler wird, fließen die Tröpfchen zu großen Tropfen zusammen. Werden die zu schwer um in der Luft zu schweben, fallen sie als Regen zur Erde. „Das ist ein Wolkenbruch", sagt Opa. „So ein starker Regen geht oft schnell vorüber." Ein Sprühregen (Nieselregen) dauert länger. Dieser ▸Niederschlag fällt in feinen Tropfen.

Regenbogen Roberto ruft: „Ein Regenbogen!“ Diesen farbigen Bogen am Himmel sieht man während des ▸ Regens oder danach. Man sieht ihn aber nur, wenn die ▸ Sonne scheint. Der Regenbogen entsteht, wenn das Sonnenlicht die Regentropfen in der Luft anstrahlt. Durch die Regentropfen wird das Sonnenlicht dann in die sieben Farben zerteilt, aus denen Licht besteht: Violett, Dunkelblau (Indigo), Hellblau, Grün, Gelb, Orange (Orangsch) und Rot. Das sind auch die Farben des Regenbogens von innen nach außen.

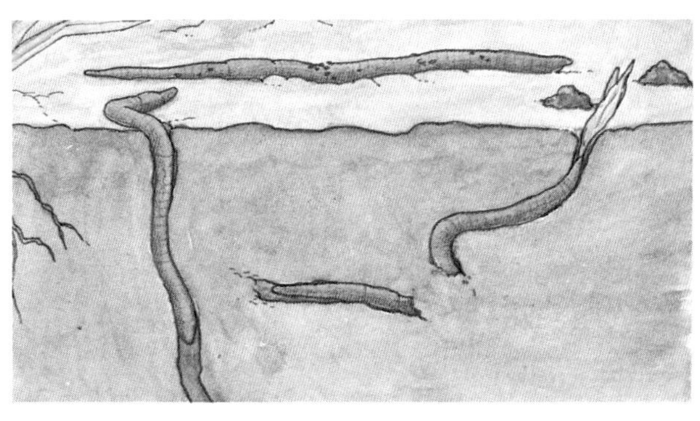

Regenwurm „Das ist ein wichtiges Tier für Gärtner und Bauern“, sagt Großvater zu Roberto. Er zeigt auf einen Wurm, der aussieht wie ein dünner Schlauch aus vielen Ringen. Langsam zieht und schiebt sich der Regenwurm vorwärts. Bis zu dreißig Zentimeter werden diese Regenwürmer lang. Sie graben sich durch den Erdboden und lockern ihn auf. So kommen Luft und Wasser hinein. Außerdem geben sie dem Boden durch ihre Verdauung Stoffe, die für die Pflanzen wichtig sind. Regenwürmer machen die Erde also fruchtbarer.

Regierung In der ▸ Bundesrepublik Deutschland ist der ▸ Bundeskanzler der Regierungschef. Er wird von der Mehrheit aller Abgeordneten des ▸ Bundestags gewählt. Diese Abgeordneten wählt die Bevölkerung. Die Frauen und Männer, die dem Bundeskanzler beim Regieren helfen, sind die Minister. Mit ihnen bildet er die Regierung (das Kabinett). Diese Regierung leitet unseren ▸ Staat. – Großvater sagt: „Heute kann man bei uns wählen, von wem man regiert werden möchte.“ Man nennt das Demokratie. Die Bürger eines demokratischen Staates bestimmen also, wie ihr Land geführt wird. – Früher beherrschten ▸ Könige die Länder. Die regierten, auch wenn die Bevölkerung nicht mit ihrer Regierung einverstanden war. In manchen Ländern regieren auch heute noch solche Alleinherrscher. Ein anderer Name dafür ist Diktator.

Reh Am Abend geht Roberto mit seinem Großvater am Waldrand spazieren. Da sieht Roberto ein Rudel Rehe. Als er näher kommt, laufen die schlanken Tiere davon. Deutlich erkennt er jetzt den weißen Fleck unter dem kurzen Schwanz. – Das Sommerfell der Tiere ist braun, das Winterfell graubraun. Rehe gehören zu den Pflanzenfressern. Es gibt sie fast überall in unseren Wäldern. Die Ricke – so heißt die Rehmutter – bekommt jedes Jahr ein bis zwei Junge. Die nennt man Rehkitze. Der Rehbock ist das männliche Tier. Er hat ein Geweih (Gehörn). Im Spätherbst wirft er es ab. Es wächst jedes Jahr nach.

reich „Da wohnen bestimmt reiche Leute“, sagt Roberto. Er geht mit seinem Vater an einem schönen, großen Haus vorbei. Die Eigentümer dieses Hauses haben wirklich viel Geld. Zu ihren Reichtümern gehören außerdem andere Häuser, Grundstücke und Fabriken. „Sind wir reich?“, fragt Roberto. Vater sagt: „Wir sind weder reich noch arm. So geht es hier den meisten Menschen.“

Es gibt Länder, in denen einige sehr reiche und viele sehr arme Menschen leben. Dort ist der Besitz besonders ungerecht verteilt. – Fußballspieler gehen trickreich mit dem Ball um.

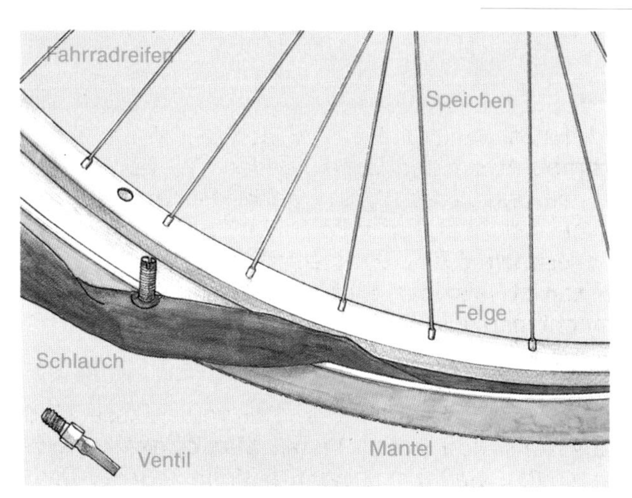

Reifen „Der Reifen ist fast platt“, sagt Roberto. Er setzt die Luftpumpe ans Ventil des Fahrradreifens. Dann pumpt er ihn prall auf. Vor einiger Zeit haben sein Vater und er den Reifen über die Metallfelge des Rades gezogen. Dabei hat Roberto gesehen, dass im Gummimantel vom Reifen ein Schlauch steckt. Der wird durch das Ventil verschlossen. – Es gibt auch schlauchlose Reifen. – Mutter hat neue Autoreifen gekauft. Das Profil der alten Reifen war ziemlich abgefahren. Mit solchen Reifen fährt man nicht mehr sicher. – Beim Turnen macht Roberto manchmal Gymnastik mit einem Holzreifen. Alle diese unterschiedlichen Reifen haben eines gemeinsam: Sie sind kreisrund.

Reiher Roberto sieht einen großen ▸ Vogel. „Das ist ein ▸ Storch“, sagt er. Sein Großvater erklärt ihm: „Der Vogel sieht zwar ähnlich aus wie ein Storch. Es ist aber ein Reiher.“ Man erkennt den Reiher am Federschopf auf dem Kopf. Reiher leben in Gegenden mit vielen Gewässern, denn sie ernähren sich von ▸ Fischen. Der Schnabel, der Hals und die Stelzbeine des Reihers sind auffallend lang. Diese Länge macht ihm die Jagd nach Fischen leichter. Reiher sieht man selten allein. Sie leben gerne mit mehreren zusammen.

Reinigung Mutter packt Hosen, Röcke und andere Kleidungsstücke zusammen. „Die sind nicht mehr sauber“, sagt sie. „Ich bringe die Sachen in die chemische Reinigung.“ Dort geben Roberto und seine Mutter das alles ab. Gereinigt wird hier mit chemischen Mitteln wie zum Beispiel Waschbenzin. Gebügelt und gut verpackt bekommt Mutter einige Tage später die gesäuberten Kleidungsstücke zurück.

Auch Vorhänge, Teppiche und Lederkleidung bringt sie in die Reinigung.

Reisanbau in Asien

Reis Roberto und sein Vater kochen Reis. „Die Reiskörner kommen von weit her“, sagt Vater. Dieses ▸ Getreide wird vor allem in ▸ Asien angebaut. Wasserscheu dürfen Reisbauern nicht sein. Sie pflanzen den Reis nämlich auf Feldern an, die unter Wasser stehen. Aber Wasser allein reicht nicht, damit der Reis wächst. Er braucht außerdem Wärme. Bis über einen Meter wird die ▸ Pflanze groß. In ihren Rispen sitzen die Reiskörner. Nach der Ernte werden die Körner geschält und poliert. Dabei gehen wertvolle ▸ Vitamine verloren. Mutter kauft deswegen manchmal ungeschälten Reis. Für mehr als die Hälfte der Menschen ist Reis das Hauptnahrungsmittel. – Aus Reis macht man auch Wein und Schnaps.

Reißverschluss „Der Reißverschluss an meiner Hose klemmt“, sagt Roberto. Er zieht mit aller Kraft am Schieber vom Reißverschluss. Aber das nützt nichts. Der Verschluss ist kaputt. Mutter trennt ihn heraus und näht einen neuen ein. Als Roberto jetzt am Schieber zieht, greifen die Zähne richtig ineinander. Reißverschlüsse sind aus Kunststoff oder ▸ Metall. Man öffnet und verschließt damit nicht nur Kleidungsstücke, sondern zum Beispiel auch Taschen, Koffer und Zelte. Die praktischen Dinger wurden erst zu Beginn dieses Jahrhunderts erfunden.

reiten Roberto möchte gern besser reiten lernen. In den Ferien durfte er einmal mit ausreiten. Wenn das ▸ Pferd im Schritt ging, fühlte er sich wohl. Im Trab und in der noch schnelleren Gangart Galopp war es gar nicht so leicht, sich auf dem Rücken des Pferds zu halten. Bald wird Roberto seine erste Reitstunde haben. Um das Pferd richtig kennen zu lernen, nimmt er vorher am Voltigieren (Voltischiren) teil. Bei dieser Sportart macht man gymnastische Übungen auf dem Pferderücken. – Roberto bewundert die Reiter mit ihren Pferden, die bei Reitturnieren um die Wette über hohe und breite Hindernisse springen. Auch bei den schwierigen Figuren des Dressurreitens schaut er gern zu.

Rekord Begeistert ruft der Fernsehsprecher: „Ein neuer Weltrekord im Weitsprung!“ Die Zuschauer jubeln über diese Höchstleistung. Noch nie vorher ist ein Mensch bei Wettkämpfen weiter gesprungen als eben. – In fast jeder Sportart gibt es Rekorde. Roberto möchte auch einen aufstellen. Aber er traut sich höchstens den Rekord im Knödelessen zu.

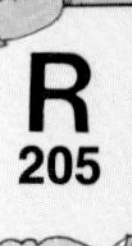

Religion „Die Nachbarin ist sehr religiös“, sagt Mutter. Diese Frau glaubt an Gott und geht oft in die ▸Kirche. Wie die meisten Menschen bei uns glaubt sie an die christliche Religion. Viele Menschen auf der Erde gehören zu anderen Religionsgemeinschaften, zum Beispiel zum Buddhismus oder zum Islam. – Schon immer glaubten Menschen an etwas Mächtigeres als sie es selbst sind, also an Götter. Früher stellte man sich zum Beispiel die Sonne als Gott vor. Bei den Griechen und den Römern gab es eine Göttin für die Jagd, einen Gott für das Meer, einen für den Krieg und viele andere Götter und Göttinnen.

Rennfahrer Der Freund von Roberto möchte später Rennfahrer werden. Er will mit seinem Rennauto oder seinem Rennmotorrad auf einer Rennstrecke rasen. Da wird viel schneller gefahren als im Straßenverkehr. Bei Autorennen erreichen die Teilnehmer Geschwindigkeiten von über 350 Kilometern in der Stunde. Die Rennfahrer in ihren Autos tragen feuerfeste Spezialkleidung und Sturzhelme. Roberto findet diese Wettfahrten trotzdem zu gefährlich. Er hat gehört, dass immer wieder Rennfahrer verunglücken. Deswegen überlegt er: „Ob ich Radrennfahrer werde? Die fahren auf ihren Rennrädern ja auch ziemlich schnell. Aber nicht so furchtbar schnell.“ Mit seinem ▸Fahrrad legt er sich jetzt schon manchmal in die Kurve wie ein Radrennfahrer.

Rente Robertos Großvater arbeitet seit einigen Monaten nicht mehr. Jetzt bekommt er statt des Gehaltes eine Rente. „Schade, dass meine Rente nicht so hoch ist wie mein letztes Gehalt“, sagt er. – In der ▸Bundesrepublik Deutschland gilt das Rentenalter 65 Jahre. Manche Männer können schon mit 63 Jahren und Frauen mit 60 Jahren aufhören zu arbeiten. Dann werden sie Rentner. Man bezahlt ihnen Rente. Auch wenn jemand krank ist und nicht mehr arbeiten kann, bekommt er Rente. Dafür hat man vorher regelmäßig einen Teil seines Verdienstes an die Rentenversicherung bezahlt. – Bei ▸Beamten nennt man die Rente ▸Pension.

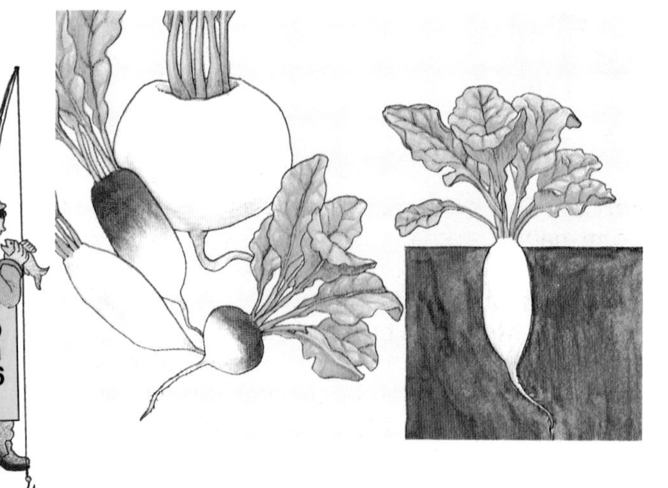

Rettich „So ein Rettich sieht aus wie eine weiße ▸Rübe“, sagt Roberto auf dem Markt. Seine Mutter kauft einen Rettich. Zu Hause entfernen sie die Blätter, weil die nicht mitgegessen werden. Dann schneiden sie die sauber geputzte Wurzel in dünne Scheiben. „Man kann Rettiche auch fein hobeln oder raspeln“, sagt Mutter. Sie streut Salz über die Rettichscheiben. „Die schmecken ziemlich scharf“, sagt Roberto. In Bayern und in ▸Österreich wird der Rettich ‚Radi‘ genannt und zum Bier gegessen. – Es gibt auch schwarze und rote Rettiche. Im Frühjahr sät Roberto Radieschensamen. Später kann er dann diese kleinen Rettiche ernten.

Revolution In einem ▸ Staat ist eine Revolution ausgebrochen. Robertos Vater sagt: „Die ▸ Regierung dort war sehr ungerecht. Es gab einige ungeheuer reiche und mächtige Menschen. Alle anderen waren sehr arm und machtlos.“ Aus Unzufriedenheit darüber kämpfen die Revolutionäre gegen die Regierung und ihre Soldaten. So wollen sie die Herrschenden stürzen und danach eine neue Staatsordnung aufbauen. – Eine der wichtigsten Revolutionen war 1917 die russische Revolution. Die ▸ Demonstrationen der Menschen in der früheren ▸ DDR lösten 1989 eine friedliche Revolution aus. – Überlege mal, wann man eine Erfindung revolutionär nennen kann.

Rhabarber Im Garten schneidet Roberto Rhabarber ab. Dann bricht er eines der großen Blätter vom Stiel. Wie einen Hut setzt er es auf den Kopf. Von der Rhabarberpflanze isst man nur den dicken Blattstiel. Roh schmeckt er säuerlich. Als ▸ Kompott gekocht und mit Zucker mag ihn Roberto gerne. Auch gesüßter Rhabarbersaft schmeckt ihm gut.

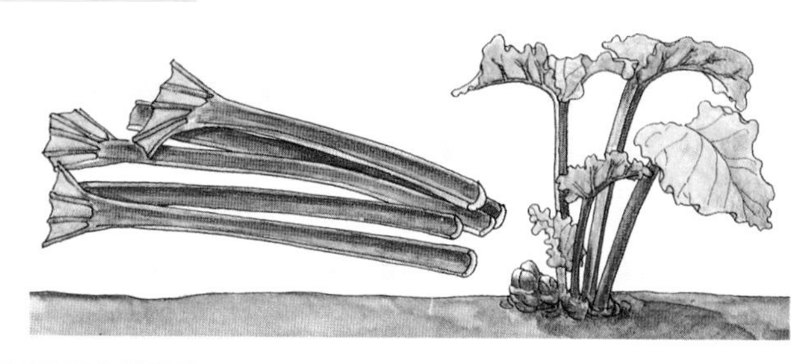

Riese „Das ist ja ein riesengroßer Mann“, staunt Mutter. Der Mann sieht auf die durchschnittlich großen Menschen hinab. Oft sind solche sehr großen Menschen gar nicht glücklich über ihre Größe. Für sie ist vieles zu klein oder zu niedrig, zum Beispiel die Türen. Einen richtigen Riesen aus einem Märchenbuch stellt sich Roberto aber noch viel größer vor. Rübezahl heißt so ein Märchenbuchriese. In einem englischen Roman reist Gulliver zum Zwergenvolk der Liliputaner. Er kommt ihnen wie ein Riese vor.

Gulliver bei den Liliputanern

Bison

Wasserbüffel

Hausrind

Rind Auf einer Weide stehen Rinder. Diese Tiere sind wichtige ▸ Haustiere der Menschen. Sie geben zum Beispiel ▸ Milch. Rindfleisch isst nicht nur Roberto gern. Aus der Haut der Pflanzen fressenden ▸ Wiederkäuer macht man ▸ Leder. Früher wurden Rinder in der Landwirtschaft als Arbeitstiere gebraucht. Heute benutzt man dafür Maschinen. – Roberto sieht sich im Stall die Kälber an. So nennt man die jungen Hausrinder. Dann geht er zu den ▸ Kühen. Die Euter dieser weiblichen Rinder sind prall voll Milch. Bullen oder Stiere heißen die männlichen Rinder. Auch der indische Wasserbüffel gehört zu den Hausrindern. Der Bison und der Wisent sind wild lebende Rinder. – Manchmal sagt Roberto, wenn er jemanden beschimpft: „Du Rindvieh.“

Ring Vater und Roberto wollen Mutter einen Ring schenken. Beim Juwelier bestaunen sie die runden Schmuckstücke aus Silber und Gold. Besonders wertvolle Ringe sind mit Diamanten besetzt. – Im viereckigen Boxring kämpfen Boxer gegeneinander. – Auch in Turnhallen hängen Ringe. Diese Ringe benutzt man als Turngeräte.

Ritter Im ▸ Museum sieht Roberto Ritterrüstungen, Helme, Schwerter und Schilder. Das alles gehörte vor einigen Hundert Jahren zur Ausrüstung der Ritter. Sie ritten auf ihren Pferden und kämpften gegen Feinde. Kämpfe waren ihr Beruf, denn sie leisteten Kriegsdienste für Könige und Kaiser. Ritter hatten im ▸ Mittelalter viel zu tun. Die meisten Könige und Kaiser waren nämlich ziemlich kriegerisch. Ritter lebten in ▸ Burgen. Bei Turnieren kämpften sie auf Pferden mit Lanzen und Schwertern gegeneinander. Solche Turniere waren damals das, was Sportwettkämpfe heute sind. Dabei mussten bestimmte Regeln eingehalten werden. Von einem, der Regeln einhält und höflich ist, sagt man: „Er benimmt sich ritterlich." Ritterlich benahmen sich die Ritter nicht mehr, als man die Feuerwaffen erfand. Da waren sie mit ihren Schwertern und Rüstungen plötzlich überflüssig. Sie wurden arm. Als Raubritter überfielen sie deswegen die Kaufmannszüge, die zwischen den reichen Städten verkehrten.

Roboter „Bei uns in der Fabrik arbeiten viele Roboter. Man setzt sie für Arbeiten ein, die vorher von Menschen erledigt wurden", sagt Robertos Onkel. Bevor sie arbeiten, müssen diese Automaten von Menschen programmiert werden. Sie erledigen auch komplizierte mechanische Arbeiten. – Im Film hat Roberto einen anderen Roboter gesehen, nämlich einen Maschinenmenschen.

Rohstoff Robertos Eltern bauen ein Regal. Dazu brauchen sie den Rohstoff ▸ Holz. In Bergwerken bricht man den Rohstoff Erz. Aus dem Erz wird dann das ▸ Metall herausgeschmolzen. Felle und Häute sind Rohstoffe, aus denen man zum Beispiel Kleidungsstücke und Taschen macht. Ohne die Rohstoffe ▸ Erdöl, Erdgas und ▸ Kohle würde es kein ▸ Benzin und zu wenig Heizmaterial geben. Mit diesen natürlichen Rohstoffen müssen die Menschen sparsamer umgehen. Eines Tages werden nämlich auch die größten Rohstoffmengen auf der Erde verbraucht sein.

Rollschuhe Roberto hat schon lange Rollschuhe. Mit diesen Schuhen auf vier kleinen Rädern kann er prima laufen. Jetzt wünscht sich Roberto noch Rollerskates. Die unterscheiden sich von Rollschuhen vor allem dadurch, dass ihre vier Rollen hintereinander angebracht sind. Zum Bremsen haben sie einen Stopper. Mit Rollerskates kann man besonders schnell laufen und gut durch Kurven fahren. In-Line-Skater ist ein anderer Name dafür.

röntgen (röntgenisieren) „Ich muss zum Röntgen", sagt Robertos Freund. Der Junge hatte sich einen ▸ Knochen im Arm gebrochen. Sein ▸ Arzt will sehen, ob der Knochen richtig zusammengewachsen ist. Dazu benutzt er die unsichtbaren Röntgenstrahlen. Sie durchleuchten den Arm und erzeugen ein Bild des Knochens. Das ist wie ein Foto. Auf ihm erkennt der Arzt jetzt, dass der Bruch gut geheilt ist. – Auch zur Bekämpfung von Krankheiten braucht man diese Strahlen. Sie wurden 1895 von Wilhelm Conrad Röntgen entdeckt.

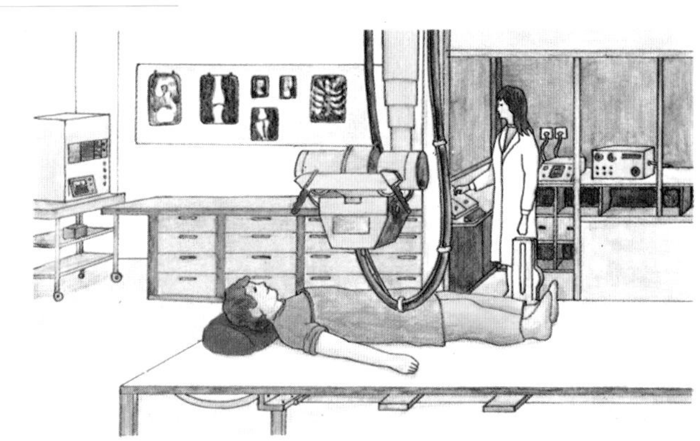

Rose Roberto und sein Vater wollen einen Strauß Rosen kaufen. In der Gärtnerei sehen sie verschiedene Sorten. Es gibt hier die unterschiedlichsten Farben und Formen. Die meisten dieser ▸ Blumen duften herrlich, stellt Roberto fest. Und sie stechen, merkt er, als er ihre Dornen anfasst. Die Rosen in der Gärtnerei wurden aus wild wachsenden gezüchtet. Wild wachsende Rosen – wie zum Beispiel die ▸ Heckenrose – haben unauffällige und nicht so volle Blüten. Sie reifen zu Hagebutten.

Rosine (Weinbeere) Die Zutaten für den Kuchen liegen auf dem Küchentisch. „Nur die Rosinen fehlen noch", sagt Roberto. Er holt ein Päckchen. „Du hast Sultaninen genommen", sagt Mutter. Sultaninen und Rosinen sind Weintrauben, die man nach der Ernte in der Sonne getrocknet hat. Für die größeren Sultaninen verwendet man hellere Trauben als für Rosinen. Außerdem gibt es die kleinen, schwarzen Korinthen. Sie entstehen aus dunklen Trauben. Diese Trockenbeeren schmecken alle süß.

Rost „Das Schutzblech rostet“, sagt Mutter. Sie besprüht die rostigen Stellen mit Rostschutzmittel. Das Mittel stoppt den Rost. – Für Dinge aus ▸ Eisen ist der rötlich braune Rost schädlich. Er frisst sich nämlich immer tiefer in das harte ▸ Metall. Dadurch wird es brüchig und zersetzt sich. So entstehen richtige Löcher im Metall. Rost bildet sich leicht, wenn Eisen feucht wird. – Als Mutter Messer kauft, steht darauf ‚rostfrei‘. Das Material dieser Messer kann keinen Rost bilden. Mutter sagt: „Der Rost rostet.“ Weißt du, welcher Rost gemeint sein könnte?

Ein Metallgitter im Herd.

Rotkehlchen Roberto sieht einen kleinen Singvogel im Gebüsch. An der roten Kehle und der roten Brust erkennt er, dass das ein Rotkehlchen ist. Die Nester dieser ▸ Vögel findet man unter Sträuchern auf dem Erdboden. Rotkehlchen ernähren sich von Raupen und Käfern. Bis zu fünfzehn Zentimeter groß werden Rotkehlchen. Wenn es bei uns kalt wird, fliegen die Vögel ins wärmere Südeuropa.

Rübe Im Herbst sieht Roberto einen Lastwagen voller Zuckerrüben. In einer Fabrik macht man Zucker und Sirup daraus. Zuckerrüben wachsen auf Feldern. Auch die dicken Runkelrüben (Runkeln) erntet man von Feldern. Mit diesen Futterrüben füttern die Bauern das Vieh. – Viel kleiner als die Zuckerrüben und Runkelrüben sind die ▸ Karotten. Robertos Vater mag gern Saft aus Roten Rüben (Rote Bete). – „Alles liegt hier wie Kraut und Rüben durcheinander“, sagt Mutter. Sie meint damit das ▸ Chaos in Robertos Zimmer.

Ruine In der Zeitung sieht Roberto das Bild eines abgebrannten Hauses. „Vorher war das so ein schönes Gebäude“, sagt Mutter. „Jetzt steht da eine Ruine.“ Während des Kriegs und noch lange danach gab es viele solcher zerstörten Häuser. – Manchmal fährt die Familie zu einer Burgruine. Die Mauern, Türme und Gebäude der ▸ Burg verfielen im Lauf der Jahrhunderte immer mehr. – „Seine Gesundheit ist ruiniert“, sagt Vater von einem Mann. Damit meint er, dass die Gesundheit des Mannes zerstört ist.

Sack Auf dem Bauernhof sieht Silvia viele Säcke voller Hafer. Diese prall gefüllten Behälter sind aus grobem Stoff. Zement wird in festen Papiersäcken verkauft. Als die Mülltonne gefüllt ist, holt Mutter einen Plastiksack für den Müll. Auch große Mengen Mehl, Zucker und Reis können in Säcken aufbewahrt werden. – An Silvias Geburtstag spielen die Kinder Sackhüpfen. Jeder zieht einen Sack über die Beine und so hüpfen sie um die Wette. – Vater stellt fest: „Wir fahren mal wieder mit Sack und Pack.“ Er meint damit, dass sie sehr viel ins Auto gepackt haben.

Sackgasse Vater steuert das Auto in eine Straße. Plötzlich steht er vor einem Haus und kann nicht weiterfahren. Er hat ein Verkehrsschild übersehen. Dieses Schild sagt dem Fahrer: ‚Achtung, du fährst jetzt in eine Sackgasse.‘ Das Ende so einer Sackgasse ist geschlossen wie der Boden eines ▸ Sacks. Vater wendet und fährt zurück. – In der Zeitung liest Silvia: „Die Verhandlungen sind in eine Sackgasse geraten.“ Weißt du, was das bedeutet?

Safe (Säif) In einem Film sieht Silvia einen Einbrecher. Der Mann will in einer Wohnung Geld stehlen. Schimpfend steht er vor dem Safe. Er schafft es nicht, diesen gepanzerten und feuerfesten Wandschrank zu öffnen.
Safe ist ein englisches Wort. Es heißt ‚sicher‘. Das Geld und der Schmuck liegen wirklich sicher im Safe.

Saft Silvia trinkt gerne Obstsaft. Der Saft wird aus ▸ Früchten gepresst. Trotzdem schmeckt er manchmal nur wenig nach Frucht. Dann hat man zu viel Wasser hineingemischt. Mit einer Saftpresse presst Silvia selbst Obstsaft. Auch aus ▸ Gemüse wie ▸ Karotten oder ▸ Tomaten macht man Saft. – Wenn Silvia in eine leckere ▸ Apfelsine beißt, sagt sie: „Hm, die schmeckt saftig.“ Damit meint sie, dass die Frucht viel Saft enthält.

Sage Silvia liest ein Sagenbuch. Die Hauptfiguren dieser ▸ Geschichten sind oft Götter oder Helden. Meistens passieren ihnen wunderbare Dinge. Sie kämpfen zum Beispiel gegen ▸ Drachen, die es in Wirklichkeit nie gab. Trotzdem sagt man, dass Sagen einen wahren Kern haben. Ein kleiner Teil so einer Geschichte ist also vor langer Zeit wirklich passiert. Den Teil erzählte jemand weiter. Er veränderte ihn dabei ein wenig. Der nächste Erzähler erfand etwas dazu, der übernächste noch mehr. So ging das jahrhundertelang. Schließlich wurde das immer weiter Gesagte – die Sage – aufgeschrieben. – Wenn jemand sehr viel Geld hat, sagt man: „Der ist sagenhaft reich.“

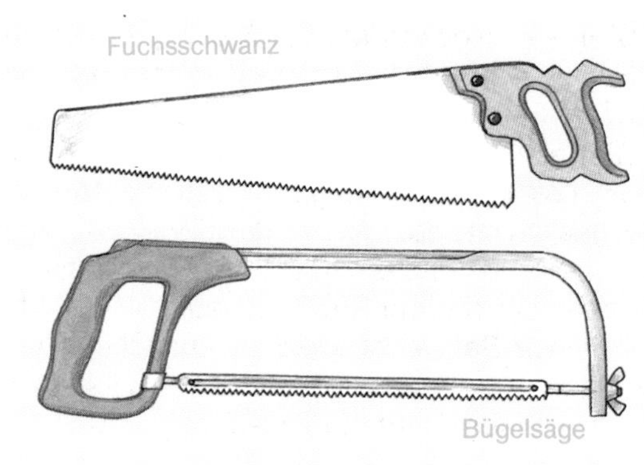

Säge Mutter holt den Fuchsschwanz. Mit dieser kleinen Säge sägt sie ein Brett durch. Die scharfen Metallzähne des Sägeblatts beißen sich ins Holz. Feines Sägemehl fällt auf den Boden. – Zum Absägen der Äste benutzt Vater eine Bügelsäge. Silvia hat eine Laubsäge. Mit der sägt sie Figuren aus. – In der Tischlerei (Schreinerei) braucht man unterschiedliche Sägen. Die meisten dieser ▸ Werkzeuge werden dort von ▸ Motoren angetrieben. Kreissägen und Bandsägen zersägen blitzschnell dicke Hölzer. – Spezialsägen zersägen sogar ▸ Metall und Diamanten.

Salamander Silvia geht an einem Bergbach entlang. Da sieht sie auf dem Weg einen Feuersalamander. Seine Oberseite ist schwarz. Sie hat unregelmäßige gelbe oder orange (orạngsche) Flecken. Bis zu zwanzig Zentimeter wird dieses Tier groß. Normalerweise verstecken sich Feuersalamander unter Wurzeln oder Steinen. Aber wenn es regnet, kommen sie aus ihrem Versteck. Der Feuersalamander steht unter Naturschutz. – Es gibt noch mehrere andere Salamanderarten bei uns, zum Beispiel den Alpensalamander und den Kammmolch. Der sieht aus wie ein Minidrache. – Salamander gehören zu den Schwanzlurchen. Ihre Jungen – die ▸ Larven – leben zuerst im Wasser. Dort atmen sie durch Kiemen. Zum Atmen auf dem Land brauchen sie ▸ Lungen. Die entwickeln sich später.

Salat In der Gärtnerei wachsen Salatpflanzen. Silvia sieht da Kopfsalat, Endiviensalat und Feldsalat (Ackersalat, Rapunzel). Auch aus ▸ Gurken, ▸ Tomaten, Mais, Zwiebeln und anderem ▸ Gemüse machen Silvias Eltern Salat. Erst waschen sie die Pflanzen und schneiden sie klein. Dann wird eine Salatsoße zubereitet. Für die Soße brauchen sie ▸ Essig, ▸ Öl und verschiedene ▸ Gewürze. Manchmal kommt auch Majonäse, ▸ Sahne oder Joghurt in die Salatsoße. – Sehr gerne isst Silvia Obstsalat. Dann gibt es zum Beispiel noch Fleischsalat, Nudelsalat, Heringssalat oder Kartoffelsalat.
„Da haben wir den Salat", sagt Mutter, wenn ihr etwas nicht gelungen ist.

Salz Menschen brauchen Salz, genauso wie Tiere und Pflanzen es brauchen. Zu viel davon ist allerdings ungesund. – Mit Kochsalz kann man Lebensmittel haltbar machen. Früher, als es noch keine ▸ Kühlschränke gab, salzte man das Fleisch ein. So blieb es länger frisch. – Beim Baden im Meer hat Silvia gemerkt, dass das Meerwasser salzig schmeckt. Dieses Salzwasser kann man in flache Becken leiten. Die Sonne scheint darauf und das Wasser verdunstet. Übrig bleibt das Salz. – Unter der Erde lagern an manchen Stellen dicke Steinsalzschichten. In Salzbergwerken wird aus Steinsalzbrocken die Salzlösung gewaschen. Die Sole – so nennt man die Salzlösung – verdampft man in der Saline. Übrig bleibt das Salz. – Bei Glatteis streut man Streusalz auf die Straße. Es verändert den Gefrierpunkt des Wassers. Dadurch schmilzt das Eis. Allerdings ist dieses Streusalz für Pflanzen, Tiere und auch für den Straßenbelag und die Autos schädlich. – Vor langer Zeit war Salz sehr kostbar. Damals kannten die Menschen nur wenige Stellen, wo sie es gewinnen konnten. Heute gibt es genug Salz.

Satellit Silvia zeigt zum dunklen Himmel hinauf. Sie sieht einen Lichtpunkt, der sich ziemlich schnell bewegt. „Das ist ein Satellit", sagt ihre Mutter. Eine ▸ Rakete brachte 1957 den ersten Satelliten – den sowjetischen Sputnik – in seine Umlaufbahn um die Erde. Damit begann nach langer Forschungszeit und Vorarbeit die ▸ Raumfahrt. Amerikanische Satelliten folgten bald danach. Heute fliegen unbemannte Satelliten im Weltall. Sie beobachten z.B. das Wetter. Außerdem übertragen sie Fernsehbilder und Telefongespräche von einem Teil der Erde zum anderen. Die ersten Satelliten flogen ohne Lebewesen. Danach umkreisten Versuchstiere die Erde, bis Menschen die Versuchstiere ablösten. – Das Bild zeigt den Fernsehsatelliten ‚Kopernikus'.

Säugetiere Säugetiere werden nach der ▸ Geburt von ihrer Mutter gesäugt. Ihre Nahrung besteht also erst einmal aus Muttermilch. „Dann ist ja eigentlich auch der Mensch ein Säugetier", meint Silvia. – Säugetiere haben ein Skelett. Zum Atmen brauchen sie die ▸ Lunge. Außerdem bringen sie lebende Junge zur Welt. ▸ Katzen, ▸ Hunde und fast alle anderen ▸ Haustiere sind Säugetiere. Es gibt fliegende Säugetiere wie die ▸ Fledermaus. Raubtiere wie der ▸ Löwe gehören zu den Säugetieren und Nagetiere wie das ▸ Eichhörnchen. Nicht nur an Land und in der Luft leben sie, sondern auch im Wasser. ▸ Wale, ▸ Delphine und Robben sind nämlich Säugetiere. – Über 4 000 Arten von Säugetieren hat man gezählt. Zu den kleinsten gehört bei uns die Zwergspitzmaus. Sie ist etwa 5 Zentimeter lang. Das größte ist der Blauwal. Er kann bis zu 30 Meter lang werden.

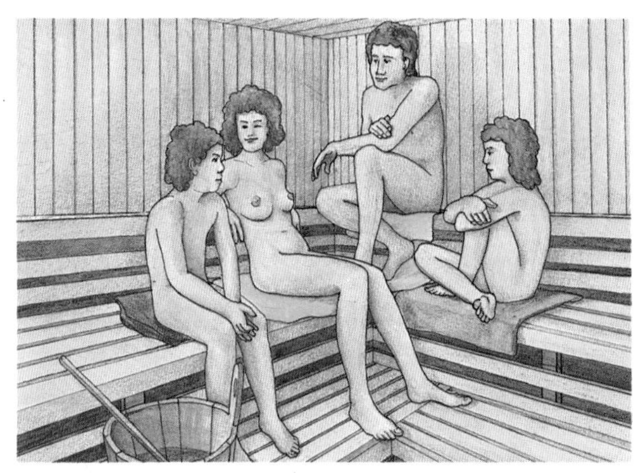

Sauna Die Familie geht in die Sauna. „Wir wollen dort mal wieder richtig schwitzen", sagt Mutter. Alle laufen hier nackt herum. In einem der Räume ist es sehr heiß. „Über achtzig Grad hat es da", sagt Silvia. Diese trockene Hitze hält man kürzere Zeit gut aus. In einem anderen Raum der Sauna bringt einen heißer Dampf zum Schwitzen. Ruheräume gehören zu dieser Sauna, ein Trimm-dich-Raum, ein Schwimmbecken, kalte und warme Duschen und ein Frischluftraum. „Nach der Sauna bin ich wohlig müde", sagt Vater. – Die Sauna ist gut für die Durchblutung und sie härtet den Menschen ab. Bevor es die Sauna bei uns gab, kannte man sie schon lange in Finnland.

Saurier „Gab es Saurier wirklich mal?", fragt Silvia. Ihre Mutter sagt: „Lange bevor Menschen auf der Erde lebten, gab es die wirklich." Einige Arten dieser ausgestorbenen Riesenechsen waren sehr groß, zum Beispiel die Dinosaurier. Bis zu fünfunddreißig Meter sind sie lang geworden und zehn Meter hoch. Dinosaurier lebten auf dem Land. Sie ernährten sich von Pflanzen. Andere Saurier waren Raubtiere, die sich von Tieren ernährten. Auch durch die Luft flogen große Saurier. Sie sahen aus, wie wir uns ▸ Drachen vorstellen. Sogar im Wasser lebten Saurier. Übrigens waren längst nicht alle Arten riesig. – Man weiß, wie diese Tiere aussahen, weil man ihre versteinerten Knochen gefunden hat. Die Skelette von Sauriern stehen im ▸ Museum.

Savanne Silvias Tante war im Urlaub in Afrika. Dort ist sie auch durch riesige Savannen gefahren. Sie erzählt: „In diesen Ebenen wächst vor allem hohes Gras. Es gibt aber auch einzelne Büsche und in Gruppen oder einzeln wachsende Bäume, zum Beispiel die Schirmakazien und die Affenbrotbäume. Die Früchte dieses Baumes mögen die Affen besonders gerne. In den Savannen leben viele Tiere, die man bei uns nur im Zoo sieht. Ich habe Antilopen beobachtet, Nashörner, Zebras, Löwen, Hyänen, Giraffen, Gnus, Strauße und Elefanten. Aber nicht nur wilde Tiere leben dort. Hirten treiben große Viehherden durch die Savannen und die Tiere fressen das Gras." – Savannen gibt es nur in den ▸ Tropen.

Schach Vater und Mutter spielen Schach. Zwischen ihnen liegt das Schachbrett. Es hat 64 weiße und schwarze quadratische Felder. Mutter benutzt die sechzehn schwarzen und Vater die sechzehn weißen Figuren. Mit jeder Figur darf man auf dem Brett nur ganz bestimmte Züge machen. Die beiden Könige sind die wichtigsten Figuren des Spiels. Die Eltern spielen sehr aufmerksam. Plötzlich sagt Mutter: „Schachmatt!" Silvia sieht am erstaunten Gesicht ihres Vaters, dass er jetzt verloren hat. – Kürzlich hörte Silvia in den Nachrichten: „Der Täter wurde durch die Polizei in Schach gehalten." Das bedeutet, dass er nicht mehr gefährlich werden konnte.

Schachtel Silvia kauft ihrer Mutter eine Schachtel Pralinen zum Geburtstag. Außerdem besorgt sie eine Spanschachtel mit Deckel. Den kleinen Behälter aus dünnem Holz bemalt sie bunt. Ihre Mutter freut sich sehr über diese beiden Geschenke. – In der Küche liegen noch andere Schachteln. Silvia sieht zum Beispiel dreieckige und runde Käseschachteln. Die meisten sind aus Pappe.
Einmal sagte Silvias Mutter über eine ältere Frau, die sehr unfreundlich zu ihr war: „So eine alte Schachtel." Gleich darauf meinte sie: „Eigentlich sollte ich solche Schimpfwörter nicht sagen. Aber ich habe mich einfach über sie geärgert."

Schaf Silvia und ihre Eltern fahren durch die Heide. Sie sehen eine riesige Schafherde. Der Schäfer mit seinem Schäferhund treibt die Herde von einer ▸ Weide zur nächsten. Die Tiere fressen Gras und andere Pflanzen. „Guck mal, ein junges Schäfchen", sagt Silvia. Sie zeigt auf ein Lamm. In manchen Gegenden nennt man das Mutterschaf Zibbe. Das männliche Tier mit den ▸ Hörnern ist der Bock oder Widder. Hammel heißt der beschnittene Schafbock. Er kann sich nicht fortpflanzen und ist fauler als der Bock. Der Hammel wird dick und fleischig. „Hammelfleisch schmeckt gut", sagt Vater. – Schafe werden geschoren. Aus ihren Haaren macht man ▸ Wolle. Manchmal kauft Mutter Schafskäse, den man aus Schafsmilch zubereitet. Die Milch kann man trinken. – Die Hausschafe stammen von Wildschafen ab. Die sind vor allem in Europa selten geworden. – Kürzlich sagte Silvia zu ihrem Freund, als der sich dumm anstellte: „Du Schafskopf."
In manchen Familien gibt es ein schwarzes Schaf. So nennt man einen, der sich anders als die anderen Familienmitglieder benimmt.

Schaffner (Kondukteur (Konduktọr)) Silvia sitzt mit ihren Eltern im Zug. Der Schaffner kommt und kontrolliert die Fahrkarten. Vater erkundigt sich bei ihm: „Wie viele Stationen sind es noch bis Mannheim?" Der Mann in Uniform gibt Auskunft. Wenn jemand im ▸ Bahnhof keine Fahrkarte kaufen konnte, verkauft der Schaffner ihm eine. In den Intercityzügen (Intersịti) serviert der Schaffner den Fahrgästen der 1. Klasse auch Getränke.

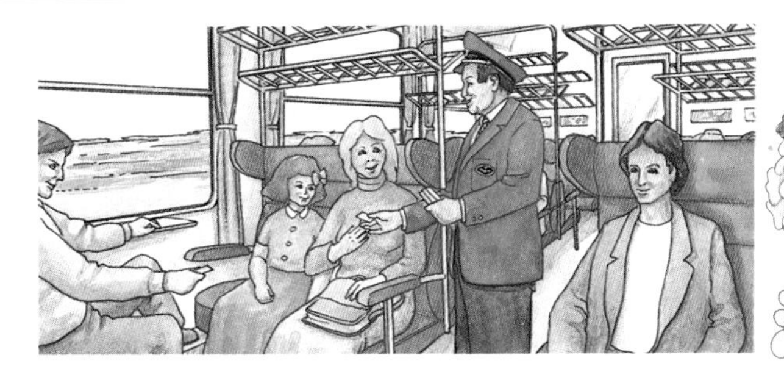

Schatten Die ▸Sonne scheint. Neben sich sieht Silvia ihren Schatten. Abends hält sie den Kugelschreiber zwischen die Schreibtischlampe und die Tischplatte. Da sieht sie den dunklen Schatten des Kugelschreibers auf dem Schreibtisch. Man erkennt einen Schatten auf einer Fläche, wenn ein Gegenstand zwischen der Lichtquelle und dieser Fläche steht. Manche Schatten können richtig geheimnisvoll aussehen, stellt Silvia fest. Im Sommer freut sie sich über einen schattigen, kühlen Platz. – Einmal hat Silvia ein Schattenspiel gesehen. Dabei wurden flache Figuren hinter einer hellen, durchsichtigen Papierfläche bewegt. Die Papierfläche leuchtete man von hinten an. Die Schattenbilder erzählten den Zuschauern eine Geschichte. – Manchmal macht Silvia an einer hellen, beleuchteten Wand Schattenspiele mit ihren Fingern. Dabei bewegt sie die Finger so, dass die komischsten Figuren entstehen.

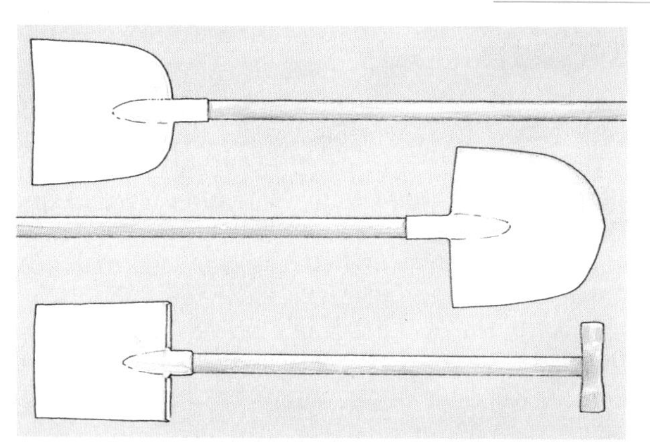

Schaufel „Hol mal bitte die Schaufel", sagt Silvias Vater. Er will Sand wegschaufeln. Silvia bringt aus Versehen den Spaten. Mit dem kann man gut umgraben, aber schlecht wegschaufeln. Das Blatt des Spatens ist flach, seine untere Kante scharf. Bei der Schaufel (Schippe), die Vater haben wollte, wurde das Blatt links und rechts ein Stück hochgebogen. – Am Wasserrad der alten Mühle hat Silvia Schaufeln gesehen, die Wasser schaufeln. Dadurch wird das Rad angetrieben. – Das breite Geweihende des Damhirschs und des Elchs nennen die Jäger auch ‚Schaufel'.

Schaufenster Silvia macht mit ihren Eltern einen Schaufensterbummel. Sie kommen zu den großen Schaufenstern eines Spielzeuggeschäfts. Hinter den Scheiben liegen sehr viele Spielsachen. Einige davon möchte Silvia gerne haben. Ihr fällt ein: „Man könnte das Schaufenster auch Zeigfenster nennen. Der Ladenbesitzer zeigt mir durch dieses Fenster, was er verkauft." Die Waren sind in den Schaufenstern so ausgestellt (dekoriert), dass man sie gut sieht. – Einige Geschäfte benutzen vor dem Laden Vitrinen. Durch die Scheiben solcher Glasschränke sieht man die Waren von allen Seiten.

Schaukel Im Garten hat Silvia eine Schaukel. Die hängt an einem dicken Ast. Silvia setzt sich auf das Brett und hält sich an den Seilen fest. Sie schwingt immer höher und höher. Später geht Silvia mit ihrer Freundin zum Spielplatz. Dort setzt sie sich auf eine Seite der Wippe. Gegenüber sitzt ihre Freundin. Die Wippe ist ein langer Balken, den man über ein flaches Gestell gelegt und daran befestigt hat. Abwechselnd stoßen sich die beiden vom Boden ab. Hier wippen sie hoch und runter. – Auch auf dem Schaukelstuhl schaukelt Silvia gerne. Als sie ein Baby (Bẹbi) war, hat sie ihr Vater in den Armen gehalten und geschaukelt. Das schafft er heute nicht mehr. – „Wir werden das schon schaukeln", sagt Mutter, wenn sie etwas Schwieriges vorhat.

Schaumstoff Silvia zieht den Stoffbezug einer Matratze ab. Die Matratze selbst ist aus Schaumstoff. Weich, locker und elastisch fasst sich dieser Kunststoff an. Dafür sorgen die vielen Luftbläschen im Schaumstoff. Man benutzt ihn gerne als Füllung für Polstermöbel und zum Isolieren. Das Material dämpft Geräusche und schützt vor Kälte und Wärme.

Scheibe Als Silvia mit ihrer Mutter zum Glaser geht, hat der Pause. Er isst eine Scheibe Brot. „Ich habe eine Scheibe zerbrochen", sagt Mutter. „Können Sie uns bitte möglichst bald eine neue einsetzen?" Sie meint damit natürlich keine Brotscheibe, sondern eine Glasscheibe. Diese dünnen Glasplatten im Fensterrahmen schützen vor Kälte und Regen. An der Mauer der Glaserei sehen sie eine Zielscheibe. Auf die runde Platte werfen die Kinder des Glasers gerade mit Pfeilen.

Scheinwerfer Mutter fährt mit Silvia abends Auto. Die Straße führt durch einen dunklen Wald. „Ein Glück, dass die Scheinwerfer erfunden wurden", sagt Mutter. „Ohne sie könnten wir jetzt nichts sehen und nicht gesehen werden." Auch auf dem Fußballplatz, im Fernsehstudio und im ▸ Theater sorgen diese Lampen für Licht. Sie werfen den Lichtschein über weite Entfernungen. Scheinwerfer können das, weil ihre Lichtstrahlen mit einem besonders geformten Spiegel in eine Richtung gelenkt werden. Genauso funktioniert der Scheinwerfer einer Taschenlampe.

Schere Der ▸ Friseur schneidet Silvia die Haare. Dazu braucht er eine Schere. Auch der ▸ Schneider benutzt dieses scharfe ▸ Werkzeug. Das ▸ Geflügel wird mit einer Geflügelschere zerteilt. Mutter nimmt eine Gartenschere und schneidet die Hecke. „Wo ist die Nagelschere?", fragt Vater. Er will seine Nägel schneiden. Bei Silvias Kinderschere sind die gefährlichen Spitzen abgerundet. Damit man die zwei Scherenschenkel öffnen kann, wurden sie durch einen Bolzen miteinander verbunden. Wenn man den Haltegriff zudrückt, bewegt man die scharfen Schneidkanten gegeneinander. So schneiden sie etwas ab.
Welches Tier hat zwei Scheren und kann damit kneifen?

Der ▸ Krebs.

Schiefer Vater zeigt auf ein graues Hausdach und sagt: „Diese Dachziegel sind aus Schiefer." Großmutter erzählt: „Ich habe das Schreiben früher mit einem Griffel auf einer Schiefertafel gelernt." Schiefer ist ein Gestein. Es besteht aus dünnen, leicht zerbrechlichen Schichten. Man baut die verschiedenen Schieferarten in Steinbrüchen ab.

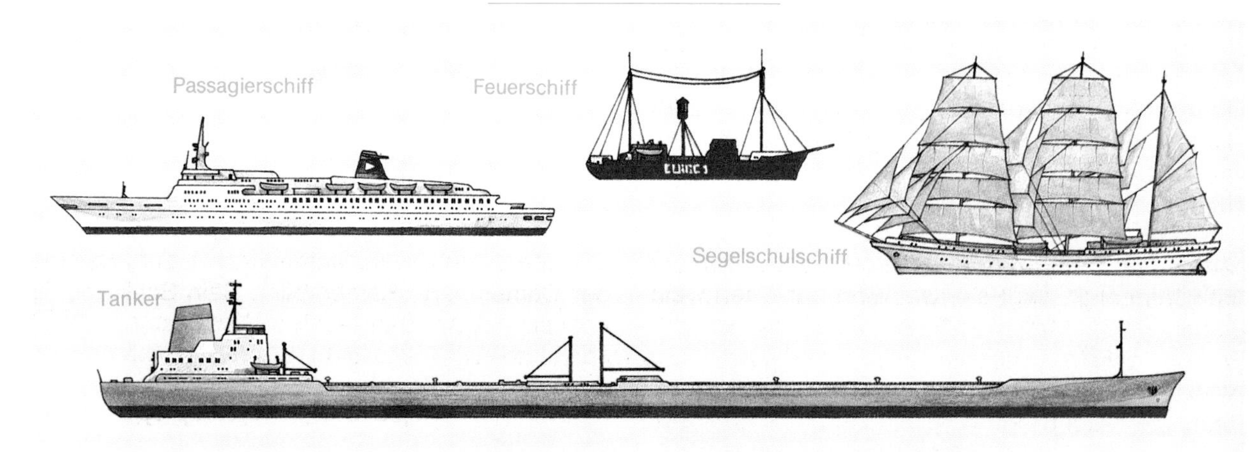

Schiff Im ▸ Hafen sieht Silvia Schiffe. Ein riesiger Tanker liegt da. Segelschiffe werden vom Wind vorwärts getrieben. Gerade kommt eine Fähre. Dieses Schiff bringt täglich Passagiere (Passaschire) von einem anderen Hafen hierher. Viele Menschen stehen hinter der Reling, dem Geländer des Schiffdecks. Der ▸ Kapitän überwacht von der ▸ Brücke aus die Arbeit der Matrosen und des Steuermanns. Der steuert das Schiff zur Anlegestelle. Deutlich erkennt Silvia die Rettungsboote auf dem Deck. An den Schornsteinfarben kann Silvia sehen, zu welcher Reederei das Schiff gehört. – Schiffe werden von großen Dieselmotoren oder Dampfturbinen angetrieben. Matrosen und andere Angehörige der ▸ Marine arbeiten auf den Schiffen. – Weit draußen vor der ▸ Küste ist ein Feuerschiff verankert. Dieses Schiff zeigt mit seinem Leuchtfeuer den Schiffen den Weg. – Auf Flüssen und ▸ Kanälen verkehren Binnenschiffe.

Schildkröte Silvias Freund hat eine Schildkröte. Langsam kriecht das Tier über den Boden. Wenn Gefahr droht, zieht es den Kopf und die Beine ein. Geschützt liegt die Schildkröte dann unter ihrer Knochenpanzerung. Zu Beginn des Winters legt Silvias Freund die Schildkröte im Keller in eine Kiste. Sie verkriecht sich dort unter dem etwas feuchten Torfmoos und hält ihren Winterschlaf. – Es gibt verschiedene Arten dieser Reptilien. Einige leben auf dem Land, zum Beispiel in Griechenland. Sie ernähren sich vor allem von Pflanzen. Andere leben im Wasser. Sie fressen Wassertiere und Pflanzen. Alle Schildkröten legen ihre Eier in Bodenmulden ab und verscharren sie. Die Wärme der Sonne ‚brütet' die Eier aus. Die größten Schildkröten wiegen mehrere Zentner. Sie werden sehr alt, je nach Art können sie ein Alter von 100 bis 150 Jahren erreichen. Viele Arten sind vom Aussterben bedroht.

Schilf Silvia geht am Seeufer entlang. Vom See sieht sie kaum etwas. Das Ufer ist nämlich dicht mit Schilf bewachsen. Die Halme dieser Grasart können bis zu vier Meter hoch werden. Als Silvia die langen Schilfblätter anfasst, blutet sie am Finger. Sie hat sich an einer der scharfen Blattkanten geschnitten. Viele Vögel brüten versteckt im Schilf. Schilfrohr verarbeitet man zu Matten. Man deckt auch Hausdächer damit.

Schimmel Mutter findet ein altes Stück Brot. „Es ist schimmlig", sagt sie. Das Brot hat einen weißlichen Belag. Mutter wirft es weg, denn man darf verschimmelte ▸ Lebensmittel nicht essen. Die winzigen Schimmelpilze bilden sich auf Lebensmitteln, die feucht lagern. – Bestimmte Käsesorten müssen einen Edelschimmel haben, zum Beispiel der Camembert (Kamembär). Sein Schimmel ist essbar. – Auch eine feuchte Wand kann schimmeln. – Kennst du Schimmel, auf denen man reitet?

Weiße ▸ Pferde heißen Schimmel.

Schinken Beim ▸ Fleischer hängen appetitlich aussehende und duftende Schinken. Silvia läuft das Wasser im Mund zusammen, wenn sie an den zarten Geschmack des rohen Schinkens denkt. Vater kauft ein Viertelpfund davon. – Schinken macht man meistens aus der Schweinekeule. Der Fleischer salzt den Schinken zuerst. Dann hängt er ihn in den Rauch. Er räuchert ihn also. Dadurch wird er haltbar. So entsteht der rohe Schinken. Manche Schinkenstücke kocht der Fleischer. Die verkauft er als gekochten Schinken.

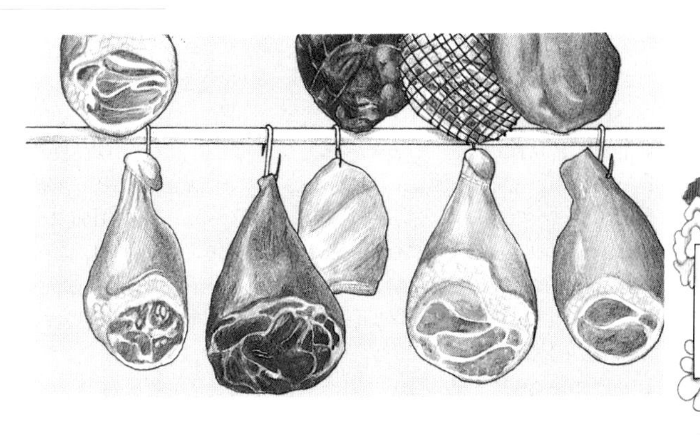

Schlaf Ich leg mich ins Bett", sagt Silvia. Ihre Eltern wundern sich, dass sie heute freiwillig schlafen geht. Silvia ist sehr müde. Sie zieht ihren Schlafanzug an und legt sich hin. Gleich darauf schläft sie. Ihr ▸ Körper braucht den Schlaf, denn Silvia hat sich heute ziemlich angestrengt. Davon erholt sie sich im Schlaf. Ihr ▸ Herz schlägt dabei langsamer und sie atmet weniger. Als Silvia sehr klein war, schlief sie fast den ganzen Tag. Heute braucht sie ungefähr zehn Stunden Schlaf. Ihre Eltern haben weniger Schlaf nötig. Großvater sagt: „Ich kann nur noch vier oder fünf Stunden schlafen. Manchmal muss ich ein Schlafmittel nehmen um überhaupt einzuschlafen." Ein Freund von Silvia steht manchmal im Schlaf auf und geht durch die Wohnung. Solche Schlafwandler wissen am nächsten Tag nicht mehr, dass sie nachts aufgestanden sind. – Auch viele Tiere schlafen, manche sogar den ganzen Winter. Mit diesem ▸ Winterschlaf überstehen sie die Zeit, in der sie wenig Nahrung finden.

Schlagsahne (▬ Schlagobers) Mutter kauft Sahne. Mit dem Mixer schlägt sie die dicke Flüssigkeit steif. Jetzt gibt sie etwas Zucker dazu. Danach häuft sie einen kleinen Berg der weißen Masse über den Kuchen. Auch im Kaffee und auf dem Eis schmeckt Schlagsahne lecker. „Leider macht sie dick", sagt Mutter. Zu einem Drittel besteht Schlagsahne nämlich aus ▸ Fett. – Sahne ist ein Bestandteil der ▸ Milch. Wenn man nicht entrahmte Vollmilch einige Zeit stehen lässt, sammelt sich Sahne auf der Oberfläche.
Sahne nennt man auch ‚Rahm' und Schlagsahne ‚Schlagrahm'.

Schlange Im Zoo sieht Silvia eine riesige Boa. Wie alle Schlangen schiebt sie sich voran. Sie schlängelt sich, sagt man zu dieser Art der Fortbewegung. Auch die Pythonschlange gehört zu den Riesenschlangen. Bis zu zehn Meter wird sie lang. Vor allem in Ländern, in denen es wärmer ist als hier, sind diese Reptilien zu Hause. Aber auch bei uns gibt es einige Schlangenarten wie die harmlose Ringelnatter und die ▸ Kreuzotter mit ihren Giftzähnen. – Schlangen können nicht hören und nur schlecht sehen. Deswegen benützen sie ihre gespaltene Zunge um Dinge zu ertasten und auch zu riechen. Die schnellen Bewegungen der Zunge nennt man ‚Züngeln'. Schlangen öffnen ihr Maul weit. So verschlingen sie ihre Beute. Giftschlangen töten oder lähmen die Beutetiere vorher. Da der Schlangenmagen sehr dehnbar ist, können sie ziemlich große Tiere auf einmal hinunterschlucken. Sie verdauen ihre Beute manchmal wochenlang. – Fast alle Schlangen legen Eier. Einige, wie die Boa und die Kreuzotter, bringen allerdings lebende Junge zur Welt. – Schlangen streifen ihre Schuppenhaut regelmäßig ab. Sie häuten sich also. Die neue Haut ist unter der alten schon nachgewachsen. – Einen sehr gelenkigen Artisten nennt man ‚Schlangenmensch'.

Schlaraffenland „Wollen wir ins Schlaraffenland fahren?“, fragt Silvia ihre Mutter. „Au ja“, sagt die. Sie weiß, dass in diesem Land vor allem gefaulenzt wird. Es ist ein Land für Langschläfer. Nach dem Schlafen isst und trinkt man leckere Dinge. Gebratene Hähnchen fliegen durch die Luft und in den Mund. Würste und Schinken hängen an den Bäumen. Man lebt dort ... wie im Schlaraffenland. Leider gibt es dieses Land nur in Geschichten. – Wie würdest du dir dein Schlaraffenland wünschen?

schleifen Die Gartenmöbel müssen neu gestrichen werden. Silvia hilft Vater. Mit Schleifpapier schleifen sie die raue Oberfläche der Möbel glatt. – ▸ Messer, ▸ Scheren, ▸ Sägen und ▸ Sensen werden scharf geschliffen. Man benutzt dafür zum Beispiel einen Schleifstein. ▸ Edelsteine sollen durch das Schleifen blitzen und funkeln. Schleifen kann man mit der Hand und mit Maschinen. – Kürzlich hat Mutter einen schweren Sack über den Boden geschleift. Weißt du, was sie da getan hat?

Sie hat ihn mühsam hinter sich hergezogen.

Schleuse Silvia steht an einer Schleuse im ▸ Hafen. Sie sieht eine große Kammer mit Toren. Man braucht Schleusenanlagen im Hafen um den Wasserstand trotz ▸ Ebbe und Flut gleich hoch zu halten. Will ein Schiff bei Ebbe in den Hafen, fährt es in die Schleusenkammer. Der Schleusenwärter schließt das hintere Schleusentor. Dann lässt er Wasser in die Schleusenkammer laufen, bis der Wasserstand genauso hoch ist wie im Hafen. Jetzt wird das vordere Schleusentor geöffnet und das Schiff kann in den Hafen fahren. – Auch an Flüssen und Kanälen gibt es Schleusenanlagen. – Wenn es stark regnet, sagt man: „Der Himmel öffnet seine Schleusen.“ – „Der Reiseleiter hat uns ganz schnell durch die Passkontrolle geschleust“, erzählt Großvater nach einer Reise.

Schlitten Der erste ▸ Schnee ist gefallen. Silvia nimmt den Schlitten und geht zum Rodeln. Auf der Rodelbahn sieht sie viele verschiedene Schlitten. Da gibt es welche aus ▸ Metall und aus ▸ Holz. Sie alle gleiten auf ihren Kufen den Hang hinunter. Besonders viel Spaß macht Silvia das Rodeln, wenn mehrere Schlitten aneinander gebunden werden. – Schlitten können von Hunden, Pferden oder Rentieren gezogen werden. Motorschlitten benutzt man, wo es sehr viel schneit. Sportler rasen mit Rennschlitten (Rennrodeln) und lenkbaren Bobs künstlich angelegte Bahnen hinunter. – Manchmal sagt man wütend zu jemand: „Mit dir fahre ich gleich Schlitten.“ Diese Drohung bedeutet: Man wird den anderen gleich so behandeln, dass dem das gar nicht gefällt.

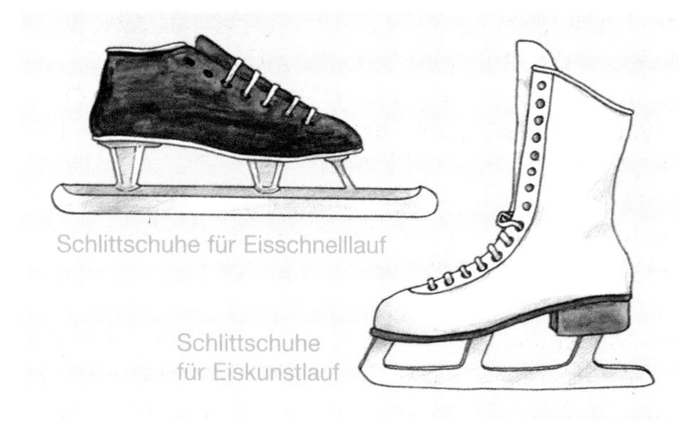
Schlittschuhe für Eisschnelllauf

Schlittschuhe für Eiskunstlauf

Schlittschuhe Silvia sagt zu ihrem Freund: „Schade, dass es bei uns keine Eislaufhalle gibt.“ Auf so einer künstlichen Eisbahn könnten die beiden nämlich Schlittschuh laufen, wann sie Lust hätten. – Wenn das ▸ Eis des Sees in der Nähe zugefroren ist und trägt, ziehen sie ihre Schlittschuhe an. Gleich darauf flitzen die geschliffenen Kufen aus ▸ Metall über die glatte Fläche. – Eiskunstläufer, Eishockeyspieler und Eisschnellläufer tragen Spezialschlittschuhe. – Schlittschuhe gibt es schon seit langer Zeit. Die ersten fertigte man aus ▸ Knochen an.

Schloss Silvia und ihre Eltern besichtigen ein Schloss. Sie bestaunen die vielen prächtigen Zimmer und die riesige Halle. Überall hängen Bilder an den Wänden. „Staub wischen möchte ich hier nicht“, sagt Mutter. In diesem großen Gebäude sind eine ▸ Ausstellung und ein ▸ Museum untergebracht. „Früher bewohnten Fürsten die Räume“, sagt Vater. Noch heute werden manche Schlösser bewohnt. – Zu Hause hat Silvia auch ein Schloss. Weißt du, was das für eines ist?

In dieses Schloss steckt man einen ▸ Schlüssel.

Schlucht Im ▸ Gebirge stehen Silvia und ihre Mutter vor einer Schlucht. Wenn Silvia in das tiefe und enge Tal hinuntersieht, wird ihr schwindlig. Sie hört Wasser rauschen. Am Boden dieser Schlucht fließt nämlich ein Gebirgsbach. In unendlich langer Zeit hat das Wasser die Schlucht in den Berg gegraben.
So eine besonders enge und tiefe Schlucht kann man auch Klamm nennen.

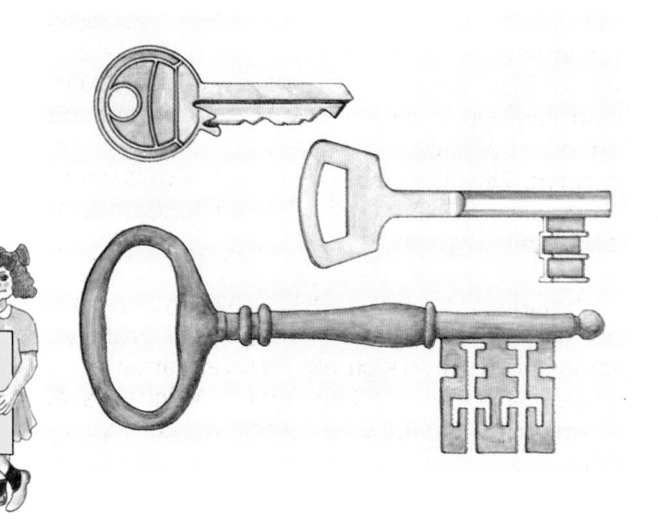

Schlüssel Silvia sucht ihren Schlüssel. Sie will damit die Haustür aufschließen. Tief in ihrer Hosentasche findet sie einen Schlüssel. Leider passt sein Bart nicht ins Haustürschloss. – An Mutters Schlüsselbund hängen verschiedene Schlüssel. Auch zwei flache Schlüssel für Sicherheitsschlösser sind dabei.
Geheime Nachrichten werden verschlüsselt. Um sie zu entschlüsseln braucht man einen Schlüssel. Das heißt man muss wissen, welche Bedeutung die einzelnen Wörter oder Zeichen in diesem Fall haben. – Kennst du einen Schlüssel, mit dem man kein ▸ Schloss aufschließen kann.

Der Schraubenschlüssel.

Schmarotzer Silvias Tante hatte einen Bandwurm. Sie sagt: „Stell dir vor, der lebte als Schmarotzer in meinem ▸Darm.“ Solche Schmarotzer gibt es unter Tieren und Pflanzen. Sie leben auf oder in einer Pflanze, einem Tier oder einem Menschen. Außerdem ernähren sie sich von der Pflanze, dem Tier oder dem Menschen. Auch ▸Flöhe sind zum Beispiel Schmarotzer. Sie befallen Menschen und Tiere und ernähren sich von deren ▸Blut. Bestimmte Pilzsorten wachsen als Schmarotzer an Bäumen. – Vor kurzem schimpfte Silvias Mutter über einen Nachbarn: „So ein Schmarotzer! Seit Monaten benutzt er unser Telefon. Trotzdem fragt er nie, ob er etwas bezahlen soll.“ Schmarotzer nennt man auch Menschen, die die Großzügigkeit anderer ausnutzen.

Schmerz Silvia hat sich den Finger an einem brennenden Streichholz verbrannt. Die Nervenenden an ihrem Finger nehmen den Schmerz auf. Nervenbahnen leiten ihn zum ▸Gehirn. Blitzartig befiehlt das Gehirn dem Finger über die ▸Nerven: Schnell weg von der Flamme! „Tut es dir sehr weh?“, fragt Mutter. Silvia weint und nickt. Mutter tröstet sie und streicht kühlende, schmerzstillende Salbe auf den Finger. – Auch durch eisige ▸Temperaturen, durch Druck, Schneiden und Stechen kann Schmerz entstehen. – Manchmal hat Mutter Kopfschmerzen. Wenn die sehr stark sind, schluckt sie eine Schmerztablette.
Der Großvater von Silvias Freund ist gestorben. Für die Familie des Freundes ist das schmerzlich. Dieser Schmerz tut dem Körper nicht weh. Trotzdem spürt man ihn.

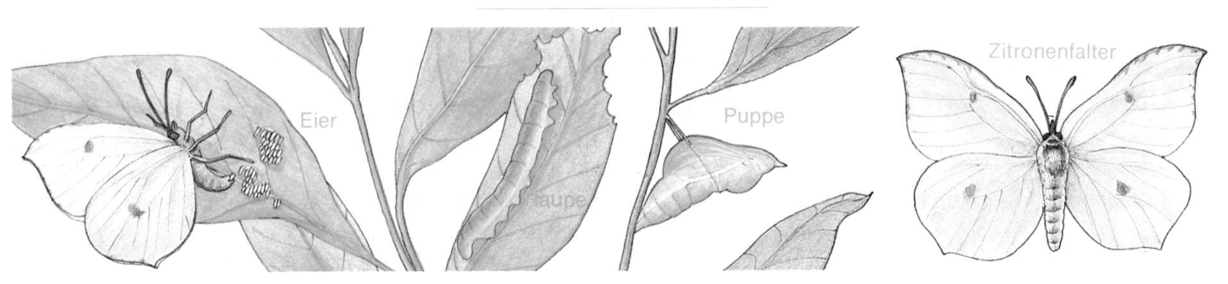

Schmetterling Im Garten sieht Silvia Zitronenfalter. Auch Kohlweißlinge und einige andere Schmetterlinge flattern da von Blüte zu Blüte. Mit ihren Saugrüsseln saugen diese ▸Insekten Nektar aus den Blüten. Dabei übertragen sie Blütenstaub. So sorgen sie für die Bestäubung der Blüten. – Bei den meisten Schmetterlingen sind die zwei Flügelpaare farbig gemustert. Silvia fallen die Fühler der Schmetterlinge auf. – Zitronenfalter gehören wie viele andere Schmetterlinge zu den Tagfaltern. Auch nachts und am Abend sind Schmetterlinge unterwegs, die nennt man Nachtfalter. – Die größten Schmetterlinge werden von Flügelspitze zu Flügelspitze fast dreißig Zentimeter groß. Sie leben in Südamerika. – Wenn die Schmetterlingsraupe aus dem Ei kriecht, hat sie noch keine Ähnlichkeit mit dem späteren Schmetterling. Hungrig frisst sich die Raupe von Blatt zu Blatt. Nach einiger Zeit verpuppt sie sich. Dann liegt sie in einem Kokon. Den hat sie mit den dünnen Fäden aus ihren Spinndrüsen gesponnen. Die ▸Puppe verwandelt sich allmählich in einen Schmetterling. Der entschlüpft dem Kokon und fliegt davon.

Schnake „Eine Stechmücke“, sagt Silvia. Sie zeigt auf ein ▸Insekt. Ihr Vater erklärt ihr: „Das ist keine Stechmücke, sondern eine Schnake.“ Stechmücken und Schnaken werden oft verwechselt. Wenn man einen Stich spürt, weiß man ganz genau, welches der Tiere das war. Nur die Stechmücken stechen nämlich. Außerdem saugen sie ▸Blut. Die langbeinigen, viel größeren Schnaken ernähren sich von Pflanzensäften.
Schau mal unter ▸Fliege und ▸Mücke nach. Da sind die Schnake und die Stechmücke abgebildet.

schnarchen Silvias Mutter ist verreist. „Darf ich bei dir schlafen?“, fragt Silvia ihren Vater. „Kannst du“, sagt er. „Aber ich schnarche“, warnt er sie. Als Silvia neben ihrem Vater im Doppelbett liegt, merkt sie, dass der nicht nur ein bisschen schnarcht. Sein Schnarchen klingt, als würde er Bäume sägen. Er schnarcht, weil er mit offenem Mund schläft. Silvia legt die Hand auf den Mund ihres Vaters. Schon schnarcht er nicht mehr.

Schnecke „Du bist heute langsam wie eine Schnecke“, sagt Mutter zu Silvia. Diese Weichtiere sind wirklich alles andere als blitzschnell. Gemächlich bewegen sie sich mit ihrer Kriechsohle auf dem Schleim vorwärts, den sie ausscheiden. Einige Schneckenarten tragen ihr Haus bei sich. Wenn es gefährlich wird, verschwinden sie darin. Nicht alle Schnecken haben so ein hartes, kalkiges Gehäuse. Den Nacktschnecken fehlt es. Die vier Fühler – zum Beispiel der Weinbergschnecke – sind einziehbar. Oben am längeren Fühlerpaar erkennt man ihre Augen. Viele Schnecken leben im Wasser. – Der Gärtner schimpft über Schnecken in seinem Garten, weil sie Pflanzenteile fressen. – Manche Menschen essen gegarte Weinbergschnecken mit Kräuterbutter als besondere Delikatesse.

Schnee Es ist Dezember. Vorhin hat es geregnet. Jetzt fällt der erste Schnee. „Die ▸ Temperatur muss unter null Grad gesunken sein“, sagt Mutter. Der nasse, matschige Pappschnee liegt nur kurz auf der Straße. Wenn es noch kälter wird, fällt trockener, feiner Schnee vom Himmel. Dieser Pulverschnee wird länger liegen bleiben und alles wird weiß aussehen. Dann kann Silvia ihren ersten Schneemann in diesem Winter bauen. – Den Autofahrern macht der Schnee weniger Spaß als den Kindern. Bei starkem Schneefall können sie nur fahren, wenn sie Schneeketten über die Autoreifen ziehen. Die Ketten verhindern das Rutschen. Schneepflüge räumen die Straßen vom Schnee frei. Auf den Gehwegen wird Schnee mit Schneeschiebern beiseite geschoben. – Für die Pflanzen ist der Schnee bei großer Kälte wichtig. Die Schneedecke schützt sie nämlich vor ▸ Frost. Schneeflocken bestehen aus Eiskristallen. Unter dem ▸ Mikroskop wirken sie wie Sterne.

Schneeglöckchen Im Garten liegt noch ▸ Schnee und es ist kühl. Trotzdem schieben sich an einer geschützten Stelle Schneeglöckchen aus dem Boden. Wenn Silvia diese ▸ Blumen sieht, weiß sie, dass das Frühjahr bald beginnt. Ihre weißen Blüten haben die Form kleiner Glocken. Auf den inneren drei Hüllblättern der Blüte erkennt man grüne Flecken. Die Blätter an den Stängeln sind schmal. Schneeglöckchen entwickeln sich aus ▸ Zwiebeln. Sie werden im Herbst in die Erde gesteckt und wachsen dann jedes Jahr wieder.

Schneider „Ich nähe mir einen Rock", sagt Mutter. Ihr fertiger Rock sieht fast so aus, als hätte ihn ein Schneider gemacht. Der Schneider lernt sein Handwerk. Er schneidert für seine Kunden zum Beispiel Anzüge und Kleider. Die Kunden können sich den Stoff und den Schnitt selbst aussuchen. Solche maßgeschneiderten Kleidungsstücke sind teurer als die im Laden gekauften. Sie passen aber auch ganz genau. – „In der Nähe hat jemand eine Änderungsschneiderei eröffnet", sagt Mutter. Dort werden zum Beispiel Hosen gekürzt und enger gemacht.
„Endlich sind wir aus dem Schneider", stellt Vater fest. Er hat ein besonders kniffliges ▸ Problem gut gelöst.

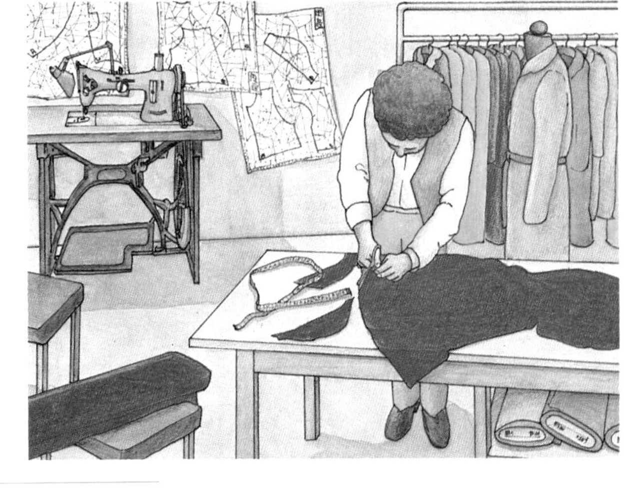

Schnittlauch Im Garten und im Blumentopf am Küchenfenster wächst Schnittlauch. Man braucht diese Pflanze zum Würzen. Gerne isst Silvia Schnittlauch auf dem Butterbrot. „Schnittlauch sieht aus wie Gras oder wie ein dünnes, grünes Rohr", stellt Silvia fest. „Schneid nicht zu viel davon ab, sonst haben wir bald nichts mehr", sagt sie. Mutter meint: „Keine Sorge, der Schnittlauch wächst schnell wieder nach." Bis über fünfzig Zentimeter kann Schnittlauch hoch werden. Seine Blüten sehen rötlich aus.

schnitzen Mit ihrem Taschenmesser schnitzt Silvia Verzierungen in einen Stock. Einmal hat sie einem Holzschnitzer zugesehen. Dieser Kunsthandwerker schneidet Figuren aus weichem ▸ Holz. Er benutzt dazu verschiedene Schnitzmesser. Seine Schnitzereien werden dann in Andenkenläden angeboten. – Manchmal unterläuft Silvia ein Schnitzer. Sie macht also einen Fehler. – Von einem Bekannten hat Mutter gesagt: „Der ist aus hartem Holz geschnitzt." Das bedeutet, dass er viel aushalten kann und einen starken Willen hat.

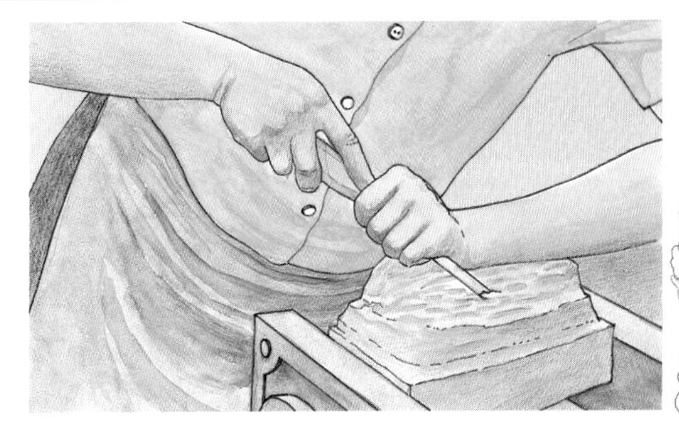

Schnupfen „So ein Mist, ich habe Schnupfen“, jammert Silvia. „Man hört es“, sagt Vater. Silvia niest und schnieft den ganzen Tag. Ihre Nasenschleimhäute sind angeschwollen und die Nase ist verstopft. Außerdem ‚läuft‘ die Nase ständig. Die Nasenschleimhaut sondert bei Schnupfen nämlich eine schleimige Flüssigkeit ab. Silvia verbraucht eine Menge Papiertaschentücher. Sicher hat sie sich angesteckt. Schnupfen wird durch Krankheitserreger (Viren) übertragen. Silvia wünscht sich, dass sie den Schnupfen bald los ist.

Schokolade „Hm, Schokolade“, sagt Silvia. Diese kleinen, süßen Stücke sind eine Mischung aus ▸ Kakaomasse, Zucker, Kakaobutter und Milch. Je nach Schokoladenrezept verwendet man auch ▸ Sahne, Nüsse ▸ Rosinen, Joghurt und andere Dinge dazu. Schokolade wird in Fabriken hergestellt. Die Schokoladenmasse mischt man dort mit Maschinen. Dann wird sie zu Formen gepresst und verpackt. Silvia steckt ein Stück Schokolade in die Tasche. Nach kurzer Zeit ist es ein weicher, unförmiger und klebriger Brocken. Schokolade schmilzt nämlich bei Wärme. Auch als Überzug für ▸ Pralinen verwendet man sie. – Weiße Schokolade enthält Zucker, Kakaobutter und mehr Milch als andere Schokolade.

Schornsteinfeger (Rauchfangkehrer) Silvia sieht einen schwarz gekleideten Mann. Er trägt eine schwarze Kappe auf dem Kopf. Das ist ein Schornsteinfeger. Mit seinem Handwerkszeug reinigt er verrußte Schornsteine, durch die der Rauch aus den Öfen abzieht. Der Schornsteinfeger weiß viel über ▸ Heizungen, Schornsteine und Luftverschmutzung aus Schornsteinen. Manche Menschen behaupten, dass er Glück bringt. Silvia kann sich besser vorstellen, dass er Schmutz bringt, wenn er in die Wohnung kommt. „Ein prima ▸ Beruf“, findet Silvia. „Der Schornsteinfeger darf sich schmutzig machen, ohne dass jemand schimpft.“ Für ‚Schornsteinfeger‘ gibt es viele andere Namen: Kaminkehrer, Kaminfeger, Schlotfeger und Essenkehrer.

Schranke Mutter und Silvia fahren mit dem Auto in die Stadt. Verkehrszeichen an der Straße zeigen, dass sie gleich zu einem beschrankten Bahnübergang kommen. Die Schranken werden gerade heruntergelassen. Sie stoppen den Straßenverkehr aus beiden Richtungen. Als der Zug vorbeigefahren ist, werden die Schranken geöffnet. Jetzt dürfen Silvia und ihre Mutter weiterfahren. Hier kurbelt ein Schrankenwärter die Schranken hoch und runter. Aber an den meisten Bahnübergängen geschieht das automatisch. Auch an der ▸ Grenze hat Silvia eine Schranke gesehen. Die nennt man ‚Schlagbaum‘.

Schraube Silvia und ihre Mutter haben ein neues Namensschild für die Haustür gekauft. Erst mal schraubt Silvia das alte Schild ab. Dazu benutzt sie einen Schraubenzieher. Dieses ▸ Werkzeug wird in den Schlitz des Schraubenkopfs gesteckt. Dann dreht Silvia den Schraubenzieher und die Schraube löst sich. – Schrauben unterscheiden sich von ▸ Nägeln vor allem durch das Gewinde. Oft gehört zur Schraube ein zweiter Teil, die Schraubenmutter. Man dreht die Mutter an die Schraube und befestigt so die Schraube. Mit einem Schraubenschlüssel werden die Muttern festgezogen oder gelockert.
Manchmal sagt Silvia zu ihrem Freund: „Bei dir ist eine Schraube locker." Da hilft kein Schraubenzieher. Sie sagt das, wenn ihr Freund verrückt spielt. – Schreckschrauben gelten als ganz besondere Schraubensorten. Weißt du welche?

Leute, die man blöd findet, nennt man Schreckschrauben.

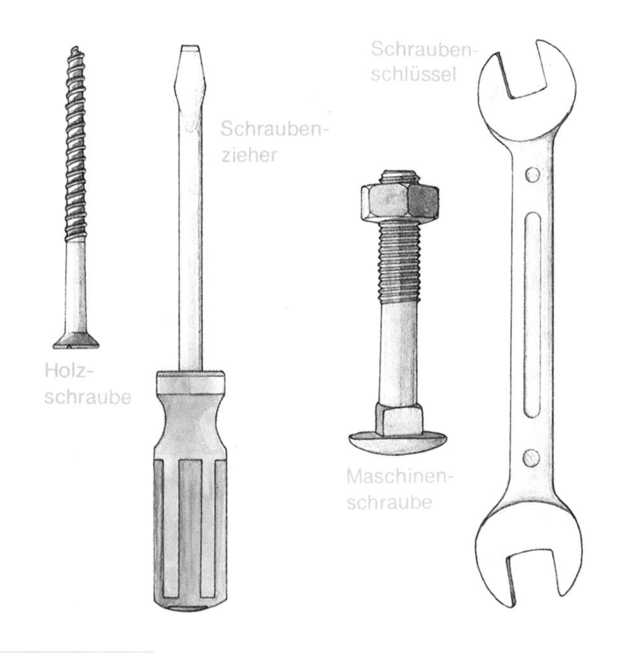

Schrift In der Schule lernt Silvia das Schreiben. Mit der Schrift schreibt sie die Sprache auf. Silvia kann jetzt auch lesen, was andere schreiben. Unsere Schrift besteht aus den sechsundzwanzig Buchstaben des ▸ Alphabets, den Umlauten (ä, ö, ü) und den Satzzeichen. Eigentlich wirkt sie ganz einfach. Aber es ist manchmal doch etwas schwierig, die Buchstaben immer in die richtige Reihenfolge zu bringen. – Nicht alle Schriften sind wie unsere. Die Chinesen benutzen zum Beispiel mehrere Tausend Schriftzeichen. Zu einer der ersten Schriften gehörte vor ungefähr fünftausend Jahren die Bilderschrift der Ägypter. Das waren die Hieroglyphen. Nicht nur die Schriften änderten sich im Lauf der Zeit. Man verwendete früher auch andere Schreibgeräte und beschrieb anderes Material. Zum Schreiben benutzte man unter anderem Gänsekiele, Meißel und Griffel. Geschrieben wurde zum Beispiel auf Rinde, Stein, Leder, Holz, Knochen, Tontafeln und Papyrusrollen. Heute hat man ▸ Bleistifte, ▸ Füllfederhalter, ▸ Filzstifte, ▸ Kugelschreiber und Schreibmaschinen. Man schreibt auf ▸ Papier. – Vater hat Stenografie gelernt. Für diese Kurzschrift wurden eigene Zeichen entwickelt. Wenn man sie beherrscht, kann man sehr schnell schreiben. – Um Musik aufzuschreiben dachten sich die Menschen eine Notenschrift aus.
Was wäre alles anders, wenn es keine Schrift gäbe?

Schrottplatz Silvia und ihre Mutter gehen an einem Schrottplatz vorbei. Hier liegen die verschiedensten Metallabfälle. Sie werden auf dem Schrottplatz gesammelt und sortiert. Eine Menge Autowracks hat man übereinander getürmt. Gerade hebt der Schrottbagger mit seinem großen ▸ Magneten verrostete Autoteile hoch. Die Teile, die noch nicht verrostet sind, verkauft man. Die unbrauchbaren Teile bringt man zu einer Fabrik. Dort werden sie eingeschmolzen und zur Herstellung von neuem ▸ Metall verwendet. Mutter sagt: „Wie gut, dass der Schrotthändler unser altes Auto zum Schrottplatz geschleppt hat. Wir hätten sonst nicht gewusst, wohin mit dem Schrotthaufen auf vier Rädern."

Schubkarre Der Sand im Sandkasten ist schmutzig. Vater sagt: „Ich besorge eine Schubkarre. Damit schaffe ich den alten Sand fort und hole neuen." Silvia will die halb volle Schubkarre wegschieben. Aber das Schieben allein nützt nichts. Man muss die Karre an den zwei Griffen ein Stückchen heben. Erst dann kann man sie wegschieben. Das ist gar nicht so einfach. Die einrädrige Karre kippt nämlich leicht um.
Auch auf Baustellen werden Schubkarren verwendet. Man transportiert damit Zement, Kies und anderes Baumaterial.

Schule Silvia geht in die zweite Klasse einer Grundschule (▭ Volksschule ✚ Primarschule). Auf dem langen Flur kommt Silvia an vielen Klassenzimmern vorbei. Im Lehrerzimmer treffen sich die Lehrer in den Pausen und zu Besprechungen (Konferenzen). Silvia begegnet der Rektorin. Sie leitet die Schule. Vom Fenster ihres Klassenzimmers sieht Silvia den Pausenhof. Leider ist dieser Asphaltplatz gar nicht gut zum Spielen und Toben geeignet. Drüben in der Turnhalle hat ihre Klasse nachher Sportunterricht. – In einigen Jahren wird sich entscheiden, ob Silvia zur Hauptschule, zur Realschule oder zum Gymnasium kommt. Es gibt Schulen, wo alle diese Schularten unter einem Dach zusammen sind. Man nennt sie Gesamtschulen.
Ganz in der Nähe von Silvias Schule ist eine Sonderschule. Dort werden Kinder unterrichtet, die in der Schule mehr Schwierigkeiten als andere haben. In Sonderschulen kann ihnen besser geholfen werden. – Eine Freundin von Silvias Mutter geht zur Abendschule. Sie lernt da abends zusammen mit anderen Erwachsenen. Tagsüber arbeitet sie.

Schwalbe Silvia sieht einer Schwalbe nach. Dieser schlanke ▸ Vogel fliegt mit seinen länglichen Flügeln sehr schnell und geschickt. Im Flug schnappt die Schwalbe nach ▸ Insekten. Das Nest baut sie aus ▸ Lehm und ihrem Speichel. Diese ‚Mörtelnester' kleben zum Beispiel an Hauswänden. – Bei uns gibt es vor allem Mehlschwalben, Rauchschwalben und Uferschwalben. Außerdem kennt man noch mehr als siebzig andere Schwalbenarten. Wenn es kälter wird, ziehen diese Singvögel nach ▸ Afrika. Im Frühjahr kommen sie wieder zurück.

Schwamm Silvia hat einen echten Badeschwamm. Im Wasser saugt sich dieses löcherige Ding schnell voll. Eigentlich ist der Schwamm das Skelett eines Wassertiers. Taucher haben ihn vom Meeresboden hochgeholt. Dort sitzen Schwämme fest auf Steinen, Schnecken oder Seetang. Gesäubert und getrocknet verkauft man sie dann. Heute stellt man Badeschwämme auch künstlich her. – „Schwamm drüber", sagt Mutter, wenn sie eine unangenehme Sache schnell vergessen will.

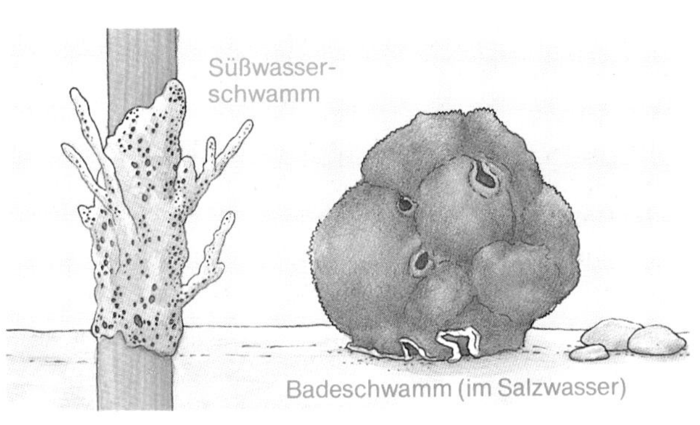

Schwan Auf dem See sieht Silvia Schwäne. Diese großen weißen ▸ Vögel haben lange Hälse und ziemlich breite Flügel. Gerade fliegt ein Schwan davon. Bevor er abhebt, sieht es aus, als würde er auf dem Wasser Anlauf nehmen. – Schwäne können gut schwimmen. Dabei helfen ihnen ihre Schwimmfüße. An Land bewegen sich Schwäne schwerfällig. Sie ernähren sich von Wasserpflanzen. Ihre großen Schwimmnester bauen sie im ▸ Schilf aus Wasserpflanzen. Brütende Schwäne greifen jeden an, der in die Nähe ihres Nests kommt. – Im ▸ Zoo hat Silvia einen Schwarzhalsschwan gesehen.

Schwangerschaft „Sie ist schwanger", sagt Mutter von einer ▸ Frau. Silvia hat das am dicken Bauch der Frau auch schon bemerkt. In ihrem Bauch wächst ein Kind. So ein wachsendes Kind nennt man Embryo. Die Schwangerschaft beginnt mit der Befruchtung der winzigen Eizelle im Bauch der Frau. Befruchtet wird die Eizelle durch den Samen des ▸ Mannes.

„Neun Monate ging ich mit dir schwanger", sagt Mutter zu Silvia. „In dieser Zeit bist du in meinem Leib immer größer geworden. Durch die Nabelschnur warst du mit meinem Blutkreislauf verbunden. Was du zum Leben und Wachsen gebraucht hast, ist durch die Nabelschnur zu dir gekommen. Im fünften Monat spürte ich zum ersten Mal deine Bewegungen in mir. Und nach dem neunten Monat war die Schwangerschaft zu Ende. Da bist du geboren worden."

Wenn du mehr wissen möchtest, frag deine Eltern oder schlag unter ▸ Fortpflanzung und ▸ Geburt nach.

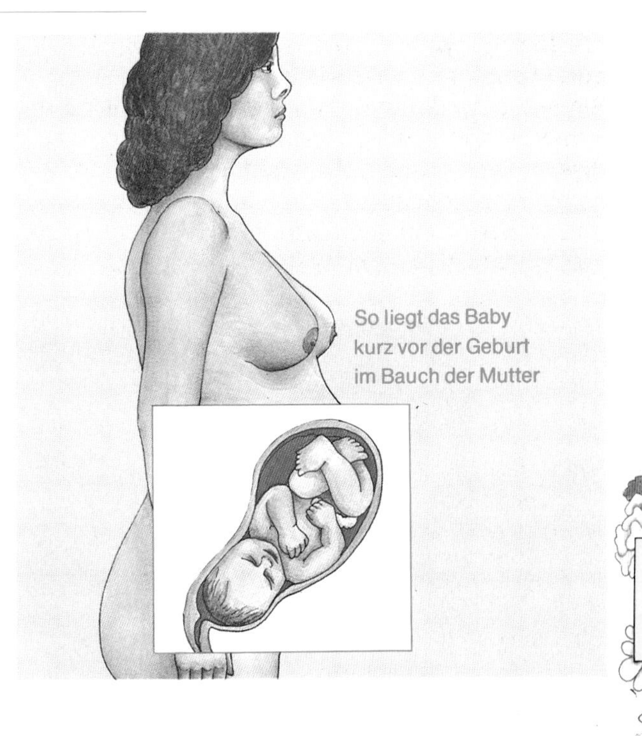
So liegt das Baby kurz vor der Geburt im Bauch der Mutter

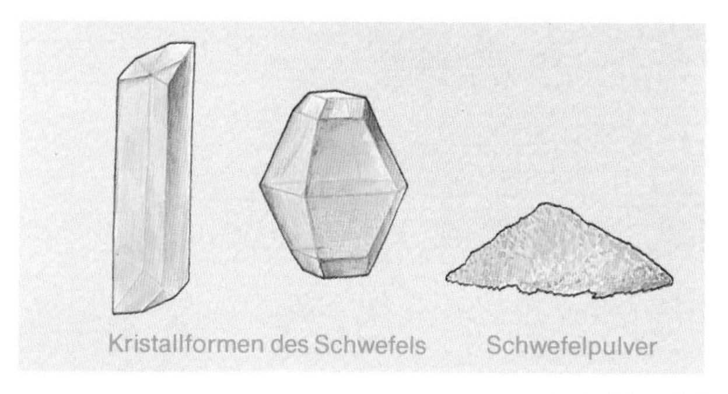
Kristallformen des Schwefels Schwefelpulver

Schwefel Im Fernsehen sieht Silvia einen ▸ Vulkan. Schwefeldämpfe steigen aus seinem Krater. „Die riechen eigenartig“, sagt Vater. Schwefel findet man meistens unter der Erde. Man kann ihn als gelbes Pulver oder in gelben Kristallbrocken kaufen. Mit Schwefel stellt man Kunststoff her, ▸ Streichhölzer, Feuerwerkskörper und Schwefelsäure. Stinkbomben enthalten Schwefelwasserstoff. Auch darin ist Schwefel. Schwefelwasserstoff ‚duftet‘ nach faulen Eiern.

Schwein Auf dem Bauernhof geht Silvia in den Schweinestall. Da quieken eine ganze Menge dieser ▸ Haustiere. Sie werden hier gezüchtet, weil nicht nur Silvia Schweinefleisch gerne isst. Die rosige, borstige Haut der Schweine verarbeitet man zu ▸ Leder. „Das ist die Sau“, sagt Silvias Freund. Er zeigt auf das Mutterschwein. Die Jungen nennt man Ferkel. „Und dort liegt der Eber“, erklärt er. So heißt der Schweinemann. – Schweine haben einen kurzen Ringelschwanz. Im Verhältnis zu ihrem schweren Körper wirken die Füße und Beine zierlich. Diese Tiere gehören zu den Allesfressern. Hausschweine stammen von den ▸ Wildschweinen ab.
Manchmal sagt man: „Du hast aber Schwein gehabt.“ Damit meint man, dass jemand Glück hatte.

Schweiß „Heiß ist das heute“, stöhnt Silvia. Sie schwitzt. Der Schweiß kommt aus den Schweißdrüsen. An manchen Körperstellen gibt es besonders viele Schweißdrüsen, zum Beispiel unter den Achseln. Ein Schweißtropfen läuft über Silvias Lippe. Überrascht stellt sie fest, dass er salzig schmeckt. Schweiß besteht nämlich nicht nur aus Wasser. Im Schweiß ist unter anderem auch ein wenig ▸ Salz enthalten. Wenn man schwitzt, verdunstet diese Flüssigkeit auf der warmen ▸ Haut. Dadurch kühlen die Haut und das ▸ Blut darunter ab. So regelt der ▸ Körper seine Wärme.

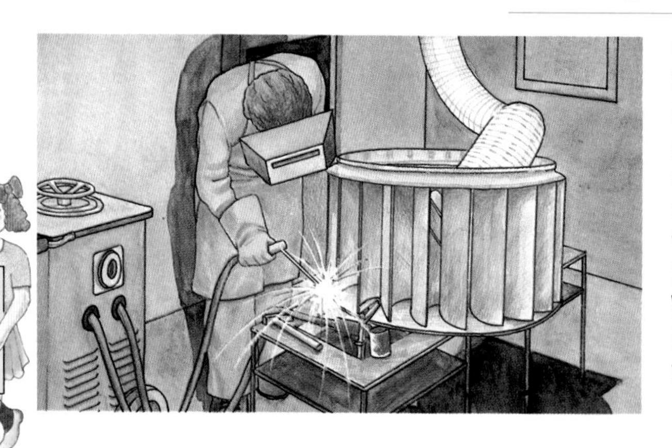

schweißen Silvia und ihr Freund sehen einem Schweißer zu. Der Mann will zwei Metallteile miteinander verbinden. Dafür braucht er ein Schweißgerät. Zuerst werden die beiden Metallteile mit einer Schraubzwinge fest aneinander gefügt. Dann verbindet der Mann sie mit einer Schweißnaht aus flüssig glühendem Metall. Es kommt aus dem Metalldraht oder Metallstab des Schweißgeräts. Wenn die Schweißnaht abgekühlt ist, halten die Metallteile fest zusammen. – Auch Kunststoff kann verschweißt werden.

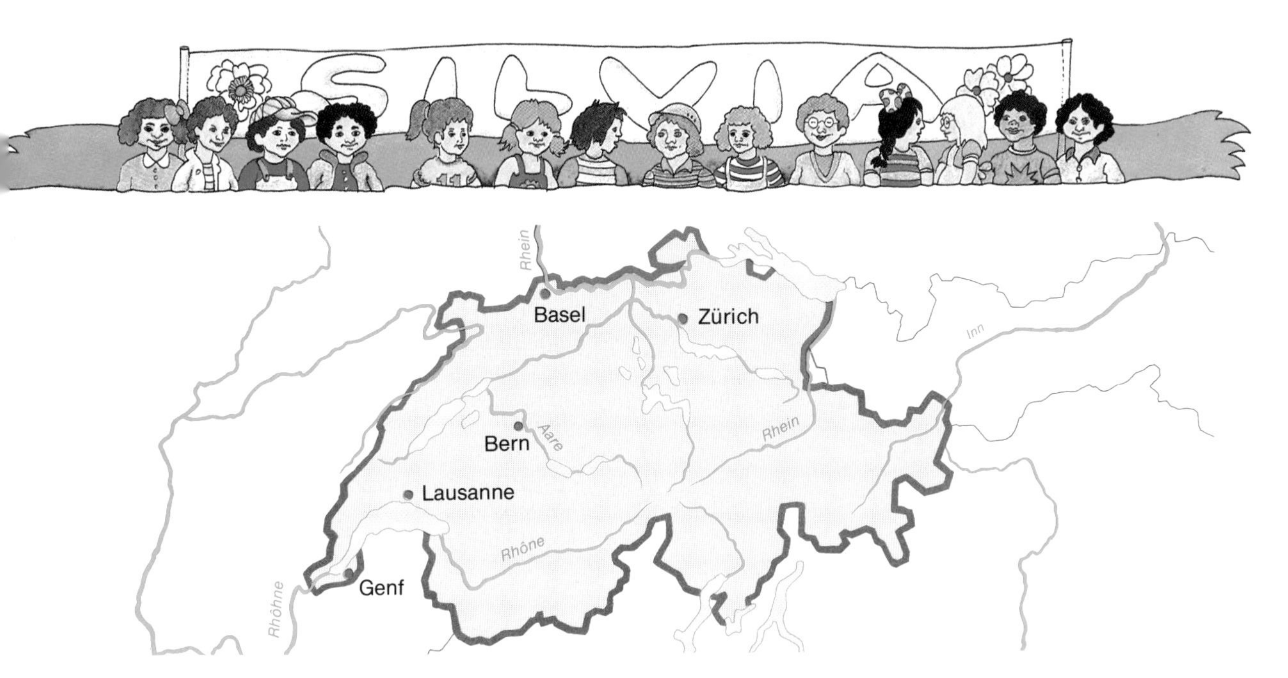

Schweiz „Wir fahren zum Skilaufen in die Schweiz“, sagen Bekannte. Die Schweiz ist ein südlicher Nachbarstaat der ▸ Bundesrepublik Deutschland. Im Süden der Schweiz liegt Italien, im Osten ▸ Österreich und im Westen Frankreich. Fast zwei Drittel der Schweiz gehören zu den Schweizer Alpen. Der höchste Berg in diesem Land ist der Monte Rosa mit über 4500 Meter Höhe. Viele Seen gibt es in der Schweiz. Etwas mehr als sechs Millionen Menschen leben in den dreiundzwanzig Kantonen. Kantone nennt man die verschiedenen Landesteile. Vier Sprachen werden in der Schweiz gesprochen: Deutsch, Französisch, Italienisch und Rätoromanisch. Die größten Städte sind Zürich, Basel und Genf. Die Hauptstadt heißt Bern. Vor allem die Banken, die Industrie, der Fremdenverkehr und die Landwirtschaft haben die Schweiz zu einem wohlhabenden Land gemacht. – Berühmt sind Schweizer Uhren. Aber auch andere Instrumente, Apparate und Maschinen baut man dort. Schweizer Schokolade und Käsespezialitäten werden in viele Länder verkauft. – An Autos aus der Schweiz sieht man das Schild ‚CH‘. Diese Abkürzung bedeutet Confoederatio Helvetica. Das ist lateinisch und heißt übersetzt ‚Schweizerisches (Helvetisches) Bündnis‘.

Schwerkraft Silvia wiegt etwas mehr als dreißig Kilogramm. Auf dem ▸ Mond hätte sie nur den sechsten Teil ihres Gewichts. Toll müsste das sein mit diesen fünf Kilogramm. Sie könnte sehr hoch springen. Das liegt daran, dass die Schwerkraft auf dem Mond nicht so stark ist wie auf der Erde. Man nennt die Schwerkraft auch Anziehungskraft. Größere ▸ Planeten als unsere Erde haben eine stärkere Anziehungskraft. – Durch die Schwerkraft wird alles, was fällt, zum Erdmittelpunkt hingezogen.

Schwertlilie Silvia und ihre Eltern gehen spazieren. Sie kommen in eine sumpfige Gegend. Da wachsen gelb blühende ▸ Blumen mit langen, schmalen Blättern. Mutter sagt: „Das sind Schwertlilien.“ Silvia meint: „Die Blätter sehen wirklich aus wie Schwerter.“ Schwertlilien wachsen nicht nur wild, auch in Gärten sieht man sie häufig. Ihre Blüten können außer gelb, weiß, violett, blau und bräunlich sein. Ein anderer Name für Schwertlilie ist Iris.

Schwimmbad Es ist heiß. Silvia und ihre Eltern fahren zum Schwimmbad. An der Kasse kaufen sie Eintrittskarten. Schnell ziehen sie sich in einer Kabine um. „Am besten, wir geben unsere Kleidungsstücke ab“, sagt Vater. Mutter sieht einen freien Platz auf der Liegewiese. Dort breiten sie die Decke aus. Silvia duscht. Dann geht sie ins Wasser und schwimmt los. Nachher will sie vom Sprungbrett springen. Angenehm ist das Wasser. Es wurde auf 23 Grad Celsius erwärmt. Am Beckenrand steht ein Bademeister. Wenn etwas passiert, kann er sofort helfen. Vor einem Jahr musste Silvia noch im Nichtschwimmerbecken bleiben. Für kleine Kinder ist das flache Wasser des Planschbeckens genau richtig. Weil Silvia oft taucht, brennen ihre Augen ein wenig. Außerdem sind sie gerötet. „Das kommt vom Chlor im Wasser“, sagt Mutter. Chlor wird dem Wasser beigemischt um ▸ Bakterien abzutöten.
Wenn es kälter wird, geht Silvia mit ihren Eltern ins Hallenbad.

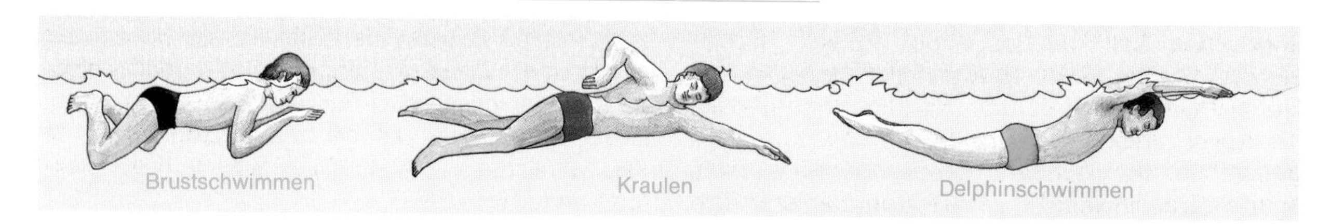

schwimmen Vor einem Jahr konnte Silvia noch nicht schwimmen. Dann begann ihr Schwimmunterricht. Jetzt schwimmt sie ohne Anstrengung länger als eine Viertelstunde. Auch vor tiefem Wasser hat sie keine Angst mehr. Sie taucht sogar einige Meter weit. Bisher hat sie das Brustschwimmen gelernt. Gerne möchte sie auf dem Rücken schwimmen können. Ihre Mutter krault ganz gut. Im ▸ Schwimmbad hat Silvia jemanden gesehen, der im Delphinstil schwimmt. Diese Art sich durch das Wasser zu bewegen ist besonders anstrengend. Bei Schwimmwettkämpfen sieht man zum Beispiel das Lagenschwimmen. Lagenschwimmer wechseln nach einem Teil der Strecke den Schwimmstil. Auch Staffelwettbewerbe gibt es. Außerdem gehören Kunstspringen und ▸ Wasserball zum Schwimmsport. – Von einem sehr reichen Menschen sagt man: „Der schwimmt im Geld.“ Damit meint man, dass er viel Geld besitzt.

Schwindel Silvia steht auf einem hohen Turm. Plötzlich wird ihr schwindlig. Ihr ▸ Gleichgewicht ist gestört. Sie hat Angst hinunterzufallen. „Sieh auf keinen Fall in die Tiefe“, sagt Vater. Er wusste gar nicht, dass Silvia nicht schwindelfrei ist. – Kürzlich lag ihre Mutter krank im Bett. Sie fühlte sich durch die Krankheit schwindlig. Ihr war, als hätte sie sich zu schnell gedreht. – Manchmal schwindelt Silvia. Weißt du, was sie dann tut?

Sie sagt nicht die Wahrheit.

schwören Der Freund von Silvia kann nicht glauben, was Silvia da erzählt. „Schwöre mir, dass das stimmt“, verlangt er deswegen. Mit dem Schwur gelobt sie, dass sie die Wahrheit sagt. – Vor ▸ Gericht sagt der Richter zu einem Zeugen: „Sie müssen Ihre Aussage beeiden.“ Auch der Eid ist ein feierliches Versprechen, dass man die Wahrheit sagt. Wenn der Zeuge trotz des Eides lügt, hat er einen Meineid geschworen. Dafür wird er bestraft.

Seehund In der Zeitung liest Silvia, dass Tausende von Seehunden erschlagen wurden. „Und das nur, damit man aus ihren ▸ Fellen ▸ Pelze machen kann“, sagt Mutter. Glatt und kurzhaarig sind die begehrten Felle. – Seehunde bellen. Trotzdem gehören sie nicht zu den ▸ Hunden, sondern zu den Robben. Man sieht deutlich, dass sie im Wasser leben. Statt der Beine haben sie Ruderflossen. Ihre Zehen sind durch Schwimmhäute verbunden. An Land bewegen sie sich ungeschickt. Im Wasser schwimmen sie blitzschnell. Das ist wichtig für sie, denn sie ernähren sich von Fischen. Seehunde können lange tauchen. Zum Atmen müssen sie allerdings an die Wasseroberfläche kommen. Diese ▸ Säugetiere atmen nämlich durch Lungen. Junge Seehunde nennt man Heuler. Wenn sie heulen, wollen sie von ihrer Mutter beachtet werden. Seehunde leben zum Beispiel an den Küsten des nördlichen Atlantischen Ozeans. Manchmal sieht man sie sogar an der Nordsee. – Zu den Robben gehören außer den Seehunden die großen und schweren See-Elefanten. Auch die Seelöwen und die Walrosse sind Robben.

seekrank Silvias Tante erzählt von einer Seereise. „Die Wellen stiegen immer höher. Das ▸ Schiff schaukelte hin und her. Mir wurde schlecht. Ich musste mich übergeben. Kopfschmerzen hatte ich und schwindlig war mir. Ich hätte nie gedacht, dass es einem so zum Heulen ist, wenn man seekrank wird.“ Die Seekrankheit entsteht durch das Schaukeln des Schiffs. Das ▸ Gleichgewicht mancher Menschen wird dabei so sehr gestört, dass sie diese Krankheit bekommen. Sobald sie wieder das Festland betreten, sind die Krankheitserscheinungen vorbei.

Seepferdchen Im Meerwasseraquarium sieht Silvia Seepferdchen. Am Kopf und Oberkörper sind sie winzigen Pferden wirklich sehr ähnlich. „Sie müssten groß sein. Dann würde ich im Wasser darauf reiten“, wünscht sich Silvia. Dieser kleine ▸ Fisch schwimmt aufrecht. Mit seinem Ringelschwanz hält er sich an Wasserpflanzen fest. Das Männchen trägt die Eier in seiner Brusttasche spazieren, bis die Jungen ausschlüpfen. Seepferdchen leben zum Beispiel im Mittelmeer.

Seeräuber Ein Segelschiff fuhr mit wertvollen Dingen beladen über das Meer. Plötzlich rief der Seemann im Ausguck: „Piraten!“ Aber das Handelsschiff entkam dem schnellen Piratenschiff nicht mehr. Die Seeräuber nahmen die gesamte Mannschaft und den ▸ Kapitän gefangen. Dann raubten sie alles, was wertvoll war. Als Schutz vor solchen Piraten begleiteten früher Kriegsschiffe die Handelsschiffe.
Nicht nur in Abenteuerbüchern aus vergangenen Zeiten liest Silvia so etwas. Noch heute kapern Seeräuber manchmal Schiffe und verkaufen später ihre Beute.

Seestern Auf Silvias Schreibtisch liegt ein kleiner, getrockneter Seestern. Rau und stachelig ist er. „Der sieht aus wie ein fünfzackiger Stern“, sagt Silvias Mutter. Seesterne leben im ▸ Meer. Die ‚Zacken' benutzt dieser Stachelhäuter als Arme. Die Saugfüßchen an der Unterseite der ‚Zacken‘ helfen ihm bei der Fortbewegung auf dem Meeresboden. Seine Hauptnahrung ist Muschelfleisch. Mit den Saugfüßen zieht er so lange an der Muschelschale, bis sich die ▸ Muschel öffnet. Wenn der Seestern einen Arm verliert, wächst der wieder nach. – Es gibt Seesterne, die einen Durchmesser von fast einem Meter haben.

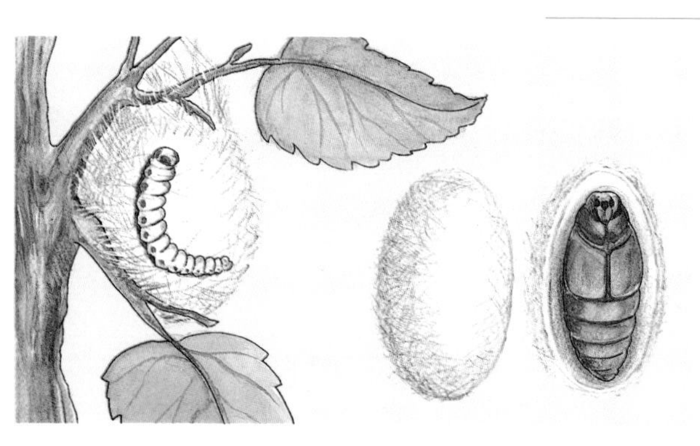

Seide Silvia und ihre Mutter sehen sich eine Seidenbluse an. Ihnen gefällt der glänzende Stoff. Naturseide stammt von einem ▸ Schmetterling, dem Seidenspinner. Den züchtet man in ▸ China, Japan und Thailand. Aus dem Schmetterlingsei schlüpft die Raupe. Später spinnt sie sich in einen Kokon ein, in dem sie sich verpuppt. Den Kokon spinnt sie aus einem sehr langen, dünnen Faden. Aus diesen Fäden wird Seidengarn hergestellt und daraus entstehen Seidenstoffe. – Seide ist ein sehr wertvoller Stoff.

Seife Silvia hat schmutzige Hände. Sie lässt Wasser darüber laufen. Aber der Dreck geht erst ab, als sie ihre Hände einseift. Die Seife löst den Schmutz. – Man siedet Seife in Fabriken aus dem Fett von Tieren und Pflanzen. Ein Stück Seife kann also zum Beispiel Talg, Olivenöl und Palmöl enthalten. Oft wird bei der Herstellung von Seife etwas Parfüm beigemischt. Deswegen duften viele Seifen. Flüssige Seife (Schmierseife) benutzt man zum Putzen.
Manchmal wird Silvia im Winter eingeseift. Weißt du, was das bedeutet?

Sie wird mit Schnee eingerieben.

Seifenblase Silvia löst etwas Seife in einem Becher voll Wasser auf, bis sie schaumig ist. Mit dem Strohhalm saugt sie ein wenig von dem Seifenschaum ein. „Aber nicht zu tief einsaugen, denn der Schaum schmeckt gar nicht gut“, warnt Mutter. Vorsichtig bläst Silvia in den Strohhalm. Aus seinem Ende wächst eine Seifenblase. Jetzt schwebt die Blase. Sie hat schöne Farben wie der ▸ Regenbogen. Ein Luftstrom wirbelt sie immer höher. Dann stößt sie gegen eine Mauer. Schon ist die Seifenblase zerplatzt.

Seilbahn Im Gebirge sehen Silvia und ihre Eltern die große Gondel einer Seilbahn. Sie hängt an einem dicken Drahtseil, dem Tragseil. Ein anderes Drahtseil – das Zugseil – zieht die Gondel. Mutter kauft Fahrkarten und sie steigen ein. Mit ihnen sitzen und stehen viele andere Leute in der Gondel. Als Silvias Vater während der Fahrt aus dem Fenster sieht, sagt er: „Da unten ist es so steil, dass ich gerne mit der Seilbahn darüber wegfahre.“ – Auch der Sessellift bringt Wanderer und Skiläufer den Berg hinauf und hinunter. Seine Sitze hängen an einem Drahtseil. Man nimmt Platz und schnallt sich fest. Schon fährt man los.

Senf „Gib mir mal bitte den Senf“, sagt Mutter. „Den scharfen oder den süßen Senf?“, fragt Silvia. Mutter mag scharfen Senf lieber. Sie isst ihn zu Würstchen und zu Fleisch. „Der schmeckt richtig würzig“, sagt sie. Silvia isst süßen Senf gerne. Der gelbliche Senfbrei wird aus gemahlenen Senfkörnern gemacht. Die Körner sind die Samen des Senfstrauchs. Auch ▸ Essig, Kräuter und andere ▸ Gewürze braucht man um Senf herzustellen. – In manchen Gegenden sagt man statt Senf ‚Mostrich'. – Kürzlich hat Mutter Silvia gefragt: „Musst du denn überall deinen Senf dazugeben?“ Mutter meint damit, dass Silvia gerne ihre Meinung zu allem dazugibt.

In den Schoten liegen die Senfkörner.

Sense Silvia sieht einem Mann zu. Mit seiner Sense mäht er das ▸ Gras. Die Sense ist fast so groß wie der Mann. Am Stiel hat sie zwei Griffe. Daran hält er sie fest. Gleichmäßig schwingt er die Sense durch das Gras. Als die Klinge dieses ▸ Werkzeugs nicht mehr scharf genug ist, schärft er sie mit einem Wetzstein. Für eine kleine Grasfläche benützt der Mann ein anderes Gerät, eine Sichel. Die hat einen kurzen Stiel und eine gebogene Klinge. – „Jetzt ist aber Sense“, sagt Vater zu Silvia. Er meint damit zum Beispiel, dass sie aufhören soll ihn zu ärgern.

Sieg „Wir haben gewonnen!“, jubelt Silvia nach dem Endspiel des Handballturniers. Ihre Mannschaft freut sich über den Sieg. Die andere Mannschaft hat verloren. Besonders schön ist, dass Silvias Mannschaft auch den ‚Fairplay-Pokal‘ (ferpläj-) bekommt. Das heißt, sie waren die Mannschaft, die am wenigsten gefoult (gefault) hat. – Beim Wettlauf verliert Silvias Freundin. Ihr Vater tröstet sie: „Du bist Siegerin im Langsamlaufen.“ Trotzdem ärgert sie sich etwas über die Niederlage. Nicht alle Menschen vertragen es, wenn sie nicht siegen. – Wie fühlst du dich bei Niederlagen?

Signal Ein Autofahrer übersieht das rote Signal einer ▸Ampel. Er fährt auf die ▸Kreuzung. Ein anderer Fahrer versucht noch ihn mit Hupsignalen zu warnen. Trotzdem stoßen die beiden Wagen zusammen. Nach dem Unfall kommen ein Krankenwagen und ein Polizeiwagen. Ihre Signale – das Blaulicht und das Martinshorn – bemerkt man schon von weitem. – Wenn Vaters Kopf vor Ärger rot aussieht, ist das ein Signal für Silvia. Es bedeutet, dass sie ihn jetzt besser nicht mehr ärgern sollte.

Silber Mutter geht in ein Schmuckgeschäft. Da werden Ketten, Broschen, Armbänder, Münzen, Kästchen, Bestecke und Anhänger aus Silber angeboten. Dieses Edelmetall glänzt. „Ist Silber teurer als ▸Gold?“, fragt Silvia. Mutter sagt: „Es ist billiger, aber immer noch teuer genug.“ Silber findet man manchmal rein. Auch als Erz kommt es vor. Kürzlich tauchte Vater einen Silberlöffel in ein heißes Getränk. Dabei verbrannte er sich die Finger am Löffel. Silber leitet nämlich die Wärme sehr gut. – Bekannte feiern bald ihre Silberhochzeit. Dann sind sie seit fünfundzwanzig Jahren miteinander verheiratet.

Skateboard (Skeitbord) Silvia bekommt ein Skateboard. Über einen halben Meter lang ist dieses Rollerbrett. Es hat vier federnde Räder. Silvia stellt sich mit beiden Füßen auf ihr Skateboard. Dann rollt sie den abschüssigen Weg hinunter. Schon bald kann sie das Skateboard lenken. Dazu muss sie ihr Gewicht auf dem Brett verlagern. Als sie dabei einmal hinfällt, blutet ihr Knie. Das nächste Mal will sie Knieschützer tragen. Manche Leute führen mit dem Skateboard sogar artistische Kunststücke vor.

Skifahren Zu Weihnachten bekommt Silvia Skier und Skistiefel geschenkt. Am Anfang steht sie noch unsicher auf den zwei Brettern im ▸Schnee. Mit den Skistöcken stützt sich Silvia ab und hält das ▸Gleichgewicht. Sie ist froh, wenn sie eine kurze Abfahrt ohne Sturz übersteht. Im Fernsehen sieht Silvia Skiwettkämpfe. Da rasen Abfahrtsläufer Berge hinunter. Slalomläufer fahren geschickt um Slalomtore. Auf ihren Langlaufskiern laufen Langläufer viele Kilometer um die Wette. Skispringer gleiten eine Sprungschanze hinab. Mit diesem ‚Anlauf‘ fliegen sie vom Schanzentisch ins Tal. – ‚Ski‘ ist ein norwegisches Wort. Man schreibt es auch ‚Schi‘.

Sklaven Sklaven sind Menschen ohne Rechte. Ihr Besitzer behält sie oder verkauft sie. Er kann sie gut oder schlecht behandeln. Und sie müssen ohne Lohn für ihn arbeiten. Bis vor etwa hundert Jahren war die Sklaverei in ▸ Amerika erlaubt. Damals fuhren Sklavenhändler nach ▸ Afrika. Dort ließen sie die schwarzen Menschen massenweise fangen. Man pferchte sie auf den Sklavenschiffen zusammen. So wurden sie nach Amerika verschleppt. Viele starben unterwegs. Die restlichen verkaufte man. Sie mussten auf Tabak- oder Baumwollfeldern arbeiten. Die Kinder von Sklaven wurden wieder Sklaven. Die Farbigen, die heute in Amerika leben, sind die Nachkommen solcher Sklaven. – Auch im alten Ägypten gab es vor ungefähr viertausend Jahren Sklaven. Sie mussten zum Beispiel die ▸ Pyramiden bauen. Auf Ruderschiffen – den Galeeren – wurden Sklaven zum Rudern gezwungen. Die Bauern in Deutschland und anderen Ländern waren früher etwas Ähnliches wie Sklaven. Man nannte sie Leibeigene. Sie gehörten einem Grundherrn. – In der Zeitung liest Silvia, dass es auch heute noch Sklaven gibt. „Obwohl man die Sklaverei längst verboten hat“, sagt Mutter.

Skorpion Ein Freund von Silvia erzählt: „Im Urlaub wäre ich beinahe auf einen Skorpion getreten. Er hätte mich bestimmt gestochen.“ Der Junge hat Glück gehabt. Der Stich mancher Skorpione ist nämlich auch für Menschen gefährlich. Das Tier sticht mit seinem Giftstachel am Schwanzende. Bis zu achtzehn Zentimeter werden Skorpione lang. Es gibt sie in Ländern, in denen es heißer ist als bei uns, zum Beispiel in Spanien. Dort suchen sie sich trockene Gebiete. Meistens leben sie versteckt. Mit seinen zwei Greifzangen und den acht Beinen sieht dieses Spinnentier ähnlich aus wie ein ▸ Krebs. Skorpione ernähren sich von ▸ Insekten und ▸ Spinnen.

Sohle Nach einer Wanderung hat Silvia Blasen an den Fußsohlen. Bei ihrem Freund ist eine Schuhsohle kaputt. „Deinen Schuh musst du zum Besohlen bringen“, sagt Mutter. Der Schuster reißt die Sohle ab. Auf der Brandsohle darunter befestigt er eine neue Sohle. – Die Fußsohle und die Schuhsohle haben eines gemeinsam. Jede ist der unterste Teil von etwas. Die Fußsohle ist der unterste Teil vom Fuß. Und die Schuhsohle ist der unterste Teil vom Schuh. Auch der Boden eines Flusses, Kanals oder Tals wird Sohle genannt.

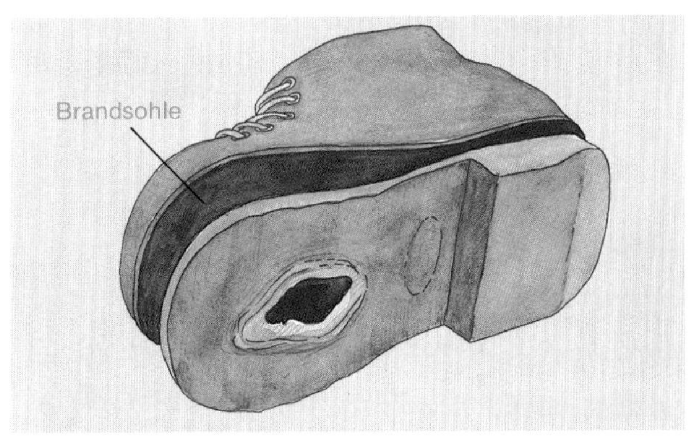

Soldat Silvia sieht manchmal Soldaten. Sie erkennt sie an den Uniformen. So nennt man ihre Kleidung. Es gibt Berufssoldaten. Viele junge Männer gehen aber nicht freiwillig und nur eine bestimmte Zeit zum ▸ Militär. Manchen verbietet ihr ▸ Gewissen Soldat zu werden. In der ▸ Bundesrepublik Deutschland leisten sie dann statt des Wehrdienstes einen Ersatzdienst. Während dieser Zeit arbeiten sie zum Beispiel als Pfleger in Krankenhäusern oder Altersheimen.

SILVIA

Sommersprossen Silvias Mutter hat kleine, bräunliche Flecken im Gesicht, an den Armen und Händen. Silvia findet, dass die Flecken lustig aussehen. „Als hätte dir jemand Punkte auf die Haut gemalt“, sagt sie. Die Sonne war das. Sommersprossen entstehen nämlich, wenn die ▸ Haut von der Sonne beschienen wird. Dann sammelt sich der Hautfarbstoff (das Pigment) bei manchen Menschen an einigen Stellen besonders stark. Diese Stellen sind die Sommersprossen.

Sonne Silvia sieht am Morgen aus dem Fenster. Die Sonne ist schon vor einiger Zeit im Osten aufgegangen. Während des Tages wandert sie über den Himmel. Am Abend geht sie im Westen unter. So sieht das jedenfalls aus. Aber eigentlich dreht sich die ▸ Erde jeden Tag einmal um sich selbst. Dadurch wendet sie der Sonne immer wieder eine andere Seite zu. Wenn die eine Seite beschienen wird, ist es auf der anderen Seite also Nacht. Die Erde dreht sich aber nicht nur um sich selbst. Jedes Jahr bewegt sie sich auch einmal um die Sonne. Außer der Erde umkreisen andere ▸ Planeten und viele Himmelskörper diese riesige, glühende Gaskugel. Sie ist der Mittelpunkt unseres Sonnensystems. Im Innern der Sonne herrscht eine unvorstellbare Hitze. Ihre wesentlich kühlere Oberfläche hat immer noch mehrere Tausend Grad Celsius. Der Sonnendurchmesser ist 109-mal so groß wie der Durchmesser unserer Erde. Die Entfernung zwischen der Erde und der Sonne beträgt etwa 150 Millionen Kilometer. Trotzdem kommen von der Sonne die Wärme und das Licht, das Menschen, Tiere und Pflanzen zum Leben brauchen. – Manchmal scheint die Sonne sehr heiß. Dann sollte man sich nicht lange von ihr bestrahlen lassen. Wenn man es trotzdem tut, bekommt man einen Sonnenbrand. – Einmal hat Silvia eine Sonnenfinsternis erlebt. Da stand der ▸ Mond zwischen der Erde und der Sonne. Er versperrte dem Sonnenlicht für kurze Zeit den Weg zur Erde. – Stell dir vor, es gäbe keine Sonne. Wie wäre es dann auf der Erde?

Sonnenblume Im Garten wachsen Sonnenblumen. Sie überragen Silvias Vater. „Größere ▸ Blumen gibt es bei uns nicht“, sagt er. Auch auf Feldern werden sie angepflanzt. Aus ihren fettreichen Kernen presst man Sonnenblumenöl. Im Winter füttert man Vögel mit den Sonnenblumenkernen. Der Blütenkorb einer Sonnenblume kann fast einen halben Meter groß werden. Als Silvia genau hinsieht, bemerkt sie, dass er aus sehr vielen Blüten besteht. Die Blätter der Sonnenblume fassen sich rau an.

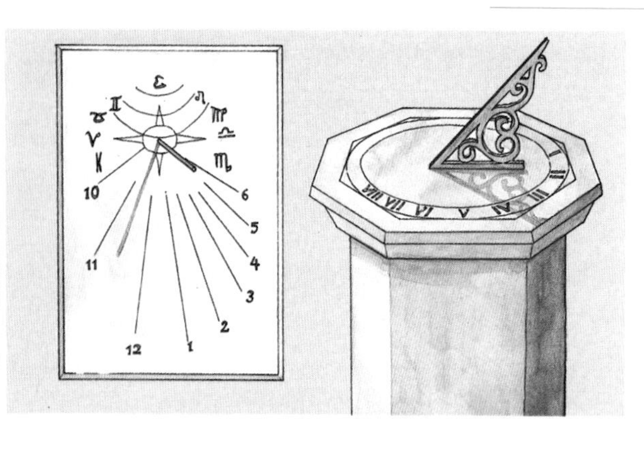

Sonnenuhr An einer Hauswand sieht Silvia einen kurzen Stab. Er steckt über einer Ziffernskala mit Stundeneinteilung. „Das ist eine Sonnenuhr“, sagt Großvater. Silvia meint: „Ich sehe aber nicht, wie viel Uhr es darauf ist.“ Großvater erklärt ihr: „Das kannst du auch nicht. Dazu muss erst die ▸ Sonne scheinen.“ Wenn die scheint, bewegt sich der ▸ Schatten des Stabs auf der Ziffernskala vorwärts. Das tut er, weil die Sonne tagsüber immer weiter wandert. An diesem Schatten liest man die Uhrzeit ab. – Sonnenuhren gehörten zu den ersten ▸ Uhren, die es gab.

Souvenir (Suwenir) Morgen ist der letzte Urlaubstag. Silvia und ihre Eltern gehen noch mal spazieren. Sie kommen zu einem Souvenirladen. „In dem Laden können wir irgendwas Hübsches als Andenken an unsere Urlaubszeit hier kaufen", schlägt Vater vor. Am liebsten möchte Silvia als Souvenir das Pony mitnehmen, auf dem sie immer geritten ist. Aber damit sind der Besitzer und ihre Eltern nicht einverstanden. Leider findet Silvia in diesem Souvenirladen kein Erinnerungsstück, das ihr gefällt. Und eigentlich hat sie auch schon eines. Das ist eine besonders schöne Muschel. Die hat ihr ein Junge am Strand geschenkt. Dieses Souvenir wird sie an den Urlaub und den Jungen erinnern.

sozial „Der benimmt sich richtig unsozial", schimpft Vater über einen Mann. Dieser Mann will alles nur für sich allein haben. Außerdem ist er immer auf seinen Vorteil aus. Mit ihm lässt sich schwer zusammenleben. Sozial eingestellte Menschen können zum Beispiel teilen. Sie wollen, dass es allen gut geht, nicht nur ihnen. – Ein Bekannter von Silvias Eltern ist Sozialarbeiter. Er arbeitet in einem Heim. Dort hilft er Jugendlichen, die zu Hause und in der Schule Schwierigkeiten haben.

Spannung Silvia liest ein Buch. „Ist das spannend", sagt sie. Sie kann kaum abwarten, wie die Geschichte ausgehen wird. Ihr Vater sieht gerade ein spannendes Fußballspiel im Fernsehen. Sein Kopf ist rot vor Aufregung. Mutter sagt: „Und ich bin sehr gespannt, ob ich das Zimmer allein aufräumen muss." Wenn ihr die beiden nicht helfen, wird es Spannungen geben. Dann ist die Stimmung gereizt. – Der elektrische Strom im Haushalt hat eine Spannung von 220 Volt. Eine geringere Spannung hat zum Beispiel der Strom in einer elektrischen Klingel. An Hochspannungsmasten warnt ein Schild vor dem gefährlich starken Strom.

Spargel Silvia und ihr Vater sehen beim Spargelstechen zu. So wird die Spargelernte genannt. Der Bauer erntet nur die Sprossen des Spargels. Und er wartet damit, bis ihre Spitzen mit den Knospen die angehäufte glatte Erde durchstoßen. Die grünen Blüten und roten Früchte des Spargels sind ungenießbar. Schnurgerade wirken die langen Furchen der Spargelfelder. Silvia und ihr Vater kaufen zwei Pfund Spargel. Zu Hause werden sie die Spargelstangen schälen und dann kochen. Leider gibt es dieses zart schmeckende ▸ Gemüse nur im Frühjahr einige Wochen frisch. Man kann Spargel aber auch tiefgefrieren.

Spatz Auf dem Schulhof sieht Silvia eine Menge Spatzen. Diese laut tschilpenden ▸ Vögel mit dem bräunlichen Gefieder gibt es überall. Wenn Mutter Vogelfutter ausstreut, sagt sie meistens nach kurzer Zeit: „Die frechen Spatzen haben wieder alles weggefressen." Spatzen ernähren sich vor allem von Samen und ▸ Insekten. Die Singvögel, die wir Spatzen nennen, sind eigentlich Haussperlinge oder Feldsperlinge.

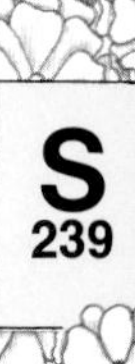

Specht „Hör mal, ein Specht", sagt Großvater im Wald. Das laute Klopfen des ▸Vogels kann man wirklich nicht überhören. Und dann sieht Silvia den Specht. Er hält sich mit seinen Greiffüßen am Baum fest. Die Schwanzfedern braucht er um sich abzustützen. Den kräftigen Schnabel benutzt der Specht wie einen Meißel. Er hackt damit ein Loch in die Rinde. Unter der Rinde sitzen nämlich ▸Insekten. Von denen ernährt er sich. Seine lange, klebrige Zunge holt die Insekten heraus. Auch die Bruthöhle hackt der Baumvogel in den Stamm. – Bei uns sieht man vor allem den Buntspecht und den Grünspecht.

Spiegel Silvia steht vor dem Spiegel. Auf der glatten Glasfläche vor sich sieht sie ihr Spiegelbild. Das funktioniert aber nur, wenn genügend Licht im Raum ist. Die Rückseite der Glasfläche besteht aus einer dünnen Aluminium- oder Silberschicht. Wenn genügend Licht vorhanden ist, wirft die Metallschicht das Licht zurück. Diesen Vorgang nennt man Reflexion. So entsteht das Spiegelbild von Silvia. Den Aufdruck ihres T-Shirts kann sie aber nur schwer lesen. Spiegel zeigen nämlich alles seitenverkehrt, also auch diese Schrift. Auf dem Jahrmarkt hat sich Silvia völlig verzerrt in einem Zerrspiegel gesehen. Andere Spiegel dort zeigten sie ganz klein oder riesig groß. – Als ersten Spiegel benutzten die Menschen eine glatte Wasserfläche. Auch in der kann man sich gut sehen. Vor den heutigen Glasspiegeln kannte man Spiegel aus blank polierten Metallflächen. – Es gibt auch einen Spiegel, in den man nicht sieht. Welcher ist das? Der Meeresspiegel. So wird der Wasserstand des Meeres genannt.

Spielplatz „Los, wir gehen zum Spielplatz", sagt Silvia zu ihrer Freundin. Viele Kinder spielen da. Sie bauen Burgen im Sandkasten. Einige benutzen die Rutschbahn und die Wippe. Silvia setzt sich auf die ▸Schaukel. Ihre Freundin klettert am Klettergerüst und turnt später an den Ringen. Hier kann man prima toben. Noch besser gefällt Silvia aber der Abenteuerspielplatz in der Nähe. Dort gibt es Bretter, Balken, Steine und Werkzeug. Damit bauten sich die Kinder eine Hütte. Gegen Abend kamen Eltern zum Helfen. An der Feuerstelle wurde ein großes Feuer gemacht. Lange feierten alle das Hütteneinweihungsfest. Es war wirklich ein abenteuerlicher und schöner Tag auf diesem Spielplatz.

Spinat „Hm, Spinat“, freut sich Vater. „Igitt, schon wieder Spinat“, seufzt Silvia. Sie mag das grüne ▸ Gemüse nicht. Silvia weiß, was ihre Mutter gleich sagen wird: „Spinat enthält viele ▸ Vitamine und ist gesund. Als Baby Bẹbi hast du ihn oft und gern gegessen.“ – Man isst nur die Blätter der Gemüsepflanze. Im Frühjahr wird Winterspinat geerntet. Den pflanzt man im Spätherbst. Der Sommerspinat wird im Frühjahr angepflanzt und im Sommer geerntet.

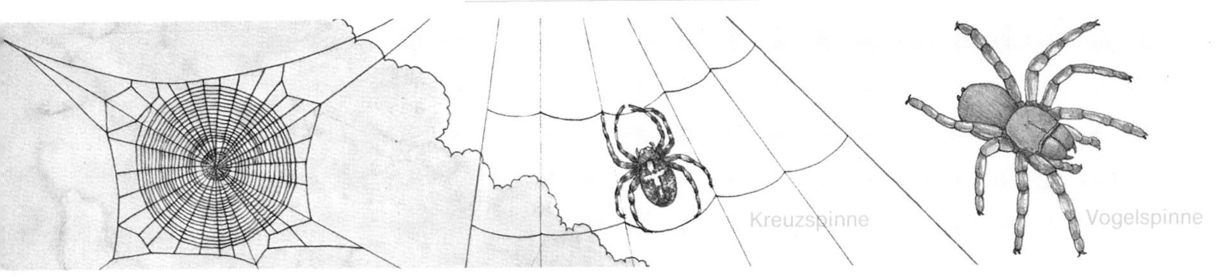

Spinne Interessiert sieht Silvia einer Spinne zu. Die baut gerade ihr Netz. Spinnen haben an ihrem Hinterleib einen ‚Spinnapparat‘. Der besteht aus Spinndrüsen und Spinnwarzen. Sie sondern damit eine Flüssigkeit ab, die zu einem festen Faden wird. Aus diesem Faden spinnen sie ihr ▸ Netz. Das Netz ist eine Falle für ▸ Insekten. Hat sich ein Insekt darin verfangen, lähmen es manche Spinnenarten mit ihrem Giftbiss. An dem Faden lassen sich Spinnen aber auch zum Beispiel von einem Ast herunter. – Nicht alle Spinnen bauen Netze. Die achtbeinigen Tiere können sehr klein sein. Der Körper der größten Vogelspinne misst mehrere Zentimeter. Kreuzspinnen erkennt Silvia am Kreuz auf dem Hinterleib. Sogar im Wasser leben Spinnen.
Manchmal sagt jemand: „Die beiden sind einander spinnefeind.“ Das bedeutet, dass sie sich überhaupt nicht vertragen können.

spinnen In Spinnereibetrieben werden Fäden gesponnen. Man braucht dazu ▸ Baumwolle, Tierhaare oder künstliche Fasern. Diese verschiedenen Fasern muss man dort erst einmal auseinander zupfen und reinigen. Dann können sie in riesigen Maschinen zu Fäden versponnen werden. Aus den Fäden webt man Stoffe. – Bei ihrer Großmutter hat Silvia ein altes Spinnrad gesehen. „Das benutzte meine Mutter um Schafwolle zu spinnen“, sagt Großmutter. – Wenn aus der Seidenraupe eine ▸ Puppe werden soll, muss die Raupe dünne Fäden spinnen. Die sammelt man und verarbeitet sie zu wertvollen Seidenstoffen.
Manchmal ruft Silvia: „Du spinnst.“ Ob der, zu dem sie das sagt, dann am Spinnrad sitzt?

16 MGK

Spion Silvia gehört zu einer Bande. Einmal wurde ihre Bande von einem Jungen beobachtet. „Der spioniert uns nach“, sagte Silvia. Spione erkunden geheime Dinge. Oft spionieren sie in einem fremden Land für ihr eigenes Land. Dort wollen sie zum Beispiel herausbekommen, welche Waffen dieses Land besitzt. Fast jeder ▸Staat hat Spione. Sie arbeiten für den Geheimdienst. Werden sie bei der Spionage (Spionasche) erwischt, müssen sie mit schweren Strafen rechnen. – Welchen Spion siehst du an der Haustür?

Das kleine Guckloch an Haus- oder Wohnungstüren nennt man Spion.

Sport Vater, Mutter und Silvia rennen im Dauerlauf durch den Wald. Diese Art von Sport macht ihnen Spaß. Wenn sie regelmäßig so Sport treiben, werden sie fit bleiben. – In der Schule hat Silvia Sportunterricht. Die Schüler üben an den Turngeräten. Sie spielen Ball. Manchmal laufen sie um die Wette. Und sie springen weit oder hoch. – Leistungssportler wollen gewinnen und ▸Rekorde aufstellen. Manche trainieren (treniren) deswegen so viel, dass sie keine Zeit mehr für einen ▸Beruf haben. Dann ist der Sport ihr Beruf, mit dem sie Geld verdienen. – Silvia glaubt nicht, dass alle Sportarten gesund sind. Berufsboxern zum Beispiel wird immer wieder an den Kopf geschlagen. Auch Autorennen mit den vielen schweren Unfällen hält sie für ziemlich ungesund. – Wenn man Sport treiben möchte, kann man Mitglied in einem Sportverein werden. Dort bietet man die unterschiedlichsten Sportarten an: ▸Fußball, ▸Handball, Basketball, Leichtathletik, Turnen, Gymnastik, ▸Schwimmen, ▸Wasserball, Rudern, Segeln, ▸Tischtennis, ▸Tennis, ▸Fechten, Schießen, Ringen, Boxen, ▸Judo, Gewichtheben, Radfahren, ▸Reiten und vieles andere. Auch für den Wintersport gibt es Sportvereine: Man kann dort Ski laufen, Ski springen, ▸Eishockey spielen, eisschnelllaufen, eiskunstlaufen, rennrodeln und Bob fahren.

Sprache Silvia freut sich auf ihren Geburtstag. Sie sagt das den Eltern. Dann hat Silvia eine ▸Idee und redet darüber. Später möchte sie etwas haben und spricht das aus. Weil ihr Freund eine Rechenaufgabe nicht versteht, erklärt sie ihm die. Für all das braucht sie ihre Sprache. Die besteht aus ▸Wörtern, die zu Sätzen zusammengefügt werden. Über zweitausend Sprachen spricht man auf der Erde. Dazu gibt es in vielen Sprachen verschiedene Mundarten (Dialekte). Die werden nur in bestimmten Teilen eines Landes gesprochen und verstanden. Die deutsche Sprache hat mehrere Tausend Wörter. Einfache Sprachen kommen mit wenigen Hundert Wörtern aus. – Zum Sprechen brauchen wir die Stimmbänder im Kehlkopf. Die werden von der Atemluft in Schwingungen versetzt. So entstehen Töne. Mit der Zunge, den Zähnen und Lippen formen wir dann Laute und daraus Wörter. – Ein Freund von Silvia hat einen Sprachfehler. Er kann bestimmte Laute nur undeutlich sprechen. – Manchmal rückt Silvia nicht mit der Sprache heraus. Dann will sie etwas für sich behalten. – Was wäre, wenn es keine Sprache geben würde?

Spraydose (Sprẹdose) Mutter kauft eine Spraydose mit Haarfestiger. Auch Putzmittel, Rasierschaum und Farbe gibt es in Spraydosen. Silvia nimmt die Verschlusskappe der Dose ab. Dann sprüht sie mit der Düse etwas Schaum auf die Hand. Außer dem Schaum ist ein ▸ Gas in der Dose. Dieses Treibgas presst mit seinem Druck den Schaum heraus. – Treibgas kommt in die Lufthülle der Erde. Dort schwächt und zerstört es die lebensnotwendige Ozonschicht, die uns vor den schädlichen Teilen der Sonnenstrahlen schützt. Die meisten Sprays werden bereits ohne dieses Treibgas hergestellt. Ab 1997 ist es bei uns ganz verboten.

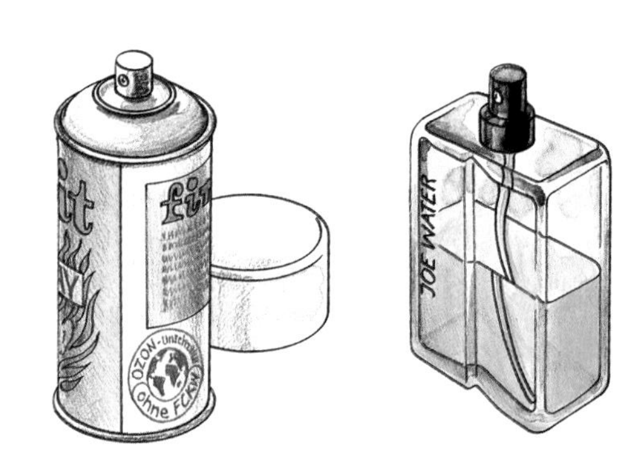

sprengen Im Fernsehen sieht Silvia, wie ein hoher Schornstein gesprengt wird. Der Sprengmeister verwendet Sprengstoff dazu. Dynamit ist so ein Sprengstoff. Man zündet eine kleine Menge davon aus sicherer Entfernung mit einer Zündschnur oder einem elektrischen Zünder. Dann explodiert das Dynamit. Die Kraft der kleinen Sprengstoffmenge zerstört den großen Schornstein. – Auch beim Tunnelbau, Straßenbau und im ▸ Bergwerk wird mit Sprengstoff gearbeitet. Dort würde es zu lange dauern, die großen Erd- oder Steinmassen wegzuschaufeln. Die lassen sich schneller wegsprengen. – Vater sagt: „Ich sprenge jetzt den Rasen.“ Trotzdem wird der Rasen nicht explodieren. Weißt du, was Vater tut?

Er spritzt mit dem Schlauch Wasser auf den Rasen.

Spritze Silvia hat sich an einem Stacheldraht verletzt. Ihre Mutter sagt: „Wir gehen zum ▸ Arzt. Der gibt dir eine Tetanusspritze, damit du keinen Wundstarrkrampf bekommst.“ Der Arzt zieht die Spritze auf. Dabei füllt er flüssigen Impfstoff in den Hohlraum aus Kunststoff oder Glas und steckt eine spitze Nadel (Kanüle) darauf. Vorsichtig sticht er in die gesäuberte Haut und spritzt dann den Impfstoff unter die Haut. Das pikt ein wenig. – Beim Zahnarzt hat Silvia eine Spritze ins Zahnfleisch bekommen. Dadurch war sie an dieser Stelle gegen Schmerzen unempfindlich. – Zum Löschen benutzt die ▸ Feuerwehr große Spritzen, aus denen ein dicker Wasserstrahl kommt. – „Spritz nicht so“, sagt Vater. Silvia sitzt nämlich in der Badewanne und veranstaltet ein Spritzfest.

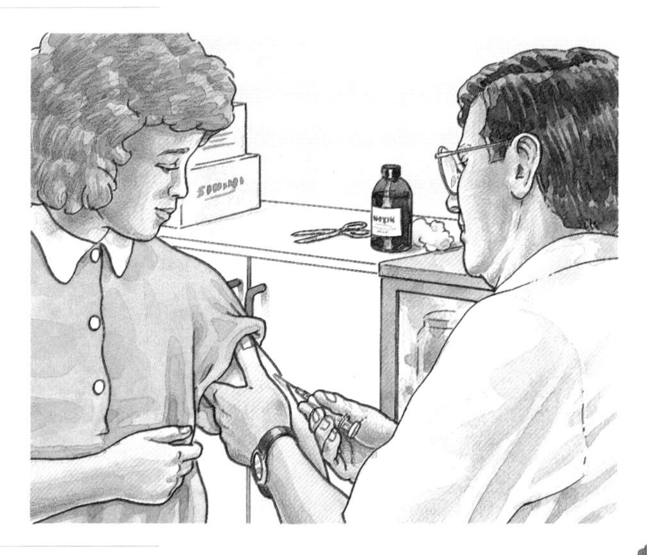

Sprudel Silvia trinkt ein Glas Sprudel. Diese Flüssigkeit schmeckt nach fast nichts und stillt den Durst. Sprudel benutzt man außerdem zum Verdünnen von Fruchtsaft, Sirup und Wein. Was da in der Sprudelflasche sprudelt, ist Kohlensäure. Auch Mineralwasser nennt man Sprudel. Silvias Mineralwasser kommt aus einer bekannten Heilquelle. Dort hat das Wasser in der Erde Stoffe aufgenommen, die gegen einige Krankheiten helfen. – Zitronenlimonade ist Sprudel mit Zitronengeschmack und Zucker.

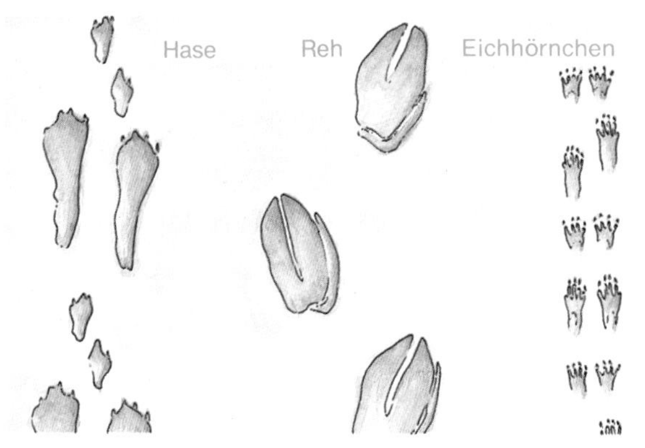

Spur Im ▸ Schnee sieht Silvia eine Spur. An diesem Abdruck erkennt sie, dass hier jemand gegangen ist. Auch im feuchten Sand und im lockeren Boden drücken sich Spuren ein. Manche Menschen können Tierspuren unterscheiden. – In der Zeitung hat Silvia gelesen: „Der Einbrecher hinterließ viele Spuren.“ Die ▸ Polizei fand Fußspuren und Fingerabdrücke. Wichtige Spuren waren auch Dinge, die der Einbrecher am Tatort liegen ließ. Diese Spuren geben der Polizei Hinweise auf den Täter. – Den Abstand zwischen den Eisenbahnrädern nennt man ‚Spurbreite‘.

Staat Silvia und ihre Eltern sind deutsche Staatsbürger. Der Staat, in dem sie und viele andere Menschen leben, heißt ▸ Bundesrepublik Deutschland. Damit das Zusammenleben der Menschen in einem Staat funktioniert, wurden Regeln aufgestellt. Mit diesen Regeln will der Staat das Leben, die Freiheit und das Eigentum seiner Bürger schützen. Solche Regeln nennt man ▸ Gesetze. Der Staat lässt Schulen, Krankenhäuser und Straßen bauen. Das kostet Geld. Die Bürger bezahlen es als ▸ Steuern an den Staat. Es gibt Staaten, in denen die Bürger mitbestimmen. Durch ▸ Wahlen beeinflussen sie, was im Staat geschieht und was nicht. Das gehört zu den wichtigsten Rechten der Menschen. Andere Staaten geben ihren Bürgern keine oder nur wenig Rechte. Dort wird über sie bestimmt. – Staatenlose Menschen gehören keinem Staat an.

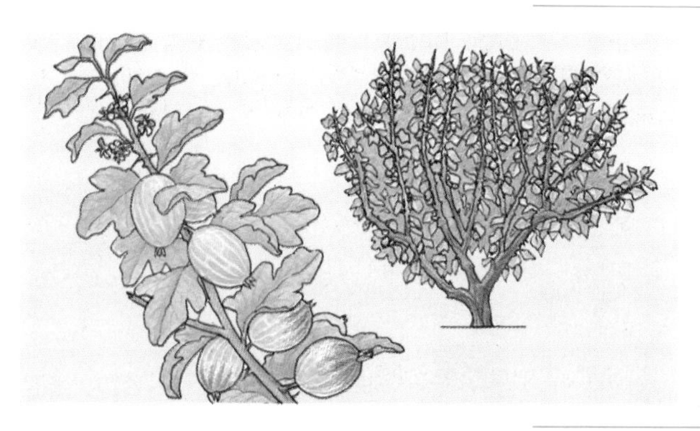

Stachelbeere Im Garten pflückt Silvia Stachelbeeren. Rund und prall hängen sie an den Zweigen des Strauchs. Süß schmecken die roten ▸ Früchte. Silvia hat auch schon grüne und gelbliche Stachelbeeren gegessen. An den behaarten Früchten sieht Silvia keine Stacheln. Das Stachelige am Stachelbeerstrauch sind die Stacheln der Zweige. Silvia isst gerne Stachelbeerkuchen. Mutter kocht manchmal auch ▸ Marmelade und ▸ Kompott aus den Früchten. Kürzlich hat sie eine Flasche Stachelbeerwein mitgebracht.

Stachelschweine Stachelschweine sind keine ▸ Schweine, sondern Nagetiere. Sie ernähren sich von Früchten und Wurzeln. Bis zu achtzig Zentimeter können Stachelschweine lang werden. Die Rückenborsten der Tiere haben sich im Lauf von Jahrtausenden zu langen, spitzen und hohen Stacheln entwickelt. Bei Gefahr stellen sie die Stachelschweine einfach steil auf. Streicheln möchte Silvia sie dann lieber nicht. Die Tiere leben in ▸ Afrika, Südasien und Südeuropa. Man kennt mehrere Arten davon. Das Erdstachelschwein zum Beispiel gräbt sich Erdhöhlen.

Stadt In den Häusern einer Stadt wohnen viele Menschen. Eine Menge Straßen, Fabriken und Büros gibt es. Geschäfte bieten alles Mögliche an. Man kann ins Kino oder Theater gehen, in die Oper oder ins Konzert. Büchereien verleihen Bücher. In Museen und Galerien sieht man Ausstellungen. Kindergärten, Schulen und Hochschulen gehören zu einer Stadt. Turnhallen, Schwimmbäder, Spielplätze und Sportplätze wurden gebaut. In Parks kann man sich erholen. Die Kranken heilt man in Krankenhäusern. Für das Wasser, die Elektrizität und die Müllabfuhr sorgen die Stadtwerke. Im ▸ Rathaus arbeitet der Bürgermeister. Er leitet die Stadt zusammen mit vielen Mitarbeitern und dem Stadtrat. – Kleinstädte haben bis zu zwanzigtausend Einwohner, Großstädte über hunderttausend. In ▸ Österreich sind Wien, Linz und Graz Großstädte, in der ▸ Schweiz Zürich, Basel und Genf. Berlin, Hamburg und München sind die größten Städte der ▸ Bundesrepublik Deutschland. Die größten Städte der Erde heißen Mexiko Stadt, New York (Nju Jork), São Paulo und Shanghai. In jeder dieser Riesenstädte wohnen über 15 Millionen Menschen.

Staffel Die Kinder sollen Staffellauf üben. Der Sportlehrer erklärt: „Zu einer Staffel gehören vier ▸ Läufer. Jeder rennt eine gleich lange Strecke. Der erste übergibt den Staffelstab dem zweiten Läufer seiner Mannschaft. Der übergibt den Stab dem dritten und der dem vierten Läufer. Der vierte rennt mit dem Staffelstab ins Ziel." – Beim Staffelschwimmen wird kein Stab übergeben. Der Schwimmer einer Mannschaft schlägt am Beckenrand an. Da springt schon der nächste Schwimmer dieser Mannschaft ins Wasser. Für den vierten ist der Beckenrand das Ziel. – Auch Skilangläufer starten zu Staffelläufen.

Stahl Diese Metallverbindung besteht hauptsächlich aus schmiedbarem Eisen. Um Stahl herzustellen wird Roheisen flüssig gemacht. Danach werden ihm unerwünschte Bestandteile entzogen, vor allem Kohlenstoff. Andere ▸ Metalle mischt man dazu. Damit werden die Eigenschaften des Stahls verändert. Er kann härter werden, biegsamer, widerstandsfähiger und rostfrei. Aus Stahl sind unter anderem Röhren, Lokomotiven und Brücken. „Herr Müller hat ▸ Nerven wie Stahl", sagt Mutter von einem Nachbarn. Der regt sich nämlich nie auf. Herr Müller hat wirklich sehr gute Nerven.

Star Großvater schimpft: „Im Kirschbaum hocken schon wieder die Stare und fressen uns die Kirschen weg." Aber auch von ▸ Insekten, Raupen, Würmern und Schnecken ernähren sich diese ▸ Vögel. Und dagegen hat Großvater nichts. Einige Stare fliegen jetzt auf. Ihr Gefieder ist dunkel und hat helle Flecken. Außerdem glänzt es metallisch. Obwohl Stare nicht besonders schön singen, gehören sie zu den Singvögeln. Wenn es im Herbst kalt wird, ziehen die meisten Stare in wärmere Gegenden, zum Beispiel nach Nordafrika. Schon im Frühling kommen sie wieder zurück. Stare brüten oft in Mauerlöchern und Starenkästen. – Es gibt auch eine Augenkrankheit, die man Star nennt. – Mutter sagt von einem Sänger: „Er gilt zur Zeit als Star." Das heißt nicht, dass er ein Vogel ist. Es bedeutet, dass man ihn für berühmt hält. Manche Stars bekommen dann allerdings einen Vogel, nämlich Starallüren. So nennt man das, wenn ihre Berühmtheit sie eitel und launisch macht.

starten Silvia und einige andere Kinder hocken sich zum Tiefstart hinter die Startlinie. Der Sportlehrer ruft: „Auf die Plätze, fertig, los!" Mit diesem Kommando startet er den Wettlauf. Jetzt rennen die Kinder so schnell sie können. Bei großen Sportfesten wird das Startkommando durch einen Startschuss aus der Pistole gegeben. Manchmal startet einer zu früh. Das ist dann ein Fehlstart. Schwimmer starten meistens mit einem Hechtsprung. Wenn Vater den Wagen startet, macht er keinen Startsprung. Er dreht den Zündschlüssel im Zündschloss um und gibt Gas. Dann läuft der Motor.

Staubsauger „Der Teppich in deinem Zimmer muss mal wieder gesaugt werden", sagt Mutter. Silvia holt den Staubsauger. Sie steckt seinen Stecker in die ▸ Steckdose. Jetzt ist der Staubsauger an den elektrischen Strom angeschlossen. Dann drückt Silvia einen Knopf. Schon läuft das Gerät. Silvia fasst an die Düse und spürt den Sog des Luftstroms in der Hand. Ein ▸ Motor im Gerät erzeugt diesen Luftstrom. Mit Leichtigkeit saugt er Staub und Fusseln ein. Das alles landet in einem Staubbeutel aus Papier. Wenn der voll ist, wird er weggeworfen. Man ersetzt ihn durch einen neuen. – Mit manchen Staubsaugern kann sogar Wasser weggesaugt werden. – Eigentlich ist der Staubsauger das Gegenteil vom Föhn, denkt Silvia. Der Staubsauger saugt Luft ein. Der Föhn pustet Luft aus.

Steckdose Als Silvia kleiner war, sicherten ihre Eltern die Steckdosen mit Verschlüssen. Manchmal stecken Kinder nämlich ein Stück ▸ Draht oder etwas Ähnliches in die Steckdose. Davon können sie einen tödlichen elektrischen Schlag bekommen. Heute weiß Silvia, wie man mit der Steckdose umgeht. Wenn sie zum Beispiel den Föhn benutzen will, steckt sie erst seinen Stecker in die Steckdose. Dann schaltet sie das Gerät ein. Jetzt fließt der elektrische Strom durch das ▸ Kabel ins Gerät. Der Motor läuft, Silvia trocknet ihre Haare. – Welche elektrischen Geräte werden bei dir zu Hause an Steckdosen angeschlossen?

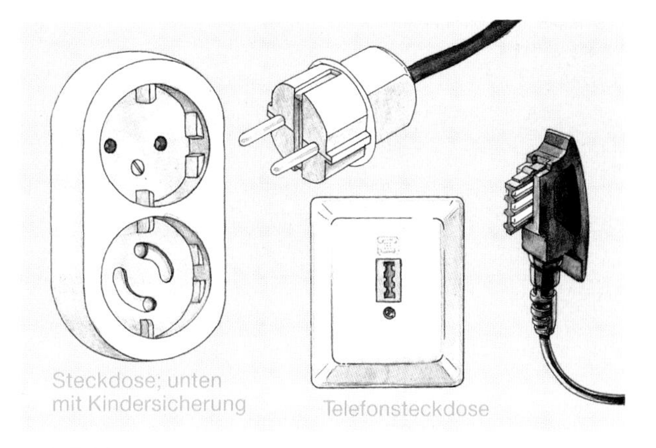

Steckdose; unten mit Kindersicherung

Telefonsteckdose

stehlen Bei den Nachbarn wurde eingebrochen. Die ▸ Polizei kam. „Der Einbrecher hat alles Mögliche mitgenommen", sagte die Nachbarin. „Mein Geldbeutel, mein Schmuck und das Silberbesteck wurden gestohlen." Die Polizei konnte den Einbrecher später bei einem anderen Diebstahl festnehmen. Ein ▸ Gericht bestrafte ihn. – Wenn Kleinigkeiten gestohlen werden, nennt man das ‚klauen' oder ‚mopsen'. – Manchmal stiehlt sich jemand aus dem Haus. Das bedeutet, dass er heimlich weggeht. – „Der hat mir die Schau gestohlen", beschwert sich Vater. Ein Kollege war an ▸ Fasching lustiger verkleidet als er. Alle beachteten ihn, aber keiner beachtete Vater.

Stein Silvia und ihre Eltern gehen zu einem stillgelegten Steinbruch. „Hier wurden Kalksteine herausgebrochen", sagt Mutter. Vater zeigt Silvia die verschiedenen Gesteinsschichten im Erdboden. In einem Steinhaufen findet Silvia den versteinerten Abdruck einer Schnecke. Dieses Tier lebte vor Millionen Jahren. „Hoffentlich finden wir noch mehr ▸ Versteinerungen", wünscht sich Silvia. – Es gibt härtere und weichere Steine. Zu den harten gehört Granit, zu den weichen Sandstein. Steine haben unterschiedliche Farben. Hitze und Kälte lassen sie zerfallen. Wasser und Wind schleifen sie ab. So verändern sie ihre Größe und Form. Man braucht Steine zum Bauen von Häusern und Straßen. Als wertvoller Stein gilt der ▸ Marmor. – „Das Brot ist steinhart", sagt Mutter von besonders hartem Brot.

Steinzeit Im ▸ Museum sieht Silvia alte Geräte und Waffen aus Stein. Sie wurden von den Menschen der Steinzeit benutzt. Diese Urbewohner der Erde wussten nicht, wie man ▸ Metalle schmilzt und bearbeitet. Deswegen verwendeten sie ▸ Steine. Sie machten zum Beispiel Speerspitzen, Messer und ▸ Äxte daraus. Vor ungefähr fünftausend Jahren lernten die Menschen dann ▸ Metalle zu schmelzen und zu bearbeiten. Damit hörte die Steinzeit nach einigen Hunderttausend Jahren auf. Allerdings gibt es auch heute noch Menschen, die fast wie in der Steinzeit leben, zum Beispiel in den Urwäldern ▸ Afrikas.
Kannst du dir vorstellen, wie das Leben in der Steinzeit war?

Stelzen Der Freund von Silvia hat Stelzen bekommen. Damit stelzt er etwa dreißig Zentimeter größer als sonst durch die Gegend. Silvia probiert das auch. Schnell merkt sie, dass es gar nicht so leicht ist. – Im ▸ Zirkus hat Silvia einen Artisten mit riesengroßen Beinen gesehen. Der stand auf Stelzen. Man hat sie nur nicht bemerkt, weil sie unter den langen Hosenbeinen versteckt waren. – Der ▸ Storch und ein Bekannter von Vater stelzen ohne Stelzen. Beide gehen nämlich sehr steifbeinig. Auch das nennt man ‚stelzen'.

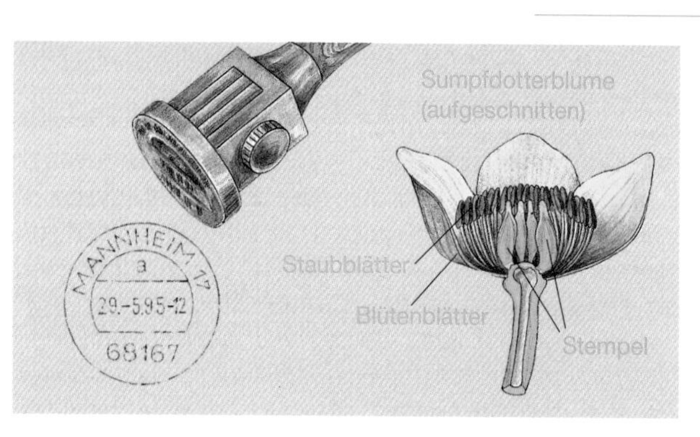

Stempel Mutter hat einen Stempel mit Namen und Adresse anfertigen lassen. Dazu hat sie ein Stempelkissen und Stempelfarbe besorgt. Silvia probiert den Stempel gleich aus. Sie drückt ihn fest ins Stempelkissen. Dadurch nehmen die Buchstaben Farbe an. Dann presst sie den Stempel aufs Papier. Jetzt kann sie den Abdruck des Namens und der Adresse lesen. – Die ▸ Post stempelt Briefmarken, damit sie nicht noch einmal benutzt werden. – Jede Blüte hat einen Stempel zur Befruchtung.

Steppe In Steppenlandschaften wachsen keine Bäume. Da gibt es nur Gräser, Kräuter und Sträucher. Meistens ist es sehr warm und trocken. Die Steppen Nordamerikas nennt man ‚Prärien'. In Südamerika heißen die Steppen ‚Pampas'. Auf den Steppen Nordamerikas grasten früher riesige Bisonherden. Sie und viele andere wilde Steppentiere sind fast ausgestorben. Heute treibt man große Viehherden über die Steppen. Diese flachen Gebiete werden vor allem als Weideland benutzt. – Sieh dir doch mal im Atlas an, wo du Steppengebiete findest.

sterben Silvia und ihre Mutter treffen eine Bekannte. Die Frau trägt schwarze Kleidung. „Warum hat sie die an?", fragt Silvia. Mutter sagt: „Sie zeigt damit, dass sie um ihren Mann trauert. Er ist an einer schweren Krankheit gestorben. Durch seinen Tod ist sie Witwe geworden." – Silvias Urgroßvater starb mit über achtzig Jahren. Krank hatte er sich nie gefühlt, nur immer schwächer. Bei der Beerdigung auf dem ▸ Friedhof konnte sich Silvia gar nicht vorstellen, dass sie ihren Urgroßvater nie mehr sehen wird. – Irgendwann ist das Leben jedes Lebewesens zu Ende. Alle Menschen, Tiere und Pflanzen sterben. Einige leben länger, zum Beispiel die Menschen. Manche ▸ Insekten leben nur Stunden oder Tage. Im Durchschnitt werden die Menschen bei uns älter als früher. Das liegt zum Beispiel daran, dass die Ärzte mehr über Krankheiten wissen als früher. Außerdem können wir uns besser ernähren.

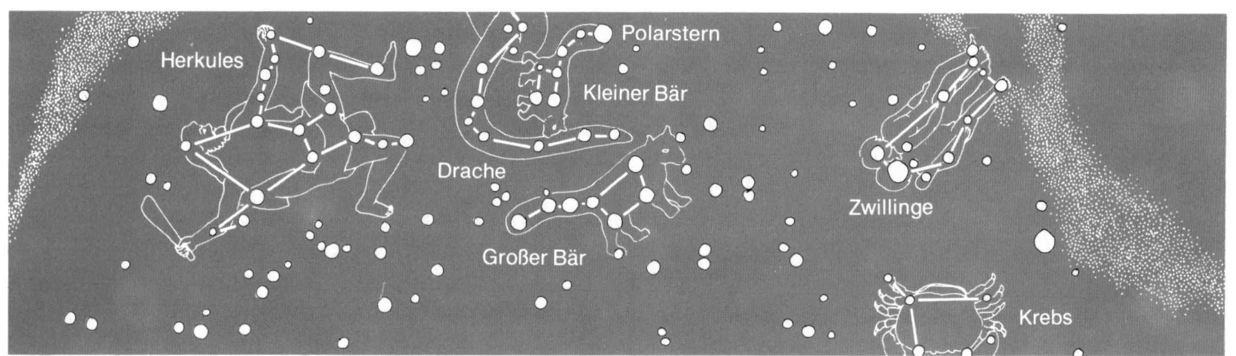

Stern An einem Winterabend gehen Silvia und ihre Mutter nach Hause. Der dunkle, wolkenlose Himmel ist voller Sterne. Ungefähr fünftausend dieser leuchtenden Punkte kann man mit bloßem Auge erkennen. Alle gehören zu unserem Milchstraßensystem. Mutter zeigt zu einer Gruppe von Sternen hinauf. Die stehen so nebeneinander, dass sie wie eine Figur wirken. Mutter sagt: „Das ist der Große Bär. Und dort kannst du den Kleinen Bären sehen.“ Es gibt noch viele andere Sternbilder. Alle haben Namen. – In einer Sommernacht sah Silvia einmal eine Sternschnuppe am Himmel. „Ein ▸ Meteor“, sagte Vater dazu. Mit einem riesigen Fernrohr könnte man Millionen Lichtpunkte im Weltall zählen. – Man unterscheidet Fixsterne und ▸ Planeten. Die Fixsterne stehen scheinbar immer am gleichen Platz. Tatsächlich bewegen sie sich auch, allerdings sehr langsam. Planeten bekommen ihr Licht und ihre Wärme von der ▸ Sonne, einem Fixstern. Außerdem bewegen sich die Planeten um die Sonne. Im Vergleich zur ▸ Erde ist der Durchmesser der Sonne einhundertneunmal so groß. Andere Riesensterne sind noch viel, viel größer. Ihr Licht braucht Tausende und Hunderttausende von Jahren, bis es auf der Erde ankommt. Dabei musst du dir vorstellen, dass das Licht in der Sekunde etwa 300 000 Kilometer zurücklegt. Das heißt, es rast in einer Sekunde etwa siebenmal um die Erde. Diese Sterne sind also unvorstellbar weit entfernt.

Sternwarte Der Freund von Silvias Vater arbeitet als Astronom in einer Sternwarte. „Man könnte auch Sterngucker zu meinem ▸ Beruf sagen“, meint er. Das Dach der Sternwarte ist eine Kuppel. Sie lässt sich öffnen. Durch diese Öffnung beobachten die Astronomen mit Fernrohren (Teleskopen) den Sternenhimmel. Dazu werden auch andere komplizierte Geräte dieser astronomischen Forschungsstätte benutzt. – Seit der Erfindung des Fernrohrs vor etwa 400 Jahren entdeckte man viele Sterne, die sonst unsichtbar geblieben wären.

Steuer Wenn man ▸ Geld verdient, wird vom Finanzamt ein Teil davon abgezogen. Das sind die Steuern. Der ▸ Staat braucht das Geld dieser Steuereinnahmen. Er gibt es zum Beispiel für Schulen, Krankenhäuser und den Straßenbau aus. Lehrer und Polizeibeamte werden damit bezahlt. – Silvias Eltern kaufen manchmal Zigaretten, Schnaps oder Benzin. Auch dann bezahlen sie Steuern. Die sind schon im Preis dieser Waren enthalten. Für einen Hund muss man Hundesteuer bezahlen.
Es gibt nicht nur die Steuer, sondern auch das Steuer. Damit lenkt man Fahrzeuge.

Stiefvater Die Freundin von Silvia hat einen ‚neuen' Vater. Sie sagt: „Er ist mein Stiefvater." Ihre Mutter hatte früher einen anderen Ehemann. Er ist der Vater von Silvias Freundin. Die beiden Erwachsenen konnten sich überhaupt nicht vertragen. Deswegen ließen sie sich scheiden. Das Mädchen blieb bei der Mutter. Später heiratete die Mutter ihren jetzigen Mann. Er wurde der Stiefvater von Silvias Freundin. Sie ist sein Stiefkind. – Ein Junge aus Silvias Klasse hat eine Stiefmutter. Sein Vater war schon einmal verheiratet. Seine jetzige Frau ist die Stiefmutter des Jungen.

Stierkampf Ein Freund von Silvias Vater war in Spanien. Da hat er einen Stierkampf gesehen. Viele Zuschauer kamen in die Arena. Sie alle wollten den Kampf zwischen Stier und Torero erleben. Zuerst schwenkte der Torero seinen farbigen Mantel um den Stier zu reizen. Einige Männer, Gehilfen des Toreros, stachen das Tier mit kleinen Lanzen. Außerdem steckten sie ihm Pfeile in den Rücken. Das bullige Tier raste vor Wut. Jetzt nahm der Torero sein rotes Tuch um den Stier noch mehr zu reizen. Geschickt wich er dem Stier immer wieder aus. Schließlich gab er ihm mit seinem Degen den Todesstoß. – Der Freund von Vater findet, dass das Tierquälerei ist. Eigentlich wollte er nicht hinsehen. Aber irgendwie konnte er auch nicht wegsehen.

Stimme Mutter sagt zu Silvia: „Ich finde, deine Stimme klingt schön." Damit man ihre Stimme hören kann, muss Silvia atmen. Die Atemluft bringt nämlich die gespannten Stimmbänder im Kehlkopf zum Schwingen. So entstehen Töne. Die Zunge, der Mund und die Lippen formen daraus Wörter. – Mit ungefähr vierzehn Jahren kommen die Jungen in den Stimmbruch. Dann verändert sich ihre Stimme und wird tiefer. Im Radio singt eine tiefe Männerstimme. „Hör mal, ein Bass", sagt Vater. Eine hohe Männerstimme nennt man Tenor. Die Stimmlage zwischen Tenor und Bass heißt Bariton. Eine hohe Frauenstimme ist ein Sopran, eine tiefe ein Alt. – Bei der ▸Wahl gibt Mutter ihre Stimme einer bestimmten ▸Partei. Weißt du, was das bedeutet?

Sie wählt diese Partei.

Stoppuhr Auf dem Sportplatz übt Silvia den 50-Meter-Lauf. „Ich stoppe, wie viel Zeit du brauchst", sagt ihr Freund. Er hat eine Stoppuhr mit. Silvia startet. In dem Augenblick drückt ihr Freund auf einen Knopf der Stoppuhr. Die ▸Uhr läuft. Als Silvia am Ziel ankommt, drückt er wieder einen Knopf. Der Uhrzeiger bleibt stehen. Jetzt lesen sie von der Stoppuhr ab, dass Silvia acht Sekunden und vier Zehntel Sekunden gebraucht hat.
Es gibt Stoppuhren, die sogar hundertstel Sekunden stoppen. Manche Armbanduhren kann man auch als Stoppuhren benutzen.

Storch Auf dem Dachfirst eines Bauernhauses sieht Silvia ein großes Storchennest. Gerade kommt ein Storch angeflogen. Alles an diesen ▸Vögeln ist lang: die roten Beine, der rote Schnabel, der Hals und die Flügel. Störche stelzen über nasse Wiesen und in ▸Sümpfen. Dort fangen sie für sich und ihre Jungen ▸Frösche, ▸Eidechsen und ▸Insekten. Allerdings werden immer mehr nasse Wiesen und Sümpfe trockengelegt. Dadurch finden die Störche immer weniger Nahrung. Und deswegen gibt es heute längst nicht mehr so viele Störche wie früher. – Wenn es bei uns kälter wird, fliegen sie in Länder, in denen es wärmer ist, zum Beispiel nach Südafrika. Wird es bei uns warm, kommen sie zu ihrem ▸Nest zurück. Diesen riesigen Horst haben sie sich aus Reisig gebaut. Störche nisten auf Bäumen, am Erdboden, auf Hausdächern, Kirchtürmen oder Felsen. Sie können über zwanzig Jahre alt werden. Man kennt mehrere Storchenarten. Außer dem Weißen Storch gibt es zum Beispiel den Waldstorch, den Sattelstorch und den Marabu. – Weil Störche mit dem Schnabel klappern, nennt man sie Klapperstörche. Dieses Klappern ist fast so etwas wie ihre Sprache. In manchen Geschichten heißt der Storch ‚Adebar'. Da bringt er sogar die kleinen Kinder. Die wären ihm in Wirklichkeit aber viel zu schwer.

Strafe Silvia liest, dass ein Einbrecher zu zwei Jahren Haft verurteilt wurde. Diese Strafe muss er im Gefängnis verbüßen. Viele Häftlinge haben keinen ▸Beruf. Manche lernen in der Haftanstalt einen. So finden sie nach ihrer Gefängniszeit eventuell leichter Arbeit. – Das ▸Gericht kann kürzere Gefängnisstrafen zur Bewährung aussetzen. Der Verurteilte muss dann nicht ins Gefängnis. Während der Bewährungszeit darf er sich aber auf keinen Fall strafbar machen. Tut er es trotzdem, kommt er doch ins Gefängnis. Auch zu einer Geldstrafe kann man verurteilt werden. – Strafen sollen erreichen, dass der Täter so was nicht noch einmal tut. Außerdem soll damit erreicht werden, dass andere das nicht nachmachen. – Der Freund von Silvia wurde bestraft, weil er eine Fünf geschrieben hatte. Er durfte eine Woche nicht fernsehen. Silvia denkt, dass das ungerecht ist. – Muss Strafe immer sein? Was meinst du?

Strahl Im Wasserstrahl wäscht Silvia ihre Hände. Draußen sieht sie Sonnenstrahlen. Die wirken fast wie schmale Streifen. Wenn es kalt ist, sitzt Silvia gerne in der Nähe des Ofens. Der strahlt nämlich gemütliche Wärme aus. Vor einigen Wochen musste sie zum ▸Röntgen. Ein Teil ihres Körpers wurde von den unsichtbaren Röntgenstrahlen durchleuchtet. Radioaktive Strahlen, die man in ▸Kernkraftwerken erzeugt, können tödlich sein.
Kürzlich sagte Silvias Mutter: „Du strahlst ja so." Silvia freute sich. Man sah ihr das deutlich an. Sie strahlte. Ihre Freundin hatte sie nämlich zu einem Ausflug eingeladen.

Straße Silvia und ihre Mutter fahren im Auto durch die ▸ Stadt. Silvia ist froh, dass sie hier nicht über die Straße gehen muss. Weit und breit sieht sie nämlich nur dichten ▸ Verkehr und keinen Zebrastreifen. Etwas später fahren sie auf einer ziemlich schmalen Landstraße. Schließlich kommen sie zu einer breiten Bundesstraße. „Da drüben ist die Autobahn", sagt Silvia. Dort wurde für jede Fahrtrichtung eine eigene Fahrbahn gebaut. Sie besteht aus zwei oder mehr Spuren. ▸ Kreuzungen gibt es auf der Autobahn nicht. – Silvia hat gemerkt, dass der Straßenbelag aus unterschiedlichem Material ist. Man verwendet dafür Asphalt, ▸ Beton oder Pflastersteine. – Schmale Straßen in alten Städten und Dörfern nennt man ‚Gassen'. Die ersten Straßen wurden für Reiter und Boten gebaut. Auf den uralten Handelswegen transportierte man zum Beispiel Salz und Seide. – Viele Menschen sind heute dagegen, dass immer mehr Straßen gebaut werden. Sie befürchten, dass die ▸ Natur dadurch immer mehr zerstört wird.

Straßenbahn Silvia steht mit ihrer Freundin an der Haltestelle. „Da hinten kommt unsere Straßenbahn schon", sagt Silvia. So eine Straßenbahn (Tram) sieht aus wie ein kurzer Zug. Ohne Fahrscheine dürften die beiden Mädchen nicht mitfahren. Wenn sie es doch probieren würden, wären sie Schwarzfahrerinnen. Die verschiedenen Straßenbahnlinien verkehren in der Stadt und bis in die Vororte. Zum Fahren brauchen diese Bahnen Schienen und elektrischen Strom. Den bekommen sie aus den Leitungen, die hoch über den Gleisen verlegt wurden. – Großvater sagt: „Vor ungefähr hundert Jahren fuhr in Berlin die erste elektrische Straßenbahn. Mein Vater erzählte mir, dass er oft mit einer besonderen Straßenbahn unterwegs war. Die wurde von Pferden gezogen."

Strauß Im ▸ Zoo sieht Silvia einen riesigen ▸ Vogel. „Das ist ein Strauß", sagt Mutter. Er wird größer und schwerer als ein ausgewachsener Mann. Strauße sind die größten Vögel der Erde. Mit ihren verkümmerten Flügeln können sie nicht fliegen. Dafür laufen sie sehr schnell. Wenn ein Strauß in der afrikanischen ▸ Savanne losrast, holt ihn kein Pferd ein. Auch zum Treten brauchen sie ihre kräftigen Beine. Straußeneier können größer sein als Kokosnüsse. Sie wiegen ungefähr drei Pfund. Männchen und Weibchen brüten sie abwechselnd aus. Man kann Straußeneier essen. „So ein Ei wäre ein tolles Frühstücksei für mich", sagt Silvia. – Emus und Nandus sind straußenähnliche Vögel. – Es gibt einen Strauß, der nicht läuft und tritt. Weißt du, was das für einer ist?

Der Blumenstrauß.

streicheln Einer aus der vierten Klasse hat Silvia gehauen. Sie kommt weinend nach Hause. Ihre Mutter nimmt sie in den Arm und streichelt sie. Silvia spürt das gerne. Es ist schön sanft und es tröstet. Manchmal streichelt Mutter Silvia ganz plötzlich, ohne eigentlichen Grund. „Nur so, weil ich mich danach fühle“, sagt sie. Auch ihr Vater und ihre Mutter streicheln sich. Wenn sie das tun, weiß Silvia, dass sich die beiden gerade besonders gern haben. „Wir sind eine ziemlich streichelige Familie“, hat Silvia mal gesagt.

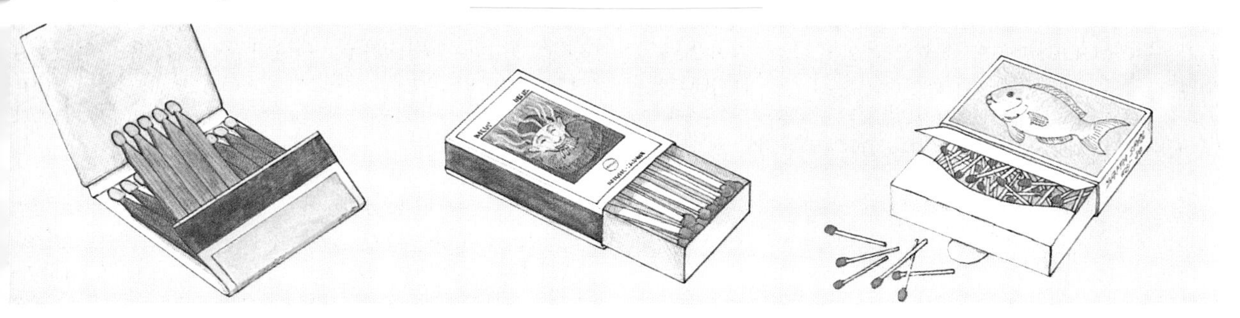

Streichholz „Zünde doch bitte mal die Kerze an“, sagt Mutter. Silvia nimmt ein Streichholz aus der Schachtel. Auf der einen Seite hat das dünne Holzstäbchen einen Zündkopf. Sie streicht ihn kräftig über die raue Reibfläche der Schachtel. Da brennt das Streichholz. Silvia geht vorsichtig mit der Flamme um. Sie will sich die Finger nicht verbrennen. – Streichhölzer nennt man auch Zündhölzer. Früher sagte man ‚Schwefelhölzchen‘ dazu. Der Zündkopf der Streichhölzer enthält nämlich etwas ▸ Schwefel. Manche Streichhölzer sind gar nicht aus Holz, sondern aus Pappe oder Papier. Im Urlaub in der ▸ Schweiz benutzte Mutter Wachszündhölzer. Die Zündköpfe dieser Wachsstäbchen konnte sie an jeder rauen Fläche anreiben. Schon brannten sie.

Streik Silvias Onkel arbeitet in einer Autofabrik. Die ▸ Gewerkschaft, zu der er gehört, verhandelt zur Zeit mit den Arbeitgebern. Das sind zum Beispiel die Besitzer der ▸ Fabriken. Die Gewerkschaft verlangt von den Arbeitgebern mehr Lohn für die Männer und Frauen, die in den Autofabriken arbeiten. Außerdem wollen sie mehr Urlaub. Bei den Verhandlungen darüber konnte man sich nicht einigen. Deswegen haben die Mitglieder der Gewerkschaft abgestimmt, wer für einen Streik ist. Fast alle sind dafür. Ab morgen werden Silvias Onkel und seine Kollegen also nicht arbeiten, sondern streiken. Dann stehen die Maschinen in der Fabrik still. Autos werden erst einmal nicht mehr hergestellt. Dadurch will die Gewerkschaft die Arbeitgeber zwingen bei den Verhandlungen nachzugeben. Die Streikenden bekommen während des Streiks keinen Lohn. Einen Teil davon – das Streikgeld – bezahlt die Gewerkschaft ihren Mitgliedern. Der Streik ist zu Ende, wenn sich die Gewerkschaft und die Arbeitgeber geeinigt haben.
„Die Waschmaschine streikt mal wieder“, seufzt Mutter. Weißt du, was das bedeutet?

Sie läuft nicht mehr.

streiten Silvia und ihr Freund können sich nicht über eine Spielregel einigen. Jeder behauptet, dass er mit seiner Meinung Recht hat. Schließlich streiten sie deswegen. – Vor einer Woche hat Silvia ihren Freund im Streit voller Wut angebrüllt: „Ich spiele nie wieder mit dir!“ Aber am nächsten Tag haben sie doch zusammen gespielt. – Auch zwischen Silvia und ihren Eltern kommt es manchmal zu Streit. Silvia ist froh, dass der selten lange dauert. Eigentlich mag sie Streit nämlich nicht. Wenn einer allerdings nie streitet, muss er oft nachgeben. – Kannst du dich nach einem Streit leicht wieder vertragen?

Stroh Auf dem Feld sieht Silvia einen Mähdrescher. Die Maschine drischt die Körner aus dem ▸ Getreide. Dann presst sie die übrig gebliebenen Halme zu Strohballen. – Die Tiere im Stall stehen auf Stroh. Pferde und Kühe fressen ganz gern ein wenig Stroh. – „Gib mir mal bitte den Strohhalm“, sagt Silvia zu ihrer Mutter. Sie bekommt einen Trinkhalm, mit dem sie Flüssigkeit einsaugt. – Manchmal trägt Vater im Sommer einen Strohhut. So ein Hut aus geflochtenem Stroh ist besonders leicht. – „Der drischt mal wieder leeres Stroh“, sagt Mutter über einen Nachbarn. Sie meint damit, dass der Mann dummes Zeug daherredet.

stumm „Du bist heute so stumm“, sagt Vater zu Silvia. Sie sitzt da und sagt kaum ein Wort. Wirklich stumme Menschen können überhaupt nicht sprechen. Viele dieser Menschen sind schon seit ihrer Geburt stumm. Bei manchen liegt das daran, dass die Stimmbänder keine Laute bilden. Es kommt auch vor, dass der Teil des ▸ Gehirns gestört ist, der mit dem Sprechen zu tun hat. Außerdem kann man seine Sprache durch einen Schock – zum Beispiel bei einem Unfall – verlieren. Stumme verständigen sich mit einer Zeichensprache. – Taube Menschen bleiben oft stumm. Sie hören und sprechen also nicht. Man nennt sie taubstumm.

Sturm „Es stürmt“, sagt Mutter. Ein Glück, dass ich jetzt nicht darußen bin, denkt Silvia. Wenn der ▸ Wind so stark weht, fällt einem nämlich das Atmen und Gehen schwer. Im Radio hört Silvia später eine Sturmwarnung. Der Sprecher sagt: „Der Sturm erreicht Windstärke 11.“ – Windstärke 0 ist eigentlich keine Windstärke, sondern Windstille. Ab Windstärke 9 spricht man von Sturm, ab 12 von Orkan. Bei Windstärke 10 braust der Sturm mit achtzig Kilometern über das Land. Seine Kraft knickt Bäume um und deckt Hausdächer ab. Manchmal treibt der Sturm das Wasser mit solcher Gewalt gegen die Küste, dass es zu einer Sturmflut kommt. So eine Naturkatastrophe kann Deiche zerstören und das Land dahinter überschwemmen. – „In Mittelamerika wütet ein Hurrikan“, hört Silvia in den Nachrichten. Das ist ein Wirbelsturm. – Silvia begrüßt ihren Freund stürmisch. Sie begrüßt ihn also begeistert. – Es gibt einen Sturm, der rennt. Weißt du, was das für einer ist?

Sturm, Teil einer Fußball- oder Handballmannschaft (die Stürmer).

Südfrüchte ‚Südfrüchte' liest Silvia am Schaufenster eines Obstgeschäfts. Klar, dass ▸ Früchte mit diesem Namen aus südlichen Ländern kommen. Viele davon wachsen in Italien, Spanien, Portugal, Israel, in ▸ Afrika und in ▸ Amerika. Bei uns ist es ihnen nicht warm genug zum Wachsen. Zu den Südfrüchten gehören beispielsweise: ▸ Ananas, ▸ Bananen, ▸ Datteln, ▸ Erdnüsse, ▸ Feigen, ▸ Kokosnüsse, ▸ Mandeln und Paranüsse. Aber auch Zitrusfrüchte wie ▸ Apfelsinen, Mandarinen, ▸ Pampelmusen und ▸ Zitronen sind Südfrüchte.
Sieh doch mal im Atlas nach, wo Südfrüchte wachsen.

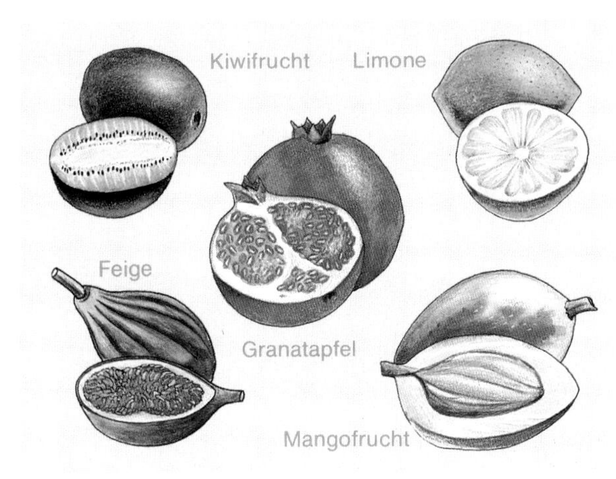

Sumpf Vater warnt: „Hier sollten wir nicht weitergehen. Es wird immer sumpfiger. Der feuchte, aufgeweichte Boden zieht einem ja fast die Schuhe aus." Im Sumpf kann man einsinken, an manchen Stellen sogar versinken. Oft werden Sümpfe trockengelegt. Man macht fruchtbares Land daraus. So werden die sumpfigen Gebiete zerstört, die viele Pflanzen und Tiere zum Leben brauchen. Im Sumpf wachsen zum Beispiel Wollgras, Binsen, Sumpfdotterblumen und Rohrkolben. Auch ▸ Fröschen und ▸ Kröten kann es gar nicht sumpfig genug sein. – „Gestern Abend sind wir ganz schön versumpft", sagt Mutter. Sie war mit Bekannten beim Kegeln. Es wurde ziemlich viel ▸ Alkohol getrunken.

Suppe Silvia und ihr Vater wollen Suppe kochen. „Wir brauchen Knochen oder Suppenfleisch und Wasser. Daraus kochen wir erst mal eine Suppenbrühe", sagt Vater. Suppengemüse und ▸ Gewürze geben der Brühe mehr Geschmack. Wenn man zum Beispiel Kartoffeln oder Reis mitkocht, wird die Suppe nahrhafter. Vaters Lieblingssuppe ist Gulaschsuppe. Silvia schmeckt Tomatensuppe sehr gut. „Darauf müssen geröstete Weißbrotstücke schwimmen", sagt sie. – Vater schöpft die Suppe mit der Kelle aus der Terrine in die Suppenteller. Soll es mal schnell gehen, kann man eine Dose Fertigsuppe heiß machen oder eine Päckchensuppe kochen. – „Die findet auch immer ein Haar in der Suppe", beschwert sich Silvia über ihre Lehrerin. Sie sagte nämlich, dass Silvia das Diktat nicht ordentlich genug geschrieben hatte.

sympathisch „Sie ist mir sympathisch", sagt Vater von einer Bekannten. „Auch auf mich macht sie einen angenehmen Eindruck", meint Mutter. Und Silvia sagt: „Ich find sie richtig nett." Die Familie ist sich einig, dass diese Bekannte bald mal wieder kommen soll. Es gibt natürlich auch Menschen, die einem unsympathisch sind. Man spürt, dass man sie nicht mag. Sympathie empfindet man für sie also kaum. ▸ Ideen oder Meinungen können einem ebenfalls sympathisch oder unsympathisch sein.

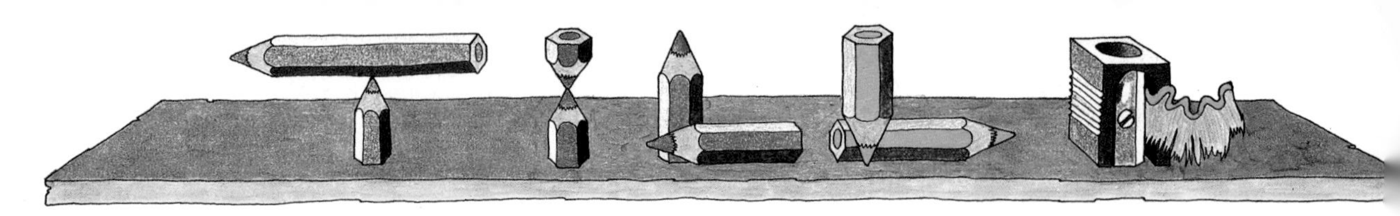

Tablett Till hilft beim Tischabräumen. Er nimmt eine Tasse und trägt sie hinaus. „Benutz doch das Tablett“, schlägt Mutter vor. „Damit geht das Abräumen viel schneller.“ Jetzt stellt Till Teller und Tassen auf das Tablett. Vorsichtig trägt er es in die Küche. – Das praktische Ding ist eigentlich nichts anderes als ein Stück ▸ Holz, ▸ Metall oder ▸ Plastik mit Umrandung. So rutscht nichts hinunter. Viele Tabletts haben Griffe. An denen kann man sie gut tragen.

Tachometer Till und sein Vater sind mit dem ▸ Auto unterwegs. Auf einem Schild am Straßenrand sieht Till, dass man hier nicht mehr als achtzig Kilometer in der Stunde fahren darf. Der Tachometer im Auto zeigt über neunzig Kilometer an. Vater hat das Schild übersehen. Sofort nimmt er den Fuß vom Gas.
Ohne den Tachometer wüsste man nie, wie schnell man fährt. Jedes Kraftfahrzeug muss so einen Geschwindigkeitsmesser haben. Meistens ist darin ein Kilometerzähler eingebaut. Till hat sogar an seinem ▸ Fahrrad einen Tacho(meter) mit Kilometerzähler.

Tafel „Komm doch mal bitte zur Tafel“, sagt der Lehrer. Till nimmt ein Stück Kreide und schreibt einen Satz an die Tafel. Mit dem Schwamm wischt er ihn später weg. Diese Schultafel kann man hoch- oder runterschieben und drehen. Andere Tafeln werden fest an die Wand montiert. So eine hat Till zu Hause. Sie ist wesentlich kleiner als die Schultafel. Tills Eltern benutzten früher Schiefertafeln. Die passten in die Schultasche. Auf solchen Tafeln lernten sie mit Griffeln das Schreiben. Die kleinste Tafel liegt bei Till im Schreibtisch. Die isst er Stück für Stück. Weißt du, was das für eine ist?

Eine Tafel Schokolade.

Tag Till sieht aus dem Fenster. Draußen ist es dämmerig. Bald wird der Tag zu Ende sein. Dann beginnt die Nacht. Till hat gemerkt, dass die Sommertage länger dauern als die Wintertage. Im Sommer geht die ▸ Sonne nämlich früher auf und später unter als im Winter. – Am 22. Dezember sagte Mutter: „Heute haben wir den kürzesten Tag des Jahres.“ Der 21. Juni ist der längste Tag. Am 21. März und am 23. September dauern Tag und Nacht genau gleich lang. – Man benutzt das Wort ‚Tag‘ aber nicht nur für die helle Zeit zwischen Sonnenaufgang und Sonnenuntergang. Es heißt auch: „Ein Tag hat vierundzwanzig Stunden.“ Dieser Tag dauert von 0 bis 24 Uhr. So lange braucht die ▸ Erde, bis sie sich einmal um ihre Achse dreht. Man teilt den Tag in Tageszeiten ein. Sie heißen: Morgen, Vormittag, Mittag, Nachmittag, Abend und Nacht. Meistens gefällt Till die Nachmittags- und Abendzeit am besten. Da spielt er nämlich oft. Wenn er nach dem Spielen und Abendessen ins Bett geht, denkt er manchmal: Das war heute wirklich mal ein guter Tag. – Wie nennt man sieben Tage?

Eine Woche.

Takt Mutter hört ▸ Musik im Radio. Sie klopft den Takt auf der Tischplatte mit. Bei einem Marsch ist das leicht. Da geht es: eins, zwei, eins, zwei. So kann man bei allen geraden Taktarten zählen, zum Beispiel beim Viervierteltakt. Walzer spielen die Musiker im Dreivierteltakt. Das ist ein ungerader Takt. Da kommen nach einer betonten ▸ Note zwei unbetonte. Der Takt sagt, in welcher Reihenfolge betonte und unbetonte Noten aufeinander folgen. Mit dem Taktstock gibt der Dirigent den Musikern seines Orchesters das Zeichen für den Einsatz.
„Der ist aber taktlos", sagt Mutter. Sie meint damit einen Menschen, der sich wenig rücksichtsvoll benimmt. Einer, der Takt hat, ist höflich und einfühlsam.

Tal Die Familie wandert. Der Weg führt von einem Berg ins breite Tal hinunter. Da fließt ein Bach. Kühe weiden auf der Wiese. Ganz allmählich steigen links und rechts die Berge an. Till hat aber auch schon tiefe, schmale Täler gesehen. Meistens gräbt fließendes Wasser so ein Tal in Millionen Jahren. Das Wasser schwemmt Erde weg und unterhöhlt sie. Der Erdboden bricht ein. Wasser fließt nach. Und das Tal wird Millimeter für Millimeter tiefer und breiter. Auch ▸ Gletscher graben Täler. – Durch viele Täler fließt ein Fluss. Wenn man so ein Tal mit hohen Mauern absperrt, staut sich das Wasser. Ein Stausee entsteht. Man braucht ihn zum Beispiel für die Trinkwasserversorgung. Wasserkraftwerke an Stauseen erzeugen elektrischen Strom.

Tanne An einem Wintertag gehen Till und seine Mutter im Wald spazieren. „Hier wachsen Tannen", sagt Mutter. Diese Nadelbäume sind auch jetzt noch grün, denn sie werfen ihre ▸ Nadeln nicht ab. Die Früchte der Tannen nennt man Tannenzapfen. Sie stehen aufrecht auf den Zweigen. Die größten Tannen wachsen hoch wie eine Kirche. Über vierhundert Jahre können sie alt werden. Aus dem weichen Tannenholz macht man zum Beispiel Möbel. – Wenn du wissen möchtest, wie man Tannen und ▸ Fichten unterscheidet, schlag bitte unter ‚Fichte' nach.

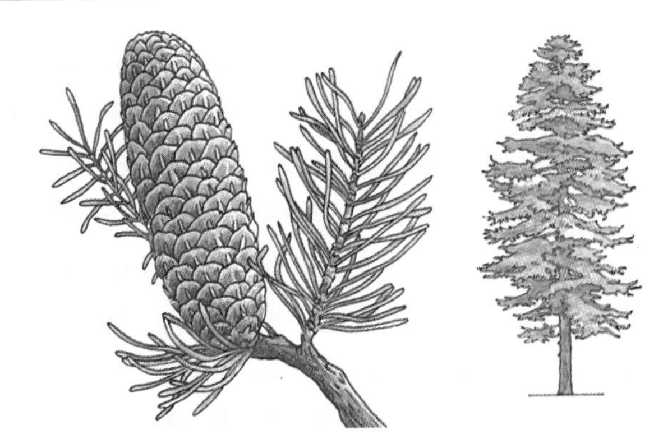

tanzen Till hört ▸ Musik. Ihr Rhythmus geht ihm in die Beine. Der Rhythmus entsteht durch den ständigen Wechsel von betonten und unbetonten, langen und kurzen Tönen. Till steht auf und bewegt sich zur Musik. Dieses Tanzen macht ihm Spaß. Manchmal tanzt er mit seiner Mutter durch die Wohnung. Auf einem Fest sieht er den Tanzenden zu. Oft tanzen sie paarweise. Bei lauter und besonders rhythmischer Musik tanzt jeder mehr für sich. Einmal tanzen alle in einem großen Kreis. Da macht Till mit. Mutter erzählt: „Früher bin ich zur Tanzstunde gegangen." Dort lernte sie unterschiedliche Tänze, zum Beispiel Walzer und Rock and Roll. Tills Eltern gehen gerne ins ▸ Ballett. – Till las von Kriegstänzen der ▸ Indianer. Solche Tänze sollten die Krieger früher anfeuern.

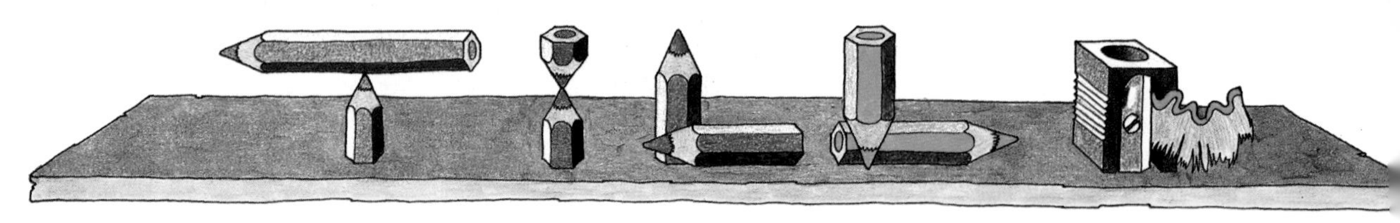

Tapete Die Tapete in Tills Zimmer ist an mehreren Stellen eingerissen. Sauber sieht sie auch nicht mehr aus. „Wir tapezieren dein Zimmer neu“, schlägt Mutter vor. Im Tapetengeschäft findet Till eine Tapete, deren farbiges Muster ihm gefällt. Die meisten Tapeten sind aus Papier. Es gibt aber auch welche aus Stoff und Kunststoff. Manche Tapeten kann man mit Farbe überstreichen. – Till hilft beim Tapezieren. Sie schaffen es gut, die alte Tapete abzulösen. Dann kleben sie die neue mit einem Spezialklebstoff an die Wände. Als sie fertig sind, meint Vater: „Dieser Tapetenwechsel war wirklich nötig.“

tarnen Till und seine Freunde spielen Verstecken. Im Gebüsch findet Till ein prima Versteck. Niemand entdeckt ihn. Das ist auch kein Wunder, denn seine Jacke sieht genauso grün aus wie die Blätter des Gebüschs. Gut getarnt sitzt er da. – Viele Tiere sind getarnt, wie zum Beispiel der ▸ Hase. Sein Fell hat die Farbe der Erde. Ein Meister im Tarnen ist das ▸ Chamäleon. Es passt seine Hautfarbe der wechselnden Umgebung an. – In einer Geschichte liest Till, dass jemand eine Tarnkappe aufsetzt. Mit dieser Kappe wird er unsichtbar. Leider gibt es solche Kappen nur in Geschichten. Was würdest du tun, wenn du eine Tarnkappe hättest?

Taschengeld Tills Eltern haben vor einiger Zeit gesagt: „Du bekommst ab nächster Woche Taschengeld.“ Sie meinen, dass Till dadurch lernt mit ▸ Geld umzugehen. Till hat jetzt pro Woche fünf Mark für sich. Er ist froh darüber. Wenn er etwas kaufen will, muss er nicht jedes Mal die Eltern um Geld bitten. Sein älterer Freund bekommt mehr Taschengeld als Till. Weniger Taschengeld hat Tills gleichaltrige Freundin. – Was machst du mit deinem Taschengeld?

Taschenrechner Till und sein Vater rechnen mit dem Taschenrechner, was sie für ihre Einkäufe bezahlt haben. Vater nennt die Preise und Till gibt sie mit der Tastatur ein. Dazwischen drückt er die Plustaste. Schnell errechnet das Gerät das Ergebnis und zeigt es an. Später benutzt Till seinen Taschenrechner auch bei den Hausaufgaben. Viele Taschenrechner arbeiten mit ▸ Batterie, andere mit Solarzellen. Heute baut man kleine, billige Geräte, die auch schwierige Aufgaben lösen. Früher waren Rechengeräte groß und teuer.

Tätowierung Am Arm eines Mannes sieht Till ein Herz und einen Adler. Auf seiner Brust entdeckt Till ein Schiff. „Der Mann sieht aus wie ein Bild mit Beinen“, sagt Till zu seiner Mutter. Diese Bilder wurden nicht auf die Haut gemalt, sondern tätowiert. Dazu braucht man eine Nadel und Farbe. Mit der Nadel wird die Farbe in die Haut gestochen. Wenn man die Tätowierung nicht mehr mag, kann man sie nur durch eine ▸ Operation entfernen lassen. – Manche Matrosen lassen sich tätowieren. Auch Indianerstämme und afrikanische Stämme tätowieren sich. Diese Tätowierungen dienen als Schmuck. Außerdem sollen sie vor bösen Geistern schützen.

Tau Till geht morgens über den Rasen. Obwohl es nicht geregnet hat, werden seine Schuhe nass. „Auf dem Rasen liegt Tau", sagt Vater. Der entsteht, wenn der Erdboden nachts schneller abkühlt als die Luft. Die warme Luft kommt dann mit dem kalten Boden in Berührung. Dadurch kann sie nicht mehr alle Feuchtigkeit halten. Und ein Teil der Luftfeuchtigkeit bedeckt die Gräser. Das ist der Tau. Im Winter sieht man Raureif. So nennt man gefrorenen Tau.

taub „Bitte sprich lauter", sagt Opa zu Till. „Ich bin fast taub." Bei Tills Opa fing es im Alter an, dass er immer weniger hörte. Andere Menschen werden durch ▸Unfälle oder Krankheiten taub. Mit einer ▸Operation oder einem Hörgerät erreicht man manchmal, dass sie wieder besser hören. Manche Kinder sind seit der Geburt taub und lernen dadurch das Sprechen nicht. Sie sind taubstumm. In Gehörlosenschulen lernen sie die Zeichensprache und die Lautsprache. Dabei lesen sie vom Mund des Lehrers, wie er die Laute bildet. So lernen sie es selbst.

Taube Till füttert Tauben. Diese ▸Vögel hocken zum Beispiel auf Hausdächern, Mauervorsprüngen und Denkmälern. Kurzbeinig tippeln sie über Marktplätze. Man unterscheidet wild lebende Tauben und Haustauben. Zu den wild lebenden gehören die Turteltauben, Ringeltauben und Lachtauben. Die Vögel haben lange, spitze ▸Flügel. Damit fliegen sie sehr gut. Erstaunlich an den Brieftauben ist, dass sie immer zu ihrem Taubenschlag zurückfinden. Kaum ein Hindernis kann sie aufhalten. Sie tragen Mitteilungen über weite Strecken. Überall auf der Erde gibt es viele Taubenarten. – Manchmal meint Vater: „Bei uns gehts zu wie in einem Taubenschlag." Dann herrscht ein ständiges Kommen und Gehen.

tauchen Till schwimmt 20 Sekunden unter Wasser. Es gibt Menschen, die mehr als 2 Minuten so tauchen. Kürzlich tauchte Tills Mutter mit Taucherbrille und Schnorchel. Durch dieses Rohr atmete sie. Das eine Ende hat ein Mundstück, das andere ragt aus dem Wasser. In kaltem Wasser taucht man mit Schutzanzug. Um schneller zu schwimmen tragen die Taucher Flossen. Menschen, die tief und lange tauchen, schnallen Pressluftflaschen um. Die Atemluft kommt von der Flasche durch einen Schlauch. In besonderen Tauchanzügen und mit Metallhelmen kann man noch tiefer tauchen. Luft kommt durch einen Schlauch von der Oberfläche. Gepanzerte Tieftauchboote tauchen Tausende Meter. Sie halten einen gewaltigen Wasserdruck aus.

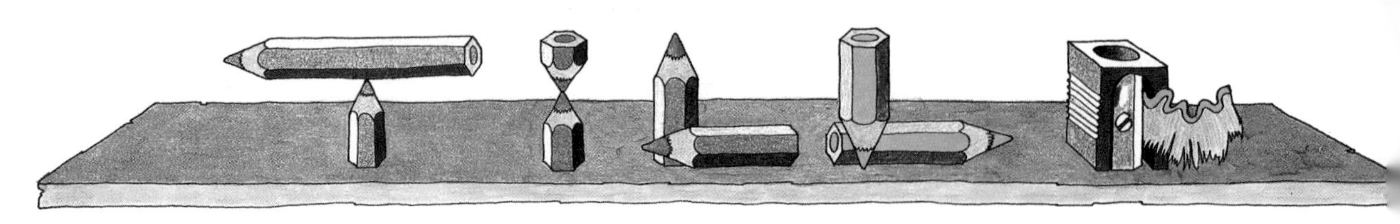

tauschen Till möchte gerne ein Spielzeugauto von seinem Freund haben. „Ich gebe dir dafür eine Tafel Schokolade", schlägt er vor. Der Junge ist einverstanden. Jetzt tauschen sie das Spielzeugauto gegen die Schokolade. Beide finden, dass sie einen guten Tausch gemacht haben. Manchmal tauscht Tills Vater Briefmarken mit anderen Briefmarkensammlern. – Bevor es ▸ Geld gab, kaufte man nichts. Damals wurde nur getauscht. – Einmal sagte Tills Mutter: „Mit der Nachbarin möchte ich nicht tauschen." Das heißt, Mutter möchte nicht an der Stelle dieser Frau sein.

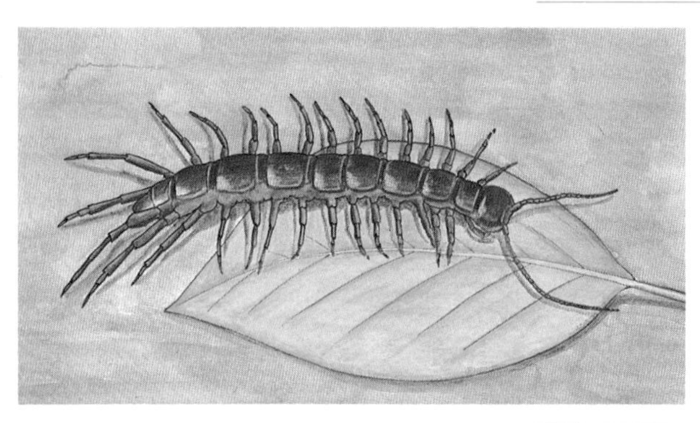

Tausendfüßer (Tausendfüßler) Unter einem Stein findet Till einen Tausendfüßer. An solchen feuchten und dunklen Stellen leben diese Tiere. Schon lange wollte Till nachzählen, ob Tausendfüßer wirklich tausend Füße haben. Bei seinem sind es höchstens fünfzig. Till betrachtet den Kopf mit den Fühlern. Das längliche Tier besteht aus lauter Ringen. Und an jedem Ring wachsen den vielen Tausendfüßerarten entweder ein oder zwei Beinpaare. Bis zu dreihundertvierzig können es sein.

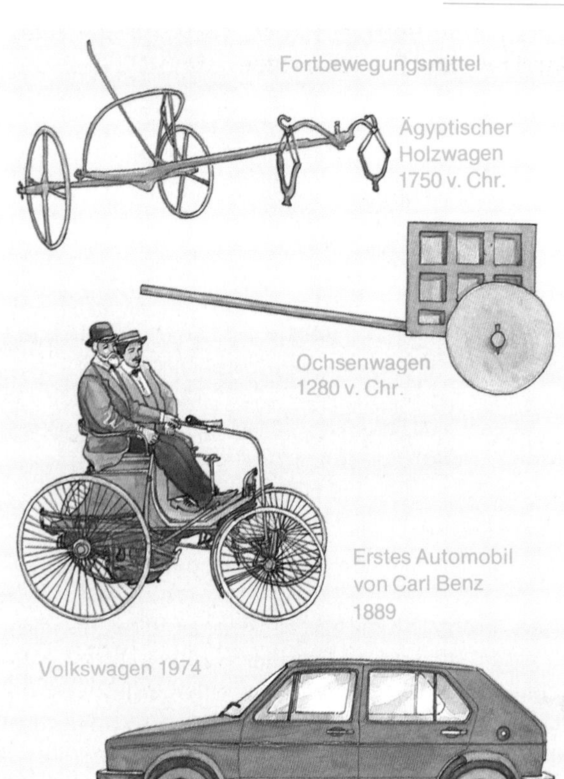

Technik Till stellt sich vor, dass er in der ▸ Steinzeit lebt. Als ▸ Werkzeug hätte er einen Faustkeil. Dieser steinerne Faustkeil gehörte zu den ersten Gegenständen, mit denen sich die Menschen ihre Arbeit erleichterten. Solche Geräte waren der Anfang aller technischen Entwicklung. Man lernte die Technik ▸ Feuer zu machen. Die ersten ▸ Räder wurden konstruiert. Seitdem konnte man Dinge leichter transportieren. Die Menschen fanden heraus, wie man ▸ Metalle schmilzt und formt. Sie machten Werkzeuge. Damit wurden ▸ Häuser, ▸ Straßen, ▸ Schiffe und ▸ Kanäle gebaut. Viel später flog der erste ▸ Ballon in den Himmel. Man nutzte die ▸ Elektrizität. ▸ Eisenbahnen, ▸ Flugzeuge und ▸ Autos erleichterten das Reisen. ▸ Telefon, ▸ Radio und ▸ Fernsehen wurden erfunden. Die Menschen bauten komplizierte ▸ Maschinen und ▸ Automaten. Heute ist die technische Entwicklung so weit, dass Menschen zum ▸ Mond geflogen sind. Allerdings wurden zum Beispiel auch die ▸ Kriege durch die technische Entwicklung immer furchtbarer. – Techniker ist eine Berufsbezeichnung. So einen Techniker bildet man zum Fachmann oder zur Fachfrau auf einem bestimmten technischen Gebiet aus. Er kann zum Beispiel Elektrotechniker sein.

Tee Tills Eltern sitzen müde da. Vater sagt: „Ich koche Tee. Der wird uns munter machen." Im Tee ist Tein (Koffein) und das regt an. Vater gibt einige Löffel schwarzen Tee in eine vorgewärmte Kanne. Über die Teeblätter gießt er kochendes Wasser. „Drei Minuten lasse ich die Teeblätter im heißen Wasser ziehen", sagt er. „Dann ist der Tee fertig." Tills Großmutter benutzt ein Tee-Ei zum Teekochen. Es sieht aus wie ein Metallei. In das Metall wurden viele kleine Löcher gemacht. Großmutter füllt das Tee-Ei mit Teeblättern, hängt es in die Kanne und gießt siedendes Wasser darüber. – Der schwarze Tee besteht aus den getrockneten Blättern des Teestrauchs. Man baut ihn zum Beispiel auf großen Plantagen (Plantaschen) in ▸ China und in Sri Lanka an. Bei uns wächst dieser Tee nicht.

Till trinkt gern Kräutertee. Der wird aus den getrockneten Blättern und Blüten von ▸ Pflanzen gemacht. Es gibt viele verschiedene solcher Teesorten, zum Beispiel Hagebutten-, Lindenblüten-, Kamillen- und Pfefferminztee.

Teekessel „Weißt du einen Teekessel?", fragt Till seinen Freund. „Teekessel ist ein Teekessel", sagt der. Das stimmt genau, denn das Wort Teekessel hat zwei Bedeutungen. Einmal meint man damit einen Metallkessel, in dem man das Teewasser kocht. Teekessel nennt man aber auch Wörter, die zwei oder mehr verschiedene Bedeutungen haben ... wie zum Beispiel das Wort ▸ ‚Scheibe'. In diesem Lexikon sind viele Teekessel. Du kannst sie leicht finden. Such doch ein paar heraus.

Teer Till sieht einen Lastwagen. Aus dem Wagen dampft es. „Da ist Teer drin", stellt Till fest. „Man riechts", meint sein Freund. Diese schwarze, zähe Masse hat wirklich einen sehr starken und eigenartigen Geruch. Als Till einmal aus Versehen Teer anfasst, klebt der sofort an seinen Fingern. Teer braucht man zum Beispiel für den Straßenbau. Teerspritzmaschinen spritzen ihn auf die Schottersteine. Auch zum Abdichten benutzt man Teer. Außerdem wird er zur Herstellung von Farben und Arzneimitteln verwendet. Teer macht man vor allem aus ▸ Kohle.

Mit dieser Straßenbaumaschine wird eine Teermischung aufgetragen.

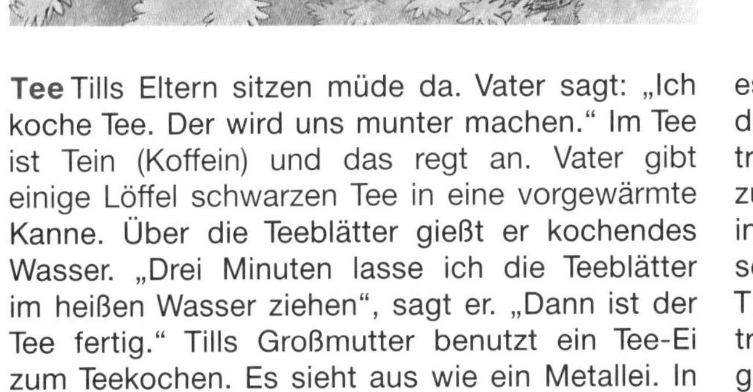

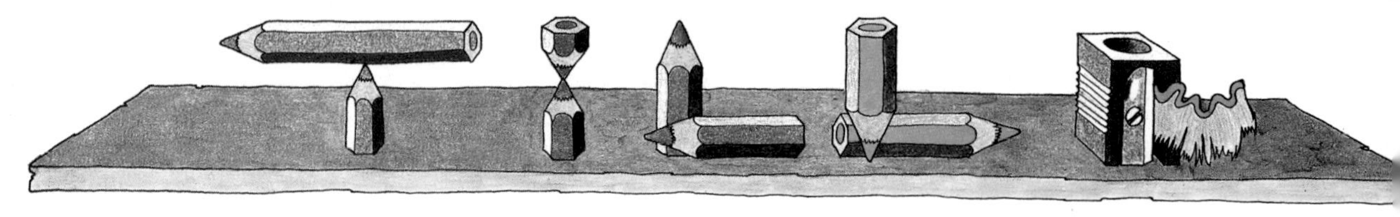

Telefon Till ruft seinen Vater im Büro an. Er hebt den Hörer und wählt die einzelnen Ziffern der Telefonnummer 48714. Bei seinem Vater klingelt das Telefon. Er nimmt ab. Jetzt spricht Till ins Mikrofon des Hörers. Es verwandelt die Schallwellen seiner Stimme in elektrische Schwingungen. Die kommen durch die Leitung zum Lautsprecher, den Vater mit dem Hörer ans Ohr hält. Der Lautsprecher verwandelt diese Schwingungen wieder in Schallwellen. Jetzt hört Vater Till. Danach spricht Vater und Till hört ihn. – Großmutter wohnt in einer anderen Stadt. Wenn Till sie anruft, muss er zuerst eine Vorwahlnummer wählen. Mit ihr erreicht er das Telefonnetz dieser Stadt. – Telefonkabel verbinden Länder und Erdteile. Aber auch ohne ▸Kabel kann man telefonieren. Dazu werden Funkstationen gebraucht. Sie schaffen über Richtfunkantennen und Satelliten Funk- und damit Telefonverbindungen zu fast allen Ländern. – Mit einem Funktelefon kann man zum Beispiel aus dem Auto oder dem Zug telefonieren. Die Gespräche werden durch Radiowellen übertragen. Das ‚Handy' (Händi) funktioniert genauso. Es ist ein kleines Mobiltelefon, das man überallhin mitnehmen kann. – Anrufbeantworter benutzt man um Anrufern mitzuteilen, dass man nicht zu Hause ist. Der Anrufer kann dann eine Mitteilung auf das Band sprechen. Die aufgezeichneten Anrufe werden später abgehört. – Johann Philipp Reis war der Erfinder des Telefons. Er führte den ersten Apparat 1861 in Frankfurt am Main vor.

Telegramm „Der Telegrammbote hat ein Telegramm von Anke aus Mannheim gebracht", sagt Mutter. Diese eilige Nachricht erreicht einen viel schneller als ein ▸Brief. Telegramme kosten aber auch mehr. Man muss jedes Wort bezahlen. In der Mannheimer Post hat Anke ein Telegrammformular ausgefüllt. Die Post gibt den Text und die Adresse von Tills Eltern per Fax oder Telefon an den zentralen Telegrammdienst weiter. Dort wird das Telegramm in den ▸Computer eingegeben und zum Postamt in Braunschweig übermittelt, wo Till wohnt. Früher wurden Telegramme über einen Fernschreiber weitergeleitet. Das ist auch heute manchmal noch nötig, weil nicht alle Länder an das Computernetz angeschlossen sind.

Tempel Till bekommt eine Postkarte aus Griechenland. Er sieht darauf ein Gebäude mit vielen Säulen. Mutter sagt: „Das ist ein Tempel." Tempel waren für die Menschen im alten Griechenland ungefähr das, was für uns die ▸Kirchen sind. Heute bestaunen vor allem Touristen (Turịsten) diese Tempel. Die ersten baute man vor einigen Tausend Jahren. – Die Menschen vieler ▸Religionen beten in Tempeln ihre Götter an. Besonders prächtig ausgeschmückte Tempel gibt es zum Beispiel in Indien.

Temperatur Mutter sieht auf das ▸ Thermometer vor dem Fenster. „Puuh, ist das heute kalt", sagt sie. Das Thermometer zeigt nämlich neun Grad unter Null. Mit dem Thermometer misst man Kälte und Wärme, die Temperatur also. Die wird bei uns in Grad Celsius angegeben. Wenn die Temperatur unter null Grad Celsius fällt, steht ein Minus vor der Zahl. Draußen hat es an diesem Tag –9 Grad Celsius. In kochendem Wasser misst man hundert Grad Celsius. Als Till krank war, wurde seine Temperatur mit einem Fieberthermometer gemessen. Er hatte 38,2 Grad. „Das ist leichtes ▸ Fieber", sagte Mutter.

Tennis Till sieht bei einem Tennisspiel zu. Zwei Spieler schlagen den filzüberzogenen Tennisball mit ihren Schlägern über ein Netz hin und her. Die Saiten der Tennisschläger sind aus ▸ Darm oder ▸ Kunststoff. Weiße Linien begrenzen das Spielfeld. Der Ball darf nur einmal in der eigenen Spielhälfte aufspringen, bevor man ihn zurückschlägt. Zu einem Doppel gehören zwei Spieler, die gegen ein anderes Doppel spielen. Beendet ist ein Tennismatch (-mätsch), wenn ein Spieler zwei oder drei Sätze gewonnen hat. Jeder Satz besteht aus mehreren Spielen.

Teppich Till soll einen Teppich ins Zimmer bekommen. Seine Mutter sagt: „Dann wird der Fußboden bei dir weicher und man hört nicht mehr jeden Schritt. Gemütlicher wirkt dein Zimmer auch." Das Wohnzimmer haben sie völlig mit Teppichboden ausgelegt. – Wenn man sich einen wertvollen Teppich genauer ansieht, erkennt man, dass er aus lauter Knoten besteht. Die Knoten dieser Teppiche werden mit der Hand geknüpft. Zum Knüpfen oder Weben anderer Teppiche verwendet man Maschinen. Teppiche sind aus ▸ Wolle, ▸ Baumwolle oder chemischen Fasern. Sie können die verschiedensten Farben und Muster haben. Lange schmale Teppiche nennt man ▸ Läufer, kleine schmale Brücken.
Die Eltern und Till schmieden Urlaubspläne. Vater sagt: „Wir sollten mal nach Mexiko." Mutter meint: „Das ist zu teuer. Bleib auf dem Teppich. Tirol reicht völlig." Sie findet, dass Vater mit seinem Wunsch übertrieben hat.

Terrarium Im ▸ Zoo steht Till vor einem Glaskasten. Durch die Scheiben dieses Terrariums beobachtet er ▸ Schlangen. In einem anderen Terrarium kriechen ▸ Eidechsen. Terrarien sind so eingerichtet, dass Landtiere dort ungefähr die gleiche Umgebung haben wie in Freiheit. Zu Hause sagt Till: „Ich baue mir selbst eines." Er möchte sich ▸ Eidechsen für sein Terrarium schenken lassen und sie darin beobachten. Vater und Mutter helfen ihm beim Bauen.

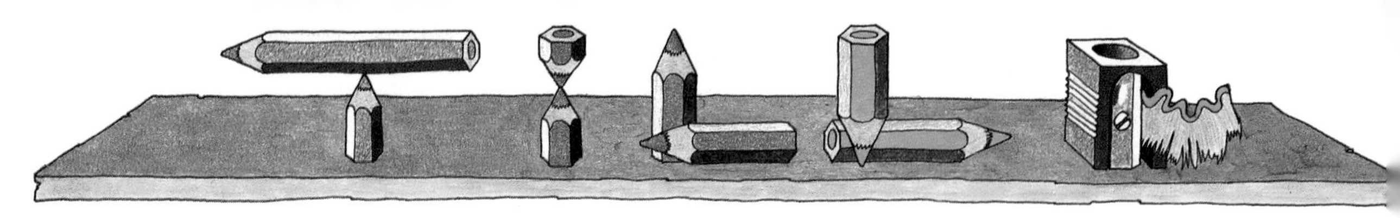

Terrasse Mit seinen Eltern besucht Till eine Bekannte. Es ist warm und die Sonne scheint. Sie trinken den Kaffee auf der Terrasse. Dieser Platz liegt hier direkt vor der Wohnzimmertür. Die Terrasse wurde ein Stück höher angelegt als der Garten dahinter. Durch Bäume und Sträucher ist sie ziemlich windgeschützt. Gartenstühle, ein Tisch und ein großer, bunter Sonnenschirm stehen da. „Im Sommer bin ich oft hier draußen", sagt die Bekannte.

Terror Tills Mutter sagt: „Die Frau und die Kinder im vierten Stockwerk tun mir Leid. Der Mann terrorisiert die gesamte Familie." Was er will, muss sofort geschehen. Er benimmt sich launisch und unberechenbar. Wenn seine Kinder nicht aufs Wort gehorchen, schlägt er sie. Die Familie hat ständig Angst vor der Rücksichtslosigkeit des Mannes. – In den Nachrichten hört Till, dass die Polizei Terroristen sucht. Diese Menschen wollen mit allen Mitteln ihre Ziele erreichen. Dabei wenden sie oft Gewalt an und scheuen auch ▸Verbrechen nicht.

Theater Till und sein Vater gehen ins Theater. Als sie die Eintrittskarten gekauft haben, setzen sie sich auf ihre Plätze im fast vollen Zuschauerraum. Vor sich sehen sie die ▸Bühne mit dem großen Vorhang. Gleich wird man ihn öffnen. Dann spielen und sprechen Schauspieler in ihren Verkleidungen die Rollen des Theaterstücks. Vater sagt: „Wenn sie ihren Text mal vergessen haben, hilft ihnen ein Souffleur Suflör oder eine Souffleuse Suflöse." Till flüstert ihm zu: „Die müssen vorsagen. Und uns verbietet man das in der Schule." Diese ‚Vorsager' sitzen unter dem kleinen Kasten auf der Bühne. – Blitzschnell wird die Bühne in den kurzen Pausen zwischen den Szenen umgeräumt. Nicht nur Schauspieler, Sänger, Tänzer und Regisseure Reschissöre arbeiten am Theater, sondern auch Beleuchter und Bühnenarbeiter. Man baut Kulissen und malt Bühnenbilder. Jemand sorgt für die Kostüme und Perücken. Schauspieler werden geschminkt und frisiert. – Einmal hat Till bei einem Straßentheater zugesehen. Die Schauspieler spielten ihr Stück unter freiem Himmel. Es war komisch, also eine Komödie. Ein trauriges Theaterstück nennt man Tragödie.
Gestern hat Tills Mutter gesagt: „Mach doch nicht so ein Theater." Das sagt sie, wenn Till sich über etwas besonders aufregt und dabei übertreibt.
Welche Theaterstücke kennst du?

Thermometer Till lässt Wasser in die Badewanne laufen. Er will die Wassertemperatur messen und ruft: „Wo liegt denn das Badethermometer?“ Vater bringt es ihm. Kürzlich hat Mutter ein Thermometer vor dem Fenster angeschraubt. Jetzt kann sie ablesen, wie kalt oder warm es draußen ist. Das Thermometer im Zimmer misst die Raumtemperatur. Wenn sich Till krank fühlt, wird seine Körpertemperatur mit dem Fieberthermometer festgestellt. Gemessen wird bei uns in Celsius Graden. Die Grade benannte man nach dem schwedischen Forscher Anders Celsius. Es gibt aber auch andere Einteilungen als Celsius. Die Wärme- oder Kältegrade liest man an den Zahlen und Strichen des Thermometers ab. Ohne ▸Quecksilber im Röhrchen würde das Thermometer nicht funktionieren. Bei Wärme dehnt sich das Quecksilber aus. Dann steigt die Quecksilbersäule. Wird es kühler, sinkt sie. Statt Quecksilber verwendet man auch ▸Alkohol.

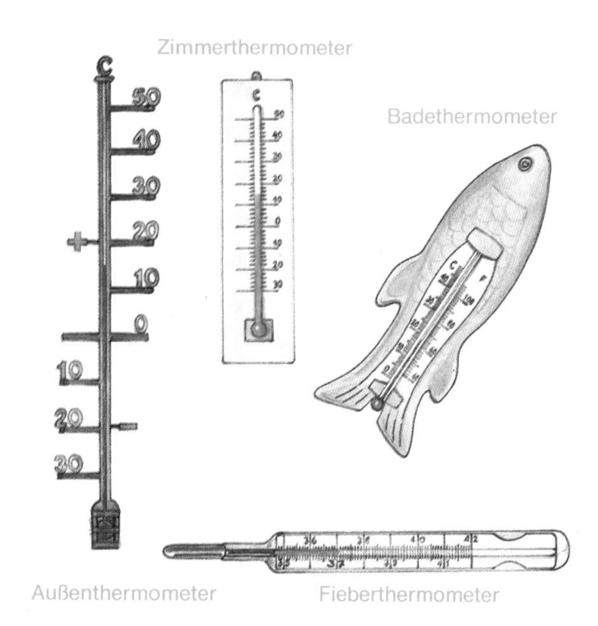
Zimmerthermometer
Badethermometer
Außenthermometer
Fieberthermometer

Thermosflasche Die Familie will einen Ausflug unternehmen. „Hast du die Thermosflasche eingepackt?“, fragt Mutter. Vater nickt. Vorhin hat er dampfend heißen Tee in diese Flasche gefüllt. Wenn sie den Tee später trinken, wird er immer noch heiß sein. Füllt man kalte Flüssigkeit in so eine Thermosflasche, bleibt sie kalt. Die Flasche hat innen doppelte Glaswände mit einem luftleeren Raum zwischen den beiden Wänden. Durch diesen luftleeren Raum können die Wärme oder die Kälte nicht nach außen. Deswegen behält die Flüssigkeit in so einem Isoliergefäß längere Zeit ihre ▸Temperatur.

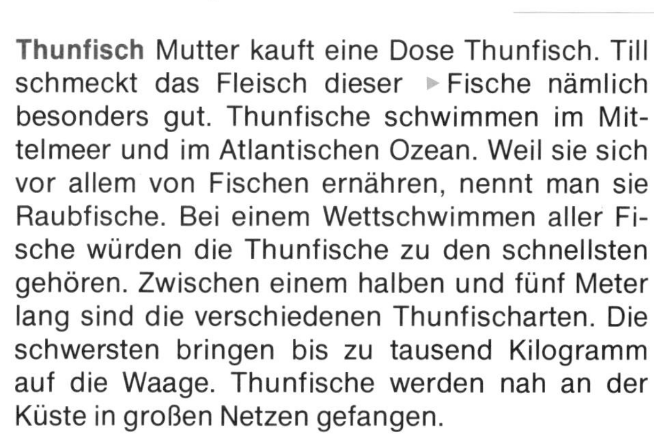

Thunfisch Mutter kauft eine Dose Thunfisch. Till schmeckt das Fleisch dieser ▸Fische nämlich besonders gut. Thunfische schwimmen im Mittelmeer und im Atlantischen Ozean. Weil sie sich vor allem von Fischen ernähren, nennt man sie Raubfische. Bei einem Wettschwimmen aller Fische würden die Thunfische zu den schnellsten gehören. Zwischen einem halben und fünf Meter lang sind die verschiedenen Thunfischarten. Die schwersten bringen bis zu tausend Kilogramm auf die Waage. Thunfische werden nah an der Küste in großen Netzen gefangen.

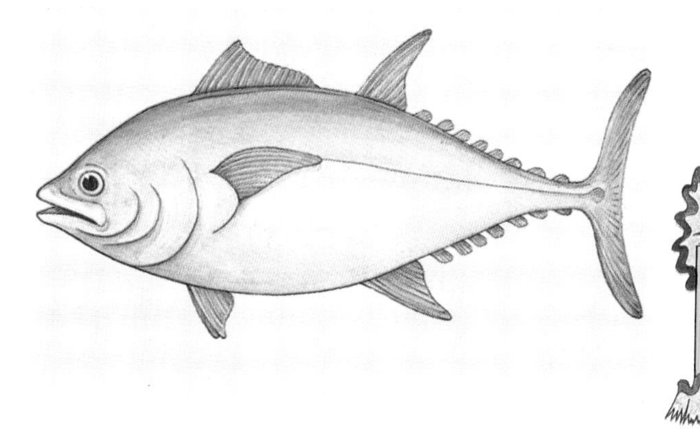

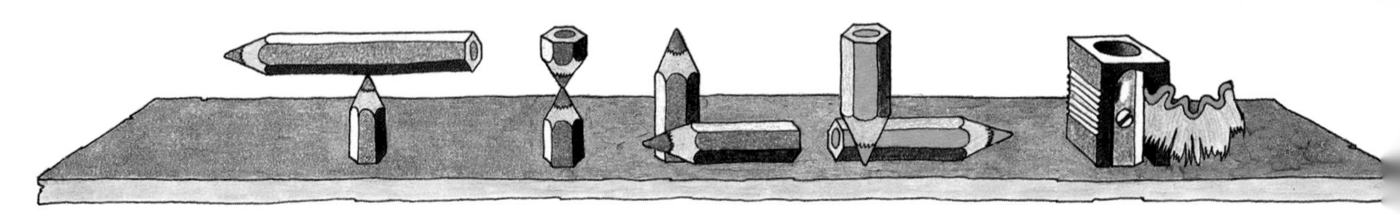

Tierarzt Der Hund von Till hat sich am Bein verletzt. Till und sein Vater tragen ihn zur Tierärztin. Im Warteraum sitzen schon eine Frau mit ihrer kranken ▸ Katze und ein Mann mit seinem ▸ Wellensittich. „Der will nichts fressen", sagt der Mann. – Diese Tierärztin hier behandelt nur Kleintiere. Vor allem auf dem Land gibt es Tierärzte, die sich zum Beispiel um kranke Pferde, Kühe und Ziegen kümmern. Sie helfen außerdem bei Tiergeburten. Manchmal muss ein ▸ Raubtier im Zoo operiert werden. Oder im Zirkus ist ein ▸ Elefant krank. Auch zu diesen großen Tieren kommt der Tierarzt. Viele Tierärzte arbeiten in Tierkliniken. Tierärzte in Schlachthöfen sorgen dafür, dass man nur das Fleisch gesunder Tiere verkauft.
Bevor jemand Tierarzt wird, muss er an einer ▸ Universität studieren. Ein anderer Name für Tierarzt ist ‚Veterinär'.

Tiger Im ▸ Zoo steht Till vor einem Tigerkäfig. Anfassen möchte er die Wildkatze darin nicht. Dieses ‚Kätzchen' mit dem gestreiften Fell ist ihm einfach zu groß. Außerdem sehen die Krallen und Zähne des Tigers gefährlich aus. Richtig wild werden Tiger erst, wenn sie Hunger haben. Vor allem nachts lauern diese ▸ Raubtiere ihrer Beute auf und überfallen sie. In Freiheit leben die meisten Tiger in den heißen Dschungeln des südlichen und östlichen ▸ Asiens. Der sibirische Tiger mag allerdings Kälte lieber. Er wird bis zu drei Meter lang und ist damit die größte Raubkatze. Tiger gehören zu den wenigen Katzen, die sich auch im Wasser wohl fühlen. Sie schwimmen gerne. Weil es nicht mehr viele Tiger gibt, versucht man sie zu schützen.

Tintenfisch Als Till zum ersten Mal einen Tintenfisch sieht, sagt er lachend: „Das ist doch kein ▸ Fisch, das ist ja eine große Beule mit Armen." Tintenfische sehen wirklich anders aus als ▸ Fische. Die verschiedenen Tintenfischarten gehören alle zu den Weichtieren. Am meisten fallen ihre Fangarme auf, an denen Saugnäpfe sitzen. Damit saugen die Tintenfische ihre Beute an und führen sie dann mit ihren Fangarmen ins Maul. Ihre Nahrung besteht zum Beispiel aus ▸ Krebsen, kleinen Fischen und ▸ Muscheln. Tintenfische schwimmen sehr gut. Das liegt daran, dass ihr Körper Wasser ruckartig ausstoßen kann. Dieser Rückstoß treibt sie schnell voran. Ähnlich wie das ▸ Chamäleon wechselt der Tintenfisch manchmal die Farbe. Seinen Namen hat er bekommen, weil er bei Gefahr eine tintenähnliche Flüssigkeit verspritzt. Hinter der versteckt er sich dann einfach. – Tief im Meer leben Riesentintenfische. Man nennt sie auch Riesenkraken.

Tischtennis Till spielt gerne Tischtennis (Pingpong). Dazu braucht man eine Tischtennisplatte und zwei oder vier Spieler. Die Schläger und Bälle sind viel kleiner als beim ▸Tennis. Quer über die Platte wird ein Netz gespannt. Den Zelluloidball schlägt Till in seiner Tischhälfte so auf, dass er über das Netz fliegt. Auch beim Mitspieler gegenüber muss der Ball aufspringen. Erst dann darf er ihn zurückschlagen. Manchmal gewinnt Till. Aber neulich hat er haushoch verloren. Es stand 21: 9 gegen ihn.

Toilette (Toalẹtte) „Wo ist denn hier bitte das Klo?“, fragt Till den Kellner in der Gaststätte. Till muss nämlich unbedingt mal. Der Mann zeigt nach links und sagt: „Zu den Toiletten geht es hier entlang.“ Da gibt es eine Toilette für Männer und eine für Frauen. Fast wie in der Schule, denkt Till. Da hat er mal die falsche Tür geöffnet und war auf der Mädchentoilette. Till steht jetzt vor der Kabine. Da drinnen sind das Becken, die Wasserspülung, die Klosettbürste und das Toilettenpapier. „Besetzt“, liest er. Im Klo für Männer gibt es außer dieser Kabine ein Pinkelbecken. Aber das nützt Till jetzt nichts. – Manche nennen die Toilette auch ‚WC‘, ‚Klosett‘, ‚Abort‘, ‚Abtritt‘, ‚Lokus‘ oder ‚Örtchen‘. Was im Klo runtergespült wird, fließt durch unterirdische Leitungen zur ▸Kläranlage. – Vater erzählt: „Meine Großeltern benutzten ein Plumpsklo. Es hatte keine Wasserspülung.“ – „Sie kamen in großer Toilette“, liest Till und kichert. Das bedeutet aber nichts anderes, als dass alle auf einem Fest besonders elegant gekleidet waren.

tolerant „Sie ist sehr tolerant“, sagt Vater von einer Bekannten. „Was heißt das?“, fragt Till. Vater überlegt und sagt: „Sie lässt auch andere Meinungen und Überzeugungen gelten, nicht nur die eigenen.“ – Mutter seufzt: „Es fällt gar nicht immer leicht, tolerant zu sein.“ Man kann manchmal nämlich nur schwer einsehen, dass andere anders denken und fühlen als man selbst. Es gibt Menschen, die sofort losbrüllen, wenn ihnen widersprochen wird. Die sind das Gegenteil von tolerant, nämlich intolerant. Angenehmer und leichter kann man mit toleranten Menschen zusammenleben.

Tomate (🇦🇹 Paradeiser) Mutter verlangt am Gemüsestand: „Bitte ein Pfund schnittfeste Tomaten.“ Leuchtend rot sieht die Sorte aus, die Mutter kauft. Daneben liegt eine gelblichere Sorte. Till schneidet sich oft Tomatenscheiben auf das Butterbrot. Auch Tomatensuppe schmeckt ihm. Seine Eltern essen gerne Tomatensalat. Außerdem werden ▸Ketchup und Tomatenmark aus Tomaten gemacht. Reife Tomaten enthalten ▸Vitamine. – In einem Garten sieht Till Tomatenpflanzen. Man bindet sie an Stäben fest. Die ▸Pflanzen haben gelbe Blüten. Tomaten sind Nachtschattengewächse.
Man nennt Tomaten auch Paradies- oder Liebesäpfel.

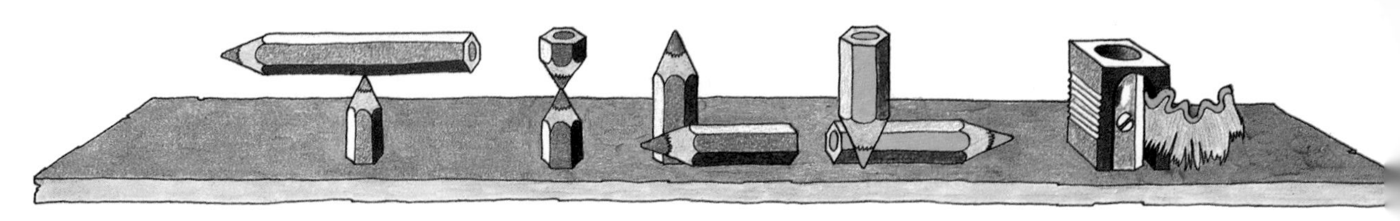

Ton Mutter hört im Radio Flötenmusik. Sie sagt: „Ich mag sie." Ihr gefällt also der Schall der Musik, den ihre Ohren gerade aus der Luft auffangen. Besonders schrille Töne klingen für sie dagegen abscheulich. – Man unterscheidet helle und dunkle Töne, hohe und tiefe. Manche Töne sind so hoch, dass die Menschen sie nicht mehr wahrnehmen. Einige Tiere hören diese Töne dann immer noch. – Vater sieht ein Bild und sagt: „Der helle Farbton gefällt mir gut."
Es gibt Ton, den man anfassen kann.
Weißt du, welcher das ist?

Der Ton, den der ▸ Töpfer verwendet.

Töpfer Die Familie besucht eine Töpferei. Viele Vasen, Teller, Tassen und Kannen stehen da. „Und alle hat der Töpfer selbst gemacht", sagt Mutter. Zum Töpfern braucht er Ton. Das ist eine schwere, wasserundurchlässige Erde. Diese Masse formt der Töpfer mit den Händen auf der Töpferscheibe. So eine Drehscheibe wird elektrisch oder mit den Füßen angetrieben. Nach dem Formen ist der graue Ton immer noch weich. Hart wird er, wenn man ihn an der Luft trocknet. Dann brennt ihn der Töpfer bei hoher ▸ Temperatur in einem Brennofen noch härter. Meistens bekommen die gebrannten Gegenstände eine Glasur. So nennt man die Flüssigkeit, die ihre raue Oberfläche überdeckt und glättet. Außerdem gibt die Glasur den Tonwaren ihren Glanz und die Farbe. Damit die Glasur fest wird, brennt der Töpfer die Gegenstände noch einmal. Danach sind sie völlig wasserdicht.

Tornado Im Fernsehen sieht Till Bilder einer zerstörten Ortschaft. Der Sprecher sagt: „Ein Tornado hat den Ort verwüstet." In der warmen Jahreszeit und bei Gewitter kommen solche Wirbelstürme im Süden Nordamerikas oft vor. Manchmal dauern sie einige Minuten. Sie können aber auch stundenlang wüten. Tornados bleiben in der Ebene. Dort bewegen sie sich meistens über Entfernungen von fünf bis zehn Kilometern. Auf einer Breite von ein paar Hundert Metern bis über einen Kilometer wirbelt der Tornado sogar schwere Gegenstände in die Luft.

Trainer In der Zeitung liest Till, dass seine Lieblingsfußballmannschaft einen neuen Trainer (Trener) bekommt. Seine Mutter sagt: „Hoffentlich wird die Mannschaft mit ihm besser." Ein Trainer ist ein Sportlehrer. Er muss viel über seinen ▸ Sport und die Sportler wissen. Er übt regelmäßig mit ihnen, damit sie besser werden und Erfolg haben. Natürlich gehört auch dazu, dass der Trainer die passende Mannschaft zusammenstellt. Trainer gibt es für alle Sportarten. Sie trainieren entweder eine Mannschaft oder einzelne Sportler.

Traktor „Guck mal, ein Trecker“, sagt Till und zeigt zu einem Traktor. Dieser Schlepper hat große Hinterräder und kleine Vorderräder. Der Bauer sitzt auf dem Traktor und steuert das Fahrzeug. Es zieht gerade einen Pflug über das Feld. „Früher benutzte man für solche Arbeiten ▸ Pferde und ▸ Rinder“, erklärt Vater. Mit dem Traktor geht es natürlich schneller. Traktoren brauchen einen starken ▸ Motor. Sie ziehen alle möglichen landwirtschaftlichen Geräte, zum Beispiel Eggen, Heuwender und Sämaschinen.

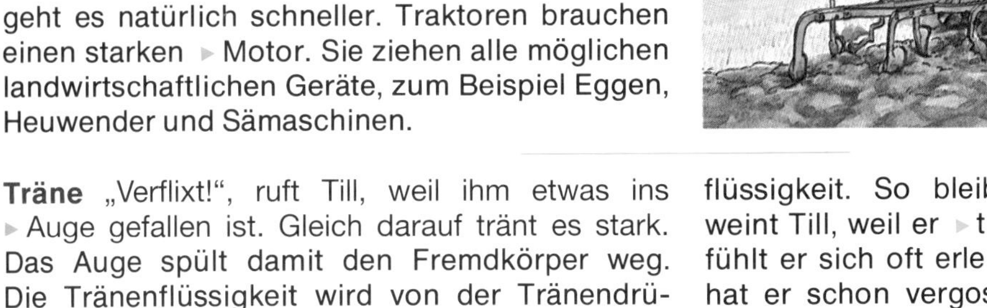

Träne „Verflixt!“, ruft Till, weil ihm etwas ins ▸ Auge gefallen ist. Gleich darauf tränt es stark. Das Auge spült damit den Fremdkörper weg. Die Tränenflüssigkeit wird von der Tränendrüse im oberen Augenlid abgesondert. Der Augapfel braucht ständig ein wenig Tränenflüssigkeit. So bleibt er feucht. – Manchmal weint Till, weil er ▸ traurig ist. Nach dem Weinen fühlt er sich oft erleichtert. Auch Freudentränen hat er schon vergossen. Als er eine Träne auf der Lippe spürt, staunt er: „Die schmeckt ja salzig.“

Transformator (Trafo) Till geht am Transformatorenhäuschen vorbei. Daran ist ein Schild festgemacht, auf dem steht: ‚Vorsicht, Hochspannung, Lebensgefahr!‘ Transformatoren formen den Strom, der mit Überlandleitungen aus Kraftwerken kommt, von sehr hoher ▸ Spannung in viel niedrigere um. Diesen Strom kann man dann im Haushalt gebrauchen. Seine Spannung beträgt 220 Volt. – Till benutzt auch für seine elektrische Eisenbahn einen Transformator. Der transformiert die 220-Volt-Spannung in eine niedrigere, ungefährliche von etwa fünf bis zwanzig Volt.

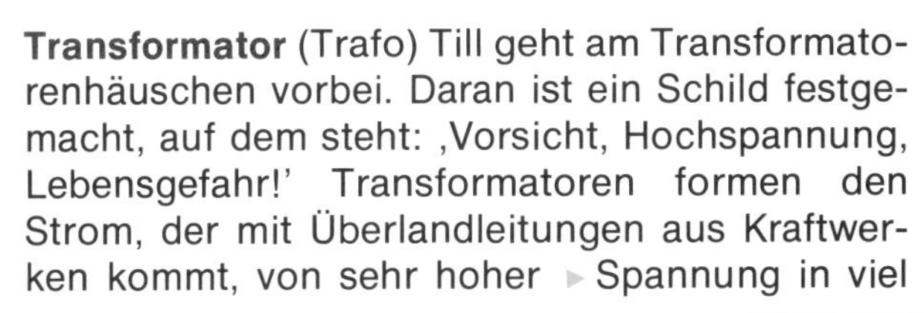

Traum Vater sitzt am Frühstückstisch. Er sagt: „Ich habe schlecht geträumt.“ Dann erzählt er seinen Traum: „Wir wollten verreisen. Erst wurden wir mit dem Packen zu spät fertig. Danach konnten wir die Fahrkarten nicht finden. Zum Schluss verpassten wir den Zug. Und das alles regte mich furchtbar auf.“ Mutter meint: „Das war ja fast ein Albtraum.“ So nennt man besonders schlimme Träume. Alle Menschen und viele Tiere haben Träume. Sie sind wie Filme, die man im Schlaf sieht. Oft erinnert man sich morgens allerdings nicht mehr an seine Träume.

Tills Wunschtraum wäre ein Rennrad. Davon kann er zur Zeit aber wirklich nur träumen. – Wenn Till dasitzt und vor sich hin starrt, sagt Mutter manchmal: „Du träumst ja mit offenen Augen.“ Im Urlaub sagte Mutter: „Hier ist es traumhaft schön.“

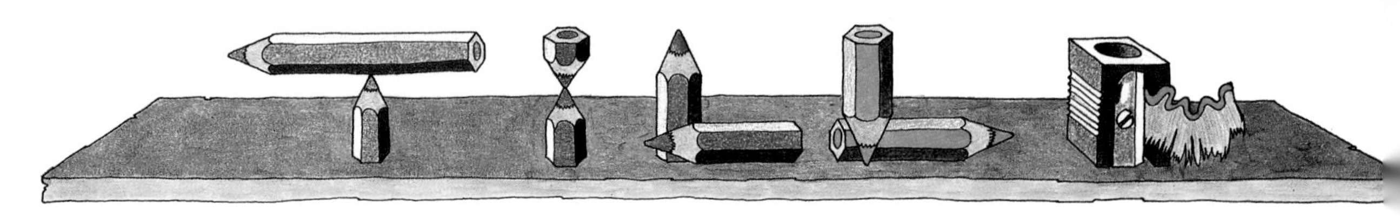

traurig Der Freund von Till hat Geburtstag. Till wurde nicht dazu eingeladen. Darüber ist er ziemlich traurig. Dieses Gefühl tut ihm weh. Den ▸ Schmerz spürt er aber nicht wie zum Beispiel eine Wunde am Körper. Er tut in ihm weh. Das ist so, dass er am liebsten weinen möchte. Als dann seine Mutter auch noch mit ihm schimpft, weint er wirklich. „Was hast du denn?“, fragt sie erschrocken. Er erzählt es ihr und sie tröstet ihn. Da fühlt sich Till schon nicht mehr ganz so traurig. – Vor einigen Monaten hatte ein Nachbar schwarze Trauerkleidung an. Er trauerte um seine Frau, weil die gestorben war. – Vater sagte mal von einem Kollegen: „So ein Trauerkloß. Eigentlich hat der keinen Grund traurig zu sein. Trotzdem sitzt er immer griesgrämig herum.“

Tresor Ein Einbrecher will Geld und Schmuck klauen. Da steht er plötzlich vor einem Stahlschrank. „Verflixt!“, schimpft er. In diesem Tresor liegen nämlich das Geld und der Schmuck und er kann den Tresor nicht öffnen. ▸ Banken verwahren wertvolle Gegenstände und Geld in Tresoren. Oft sind das große Stahlkammern. Auch ein Feuer schadet dem Tresorinhalt nicht. Besonders geschickte Einbrecher schaffen es manchmal mit technischen Geräten, einen Tresor auszurauben. Man sagt dann: „Sie haben ihn geknackt.“ Wenn man die Einbrecher erwischt, werden sie verknackt, also eingesperrt.

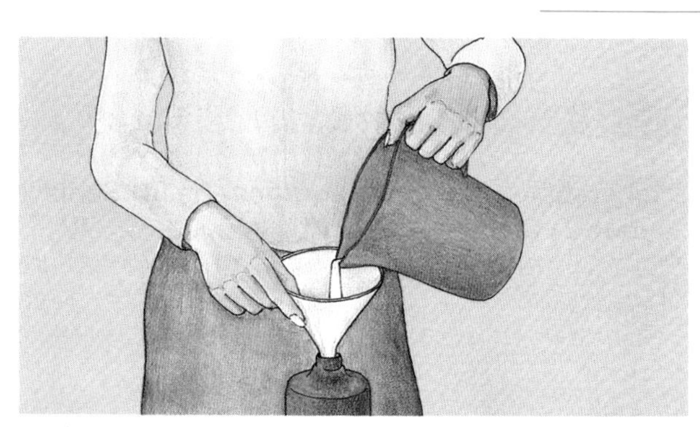

Trichter Till will Saft aus seinem großen Becher in eine kleine Flasche füllen. Erst mal schüttet er einiges daneben. „Nimm doch den Trichter dazu“, schlägt Mutter vor. Dieses Gerät ist oben weit und unten eng. Till setzt den Trichter auf die kleine Flasche und schüttet die Flüssigkeit hinein. Jetzt fließt nichts mehr daneben.
Im Wald sieht Till eine große Bodenvertiefung. Mutter sagt: „Das ist ein Bombentrichter.“ An dieser Stelle explodierte vor vielen Jahren eine ▸ Bombe. Sie riss das Loch in den Boden.

Trickfilm Im Fernsehen sieht Till einen Trickfilm. Da spielen keine Schauspieler mit, sondern gezeichnete Figuren. Einige springen gerade hoch. Der Trick beim Trickfilm ist, dass er aus vielen einzelnen gezeichneten Bildern besteht. Für einen Film von dreißig Minuten Länge werden mehrere Tausend Bilder gebraucht. Sie unterscheiden sich immer nur ein wenig voneinander. Beim ersten Bild springen die Figuren zum Beispiel vom Boden ab. Beim zweiten sind sie ein kleines Stück in der Luft und beim dritten noch ein Stückchen höher. So geht das Bild für Bild weiter. Mit der Filmkamera nimmt man die Bilder einzeln und nacheinander auf. Beim Vorführen des fertigen Films sieht es dann aus, als würden die Figuren richtig hochspringen.
Mit Trickfilmen kann man auch komplizierte technische Vorgänge gut erklären.

Trinkgeld Till und sein Vater lassen sich die Haare schneiden. Vater ist mit der Arbeit des ▸ Friseurs zufrieden. Deswegen gibt er ihm als Trinkgeld einen kleinen Geldbetrag extra. Danach bezahlt Vater an der Kasse, was das Haareschneiden eigentlich kostet. – Als sie mit dem Taxi fahren, verlangt der Fahrer 9,60 DM. Mutter bezahlt mit einem Zehnmarkschein. Sie lässt sich nichts herausgeben. Die vierzig Pfennig sind das Trinkgeld für den Fahrer. Auch Bedienungen in ▸ Gasthäusern bekommen oft Trinkgeld. Mit dieser Sitte drückt man den Dank für gute und freundliche Bedienung aus.

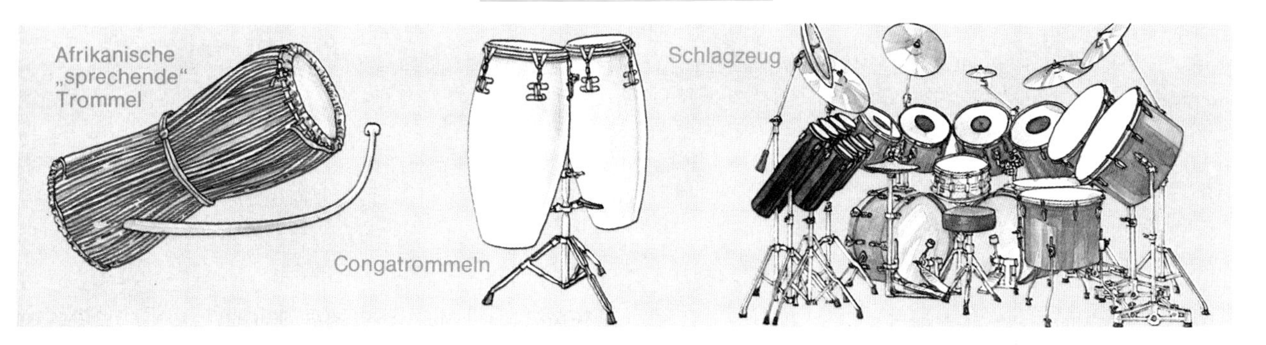

Trommel Zum Geburtstag haben die Eltern Till eine kleine Trommel geschenkt. Ihr runder Rahmen ist oben und unten mit Fell bespannt. Till nimmt die zwei Trommelstöcke und schlägt auf das Fell. Die Trommel dröhnt laut. Danach trommelt er mit der Hand. Den Ton seiner Trommel kann Till verändern, wenn er das Fell mehr oder weniger spannt. Dazu sind ▸ Schrauben an der Trommel. „Zum Glück hast du eine kleine Trommel“, sagt Vater. Größere klingen nämlich viel lauter und dröhnender. Der Trommler in einer Jazzband (Dschessbänd) oder Popgruppe heißt Schlagzeuger. Er unterstützt den Rhythmus der ▸ Musik. Trommeln gehören zu den ältesten Instrumenten. Eingeborene in ▸ Afrika trommeln Nachrichten über weite Strecken von einem Trommler zum anderen.

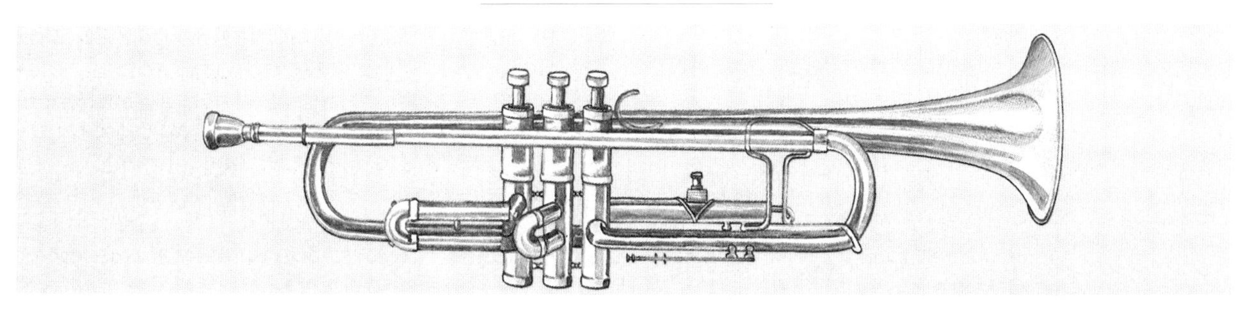

Trompete Till nimmt die Trompete seines Onkels. So sehr er sich auch beim Hineinblasen anstrengt, es kommt kein Ton heraus. Jetzt setzt der Onkel das Musikinstrument an den Mund. Gleich darauf hört Till ▸ Töne. Der Onkel hat das Trompetespielen gelernt. Er wölbt die Lippen ein wenig nach innen. Dann bläst er die Luft auf eine bestimmte Art ins Mundstück. Da entsteht der Ton. Die Trompete verstärkt ihn. Mit den Ventilen kann man die Tonhöhen verändern. Tills Onkel bläst so laut, dass Till sagt: „Du willst mich wohl umblasen.“ Oft spielen Musiker dieses Instrument in Orchestern. – Die Trompete gehört zu den Blechblasinstrumenten wie die Posaune, die Tuba und das Jagdhorn.

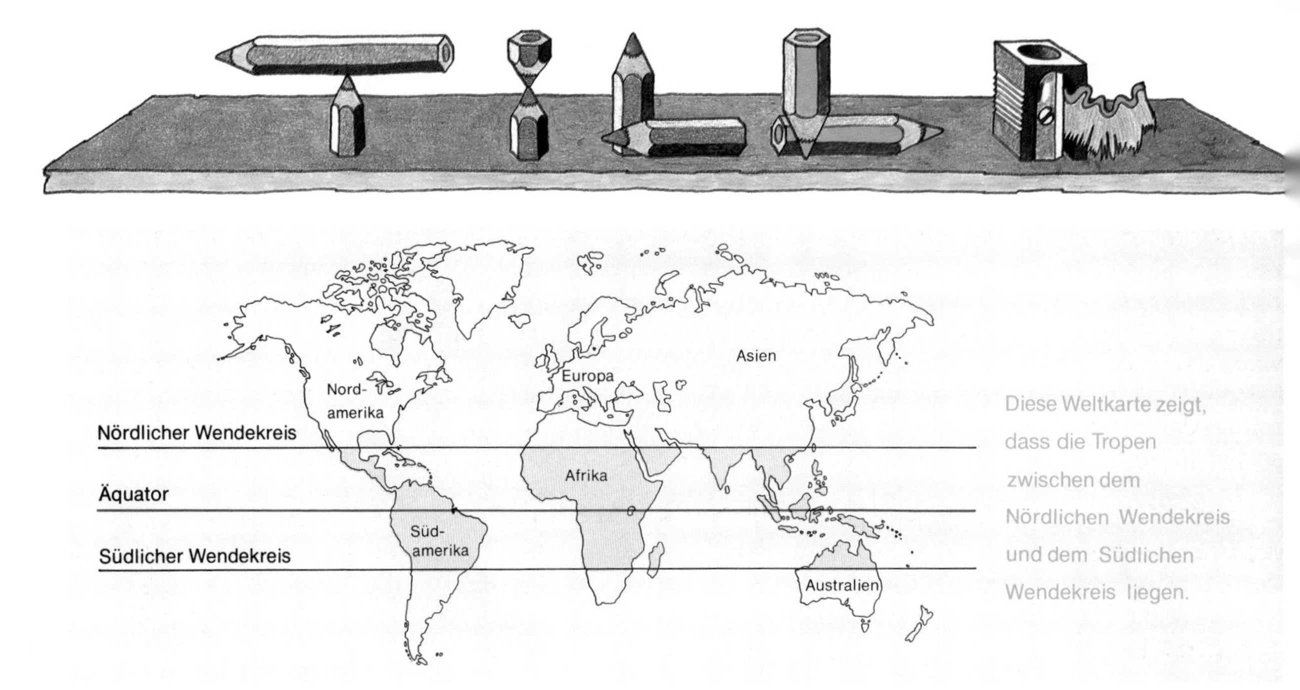

Diese Weltkarte zeigt, dass die Tropen zwischen dem Nördlichen Wendekreis und dem Südlichen Wendekreis liegen.

Tropen „Das ist ja heute wie in den Tropen“, stöhnt Vater. Er wischt sich den Schweiß ab. Tropen nennt man die Gebiete zu beiden Seiten des Äquators zwischen dem Nördlichen und dem Südlichen Wendekreis. Über diesen gedachten Linien steht die Sonne zur Zeit der Sonnenwende gerade noch über einem, das heißt im Zenit. In den Tropen sieht man die ▸ Sonne immer hoch am Himmel. Sie scheint fast senkrecht und deswegen besonders heiß auf die ▸ Erde. Auch feucht kann es in den Tropen sein. Dieses Treibhausklima lässt die Pflanzen gut wachsen. Deswegen gibt es riesige tropische ▸ Urwälder. Wo es weniger regnet, bedecken ▸ Steppen und ▸ Savannen das Land. Den Winter kennt man dort nicht. In manchen tropischen Gebieten wechseln sich eine Trockenzeit und eine Regenzeit ab. In anderen bleibt es immer feucht und heiß. Menschen, die unser ▸ Klima gewohnt sind, vertragen das Tropenklima meistens schlecht.

trösten Till hat eine Fünf im Diktat geschrieben. Mutter tröstet ihn. Sie streichelt über seinen Kopf und sagt: „Das nächste Mal üben wir vorher. Dann schaffst du das bestimmt gut. Eigentlich kannst du es doch.“ Langsam fühlt sich Till wirklich getröstet. Es geht ihm besser. Er glaubt jetzt selbst, dass er im nächsten Diktat weniger Fehler machen wird. – Als Mutter mal traurig war, tröstete Vater sie. Er nahm sie in den Arm und sprach leise mit ihr. – Bei einem Wettspiel hat Till den Trostpreis bekommen. Den gibt es, damit man sich nicht zu sehr über eine Niederlage ärgert. – „Ist das eine trostlose Gegend“, sagt Mutter, als sie durch ein verdorrtes Waldgebiet fahren.

Truthahn Mutter sagt: „Am Sonntag gibt es Truthahn.“ Die Familie wird lange daran zu essen haben. Der Vogel ist nämlich ziemlich groß. Über fünfzehn Kilogramm kann er schwer werden. Man nennt ihn auch Puter. Die Truthenne heißt Pute. Schon vor einigen Hundert Jahren wussten die Indianer, dass Truthahnfleisch lecker schmeckt. – Puterrot und dazu dick wird der Hautsack am Kopf des Puters, wenn sich der Vogel aufregt. Außerdem stellt er dann seine Schwanzfedern in die Höhe. Das tut er oft. Der Truthahn gilt nämlich als ausgesprochener Streithammel.

Tulpen ‚Kommen Sie zur Tulpenblüte nach Holland', lockt ein Plakat. Dort werden die meisten dieser ▸ Blumen gezüchtet. Auch bei uns gehören sie zu den beliebtesten Gartenblumen. Sie wachsen im Frühjahr aus ▸ Zwiebeln. Weiße, hellrote, dunkelrote, gelbe, orangenfarbene (orangsch-) und violette Tulpen hat Till schon gesehen. Aber nicht nur verschiedene Farben, sondern auch unterschiedliche Formen züchtet man. Tulpenblüten wirken wie Becher, fällt Till auf. Außer den gezüchteten Sorten gibt es wild wachsende Tulpen, zum Beispiel die Waldtulpen.

Gartentulpe Waldtulpe

Tunnel (Tunell) Die Familie fährt in den Urlaub. „Gleich kommen wir durch einen langen Tunnel", sagt Vater. Wenn es diesen Tunnel nicht geben würde, müssten sie zuerst einen Berg hochfahren. Auf der anderen Seite würden sie dann den Berg hinunterfahren. Der Tunnel durch den Berg kürzt die Strecke ab. Auch unter Flüssen baut man Tunnels. Zwischen Italien und der ▸ Schweiz gibt es einen zwanzig Kilometer langen Eisenbahntunnel. Beim Tunnelbau wird meistens von beiden Seiten angefangen. Den Tunnel sprengt und bohrt man in die Erde. Natürlich muss alles gut abgestützt werden, damit der Tunnel auch hält. Und vor allem darf man sich nicht verrechnen, wenn von zwei Seiten gebaut wird. Sonst baut man nämlich nicht aufeinander zu, sondern aneinander vorbei.

Turbine Als Till und sein Vater ein hölzernes Wasserrad sehen, sagt Vater: „So ähnlich wie dieses Rad kannst du dir eine Turbine vorstellen. Allerdings sind die Schaufeln der Turbine aus ▸ Stahl." Damit sich diese Kraftmaschine bewegt, muss Wasser, ▸ Dampf oder ▸ Gas mit großem Druck auf die Turbinenschaufeln strömen. In Kraftwerken nutzt man die rasend schnellen Bewegungen der Turbinen aus. Generatoren (Stromerzeuger) verwandeln ihre Bewegungen in ▸ Elektrizität. Turbinen braucht man auch als Antrieb für ▸ Schiffe, ▸ Flugzeuge und Loks.

Hier soll ein Turbinenrad in ein Kraftwerk gehoben werden

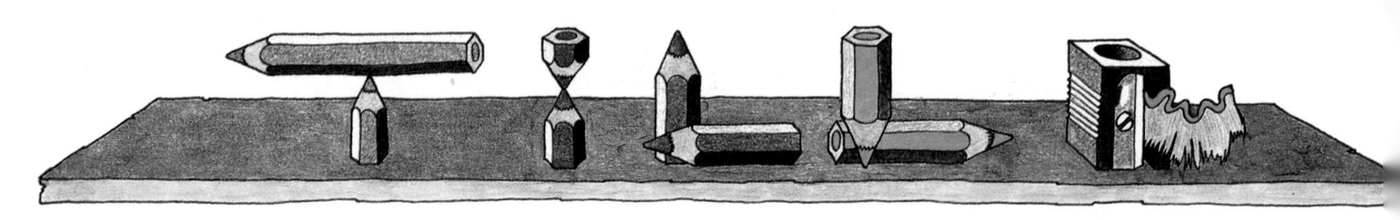

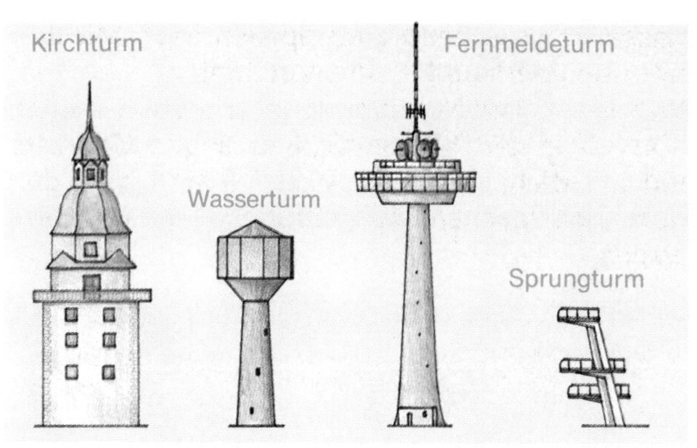

Turm Till steht vor einem Kirchturm. Er muss seinen Kopf ziemlich weit in den Nacken legen, damit er die Spitze dieses riesigen Bauwerks sieht. – Von den Türmen einer ► Burg kann man über das Land blicken. So erkannte man anrückende Feinde schon von weitem. Noch viel höher als die Kirchtürme sind die schlanken Fernsehtürme. Im Schwimmbad steht ein 10-Meter-Sprungturm. – Vier Minitürme gehören zu einem Spiel, das Tills Eltern manchmal spielen. Weißt du, was das für Türme sind?

Figuren beim ► Schach.

turnen In der zweiten und dritten Stunde hat Tills Klasse Turnunterricht. Sie gehen in die Turnhalle. Dort sind eine Menge Geräte aufgebaut. Die Kinder turnen zum Beispiel am Barren, am Reck oder am Bock. Auch das Pferd, die Ringe, den Schwebebalken und die Kletterstangen benutzen sie für ihre Turnübungen. Große Matten zum Bodenturnen liegen hier. Ein Mädchen aus Tills Klasse kann besonders gut turnen. Sie geht in einen Turnverein. Im Fernsehen hat Till mal beim Kunstturnen zugesehen. Einer der Turner war bei diesem Wettkampf noch besser als die anderen sehr guten. Der hat dann ganz knapp gewonnen.

Tuschkasten Till hat einen Tuschkasten und drei verschieden dicke Pinsel bekommen. Zwölf ► Farben sind in diesem Malkasten und dazu das Deckweiß. Zum Malen braucht Till Wasser. Mit dem nassen Pinsel streicht er etwas Farbe aus einem der Farbschälchen. Wenn er viel Wasser in die Farbe mischt und dann malt, scheint das Papier durch. Mischt er wenig Wasser hinein, sieht man das Papier unter der Farbe nicht. Dann deckt die Farbe. Till probiert, welche Farben er miteinander mischen kann und wie die Mischfarben aussehen. Danach malt er ein großes, buntes Auto. Es schwebt mit Flügeln über den Straßen.

Tyrann „Sie ist ein richtiger Haustyrann“, sagt Mutter von einer Frau. Ihre Herrschsüchtigkeit und Strenge fällt wirklich besonders auf. Ständig muss alles nach ihrem Willen gehen. Sie tyrannisiert ihre Familie. Andere Meinungen als ihre sind nicht erlaubt. – Manche Länder werden von Tyrannen regiert. Diese Alleinherrscher zwingen der Bevölkerung ihren Willen auf. Wer sich gegen die Tyrannei wehrt, bekommt die Macht des Tyrannen zu spüren. Der Tyrann kann ihn bestrafen, wie er will. Deswegen wagen nur wenige Menschen sich dagegen zu wehren.

Überraschung Ulli möchte gerne wissen, was er zu Weihnachten bekommt. Aber die Eltern verraten es nicht. „Es soll eine Überraschung sein", sagt Mutter. Das vergrößert seine Spannung noch. Und eigentlich findet Ulli so ein unerwartetes Geschenk auch am schönsten. – Kürzlich hat sich Ulla gefreut, weil ein Junge aus ihrer Klasse überraschend zum Spielen kam. Mit ihm hatte sie überhaupt nicht gerechnet.
Als sie von der Nusscreme nascht, steht Mutter plötzlich in der Küchentür und sagt: „Na, jetzt hab ich dich aber überrascht." Wenn man das Wort ‚überraschen' so gebraucht, heißt es ‚ertappen'.

Ufer Ulla steht am Flussufer. Da berühren sich ▸ Wasser und ▸ Land. Sie wirft Steine ins Wasser. Wo Ulla gerade steht, ist die Uferböschung flach. Weiter hinten fällt sie steiler ab. Am Ufer gibt es eine Menge zu beobachten. ▸ Fische kann man sehen. Bestimmte Pflanzen – zum Beispiel das ▸ Schilf – wachsen hier. – Bäche, Flüsse, Seen und Meere haben Ufer. Das Meeresufer nennt man auch ▸ Küste. Bei Hochwasser werden flache Ufer oft überschwemmt. Deswegen sind sie häufig durch Dämme geschützt. – Mutter war beim Einkaufen. Sie beschwert sich: „Die Preise steigen ja ins Uferlose." Damit meint sie, dass alles immer teurer wird.

Uhr Früher konnte Ulli die Uhrzeit nicht lesen. Er musste fragen: „Wie spät ist es denn?" Heute trägt er eine Armbanduhr. Und er hat es längst gelernt, die Uhrzeit vom Zifferblatt und den Zeigern abzulesen. Seine Uhr zeigt die Stunden, Minuten und Sekunden an. Früher musste man die ▸ Feder der Uhr aufziehen. Diese Feder sorgt durch ihre Spannung dafür, dass sich die Zeiger bewegen. Heute benutzt man vor allem Quarzuhren. Den Gang dieser Uhren steuert ein winziges Quarzkristall, das mit einer ▸ Batterie elektrisch zum Schwingen gebracht wird. – Digitaluhren nennt man elektronische Uhren, die die Uhrzeit in Ziffern anzeigen. – Als Ullis Uhr nicht funktionierte, wurde sie vom Uhrmacher repariert. – Mutter kaufte Ulli einen Wecker. Er weckt Ulli seitdem jeden Tag. – Die ersten Uhren, die den heutigen ähnlich waren, baute man vor etwa sechshundert Jahren. Aber auch damals gab es schon längst ▸ Sonnenuhren und Sanduhren. Die Sanduhr ist ein Glasgefäß aus zwei Teilen. Der Sand rieselt durch eine schmale Öffnung vom oberen Teil in den unteren. Dazu braucht er eine bestimmte Zeit. So eine Uhr benutzt Mutter als Eieruhr.

Digitaluhr

Sanduhr

Standuhr

Uhu Uhus sind Nachtvögel. Sie gehören zu den ▸ Eulen. Über siebzig Zentimeter können sie groß werden. Ihr Gefieder ist gelbbraun und es hat dunkelbraune, längliche Flecken. Auffallend wirken der runde, dicke Kopf des Uhus und seine langen Ohrfedern. Mit den großen Augen sieht er im Dunkeln sehr gut. Außerdem fliegt er völlig lautlos. Seine Beutetiere jagt er nachts. Es sind vor allem ▸ Frösche, ▸ Fische, ▸ Vögel, ▸ Mäuse und junge ▸ Hasen. Die meisten Uhus leben in den dichten Wäldern und den Schluchten der Gebirge ▸ Asiens und Nordafrikas. Bei uns sind sie fast ausgestorben.

Umweltschutz „Guck mal, tote Fische“, sagt Ulla. Sie steht mit ihrer Mutter am ▸ Fluss. Sein Wasser wurde durch Abwässer aus ▸ Fabriken und Haushalten vergiftet. Hier können keine Fische mehr leben und die meisten Wasserpflanzen auch nicht. Oft verpesten Abgase und Ruß die Luft, die wir einatmen. Manchmal werden giftige Abfälle in die Landschaft gekippt. So vergiften sie den Erdboden und das Grundwasser. Die Luft, das Land und das Wasser gehören zur Umwelt von Menschen, Tieren und Pflanzen. Sie alle brauchen die Umwelt zum Leben. Trotzdem zerstören die Menschen die Umwelt. Der Umweltschutz will das verhindern. Jeder kann dabei mithelfen, indem man zum Beispiel keine ▸ Spraydosen mit Treibgas benutzt. Dieses Gas zerstört die Lufthülle der Erde. Außerdem sollte man überflüssige Verpackung vermeiden und Abfälle so sortieren, dass wichtige ▸ Rohstoffe wie Glas, Papier und Metall wiederverwendet werden können.

Umzug „Wir bekommen neue Nachbarn“, sagt Mutter zu Ulli. Er hat das schon gesehen. Vor dem Haus steht nämlich ein riesiger Möbelwagen. Ulli gefällt besonders, dass ein Mädchen mit einzieht. Es ist ungefähr so alt wie er. – Er denkt daran, wie das war, als seine Familie hierher zog. Erstmal wurden die Bücher, das Spielzeug, das Geschirr, die Kleidung, die Geräte und Haushaltsachen in Kisten verpackt. Dann wurden alle Lampen und Gardinen abgenommen. Die ▸ Spedition mit ihren Möbelpackern und dem Möbelwagen transportierte die Kisten und die Möbel aus der alten Wohnung in die neue. Dort wurde eingeräumt. Am Anfang hatte Ulli hier keine Freunde. Er kannte ja auch niemanden. Aber bald darauf spielte er schon mit den Nachbarskindern. Er will gleich mal runtergehen. Vielleicht hat das neu eingezogene Mädchen Lust zum Spielen. – Auf einem Plakat liest Ulli ‚Am Rosenmontag großer Faschingsumzug für alle Kinder‘. Bei so einem Umzug ziehen viele verkleidete Menschen durch die Straßen.

Unfall An der Straßenkreuzung sieht Ulla zwei verbeulte Autos und eine Menge Menschen. „Die Autos sind zusammengestoßen“, hört Ulla eine Frau sagen. „Bei dem Unfall gab es zum Glück nur Blechschaden.“ Gleich danach hält ein Polizeiwagen. Die Frau meldet sich als Zeugin. Sie hat genau gesehen, wie es zu dem Unfall kam. Ihre Aussage ist wichtig für die ▸ Polizei. Manchmal gibt es bei Unfällen Verletzte oder sogar Tote. Dann muss der Rettungswagen mit dem Notarzt und den Sanitätern schnell zum Unfallort fahren. Sie wollen den Verletzten erste Hilfe leisten und sie ins Krankenhaus bringen. Oft stehen aber um die Unfallstelle so viele Neugierige, dass der Wagen nicht schnell genug kommen kann. – Wenn am Arbeitsplatz ein Unfall passiert, nennt man das Betriebsunfall.

Universität Ulli und sein Vater kommen an einem großen Gebäude vorbei. „Das ist die Universität“, sagt Vater. „Hier studieren die Studenten.“ Die meisten Studenten haben ihre Schulzeit mit dem Abitur (der Matura) abgeschlossen. Einige haben diese Prüfung später nachgemacht um studieren zu können. Für manche ▸ Berufe braucht man ein Universitätsstudium. ▸ Ärzte, Rechtsanwälte, ▸ Pfarrer, Lehrer, Apotheker, Chemiker, Physiker und Mathematiker müssen zum Beispiel einige Jahre lang studieren. Die Lehrer an Universitäten nennt man Professoren und Dozenten. Beim Unterrichten und Forschen helfen ihnen Assistenten. – Ein anderer Name für Universität ist Hochschule. Manche sagen einfach ‚Uni‘ dazu.

Unkraut Ullas Mutter sieht Unkraut zwischen den Radieschen im Garten. Sie zieht es heraus. Man sagt dazu ‚jäten‘. Das tut sie, weil Unkraut den anderen ▸ Pflanzen die Nahrung und den Platz wegnimmt. Aber Unkraut lässt sich nicht so leicht beseitigen. Es vermehrt sich sehr schnell. Ulla findet die weiß blühenden Pflanzen sehr hübsch. – In der Landwirtschaft wird Unkraut oft durch chemische Mittel vernichtet. Das schadet dem Boden und dem Grundwasser. Deshalb versuchen einige Bauern Unkraut mit natürlichen Mitteln zu bekämpfen.

Untergrundbahn (U-Bahn) Mitten in der Stadt sehen Ulli und seine Freundin eine riesige Baustelle. Hier baut man eine U-Bahn. Tief unter den Füßen der Kinder wird diese elektrische Bahn bald durch lange ▸ Tunnels fahren. Das ist praktisch, denn hier oben gibt es sowieso schon zu viel ▸ Verkehr. Die U-Bahn wird durch diesen Verkehr nicht aufgehalten. Und sie hält den Verkehr nicht auf. Schnell kommt sie von einer Station zur nächsten. Fast lautlos rollen die Wagen heran. Manche U-Bahnen fahren bis zu 100 km pro Stunde. – 1890 wurde in London die erste elektrisch betriebene U-Bahn eingeweiht.

Unterseeboot (U-Boot) Auf einem Bild sieht Ulla ein Unterseeboot. Solche ▸Schiffe können ▸tauchen und längere Zeit unter Wasser schwimmen. Natürlich sind sie völlig wasserdicht. Außerdem müssen sie den starken Wasserdruck da unten aushalten. Zum Tauchen lässt man Wasser in die Tauchkammern. So werden die Schiffe schwer und sinken. Meistens treiben elektrische ▸Motoren sie unter Wasser an, manchmal verwendet man auch Atomkraft als Antrieb. Soll das U-Boot auftauchen, presst man das Wasser wieder aus den Tauchkammern.
Jetzt wird das Schiff leichter und steigt an die Oberfläche. Wenn man nur knapp unter dem Wasserspiegel taucht, kann man ein Sehrohr (Periskop) ausfahren. Damit wird die Umgebung beobachtet. – U-Boote gibt es etwa seit Beginn dieses Jahrhunderts. Ulla möchte mal in so einem Boot sitzen. Da würde sie aber rasch merken, dass es im U-Boot sehr eng ist.

Urkunde Bei einem Sportfest wird Ulla Zweite im 75-Meter-Lauf. Dafür bekommt sie eine Urkunde. Auf diesem Stück Papier steht, dass sie den zweiten Platz belegt hat. „Die Urkunde wird dich später an das Sportfest erinnern", sagt Mutter. Auch die Eltern haben Urkunden, zum Beispiel eine Heiratsurkunde vom Standesamt. Mit dieser Urkunde wird bestätigt, dass Vater und Mutter verheiratet sind. „Obwohl wir das auch ohne Urkunde wissen", sagt Vater. Auf Urkunden sieht man einen ▸Stempel und eine Unterschrift. Erst damit ist dieses Papier gültig. Wer etwas an einer Urkunde verändert, begeht Urkundenfälschung. Das kann bestraft werden.
Im ▸Museum stellt man alte Urkunden aus. Auf einer steht zum Beispiel, wann die Stadt gegründet wurde, in der Ulla wohnt.

Urwald Ulli sieht einen Film über Pflanzen und Tiere im tropischen Urwald. Unendlich groß wirkt dieser ▸Wald. In ihm gibt es kaum eine Siedlung. Keine Straße durchzieht das Gebiet. So einen tropischen Regenwald kann man auch Dschungel nennen. Urwälder werden von den Menschen nicht verändert. Da stürzen Bäume um und bleiben liegen. Andere Pflanzen wuchern darüber. Diese Wälder sind fast undurchdringlich. Es gab sie früher überall auf der Erde. Aber immer mehr Urwälder wurden gerodet. Heute versucht man vorhandene Urwaldgebiete zu schützen. Besonders die tropischen Regenwälder sind gefährdet.

Vampir Vera ist allein und kann nicht einschlafen. Sie schaltet den Fernsehapparat an. Als Vera die Hauptperson des Films sieht, erschrickt sie. Das ist nämlich ein Vampir. Er hat zwei lange, spitze Zähne. Kerngesund wirkt dieser todbleiche Kerl nicht gerade. Vampire sollen die Geister von Toten sein. Nachts steigen sie – so erzählt man – aus ihren Gräbern. Dann beißen sie angeblich die Menschen und saugen ihr Blut. Vera denkt: „Milch wäre ein viel besseres Getränk für sie." Zum Glück gibt es solche Vampire nur in Filmen und Geschichten. Nach dem Vampirfilm kann Vera erst recht nicht einschlafen.
Vampir nennt man auch eine große, langohrige Fledermausart, die in Südamerika lebt.

Vanille „Ein Vanilleeis", bestellt Vera beim Eisverkäufer. Zu Hause streut ihre Mutter Vanillezucker in den Kuchenteig. Auch Vanillepudding schmeckt Vera.
Die Vanille ist eine ▸ Pflanze. Sie gehört zu den ▸ Orchideen. Man pflanzt sie in tropischen Gebieten an. Ihre Früchte sind bis zu dreißig Zentimeter lang. Nach der Ernte werden sie getrocknet. Man verwendet diese süßlichen Vanillestangen als ▸ Gewürz für Süßspeisen oder zur Herstellung von Parfüm.

Veilchen An einem Frühlingstag im April geht Vera mit ihren Eltern über eine Wiese. Ganz versteckt wachsen da Veilchen. Sie blühen blauviolett. Am auffallendsten an diesen kleinen Frühlingsblumen ist der Duft. – Im Mai und Juni wachsen in Heide- und Waldgebieten hellere Veilchen, die Hundsveilchen. Wenn man daran schnuppert, riecht man nichts. Es gibt noch viele andere Veilchenarten. Manche blühen weiß. – Das Alpenveilchen heißt nur so und ist kein Veilchen, sondern ein Primelgewächs. – Einmal ‚wuchs' Vera ein Veilchen am Auge. Das konnte man nicht pflücken. Weißt du, was das für eines war?

Ein blaues Auge nennt man Veilchen.

Ventilator Es ist heiß. Stöhnend sitzt Vera vor ihren Schularbeiten. Mutter sagt: „Ich bring dir einen Ventilator." Sie steckt den Stecker des Geräts in die ▸ Steckdose. Dann stellt Vera den Ventilator an. Immer schneller treibt der ▸ Motor den Propeller. Vera kann die einzelnen Flügel nicht mehr unterscheiden. Sie sehen aus wie ein rasendes Rad. „Das ist ja eine richtige Windmaschine", sagt Vera. Der Ventilator sorgt jetzt für angenehme Kühle. – Im Auto kühlt ein Ventilator den ▸ Motor.

Verbannung Vera liest in einem Buch, dass jemand verbannt wurde. Er hatte ein ▸ Verbrechen begangen. Zur ▸ Strafe schickte man ihn auf eine weit entfernte Insel. ▸ Australien war früher so ein Ort für Verbannte. Aber nicht nur Verbrecher kamen in die Verbannung. Auch Menschen, die eine andere Meinung hatten als ihr Herrscher, wurden zum Beispiel verbannt. Sie durften also nicht mehr in ihrer ▸ Heimat bleiben. Sogar heute gibt es so etwas noch. – Wenn jemand aus einem Land gewiesen wird und in einem anderen Land leben muss, sagt man: „Er lebt dort im Exil."

Verbrechen Vera hört in den Nachrichten, dass ein Mensch einen anderen getötet hat. Dieser Täter muss für sein Verbrechen mit einer langen Gefängnisstrafe rechnen. Das ▸ Gericht versucht herauszufinden, warum es zur Tat kam. Manchmal geschehen Verbrechen, die lange geplant sind. Es kommt aber auch vor, dass jemand in Notwehr handelt. Einer erschlägt beispielsweise jemanden aus Versehen, weil er angegriffen wurde. Sicher kann er dann nicht als Verbrecher bestraft werden. Manche Täter begehen ein Verbrechen durch eine Geisteskrankheit wie unter Zwang. Verurteilen kann man sie dafür eigentlich nicht. Dann müssen Ärzte versuchen sie von der Krankheit zu heilen. Verbrechen nennt man besonders schwere Straftaten wie Mord oder Raub. Leichtere Straftaten heißen Vergehen. In ▸ Gesetzen steht, welche Taten Verbrechen sind und wie sie bestraft werden.

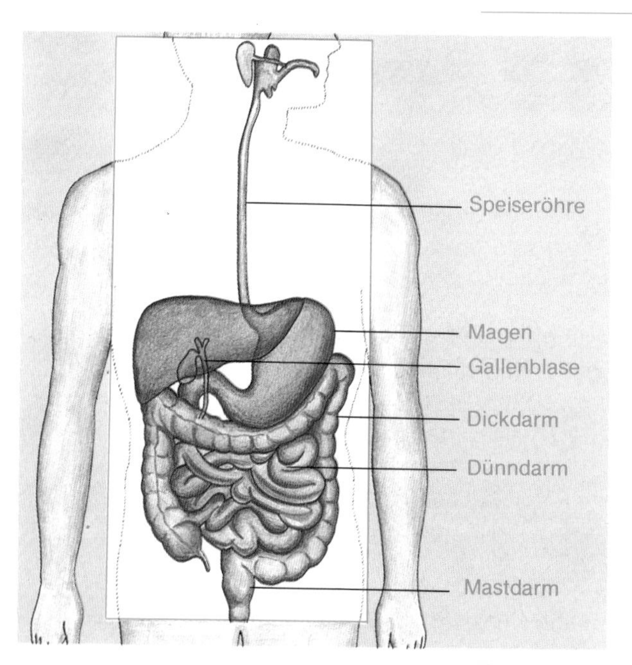

Verdauung Im ▸ Körper des Menschen beginnt die Verdauung damit, dass die Zähne das Essen kauen. Außerdem vermischt man es im Mund mit Speichel. Dann rutscht das Essen durch die Speiseröhre in den ▸ Magen. Dort kommen die Magensäfte dazu. Die machen einen Speisebrei daraus, der in den ▸ Darm wandert. Auch da geht die Verdauung weiter. Die Nährstoffe des Essens werden vom Körper aufgenommen. Aber nicht alles, was wir essen, braucht der Körper. Das Essen ohne Nährstoffe und Unverdauliches kommt als Stuhlgang in die ▸ Toilette. Von fettem Fleisch sagt Mutter: „Es ist schwer verdaulich." Andere Speisen gelten als leicht verdaulich, wie zum Beispiel ▸ Salate. Sie belasten den Magen weniger. – Vaters Verdauung ist seit zwei Tagen nicht in Ordnung. Er hat Durchfall. Ein Zeichen für schlechte Verdauung kann auch das Gegenteil davon sein, also besonders harter Stuhlgang. Man nennt das Verstopfung.

Verein Vera spielt gerne ▸ Handball. Deswegen hat sie sich in einem Sportverein angemeldet. Dort gibt es viele andere, die genauso gerne Handball spielen wie sie. Sie gehört jetzt zu einer Mannschaft. Alle Vereinsmitglieder bezahlen Beiträge. Deswegen kann der Verein Geld für die Halle, die Bälle und andere Dinge ausgeben. In jedem Verein hat man eine Vereinssatzung. Das sind Vereinsregeln. Im Telefonbuch ihrer Stadt findet Vera eine Menge Vereine. Da gibt es zum Beispiel Musikvereine, Kegelvereine, einen Kaninchenzüchterverein und einen Verein zur Hilfe für Behinderte. Vera möchte selbst einen Verein gründen. Es wäre der Verein ‚Gegen-zu-viele Hausaufgaben'. – Vereine kann man auch ‚Clubs' (Klubs) nennen.

Verfassung Fast in jedem ▸Staat gibt es eine Verfassung. Darin hat man aufgeschrieben, wie er regiert wird. Auch welche Rechte und Pflichten die Menschen im Staat haben, steht dort. Die Verfassung der ▸Bundesrepublik Deutschland heißt Grundgesetz. Der Name sagt schon, dass es das wichtigste und oberste Gesetz ist. Es gilt seit 1949. In ▸Österreich ist das Bundes-Verfassungsgesetz von 1929 gültig. Die ▸Schweiz hat eine Bundesverfassung aus dem Jahr 1874. – Mutter sagt von einem Bekannten, der schwach und krank wirkt: „Er ist zur Zeit in schlechter körperlicher Verfassung."

Verkehr „Das ist ja ein Verkehr", sagt Mutter in der Stadt. Ein ▸Auto hinter dem anderen fährt an ihr vorbei. ▸Motorräder, ▸Mopeds, ▸Fahrräder und ▸Fußgänger sind unterwegs. ▸Lastkraftwagen transportieren Waren. Busse und ▸Straßenbahnen bringen Menschen von Haltestelle zu Haltestelle. Ohne Verkehrsregeln würde dieser Verkehr zum ▸Chaos werden. Außerdem sorgen Polizeibeamte, ▸Ampeln und Verkehrszeichen dafür, dass möglichst wenig passiert. Auch auf Schienen, in der Luft und auf dem Wasser gibt es Verkehr. ▸Eisenbahnen, ▸Flugzeuge und ▸Schiffe verkehren da. „Die Leute, mit denen unser Nachbar verkehrt, sind mir nicht ▸sympathisch", sagt Mutter. Sie meint damit Menschen, mit denen er häufig zusammen ist.

verlieren Veras Vater sucht seinen Geldbeutel. Schließlich seufzt er: „Ich habe ihn wohl verloren." Wenn man etwas findet, muss man es abgeben. Natürlich gilt das nicht für wertlose Dinge. Findet man den Gegenstand zum Beispiel im Bus, kann man ihn beim Fahrer abgeben. Auch die ▸Polizei und das Fundbüro nehmen Fundsachen an. Der Finder bekommt vom Besitzer einen Finderlohn. Meldet sich der Besitzer innerhalb eines Jahres nicht, gehört der Fund dem Finder. Veras Vater konnte seinen Geldbeutel übrigens doch noch finden. Er war zwischen die Autositze gerutscht. – Kürzlich hat Vera beim ▸Tischtennis gegen ihren Freund verloren. Der Junge hat nicht gefunden, sondern gewonnen.

Verschwörung Im Radio hört Vera, dass eine Verschwörung aufgedeckt wurde. Man verhaftet die Verschwörer. Die Männer und Frauen hatten sich heimlich miteinander verbündet. Sie wollten die ▸Regierung ihres Landes stürzen. „Die Menschen dort leiden wirklich sehr unter der ungerechten Regierung", sagt Mutter. „Ich kann diese Verschwörer eigentlich ganz gut verstehen." Man nennt eine Verschwörung auch Komplott. – Wenn bei Vater besonders viel schief geht, sagt er: „Heute hat sich alles gegen mich verschworen."

Versicherung Jeden Monat bezahlt Veras Familie der Krankenversicherung einen bestimmten Betrag. Dafür bezahlt die Versicherung zum Beispiel den ▸Arzt und die Medikamente, wenn einer aus der Familie krank wird. – Eine schwere ▸Operation kostet mehrere Tausend Mark. Die Versicherung kann das bezahlen, weil sie von vielen Menschen Geld bekommt. Aber nur wenige davon brauchen eine so teure Operation. Auch gegen Diebstahl und Feuer haben sich die Eltern versichert. Wird etwas gestohlen oder es brennt, ersetzt die Versicherung den Schaden. Andere Versicherungen bezahlen Schäden, die man selbst jemandem zufügt. Autofahrer müssen eine solche Haftpflichtversicherung haben. – Vera möchte sich gerne gegen schlechte ▸Noten in der Schule versichern lassen. Es gibt zwar viele Versicherungen, so eine aber leider nicht.

Versteigerung In der Zeitung steht, dass eine große Versteigerung stattfindet. Man nennt so eine Versteigerung auch ‚Auktion'. Bei Versteigerungen werden vom Auktionator zum Beispiel wertvolle Bilder zum Verkauf angeboten. Auch alte Bücher oder Briefmarken versteigert man. – Einer hat auf einer Versteigerung für eine kostbare Briefmarke tausend Mark geboten. Ein anderer will sogar eintausendeinhundert Mark ausgeben. Ein Dritter steigert die Summe noch um hundert Mark. Am Schluss gehört die Briefmarke dem, der am meisten Geld für sie geboten hat.

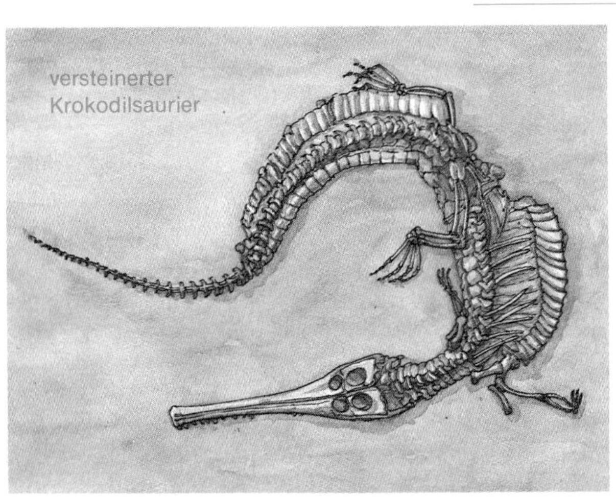

versteinerter Krokodilsaurier

Versteinerung Vera ist mit ihren Eltern in einem Steinbruch. Sie suchen Versteinerungen. Mutter hat Glück. Sie findet die Versteinerung einer Schnecke, einen Ammoniten. Diese Schnecke lebte vor Millionen Jahren. Deutlich erkennt Vera die zu Stein gewordene Form des Tiers. Pflanzen können genauso versteinern. Manchmal findet man nicht mehr das versteinerte Tier oder die versteinerte Pflanze, sondern einen Abdruck davon. An Versteinerungen können Geologen erkennen, welche Pflanzen und Tiere in einer bestimmten Zeit auf der Erde lebten. Auch wo sie sich aufhielten und wie sie aussahen, erforschen sie. – Ein anderer Name für Versteinerungen ist ‚Fossilien'.

Versuch Im Sachkundeunterricht will Veras Lehrer vorführen, dass Wasserdampf Kraft hat. Er legt deswegen einen Deckel auf einen Topf voll Wasser. Als das Wasser kocht, drückt der ▸Dampf den Deckel ein Stückchen hoch. Mit diesem einfachen Versuch hat er gezeigt, dass Dampf Kraft hat. Wesentlich ▸kompliziertere Versuche machen ▸Wissenschaftler um etwas zu erforschen. Man nennt solche Versuche auch Experimente. – Veras Mutter kochte kürzlich zum ersten Mal Muscheln. Vater fragte im Spaß: „Wir sind wohl deine Versuchskaninchen?" So nennt man jemanden, an dem man etwas ausprobiert. – Mutter sagt: „Versuch mal die Rechenaufgaben ohne Hilfe zu schaffen." Damit meint sie, dass Vera das probieren soll.

Vertrag Vera hört in den Nachrichten, dass zwei Länder einen Friedensvertrag vereinbart haben. Mit dieser Abmachung versprechen sich die beiden ▸ Staaten ▸ Frieden zu halten. – Wenn man in eine Wohnung zieht, schließt man einen Mietvertrag. Darin ist aufgeschrieben, was der Mieter tun darf und tun muss. Auch die Rechte und Pflichten des Wohnungsbesitzers werden im Mietvertrag geregelt. – Als die Eltern ein neues Auto kauften, bekamen sie vom Händler einen Kaufvertrag. Unter einem Vertrag stehen immer die Namen der Leute, die ihn abschließen. Auch der Tag, der Monat und das Jahr des Vertragsabschlusses müssen dazu geschrieben werden. Erst mit den Unterschriften und dem ▸ Datum ist der Vertrag gültig.

Verwandtschaft Veras Mutter hat Geburtstag. Die ganze Verwandtschaft will zu Besuch kommen. Vera sagt zu ihren Eltern: „Komisch, dass ihr beide nicht miteinander verwandt seid." Mutter meint: „Aber Vater und ich sind mit dir verwandt." Da klingelt es. Vera begrüßt die Eltern ihrer Eltern, also die Großeltern. Die freuen sich, dass sie ihr Enkelkind Vera sehen. Auch die Mutter von Veras Großmutter will kommen. Das ist Veras Urgroßmutter. Veras Mutter nennt die Eltern ihres Mannes Schwiegereltern. Genauso nennt Veras Vater die Eltern seiner Frau. Die Schwester und der Bruder von Veras Vater kommen ebenfalls zum Geburtstag. Diese Tante und den Onkel mag Vera besonders. Sie schenken Vera – ihrer Nichte – ein spannendes Abenteuerbuch. Die Tante sagt: „Schade, dass Vera keinen Bruder hat. Dann hätten wir einen Neffen." Die Schwester von Vater bringt ihre Tochter und ihren Sohn mit. Vera trifft also ihren Vetter und ihre Kusine. Vaters Schwester ist die Schwägerin von Veras Mutter, Vaters Bruder ihr Schwager. Vera findet die ganzen Verwandtschaftsgrade ziemlich kompliziert.

Videorekorder „Diesen Tierfilm möchte ich sehen", sagt Vera. „Aber ich habe Flötenkurs." Ihre Mutter schlägt vor: „Wir nehmen den Film mit dem Videorekorder auf." Das Gerät speichert den Film auf einem Magnetband. Vera wird das Band später mit dem Videorekorder abspielen. Auf dem Bildschirm des Fernsehers sieht sie dann den Film. – Viele Kinofilme kann man als Videokassetten kaufen oder in einer Videothek ausleihen. Auch sie werden mit dem Videorekorder abgespielt und auf dem Bildschirm sichtbar. – Vera wünscht sich Videospiele.

Virus „Ich habe Fieber", klagt Veras Vater. „Außerdem fühle ich mich schlapp, habe Kopfschmerzen, Schnupfen und die Glieder tun mir weh." Der Arzt untersucht ihn und sagt: „Sie haben Grippe." Die Grippe ist eine Viruserkrankung, mit der man sich leicht anstecken kann. Solche Krankheiten entstehen dadurch, dass ein Virus in ein Lebewesen eindringt. Die Krankheitserreger sind winzig klein, noch viel kleiner als ▸ Bakterien. Um sie zu sehen braucht man ein elektronisches ▸ Mikroskop. Viren sind eigentlich keine Lebewesen. Sie können sich nicht selbst vermehren. Trotzdem schaffen sie es, sich im Körper zu vermehren. Dazu dringt der Virus in eine geeignete ▸ Zelle ein. Die verändert er dann so, dass sie neue Viren herstellt. Die Zellen werden dabei von den eingedrungenen Viren geschädigt und das Lebewesen wird krank. Außer Menschen erkranken auch Tiere und Pflanzen durch Viren. Mumps, Masern, Kinderlähmung und Aids sind zum Beispiel Viruskrankheiten. Gegen viele Viruskrankheiten gibt es Impfstoffe. Einen Impfstoff gegen Aids suchen Forscher seit Jahren.

Vitamine „Fast die ganze Nachbarschaft ist erkältet“, sagt Veras Mutter. „Ich habe ▸ Apfelsinen gekauft. Davon sollten wir jetzt mehr essen.“ Diese ▸ Früchte enthalten nämlich – wie die ▸ Zitronen – besonders viel Vitamin C. Und das schützt vor Erkältungen. – Es gibt verschiedene Vitamine. Alle haben einen Buchstaben als Namen. Bekommt jemand zu wenig Vitamine, wird er krank. ▸ Gemüse, ▸ Salat und ▸ Obst sind sehr vitaminreich. Veras Familie isst ziemlich viel davon. Aber auch andere Nahrungsmittel enthalten Vitamine, zum Beispiel ▸ Milch, ▸ Kartoffeln, ▸ Vollkornbrot, ▸ Fleisch und ▸ Eier.

Vogel Vor Veras Fenster fliegt ein ▸ Spatz. Im Obstbaum sitzt eine ▸ Amsel. Beim Spaziergang hört Vera die schöne Stimme einer ▸ Lerche und später das Krächzen einer ▸ Krähe. Es gibt winzige Vögel wie den Kolibri. Der ▸ Strauß dagegen wird bis zu drei Meter hoch. So viel kann der Kondor von Flügelspitze zu Flügelspitze messen. Die meisten Vögel fühlen sich in der Luft am wohlsten. Einige sind sehr gerne im Wasser, wie die ▸ Enten und ▸ Schwäne. Mehrere Tausend Vogelarten leben auf der Erde. Sie haben etliches gemeinsam. Vögel bekommen zum Beispiel keine lebenden Jungen. Dafür legen sie ▸ Eier und brüten die aus. Statt eines Fells tragen sie ▸ Federn. Außerdem haben sie zwei Beine und ▸ Flügel. Trotz ihrer Flügel fliegen aber der Strauß und der ▸ Pinguin zum Beispiel nicht. ▸ Hühner können ziemlich schlecht fliegen. Sehr gut fliegen die ▸ Schwalben. Für das Fliegen ist wichtig, dass die Vögel besonders leichte Knochen haben. – Im Winter füttern Vera und ihre Eltern die Vögel mit Vogelfutter. Manchen Vögeln ist es dann bei uns zu kalt. Diese Zugvögel fliegen im Herbst in wärmere Länder. – Veras Freund hat zu ihr gesagt: „Du hast einen Vogel.“ Weißt du, was er damit meint?

Vogelscheuche Bewegungslos steht da einer mitten auf dem Acker. Als Vera näher kommt, merkt sie, dass er aus Latten, einem alten Hut und zerschlissenen Kleidungsstücken zusammengebastelt wurde. So eine Vogelscheuche kann man von Ferne wirklich mit einem Menschen verwechseln. Der Bauer stellt sie dahin, damit sich die Vögel nicht auf das Feld wagen. Die fressen sonst nämlich die Samen der Pflanzen weg.
Als Veras Freund einmal einen Mann mit besonders abgerissener Kleidung sah, sagte er: „Der sieht fast aus wie eine Vogelscheuche.“

Volleyball (Voleball) Vera sieht ein spannendes Volleyballspiel in der Sporthalle. Zwei Mannschaften spielen gegeneinander. Zu jeder gehören sechs Spieler. Zwischen den Spielfeldern wurde ein Netz gespannt. Über dieses Netz schlagen die Spieler den Ball mit den Händen oder Armen. Das tun sie möglichst so, dass der Ball im Spielfeld der gegnerischen Mannschaft auf den Boden prallt. Die Spieler einer Mannschaft dürfen den Ball dreimal berühren. Dann müssen sie ihn über das Netz schlagen. Erreicht eine Mannschaft fünfzehn Punkte, hat sie einen Satz gewonnen. Drei gewonnene Sätze braucht sie um das ganze Spiel zu gewinnen. – Auch am Strand hat Vera schon Volleyballspieler gesehen.

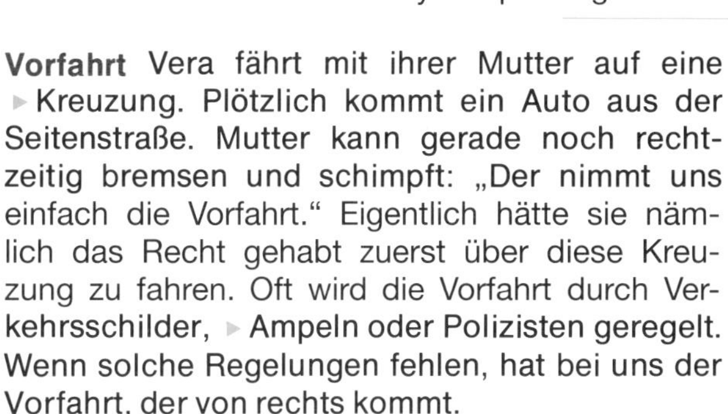

Vorfahrt Vera fährt mit ihrer Mutter auf eine ▸ Kreuzung. Plötzlich kommt ein Auto aus der Seitenstraße. Mutter kann gerade noch rechtzeitig bremsen und schimpft: „Der nimmt uns einfach die Vorfahrt." Eigentlich hätte sie nämlich das Recht gehabt zuerst über diese Kreuzung zu fahren. Oft wird die Vorfahrt durch Verkehrsschilder, ▸ Ampeln oder Polizisten geregelt. Wenn solche Regelungen fehlen, hat bei uns der Vorfahrt, der von rechts kommt.

Vulkan Auf einem Foto sieht Vera einen Feuer speienden Berg. Über seinen Krater quillt eine rot glühende Masse. Man nennt sie Lava. Sie besteht aus geschmolzenen Steinen und heißen Gasen. Die Lava kommt bei einem Vulkanausbruch vom Inneren der Erde im Schlot des Vulkans nach oben. Dazu wirbelt Asche durch die Luft und regnet auf das Land. Die Menschen in den Dörfern und Städten der Umgebung fliehen vor dieser Naturkatastrophe. Glühend heiß fließt der Lavastrom den Berg hinunter und dann weiter. Irgendwann ist der Vulkanausbruch zu Ende. Aber niemand weiß, ob der nächste bald oder nach langer Zeit kommt. – Vulkane erkennt man an ihrer Kegelform. Noch heute speien zum Beispiel der Ätna und der Vesuv in Italien Feuer. Andere Vulkane sind erloschen. Das bedeutet, dass sie kein Feuer mehr speien. Auch unter Wasser bricht manchmal die Erde auf und Lava quillt heraus. So entstehen Vulkaninseln.

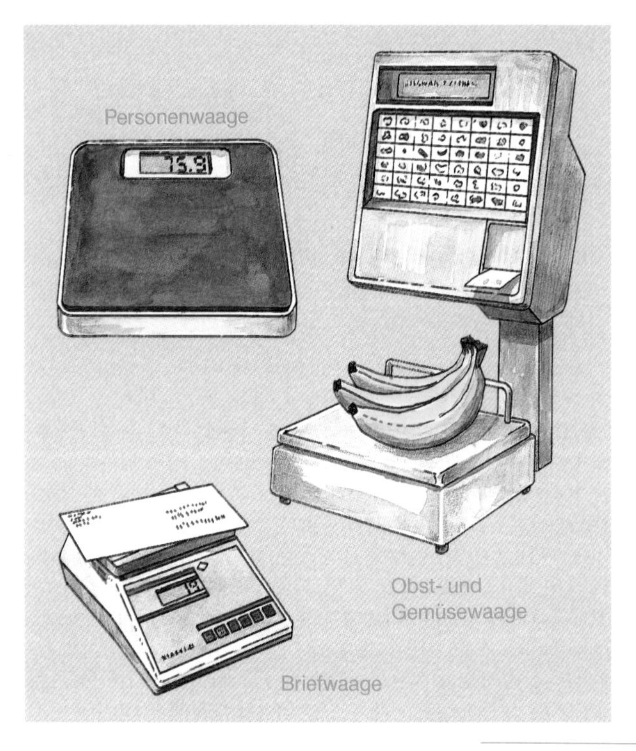

Waage Werner will wissen, wie viel er wiegt. Deswegen stellt er sich auf die Personenwaage im Badezimmer. Je stärker ihre Wiegefläche belastet wird, desto mehr Gewicht zeigt sie an. Von der Skala liest Werner jetzt ab, dass er achtundzwanzig Kilogramm schwer ist. Auf der Briefwaage wiegt seine Mutter einen Brief. Der Zeiger bleibt bei neunzehn Gramm stehen. In der Küche hängt eine Waage an der Wand. Mit der wird zum Beispiel Mehl gewogen. Der ▸Fleischer und der Kaufmann brauchen ihre Waagen zum Wiegen der Waren. Manche dieser elektrischen Waagen zeigen nicht nur das Gewicht der Waren an, sondern auch den Preis. Ein Nachbar hat Werner mal eine Federwaage gezeigt. Auf dem Markt sieht er manchmal eine Balkenwaage. An jedem Ende des ‚Balkens' hängt eine Waagschale. In die eine Schale wird gelegt, was man wiegen will. In die andere kommen die Gewichte. Wenn die beiden Schalen gleich schwer sind, halten sie das Gleichgewicht. Jetzt zählt man zusammen, wie viel die Gewichte in der Schale wiegen. Damit weiß man auch, was die Ware wiegt.

Wacholder Werner und seine Eltern gehen in der ▸Heide spazieren. Vor einem ziemlich niedrigen Nadelbaum mit kurzem Stamm bleibt Werner stehen. „Das ist ein Wacholder", sagt Mutter. Seine Zweige wachsen ganz dicht. Werner fasst die kurzen, graugrünen Nadeln an und piekt sich. Auch als stämmigen Strauch gibt es diese ▸Pflanze. Sie wächst außer in der Heide im ▸Moor und auf hohen Bergen, wo sonst fast nichts mehr wächst. Der Wacholder hat blauschwarze Früchte. Man verwendet diese Beeren als ▸Gewürz. Schnaps kann man auch daraus brennen. „So ein kleines Gläschen Wacholderschnaps würde mir jetzt schmecken", sagt Mutter.

Wachs Mutter hat Bienenwachskerzen gekauft. Sie riecht dieses echte Wachs gern. Die ▸Bienen scheiden das Wachs aus den Wachsdrüsen aus. Damit bauen sie im Bienenstock ihre Waben. Auch andere ▸Insekten und einige Pflanzen liefern Wachs, zum Beispiel die Lackschildlaus und das Zuckerrohr. Trotzdem gibt es nicht so viel natürliches Wachs, wie die Menschen brauchen. Deswegen stellt man es künstlich her. Mit solchem künstlichem Wachs wachst man zum Beispiel Skier. So gleiten sie gut. Bohnerwachs schützt den Fußboden und macht ihn glänzend. Auch die meisten ▸Kerzen sind aus künstlichem Wachs, dem Stearin. Warmes Wachs kann man gut kneten. Wenn es heiß wird, schmilzt es.

Waffe Im Schaufenster eines Waffengeschäfts sieht Werner Dolche, Pistolen und Gewehre. Solche Waffen benutzen die Menschen zur Verteidigung und zum Angriff. Auch für die ▸ Jagd brauchen sie Waffen. Die Menschen sind einfach nicht schnell und stark genug um einen Hirsch oder ein Wildschwein nur mit den Händen zu erlegen. Wahrscheinlich war die erste Waffe einmal ein Stein. Mit dem hat irgendein Urmensch geworfen und geschlagen. Auch Speere, Äxte, Pfeile und ▸ Bogen gab es schon früh. Diese Waffen wurden aus Steinen, Knochen, Holz und Tiersehnen gemacht. Als man lernte ▸ Metall zu bearbeiten, wurden die Waffen gefährlicher. Jetzt stellte man Schwerter und Bajonette her. Die Menschen schützten sich mit Schildern, Helmen und Rüstungen vor diesen Waffen. Später wurden die Schusswaffen erfunden. Man baute ▸ Kanonen, Gewehre und Pistolen. Je weiter die Menschen die ▸ Technik entwickelten, desto gefährlicher wurde ihre Bewaffnung. Heute wäre es Wahnsinn, die gefährlichsten Waffen – zum Beispiel die Atombomben – zu benutzen. Die ▸ Regierungen verhandeln deswegen miteinander. Sie wollen festlegen, dass die ▸ Staaten nicht mehr so viele und so gefährliche Waffen haben sollen. – Im Radio hört Werner, dass zwei Länder einen Waffenstillstand vereinbaren. Das bedeutet: Die beiden Länder wollen die Waffen ‚still stehen' lassen und nicht mehr kämpfen.

Wagen Auf dem Hof sieht Werner einen Handwagen. Er setzt sich rein. Und sein Freund zieht den Wagen an der Deichsel über den Hof. Er rollt leicht auf seinen vier Rädern. Vor vielen Tausend Jahren gab es die ersten Wagen. Zweirädrige Karren waren das. Als ▸ Räder montierte man Holzscheiben an diese Wagen. Erst später wurden Speichenräder gebaut. Menschen, ▸ Pferde, ▸ Rinder oder ▸ Esel zogen die Wagen. Gefederte Pferdewagen mit Verdeck benutzte man bis zur Erfindung der ▸ Eisenbahn als Post- und Reisekutschen. Heute werden Wagen zum Beispiel in der Landwirtschaft gebraucht. Der Bauer spannt einen ▸ Traktor davor und fährt die Ernte ein. – Vater steuert seinen Wagen in den ▸ Betrieb. Weißt du, was das für ein Wagen ist?

Auch das Auto nennt man Wagen.

Wahl In Werners Klasse wird ein Klassensprecher gewählt. Zuerst nennen die Kinder einige, die sie sich als Klassensprecher wünschen. Das sind Schüler, die sich wahrscheinlich für die Klasse einsetzen. Wenn sie sich zum Klassensprecher wählen lassen wollen, werden ihre Namen an die Tafel geschrieben. Jeder Schüler wählt einen der Vorgeschlagenen aus. Den Namen schreibt er auf einen Zettel. Zusammengefaltet gibt er den ab. Angelika bekommt die meisten Stimmen. Sie wird neue Klassensprecherin. So eine Wahl ist geheim. Keiner erfährt also, wer wen gewählt hat. – Werners Eltern gingen neulich zur Bundestagswahl. Bei dieser Wahl gab jeder von ihnen eine Stimme für eine ▸ Partei und eine Stimme für einen Abgeordneten ab. Auf dem Stimmzettel standen mehrere zur Auswahl. Man kreuzt an, was man wählen will. Mit so einer Wahl können die Menschen eines Landes bestimmen, von wem sie regiert werden möchten. Mitwählen darf Werner da erst, wenn er achtzehn Jahre alt ist. In ▸ Österreich gehört man mit neunzehn Jahren und in der ▸ Schweiz mit achtzehn Jahren zu den Wahlberechtigten.

Waise In Werners Klasse geht Bernd. Der Junge hat keine Eltern mehr. Sie sind vor drei Jahren bei einem Unfall ums Leben gekommen. Seit dieser Zeit ist Bernd Waise und wohnt in einem Heim. Bis er mit achtzehn Jahren volljährig wird, hat er einen Vormund. Der kümmert sich um ihn und berät ihn. Viele Waisen leben in Kinderdorffamilien. Zu so einer Familie im Kinderdorf gehören immer einige Kinder und ein Erwachsener, der für sie sorgt. – Bekannte von Werners Eltern haben ein Waisenkind adoptiert. Das lebt genauso mit ihnen wie ihre beiden anderen Kinder.

So riesig ist ein Blauwal im Vergleich zu einem Elefanten.

Wal Werner erzählt seiner Mutter von einem Walfisch. Dieses Riesentier ist gerade auf dem kleinen Fernsehbildschirm herumgeschwommen. Mutter sagt: „Wale sehen zwar aus wie ▸ Fische. Aber sie sind keine. Wale gehören nämlich zu den ▸ Säugetieren." Sie bringen also lebende Junge zur Welt. Außerdem atmen sie wie die Menschen durch ▸ Lungen. Der Blauwal ist mit bis zu 30 Metern Länge der größte Wal. Er wiegt ungefähr so viel wie 25 Elefanten. Auch die wesentlich kleineren Tümmler und ▸ Delphine gehören zu den Walen. Manche Wale haben keine Zähne, sondern Barten. Diese Fransen brauchen sie um ihre Nahrung, zum Beispiel kleine Fische, aus dem Wasser zu fangen. Wale geben Töne von sich. So verständigen sie sich untereinander. Sie schwimmen und tauchen sehr gut. Nach dem Auftauchen spritzen sie mit ihrer Atemluft Wasser durch ihre Spritzlöcher. – Wale waren für die Menschen schon immer eine begehrte Beute, weil man fast alle Teile ihres Körpers verarbeiten kann. Zum Beispiel macht man aus Walspeck Tran. Früher hatten die Walfänger große Mühe, die Wale zu erbeuten. Aber dann wurden die Schiffe schneller und die Jagdwaffen gefährlicher. Heute schießen Walfänger die ▸ Harpunen mit ▸ Kanonen in die Tiere. Jedes Land darf nur eine festgelegte Anzahl Wale schießen. Aber einige Länder halten sich nicht an diese Abmachung. Deswegen gibt es den langsam schwimmenden Grönlandwal kaum noch.

Wald Werner geht mit den Eltern in einem Nadelwald spazieren. Hier wachsen ▸ Tannen und ▸ Fichten, also Nadelbäume. In Laubwäldern wachsen z. B. ▸ Buchen, ▸ Birken oder ▸ Eichen. Wenn Nadelbäume und Laubbäume gemischt stehen, nennt man das Mischwald. Aber auch ▸ Farne, ▸ Kräuter, ▸ Moose, ▸ Pilze und Beeren sieht Werner im Wald. Viele Tiere leben hier. Das ▸ Wild findet Nahrung und Verstecke. Man hört Vögel. – Die Familie geht an einer Schonung vorbei. Da wachsen junge Bäume. Mutter meint: „Im Wald kann man sich von der miefigen Stadt erholen." Ohne Wälder wäre die Luft nicht sauber und wir hätten zu wenig Sauerstoff. Wo Wälder abgeholzt werden, fegt der Wind ungestört über das Land. Die Baumwurzeln halten den Boden nicht mehr fest. Und der Boden speichert kein Wasser. Solche Gebiete verwandeln sich in ▸ Steppen und ▸ Wüsten. – Viele Wälder sind krank und sterben. Als Hauptursache dafür gilt der saure Regen. Diese Niederschläge enthalten Säure, die durch das Verbrennen von Kohle, Öl und Gas entsteht. So sind die Schadstoffe der Auspuffgase und der Fabrikschlote, aber auch der Rauch aus den Hauskaminen mit schuld am Waldsterben. Welche Tiere und Pflanzen hast du schon im Wald gesehen?

Wanze Früher gab es auch bei uns Wanzen. Zum Glück sind diese lästigen ▸ Insekten hier fast ausgestorben. Man kennt viele Arten davon. Für den Menschen kann die Bettwanze besonders unangenehm werden. So richtig wohl fühlt sie sich im Schmutz. Ihr Stich juckt nicht nur sehr stark, er kann auch gefährlich sein. Wanzen übertragen nämlich Krankheiten. Sie ernähren sich vom ▸ Blut der Menschen und Tiere, das sie saugen. Außerdem leben sie von Pflanzensäften. – In einem Waldteich sieht Werner Wasserläufer. Diese Wanzen heißen nicht nur so. Sie laufen wirklich auf dem Wasser. – Wanze nennt man auch ein kleines Gerät, mit dem man Gespräche belauschen oder aufnehmen kann.

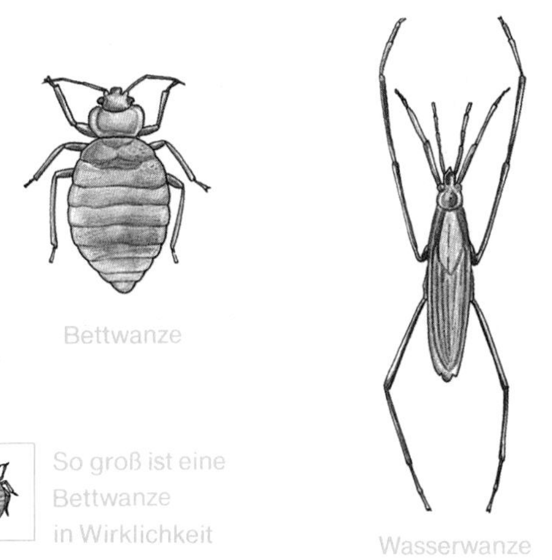
Bettwanze

So groß ist eine Bettwanze in Wirklichkeit

Wasserwanze

Wappen Im Wappen seiner Stadt sieht Werner einen Löwen. Schon im ▸ Mittelalter legten sich die Städte diese Zeichen zu. Besonders beliebte Wappentiere waren außer dem Löwen der Bär, der Adler und der Drache. Wohl kaum jemand kam auf die Idee zum Beispiel einen Regenwurm oder ein Schwein als Wappentier zu verwenden. Die galten nicht als stark und Furcht einflößend genug. Auch Familien und ▸ Vereine legten sich Wappen zu. Ihre Form erinnert meistens an einen Schild. Früher trugen die ▸ Ritter ihre Wappen nämlich vor allem auf den Schilden. Ohne Wappen hätte man einen Ritter nicht erkannt. Er war in der Rüstung versteckt wie ein Hering in der Dose. Da war das Wappen auf dem Schild so etwas wie ein ▸ Ausweis oder ein Etikett.

Waschmaschine „Hilf mir bitte beim Wäschesortieren", sagt Mutter zu Werner. Sie legen die Kochwäsche in die Trommel der Waschmaschine. Waschpulver wird eingefüllt. Dann stellen sie die richtige Waschtemperatur ein. Jetzt schalten sie die Maschine an. Wasser läuft hinein. Die Waschmaschinentrommel dreht sich in der Lauge. So eine Lauge besteht aus sehr heißem Wasser und Waschpulver. Wenn die Wäsche sauber ist, wird die Lauge abgepumpt. Dafür läuft frisches Wasser ein und spült die Wäsche in der Maschine. Durch das Schleudern wird die Wäsche dann einigermaßen trocken. „Meine Mutter musste das alles mit der Hand machen", erzählt Mutter. „Wenn Waschtag war, hatte sie keine Zeit für uns. Abends war sie immer total erledigt. Da haben wir es heute besser."

Wasser Im ▸ Schwimmbad springt Werner ins Wasserbecken. Wenn er ▸ Durst hat, trinkt er Wasser aus dem Wasserhahn. Die durchsichtige Flüssigkeit schmeckt und riecht nach nichts, stellt er dabei fest. Mutter gießt den Garten mit Wasser. Später füllt Vater Wasser für den Kaffee in den Topf. Als das Wasser hundert Grad erreicht hat, kocht es. Bei ▸ Temperaturen unter null Grad gefriert die Wasseroberfläche zu ▸ Eis. Es ist leichter als Wasser, deswegen sinkt das Eis nicht. Das Wasser unter der Eisdecke – zum Beispiel des Sees – bleibt flüssig. So frieren die Fische nicht ein und können leben. Außer Wasserstoff enthält Wasser Sauerstoff. Den brauchen die Fische zum Atmen. Fast drei Viertel der Erdoberfläche bestehen aus Wasser. Das meiste ist das Salzwasser der Meere. Süßwasser nennt man das Wasser der Flüsse und Seen. Die Menschen brauchen sehr viel von dieser Flüssigkeit. Man kann Wasser aber nicht einfach aus den Seen und Flüssen in die Haushalte leiten. Es ist zu schmutzig. Wasserwerke reinigen es deswegen vorher. – In vielen Ländern ist Wasser knapp. Auch wir müssen sparsamer damit umgehen. Man kann das zum Beispiel, wenn man die Waschmaschine ganz mit Wäsche füllt, bevor man sie laufen lässt. Sonst wird Wasser verschwendet. Auch beim Baden und Duschen kann man weniger Wasser verbrauchen.

Wasserball Die Familie ist im ▸ Schwimmbad. Werner hat den Wasserball dabei. Er bläst das bunte Gummiding prall und groß auf. Mit diesem leichten Ball spielt er gerne. – Im Schwimmbad sieht Werner ein Plakat. Darauf steht: ‚Samstag, vierzehn Uhr, Wasserballturnier'. Für dieses Spiel wird ein viel kleinerer und schwererer Ball als Werners Ball benutzt. Zwei Mannschaften spielen gegeneinander. Zu jeder gehören sechs Spieler. Das Spiel dauert vier mal fünf Minuten und ist ziemlich anstrengend. Die Spieler dürfen während dieser Zeit nämlich nur ▸ schwimmen. Sie versuchen den Ball am Torwart der anderen Mannschaft vorbei ins Tor zu werfen.

Wasserfall Im ▸ Gebirge bestaunen Werner und seine Eltern einen Wasserfall. Das Wasser eines Flusses fällt hier viele Meter tief über eine steile Felswand. Unten fließt es weiter. Der bekannteste Wasserfall ist der Niagarafall in Nordamerika. Ungefähr sechzig Meter donnert das Wasser hinunter. Wenn man daneben steht, hört man sein eigenes Wort nicht. Noch viel höher ist der Salto Ángel (Angchel) in Südamerika. Er gilt mit 802 Metern als der höchste Wasserfall der Erde. Dem Rheinfall bei Schaffhausen in der ▸ Schweiz reichen vierundzwanzig Meter. Damit ist er der größte Wasserfall Mitteleuropas ... und bestimmt kein Reinfall. – Häufig wird die Kraft des fallenden Wassers benutzt um in Kraftwerken ▸ Energie zu erzeugen.

Watte Werner hat sich in den Finger geschnitten. Schnell nimmt sein Vater Watte und tupft damit das Blut ab. Die Watte saugt sich sofort voll. Dieses weiße Material aus weichen Fasern legt man auch auf wundgescheuerte Stellen. So werden sie nicht gedrückt. Manche säubern sich mit einem Wattestäbchen die Ohren, obwohl der Arzt sagt, das soll man nicht tun. – Mutter will Weingläser verschicken. Die packt sie weich in Watte ein. So sind sie geschützt und zerbrechen nicht.

weben Der Freund von Werner hat einen Webrahmen. Den benutzt er um aus Wollfäden Stoff zu machen. Das geht gar nicht schwer, merkt Werner, als er zusieht. Auf den Rahmen spannt sein Freund Fäden in Längsrichtung. „Das sind die Kettfäden", erklärt er. Dann nimmt er eine Spule, das Schiffchen. Darauf ist die ▸ Wolle gewickelt. Quer durch die Kettfäden wird jetzt das Schiffchen mit der Wolle geflochten. Dieser durchgeflochtene, quer laufende Wollfaden heißt Schuss. Werners Freund webt gerade einen Schal. Um längere und breitere Stoffbahnen herzustellen braucht man Webstühle. Vor etwa zweihundert Jahren erfand man die mechanischen Webstühle. Dadurch wurden die Handwebstühle der Weber überflüssig. Viele Weber verloren damals ihre Arbeit. Mit diesen neuen Webstühlen stellte man die Stoffe in den Webereien viel schneller und billiger her.

Weide Werner und seine Mutter spazieren an einer großen Weide entlang. Kühe grasen da. Den Tieren schmecken die Gräser und Kräuter, die hier wachsen. Außerdem haben sie genug Auslauf. Auch ▸ Pferde, ▸ Schafe und ▸ Ziegen sieht man auf Weiden. Eingezäunte Weiden werden Koppeln genannt. Manchmal steht eine Weide auf einer Weide. Diese anderen Weiden sind Bäume oder Sträucher mit schmalen Blättern und Blütenkätzchen. Zum Wachsen brauchen sie feuchten Boden. Die Zweige der Trauerweide hängen nach unten. Aus den biegsamen Zweigen der Korbweide werden zum Beispiel Körbe geflochten.

Weihnachten Schon lange vorher freut sich Werner auf dieses Fest. Er ist riesig gespannt, was er geschenkt bekommen wird. Und er hat sich gut überlegt, was er schenken will. In der Vorweihnachtszeit sucht er die Geschenke aus, malt und bastelt. Schon seit einigen Tagen steht eine Fichte auf dem Balkon. Es duftet nach Gebäck. Die Eltern tragen geheimnisvolle Pakete nach Hause. Und es wird immer spannender. Endlich ist dann die Adventszeit zu Ende. Am Abend des 24. Dezembers verwandelt sich die Fichte in einen Christbaum. Lametta, Kugeln und anderer Schmuck hängen daran. Wenn es dunkel wird, zünden die Eltern die Kerzen am Baum an. Jetzt packen alle ihre Geschenke aus. Werner weiß gar nicht, womit er anfangen soll. Als er dann am Boden sitzt und mit den neuen Spielsachen spielt, seufzen die Eltern wie jedes Jahr und sagen: „Das sind wieder viel zu viele Geschenke geworden." Aber da kann ihnen Werner überhaupt nicht Recht geben. Leider ist dieser Abend bald vorüber. Danach kommen zum Glück noch die eigentlichen Weihnachtsfeiertage, der 25. und 26. Dezember. – Dieses Fest soll daran erinnern, dass Jesus Christus in der Nacht vom 24. zum 25. Dezember in Bethlehem geboren wurde. Viele ▸ Christen besuchen an diesen Tagen die Weihnachtsgottesdienste. Für Werner gibt es kein Fest, auf das er sich mehr freut. Die ganze Familie ist zusammen und hat Zeit füreinander. „Es ist eben alles so richtig schön weihnachtlich an Weihnachten", sagt Werner.

Wein Vater kauft eine Flasche Weißwein. Auch Rotwein wird in dem Laden angeboten. Der Weinbauer (Winzer) macht den Wein aus Trauben. Für Rotwein verwendet er blaue oder rote Sorten, für Weißwein helle. Erst müssen die Trauben an den sonnigen Hängen der Weinberge süß und reif werden. Dann erntet der Winzer sie vom Rebstock. Das nennt man ‚Weinlese'. Aus den Trauben wird Most gepresst. Hefe kommt hinein. Die Hefepilze verwandeln den Zucker im Most zu ▸ Alkohol. Diese Verwandlung heißt Gärung. Später wird der Wein aus Fässern in Flaschen gefüllt, verkorkt und mit Etiketten beklebt. Darauf steht zum Beispiel, wie alt der Wein ist und woher er kommt.

Weitsprung Im Sportunterricht üben die Kinder heute Weitsprung. So schnell er kann, nimmt Werner Anlauf. Dann springt er vom Absprungbalken in die Sprunggrube. Zum Glück hat er nicht übergetreten. Sonst wäre sein Sprung ungültig. Weich landet er im Sand. Am Abdruck sieht man ganz genau, wo Werner aufgekommen ist. Die Sprungweite wird vom Absprungbalken bis zum hintersten Abdruck im Sand gemessen. Bei seinem ersten Sprung ist das Werners rechte Ferse. Beim zweiten fällt er auf den Po zurück. Zwei Meter und siebzig Zentimeter misst der Sportlehrer. – Es gibt Sportler, die über acht Meter weit springen. Einer schaffte sogar einmal acht Meter und fünfundneunzig Zentimeter. „Das ist ja schon nicht mehr springen, sondern fliegen", denkt Werner.

Wellensittich Werners Freund wünscht sich zwei Wellensittiche. Den Käfig mit den Vögeln will er in sein Zimmer stellen. Wenn man sie einzeln hält, lernen manche ein paar Wörter nachzusprechen. Einzeln sollte man sie aber nicht halten, denn so fühlen sie sich sehr allein. In den Savannen Australiens fliegen große Schwärme dieser kleinen ▸Papageien. Ihre Köpfe sind gelb gefiedert, ihre Körper grün. Die Füße schimmern blau. Man sieht sie in Australien fast so häufig wie bei uns die ▸Spatzen. Das Gefieder der gezüchteten Wellensittiche ist bläulich, gelblich, weißlich oder grünlich. Ihre Füße sehen hellgrau bis fleischfarben aus.

Werbung Werners Schule veranstaltet ein Fest. Die Schüler haben Plakate an die Wände gehängt. Darauf steht: ‚Kommt alle zu unserem Schulfest. Die tollen Spiele werden euch Spaß machen. Jede Menge Preise und Überraschungen warten auf euch.' Mit diesem Plakat werben die Schüler für das Fest. Es soll alle Kinder aufmerksam machen und sie anlocken. – Firmen werben für die Waren, die sie anbieten. Sie möchten, dass möglichst viele Menschen ihre Waren kaufen. Auf Plakaten, mit Anzeigen, in Zeitschriften und Zeitungen, in Schaufenstern, im Kino, Fernsehen und Rundfunk werben sie. Dabei spricht man nie über die Nachteile einer Ware, sondern immer nur über die Vorteile. – Statt Werbung kann man auch ‚Reklame' sagen.

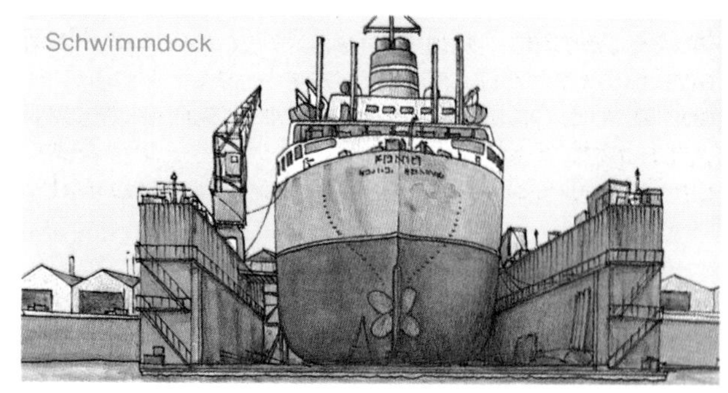

Werft Werner und seine Eltern besichtigen eine Werft. Dort werden ▸Schiffe gebaut. Zu so einer Werft gehören große Hallen. Darin fertigt man einzelne Schiffsbauteile an. Kräne bringen diese Teile aus den Hallen. Auf der Helling werden sie zum Schiffsrumpf zusammengesetzt und geschweißt. Beim Stapellauf lässt man den Schiffsrohbau über eine abschüssige Holzbahn ins Wasser rutschen. Am Ausrüstungskai bekommt das Schiff Maschinen, Geräte und Aufbauten. Auch zum Reparieren, Reinigen und Streichen kommen Schiffe zur Werft. Sie fahren in ein großes Wasserbecken, das Trockendock. Dann pumpt man das Wasser aus dem Becken. Jetzt liegt das Schiff im Dock auf dem Trockenen und kann zum Beispiel repariert werden. Es gibt auch Schwimmdocks. Die versenkt man so weit, dass nur noch ihr Rand aus dem Wasser schaut. Jetzt fährt das Schiff durch eine Öffnung ins Dock. Wenn das Dock auftaucht, hebt es das Schiff mit in die Höhe. Das Wasser läuft ab. Im Trockenen wird nun am Schiff gearbeitet.

Werkzeug Zum Geburtstag bekommt Werner einen Werkzeugkasten. Ein ▸Hammer gehört dazu, ein Handbohrer, eine ▸Feile, ein Zollstock (Meterstab), eine kleine ▸Säge, ein Schraubenzieher, ein Schraubenschlüssel und eine ▸Zange. Dieses Werkzeug braucht Werner zum Basteln. Will er einen Nagel aus dem Holz ziehen, schafft er das nicht mit den Fingern. Aber mit der Zange geht es leicht. Seine Eltern haben noch mehr Werkzeug als er, zum Beispiel eine elektrische Bohrmaschine, eine Stichsäge, einen Schraubstock und eine Wasserwaage. ▸Handwerker brauchen die unterschiedlichsten Werkzeuge. – Die ersten Werkzeuge gab es in der ▸Steinzeit. Es waren zum Beispiel steinerne Faustkeile, Schaber und Bohrer. Heute werden die meisten Werkzeuge aus ▸Stahl hergestellt.

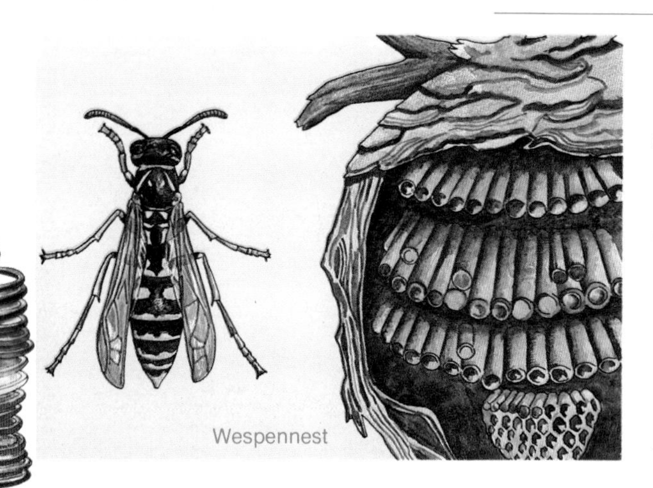

Wespe Werner sagt: „Guck mal, eine ▸Biene.“ Sein Freund Christoph schüttelt den Kopf und meint: „Ne, das ist eine Wespe.“ Die beiden ▸Insekten sehen sich wirklich ziemlich ähnlich. Es gibt verschiedene Wespenarten. Die meisten leben in Staaten zusammen. Das Baumaterial für die Nester stellen sich die Wespen selbst her. Sie zerkauen Holz und vermischen es mit ihrem Speichel zu einer papierähnlichen Masse. Die benutzen sie dann zum Bauen. Ihren Giftstachel am hinteren Ende des Körpers brauchen sie zum Beispiel um ihre Beutetiere damit zu lähmen. Hauptsächlich ernähren sich Wespen aber von Früchten und süßen Säften.

Wette „Wetten, dass ich den Stein über den Fluss ans andere Ufer werfen kann", sagt Werner zu seiner Freundin. Sie glaubt es nicht und sagt: „Gut, wetten wir." Wenn er es schafft, will sie ihm ein Eis spendieren. Schafft er es nicht, muss er das Eis für sie kaufen. Er wirft und der Stein ... platscht ins Wasser. Sie hat die Wette gewonnen. Jetzt laufen die beiden um die Wette zur Eisdiele. Bei diesem Wettlauf gewinnt Werner.

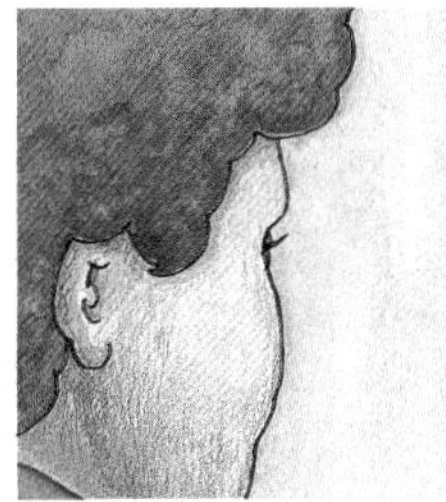

Wetter Gestern war es sonnig und warm. Am Himmel sah man keine Wolke. Werner spielte draußen. Heute regnet es stark. Der Himmel hängt voller Wolken und es stürmt. Am liebsten würde Werner an so einem Schlechtwettertag im Bett bleiben. Nicht nur für Kinder ist das Wetter wichtig. Die Arbeit der Bauern und Bauarbeiter richtet sich zum Beispiel nach dem Wetter. Auch der ▸Verkehr ist sehr vom Wetter abhängig. Glatteis kann zum Beispiel für Autofahrer ziemlich gefährlich werden. – Wetterwissenschaftler in Wetterstationen auf der ganzen Erde beobachten das Wetter. Wetterschiffe, Wettersatelliten und Ballons sind mit Messgeräten unterwegs. Aus ihren vielen Beobachtungen und Messungen berechnen die Wetterwissenschaftler, wie das Wetter in den nächsten Tagen voraussichtlich wird. Auf Wetterkarten zeigen sie die Wetterlage für die nächsten Tage. – Man nennt die Wetterwissenschaftler auch ‚Meteorologen'.

Wiederkäuer Menschen kauen ihr Essen. Dann schlucken sie es hinunter und verdauen es. Bei den Wiederkäuern ist das anders. Erstmal schlucken sie die Gräser und Kräuter fast ungekaut. In zwei ▸Mägen, dem Pansen und dem Netzmagen, wird das Futter sozusagen vorverdaut. Später drücken die Wiederkäuer alles wieder hoch. Dann kauen sie den Brei langsam noch mal und schlucken ihn endgültig. Jetzt landet er in den beiden anderen Teilen des Magens, dem Blättermagen und dem Labmagen. Dort werden alle Nährstoffe aufgenommen. Der vierteilige Wiederkäuermagen nutzt die Nahrung besonders gut aus. – Zu den Wiederkäuern gehören außer den ▸Rindern zum Beispiel auch ▸Hirsche und ▸Schafe.

Wiesel „Der rennt ja wie ein Wiesel", staunt Mutter über einen sehr schnellen Jungen. Das Wiesel ist ein kleines ▸Raubtier. Trotz seiner kurzen Beine bewegt es sich besonders rasch. Wenn es in den Hühnerstall einbricht und ein Huhn tötet, ärgert sich der Bauer. Das Wiesel ist aber auch ein nützlicher Mäuse- und Rattenfänger. Außerdem ernährt es sich von Vögeln und Fröschen. Im Winter erkennt man das Wiesel kaum. Da hat es ein schneeweißes Fell. Nur die Schwanzspitze ist schwarz. Das Winterwiesel wird Hermelin genannt. Sein Fell verarbeitet man zu Pelzen.

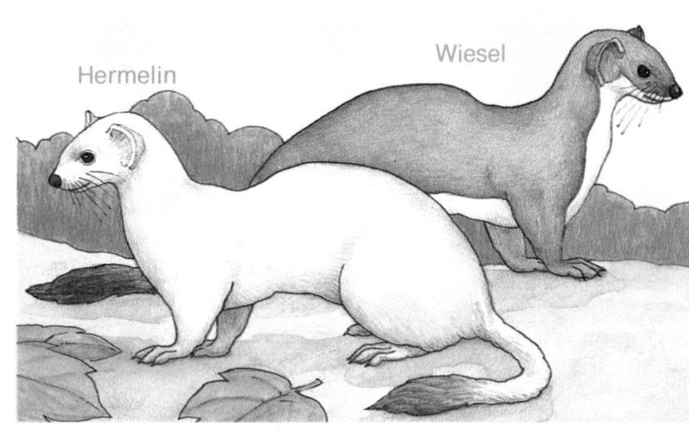

Wild Auf dem weichen Waldboden sieht Werner Wildspuren (Fährten). „Da sind ► Rehe gelaufen", sagt Vater. – Der ► Förster weiß, wie viel und welches Wild er in seinem Revier hat. Er kennt die unterschiedlichen ► Spuren dieser frei lebenden Tiere genau. Rotwild gibt es hier, wie zum Beispiel ► Hirsche. Auch ► Wildschweine und ► Füchse leben in diesem Wald, also Schwarzwild und Raubwild. Rebhühner, ► Fasane, Wachteln und Wildgänse rechnet man zum Federwild. Würde plötzlich Großwild wie das ► Nilpferd und der ► Elefant auftauchen, hätte es sich aus dem ► Zoo oder aus ► Afrika hierher verirrt.
Welches Wild gibt es bei dir in der Nähe?

Wildschwein Bei uns in den Wäldern leben Wildschweine. Sie sehen schlanker aus als Hausschweine. Ihr braunschwarzes oder graues Fell hat lange, borstige Haare. Beim Wildschweineber – dem Männchen – fallen die zwei gefährlichen Eckzähne auf. Man nennt sie Hauer. Die jungen Wildschweine heißen Frischlinge. Sie bleiben immer in der Nähe ihrer Mutter, der Bache. Mit ihren Rüsseln wühlen die Wildschweine im Boden und suchen so nach Nahrung.

Wind Als Werner aus der Schule kommt, spürt er den Wind. Er reißt an Werners Anorak und fährt zwischen die Blätter der Bäume. Papier wirbelt auf. – Der Wind ist etwas Ähnliches wie die Strömung im Wasser. So eine Luftströmung entsteht, weil die von der Sonne erwärmte Luft nach oben steigt. An die Stelle der warmen Luft strömt kühlere. Und dieser Luftstrom heißt Wind. Der kann unterschiedlich stark blasen. Manchmal wird er sogar zum ► Sturm. – „Vater hat Wind von der Sache bekommen", sagt Mutter. Vater hat also erfahren, dass sie eine Überraschung plant.

Windmühle Im Urlaub fahren Werner und seine Eltern nach Ostfriesland. In der Ferne sehen sie ein Gebäude mit Flügeln. „Eine Windmühle", sagt Werner. Solche Mühlen gibt es schon seit einigen Hundert Jahren. Früher wurde darin vom Müller ► Mehl gemahlen. Die Flügel der Mühle fingen den ► Wind auf. Und der Wind trieb die Flügel an. Wenn sie sich bewegten, drehte sich der Mühlstein in der Mühle. Dann wurde das Getreide zwischen dem sich drehenden und einem feststehenden Mühlstein zu Mehl gemahlen. Auch Wasser pumpte man mit Mühlen. Heute sind die meisten Windmühlen nicht mehr in Betrieb.

Windpocken „Carola hat Windpocken", sagt Werner zu seiner Mutter. Das Mädchen sitzt in der Schule neben ihm. Wahrscheinlich wird er die Windpocken jetzt auch bekommen. Diese Krankheit ist nämlich sehr ansteckend. Angst hat er aber davor nicht. Die Windpocken gelten als ziemlich harmlose Kinderkrankheit. Erst in zwei Wochen wird Werner wissen, ob er sich angesteckt hat. Nach dieser Zeit beginnen die Windpocken mit etwas ► Fieber und blassroten Flecken am ganzen Körper. Die verwandeln sich zu juckenden Bläschen. Ungefähr eine Woche später trocknen die Bläschen. Die meisten Menschen erkranken nur einmal an Windpocken.

Winterschlaf Wenn es im Winter kalt wird, finden die Tiere draußen kaum noch Nahrung. Vielen macht das gar nichts aus. Im Sommer und Herbst haben sie nämlich so viel gefressen, dass sie von ihrem Winterspeck zehren können. Schlafend und voll gefressen überstehen sie die kalte Zeit in ihrem Bau. Die Körpertemperatur mancher Tiere sinkt dabei bis auf knapp über null Grad. Unbeweglich liegen sie da. Sie atmen wenig und ihr Herz schlägt langsam. So brauchen sie fast keine Kraft. Deswegen reicht ihr Fettpolster als Nahrung. Das ▸ Murmeltier schläft über ein halbes Jahr. Auch ▸ Igel, ▸ Fledermäuse und ▸ Hamster halten Winterschlaf. – Manchmal fühlt sich Werner besonders faul. Dann würde er sich gerne irgendwohin verkriechen und Winterschlaf halten.

Wirbelsäule Werner streichelt den Rücken seiner Mutter. Deutlich spürt er da unter der Haut eine Reihe kleiner ▸ Knochen. Er kann sie auch ein wenig sehen. Das ist die Wirbelsäule. Sie besteht aus miteinander verbundenen einzelnen Knochen, den Wirbeln. Dieser Teil des Skeletts ist gelenkig. Die Wirbelsäule wird auch Rückgrat genannt. Alle Wirbeltiere haben so ein Rückgrat. Aber es ist unterschiedlich gebaut. Dem ▸ Frosch reichen neun Wirbel, dem Menschen zweiunddreißig bis vierunddreißig. ▸ Schlangen haben über zweihundert Wirbel, Riesenschlangen sogar vierhundert.

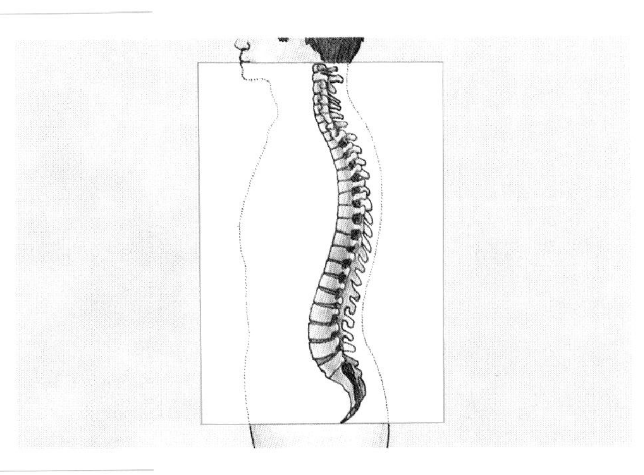

Wissenschaftler „Sie ist Wissenschaftlerin", erzählt Vater von einer Bekannten. Die Frau arbeitet an einer ▸ Universität. Dort bringt sie Studenten ihr Wissen über die Biologie bei. Zu den Wissenschaften gehören zum Beispiel auch die ▸ Geschichte, die Physik, die ▸ Medizin und die ▸ Philosophie. Wissenschaftler sammeln alles, was man auf ihrem Gebiet weiß. Aber das reicht ihnen nicht. Sie sind neugierig und wollen mehr wissen. Deswegen forschen und experimentieren sie. So schaffen sie neues Wissen.

Witz In der Zeitung sieht sich Werner die Witzseite an. Er findet diese Bildergeschichten zu komisch. Es gibt welche mit und ohne Text. – Werner und sein Freund erzählen sich gerne Witze. Ab und zu denken sie sich auch welche aus. Diese Minigeschichten enden so, dass man lachen kann. Manchmal gibt Werner lustige und schlagfertige Antworten. Deswegen hat kürzlich ein Bekannter gesagt: „Der Werner ist ganz schön witzig." – Magst du den Witz? Ein Mann will mit seinem Elefanten über die Grenze. Der Grenzbeamte sagt: „Mit Ihrem Elefanten dürfen Sie das nicht." Trotzdem versucht es der Mann immer wieder. Aber nie lässt ihn der Grenzbeamte über die Grenze. Da kauft der Mann ein Brötchen. Das schneidet er auf und bestreicht es mit Butter. Die eine Brötchenhälfte klebt er dem Elefanten ans linke Ohr, die andere ans rechte. Und jetzt geht er nochmal zur Grenze. Wütend sagt der Grenzbeamte: „Sind Sie schon wieder hier? Sie dürfen mit Ihrem Elefanten nicht über die Grenze!" Da antwortet der Mann: „Das ist doch kein Elefant. Das ist ein belegtes Brötchen. Und damit darf ich ja wohl über die Grenze."

Woche Es ist Sonntag. „Morgen beginnt die Woche wieder“, sagt Vater. „Leider“, meint Werner dazu. Er hat am Wochenende schulfrei und seine Eltern müssen nicht zur Arbeit. Das gefällt ihm. Besonders gerne mag Werner Wochenenden, an denen er erstmal faulenzt. Danach möchte er etwas mit seinen Eltern unternehmen. Manchmal kommt Besuch oder sie besuchen jemanden. Samstagabend kann Werner länger aufbleiben. – Die sieben Tage einer Woche haben jeder einen Namen. Sie heißen Montag, Dienstag, Mittwoch, Donnerstag, Freitag, Samstag (Sonnabend) und Sonntag. Einige dieser Namen stammen von germanischen Göttern. Der Donnerstag wurde zum Beispiel nach dem Donnergott Donar benannt und der Freitag nach der Liebesgöttin Freyja. Wie viele Wochen hat ein ▸ Jahr?

Wolf Im ▸ Zoo sieht Werner einen Wolf. Den kann man fast mit einem Schäferhund verwechseln, denkt er. Kein Wunder, denn aus den Wölfen wurden die ▸ Hunde gezüchtet. Das Wolfsfell ist gelbgrau. Die Tiere ernähren sich von Fleisch. Deswegen reißen sie mit ihren scharfen Raubtierzähnen ▸ Wild. Wenn sie starken Hunger haben, ist auch das Vieh nicht vor ihnen sicher. Im Sommer leben die Wölfe einzeln. Im Winter jagt dann ein ganzes Rudel. Wölfe sind scheu und greifen Menschen kaum an. Sie hören und riechen sehr gut. Ihr Ruf klingt wie Heulen. Heute leben Wölfe noch in Süd- und Osteuropa und in Teilen von ▸ Asien und ▸ Amerika. – Manchmal wird ein Wolf aus ▸ Metall benutzt. Weißt du, was das für einer ist? Der Fleischwolf, eine Maschine zum Zerkleinern von Fleisch.

Wolle Werners Mutter will einen Pullover stricken. In einem Laden kauft sie dafür Wolle. Viele verschiedene Arten und unterschiedliche Farben gibt es dort. Mutter sucht besonders weiche Wolle aus. Werner zieht Wollsachen gerne an, wenn sie nicht kratzen. Sie wärmen gut. Und außerdem kann man sich richtig hineinkuscheln. Oft besteht Wolle aus Tierhaaren. Nicht nur ▸ Schafe werden deswegen immer wieder geschoren. Auch die Haare von ▸ Ziegen, ▸ Kamelen und Angorakaninchen verwendet man für Wolle. Nach der Schur reinigt, sortiert und färbt man die Haare. Dann wird Wolle daraus gesponnen. Häufig mischt man sie in der Spinnerei mit künstlichen Fasern, den Chemiefasern. Wird Wolle zu heiß gewaschen, verfilzt sie. – Aus Wolle stellt man auch Filz her. – Manchmal kriegen sich Werner und sein Freund in die Wolle. Das sagt man, wenn sich zwei streiten.

Wort Du liest Wörter. Sie bestehen aus Buchstaben. Und mehrere Wörter ergeben einen Satz. – Jedes Wort hat eine Bedeutung. Es drückt also etwas aus. Stell dir mal vor, das Wort ‚Haus' gäbe es zum Beispiel nicht. Vielleicht hieße es dann: ‚Dieses große, steinerne Ding mit Löchern drin.' – Die gebräuchlichsten Wörter stehen nach dem ▸Alphabet geordnet im Wörterbuch. Es sind viele Tausend. Das Wörterbuch erklärt, was Wörter bedeuten, wie man sie schreibt und benutzt. In dem Buch findet Werner auch Fremdwörter. Diese Wörter stammen aus einer anderen Sprache. Das Wort ‚trainieren' ist so ein Fremdwort. Es kommt aus dem Englischen und bedeutet ‚regelmäßig üben'. Man schreibt es anders als man es spricht: treniren. – Werner hat in einem Buch geblättert, das vor langer Zeit gedruckt wurde. Da merkte er, dass man damals viele Wörter anders geschrieben hat als heute. Mit neuen Erfindungen, Entwicklungen oder Entdeckungen werden immer wieder neue Wörter in unsere Sprache aufgenommen. Vor hundert Jahren kannte zum Beispiel niemand das Wort ‚Atomkraftwerk'. – Wenn Werner seine Mutter dauernd unterbricht, sagt sie: „Fall mir doch nicht immer ins Wort."

Wrack Im Fernsehen sieht Werner das riesige Wrack eines Öltankers. Dieses ▸Schiff verunglückte in einem schweren Sturm. Jetzt ist es völlig zerstört ... also ein Wrack. Auf dem Meeresboden finden Taucher manchmal Wracks von Schiffen, die schon vor langer Zeit gesunken sind. Es kann sein, dass wertvolle Dinge in so einem Wrack liegen. Auch zerstörte und unbrauchbar gewordene ▸Flugzeuge oder ▸Autos nennt man Wracks. – Manchmal sagt man von einem Menschen, dem es gesundheitlich sehr schlecht geht: „Er ist ein Wrack."

Wunde Werner hat sich einen Finger am Stacheldraht aufgeritzt. Die kleine Wunde blutet und brennt. Zu Hause streut Vater Wundpuder darüber. „Wir müssen das machen, sonst entzündet sich die Wunde und eitert", sagt er. Als Vater ein ▸Pflaster darauf klebt, blutet sie schon nicht mehr. Wenn die kleine Wunde verheilt ist, sieht man sicher keine Narbe. Mit größeren Wunden muss man zum ▸Arzt. Der näht oder klammert und verbindet sie. Nachdem so eine Wunde zusammengewachsen ist, bleibt oft eine Narbe zurück. – Vor zwei Jahren bekam Werner eine Tetanusspritze. Sie schützt ihn für einige Jahre vor dem gefährlichen Wundstarrkrampf. Diese Krankheit wird durch Bazillen verursacht. Die könnten zum Beispiel auch am Stacheldraht gewesen sein, an dem sich Werner verletzt hat. Durch die Wunde dringen die Bazillen dann in den Körper ein.

Wunder „Letzte Woche war Großvater noch sehr krank. Heute läuft er munter herum. Für mich ist das ein Wunder", sagt Mutter. Der alte Mann wurde wirklich ungewöhnlich schnell gesund. – Stell dir mal vor, jemand lernt für eine Arbeit in der Schule gar nichts. Trotzdem schreibt er eine Eins. Das wäre ein kleines Wunder. Leider kann man sich nicht darauf verlassen, dass so ein Wunder wirklich geschieht. – Im Altertum gab es Bauten und Kunstwerke, die man die sieben Weltwunder nannte. Eines davon waren die ▸Pyramiden, ein anderes der Koloss von Rhodos. Zwischen den Beinen dieser riesigen Figur fuhren Schiffe durch. Noch heute wundert man sich, dass die Menschen damals solche Bauwerke fast ohne technische Mittel bauen konnten. – Wenn Mutter etwas besonders Schönes sieht, sagt sie: „Das ist wunderschön." – Manchmal erlebt einer sein blaues Wunder. Dieses ‚Wunder' ist eine für ihn erstaunliche und unangenehme Sache.

Wünschelrute Auf dem Nachbargrundstück geht ein Mann. Mit beiden Händen hält er eine Astgabel vor sich. Die sieht aus wie ein Y. „Das ist eine Wünschelrute“, sagt Werners Freund. Der Mann sucht damit ▸ Wasser, denn er will einen ▸ Brunnen bohren. Er behauptet, dass die Rute ausschlägt, wenn er über eine Wasserader geht. Wünschelrutengänger suchen auch ▸ Erdöl und andere Bodenschätze. Die Ruten schlagen nicht bei jedem aus, sagen sie. Man muss die Fähigkeit haben auf solche Dinge im Boden besonders empfindlich zu reagieren. Viele Menschen glauben nicht, dass man mit so einer Rute wirklich findet, was man sucht. Trotzdem haben Wünschelrutengänger schon Wasser und andere Dinge im Boden entdeckt.

Würfel Werner und seine Freundin Katharina würfeln. Laut klappern die Würfel im Würfelbecher. Dann fallen sie und rollen ein Stück über die Tischplatte. Mit dem einen Würfel hat Katharina eine Vier gewürfelt, mit dem anderen eine Zwei. Diese Würfel zeigen auf jeder ihrer Flächen eine Punktzahl. Die Punkte nennt man auch ▸ Augen. Die niedrigste Punktzahl ist die Eins, die höchste die Sechs. – Der Mathematiklehrer bringt einen Würfel ohne Punkte mit. Seine 6 Flächen sind 6 genau gleich große ▸ Quadrate.

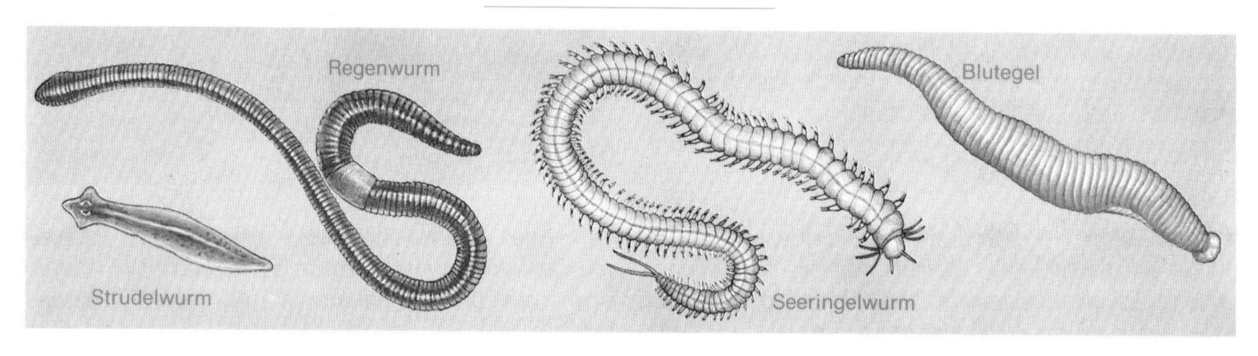

Wurm Werner gräbt im feuchten Erdboden. Da sieht er einen dünnen, kriechenden Schlauch. Wie alle Würmer bewegt sich auch dieser ▸ Regenwurm ohne Beine. Außerdem haben Würmer keine ▸ Knochen. Es gibt Tausende Arten. Die kleinsten erkennt man nur unter dem ▸ Mikroskop. Die größten Würmer werden mehrere Meter lang. Viele brauchen Wasser zum Leben. Andere leben auf dem Land. Am unangenehmsten für den Menschen sind die Würmer, die in ihm leben. Bandwürmer fühlen sich zum Beispiel im ▸ Darm besonders wohl.

Wüste Wenn Werner an eine Wüste denkt, stellt er sich eine riesige, leblose Sandfläche vor. Und darauf brennt dann die Sonne. Teile der Wüste Sahara in ▸ Afrika sind so eine Sandwüste. Aber auch im Wüstensand gibt es Leben, zum Beispiel Springmäuse, Wüstenfüchse, ▸ Spinnen und ▸ Skorpione. Tagsüber scheint die Sonne unerträglich heiß und nachts wird es sehr kalt. Manchmal gibt es heftige Sandstürme. Die wirbeln den ▸ Sand zu Sandbergen auf. ▸ Regen fällt fast nie. Nur in den Oasen findet man Brunnen. Hier wachsen dann auch Pflanzen. Oasen sind für die ▸ Karawanen wichtig, die durch die Wüste ziehen. Dort ruht man sich aus. – Wüsten ohne Sand sind zum Beispiel die Eiswüsten der Polargebiete oder Stein- und Salzwüsten.

Xylophon Xaver bekommt zum Geburtstag ein kleines Xylophon. Mit dem Holzschlägel schlägt er leicht auf die Holzplättchen des Musikinstruments. Bei jedem der locker befestigten Plättchen gibt das einen anderen ▸ Ton. „Hör mal, die Plättchen sind nach der Tonleiter geordnet", sagt Mutter. Im Musikgeschäft hat Xaver wesentlich größere Xylophone als seines gesehen. Die spielt man zum Beispiel in Orchestern. – Das griechische Wort Xylophon bedeutet ‚Holzklang'. Das Vibraphon ist ein ähnliches Instrument wie das Xylophon. Seine Plättchen bestehen aber aus ▸ Metall. Man schlägt sie mit einem weichen Schlägel an. Die Töne des Vibraphons klingen fast wie Glockentöne.

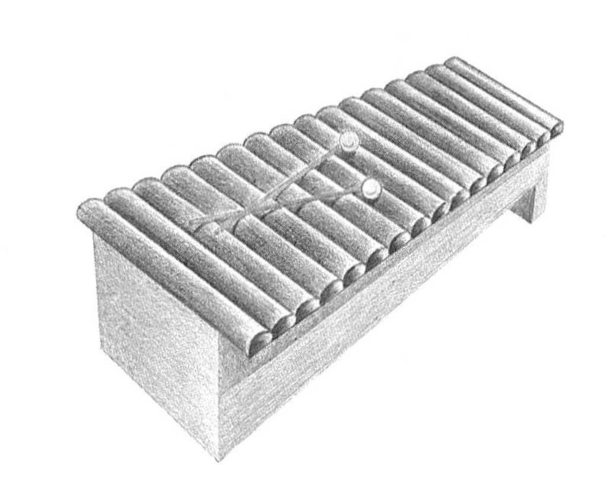

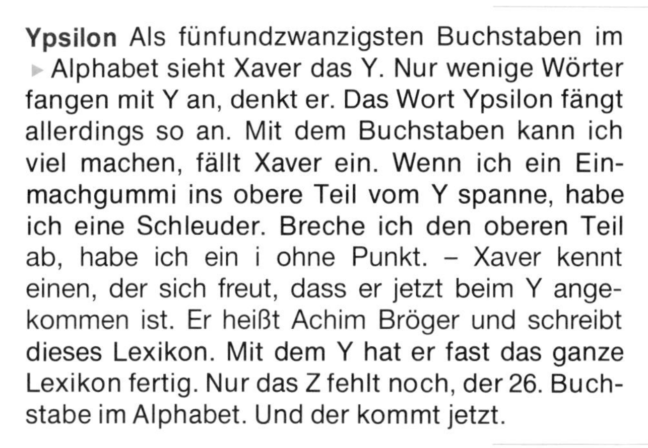

Ypsilon Als fünfundzwanzigsten Buchstaben im ▸ Alphabet sieht Xaver das Y. Nur wenige Wörter fangen mit Y an, denkt er. Das Wort Ypsilon fängt allerdings so an. Mit dem Buchstaben kann ich viel machen, fällt Xaver ein. Wenn ich ein Einmachgummi ins obere Teil vom Y spanne, habe ich eine Schleuder. Breche ich den oberen Teil ab, habe ich ein i ohne Punkt. – Xaver kennt einen, der sich freut, dass er jetzt beim Y angekommen ist. Er heißt Achim Bröger und schreibt dieses Lexikon. Mit dem Y hat er fast das ganze Lexikon fertig. Nur das Z fehlt noch, der 26. Buchstabe im Alphabet. Und der kommt jetzt.

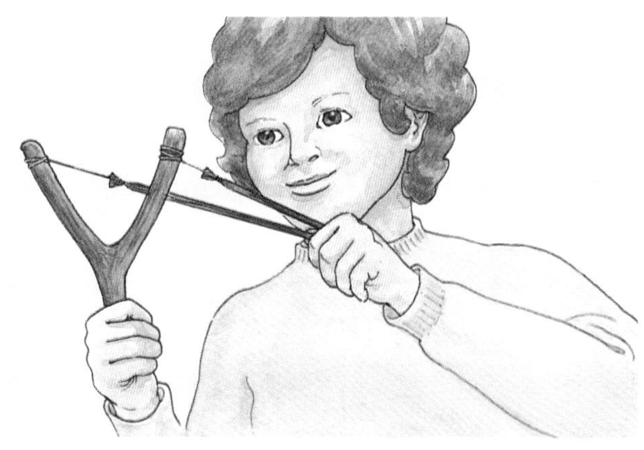

I	II	III	IV	V	VI	VII	VIII	IX	X	L	C	D	M
1	2	3	4	5	6	7	8	9	10	50	100	500	1000

Zahl Zenzis Mutter sagt: „Hol mir bitte nachher beim Kaufmann zwölf Eier." Mit dieser Zahl nennt Mutter die Menge, die sie braucht. Zenzi will das nicht vergessen und schreibt auf, wie viel sie kaufen soll. Da steht jetzt die Zahl 12. Sie besteht aus den Ziffern 1 und 2. Als Zenzi kleiner war, konnte sie die einstelligen Zahlen von 1 bis 9 aufzählen. Bald lernte sie die zweistelligen von 10 bis 99. Jetzt machen ihr auch die dreistelligen von 100 bis 999 keine Schwierigkeiten mehr. 10 Ziffern reichen aus, damit wir alle Zahlen schreiben können. Das sind 1 bis 9 und 0. Ein Bruch wie 1 1/2 (eineinhalb, anderthalb) gibt zum Beispiel an, dass man einen Liter Milch und dazu noch einen halben kaufen möchte. Das wird auch so geschrieben: 1,5 l. Unsere Ziffern sind eigentlich arabische Ziffern. Auf Denkmälern und Uhren sieht man manchmal römische Ziffern. Da sieht eine 19 so aus: XIX.
Stell dir mal vor, es würde keine Zahlen geben.

Zahn In der Nachbarschaft weint ein kleines Kind. „Es bekommt seine ersten Zähne“, sagt Vater. Er weiß noch, als das bei Zenzi so weit war. Das tat ihr damals genauso weh. Als Zenzi in die Schule kam, fingen ihre Milchzähne an zu wackeln. Nach und nach fallen dann alle zwanzig Milchzähne aus. Dafür wachsen die zweiunddreißig Zähne ihres zweiten Gebisses. Am Schluss kommen die vier großen Backenzähne, die man Weisheitszähne nennt. Bis die wachsen, ist Zenzi wahrscheinlich schon erwachsen. – Zähne brauchen die Menschen und Tiere zum Zerkleinern des Essens. Die Wurzeln der Zähne sind fest im ▸ Kiefer verankert. Den Teil vom Zahn, der aus dem Zahnfleisch ragt, schützt der Zahnschmelz. In den Zähnen stecken ▸ Nerven. Das spürt man, wenn ein Loch im Zahn ist. Manchmal liegt der Nerv dann nämlich frei und es tut weh. Diese Löcher nennt man Karies. Dreimal am Tag putzt Zenzi ihre Zähne mit Zahnbürste und Zahnpasta. Der ▸ Zahnarzt sagt: „Wenn du das regelmäßig tust und wenig Süßigkeiten isst, wirst du nicht so leicht Karies bekommen.“ Zenzi geht öfter zu diesem Arzt und lässt ihre Zähne untersuchen. – An den Zähnen der Tiere erkennt man, wie sie sich ernähren. Fleischfresser haben scharfe und spitze Zähne. Die Zähne der Pflanzenfresser sind breit und stumpf. – Welcher Zahn steckt nicht im Zahnfleisch?

Der Zahn vom ▸ Zahnrad.

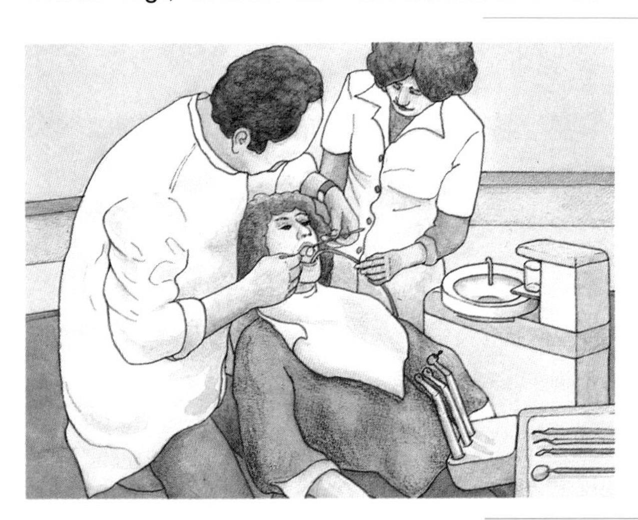

Zahnarzt „Ich habe Zahnschmerzen“, klagt Zenzis Vater. Er ruft beim Zahnarzt an und bespricht, wann er zur Behandlung in die Praxis kommen kann. Mit einem kleinen Spiegel an einem Stiel untersucht der Zahnarzt das Gebiss seines Patienten. Den Bohrer benutzt er um eine ‚kranke‘ Stelle im ▸ Zahn auszubohren. Das Loch füllt er dann mit einer Plombe. Bei Zenzis Vater muss ein Zahn gezogen werden. „Man spürt eigentlich nur das Piken der Betäubungsspritze“, sagt Vater später. „Als mir der Zahnarzt den Zahn gezogen hat, war schon alles taub. Deswegen hat es nicht weh getan.“ – Zahnärzte passen ihren Patienten auch künstliche Zähne ein. Diese ‚dritten‘ Zähne sind von den echten kaum zu unterscheiden.

Zahnrad Die Kette von Zenzis ▸ Fahrrad ist abgesprungen. Deswegen greifen die Zähne der Zahnräder nicht mehr in die Kettenglieder und das Fahrrad bleibt stehen. Als Zenzi die Kette über die beiden Zahnräder spannt und danach in die Pedale tritt, greifen die Zähne wieder. Jetzt überträgt das vordere Zahnrad mit der Kette die Kraft von Zenzis Pedaltritten auf das hintere Zahnrad. Dieses Zahnrad treibt das Hinterrad an und das Fahrrad rollt. Zahnräder übertragen also Kraft. Die Dinger sehen wirklich wie Räder mit Zähnen aus, denkt Zenzi. – Auch in ▸ Uhren und ▸ Autos sind Zahnräder. Die greifen direkt ineinander. Sie brauchen also keine zusätzliche Kette wie die Zahnräder am Fahrrad.

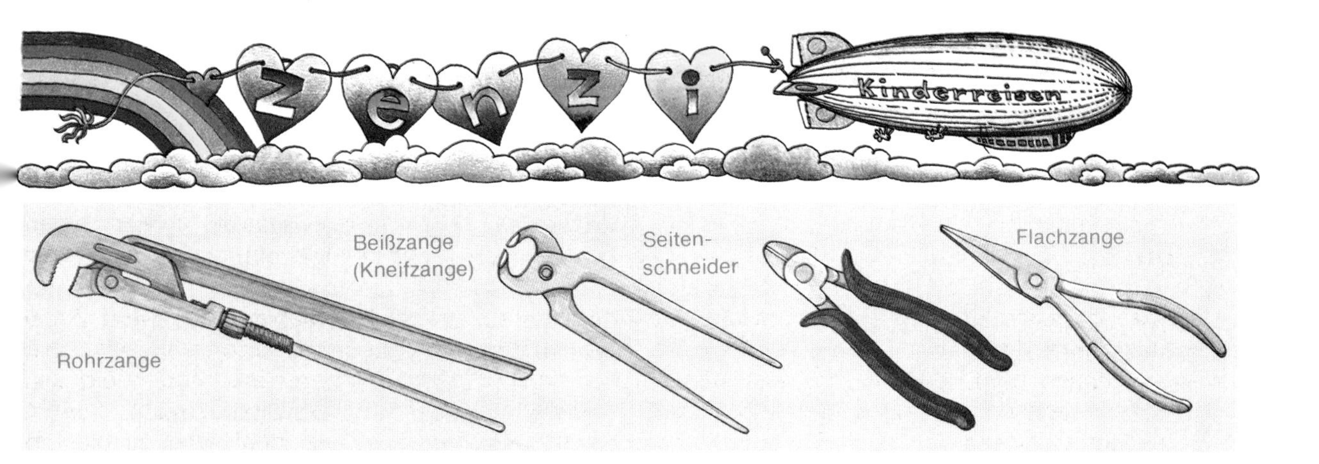

Zange Zenzi will einen Nagel aus dem Holz ziehen. Deswegen nimmt sie eine Zange, denn mit diesem ▸ Werkzeug kann man den Nagel gut packen. Für verschiedene Zwecke gibt es ganz unterschiedliche Zangen. Wenn Mutter ein Stück ▸ Draht abknipsen möchte, holt sie eine Beißzange (Kneifzange). Mit der Zuckerzange nimmt sich Vater ein Stück Würfelzucker aus der Zuckerdose. Andere Zangen braucht man zum Festhalten, Quetschen und Biegen, zum Beispiel von ▸ Metall. Die können viel größer sein als Zenzis Zange. So eine Riesenzange benutzt der Schmied. – „Der Prüfer hat mich schwer in die Zange genommen", erzählt Zenzis Tante. Bei einer Prüfung wurden ihr vom Prüfer also besonders knifflige Fragen gestellt.

Zauberer In Geschichten kommen manchmal Zauberer vor. Wenn der Zauberer jemanden mit seinem Zauberstab berührt und einen passenden Zauberspruch murmelt, wird dieser Mensch zum Beispiel zu einem Frosch. Hat der Zauberer seinen Zauberspruch nicht vergessen, verzaubert er den Frosch wieder in einen Menschen. Zenzi möchte so etwas auch können. Weil sie Appetit hat, würde sie sich jetzt erstmal ihr Lieblingsessen herzaubern. – Manchmal führt Vater Kartenkunststücke vor. Meistens bekommt Zenzi nicht heraus, wie sie funktionieren. Deswegen fragt sie ihren Vater: „Ist das Zauberei?" Er lacht und sagt: „Ne ..., das sind Tricks, Geschwindigkeit und Fingerfertigkeit." – Im Fernsehen hat Zenzi mal einen Magier gesehen. Das ist ein anderer Name für Zauberer. Er zauberte eine Menge Tauben aus seinem Zylinder.

Zaun Zenzi geht an einem hohen Holzzaun vorbei. Der wurde aus Latten gemacht. Dahinter sieht sie einen großen Garten. Der Zaun bedeutet: Der Besitzer möchte nicht, dass du sein Grundstück betrittst. Auch Fabriken und Sportplätze sind häufig eingezäunt. Außer Holzzäunen hat Zenzi Drahtzäune gesehen. – Manchmal guckt sich ein Zuschauer ein Fußballspiel einfach durch den Zaun an. Er bezahlt also keinen Eintritt. So jemanden nennt man ‚Zaungast'.

Zaunkönig Im Gebüsch hockt ein kleiner, bräunlicher ▸ Vogel. „Ein Zaunkönig“, sagt Mutter. Sie erkennt ihn an seinem winzigen, rundlichen Körper und am kurzen, hoch gestellten Schwanz. Auch sein spitzer Schnabel fällt auf. „Das ist ja ein Minikönig“, staunt Zenzi. Als er singt, merkt sie, dass der kleine Vogel eine erstaunlich laute Stimme hat. Man hört ihn bei uns manchmal auch im Winter. Er bleibt nämlich hier, wenn es kalt wird. Der Europäische Zaunkönig baut sich ein kugelrundes Nest ins Gebüsch. Zweimal im Jahr legt das Weibchen sechs bis acht weiße, rot gepunktete Eier hinein und brütet sie aus.

Zebra Ohne seine Streifen könnte man das Zebra im ▸ Zoo fast mit einem ▸ Pferd verwechseln. Die beiden sind auch wirklich verwandt. Aber wenn man auf dem Zebra reiten will, merkt man noch einen großen Unterschied. Das Zebra lässt sich nämlich nicht reiten. Frei lebende Zebraherden gibt es in den afrikanischen Savannen. Jede Herde wird von einem Hengst angeführt.

Zebrastreifen malt man auf die Straße. Die Fußgänger wissen, dass sie die Straße nur auf dem Zebrastreifen überqueren sollen. Und die Autofahrer wissen, dass sie hier ganz besonders vorsichtig fahren müssen.

Zeitlupe „Du machst deine Schularbeiten ja im Zeitlupentempo“, sagt Mutter zu Zenzi. Sie ist heute wirklich sehr langsam. Aber so langsam, wie die Zeitlupenaufnahmen in Sportfilmen wirken, kann Zenzi gar nicht sein. Da bleiben zum Beispiel die Kunstspringer während ihres Sprungs vom 10-Meter-Turm fast in der Luft stehen. Jede Einzelheit des Sprungs lässt sich beobachten. Oft wird die Zeitlupe bei Übertragungen von Fußballspielen benutzt. – Die Zeitlupenwirkung entsteht dadurch, dass die einzelnen Bilder des Films viel langsamer gezeigt werden, als man sie aufgenommen hatte. Das Gegenteil davon ist der Zeitraffer. Dabei lässt man die Filmbilder besonders schnell ablaufen. So sieht man in kurzer Zeit, was eigentlich lange dauert.

Zeitschrift Zenzi geht an einem Kiosk vorbei. Die bunten Titelblätter der vielen Zeitschriften fallen ihr auf. Zwei dieser Illustrierten haben ihre Eltern abonniert. Sie werden also regelmäßig ins Haus geschickt. Auch eine Rundfunk- und Fernsehzeitschrift steckt jede Woche im Briefkasten. Andere Zeitschriften erscheinen monatlich oder vierteljährlich. In Zeitschriften sieht man viele bunte Bilder und meist kurze Texte. Zenzi denkt manchmal, dass Zeitschriften fast so was wie Bilderbücher der Erwachsenen sind. Journalisten (Schurnalisten) und Fotografen berichten darin über Dinge, die den Leser interessieren könnten. Häufig sieht und liest man Berichte über irgendwelche Sensationen und ▸ Katastrophen. Eine Menge Anzeigen findet man in Zeitschriften. Da wird für Parfüm, Autos und vieles andere geworben. Außer solchen Illustrierten und Kinder- und Jugendzeitschriften kann man Fachzeitschriften kaufen, zum Beispiel für Aquarienkunde.

Zeitung Manchmal sieht Zenzi ihre Mutter beim Frühstück gar nicht richtig. Dann liest Mutter Zeitung. Ihr Kopf ist hinter den großen Zeitungsblättern versteckt. Darin stehen die wichtigsten Neuigkeiten aus der Stadt und der ganzen Welt. Die verschiedenen Artikel werden von Redakteuren (Redaktọren) und Journalisten (Schurnalịsten) geschrieben. Wenn Zenzi die Zeitung durchblättert, findet sie Nachrichten über ▸ Politik, ▸ Sport, ▸ Theater, ▸ Konzerte, ▸ Ausstellungen, Verkehrsunfälle und ▸ Verbrechen. In Zeitungsanzeigen sieht man, was es zu kaufen gibt und welche Filme gezeigt werden. Mit dem Drucken der Anzeigen verdient der Zeitungsbetrieb Geld. Wenn er dieses Geld nicht hätte, würde die Zeitung für den Leser mehr kosten. Aus der Zeitung erfährt man, wer geboren wurde, wer geheiratet hat und wer gestorben ist. Auch wo man Arbeit oder eine Wohnung finden kann, liest man in der Zeitung. Wenn man etwas verkaufen will, kann man eine Kleinanzeige drucken lassen. – Die Zeitungsredaktionen sammeln die meisten Nachrichten nicht selbst. Das tun die Nachrichtenbüros überall auf der Erde für sie. Die Zeitungsredakteure (-redaktọre) suchen sich dann aus der Menge der Nachrichten, was sie drucken wollen. Viele Zeitungen haben eine ganz bestimmte Meinung, zum Beispiel über Politik. Man stellt das ziemlich schnell fest, wenn man mehrere Zeitungen miteinander vergleicht. Riesige Druckmaschinen drucken die Tageszeitungen jede Nacht. Morgens stecken sie dann im Briefkasten. Außer Tageszeitungen gibt es auch wöchentlich erscheinende Zeitungen.

Zelle Wie alle Menschen ist Zenzi aus Millionen winziger Teilchen zusammengesetzt. Diese Teilchen nennt man Zellen. Damit Zenzi überhaupt entstehen konnte, mussten sich zwei Zellen im Bauch ihrer Mutter vereinigen. Das waren eine Eizelle ihrer Mutter und eine Samenzelle ihres Vaters. (Unter ▸ Fortpflanzung findest du mehr darüber.) Die meisten Zellen sind so winzig klein, dass man sie nur unter dem ▸ Mikroskop erkennt. Es gibt Tiere und Pflanzen, die aus einer einzigen Zelle bestehen. Solche Einzeller vermehren sich durch Teilung. Dabei teilt sich eine Zelle in zwei.

Kennst du große Zellen?

Die Telefonzelle oder die Zelle im Gefängnis.

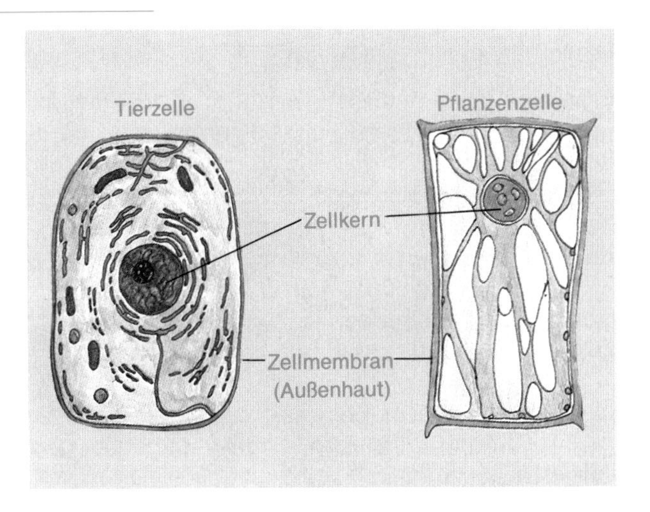

Ziege Zenzi sieht eine Ziege. Sie ist an einem Pflock festgebunden. Schon vor vielen Tausend Jahren hielten sich die Menschen diese ▸ Haustiere. Aus Ziegenmilch wird ▸ Käse gemacht und man trinkt sie. Ziegenfleisch schmeckt gut. Die Haut verarbeitet man zu ▸ Leder. Und aus den Haaren einiger Ziegenarten wird ▸ Wolle gesponnen. Geiß nennt man die weibliche Ziege, die männliche Bock. Beide haben Hörner. Das Zicklein ist eine junge Ziege. Hausziegen stammen von Wildziegen ab. Dazu gehören Steinböcke und Gämsen. Zenzi gehört nicht dazu. Trotzdem schimpft ihre Freundin manchmal: „Du Ziege."

Ziel Sie hatten sich vorgenommen bis zur Burg zu wandern. Jetzt sehen sie die Türme und Mauern schon. Deswegen sagt Großvater: „Bald sind wir am Ziel." Zenzi zielt mit einem Stein auf einen Baumstamm. Sie wirft und trifft neben dieses Ziel. „Wollen wir um die ▸ Wette laufen?", fragt sie Großvater dann. „Der Busch da vorne ist unser Ziel." – Beim Schützenfest schießen die Schützen mit ihren Gewehren auf Zielscheiben. Um den Mittelpunkt so einer ▸ Scheibe sieht man lauter Ringe. Die Schützen versuchen genau in die Mitte zu treffen.

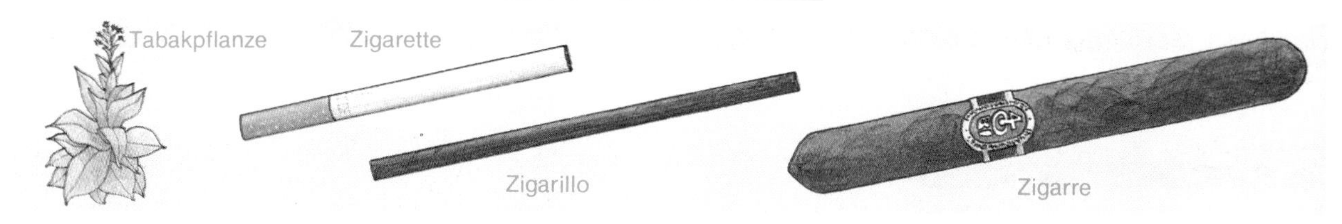

Zigarette Mutters Freundin sagt: „Endlich habe ich mir das Zigarettenrauchen abgewöhnt." Mutter gratuliert ihr dazu. Bis vor kurzem hat ihre Freundin jeden Tag eine Schachtel dieser weißen Stäbchen aus fein geschnittenem Tabak geraucht. Sie sind mit Papier umwickelt. Viele haben einen ▸ Filter als Mundstück. Darin bleibt etwas vom schädlichen ▸ Teer und Nikotin der Zigaretten zurück. Aber ein Teil wird trotz des Filters in die ▸ Lunge gesogen. Ärzte warnen vor diesen harmlos aussehenden Stäbchen. Sie wissen, dass Zigaretten der Hauptgrund für Lungenkrebs und andere schwere Krankheiten sind. Zenzi wundert sich, dass sie trotzdem noch so viele Raucher sieht. „Es ist sehr leicht, sich das Rauchen anzugewöhnen", sagt Mutter. „Aber es ist sehr schwer, es sich abzugewöhnen. Ich freu mich, dass meine Freundin das geschafft hat."

Zigeuner Auf dem Parkplatz sieht Zenzi einen großen Wohnwagen. Eine Familie steigt in den Wagen. „Das sind Zigeuner", sagt Zenzis Freund. Diese Männer und Frauen haben dunkle Augen und schwarze Haare. Sie sehen anders aus als die anderen Menschen hier. Außerdem sprechen sie eine eigene Sprache und haben eine eigene Lebensweise. In Deutschland nennen sie sich ‚Sinti', anderswo nennen sie sich ‚Roma'. Die Bezeichnung ‚Zigeuner' lehnen sie ab. Einige Sinti wohnen in Wohnwagen oder Zelten. Ohne festen Wohnsitz ziehen sie wie ▸ Nomaden durch das Land. Die meisten Sinti haben jedoch einen festen Wohnsitz. Sie leben in Großfamilien zusammen. Oft arbeiten die Sinti als Händler. Sie verkaufen irgendwelche Dinge an der Haustür. Unter den Sinti gibt es ungewöhnlich viele gute Musiker. – Woher die Menschen dieses Volkes kamen, weiß man nicht genau. Es wird angenommen, dass die Sinti vor Hunderten von Jahren in Indien aufgebrochen sind. Damals soll es dort einen Krieg gegeben haben, vor dem sie fliehen mussten. Schon im ▸ Mittelalter tauchten sie in ▸ Europa auf und zogen herum. Es war bequem, diesen Fremden alle möglichen Missetaten in die Schuhe zu schieben. Wurde irgend etwas gestohlen, hieß es: „Bestimmt waren das die Zigeuner." Überall jagte man sie davon. Noch heute misstrauen viele den Sinti grundlos. – Als Adolf Hitler in Deutschland an der Macht war, wurden außer den Juden viele Sinti in den Konzentrationslagern umgebracht. Die Nazis verübten dieses Verbrechen, weil die Sinti anders waren als die meisten anderen Menschen im Land.

Zimt Zenzi streut Zimt über den Reisbrei. Sie mag dieses eigenartig riechende und süß schmeckende, braune ▸ Gewürz. Auch auf Gebäck streut Mutter Zimt. Der Zimt kommt von weit her, aus Ceylon, ▸ China oder anderen Gebieten ▸ Asiens. Dort wachsen Zimtbäume. Will man den Zimt ernten, muss man zuerst den äußeren Teil der Rinde – die Borke – vom Baum kratzen. Dann schält man die darunter liegende Rinde ab. Diese Rinde ist der Zimt. Aufgerollte Zimtstückchen werden im Lebensmittelladen als Stangenzimt angeboten. Auch gemahlenen Zimt kauft Mutter dort manchmal. – „Red doch keinen Zimt", sagt die Mutter zu Zenzi. Sie findet nämlich, dass Zenzi Blödsinn erzählt.

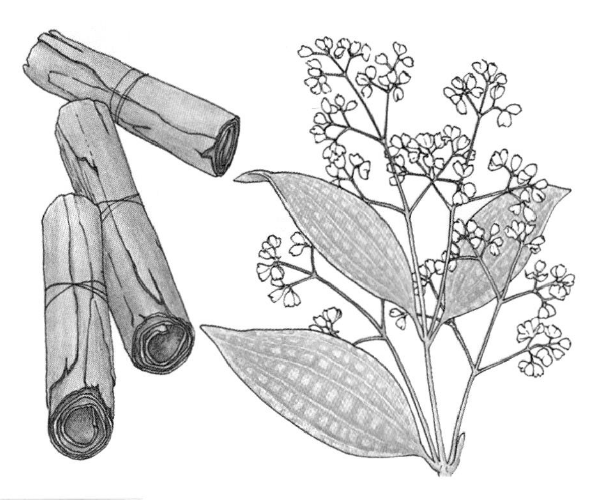

Zirkus Die Großeltern und Zenzi kaufen Eintrittskarten für den Zirkus. Im riesigen Zirkuszelt setzen sie sich auf eine der vielen Bankreihen. Die hat man im Kreis um die runde Manege (Manesche) gebaut. Begeistert sieht Zenzi den Seiltänzern zu. Vor Spannung hält sie die Luft an, denn einer der Artisten springt einen Salto auf dem Hochseil. Bei der Landung wackelt das Seil kurz. Trotzdem fällt der Mann nicht hinunter. Danach zeigen Reiter und ▸ Zauberer ihre Kunststücke. Artisten wagen den dreifachen Salto hoch oben unter der Zirkuskuppel von einem der schwingenden Trapeze zum anderen. Knapp neben einer Frau bohren sich die blitzenden Messer des Messerwerfers in eine Holzwand. Männer und Frauen jonglieren (schongliren) mit Bällen, Tellern und Stöcken. Dann stellt ein Dompteur (Domptör) seine Raubtiergruppe vor. Und Zenzi lacht mit den anderen Zuschauern über einen Clown (Klaun). Sie mag Zirkus. Da riecht es sogar aufregend, denkt sie. In der Pause besuchen die Großeltern mit ihr die Tierschau. Nach der Vorstellung wünscht sich Zenzi, dass der Zirkus bald wieder kommen soll. Aber sicher dauert das einige Zeit. Schon morgen zieht dieses Zirkusunternehmen mit seinen Wagen in die nächste Stadt. Auch dort wird das große Zelt für einige Tage aufgebaut. Die Zirkusleute sind mit ihren Familien ständig unterwegs. Kannst du dir vorstellen, was Zirkuskinder alles erleben? – „Die veranstaltet einen Zirkus", sagt Zenzi. Das sagt sie, weil sich ihre Lehrerin ärgert und schimpft. Viele haben nämlich keine Hausaufgaben gemacht.

Zitrone Im Obstgeschäft sagt Zenzi zum Verkäufer: „Ich möchte bitte fünf Zitronen." Der Mann gibt ihr die leuchtend gelben ▸ Früchte. Zitronen gehören wie die ▸ Apfelsinen zu den ▸ Südfrüchten. Sie wachsen zum Beispiel in Spanien. Man erntet Zitronen von dornigen, weiß blühenden Bäumen. Wenn man ins Fruchtfleisch beißt, merkt man den Unterschied zwischen Apfelsinen und Zitronen sofort. Zitronen schmecken sauer, Apfelsinen süß. Zenzi nimmt viel Zucker, wenn sie aus Zitronensaft und Wasser Limonade macht. Kürzlich war sie erkältet. Vater presste zwei Zitronen aus und Zenzi hat den Saft getrunken. In Zitronen steckt nämlich viel ▸ Vitamin C. Und das hilft gegen Erkältungen.

Zoo In der Zeitung liest Zenzi, dass die Tiger im Zoo Junge bekommen haben. Diese kleinen Tiger werden dort aufwachsen. Ihre Eltern lebten noch frei, bis man sie fing und hierher verkaufte. Einige Tierarten wären ausgestorben, wenn man sie nicht in zoologischen Gärten züchten würde. Der Wisent gehört dazu. Im Tierpark – so nennt man den Zoo auch – sollte man für die Tiere alles möglichst so einrichten, dass sie sich wohl und zu Hause fühlen. Die meisten Tierarten bekommen nämlich nur dann Junge. Zenzi geht gerne durch den Tiergarten. Es macht ihr Spaß, die ▸ Affen in ihrem Freigehege zu beobachten. ▸ Löwen, ▸ Tiger, ▸ Leoparden, ▸ Giraffen und ▸ Elefanten sieht sie. Im Teich schwimmen seltene Wasservögel. Und besonders gerne ist Zenzi bei der Robbenfütterung dabei. ▸ Geier und andere große Vögel hocken in riesigen Käfigen, den Volieren (Voli-ẹren). An den Scheiben der ▸ Aquarien und ▸ Terrarien drückt sich Zenzi die Nase platt um ▸ Fische, ▸ Schlangen und ▸ Schildkröten zu sehen. Aber nicht nur seltene Tiere oder Tiere aus anderen Ländern zeigt dieser Zoo. Hier erlebt man zum Beispiel Ponys, ▸ Ziegen und ▸ Schafe. Auch diese Tiere sind für Stadtkinder nicht alltäglich. Viele Menschen arbeiten im Zoo. Tierwärter sorgen für das Futter und kümmern sich um die Tiere. ▸ Tierärzte behandeln kranke Tiere. Zoologen – das sind Tierforscher – können im Zoo erforschen, wie die Tiere leben und sich verhalten. Schon seit vielen Hundert Jahren gibt es zoologische Gärten.

Zucker Vater rührt Zucker in seinen Kaffee. Gleich darauf hat sich der Zucker aufgelöst. Er sieht aus wie weißer Sand, denkt Zenzi. In Kuchen und Bonbons steckt viel Zucker. Auch zum Einkochen braucht man ihn. Gerne nascht Zenzi weißen und braunen Kandiszucker. Ihre Mutter benutzt manchmal Puderzucker und Würfelzucker. Früher gab es zum Süßen vor allem Honig. Aus tropischen Ländern kannte man schon damals das Zuckerrohr. Im Inneren dieses hoch gewachsenen Grases steckt süßer Saft, den man zu Zucker machen kann. Bei uns wird heute vor allem aus dem Saft der Zuckerrüben Zucker gewonnen.

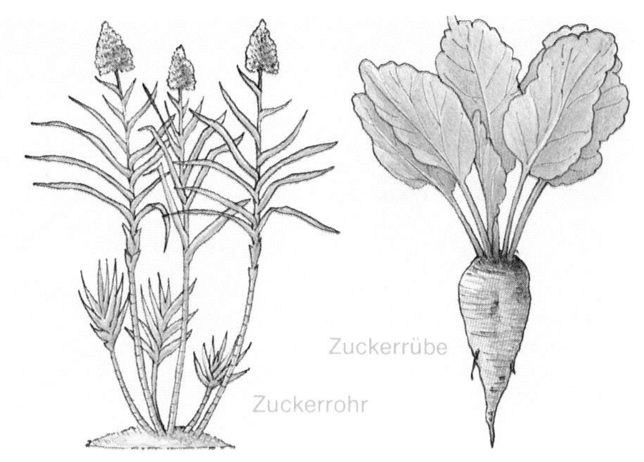

Zwerg In Geschichten liest Zenzi manchmal etwas über Zwerge. Sie heißen da auch Heinzelmännchen oder Wichtelmänner. Im ▸ Märchen von Schneewittchen wimmeln sogar sieben Zwerge herum. Oft helfen die Geschichtenzwerge jemandem. Einige dieser Winzlinge können sogar zaubern. Als das Gegenteil vom sehr großen ▸ Riesen sind sie natürlich sehr klein. – Zenzi hat kürzlich einen besonders kleinen Menschen gesehen. Solche Menschen nennt man ▸ Liliputaner. Es gibt ganze Völker, in denen nur ungewöhnlich kleine Menschen leben. Das sind zum Beispiel die Pygmäen in ▸ Afrika. Ein großer Pygmäe reicht einem durchschnittlich großen Erwachsenen nur bis zum Kinn.

Zwiebel Zenzi schneidet Zwiebeln. Sie braucht die vielen kleinen Zwiebelstücke als ▸ Gewürz für die Fleischsauce (-sose). Auch in Suppen und Salate gibt man Zwiebeln. Obwohl Zenzi gar nicht traurig ist, tränen ihre Augen. Dafür sorgt der Saft dieser frischen Zwiebeln. Gut schmecken Zenzi auch mit Hackfleisch gefüllte Gemüsezwiebeln und Zwiebelkuchen. – Zenzi gräbt ein Loch im Garten. Da findet sie eine kleine Zwiebel in der Erde. Solche Blumenzwiebeln werden nicht gegessen. Daraus wachsen zum Beispiel ▸ Schneeglöckchen und ▸ Tulpen. – Manche Kirchtürme sind an ihrer Spitze wie eine Zwiebel geformt. Man nennt sie ‚Zwiebeltürme'.

Zwillinge Vor Zenzi und ihrer Mutter geht eine Frau. Sie schiebt einen besonders breiten Kinderwagen. Zwei gleichaltrige Kinder liegen darin. „Das sind Zwillinge", sagt Mutter. Genau gleichaltrige Kinder gibt es allerdings nicht. Natürlich wird eines ein wenig früher als das andere geboren. Ein Junge und ein Mädchen können Zwillinge sein, aber auch zwei Mädchen oder zwei Jungen. Manche Zwillinge sehen sich wie ein Ei dem anderen zum Verwechseln ähnlich. Das sind eineiige Zwillinge. Diese zwei Menschen haben sich aus einer Eizelle im Bauch ihrer Mutter entwickelt. Die meisten Zwillinge sind zweieiig. Sie entwickeln sich aus zwei verschiedenen Eizellen, die zur gleichen Zeit befruchtet wurden. Manchmal wachsen mehr als zwei Kinder im Bauch einer Frau. Solche Drillinge, Vierlinge oder Fünflinge gibt es allerdings selten.

REGISTER

Rote Begriffe bedeuten:
Dieser Begriff hat eine eigene Lexikongeschichte.

Begriffe mit schwarzem Anfangsbuchstaben bedeuten:
Dieser Begriff wird in einer anderen Lexikongeschichte erklärt.

der Aal 4
das Abenteuer 4
der Abenteuerspielplatz ▸Spielplatz 240
das Abfertigungsgebäude ▸Flughafen 76
das Abgas ▸Auto 20; ▸Benzin 26
der Abgeordnete ▸Bundestag 39
das Abitur ▸Universität 277
der Aborigine ▸Bumerang 38
der Abort ▸Toilette 267
abschleppen 4
abschreiben 4
der Absender ▸Brief 34
der Abtritt ▸Toilette 267
der Acker 5
der Ackersalat ▸Salat 212
addieren ▸Mathematik 159
Adebar ▸Storch 251
die Ader 5; ▸Blatt 30; ▸Blut 32
der Adler 5
die Adoption 5
die Adresse ▸Brief 34
der Advent 6
der Adventskalender ▸Advent 6; ▸Kalender 116
der Adventskranz ▸Advent 6
der Affe 6
Afrika 6, 7
Ägypten ▸Afrika 6
der Ahorn ▸Baum 25; ▸Blatt 30
Aids ▸Virus 283
die Akelei ▸Blumen 32
der Akkordlohn ▸Lohn 150
der Alarm 8
Alaska ▸Amerika 11
die Algen 8; ▸Pflanzen 189
Algerien ▸Afrika 6
Algier ▸Afrika 7
der Alkohol 8; ▸Bier 30; ▸Drogen 48
allein 8
die Allergie 8
die Alpen ▸Europa 61; ▸Gebirge 84
der Alpensalamander ▸Salamander 212
das Alpenveilchen ▸Veilchen 279
das Alphabet 9; ▸Lexikon 148
der Albtraum ▸Traum 269
alt 9
der Alt ▸Stimme 250
der Altar 9
das Aluminium ▸Metall 162
der Amazonas ▸Amerika 10, 11
die Ameise 9
der Ameisenbär ▸Amerika 10, 11
Amerika 10, 11
der Amethyst ▸Kristall 137
die Ampel 11
die Amsel 12
die Ananas 12
der Angeklagte ▸Gericht 87
angeln 12
die Angst 12; ▸mutig 169; ▸Panik 181
der Anker 13
der Anrufbeantworter ▸Telefon 262
die Antarktis ▸Erde 56; ▸Nordpol 175
die Antenne 13; ▸Insekten 109; ▸Krebs 136; ▸Radar 199; ▸Radio 200
die Anziehungskraft ▸Schwerkraft 231
der Apfel 13
die Apfelsine 13
die Apotheke 14
die Aprikose 14
das Aquarium 14; ▸Algen 8
der Äquator ▸Erde 56; ▸Tropen 272
der Ara ▸Amerika 10; ▸Papagei 182
die Arbeit 14; ▸Gewerkschaft 90
die Arbeiterin ▸Ameise 9; ▸Biene 29; ▸Hornisse 105
der Arbeitgeber ▸Gewerkschaft 90; ▸Lohn 150
das Arbeitsamt ▸Arbeit 14
arbeitslos ▸Arbeit 14
der Architekt 15
die Arena ▸Stierkampf 250
der Ärger 15
die Arktis ▸Bär 23; ▸Nordpol 175
die Armut 15
der Arzt 15; ▸Krankenhaus 135; ▸Medizin 160
Asien 16, 17; ▸Orient 180
Asterix ▸Comics 42
der Astronaut ▸Mond 165; ▸Rakete 200
der Astronom ▸Sternwarte 249
das Asyl ▸Flucht 75
der Atem ▸Atmung 17
der Atlantik ▸Meer 160
der Atlantische Ozean ▸Aal 4; ▸Amerika 11; ▸Meer 160
der Atlas 17
die Atmung 17
die Atombombe ▸Bombe 33
die Atome ▸Kernkraftwerk 124
der Aufzug 18
der Augapfel ▸Auge 18
das Auge 18; ▸Träne 269
der Augenarzt ▸Brille 35
die Augenbraue ▸Auge 18
die Auktion ▸Versteigerung 282
das Ausland 18
die Ausrede ▸lügen 152
die Ausstellung 18
Australien 19
der Ausweis 20; ▸Pass 184
das Auto 20
die Autobahn ▸Straße 252
der Automat 20
die Axt 20
die Azteken ▸Indianer 109

das Baby ▸Geburt 84; ▸Instinkt 110
der Bach ▸Fluss 77
die Bache ▸Wildschwein 296
der Bäcker 21
der Backofen ▸Bäcker 21
die Backstube ▸Bäcker 21
Baden-Württemberg ▸Bundesrepublik Deutschland 39
der Badeschwamm ▸Schwamm 229
das Badminton ▸Federball 66
der Bagger 21
der Bahnhof 21
der Bahnpolizist ▸Polizei 192
der Bahnsteig ▸Bahnhof 21
das Bajonett ▸Waffe 287
die Bakterien 22; ▸Blut 32; ▸Mikroskop 163
balancieren ▸Gleichgewicht 92
die Balkenwaage ▸Waage 286
das Ballett 22
der Ballon 22; ▸Gondel 93
der Bambus ▸Gras 93
die Banane 23; ▸Afrika 7
der Bandwurm ▸Ei 51; ▸Schmarotzer 223; ▸Wurm 300
die Bank 23; ▸Alarm 8; ▸Geld 86
die Bantufrau ▸Afrika 7
die Bar ▸Gasthaus 83
der Bär 23
der Bariton ▸Stimme 250
das Barometer 23
der Bart ▸Schlüssel 222
die Barte ▸Wal 288
Basel ▸Schweiz 231
der Bass ▸Stimme 250
die Batterie 24
der Bauch 24; ▸Magen 153; ▸Nabel 170
der Bauernhof 24
der Baum 25; ▸Birke 30; ▸Blatt 30
der Baumfarn ▸Australien 19
die Baumschnecke ▸Schnecke 224
die Baumwolle 25; ▸Amerika 10
der Bauplan ▸Architekt 15
Bayern ▸Bundesrepublik Deutschland 39
die Bazillen ▸Bakterien 22; ▸Wunde 299
der Beamte 25; ▸Pension 185
die Bedecktsamer ▸Pflanzen 189
der Beduine ▸Afrika 7; ▸Nomaden 175
die Beerdigung ▸Friedhof 79
der Behinderte 26
das Beil ▸Axt 20
der Beinwurf ▸Judo 113
die Beißzange ▸Zange 303
das Benehmen 26
das Benzin 26; ▸Erdöl 57; ▸Explosion 61
der Bergkristall ▸Kristall 137
der Bergmann ▸Bergwerk 27
das Bergwerk 27; ▸Kohle 131
Berlin ▸Bundesrepublik Deutschland 39
Bern ▸Schweiz 231
der Bernhardiner 27; ▸Hund 107; ▸Lawine 146
der Bernstein 27; ▸Harz 98
der Beruf 28; ▸Beamte 25
Bethlehem ▸Weihnachten 292
der Beton 28
der Betrieb 28
der Betriebsunfall ▸Unfall 227
betrunken ▸Alkohol 8
die Bettwanze ▸Wanze 289
der Beutelbär ▸Australien 19
die Bewährung ▸Strafe 251
bewusstlos 29
das Bewusstsein ▸bewusstlos 29
die Bibel ▸Altar 9; ▸Christ 42
der Biber 29
der Bibliothekar ▸Bücherei 37
die Bickbeere ▸Heidelbeere 101
die Biegewalze ▸Blech 31
die Biene 29; ▸Wachs 286; ▸Wespe 294
der Bienenstich ▸Biene 29
der Bienenstock ▸Biene 29
das Bienenwachs ▸Kerze 124; ▸Wachs 286
das Bier 30

das Bilderrätsel ▸Rätsel 201
die Biologie ▸Naturwissenschaften 172
die Birke 30
das Birkhuhn ▸Vogel 284
die Birne 30
die Bisamratte ▸Ratte 201
der Bison ▸Rind 207
die Blase ▸Niere 174
das Blatt 30; ▸Schaufel 216
der Blättermagen ▸Wiederkäuer 295
das Blattgrün ▸Pflanzen 189
die Blattlaus ▸Laus 145; ▸Marienkäfer 156
die Blaubeere ▸Heidelbeere 101
der Blauhai ▸Hai 96
das Blaukraut ▸Kohl 131
das Blaulicht ▸Signal 236
die Blaumeise ▸Meise 161
der Blauwal ▸Säugetiere 213; ▸Wal 288
das Blech 31
das Blei ▸Metall 162
der Bleistift 31; ▸Mine 163
blind 31
der Blinddarm 31; ▸Darm 44
die Blinddarmentzündung ▸Bauch 24; ▸Blinddarm 31
der Blindenhund ▸blind 31; ▸Hund 107
die Blindenschrift ▸blind 31
der Blitz 32; ▸Gewitter 90
der Blitzableiter ▸Blitz 32; ▸Gewitter 90
das Blitzlichtgerät ▸Blitz 32
die Blockflöte ▸Flöte 75
die Blumen 32
der Blumenkohl ▸Kohl 131
die Blumenzwiebel ▸Zwiebel 309
das Blut 32; ▸Ader 5
die Blüte ▸Frucht 80; ▸Stempel 248
der Blutegel ▸Wurm 300
die Blütenblätter ▸Stempel 248
die Blutvergiftung ▸Blut 32
die Boa ▸Schlange 220
der Bock ▸Schaf 215; ▸Ziege 305
der Bogen 33
die Bohrinsel ▸Erdöl 57
der Bohrturm ▸Erdöl 57
die Boje 33
die Bombe 33; ▸Trichter 270
Bonn ▸Bundesrepublik Deutschland 39
das Boot 33; ▸Anker 13; ▸Boje 33
borgen ▸leihen 147
der botanische Garten 34
das Bowling ▸Kegel 123
der Boxer ▸Hund 107
Brandenburg ▸Bundesrepublik Deutschland 39
Brasilien ▸Amerika 11; ▸Ananas 12
die Brauerei ▸Bier 30
der Braunbär ▸Bär 23
die Braunkohle ▸Kohle 131
Bremen ▸Bundesrepublik Deutschland 39; ▸Hafen 95
die Bremsbacke ▸Bremse 34
die Bremse 34
der Bremszug ▸Bremse 34
die Brennnessel 34
der Brennofen ▸Töpfer 268
der Brief 34
der Briefkasten ▸Brief 34
die Briefmarke ▸Brief 34
das Briefporto ▸Brief 34
die Brieftaube ▸Taube 259
die Briefwaage ▸Brief 34
die Brille 35
die Brombeere 35
der Brontosaurus ▸Saurier 214
die Bronzemedaille ▸Olympiade 178
das Brot 35
das Brötchen ▸Bäcker 21; ▸Brot 35
die Brücke 36; ▸Teppich 263
der Brunnen 36; ▸Wünschelrute 300
Brüssel ▸Europa 61
die Brust 36; ▸Geschlechtsteile 88
die Brustflosse ▸Flossen 74
das Brustschwimmen ▸schwimmen 232
brutal ▸Krimi 137
das Buch 37
die Buche ▸Baum 25
die Bücherei 37
die Buchhandlung ▸Buch 37
die Bucht 37
der Bückling ▸Hering 102
der Bug ▸Boot 33
das Bügeleisen 37
die Bühne 38; ▸Theater 264
das Bühnenbild ▸Bühne 38
das Bullauge ▸Fenster 67
der Bulle ▸Rind 207
der Bumerang 38; ▸Australien 19
der Bundeskanzler 38; ▸Bundestag 39
das Bundesland ▸Land 143; ▸Bundesrepublik Deutschland 39
der Bundespräsident 38
die Bundesversammlung ▸Bundespräsident 38
die Bundesrepublik Deutschland 39
der Bundestag 39
der Bundestagsabgeordnete ▸Bundestag 39
die Bundesverfassung ▸Verfassung 281
das Bundesverfassungsgesetz ▸Verfassung 281
der Buntspecht ▸Specht 240
die Burg 40
das Büro 40
Busch, Wilhelm ▸Comics 42
der Busen ▸Brust 36
der Bussard 40
die Butter 40; ▸Fett 69
das Café ▸Gasthaus 83; ▸Kaffee 114
der Camembert ▸Käse 120; ▸Schimmel 219
der CD-Spieler 41
Celsius, Anders ▸Thermometer 265
CH ▸Schweiz 231
das Chamäleon 41; ▸tarnen 258
der Champignon ▸Pilze 190
das Chaos 41
Charlie Brown ▸Comics 42
der Chef 41
die Chemie 41
der Chemiker ▸Chemie 41
China 42; ▸Asien 17
die Chinesische Mauer ▸China 42
das Chlor ▸Schwimmbad 232
das Chlorophyll ▸Pflanzen 189
der Christ 42; ▸Pfingsten 188
der Christbaum ▸Weihnachten 292
Christus ▸Christ 42
der Clown ▸Zirkus 307
der Club ▸Verein 280
der Cockerspaniel ▸Hund 107
das Cockpit ▸Flugzeug 76
die Comics 42
der Computer 43; ▸Automat 20
Confoederatio Helvetica ▸Schweiz 231
die Conga(trommeln) ▸Trommel 271
der Container 43
das Containerschiff ▸Container 43
der Cowboy 43
das Dach 44
der Dachboden ▸Bühne 38
der Dackel 44; ▸Hund 107
der Damhirsch ▸Hirsch 103; ▸Schaufel 216
der Damm ▸Biber 29
der Dampf 44
das Dampfbügeleisen ▸Bügeleisen 37
die Dampfkraft ▸Dampf 44
der Darm 44
die Dattelpalme ▸Afrika 7
das Datum 45
die Daunenfedern ▸Feder 65
der Degen ▸fechten 65
der Deich ▸Küste 141
die Deichsel ▸Wagen 287
der Delphin 45; ▸Wal 288
der Delphinstil ▸Delphin 45; ▸schwimmen 232
die Demokratie ▸Regierung 203; ▸frei 78
der Demonstrant ▸Demonstration 45
die Demonstration 45; ▸Protest 195
das Dia 46
der Diabetiker 46
der Dialekt ▸Sprache 242
der Diamant 46
der Diaprojektor ▸Dia 46
die Diät 46
der Dickdarm ▸Darm 44; ▸Verdauung 280
der Diebstahl ▸stehlen 247
die Digitaluhr ▸Uhr 275
das Diktat ▸diktieren 46
der Diktator ▸diktieren 46; ▸Regierung 203
die Diktatur ▸diktieren 46
diktieren 46
die Dinosaurier ▸Saurier 214
der Dirigent ▸Konzert 133
die Diskussion 46
diskutieren ▸Diskussion 46
die Distel 47; ▸Unkraut 277
dividieren ▸Mathematik 159
der Docht ▸Kerze 124
das Dock ▸Werft 294
die Dogge ▸Hund 107
die Dohle ▸Rabe 199
der Doktor ▸Arzt 15
der Dom ▸Kirche 127
der Dompteur ▸Zirkus 307
die Donau ▸Europa 61; ▸Fluss 77; ▸Österreich 180
der Donner ▸Blitz 32; ▸Gewitter 90
der Donnerstag ▸Woche 298
das Doppel ▸Tennis 263
der Doppeldecker ▸Flugzeug 76; ▸Omnibus 178
das Dorf 47
der Dozent ▸Universität 277
der Drache 47; ▸Stern 249
der Drachen ▸Drache 47; ▸Sage 211
der Draht 47
der Drehflügel ▸Hubschrauber 106
die Dritte Welt ▸Entwicklungsland 55
die Drogen 48; ▸Mohn 164
die Drohne ▸Biene 29
das Dromedar ▸Kamel 116
der Druck 48
die Druckwelle ▸Explosion 61
der Dschungel ▸Urwald 278
der Dünger 48; ▸Mist 164
der Dünndarm ▸Darm 44; ▸Verdauung 280

der Dunst 49
der Durchfall ▸ Verdauung 280
der Durst 49
das Düsenflugzeug 49; ▸ Flugzeug 76
das Dynamit ▸ sprengen 243
der Dynamo 49

die Ebbe 50; ▸ Küste 141
der Eber ▸ Schwein 230; ▸ Wildschwein 296
das Echo 50
die Echse ▸ Chamäleon 41
der Edamer ▸ Käse 120
das Edelmetall ▸ Metall 162; ▸ Silber 236
die Edelrose ▸ Rose 209
der Edelstein 50
das Edelweiß ▸ Blumen 32
der Efeu 50
die Ehe 51
das Ei 51
die Eiche 51; ▸ Blatt 30
die Eichel ▸ Eiche 51
der Eichelhäher ▸ Rabe 199
das Eichhörnchen 51; ▸ Spur 244
der Eid ▸ schwören 233
die Eidechse 52
die Eieruhr ▸ Uhr 275
der Einband ▸ Buch 37
der Einbrecher ▸ stehlen 247
die Eintrittskarte 52
die Einwegflasche ▸ Pfand 186
der Einzelhändler ▸ Handel 97
der Einzeller ▸ Zelle 305
das Eis 52; ▸ Wasser 290
der Eisbär ▸ Amerika 10; ▸ Asien 17; ▸ Bär 23
der Eisbrecher ▸ Eis 52
das Eisen 52; ▸ Magnet 153; ▸ Metall 162; ▸ Rost 210; ▸ Stahl 245
die Eisenbahn 53
die Eisengießerei ▸ Eisen 52
eisern ▸ Eisen 52
die eiserne Lunge ▸ Kinderlähmung 127
das Eishockey 53
die Eislawine ▸ Lawine 146
die Eiszeit 53; ▸ Mammut 155
die Eizelle ▸ Schwangerschaft 229; ▸ Zelle 305; ▸ Zwillinge 309
der Elch ▸ Hirsch 103; ▸ Schaufel 216
der Elefant 54; ▸ Afrika 7; ▸ Asien 16
der elektrische Strom ▸ Batterie 24; ▸ Elektrizität 54; ▸ Energie 54
die Elektrizität 54; ▸ Batterie 24; ▸ Blitz 32
das Elektronenmikroskop ▸ Mikroskop 163
das Elfenbein ▸ Elefant 54
die Elster ▸ Rabe 199
die Eltern ▸ Verwandtschaft 283
der Embryo ▸ Schwangerschaft 229
Emden ▸ Hafen 95
der Emmentaler ▸ Käse 120
der Emu ▸ Strauß 252
die Energie 54; ▸ Kernkraftwerk 124
der Engerling ▸ Maikäfer 154
das Enkelkind ▸ Verwandtschaft 283
die Entbindung ▸ Geburt 84
entdecken 55
die Ente 55
die Entführung 55
das Entwicklungsland 55
erben 55
die Erbse 56
die Erdäpfel ▸ Kartoffeln 120
das Erdbeben 56
die Erdbeere 56
die Erde 56; ▸ Kern 124; ▸ Planet 191
die Erdkruste ▸ Erde 56
die Erdnussbutter ▸ Erdnüsse 57
die Erdnüsse 57; ▸ Nuss 176
das Erdöl 57; ▸ Benzin 26; ▸ Öl 177; ▸ Pech 184; ▸ Rohstoffe 208
der Erdteil ▸ Afrika 6; ▸ Australien 19; ▸ Erde 56; ▸ Europa 61
erfinden 57
die Erika ▸ Heide 100
die Ernährung 58
die Ernte 58
der Erpel ▸ Ente 55
der Ersatzdienst ▸ Soldat 237
die erste Hilfe 58
die Erstkommunion 58
das Erz ▸ Eisen 52; ▸ Metall 162; ▸ Rohstoffe 208
der Esel 58; ▸ Distel 47
der Eskimo 59; ▸ Amerika 10
die Espe ▸ Pappel 182
der Essig 59
die Esskastanie ▸ Kastanie 121
die Etage ▸ Haus 99
der Eukalyptusbaum ▸ Australien 19
die Eule 59; ▸ Uhu 276
Europa 61
das Euter ▸ Kuh 140
evangelisch ▸ Kirche 127
das Examen ▸ Prüfung 195
das Exil ▸ Verbannung 280
die Expedition 61
das Experiment ▸ Versuch 282
die Explosion 61

die Fabrik 62
der Fachmann ▸ Laie 143
die Fahne 62
der Fahrkartenschalter ▸ Bahnhof 21
der Fahrplan ▸ Bahnhof 21
das Fahrrad 62
der Fahrstuhl ▸ Aufzug 18
der Falke 63
der Falkner ▸ Falke 63
der Fallschirm 63
das Faltboot ▸ Boot 33
die Familie 63
der Fang ▸ Adler 5
die Fantasie 63
die Farbe 64
farbenblind ▸ Farbe 64
der Farbton ▸ Ton 268
der Farn 64; ▸ Pflanzen 189
der Fasan 64
der Fasching 64
der Faschingsumzug ▸ Umzug 276
Fasnet ▸ Fasching 64
Fastnacht ▸ Fasching 64
die Fata Morgana 64
faul 65
das Faultier 65
das Fax ▸ Post 193
fechten 65
die Feder 65; ▸ Flügel 75; ▸ Füllfederhalter 80; ▸ Uhr 275
der Federball 66
die Federwaage ▸ Waage 286
der Fehler 66
der Fehlstart ▸ starten 246
der Feiertag 66
feige 66
die Feige ▸ Südfrüchte 255
die Feile 66
der Feind 67
die Feldgrille ▸ Grille 94
der Feldhase ▸ Hase 99
die Feldmaus ▸ Maus 159
der Feldsalat ▸ Salat 212
der Feldsperling ▸ Spatz 239
die Felge ▸ Reifen 204
die Felgenbremse ▸ Bremse 34
das Fell 67; ▸ Pauke 184
das Fenster 67
die Ferien 67
das Ferkel ▸ Schwein 230
das Fernglas 68
das Fernrohr ▸ Fernglas 68
die Fernsehantenne ▸ Antenne 13
das Fernsehen 68; ▸ Antenne 13
der Fernsehturm ▸ Antenne 13; ▸ Turm 274
das Fertighaus ▸ Haus 99
das Fest 68
fest ▸ Fest 68
das Fett 69; ▸ Butter 40
das Feuer 69
die Feuerbestattung ▸ Friedhof 79
der Feuermelder ▸ Feuerwehr 69
der Feuersalamander ▸ Salamander 212
die Feuerwehr 69
das Feuerwerk 70
das Feuerzeug 70
die Fibel 70
die Fichte 70; ▸ Baum 25; ▸ Tanne 257
das Fieber 71; ▸ Grippe 94
das Fieberthermometer ▸ Temperatur 263; ▸ Thermometer 265
die Filiale ▸ Geschäft 88
der Film 71; ▸ Fotoapparat 78
der Filter 71
die Filteranlage ▸ Aquarium 14
der Filz ▸ Wolle 298
der Filzstift 71
das Finanzamt ▸ Steuer 249
der Finger ▸ Hand 97
der Fingerhut ▸ Heilpflanze 101
der Fisch 72; ▸ Aal 4; ▸ Atmung 17; ▸ Karpfen 119; ▸ Lachs 142
der Fixstern ▸ Planet 191; ▸ Stern 249
die Flachzange ▸ Zange 303
die Flagge ▸ Fahne 62
die Flasche 72
die Flaschenpost 72
der Flaschenzug 73
der Flaschner ▸ Installateur 110
die Fledermaus 73; ▸ Säugetiere 213
das Fleisch 73
der Fleischbeschauer ▸ Fleisch 73
der Fleischer 73
das Fleischerbeil ▸ Axt 20
die Fleischerei ▸ Fleischer 73
der Fleischwolf ▸ Wolf 298
die Fliege 74; ▸ Bremse 34; ▸ Larve 144
der Fliegende Fisch ▸ Fisch 72
der Fliegenpilz ▸ Pilze 190; ▸ Pflanzen 189
das Fließband ▸ Fabrik 62
der Flipperautomat ▸ Automat 20
der Floh 74; ▸ Schmarotzer 223
der Flohmarkt 74
das Florett ▸ fechten 65
die Flossen 74; ▸ tauchen 259
die Flöte 75
die Flucht 75
das Flugblatt 75
der Flugzettel ▸ Flugblatt 75
der Flügel 75; ▸ Klavier 128
der Flughafen 76
der Flugkapitän ▸ Kapitän 118
der Fluglotse ▸ Flughafen 76
der Flugsaurier ▸ Saurier 214

das Flugzeug 76; ▸ Düsenflugzeug 49; ▸ Flughafen 76; ▸ Maschine 158
flunkern ▸ lügen 152
der Fluss 77
der Flusskrebs ▸ Krebs 136
das Flusspferd ▸ Nilpferd 174
die Flut ▸ Ebbe 50
das Fohlen ▸ Pferd 188
die Föhre ▸ Kiefer 126
der Föhn ▸ Staubsauger 246; ▸ Steckdose 247
der Förderkorb ▸ Bergwerk 27
der Förderturm ▸ Bergwerk 27
die Forelle 77; ▸ Fisch 72
der Förster 77
die Försterei ▸ Förster 77
die Fortpflanzung 77; ▸ Geschlechtsteile 88
die Fossilien ▸ Versteinerung 282
der Fotoapparat 78
der Fotograf ▸ Film 71; ▸ Fotoapparat 78
die Fotokopie 78
das Fotolabor ▸ Film 71
der Frachter ▸ Marine 156
die Frau 78
der Frauenschuh ▸ Orchidee 179
frei 78
der Freitag ▸ Woche 198
fremd 79
das Fremdwort ▸ Wort 299
der Freund 79
der Frieden 79
der Friedhof 79
der Frischling ▸ Wildschwein 296
der Friseur 79
die Fritteuse ▸ Pommes frites 193
der Frosch 79; ▸ Kröte 138; ▸ Larve 144
der Frost 80
die Frucht 80
das Fruchtfleisch ▸ Frucht 80
der Fruchtknoten ▸ Frucht 80; ▸ Stempel 248
das Frühjahr ▸ Jahreszeiten 112
der Frühling ▸ Jahreszeiten 112
der Fuchs 80; ▸ Europa 60; ▸ Pferd 188
der Fuchsschwanz ▸ Fuchs 80; ▸ Säge 212
der Fühler ▸ Insekten 109; ▸ Schnecke 224
der Führerausweis ▸ Ausweis 20; ▸ Auto 20; ▸ Lastkraftwagen 144
das Führerhaus ▸ Lastkraftwagen 144
der Führerschein ▸ Ausweis 20; ▸ Auto 20; ▸ Lastkraftwagen 144
der Füllfederhalter 80
das Fundbüro ▸ verlieren 281
das Funksprechgerät 81
das Furnier ▸ Holz 105
der Fußball 81
die Fußbremse ▸ Bremse 34
der Fußgänger 81
die Fußgängerampel ▸ Ampel 11
die Fußgängerzone ▸ Fußgänger 81
der Fußnagel ▸ Nagel 171
das Futter 81

die Gabel ▸ Gabelstapler 82
der Gabelstapler 82; ▸ Palette 181
die Galaxie ▸ Milchstraße 163
die Galeere ▸ Sklaven 237
die Gallenblase ▸ Verdauung 280
der Galopp ▸ reiten 205
die Gans 82
die Gänsefeder ▸ Feder 65; ▸ Schrift 227
der Gänserich ▸ Gans 82
der Ganter ▸ Gans 82
die Garage 82
die Gardine 82
die Gartenschnecke ▸ Schnecke 224
der Gärtner 83
die Gärung ▸ Wein 292
das Gas 83; ▸ Ballon 22
der Gasherd ▸ Gas 83
die Gasse ▸ Straße 252
der Gastarbeiter 83
das Gasthaus 83
der Gasthof ▸ Gasthaus 83
die Gaststätte ▸ Gasthaus 83
die Gastwirtschaft ▸ Gasthaus 83
die Gebärmutter ▸ Geschlechtsteile 88
das Gebirge 84
die Geburt 84
der Geburtstag 84
das Gedächtnis 84
das Gedicht 85
das Gefängnis ▸ Strafe 251
das Geflügel 85
der Gefrierschrank ▸ Kühlschrank 140
das Gefrorene ▸ Eis 52
die Gegenwart 85
das Gehalt ▸ Beamte 25; ▸ Lohn 150
das Geheimnis 85
die Geheimschrift ▸ Geheimnis 85
das Gehirn 85
das Gehörn ▸ Reh 203
der Geier 86
die Geige 86
die Geisel ▸ Entführung 55
die Geiß ▸ Ziege 305
der Geiz ▸ geizig 86
geizig 86
der Geizkragen ▸ geizig 86
die Gelbe Rübe ▸ Karotte 119
das Geld 86
das Gelee ▸ Apfel 13; ▸ Frucht 80
das Gelenk 86
die Gämse ▸ Europa 60; ▸ Ziege 305
das Gemüse 87; ▸ Karotte 119
Genf ▸ Schweiz 231
der Geologe ▸ Versteinerung 292
das Geräusch 87
die Gerberei ▸ Leder 146
das Gericht 87; ▸ Gesetz 89; ▸ Strafe 251; ▸ Verbrechen 280
die Gerste ▸ Getreide 89
der Geruch 87
der Geruchssinn ▸ Geruch 87
die Gesamtschule ▸ Schule 228
das Geschäft 88
die Geschichte 88; ▸ Märchen 156
das Geschirr 88
die Geschlechtsteile 88; ▸ Fortpflanzung 77
der Geschmack 89
der Geschmackssinn ▸ Geschmack 89
das Gesetz 89; ▸ Gericht 87
das Gesetzbuch ▸ Gesetz 89
das Gespenst 89
die Gesundheit 89
das Getreide 89; ▸ Mähdrescher 153; ▸ Mehl 161; ▸ Reis 205; ▸ Stroh 254
das Gewächshaus ▸ Gärtner 83
das Gewehr ▸ Waffe 287
das Geweih ▸ Hirsch 103; ▸ Reh 203
die Gewerkschaft 90; ▸ Lohn 150; ▸ Streik 253
das Gewichtheben ▸ Sport 242
das Gewissen 90
gewissenhaft ▸ Gewissen 90
das Gewitter 90; ▸ Blitz 32
das Gewölbe ▸ Eule 59
das Gewürz 90; ▸ Meerrettich 160; ▸ Paprika 182; ▸ Pfeffer 187
die Gewürznelke ▸ Nelke 173
die Gezeiten ▸ Ebbe 50
der Gibbon ▸ Affe 6
das Gift 90
der Gips 91
der Gipsverband ▸ Gips 91
die Giraffe 91; ▸ Afrika 7
die Gitarre 91
der Gitarrist ▸ Gitarre 91
das Glas 91
der Glasbläser ▸ Glas 91
glasieren ▸ Porzellan 193
die Glasscheibe ▸ Scheibe 217
die Glasur ▸ Porzellan 193; ▸ Töpfer 268
das Glatteis 91
das Glätteisen ▸ Bügeleisen 37
die Glatze ▸ Haare 95
gleich 92
das Gleichgewicht 92; ▸ Waage 286
der Gletscher 92
das Glied ▸ Fortpflanzung 77; ▸ Geschlechtsteile 88
der Globus 92
die Glocke 92
die Glockenblume ▸ Blumen 32
der Glockenstuhl ▸ Glocke 92
der Glückskäfer ▸ Marienkäfer 156
die Glühbirne ▸ Birne 30
der Gnom ▸ Kobold 130
das Goal ▸ Fußball 81; ▸ Handball 97
der Goalmann ▸ Fußball 81
das Gold 93; ▸ Messing 162; ▸ Metall 162
der Goldfisch 93
der Goldhamster ▸ Hamster 97
die Goldmedaille ▸ Olympiade 178
der Goldwäscher ▸ Gold 93
die Gondel 93; ▸ Ballon 22; ▸ Seilbahn 235
der Gorilla ▸ Affe 6; ▸ Asien 16
der Gott 93; ▸ Christ 42; ▸ Religion 206
die Gotte ▸ Pate 184
der Götti ▸ Pate 184
das Grab ▸ Friedhof 79
das Grammophon ▸ Plattenspieler 192
der Granatapfel ▸ Südfrüchte 255
der Granit ▸ Stein 247
das Gras 93; ▸ Getreide 89
der Grashüpfer ▸ Heuschrecke 102
die Gräte ▸ Fisch 72
die Graugans ▸ Gans 82
der Graupapagei ▸ Afrika 7; ▸ Papagei 182
der Graureiher ▸ Reiher 204
der Greifbagger ▸ Bagger 21
der Greifvogel ▸ Adler 5; ▸ Falke 63; ▸ Geier 86; ▸ Raubtier 201
die Grenze 94
das griechische Alphabet ▸ Alphabet 9
der Grill ▸ grillen 94
die Grille 94
grillen 94
die Grippe 94
der Grislibär ▸ Bär 23
Grönland ▸ Amerika 11
der Grönlandwal ▸ Wal 288
der Große Bär ▸ Stern 249
die Großeltern ▸ Verwandtschaft 283
der Großhändler ▸ Handel 97
die Großstadt ▸ Stadt 245
das Großwild 296
das Grundgesetz ▸ Verfassung 281

die Grundschule ▸ Schule 228
der Grüne Knollenblätterpilz ▸ Pilze 190
die grüne Lunge ▸ Park 183
der Grünkohl ▸ Kohl 131
der Grünspecht ▸ Specht 240
das Guanako ▸ Lama 143
Gulliver ▸ Liliputaner 149; ▸ Riese 207
der Gummi 94
der Gummibaum ▸ Gummi 94
der Gummihammer ▸ Hammer 96
die Gurke 94
das Gürteltier ▸ Amerika 10, 11
Gutenberg, Johannes ▸ Mittelalter 164
der Güterzug ▸ Bahnhof 21

die Haare 95; ▸ Horn 105
der Hafen 95
der Hafer ▸ Getreide 89
die Haftpflichtversicherung ▸ Versicherung 282
die Hagebutte ▸ Heckenrose 100; ▸ Rose 209
der Hagel 95
der Hahn 95; ▸ Huhn 106
der Hahnenfuß ▸ Blumen 32
der Hai 96
die Halbinsel ▸ Insel 110
der Halm ▸ Gras 93
der Hals 96; ▸ Mandel 155
Hamburg ▸ Bundesrepublik Deutschland 39; ▸ Hafen 95; ▸ Stadt 245
der Hammel ▸ Schaf 215
der Hammer 96
das Hammerwerfen ▸ Hammer 96
der Hampelmann 96
der Hamster 97
die Hand 97
die Handaxt ▸ Axt 20
der Handball 97
der Handel 97
der Handwerker 98; ▸ Installateur 110
die Harfe 98
die Harke 98
der Harnleiter ▸ Niere 174
die Harpune 98
das Harz 98; ▸ Bernstein 27
der Harzer Roller ▸ Kanarienvogel 117
das Haschisch ▸ Drogen 48
der Hase 99; ▸ Europa 60; ▸ Spur 244
die Haselnuss 99; ▸ Nuss 176
die Haubenmeise ▸ Meise 161
der Hauer ▸ Wildschwein 296
das Haus 99
die Hausgans ▸ Gans 82
der Haushund ▸ Hund 107
die Hauskatze ▸ Katze 122
der Hausmann ▸ Mann 156
die Hausmaus ▸ Maus 159
die Hausratte ▸ Ratte 201
das Hausrind ▸ Rind 207
das Hausschaf ▸ Schaf 215
das Hausschwein ▸ Schwein 230
der Haussperling ▸ Spatz 239
die Haustaube ▸ Taube 259
das Haustier 99; ▸ Hund 107
die Hausziege ▸ Ziege 305
die Haut 100
der Hautsack ▸ Pelikan 185
Hawaii ▸ Ananas 12
die Hebamme ▸ Geburt 84
der Hecht 100
das Heck ▸ Boot 33
die Heckenrose 100; ▸ Rose 209
die Hefe ▸ Brot 35
das Heft 100
die Heide (der) 100
das Heidekraut ▸ Heide 100
die Heidelbeere 101
die Heidschnucke ▸ Heide 100
das Heilbad ▸ Kur 140
die Heilpflanze 101; ▸ Kamille 117; ▸ Pfefferminze 187
die Heilquelle ▸ Kur 140; ▸ Quelle 198
die Heimat 101
das Heimatmuseum ▸ Museum 169
die Heinzelmännchen ▸ Zwerg 309
die Heizung 101; ▸ Aquarium 14
der Helikopter ▸ Hubschrauber 106
die Helling ▸ Werft 294
der Hengst ▸ Pferd 188
die Henne ▸ Huhn 106
die Herberge ▸ obdachlos 177
der Herbst ▸ Jahreszeiten 112
der Herd 101
der Hering 102
Herkules ▸ Stern 249
das Hermelin ▸ Wiesel 295
das Heroin ▸ Drogen 48
der Herrgottskäfer ▸ Marienkäfer 156
das Herz 102
Hessen ▸ Bundesrepublik Deutschland 39
das Heu ▸ Gras 93
der Heuhüpfer ▸ Heuschrecke 102
die Heulboje ▸ Boje 33
der Heuler ▸ Seehund 233
das Heupferd ▸ Heuschrecke 102
der Heuschnupfen ▸ Allergie 8
die Heuschrecke 102
die Hexe 102
die Hieroglyphen ▸ Schrift 227
die Himbeere 103
der Himmel 103
die Himmelsrichtung 103; ▸ Kompass 132
der Hirsch 103
der Hirschkäfer ▸ Käfer 114
die Hirse ▸ Getreide 89
die Hitze 103
das Hobby 104
der Hochofen ▸ Eisen 52; ▸ Ofen 177
die Hochschule ▸ Universität 277
der Hochspannungsmast ▸ Spannung 239
der Hochsprung 104
das Hockey 104
die Hoden ▸ Geschlechtsteile 88
die Höhle 104
das Hohltier ▸ Koralle 133
die Hollerblüte ▸ Heilpflanze 101
die Holunderblüte ▸ Heilpflanze 101
das Holz 105
der Holzschnitzer ▸ schnitzen 225
der Honig ▸ Bär 23; ▸ Biene 29
die Honigmelone ▸ Melone 161
der Horizont 105
das Horn 105; ▸ Hufeisen 106
die Hornisse 105
der Horst ▸ Nest 173
das Hotel 105
der Hubschrauber 106
das Hufeisen 106
der Hufeisenmagnet ▸ Magnet 153
das Huftier ▸ Pferd 188
das Huhn 106
das Hühnerauge ▸ Auge 18
der Hühnervogel ▸ Fasan 64; ▸ Huhn 106
die Hülsenfrucht ▸ Erbse 56; ▸ Linse 149
die Hummel 106
der Hummer ▸ Krebs 136
der Hund 107; ▸ Bernhardiner 27; ▸ Dackel 44; ▸ Pudel 195
der Hundeschlitten ▸ Eskimo 59
das Hundsveilchen ▸ Veilchen 279
der Hunger 107
der Hurrikan ▸ Sturm 254
die Hütte 107
die Hyäne 107

die Idee 108
die Identitätskarte ▸ Ausweis 20; ▸ Grenze 94
der Igel 108; ▸ Europa 60
der Iglu (das) ▸ Eskimo 59
das Iguanodon ▸ Saurier 214
die Illustrierte ▸ Zeitschrift 304
der Iltis 108
der Imker ▸ Biene 29
immun ▸ Masern 158; ▸ Mumps 168
der Impfstoff ▸ Impfung 108
die Impfung 108; ▸ Masern 158
imponieren 108
die Inderin ▸ Asien 16
die Indianer 109; ▸ Amerika 11
Indien ▸ Asien 17
der Indische Elefant ▸ Elefant 54
der Indische Ozean ▸ Meer 160
die Inkas ▸ Indianer 109
die Insekten 109; ▸ Käfer 114; ▸ Panzer 181
die Insel 110
der Installateur 110
der Instinkt 110
international 110
das Interview 110
intolerant ▸ tolerant 267
die Inuit ▸ Eskimo 59
die Iris ▸ Schwertlilie 231
der Islam ▸ Moslem 166
Israel ▸ Jude 113
Italien ▸ Insel 110

die Jacht 111
die Jagd 111
das Jagdhorn ▸ Trompete 271
der Jagdhund ▸ Hund 107
das Jägerlatein ▸ Jagd 111
der Jaguar 111; ▸ Amerika 11
das Jahr 111
der Jahresring ▸ Baum 25
die Jahreszeiten 112
der Jahrmarkt 112
Japan ▸ Asien 17
jäten ▸ Unkraut 277
die Jeans 113; ▸ Niete 174
der Jenissei ▸ Asien 16
Jesus Christus ▸ Christ 42; ▸ Pfingsten 188
der Joghurt (das) ▸ Bakterien 22
die Johannisbeere 113
der Journalist ▸ Presse 194
der Jude 113
das Judo 113
die Jugendherberge 113
der Jumbojet ▸ Flugzeug 76
der Jünger ▸ Pfingsten 188
Jupiter ▸ Planet 191
der Juwelier ▸ Edelstein 50

das Kabel 114
der Kabeljau ▸Fisch 72
die Kabine ▸Gondel 93
das Kabinett ▸Regierung 203
der Käfer 114; ▸Maikäfer 154
der Kaffee 114; ▸Afrika 7; ▸Amerika 10,11
der Kaffeebaum ▸Kaffee 114
die Kaffeebohne ▸Kaffee 114
die Kaffeekirsche ▸Kaffee 114
die Kaffeemaschine ▸Filter 71
der Käfig 115
der Kaiser ▸König 133
der Kaiserpinguin ▸Pinguin 191
der Kakadu 115; ▸Australien 19; ▸Papagei 182
der Kakao 115; ▸Afrika 7
die Kakaobohne ▸Kakao 115
der Kaktus 115; ▸Amerika 10
das Kalb ▸Kuh 140; ▸Rind 207
der Kalender 116 ▸Jahr 111
der Kalk 116
die Kälte 116
das Kamel 116; ▸Karawane 119; ▸Lama 143
die Kamille 117
der Kamm 117
der Kanal 117
der Kanarienvogel 117
das Känguru 118; ▸Australien 19
die Kanone 118; ▸Waffe 287
der Kanton ▸Schweiz 231
die Kanüle ▸Spritze 243
das Kaolin ▸Porzellan 193
die Kapelle ▸Kirche 127
der Kapitän 118
die Karamellbonbons 118
die Karawane 119; ▸Wüste 300
der Kardinal ▸Papst 183
der Karfiol ▸Kohl 131
die Karies ▸Zahn 302
der Karneval ▸Fasching 64
die Karotte 119; ▸Gemüse 87; ▸Rübe 210
der Karpfen 119; ▸Flossen 74
der Karren ▸Wagen 287
der Kartoffelkäfer ▸Käfer 114; ▸Kartoffeln 120
die Kartoffeln 120; ▸Europa 60
das Karussell 120
die Karwoche ▸Ostern 180
der Käse 120; ▸Bakterien 22
der Kasper 121
der Kasperl ▸Kasper 121
das Kasperletheater ▸Kasper 121
das Kasperlitheater ▸Kasper 121
das Kasperltheater ▸Kasper 121
die Kassette ▸Kassettenrekorder 121
der Kassettenrekorder 121
die Kastanie 121; ▸Blatt 30
der Katalog 122
der Katalysator ▸Benzin 26
die Katastrophe 122
der Kater ▸Katze 122
das Katharinenmoos ▸Moos 165
die Kathedrale ▸Kirche 127
katholisch ▸Kirche 127
die Katze 122
das Kaufhaus 122
der Kaugummi (das) 123
die Kaulquappe ▸Frosch 79; ▸Kröte 138; ▸Larve 144
der Kautschuk ▸Asien 17; ▸Gummi 94
der Kegel 123
die Kegelbahn ▸Kegel 123
der Kehlkopf ▸Atmung 17; ▸Hals 96
der Kehricht ▸Müll 167
der Keks (das) 123
der Keller 123
der Kellner ▸Gasthaus 83
das Kennzeichen 124
die Kerbtiere ▸Insekten 109
der Kern 124
das Kernkraftwerk 124; ▸Elektrizität 54; ▸Energie 54; ▸Strahl 251
das Kernobst ▸Kern 124; ▸Obst 177
die Kerze 124
der Kessel 125
der Ketschup (das) 125
die Kette 125; ▸Anker 13
das Kettenkarussell ▸Karussell 120
der Kettfaden ▸weben 291
der Keuchhusten 125
der Kiebitz 125
der Kiefer (die) 126; ▸Baum 25; ▸Pflanzen 189
die Kieme ▸Atmung 17; ▸Fisch 72
die Kiemenatmung ▸Atmung 17
die Kieselalgen ▸Algen 8
der Kilometer 126; ▸Meter 162
der Kilometerzähler ▸Tachometer 256
das Kind 126
das Kinderdorf ▸Waise 288
der Kindergarten 126
die Kinderlähmung 127
die Kinderschere ▸Schere 218
das Kino 127
der Kiosk 127
die Kirche; ▸Religion 206; ▸Tempel 262
der Kirchenstaat ▸Papst 183
der Kirchturm ▸Turm 274
die Kirmes ▸Jahrmarkt 112
die Kirsche 128
der Kitsch 128
der Kitt ▸Klebstoff 129
die Kiwifrucht ▸Südfrüchte 255
die Klamm ▸Schlucht 222
der Klapperstorch ▸Storch 251
die Kläranlage 128; ▸Toilette 267
der Klassensprecher ▸Wahl 288
der Klatschmohn ▸Blumen 32; ▸Mohn 164
klauen ▸stehlen 247
das Klavier 128; ▸Flügel 75
der Klebstoff 129
der Klee 129
die Kleiderlaus ▸Laus 145
die Kleidermotte ▸Motte 166
der Kleine Bär ▸Stern 249
die Kleinstadt ▸Stadt 245
der Kleister ▸Klebstoff 129
der Klempner ▸Installateur 110
das Klima 129
die Klimaanlage ▸Hitze 103; ▸Klima 129
die Klinik ▸Krankenhaus 135
das Klo ▸Toilette 267
die Klobrille ▸Brille 35
der Klöppel ▸Glocke 92
das Klosett ▸Toilette 267
das Kloster 129
der Klub ▸Verein 280
km ▸Kilometer 126
das Knabenkraut ▸Orchidee 179
das Knäckebrot ▸Brot 35
der Knallfrosch ▸Frosch 79
die Kneifzange ▸Zange 303
die Kneipe ▸Gasthaus 83
die Knetmaschine ▸Bäcker 21
das Kniegelenk ▸Gelenk 86
der Knoblauch 130
der Knochen 130
die Knochennadel ▸Nadel 176
der Knollenblätterpilz ▸Pilze 190
der Knoten 130; ▸Gras 93; ▸Teppich 263
der Koala ▸Australien 19
der Kobold 130
die Kobra ▸Asien 16
der Koch 131
das Kochsalz ▸Salz 213
der Köder ▸angeln 12
das Koffein ▸Kaffee 114; ▸Tee 261
der Kofferfisch ▸Fisch 72
das Kofferradio ▸Radio 200
der Kohl 131
der Kohldampf ▸Kohl 131
die Kohle 131; ▸Rohstoffe 208; ▸Teer 261
das Kohlendioxid ▸Pflanzen 189
die Kohlensäure ▸Sprudel 243
der Kohleofen ▸Ofen 177
die Kohlmeise ▸Meise 161
der Kohlrabi ▸Gemüse 87
der Kokon ▸Schmetterling 223
das Kokosfett ▸Kokosnuss 132
die Kokosnuss 132; ▸Nuss 176
die Kokospalme ▸Asien 16; ▸Kokosnuss 132
der Kolibri ▸Amerika 10, 11; ▸Vogel 284
der Kolkrabe ▸Rabe 199
Kolumbus, Christoph ▸Amerika 11; ▸entdecken 55; ▸Indianer 109
der Komiker ▸komisch 132
komisch 132
die Kommunion ▸Erstkommunion 58
die Komödie ▸komisch 132; ▸Theater 264
der Kompass 132
die Kompassqualle ▸Qualle 197
die Komplikation ▸kompliziert 132
kompliziert 132
das Komplott ▸Verschwörung 281
der Komponist ▸Musik 169
das Kompott 132
die Kondensmilch ▸Milch 163
der Konditor ▸Bäcker 21; ▸Kuchen 139; ▸Praline 194
der Kondor ▸Amerika 10; ▸Vogel 284
der Kondukteur ▸Schaffner 215
die Konferenz ▸Schule 228
die Konfirmation 133
die Konfitüre ▸Marmelade 157
der Kongo ▸Afrika 7
der König 133; ▸Kegel 123; ▸Regierung 203; ▸Schach 214
die Königin ▸Ameise 9; ▸Biene 29; ▸Hornisse 105
der Königsgeier ▸Geier 86
der Kontinent ▸Australien 19; ▸Erde 56; ▸Europa 61
das Konzert 133
Kopenhagen ▸Europa 61
die Kopflaus ▸Laus 145
der Kopfsalat ▸Salat 212
die Koppel ▸Weide 292
die Koralle 133
die Korinthe ▸Rosine 209
der Kork 134; ▸angeln 12
die Korkeiche ▸Kork 134
der Korken ▸Kork 134
der Korkenzieher ▸Kork 134
der Körper 134
die Körperpflege ▸Körper 134
die Krabben 134; ▸Krebs 136
die Krähe 134
der Krampf 135
der Kran 135
das Krankenhaus 135
der Krankenpfleger ▸Krankenhaus 135
die Krankenschwester ▸Krankenhaus 135
die Krankenversicherung ▸Versicherung 282
das Kraulen ▸schwimmen 232
der Krebs 136; ▸Krabben 134; ▸Schere 218; ▸Stern 249
die Krebsvorsorgeuntersuchung ▸Krebs 136
der Kreis 136
das Krematorium ▸Friedhof 79
der Kren ▸Meerrettich 160

die **K**reuzkröte ▸ Kröte 138
die **K**reuzotter 136; ▸ Schlange 220
die **K**reuzspinne ▸ Spinne 241
die **K**reuzung 136; ▸ Vorfahrt 285
der **K**rieg 137
der **K**riegsgefangene ▸ Krieg 137
die **K**riegsmarine ▸ Marine 156
der **K**riegstanz ▸ tanzen 257
der **K**rimi 137
die **K**riminalpolizei ▸ Polizei 192
der **K**ristall (das) 137
das **K**ristallglas ▸ Kristall 137
die **K**ritik 137
kritisieren ▸ Kritik 137
das **K**rokodil 138; ▸ Afrika 7
der **K**rokodilsaurier ▸ Versteinerung 282
die **K**rokodilstränen ▸ Krokodil 138
der **K**rokus 138
die **K**rone ▸ Baum 25
die **K**röte 138
der **K**rug ▸ Gasthaus 83
die **K**üche 139
der **K**uchen 139
der **K**uckuck 139
die **K**uckucksuhr ▸ Kuckuck 139
der **K**ugelschreiber 140
die **K**uh 140; ▸ Milch 163; ▸ Rind 207
die **K**uhblume ▸ Löwenzahn 151
der **K**ühlschrank 140
das **K**üken ▸ Huhn 106
der **K**ukuruz ▸ Mais 154
der **K**uli ▸ Kugelschreiber 140
die **K**unst 140; ▸ Kitsch 128
der **K**unstdünger ▸ Dünger 49
der **K**ünstler ▸ Kunst 140
der **K**unststoff ▸ Plastik 191
das **K**upfer ▸ Draht 47
die **K**ur 140
der **K**ürbis 141
der **K**ürschner ▸ Pelz 185
die **K**urve 141
die **K**usine ▸ Verwandtschaft 283
die **K**üste 141; ▸ Ebbe 50; ▸ Ufer 275
die **K**utsche 141
kutschieren ▸ Kutsche 141
das **k**yrillische Alphabet ▸ Alphabet 9

der **L**abmagen ▸ Wiederkäuer 295
das **L**abor ▸ Chemie 41
das **L**abyrinth 142
die **L**achmöwe ▸ Möwe 167
der **L**achs 142
die **L**achtaube ▸ Taube 259
die **L**ackschildlaus ▸ Wachs 286
das **L**agenschwimmen ▸ schwimmen 232
das **L**ager 142
der **L**aich ▸ Frosch 79; ▸ Lachs 142
der **L**aie 143
die **L**akritze 143
das **L**ama 143
das **L**amm ▸ Schaf 215
der **L**ampion ▸ Laterne 145
das **L**and 143
der **L**andkreis ▸ Kreis 136
die **L**andschaft 143
das **L**andschaftsschutzgebiet ▸ Landschaft 143
das **L**ängenmaß ▸ Meile 161; ▸ Meter 162
die **L**angeweile 144
die **L**anguste ▸ Krebs 136
langweilig ▸ Langeweile 144
die **L**appen ▸ Europa 60; ▸ Nomaden 175
der **L**ärm 144; ▸ Ohr 177
die **L**arve 144; ▸ Ameise 9
der **L**aserstrahl ▸ CD-Spieler 41
das **L**asso ▸ Cowboy 43
der **L**astkraftwagen 144; ▸ Auto 20
die **L**aterne 145
der **L**aubbaum ▸ Baum 25; ▸ Eiche 51
die **L**aubsäge ▸ Säge 212
der **L**aubwald ▸ Wald 289
der **L**äufer 145; ▸ Teppich 263
der **L**aufkäfer ▸ Käfer 114
die **L**auge ▸ Waschmaschine 290
die **L**aune 145
die **L**aus 145
Lausanne ▸ Schweiz 231
die **L**ava ▸ Vulkan 285
die **L**awine 146; ▸ Geruch 87
die **L**ebensmittel 146
die **L**eber 146
der **L**ebertran ▸ Leber 146
die **L**eberwurst ▸ Leber 146
das **L**eder 146
die **L**egierung ▸ Metall 162
der **L**ehm 147
der **L**eibeigene ▸ Sklaven 237
das **L**eichtmetall ▸ Metall 162
leihen 147
der **L**eim ▸ Klebstoff 129
die **L**eiter 147
der **L**eopard 147
die **L**erche 147
das **L**esebuch ▸ Fibel 70
das **L**euchtfeuer ▸ Leuchtturm 148
der **L**euchtkäfer ▸ Käfer 114
die **L**euchtqualle ▸ Qualle 197
der **L**euchtturm 148
das **L**exikon 148
die **L**ibelle 148
das **L**icht 148; ▸ Farbe 63; ▸ Regenbogen 203
das **L**id ▸ Auge 18
die **L**iebe 148
der **L**iebesapfel ▸ Tomate 267
Liliput ▸ Liliputaner 149
der **L**iliputaner 149; ▸ Riese 207; ▸ Zwerg 309
die **L**imone ▸ Südfrüchte 255
die **L**inde 149; ▸ Baum 25; ▸ Blatt 30
der **L**indenblütentee ▸ Linde 149
das **L**ineal 149
die **L**inie ▸ Lineal 149
der **L**inienrichter ▸ Fußball 81
der **L**inkshänder ▸ Hand 97
die **L**inse 149; ▸ Fernglas 68; ▸ Mikroskop 163
der **L**iter 150
das **L**itermaß ▸ Liter 150
die **L**itfaßsäule 150
der **L**KW ▸ Lastkraftwagen 144
der **L**öffelbagger ▸ Bagger 21
der **L**ohn 150
das **L**okal ▸ Gasthaus 83
die **L**okomotive ▸ Eisenbahn 53
der **L**okus ▸ Toilette 267
London ▸ Europa 61
das **L**os 150; ▸ Niete 174
Los Angeles ▸ Amerika 10
das **L**ot ▸ Maurer 159
löten 150
der **L**ötkolben ▸ löten 150
der **L**öwe 151; ▸ Afrika 7
der **L**öwenzahn 151
der **L**uchs 151
die **L**uft 152
der **L**uftdruck ▸ Barometer 23; ▸ Luft 152
luftkrank ▸ seekrank 233
die **L**uftpumpe ▸ Pumpe 196
die **L**uftröhre ▸ Atmung 17
die **L**uftspiegelung ▸ Fata Morgana 64
lügen 152
die **L**unge 152
die **L**ungenatmung ▸ Atmung 17
das **L**ungenbläschen ▸ Lunge 152
die **L**ungenentzündung ▸ Lunge 152
die **L**upe 152
lupenrein ▸ Lupe 152

die **M**ade ▸ Larve 144
der **M**agen 153; ▸ Verdauung 280; ▸ Wiederkäuer 295
der **M**agensaft ▸ Magen 153
der **M**agier ▸ Zauberer 303
der **M**agnet 153
der **M**agneteisenstein ▸ Magnet 153
der **M**ähdrescher 153; ▸ Stroh 254
das **M**aiglöckchen 154
der **M**aikäfer 154; ▸ Käfer 114
der **M**ais 154; ▸ Amerika 10
die **M**akkaroni ▸ Nudeln 176
der **M**aler 155
das **M**alzbier ▸ Bier 30
das **M**ammut 155; ▸ Eiszeit 53
die **M**andel 155
die **M**angofrucht ▸ Südfrüchte 255
der **M**ann 156
die **M**ansarde ▸ Haus 99
der **M**antel ▸ Reifen 204
der **M**arabu ▸ Storch 251
der **M**arathonlauf 156
das **M**ärchen 156
der **M**arder ▸ Raubtier 201
die **M**argarine ▸ Fett 69
die **M**argerite ▸ Blumen 32
der **M**arienkäfer 156; ▸ Käfer 114
die **M**arille ▸ Aprikose 14
die **M**arine 156
die **M**arionette 157
die **M**arkise 157
der **M**arkt 157
der **M**arktbrunnen ▸ Brunnen 36
der **M**arktplatz ▸ Markt 157
die **M**armelade 157
der **M**armor 158; ▸ Stein 247
die **M**arone ▸ Kastanie 121; ▸ Pilze 190
Mars ▸ Planet 191
das **M**artinshorn ▸ Signal 236
das **M**arzipan (der) 158
die **M**aschine 158
die **M**asern 158
der **M**astdarm ▸ Verdauung 280
die **M**athematik 159
die **M**atura ▸ Universität 277
der **M**aulesel ▸ Kreuzung 136
der **M**aulwurf 159
der **M**aurer 159
die **M**aus 159
der **M**äusebussard ▸ Bussard 40
Max und Moritz ▸ Comics 42
die **M**ayas ▸ Indianer 109
Mecklenburg-Vorpommern ▸ Bundesrepublik Deutschland 39
das **M**edikament ▸ Arzt 15
die **M**edizin 160; ▸ Arzt 15
der **M**edizinmann ▸ Medizin 160
das **M**eer 160; ▸ Bucht 37
der **M**eeresspiegel ▸ Spiegel 240
die **M**eerforelle ▸ Forelle 77
der **M**eerrettich 160
der **M**eersalat ▸ Algen 8
das **M**eerschweinchen 160
das **M**eerwasseraquarium ▸ Aquarium 14
das **M**ehl 161
die **M**ehlschwalbe ▸ Schwalbe 228
die **M**eile 161
der **M**eineid ▸ schwören 233

die Meise 161
die Melone 161
die Mengenlehre ▸Mathematik 159
der Menschenaffe ▸Affe 6; ▸Orang-Utan 179
der Menschenfloh ▸Floh 74
der Menschenfresser 161
das Menthol ▸Pfefferminze 187
Merkur ▸Planet 191
die Messe ▸Jahrmarkt 112
das Messer 162
das Messing 162; ▸Metall 162
das Metall 162; ▸Blech 31 ▸Draht 47; ▸Eisen 52; ▸Gold 93; ▸Messing 162; ▸Quecksilber 198
der Meteor 162; ▸Stern 249
der Meteorologe ▸Wetter 295
der Meter 162
der Metzger ▸Fleischer 73
die Metzgerei ▸Fleischer 73
die Meuterei 162
Mexiko ▸Amerika 11
Mickymaus ▸Comics 42
die Miesmuschel ▸Muschel 168
das Mikroskop 163; ▸Linse 149
die Milch 163; ▸Brust 36; ▸Butter 40
die Milchstraße 163
das Militär 163; ▸Soldat 237
der Millimeter ▸Meter 162
die Mine 163; ▸Bleistift 31; ▸Kugelschreiber 140
das Mineralwasser ▸Sprudel 243
der Minister ▸Regierung 203
die Mirabelle ▸Pflaume 189
der Mischwald ▸Wald 289
der Mississippi ▸Amerika 10, 11
der Mist 164
der Mistkäfer ▸Mist 164
das Mittelalter 164; ▸Ritter 208
Mittelamerika ▸Amerika 10, 11
die Mode 164
der Mohn 164
das Mohnbrötchen ▸Mohn 164
die Mohnsemmel ▸Mohn 164
die Möhre ▸Karotte 119
die Mohrrübe ▸Karotte 119
die Molkerei ▸Butter 40
die Monarchie ▸König 133
der Monat 165
der Mönch ▸Kloster 129
der Mond 165
das Mondauto ▸Raumfahrt 202
die Mondfinsternis ▸Mond 165
die Mond(lande)fähre ▸Raumfahrt 202
das Moor 165
das Moos 165; ▸Pflanzen 189
mopsen ▸stehlen 247
die Moräne ▸Gletscher 92
das Morgenland ▸Orient 180
das Morphium ▸Drogen 48
der Mörtel ▸Kalk 116; ▸Maurer 159
das Moskitonetz ▸Mücke 167
die Moskitos ▸Mücke 167
der Moslem 166
der Most ▸Wein 292
der Mostrich ▸Senf 235
der Motor 166
das Motorrad 166
der Motorroller ▸Motorrad 166
die Motte 166
die Möwe 167
die Mücke167
müde 167
der Müll 167
der Müllmann ▸Beruf 28
multiplizieren ▸Mathematik 159
die Mumie ▸Pyramide 196
der Mumps (die) 168
die Mundart ▸Sprache 242
die Mundharmonika 168
das Murmeltier 168
die Muschel 168; ▸Perle 185
das Museum 169; ▸Ausstellung 18
das Musical ▸Oper 178
die Musik 169
die Musikbox ▸Automat 20
das Musikinstrument ▸Flöte 75; ▸Geige 86; ▸Harfe 98; ▸Klavier 128
die Muskatnuss ▸Gewürz 90
der Muskel 169; ▸Krampf 135
der Muskelkater ▸Muskel 169
die Muskulatur ▸Muskel 169
mutig 169
mutlos ▸mutig 169

der Nabel 170
die Nabelschnur ▸Geburt 84; ▸Nabel 170; ▸Schwangerschaft 229
der Nachbar 170
die Nacht 170
der Nachtfalter ▸Schmetterling 223
die Nachtigall 170
das Nachtschattengewächs ▸Tomate 267
die Nacktsamer ▸Pflanzen 189
die Nacktschnecke ▸Schnecke 224
die Nadel 170; ▸Tanne 257
der Nadelbaum ▸Tanne 257
das Nadelöhr ▸Nadel 170
der Nadelwald ▸Baum 25; ▸Wald 289
der Nagel 171
die Nagelschere ▸Schere 218
das Nagetier ▸Biber 29; ▸Eichhörnchen 51; ▸Hamster 97; ▸Meerschweinchen 160; ▸Murmeltier 168; ▸Ratte 201
die Nähmaschine 171
die Nähnadel ▸Nadel 176
das Nahrungsmittel ▸Ernährung 58
der Name 171
der Nandu ▸Strauß 252
die Narbe ▸Wunde 299
die Narkose ▸Operation 179
die Nase 171
das Nashorn 171; ▸Afrika 7
der Nationalrat ▸Bundestag 39
die Natur 172
die Naturkatastrophe ▸Katastrophe 122
das Naturschutzgebiet ▸Natur 172
die Naturwissenschaften 172
der Nebel 172
das Nebelhorn ▸Nebel 172
der Nebenfluss ▸Fluss 77
der Neffe ▸Verwandtschaft 283
der Nektar ▸Biene 29
die Nektarine ▸Pfirsich 188
die Nelke 173; ▸Gewürz 90
Neptun ▸Planet 191
die Nerven 173; ▸Zahn 302
das Nest 173
das Netz 173; ▸Spinne 241
der Netzmagen ▸Wiederkäuer 295
die Neugierde ▸neugierig 174
neugierig 174
der Neumond ▸Mond 165
die Neuzeit ▸ Mittelalter 164
New York ▸Amerika 10, 11
die Nichte ▸Verwandtschaft 283
niedergeschlagen ▸Niederschlag 174
die Niederlage ▸Sieg 236
Niedersachsen ▸Bundesrepublik Deutschland 39
der Niederschlag 174; ▸Regen 202
die Niere 174
der Nieselregen ▸Regen 202
die Niete 174; ▸Los 150
der Niger ▸Afrika 7
Nigeria ▸Afrika 6
der Nil ▸Afrika 6,7; Fluß 77; ▸Nilpferd 174
das Nilpferd 174
der Nix ▸Nixe 175
die Nixe 175
die Nomaden 175
die Nonne ▸Kloster 129
Nordamerika ▸Amerika 10, 11; ▸Bär 23
der Norden ▸Himmelsrichtung 103
der Nördliche Wendekreis ▸Tropen 272
der Nordpol 175; ▸Kompass 132; ▸Magnet 153
Nordrhein-Westfalen ▸Bundesrepublik Deutschland 39
normal 175
die Note 176; ▸Takt 257
die Notenschrift ▸Schrift 227
der Notfall ▸erste Hilfe 58
die Notlüge ▸lügen 152
der Notruf 176
die Notrufsäule ▸Notruf 176
die Notwehr ▸Verbrechen 280
die Nudeln 176
das Nummernschild ▸Kennzeichen 124
die Nuss 176; ▸Erdnüsse 57

die Oase ▸Wüste 300
das Obdach ▸obdachlos 177
obdachlos 177
der Ober ▸Gasthaus 83
der Oberstempel ▸Blech 31
die Oberwalze ▸Blech 31
das Objektiv ▸Fotoapparat 78
das Obst 177
der Ofen 177
das Ohr 177
die Ohrmuschel ▸Muschel 168; ▸Ohr 177
das Öl 177
der Ölbaum ▸Olive 178
die Olive 178; ▸Europa 60
das Olivenöl ▸Olive 178
der Ölofen ▸Ofen 177
die Ölpest ▸Erdöl 57; ▸Öl 177
die Olympiade 178
das olympische Feuer ▸Olympiade 178
der Omnibus 178
der Onkel ▸Verwandschaft 283
die Oper 178
die Operation 179
die Operette ▸Oper 178
das Opernglas ▸Fernglas 68
der Opferwurf ▸Judo 113
das Opium ▸Mohn 164
der Optiker ▸Brille 35
die Orange ▸Apfelsine 13
der Orang-Utan 179; ▸Affe 6
die Orchidee 179; ▸Vanille 279
der Organist ▸Orgel 179
die Orgel 179
der Orient 180
der Orientteppich ▸Orient 180
der Orkan ▸Sturm 254
das Örtchen ▸Toilette 267
der Osten ▸Himmelsrichtung 103
Ostern 180
Österreich 180
der Overall 180
der Ozean ▸Meer 160
die Ozonschicht ▸Spraydose 243

der Palast ▸ König 133
die Palette 181
die Pampa ▸ Steppe 248
die Pampelmuse 181
der Panda ▸ Asien 17
die Panik 181
die Panne 181
der Pansen ▸ Wiederkäuer 295
der Panther ▸ Leopard 147
der Panzer 181
die Panzerechse ▸ Krokodil 138
der Papagei 182; ▸ Amerika 11; ▸ Kakadu 115; ▸ Wellensittich 293
das Papier 182
das Papiergeld ▸ Geld 86
die Pappel 182; ▸ Baum 25
der Paprika 182
der Papst 183
der Paradeiser ▸ Tomate 267
das Paradies 183
der Paradiesapfel ▸ Tomate 267
die Paranuss ▸ Nuss 176; ▸ Südfrüchte 255
der Park 183
parken 183
der Parkplatz ▸ parken 183
die Parkuhr ▸ parken 183
die Partei 183; ▸ Stimme 250
die Party ▸ Fest 68
der Pass 184
das Passagierschiff ▸ Marine 156; ▸ Schiff 218
der Pate 184
der Patenonkel ▸ Pate 184
die Patenschaft ▸ Pate 184
das Patent ▸ erfinden 57
der Patient ▸ Arzt 15
die Pauke 184
das Paukenfell ▸ Pauke 184
die Pause 184
das Pauspapier ▸ Pause 184
der Pavian ▸ Affe 6
der Pazifik ▸ Meer 160
der Pazifische Ozean ▸ Amerika 11
der PC ▸ Computer 43
die Peanuts ▸ Comics 42
das Pech 184
der Pechvogel ▸ Pech 184
das Pedal ▸ Fahrrad 62; ▸ Harfe 98
der Pelikan 185
der Pelz 185; ▸ Fell 67
der Penis ▸ Fortpflanzung 77; ▸ Geschlechtsteile 88
die Pension 185; ▸ Beamte 25
das Pergament ▸ Fenster 67; ▸ Papier 182
das Periskop ▸ Unterseeboot 278
die Perle 185
der Perlenfischer ▸ Perle 185
die Perlmuschel ▸ Muschel 168
der Personalausweis ▸ Ausweis 20; ▸ Grenze 94
die Petersilie 186
das Petroleum ▸ Erdöl 57
petzen 186
der Pfadfinder 186
das Pfand 186
der Pfarrer 186
der Pfau 187
der Pfeffer 187
die Pfefferminze 187
der Pfefferminztee ▸ Pfefferminze 187
der Pfefferstrauch ▸ Pfeffer 187
die Pfeife 187
der Pfeil ▸ Bogen 33
das Pferd 188
der Pfifferling ▸ Pilze 190
Pfingsten 188
der Pfirsich 188
die Pflanzen 189; ▸ Brennnessel 35; ▸ Distel 47; ▸ Dünger 49; ▸ Efeu 50; ▸ Erbse 56; ▸ Farn 64
das Pflanzenschutzmittel ▸ Pflanzen 189
das Pflaster 189
die Pflaume 189; ▸ Pflanzen 189
der Pflug ▸ Acker 5; ▸ Traktor 269
der Philosoph ▸ Philosophie 190
die Philosophie 190
die Physik 190
das Piano ▸ Klavier 128
der Pickel 190
das Pigment ▸ Haut 100; ▸ Sommersprossen 238
die Pikkoloflöte ▸ Flöte 75
die Pilgermuschel ▸ Muschel 168
der Pilot ▸ Beruf 28; ▸ Flugzeug 76
die Pilze 190; ▸ Pflanzen 189
das Pilzgeflecht ▸ Pilze 190
das Pingpong ▸ Tischtennis 267
der Pinguin 191; ▸ Ei 51
die Pinie ▸ Europa 60
die Pinzette 191
die Pipelines ▸ Erdöl 57
der Pirat ▸ Seeräuber 234
der Piraya ▸ Fisch 72
die Pistole ▸ Waffe 287
der Planet 191; ▸ Erde 56; ▸ Stern 249
das Plastik (die) 191
der Plattenspieler 192
pleite 192
der Plesiosaurus ▸ Saurier 214
das Plumpsklo ▸ Toilette 267
Pluto ▸ Planet 191
der Pol ▸ Magnet 153
das Polargebiet ▸ Nordpol 175
der Polarstern ▸ Stern 249
die Polio ▸ Kinderlähmung 127
die Politik 192; ▸ Partei 183
die Polizei 192
der Polizist ▸ Beruf 28
die Pommes frites 193
das Pony ▸ Pferd 188
das Popcorn ▸ Mais 154
das Porto ▸ Post 193
das Porzellan 193
die Posaune ▸ Trompete 271
die Post 193
die Postkutsche ▸ Kutsche 141
die Prärie ▸ Steppe 248
prahlen 193
die Praline 194
der Präsident 194
der Preis 194
die Presse 194
die Pressefreiheit ▸ Presse 194
die Pressluftflasche ▸ tauchen 259
der Presslufthammer ▸ Hammer 96
die Primarschule ▸ Schule 228
der Prinz ▸ König 133
die Prinzessin ▸ König 133
privat 194
probieren ▸ Versuch 282
das Problem 194
der Professor ▸ Universität 277
das Profil ▸ Reifen 204
das Programm ▸ Computer 43
der Projektor ▸ Film 71
das Propellerflugzeug ▸ Flugzeug 76
der Protest 195
die Prüfung 195
die Pubertät 195
der Puck ▸ Eishockey 53
der Pudel 195
der Puffmais ▸ Mais 154
das Pulver 195
der Pulverschnee ▸ Schnee 224
die Pumpe 196; ▸ Aquarium 14
die Pupille ▸ Auge 18
die Puppe 196; ▸ Ameise 9; ▸ Insekten 109; ▸ Maikäfer 154; ▸ Marionette 157; ▸ Schmetterling 223; ▸ Spinnen 241
der Puppenspieler ▸ Marionette 157; ▸ Puppe 196
die Pusteblume ▸ Löwenzahn 151
die Pute ▸ Truthahn 272
der Puter ▸ Truthahn 272
das Puzzle 196
der Pygmäe ▸ Zwerg 309
die Pyramide 196
die Pythonschlange ▸ Schlange 220

das Quadrat 197
der Quadratmeter ▸ Quadrat 197
die Qualität 197
die Qualle 197
das Quartett 197
der Quarz ▸ Kristall 137
der Quatsch 197
das Quecksilber 198; ▸ Metall 162; ▸ Thermometer 265
die Quelle 198
die Querflöte ▸ Flöte 75
die Quitte 198
das Quiz 198
der Quizmaster ▸ Quiz 198

der Rabe 199
der Rabengeier ▸ Geier 86
das Rad 199
der Radar (das) 199
die Radarantenne ▸ Radar 199
der Radarschirm ▸ Flughafen 76
der Radi ▸ Rettich 206
das Radieschen ▸ Rettich 206
radikal 200
das Radio 200
die Raffinerie ▸ Erdöl 57; ▸ Öl 177
der Rahm ▸ Butter 40: ▸ Schlagsahne 220
die Rakete 200; ▸ Raumfahrt 202
der Rappe ▸ Pferd 188
die Rapunzel ▸ Salat 212
die Rate ▸ leihen 147
das Rathaus 200
das Rätsel 201
die Ratte 201
der Raubfisch ▸ Fisch 72; ▸ Forelle 77; ▸ Hai 96; ▸ Hecht 100; ▸ Lachs 142; ▸ Raubtier 201; ▸ Thunfisch 265
das Raubinsekt ▸ Libelle 148
die Raubkatze ▸ Jaguar 111; ▸ Leopard 147
der Raubritter ▸ Burg 40; ▸ Ritter 208
das Raubtier 201; ▸ Bär 23; ▸ Fuchs 80; ▸ Hyäne 107; ▸ Iltis 108; ▸ Katze 122; ▸ Löwe 151; ▸ Luchs 151; ▸ Tiger 266; ▸ Wiesel 295
der Raubvogel ▸ Raubtier 201
das Raubwild ▸ Wild 296
der Rauchfangkehrer ▸ Schornsteinfeger 226
die Rauchschwalbe ▸ Schwalbe 228

die Raumfahrt 202
die Raumkapsel ▸ Raumfahrt 202
die Raupe ▸ Insekten 109; ▸ Larve 144; ▸ Motte 166; ▸ Puppe 196; ▸ Schmetterling 223
das Rauschgift ▸ Drogen 48
das Rebhuhn ▸ Huhn 106
der Rechen ▸ Harke 98
die Rechnung 202
das Rechteck ▸ Quadrat 197
der Rechtsanwalt ▸ Gericht 87
der Referee ▸ Fußball 81; ▸ Handball 97; ▸ Pfeife 187
die Regatta ▸ Boot 33; ▸ Jacht 111
die Regelblutung ▸ Pubertät 195
der Regen 202; ▸ Regenbogen 203
der Regenbogen 203; ▸ Farbe 63
die Regenbogenhaut ▸ Auge 18
der Regenmesser ▸ Niederschlag 174
der Regenwald ▸ Urwald 278
der Regenwaldbaum ▸ Afrika 7; ▸ Amerika 10; ▸ Asien 16; ▸ Australien 19
der Regenwurm 203; ▸ Wurm 300
die Regierung 203; ▸ Bundeskanzler 38
der Regisseur ▸ Theater 264
das Reh 203; ▸ Spur 244
der Rehbock ▸ Reh 203
das Rehkitz ▸ Reh 203
reich 204
der Reifen 204
der Reiher 204
die Reinigung 204
der Reis 205; ▸ Asien 16, 17; ▸ Getreide 89
Reis, Johann Philipp ▸ Telefon 262
der Reisepass ▸ Pass 184
der Reißverschluss 205
reiten 205
die Reklame ▸ Werbung 293
der Rekord 205
die Religion 206; ▸ Christ 42
die Reling ▸ Schiff 218
das Ren(tier) ▸ Asien 16, 17; ▸ Hirsch 103
das Rennboot ▸ Boot 33
der Rennfahrer 206
die Rente 206
der Rentner ▸ Rente 206
die Reptilien ▸ Schlange 220; ▸ Schildkröte 219
das Reservat ▸ Indianer 109
das Restaurant ▸ Gasthaus 83
der Rettich 206
das Revier ▸ Förster 77
die Revolution 207
das Rezept ▸ Apotheke 14; ▸ Medizin 160
der Rhabarber 207
der Rheinfall ▸ Wasserfall 291
Rheinland-Pfalz ▸ Bundesrepublik Deutschland 39
das Rhinozeros ▸ Nashorn 171
der Rhythmus ▸ tanzen 257
die Ribisel ▸ Johannisbeere 113
der Richter ▸ Gericht 87
die Ricke ▸ Reh 203
der Riese 207
die Riesenkrake ▸ Tintenfisch 266
die Riesenqualle ▸ Qualle 197
die Riesenschlange ▸ Schlange 220
der Riesentintenfisch ▸ Tintenfisch 266
das Rind 207; ▸ Kuh 140
der Ring 208
die Ringelnatter ▸ Schlange 220
das Ringelspiel ▸ Karussell 120
die Ringeltaube ▸ Taube 259
Rio de Janeiro ▸ Amerika 10
die Ritter 208; ▸ Burg 40; ▸ Mittelalter 164; ▸ Panzer 181; ▸ Wappen 289
die Robbe ▸ Seehund 233
der Roboter 208
das Rodeln ▸ Schlitten 221
der Roggen ▸ Getreide 89
der Rohrschwingel ▸ Gras 93
die Rohrzange ▸ Zange 303
der Rohstoff 208; ▸ Benzin 26
die Rolle ▸ Flaschenzug 73
das Rollerbrett ▸ Skateboard 236
die Rollerskates ▸ Rollschuhe 209
der Rollmops ▸ Hering 102
die Rollschuhe 209
die Roma ▸ Zigeuner 306
röntgen 209; ▸ Strahl 251
Röntgen, Wilhelm Conrad ▸ röntgen 209
die Rose 209
der Rosenkohl ▸ Kohl 131
die Rosine 209
die Rosskastanie ▸ Kastanie 121
der Rost 210; ▸ Eisen 52
die Rotalge ▸ Algen 8; ▸ Pflanzen 189
die Rote Beete ▸ Rübe 210
die Rote Rübe ▸ Rübe 210
die Rothäute ▸ Indianer 109
der Rothirsch ▸ Europa 60; ▸ Hirsch 103
das Rotkehlchen 210
der Rotkohl ▸ Kohl 131
das Rotkraut ▸ Kohl 131
der Rotor ▸ Hubschrauber 106
der Rotwein ▸ Wein 292
das Rotwild ▸ Wild 296
die Rübe 210
Rübezahl ▸ Riese 207
der Rubin ▸ Edelstein 50
das Rückgrat ▸ Wirbelsäule 297
der Rückstoß ▸ Düsenflugzeug 49; ▸ Qualle 197; ▸ Rakete 200; ▸ Tintenfisch 266
der Rückstrahler ▸ Fahrrad 62
der Rüde ▸ Hund 107
die Ruine 210
die Runkel(rübe) ▸ Rübe 210
der Rüssel ▸ Elefant 54
Russland ▸ Asien 17
Saarland ▸ Bundesrepublik Deutschland 39
der Säbel ▸ fechten 65
Sachsen ▸ Bundesrepublik Deutschland 39
Sachsen-Anhalt ▸ Bundesrepublik Deutschland 39
der Sack 211
die Sackgasse 211
der Safe 211
der Saft 211
die Sage 211
die Säge 212
das Sägemehl ▸ Mehl 161
die Sahne ▸ Butter 40; ▸ Schlagsahne 220
die Saite ▸ Geige 86; ▸ Gitarre 91; ▸ Harfe 98
der Salamander 212
der Salat 212
der Salatkopf ▸ Kopf 133
die Saline ▸ Salz 213
der Salm ▸ Lachs 142
das Salz 213
das Salzwasser ▸ Salz 213; ▸ Wasser 290
die Samenzelle ▸ Zelle 305
der Sand 213; ▸ Ballon 22
die Sandbank ▸ Sand 213
das Sandmännchen 213
der Sandstein ▸ Stein 247
die Sanduhr ▸ Uhr 275
der Saphir ▸ Edelstein 50; ▸ Plattenspieler 192
der Sarg ▸ Friedhof 79
der Satellit 213
Saturn ▸ Planet 191
der Satz ▸ Tennis 263; ▸ Volleyball 285; ▸ Wort 299
die Sau ▸ Schwein 230
die Sauerkirsche ▸ Kirsche 128
der Sauerstoff ▸ Atmung 17; ▸ Blatt 30; ▸ Feuer 69; ▸ Fisch 72; ▸ Herz 102; ▸ Luft 152; ▸ Lunge 152; ▸ Pflanzen 189; ▸ Wald 289; ▸ Wasser 290
das Säugetier 213; ▸ Fledermaus 73; ▸ Wal 288
die Sauna 214
der saure Regen ▸ Wald 289
der Saurier 214
die Savanne 214
das Schach 214; ▸ König 133; ▸ Turm 274
der Schacht ▸ Bergwerk 27
die Schachtel 215
das Schaf 215
der Schafbock ▸ Schaf 215
der Schäferhund ▸ Hund 107
der Schaffner 215
der Schafskäse ▸ Schaf 215
die Schafsmilch ▸ Schaf 215
die Schallwellen ▸ Echo 50
das Schaltjahr ▸ Jahr 111; ▸ Monat 165
das Scharnier ▸ Gelenk 86
der Schatten 216
das Schattenspiel ▸ Schatten 216
die Schaufel 216
der Schaufelradbagger ▸ Kohle 131
das Schaufenster 216
die Schaukel 217
der Schaumstoff 217
die Scheibe 217
die Scheide ▸ Fortpflanzung 77; ▸ Geschlechtsteile 88
die Scheidung ▸ Ehe 51
der Scheinwerfer 217
die Schere 218; ▸ Krabben 134; ▸ Krebs 136
die Schermaus ▸ Maulwurf 159
der Schiedsrichter ▸ Fußball 8; ▸ Handball 97; ▸ Pfeife 187
der Schiefer 218
das Schießpulver ▸ Pulver 195
das Schiff 218; ▸ Anker 13; ▸ Marine 156
das Schiffchen ▸ weben 291
die Schildkröte 219; ▸ Panzer 181
das Schilf 219; ▸ Gras 93
das Schilfrohr ▸ Schilf 219
der Schimmel 219: ▸ Käse 120; ▸ Pferd 188
der Schimmelpilz ▸ Schimmel 219
der Schimpanse ▸ Affe 6; ▸ Afrika 7
der Schinken 219
die Schippe ▸ Schaufel 216
der Schlachter ▸ Fleischer 73
der Schlaf 220
der Schlafwandler ▸ Schlaf 220
der Schlagbaum ▸ Schranke 226
der Schlägel ▸ Pauke 184
das Schlagobers ▸ Schlagsahne 220
der Schlagrahm ▸ Schlagsahne 220
die Schlagsahne 220
das Schlagzeug ▸ Trommel 271
die Schlange 220; ▸ Kreuzotter 136
der Schlangenmensch ▸ Schlange 220
das Schlaraffenland 221
der Schlauch ▸ Reifen 204
schleifen 221
der Schlepper ▸ Traktor 269
Schleswig-Holstein ▸ Bundesrepublik Deutschland 39
die Schleuse 221

das Schließfach ▸ Bahnhof 21
der Schlitten 221
die Schlittschuhe 222
das Schloss 222
der Schlotfeger ▸ Schorn-
steinfeger 226
die Schlucht 222
die Schluckimpfung ▸ Kinderlähmung 117
der Schlüssel 222
der Schmarotzer 223
der Schmerz 223
der Schmetterling 223; ▸ Larve 144; ▸ Puppe 196
der Schmied ▸ Hufeisen 106
das Schmieröl ▸ Öl 177
der Schmuggler ▸ Grenze 94
das Schnabeltier ▸ Australien 19
die Schnake 223; ▸ Fliege 74
schnarchen 224
der Schnauzer ▸ Hund 107
die Schnecke 224
der Schnee 224; ▸ Bernhardiner 27
das Schneeglöckchen 225;
▸ Blumen 32
die Schneekette ▸ Schnee 224
der Schneekristall ▸ Kristall 137
der Schneemann ▸ Schnee 224
die Schneide ▸ Axt 20
der Schneider 225
der Schnittlauch 225
schnitzen 225
der Schnorchel ▸ tauchen 259
der Schnupfen 226
die Schnurrhaare ▸ Katze 122
der Schöffe ▸ Gericht 87
die Schokolade 226; ▸ Ka-
kao 115
die Scholle ▸ Fisch 72
die Schonung ▸ Wald 289
die Schonzeit ▸ Jagd 111
der Schornstein ▸ Schorn-
steinfeger 226
der Schornsteinfeger 226
der Schotte ▸ Europa 60
die Schranke 226; ▸ Eisenbahn 53
der Schrankenwärter
▸ Schranke 226
die Schraube 227
der Schraubenkopf ▸ Schraube 227
die Schraubenmutter ▸ Schraube 227
der Schraubenschlüssel
▸ Schlüssel 222
der Schraubenzieher ▸ Schraube 227
die Schreckschraube ▸ Schraube 227
die Schreibfeder ▸ Feder 65
die Schrift 227
der Schritt ▸ reiten 205
der Schrottplatz 228
die Schubkarre 228
der Schuhmacher ▸ Hand-
werker 98
die Schuhsohle ▸ Sohle 237
die Schule 228
das Schultergelenk ▸ Gelenk 86
der Schuss ▸ weben 291
der Schuster ▸ Handwerker 98
der Schwager ▸ Verwandt-
schaft 283
die Schwägerin ▸ Verwandtschaft 283
die Schwalbe 228
der Schwamm 229
der Schwan 229
die Schwangerschaft 229
die Schwarzbeere ▸ Heidelbeere 101
das Schwarzbrot ▸ Brot 35
der schwarze Tee ▸ Tee 261
der Schwarzhalsschwan
▸ Schwan 229
das Schwarzwild ▸ Wild 296
die schwedischen Gardinen
▸ Gardine 82
der Schwefel 230; ▸ Streichholz 253
das Schwefelhölzchen
▸ Streichholz 253
der Schwefelwasserstoff
▸ Schwefel 230
das Schwein 230
der Schweiß 230
der Schweißbrenner ▸ schweißen 230
die Schweißdrüse
▸ Schweiß 230
schweißen 230
die Schweiz 231
die Schwerkraft 231
das Schwermetall ▸ Metall 162
das Schwert ▸ Waffe 287
die Schwertlilie 231
die Schwiegereltern ▸ Verwandtschaft 283
das Schwimmbad 232
die Schwimmblase ▸ Fisch 72
das Schwimmdock ▸ Hafen 95;
▸ Werft 294
schwimmen 232
der Schwimmer ▸ angeln 12
die Schwimmhaut ▸ Biber 29;
▸ Ente 55
der Schwimmvogel ▸ Ente 55;
▸ Gans 82
die Schwimmweste ▸ Boot 33
der Schwindel 232
schwindeln ▸ lügen 152
schwören 233
die Schwungfeder ▸ Flügel 75
die Sechs-Farben-Bogen-
Offsetmaschine ▸ Druck 48
der See-Elefant ▸ Seehund 233
die Seeforelle ▸ Forelle 77
der Seehund 233; ▸ Pelz 185;
▸ Säugetier 213
die Seejungfrau ▸ Nixe 175
seekrank 233
der Seelöwe ▸ Seehund 233
der Seemannsknoten ▸ Kno-
ten 130
die Seemeile ▸ Meile 161
das Seepferdchen 233
der Seeräuber 234
der Seestern 234
das Segel ▸ Boot 33
das Segelboot ▸ Boot 33
das Segelflugzeug ▸ Flug-
zeug 76
die Segeljacht ▸ Jacht 111
das Segelschulschiff
▸ Schiff 218
das Sehrohr ▸ Untersee-
boot 278
die Seide 234
die Seidenraupe ▸ spinnen 241
der Seidenspinner ▸ Seide 234
die Seife 234
die Seifenblase 235
die Seilbahn 235
der Seitenschneider ▸ Zange 303
das Seitpferd ▸ Pferd 188
die Semmel ▸ Bäcker 21
der Senf 235
das Senfkorn ▸ Senf 235
das Senkblei ▸ Maurer 159
die Sense 235
das Serum ▸ Impfung 108
der Sessellift ▸ Seilbahn 225
die Siamkatze ▸ Katze 120
der sibirische Tiger ▸ Tiger 266
die Sichel ▸ Sense 235
der Sicherheitsgurt ▸ Auto 20
der Sieg 236
die Siegfriedsage ▸ Drache 47
das Signal 236
das Silber 236 ; ▸ Metall 162
die Silberdistel ▸ Distel 47
die Silberhochzeit ▸ Silber 236
die Silbermedaille ▸ Olympiade 178
der Silberpudel ▸ Pudel 195
der Singvogel ▸ Amsel 12;
▸ Lerche 147; ▸ Nachti-
gall 170
die Sinti ▸ Zigeuner 306
der Sioux-Indianer ▸ Amerika 10
das Skateboard 236
das Skelett ▸ Knochen 130
das Skifahren 236
der Skilift ▸ Aufzug 18
der Sklave 237; ▸ Amerika 11
der Sklavenhändler ▸ Afrika 6; ▸ Amerika 11
der Skorpion 237
der Smaragd ▸ Edelstein 50
der Smog 49
die Sohle 237
der Soldat 237; ▸ Militär 163
die Sole ▸ Salz 213
der Sommer ▸ Jahreszeiten 112
die Sommersprossen 238
die Sonde ▸ Bernhardiner 27;
▸ Lawine 146
die Sonderschule ▸ Schule 228
die Sonne 238; ▸ Licht 148;
▸ Regenbogen 203
die Sonnenblume 238
die Sonnenuhr 238
der Sopran ▸ Stimme 250
SOS ▸ Notruf 176
der Souffleur ▸ Theater 264
das Souvenir 239
sozial 239
der Sozialarbeiter ▸ sozial 239
die Spaghetti ▸ Nudeln 176
die Spanierin ▸ Europa 60
die Spannung 239; ▸ Transformator 269
das Sparbuch ▸ Bank 23
die Sparbüchse ▸ Bank 23
der Spargel 239
der Spaten ▸ Schaufel 216
der Spatz 239
der Specht 240
der Speer ▸ Waffe 287
die Speiche ▸ Reifen 204
der Speisebrei ▸ Darm 44;
▸ Magen 153; ▸ Verdau-
ung 280
der Speisefisch ▸ Lachs 142
das Speiseöl ▸ Öl 177
die Speiseröhre ▸ Hals 96; ▸ Magen 153; ▸ Verdauung 280
der Spengler ▸ Installateur 110
der Spiegel 240
der Spielplatz 240
die Spikes ▸ Läufer 145
der Spinat 241; ▸ Gemüse 87
der Spinnapparat ▸ Spinne 241
die Spinndrüse ▸ Spinne 241
die Spinne 241
spinnen 241
das Spinnrad ▸ spinnen 241
der Spion 242
das Spital ▸ Krankenhaus 135
der Sport 242
der Sportverein ▸ Sport 242;
▸ Verein 280
die Sprache 242
die Spraydose 243
sprengen 243
der Sprengstoff ▸ Bombe 33;
▸ sprengen 243
der Springbrunnen ▸ Brun-
nen 36
die Spritze 243
die Sprosse ▸ Leiter 147
der Sprudel 243
der Spuk ▸ Gespenst 89
die Spur 244
der Sputnik ▸ Raumfahrt 202
die Squaw ▸ Indianer 109
der Staat 244; ▸ Verfassung 281
der Staatsanwalt ▸ Gericht 87
die Staatsqualle ▸ Qualle 197
der Stabhochspringer ▸ Hochsprung 104
der Stabmagnet ▸ Magnet 153
die Stachelbeere 244
der Stacheldraht ▸ Draht 47
die Stachelschweine 244
die Stadt 245
die Stadtbibliothek ▸ Bücherei 37
die Staffel 245
der Staffellauf ▸ Staffel 245
das Staffelschwimmen ▸ Staffel 245
der Stahl 245
der Stahlbeton ▸ Beton 28
der Stalagmit ▸ Höhle 104
der Stalaktit ▸ Höhle 104
das Standesamt ▸ Ehe 51; ▸ Rathaus 200

die Standuhr ▸ Uhr 275
das Stanzen ▸ Blech 31
der Stapellauf ▸ Werft 294
der Star 246
die Starallüren ▸ Star 246
starten 246
die Staubblätter ▸ Stempel 248
die Staublaus ▸ Laus 145
der Staubsauger 246
der Stausee ▸ Tal 257
das Stearin ▸ Wachs 286
die Stechmücke ▸ Mücke 167; ▸ Schnake 223
die Steckdose 247
das Steckenpferd ▸ Hobby 104
der Steg ▸ Brücke 36
stehlen 247
der Stein 247
die Steinaxt ▸ Axt 20
der Steinbock ▸ Ziege 305
die Steinkohle ▸ Kohle 131
die Steinlawine ▸ Lawine 146
das Steinobst ▸ Obst 177
der Steinpilz ▸ Pilze 190
die Steinzeit 247
die Stelzen 248
der Stempel 248
die Stenographie ▸ Schrift 227
die Steppe 248
sterben 248
der Stern 249; ▸ Milchstraße 163
das Sternmoos ▸ Moos 165; ▸ Pflanzen 189
die Sternschnuppe ▸ Meteor 162
die Sternwarte 249
die Steuer (das) 249
der Steward ▸ Flugzeug 76
die Stewardess ▸ Flugzeug 76
der Stickstoff ▸ Luft 152
die Stiefmutter ▸ Stiefvater 250
der Stiefvater 250
der Stier ▸ Rind 207
der Stierkampf 250
der Stimmbruch ▸ Stimme 250; ▸ Pubertät 195
die Stimme 250
der Stimmzettel ▸ Wahl 288
der Stockanker ▸ Anker 13
das Stockwerk ▸ Haus 99
der Stollen ▸ Bergwerk 27
der Stoppel ▸ Kork 134
der Stoppelzieher ▸ Kork 134
die Stoppuhr 250
der Storch 251; ▸ Stelzen 248; ▸ Europa 60
der Stoßzahn ▸ Elefant 54
die Strafe 251
der Strahl 251
das Strandgut ▸ Küste 141
die Straße 252
die Straßenbahn 252
der Strauß 252
streicheln 253
das Streichholz 253; ▸ Feuer 69
der Streik 253
die Streitaxt ▸ Waffe 297
streiten 253
das Streusalz ▸ Salz 213
der Strichcode ▸ Computer 43
das Stroh 254
der Strohhalm ▸ Stroh 254
der Strom ▸ Elektrizität 54; ▸ Fluss 77; ▸ Kabel 114; ▸ Kernkraftwerk 124; ▸ Transformator 269
die Strophe ▸ Gedicht 85
der Strudelwurm ▸ Wurm 300
die Stubenfliege ▸ Fliege 74
der Student ▸ Universität 277
der Stuhlgang ▸ Verdauung 280
stumm 254
der Stundenlohn ▸ Lohn 150
der Sturm 254; ▸ Wind 296
der Stürmer ▸ Fußball 81; ▸ Sturm 254
die Sturmflut ▸ Sturm 254
die Stute ▸ Pferd 188
subtrahieren ▸ Mathematik 159
Südamerika ▸ Amerika 10, 11; ▸ Baumwolle 25
der Süden ▸ Himmelsrichtung 103
die Südfrüchte 255; ▸ Obst 177; ▸ Zitrone 308
der Südliche Wendekreis ▸ Tropen 272
der Südpol ▸ Magnet 153; ▸ Nordpol 175
die Sultanine ▸ Rosine 209
der Sumpf 255
die Sumpfdotterblume ▸ Stempel 248
die Sumpfschildkröte ▸ Schildkröte 219
der Supermarkt ▸ Geschäft 88
die Suppe 255
die Süßgräser ▸ Gras 93
das Süßwasser ▸ Wasser 290
Swift, Jonathan ▸ Liliputaner 149
sympathisch 255
der Tabak ▸ Amerika 10, 11; ▸ Asien 17; ▸ Zigarette 306
die Tabakpfeife ▸ Pfeife 187
das Tablett 256
die Tablette ▸ Apotheke 14
der Tachometer 256
die Tafel 256
der Tag 256
der Tagfalter ▸ Schmetterling 223
der Takt 257
taktlos ▸ Takt 257
das Tal 257
der Talar ▸ Pfarrer 186
das Tandem ▸ Fahrrad 62
der Tanker ▸ Marine 156
das Tankschiff ▸ Schiff 218
die Tanne 257; ▸ Fichte 70
die Tannennadel ▸ Nadel 170
der Tannenzapfen ▸ Tanne 257
die Tante ▸ Verwandtschaft 283
tanzen 257
der Tänzer ▸ Ballett 22
die Tapete 258
die Tapetenmotte ▸ Motte 166
der Tapetenwechsel ▸ Tapete 258
das Tapezieren ▸ Tapete 258
der Tarif ▸ Lohn 150
tarnen 258
die Tarnkappe ▸ tarnen 258
das Taschengeld 258
das Taschenmesser ▸ Messer 162
der Taschenrechner 258
die Tätowierung 258
der Tau 259
taub 259
die Taube 259
taubstumm ▸ stumm 254
tauchen 259
die Tauchkammer ▸ Unterseeboot 278
tauschen 260
der Tausendfüß(l)er 260
die Technik 260
der Tee 261; ▸ Asien 16, 17
das Tee-Ei ▸ Tee 261
der Teekessel 261
der Teer 261; ▸ Pech 184
die Teerpappe ▸ Pech 184
der Teig ▸ Brot 35
die Teigwaren ▸ Nudeln 176
das Tein ▸ Tee 261
das Telefon 262
das Telegramm 262
das Teleskop ▸ Sternwarte 249
der Tempel 262
die Temperatur 263
das Tennis 263
der Tenor ▸ Stimme 250
der Teppich 263
das Terrarium 263
die Terrasse 264
der Terror 264
der Terrorist ▸ Terror 264
das Testament ▸ erben 55
das Theater 284; ▸ Marionette 157
die Theologie ▸ Pfarrer 186
das Thermometer 265; ▸ Quecksilber 198; ▸ Temperatur 263
die Thermosflasche 265
der Thunfisch 265
Thüringen ▸ Bundesrepublik Deutschland 39
die Tiefgarage ▸ Garage 82
die Tiefkühltruhe ▸ Kühlschrank 140
der Tiefseetaucher ▸ tauchen 259
der Tierarzt 266
der Tiergarten ▸ Zoo 308
die Tierhäute ▸ Leder 146
der Tiger 266; ▸ Asien 16
der Tintenfisch 266
das Tischtennis 267
das Tohuwabohu ▸ Chaos 41
die Toilette 267
tolerant 267
die Tollkirsche ▸ Heilpflanze 101; ▸ Kirsche 128
die Tollwut ▸ Fuchs 80
der Tomahawk ▸ Indianer 109
die Tomate 267; ▸ Gemüse 87
die Tombola ▸ Los 150
der Ton 268; ▸ Lehm 147
der Tonfilm ▸ Film 71
der Töpfer 268
die Töpferscheibe ▸ Töpfer 268
das Tor ▸ Fußball 81; ▸ Handball 97
der Torero ▸ Stierkampf 250
der Torf ▸ Moor 165
der Tornado 268
die Torte ▸ Kuchen 139
der Torwart ▸ Fußball 81
der Tower ▸ Flughafen 76
der Trab ▸ reiten 205
der Trafo ▸ Transformator 269
die Tragödie ▸ Theater 264
das Tragseil ▸ Seilbahn 235
der Trainer 268
der Traktor 269; ▸ Wagen 287
die Tram ▸ Straßenbahn 252
das Trampeltier ▸ Kamel 116
der Tran ▸ Wal 288
die Träne 269; ▸ Auge 18
der Transformator 269
die Traube ▸ Wein 292
die Trauerweide ▸ Weide 292
der Traum 269
traurig 270
das Treibgas ▸ Spraydose 243
das Treibhaus ▸ Gärtner 83
der Treibstoff ▸ Benzin 26; ▸ Motor 166
der Tresor 270
der Trichter 270
das Trichtergrammophon ▸ Plattenspieler 192
der Trickfilm 270
das Trinkgeld 271
das Trockendock ▸ Werft 294
die Trommel 271
das Trommelfell ▸ Ohr 177
die Trompete 271
die Tropen 272
die Tropfsteinhöhle ▸ Höhle 104
trösten 272
der Trostpreis ▸ trösten 272
der Truthahn 272; ▸ Geflügel 85
die Truthenne ▸ Truthahn 272
die Tuba ▸ Trompete 271
der Tukan ▸ Amerika 10
die Tulpen 273
der Tümmler ▸ Wal 288
das Tunell ▸ Tunnel 273
der Tunnel 273
die Turbine 273; ▸ Elektrizität 54
der Turm 274
turnen 274
das Turnier ▸ Ritter 208
die Turteltaube ▸ Taube 259

der Tuschkasten 274
der Tyrann 274
die Tyrannei ▸ Tyrann 274
tyrannisieren ▸ Tyrann 274

die U-Bahn ▸ Untergrundbahn 277
die Überraschung 275
das U-Boot ▸ Unterseeboot 278
das Ufer 275
die Uferschwalbe ▸ Schwalbe 228
die Uhr 285
die Uhrfeder ▸ Feder 65
der Uhrmacher ▸ Uhr 275
der Uhu 276; ▸ Eule 59; ▸ Europa 60
der Umweltschutz 276
der Umzug 276
der Unfall 277; ▸ erste Hilfe 58
die Universität 277; ▸ Wissenschaftler 297
das Unkraut 277; ▸ Brennnessel 34; ▸ Distel 47; ▸ Löwenzahn 151; ▸ Pflanzen 189
unsympathisch ▸ sympathisch 255
die Untergrundbahn 277
der Unterkiefer ▸ Kiefer 126
das Unterseeboot 278; ▸ Marine 156
das Untier ▸ Drache 47
die Unwahrheit ▸ lügen 152
Uranus ▸ Planet 191
die Urgroßmutter ▸ Verwandtschaft 283
der Urin ▸ Niere 174
die Urkunde 278
die Urkundenfälschung ▸ Urkunde 278
die Urmenschen ▸ Höhle 104
die Urne ▸ Friedhof 79
das Urteil ▸ Gericht 87
der Urwald 278
die USA ▸ Amerika 11

die Vagina ▸ Fortpflanzung 77; ▸ Geschlechtsteile 88
der Vampir 279
die Vanille 279
der Vatikan ▸ Papst 183
das Veilchen 279
Venedig ▸ Gondel 93
das Ventil ▸ Reifen 204
der Ventilator 279
Venus ▸ Planet 191
die Verbannung 280
das Verbrechen 280; ▸ Entführung 55; ▸ Krimi 137
die Verdauung 280; ▸ Bakterien 22
der Verein 280
die Vereinigten Staaten ▸ Amerika 11
die Verfassung 281
die Vergangenheit ▸ Gegenwart 85
das Vergehen ▸ Verbrechen 280
das Vergrößerungsglas ▸ Lupe 152
das Verhalten ▸ Benehmen 26
der Verkehr 281
das Verkehrschaos ▸ Chaos 41
der Verkehrspolizist ▸ Polizei 192
der Verlag ▸ Buch 37
verlieren 281
der Vers ▸ Gedicht 85
der Verschwörer ▸ Verschwörung 281
die Verschwörung 281
die Versicherung 282
die Versteigerung 282
die Versteinerung 282; ▸ Stein 247
die Verstopfung ▸ Verdauung 280
der Versuch 282
das Versuchskaninchen ▸ Versuch 282
der Verteidiger ▸ Fußball 81; ▸ Gericht 87
der Vertrag 283
die Verwandtschaft 283
der Veterinär ▸ Tierarzt 266
der Vetter ▸ Verwandtschaft 283
das Vibraphon ▸ Xylophon 301
der Videorekorder 283
die Videokassette ▸ Videorekorder 283
der Viehmarkt ▸ Markt 157
das Viereck ▸ Quadrat 197
der Vierviertelttakt ▸ Takt 257
die Violine ▸ Geige 86
der Virus (das) 283
die Vitamine 284; ▸ Gemüse 87
die Vitrine ▸ Schaufenster 216
der Vogel 284; ▸ Instinkt 110
die Vogelscheuche 284
die Vogelspinne ▸ Spinne 241
die Voliere ▸ Zoo 308
die Volksrepublik China ▸ Asien 16, 17; ▸ China 42
die Volksschule ▸ Schule 228
der Volleyball 285
das Vollkornbrot ▸ Brot 35
der Vollmond ▸ Mond 165
das Voltigieren ▸ reiten 205
die Vorfahrt 285
der Vorhang ▸ Gardine 82
der Vormund ▸ Waise 288
der Vorname ▸ Name 171
der Vorschlaghammer ▸ Hammer 96
der Vulkan 285

die Waage 286
die Waagschale ▸ Waage 286
der Wachhund ▸ Hund 107
der Wacholder 286
das Wachs 286
die Wachtel ▸ Huhn 106
die Waffe 287
der Waffenstillstand ▸ Frieden 79; ▸ Waffe 287
der Wagen 287
die Wahl 288; ▸ Partei 183; ▸ Stimme 250; ▸ frei 78
die Währung ▸ Geld 86
die Waise 288; ▸ Adoption 5
der Wal 288; ▸ Delphin 45
der Wald 289
die Walderdbeere ▸ Erdbeere 56
das Waldhorn ▸ Horn 105
die Waldmaus ▸ Maus 159
das Waldsterben ▸ Wald 289
der Waldstorch ▸ Storch 251
das Walkie-Talkie ▸ Funksprechgerät 81
die Walnuss ▸ Nuss 176
der Walnussbaum ▸ Nuss 176
das Walross ▸ Seehund 233
die Walze ▸ Blech 31
der Wandelstern ▸ Planet 191
der Wanderfalke ▸ Vogel 284
die Wanderheuschrecke ▸ Heuschrecke 102
die Wanderratte ▸ Ratte 210
die Wanze 289
das Wappen 289
das Wappentier ▸ Wappen 289
das Warenhaus ▸ Kaufhaus 122
das Warndreieck ▸ Panne 181
der Waschbär ▸ Bär 23
das Waschbenzin ▸ Benzin 26; ▸ Reinigung 204
die Waschmaschine 290
Washington ▸ Amerika 10
das Wasser 290
der Wasserball 290
der Wasserbüffel ▸ Rind 207
der Wasserdampf ▸ Dampf 44
der Wasserfall 291
der Wassergeist ▸ Nixe 175
der Wasserhahn ▸ Hahn 95
das Wasserkraftwerk ▸ Elektrizität 54; ▸ Tal 257
der Wasserläufer ▸ Wanze 289
der Wassermann ▸ Nixe 175
die Wassermelone ▸ Melone 161
der Wasserschutzpolizist ▸ Polizei 192
die Wasserwanze ▸ Wanze 289
das Wasserwerk ▸ Wasser 290
die Watte 291
das Wattestäbchen ▸ Watte 191
die Wattwanderung ▸ Küste 141
das WC ▸ Toilette 267
weben 291
der Webrahmen ▸ weben 291
der Webstuhl ▸ weben 291
die Wechselkröte ▸ Kröte 138
der Wecker ▸ Uhr 275
die Wegschnecke ▸ Schnecke 224
die Wehen ▸ Geburt 84
der Wehrdienst ▸ Soldat 237
die Weichsel ▸ Kirsche 128
das Weichtier ▸ Muschel 168; ▸ Schnecke 224
die Weide 292
das Weihnachten 292
der Wein 292; ▸ Europa 60
der Weinbauer ▸ Wein 292
die Weinbeere ▸ Rosine 209
die Weinbergschnecke ▸ Schnecke 224
weinen ▸ Träne 269
der Weinessig ▸ Essig 59
die Weinlese ▸ Wein 292
die Weintraube ▸ Rosine 209
der Weisheitszahn ▸ Zahn 302
der Weiße Storch ▸ Storch 251
der Weißhai ▸ Hai 96
der Weißklee ▸ Klee 129
der Weißkohl ▸ Gemüse 87; ▸ Kohl 131
das Weißkraut ▸ Kohl 131
der Weißwein ▸ Wein 292
der Weitsprung 293
der Weizen ▸ Europa 60; ▸ Getreide 89
der Wellensittich 293; ▸ Australien 19
der Welpe ▸ Hund 107
das Weltall ▸ Erde 56
das Weltwunder ▸ Wunder 299
der Wendekreis ▸ Tropen 272
die Werbung 293
der Werfer ▸ Harpune 98
die Werft 294
das Werkzeug 294; ▸ Axt 20; ▸ Feile 66; ▸ Hammer 96
die Wespe 294
der Westen ▸ Himmelsrichtung 103
die Wette 295
wetten ▸ Wette 295
das Wetter 295
der Wetterballon ▸ Wetter 295
die Wichtelmänner ▸ Zwerg 309
der Widder ▸ Schaf 215
der Wiederkäuer 295; ▸ Rind 207
Wien ▸ Europa 61; ▸ Österreich 180; ▸ Stadt 245
das Wiesel 295
das Wiesenlieschgras ▸ Gras 93
der Wigwam ▸ Indianer 109
das Wild 296; ▸ Jagd 111
der Wilderer ▸ Jagd 111